종교개혁
505주년
기념판

The Revolution of the Saints

A Study in the Origins of Radical Politics

Michael Walzer

성도들이 일으킨 혁명
프로테스탄트 윤리와 급진주의 정치

지은이	마이클 왈저
옮긴이	류의근
초판발행	2022년 10월 4일
펴낸이	배용하
책임편집	배용하
등록	제364-2008-000013호
펴낸 곳	도서출판 대장간
	www.daejanggan.org
등록한 곳	충청남도 논산시 가야곡면 매죽헌로1176번길 8-54
편집부	전화 (041) 742-1424
영업부	전화 (041) 742-1424 · 전송 0303 0959-1424
ISBN	978-89-7071-589-6 03230
분류	기독교 l 성경 l 제국 l 청교도

이 책은 한국어 저작권은 Harvard University Press와 독점 계약한 대장간에 있습니다.
기록된 형태의 허락 없이는 무단 전재와 복제를 금합니다.

 값 25,000원

성도들이 일으킨 혁명

프로테스탄트 윤리와 급진주의 정치

마이클 왈저 지음

류의근 옮김

한국어판 서문

나는 이 책을 50여 년 전에 썼다. 1950년대 후반에 이 연구를 시작했고 그때는 미국은 자유주의에 안주하는 정치적 침묵의 시대였다. 내가 이 책의 집필을 마쳤을 때는 1960년대 초였고 이때는 격렬한 정치적 선동의 시대였다. 1960년에 나는 시민 권리 운동에 관한 글을 쓰기 위해 북캐롤라이나 남부로 간 적이 있었다. 그리고 거기서 나는 침례교회 흑인 설교자가 전하는 설교를 들었다. 그 설교는 때마침 내가 읽고 있었던 17세기 청교도의 설교처럼 들렸다. 이곳에 다시 한 번 사회 변화에 봉사하는 종교가 있었던 것이다. 그 흑인 설교자는 청교도가 한 것처럼 도덕적·정치적 참여를 위한 일련의 지침으로서 성경을 읽었다.

나에게 가장 중요한 것이 있었다면 그들이 성경의 출애굽기를 해방에 관한 교본으로 읽었다는 사실이다. 나는 그 유대교에서 성인 통과 의례로서 랍비와 함께 그 본문을 연구했기 때문에 그것에 대해 잘 알고 있었다. 영국 청교도들에게 찰스 왕은 현대의 파라오였고 그의 통치는 이집트의 노예 생활과 같았다. 그들의 정치적 투쟁과 내전의 세월은 광야를 지내는 시기와 같았다. 찰스 왕과 타협하기를 원했던 사람들은 이집트로 돌아가고 싶어 했던 이스라엘 민족과 같았다. 그리고 "거룩한 연방"은 약속의 땅이었다. 앞서 말한 1960년도의 그 침례교회 설교자에게 흑인과 백인이 서로 평등하다는 점은 새로운 약속의 땅이었고 제도화된 인종차별로부터의 해방을 대표했다. 마틴 루터 킹이 "나에게는 꿈이 있습니다 …"라고 말했을 때 그의 꿈은 성경이 말하는 바로 그 꿈이었다.

『성도들이 일으킨 혁명』은 일반적으로 말하면, 1640년대의 영국혁명에서 청교도들과 칼빈주의가 맡았던 역할을 규명하는 책이다. 이 책은 청교도주의 역사나 칼빈주의 신학 연구 저술이 아니다. 나의 관심사는 일상적이고 관습적인 목사와 평신도들을 정치적 활동가로 바꾸어놓은 교의와 실천에 관한 것이었다. 비록 프로테스탄트 교파 일각에서, 말하자면 청교도 주류파 중 일부 좌파 프로테스탄트들이 성 평등을 말하기 시작했을지라도 아마도 아직은 여성들이 거기에 포함되지는 않았다. 이들 활동가들은 여러 면에서 근대 정치의 전조였다. 그들은 스스로 자유주의자도 민주주의자도 아니었다. 그들의 목표는 경건한 이들이 불경건한 자들을 다스리는 것이었다. 그들은 그들 자신의 삶에서 고도의 규율을 갖춘 이들이었다. 그러나 그들은 영국 자유주의와 미래 민주주의를 가능하게 했다.

이러한 것들은 혁명과 그 혁명 뒤에 따라오는 모든 것을 산출한 청교도 정치의 핵심 요소였다. 이를테면 이렇다. 첫째, 교회의 위계뿐만 아니라 국가의 위계에 대한 비판이다. 이 사상은 왕과 농부가 서로 평등하다는 것이 아니었고 정확히 말하면 왕과 농부는 동등하게 하나님의 법에 구속되었다는 것이다. 둘째, 하나님의 법을 집행하는 일은 교회나 국가의 공직자만이 맡는 직무가 아니라는 것이었다. 다시 말하면 그것은 그 법에 따라 살아갔던 사람들의 일이었다. 즉 그것은 경건한 이들이 하는 일이었다. 셋째, 이들이 전통적인 유대, 즉 신분, 가족, 교구에 기인하는 유대에만 구속되는 것이 아니라 그들 혼자서 자력으로 만든 유대에도 구속되었다는 사상이다. 이 유대는 "모인" 회중들로부터 신형 군대에 이르기까지 퍼져 있다. 넷째, 국가 그 자체는 자연적 형성체가 아니라는 사상이다. 국가는 왕을 머리로 하는 정치적 신체가 아니라 오히려 하나의 구성체이다. 즉 사람들이 과거에 만들었고 바로 지금에도 다시 만들 수 있는 어떤 구성물이다. 이를 달리 말하면 그것은 "국가라는 배"였다는 것이다. 국가가 배라면 그 목적지는 승객이 올바르게 결정할 수 있다. 다섯 째, 정치적 활동, 이를테면 설교, 논쟁, 조직화, 투표, 싸움은 하나님의 일이었고 일하는 자의 경건성의 시금석이었다는 사상이다.

이 모든 것을 나는 청교도 목회자들의 논고와 특히 설교에서 발견했고 올리버 크롬웰 같은 청교도 평신도의 삶과 행동에서 발견했다. 나의 초점이 주어진 곳은 성도들의 규율이었다. 나는 이를 막스 베버가 주장한 것인바 "프로테스탄트 윤리"에 의해서 산출된 경제적 규율과 기업가적 정신에 비교한 바 있다. 규율은 종종 가혹했고 설득을 노리고 그렇게 하는 것이었지만 강압적으로 누르기 위한 목표가 있었다. 간단한 예를 들어 보고 싶다. 설교자들은 청중에게 셰익스피어, 벤 존슨, 그리고 여타의 사람들의 연극을 보지 않도록 촉구했다. 그들은 런던 관객들이 "이 땅에서 가장 음란한 사람들"로 이루어져 있었다고 말했다. 그러나 그들은 할 수만 있었다면 평신도의 도움과 더불어 설교를 넘어서 극장을 폐쇄하기 위해 무력을 사용했을 것이다.

이 책을 쓰는 동안 나는 완전히 매력적일 수만은 없는 이러한 종류의 규율이 혁명 정치의 필수적인 특징인가 하는 의구심을 가졌다. 적어도 그러한 규율은 그 연극을 존중하는 사람들에게는 아닐 수 있다. 우리는 이와 동일한 격렬함과 억압의 길로 표류하는 흐름을 프랑스 혁명과 러시아 혁명에서 본다. 이 어려운 결단이 사회를 변혁시키는 데 취해야 하는 필요한 것인가? 나의 의제를 명구로 표현하기 위해 선도적인 주요 목회자들 중의 하나인 스티븐 마샬로부터 한 구절을 인용한다. "위대한 과업은 위대한 적을 가지고 있다." 그래서 그들은 그렇게 한다. "위대한 적"의 극복은 강철 인간을 필요로 하는가? 가끔씩 설교를 읽으면서 나는 약간의 부드러움, 마음이 풀어지는 시간을 간절하게 그려보기도 했다. 물론 그 때가 오기는 온다. 그러나 그것은 혁명의 세월이 끝난 후에, 즉 청교도 성도들이 정치적으로 패배하고 우리가 지금 시민 사회라고 부르는 데로 물러서는 때에 온다.

이 길이 꼭 이래야 하는 것인가? 아마도 미국 민권 운동에 참여한 남성들과 여성들, 내가 산 시대의 설교자들은 다른 길을 가리킨다. 이들은 격렬했지만 동시에 부드러웠다. 이것이 더 나은 길인가? 나는 이 서문에서 나의 새로운 한국 독자들이 이러한 문제들을 생각할 가치가 있는 것으로 발견하기를 바란다.

2022년 8월
마이클 왈저

서문

　내가 이 책을 시작한 것은 이상하고 혼란스러운 인간의 선택을 체계적으로 연구하고 저술하고 싶은 소망 때문이었다. 그 선택은 청교도이고자 하는 결정, 자신과 타인을 억압하는 결정, 추상적이면서 동시에 매우 급한 것이기도 한 거룩한 생각을 실행에 옮기는 결정을 말한다. 칼빈주의적 성도다움은 종국적으로 우리 모두에게 상흔을 남겼다. 그 자국은 우리의 자각적인 정신에 남아 있다. 설령 그렇게 남겨진 것이 아니라고 해도 우리의 마음에 내밀하게 남겨져 있다. 그 상처는 늘 우리가 되돌아가서 고민할 가치가 있는 것이다. 그러나 나는 연구를 하는 동안 청교도주의의 선택은 이상하지도 혼란스럽지도 않다고 알게 된 나중의 또 다른 선택들과 그다지 다른 것이 아니라고 결정하게 되었다. 지금의 나에게는 칼빈주의 성도들은 근대 역사에 너무 자주 출현한 사회적 정치적 재건의 자기 규율적 행위자 중 최초의 사람들인 것으로 나타난다. 그들은 구질서의 파괴자이고 구질서에 대해 아무런 향수도 느낄 필요가 없었던 사람들이다. 그들은 새로운 억압 체계를 만든 사람들이다. 새로운 억압 체계는 피하거나 초월하려기보다 견디어 나가는 것이 당연한 체계이다. 그들은 무엇보다도 보기 드물게 과감하고 창의적이고 가차 없는 보통이 아닌 정치인들이다. 그들은 수행할 "위대한 과업"을 가지고 있는 사람들이어야 하는 것처럼 존재하고 마치 "위대한 과업은 위대한 적을 가지고 있다"는 사람들이어야 하는 것처럼 존재한다.

청교도주의를 가장 초기 형태의 정치적 급진주의로 기술할 때 나는 영국 청교도나 영국혁명에 관해 완전한 역사를 집필하고자 의도한 것은 아니었다. 또한 청교도사상과 행동에 대한 나의 초상화를 의도함으로써 대체 가능한 초상을 제공하려고 의도한 것도 아니었다. 나는 다만 17세기의 역사에 대한 다른 해석을 보충하려고 했을 뿐이다. 젠트리의 "부상", 구 귀족정의 "위기", 자랑스러운 평민의 "이니셔티브의 승리"라고 하는 이 모든 과정 그리고 이 모든 과정의 토대를 이루거나 이 모든 과정에 동반하는 경제적 변혁은 나의 책 전편에 전제되어 있다. 그러나 이 모든 과정에 관련되어 있는 것은 청교도주의이다. 물론 나는 청교도주의가 관련되어 있는 특별한 방식을 내가 완전하게 규명하지 못했을 수 있다고 생각한다. 이 부분은 그렇게 관련된 과정이 종교적 사상에 반영되어 있는 문제에 관한 것이 아니라 그러한 과정 그리고 마찬가지로 또 다른 사회적 변화가 남녀 개개인들에게 제기한 어려운 문제들에 창조적으로 대응하는 문제에 관한 것이다.

나의 논고는 대략 연대기적으로 이루어지지만 다소 자유롭게 햇수를 뛰어넘었으며 이는 나의 논의의 목적에 부합하기 위해서였고 특히 청교도사상을 언급하는 부분에서 때로는 알려진 상식적 견해를 취하거나 논의하면서 튜더 왕조, 스튜어트 왕조, 혁명 시기의 자료들을 추려 모았다. 물론 혁명적 위기는 자체적으로 천천히 전개되었고 당국의 잘못은 꾸준히 누적되었으며 반대 진영은 도전했고 타협과 화해를 놓친 기회의 역사가 있었다. 내가 추적하고자 한 것은 이런 문제들이 아니었다. 그렇지만 혁명은 그 토대를 가지고 있었다. 즉 칼빈 그 자신과 메리 여왕의 추방 사건에 연원을 두는 급진적 열망과 조직이라는 굳건한 기초 말이다. 바로 이 토대를 나는 기술하고 설명하고자 노력했다.

이러한 과제를 수행하는 과정에서 내가 대체로 무시한 부분은 소위 영국 개신교의 소수 좌익 분파들이다. 이들은 자주 근대 민주주의자, 사회주의자, 공산주의자의 동반자 내지는 선구자들로 취급되었다. 내가 보기에 이러한 취급은 유용하지 않다. 그러나 이 분파들은 심지어 수평파조차도 최근에 와서 계보를 따지는 데서 중요할지라도 17세기 역사에서는 그 중요성이 아주 작다. 청교도 급진주의의 사례는 만일 그런 것이 조금이라도 있다면 엘리자베스 시대의 규율파, 스튜어트 왕조의 장로파, 회중파여야 한다. 즉 청교도 주류파인 진정한 영국 칼빈파여야 한다. 이 집단들이 수년 동안 서로 분화하여 변화했다는 점은 확실한 사실이다. 그럼에도 불구하고 나는 이들 모두가 교회와 국가의 전통 체계와는 양립될 수 없는 몇 가지 주요 이념 즉 급진적이고 혁신적인 정치 활동을 산출하는 데 지속적으로 이바지한 이념을 늘 공유했다는 점을 변론하려고 노력했다.

잠시 후에 나는 급진주의에 대한 나의 연구를 이어갈 것이며 아마도 다른 나라와 역사들과의 관계 속에서 그러한 특정 환경들을 보다 충분하게 기술할 것이다. 나의 연구는 그러한 특정한 환경들이 정치적 열정과 규율을 가능하게 하고 심지어 필연적인 것으로 만든다는 점을 기술해 보여주는 것이 될 것이다. 그리고 이러한 기술은 명백한 사실인 점, 즉 급진적 정치가 상이한 형태들을 취할 수 있다는 점을 말해주는 시간이 될 것이고 우리 자신의 시대에 급진적 정치가 취했던 점진적인 총체적 형태에 대한 비판을 전개하는 시간이 될 것이다. 여기서 나는 이러한 비판을 내포하는 어떠한 말도 비치지 않았다. 왜냐하면 나는 지난 15년 내지 20년 동안 역사가들, 사회학자들, 그리고 정치학자들 사이에서 너무 흔한 일을 반복하거나 그와 같은 시간적으로 퇴보하는 일을 저지르고 싶지 않기 때문이다. 바꾸어 말하면 나는 그들처럼 급진주의와 전체주의를 쉽사리 등식화하는 오류를 범하고 싶지 않다. 나의 유일한 목표는 나와 같은 동시대 사람들이 그다지 좋지 않게 보고 있는 청교도적 급진주의를 인간적으로 이해 가능한 일로 만드는 것뿐이다.

　나는 이 책을 저술하는 동안 모든 축약어들을 상세화해서 말했고 인용문과 도서 이름의 모든 철자들을 현대화해서 적었다. 이렇게 하는 것은 전문적인 이유에서 그리고 편집의 이유에서 권유할 만한 일로 보인다. 낡은 철자법과 축약어들을 견지하는 일은 16세기와 17세기의 문헌 연구에 전혀 경험이 없는 독자들에게 청교도의 저술에 대해 절망적인 거리감을 제공하며 심지어는 괴이한 느낌을 준다. 그러나 영국 성도들의 문헌은 기껏해야 놀라운 구어체 웅변과 단순하고 감동적인 긴급성이 특징일 뿐이다. 나는 정확성을 사소하게나마 희생하는 길을 선택했다. 그 이유는 내가 희망하는 것이 바로 즉각성과 이해력의 향상이기 때문이다. 나는 시 또는 고어나 구절을 인용할 때만 원래의 철자를 지켰다.

　이 책은 처음에는 박사학위 논문으로 작성되었으며 그 작성과 준비에서 은덕을 입은 많은 사람들을 거명해야 한다. 브랜다이스대학교, 케임브리지대학교, 하버드대학교에서 나를 가르쳤던 많은 교수님들은 이 책의 면면에서 어구, 단편적인 대화, 야릇한 생각을 인지할 것이다. 이것들 모두는 교수님들이 가르친 보다 체계적인 지식들만큼이나 나에게 중요했을지도 모르겠다. 나는 그분들 모두에게 감사를 드린다. 그분들에게 진 빚은 내가 그분들에게 배운 일부를 나 자신의 방식으로 전달해 줌으로써만 보답될 수 있을 것이다.

　나의 아내 주디스 왈저는 청교도 성도를 이해하고 글을 쓰느라 씨름하는 수년 동안 나의 영원한 동반자이고 비판자였다. 그 다양한 변화들, 그리고 나 자신의 것까지도 아주 많은 부분이 그녀의 노고였다. 칼 프리드리히, 루이스 하르츠, 배링턴 무어 교수님은 여러 장의 초고를 읽어 주었고 그들의 격려와 충고는 똑같이 도움이 되었다. 나의 프린스턴 동료학자 폴 지그문트는 천사론에 관한 고대의 지식을 논한 절을 읽어 주었고 아둔한 많은 오류를 바로잡아 주었다.

하버드에서 보낸 5년 동안 나는 사무엘 비어 교수와 긴밀하게 협력했다. 정치의 적절한 연구에 관한 그의 생각은 동일한 주제에 대한 나 자신의 생각에 중요한 영감이 되어 주었다. 그의 강좌 사회과학 Ⅱ는 나에게 청교도주의에 대한 나의 시각을 다듬을 수 있는 최초의 포럼을 제공했다. 사회과학 Ⅱ의 모임에 참여한 교수진들 즉 지금은 여러 대학에서 역사가, 사회학자, 정치학자가 된 교수들은 나에게 최초의 학술 비평 집단으로 제공되었다. 나는 모든 참여자들에게 감사를 드린다. 사무엘 비어, 노만 번바움, 윌리엄 챔버스, 해리 엑슈타인, 클라우스 엡슈타인, 조지 내델, 멜빈 리흐터, 찰스 틸리.

미국 정부의 1956-1957년 풀브라이트 지원금과 1959-1960년 사회과학 연구 위원회의 장학금으로 이 책의 연구가 가능했다. 프린스턴대학교의 지원금은 최종 원고 문서 작성비로 제공되었다. 『역사와 이론』*History and Theory*, 그리고 『미국정치학회 리뷰』*The American Political Science Review* 편집진의 친절에 감사를 드린다. 이분들은 원래 출판된 논문의 관련 부분을 재출판하도록 허락해 주었다. 마지막으로 나는 출판의 트라우마를 너무나 수월하게 덜어준 하버드대학교 출판부 편집진들과 특히 앤 올로브 양에게 감사를 드린다.

프린스턴, 뉴저지
마이클 왈저

차 례

"… 여러분은 수행해야 할 위대한 과업,

즉 우리 가운데 새 하늘과 새 땅을 개척하는 과업을 가지고 있다.

위대한 과업은 위대한 적을 가지고 있다.…"

스티븐 마샬, 1641

1장 • 급진적 정치의 출현

1. 정치적 청교도

권력 갈등 · 투쟁 정치, 당파 정치, 음모 정치, 전쟁 정치는 아마도 인간의 역사에서 보편적일 것이다. 그다지 보편적이지 않은 것은 정당 조직의 정치, 조직적 활동, 반대와 개혁, 급진적 이데올로기와 혁명이다. 예를 들어 개혁과 혁명의 역사는 정치적 질서 그 자체 또는 권력 투쟁에 비해 상대적으로 일천하다. 현행 체제에 대한 거리를 두는 평가, 불만족과 염원을 프로그래밍하는 표현, 지속적 정치 활동을 위해 열정적 인간이 만드는 조직이 그렇다. 이 세 가지가 모두 근대 세계 즉 탈중세적 정치 세계에만 있는 양상들이라고 말하는 것은 확실히 공정한 발언일 것이다.

근대 정치의 연구는 여러 가지 점에서 16세기에 시작한다. 즉 마키아벨리와 그 새로운 정치적 현실주의, 루터와 독일 제후들, 그리고 이들의 신성로마제국 국제주의에 대한 공격, 보댕의 새로운 군주 주권론이 그 시작이다. 그러나 본 논고의 관심사는 국가 이성, 국가 교회, 또는 주권 사상에 있지 않다. 그 대신에 우리의 관심은 16세기 정치사의 놀라운 혁신이라는 주제 즉 혁명적 조직과 급진적 이데올로기의 등장[1]에 있다. 정치적 현상으로서의 혁명과 일종의 정신적 도덕적 규율로서의 이데올로기는 물론 둘 다 근대 국가의 부상과 밀접한 관련이 있

---

1) H. G. Koenigsberger, "The Organization of Revolutionary Parties in France and Netherlands during Sixteen Century," *The Journal of Modern History* 27: 335-351(1955).

다. 그러나 특별하게 지명되고 조직된 일련의 인간 무리들이 정치 세계에서 창조적 역할을 담당할 수 있을지도 모른다는 사상, 다시 말해서 하나님의 말씀이나 그 인간 집단의 계획에 따라 기존 체제의 질서를 무너뜨리고 새로운 사회를 재건설할 수 있다는 사상은 마키아벨리, 루터, 보댕의 사상에는 전혀 등장하지 않았다. 국가 체제를 세우는 과정에서 이들 세 저자들은 오로지 제후들에 의존했다. 이들이 제후들을 모험가, 기독교 치안판사, 또는 세습 관료라고 상상했든지 말았든지 상관없다. 그 나머지 모든 사람들은 정치적 수동성에 복속된 신민으로 남았다. 그러나 이것은 불완전한 시각이다. 왜냐하면 사실상 성도와 시민들의 혁명적 능동성은 제후들의 주권적 권능만큼 근대 국가의 형성에 중요한 역할을 했기 때문이다. 스위스, 독어권 네덜란드, 스코틀랜드, 그리고 가장 중요한 잉글랜드, 후발의 프랑스에서 구질서가 최종적으로 뒤집힌 것은 절대 권력의 왕이나 국가 이성의 이름으로가 아니라 새로운 혁명적 이데올로기들에 감화된 정치적 급진파 집단에 의해서였다.

이제부터 우리는 정치사상이 제후에서 성도 또는 성도 집단으로 넘어가는 것을 최초로 역설한 이가 칼빈이었고 이어서 그가 독립적인 정치적 행동의 이론적 정당성을 구축했다는 것을 논변할 것이다. 칼빈주의자들이 성도에 대해 말한 것은 나중에 다른 사람들이 시민에 대해 말한 것과 같다. 환언하면 시민의 덕과 규율과 의무의 의미가 동일하게 그 두 가지 이름 뒤에 놓여 있다. 성도와 시민은 같이 사적 인간, 더 정확히 말하면 **선택 받은** 집단으로서의 사적 인간, 거룩함과 덕성을 입증한 선택 받은 사적 인간이 정치적 질서로 새로이 통합되는 것을 시사한다. 즉 그들은 정치를 일종의 양심적인 부단한 노동으로 보는 새로운 시각을 기반으로 하여 정치적 질서로의 통합을 이룬 것이다. 이 통합이 세속 활동에 대한 칼빈주의적 이론의 가장 의미심장한 결과임은 확실하다. 또한 이 통합은 때가 되면 종교적 세속성을 경제적 질서에 불어넣을 일보다 앞서는 일이기도 하다.[2] 성도들의 근면한 행동주의, 다시 말해 제네바, 위그노, 네덜란드, 스코틀랜드, 청교도의 성도들은 정치를 노동으로 바꾸어놓는 특징을 가졌으며 최초로 노동을 지휘하는 바, 상례를 넘어서는 놀라운 양심을 계시했다.

양심과 노동이 다함께 정치적 세계로 들어왔다. 이것들은 새로운 혁명 정치의 기초를 형성했고 혁명가들의 성품을 조형했다. 이것들은 또한 근대 공직자의 근면한 효율성과 근대 부르주아의 경건한 정치적 관심에 대한 내적 근거를 마련했다고 말하지 않을 수 없다. 그러나 이 두 가지 유형의 저명한 사람들은 당대에는 혁명가들이었다. 즉 그들은 무엇보다도 그들의 효율성과 관심이 존경을 받을 만한 가치 있는 세계를 건설해야 했고 조롱과 경멸의 대상이 되지 않도록 구질서를 공격하지 않으면 안 되었다.[3] 종교에서 그렇듯 정치에서도 성도들은 대립하는 인간들이었고 그들의 1차 과제는 전통적 질서의 파괴였다. 그러나 그들은 그 후에 인간 사회를 문자 그대로 개혁하는 사업에 헌신했고 양심적 활동이 장려되고 심지어 요구되는 거룩한 연방commonwealth의 창건에 헌신했다. 성도들은 스스로를 신성한 도구로 이해했고 그들의 도구는 정치 세계에서 열일을 하는 파괴자의 정치, 건축가의 정치, 건설가의 정치였다. 그들은 자신들이 하는 일에 내재하는 저항이나 자연스러운 저항을 좀처럼 인정하려 들지 않았다. 그들은 모든 장애물을 악마에 원천을 두는 다른 사례로 취급했고 이를 극복하기 위해 자신들의 모든 에너지, 상상력, 기술을 동원했다. 그들의 과업은 협력을 필요로 했기 때문에 과업의 성공적 수행을 위해서 조직을 만들었고 가족과 이웃의 오래된 유대에 상관없이 도움이 될 것 같으면 어떤 사람과도 힘을 합쳤다. 그들은 "형제들"을 찾았고 필요하면 친척들과도 척을 졌다. 그들은 열정을 찾았

---

2) 이를 암시하는 다음을 참조. C. J. Friedrich, *Constitutional Reason of State: The Survival of Constitutional Order* (Providence, R. I., 1957), p. 59.
3) 크레인 브린튼은 자코뱅 클럽이 부지불식간에 나폴레옹 시대의 관료들과 하위 공무원들을 훈련하는 일에 중요한 역할을 맡았다는 점을 논변한다. 다음을 참조. *The Jacobins: An Essay in the New History* (New York, 1930), pp. 230-231. 아래에서 이와 비슷한 논의 즉 청교도주의를 의회 권력의 부상과 의회파의 훈련에 연결시키는 논의가 전개될 것이다.

고 애정을 찾지 않았다. 따라서 혁명적 규율의 원형인 맹약과 계약, 회의와 회중이 발생했다. 이것들 속에서 선한 과업은 진전을 보았고 동시에 새로운 성도들은 과업을 수행하는 자신들의 끊임없는 노동에 훈련되었고 단단해졌다. 이러한 수고의 결과들이 가장 잘 보일 수 있는 곳이 바로 1640년의 영국혁명이다.

나중에 영국혁명에서 결정적 역할을 했던 칼빈주의 성도들은 엘리자베스와 제임스 시대의 드라마에서 위선적 열정가, 참견하기 좋아하는 사람, 과민하게 과시적으로 부단히 신의 일을 하려고 찾아다니는 사람으로 묘사되었다. 이 때문에 벤 존슨은 그들을 청교도, 분주한 땅의 열정[4]이라는 인간이라고 말한다. 분주한 땅의 열정은 코미디 같은 인물이다. 하지만 그는 또한 새로운 인간이었고 특별히 풍자하기 쉬운 인물이었다. 그러한 성도의 인격은 벤 존슨이 가장 급진적으로 혁신한 창안물이었다. 무엇보다도 그 특징은 다른 사람들이 위선이라고 불렀을지라도 정치적 이상에 타협하지 않고 중단 없이 보여주는 헌신이었고 다른 사람들이 참견하기 좋아하기라고 불렀을지라도 그 이상을 추구하는 엄격하고 체계적인 노동 양식이었다. 이러한 경건한 헌신과 사업의 기원과 귀결에 대해서는 아래에서 검토될 것이다. 먼저 필요한 것은 이렇다. 즉 이러한 헌신과 사업이 다 같이 16세기에는 얼마나 새로운 것이었는지, 또 신의 열정과 사업에 뛰어든 그들의 야만적 투쟁에 접근하는 것이 칼빈의 동시대인들과 올리버의 동시대인들에게는 얼마나 이해할 수 없는 것이었는지, 그리고 성도가 자신의 성실성을 충분히 입증했다고 생각되었지만 오랜 세월이 흐른 뒤에도 사람들이 그 "성실성"을 얼마나 자주 의심했는지를 말하는 일이다. 반란과 선동을 논의할 때 예컨대 보댕과 프란시스 베이컨은 여전히 고전적 도시의 비루한 평민과 개놈 봉건주의의 "막강한 주인들"의 견지에서 생각했다. 아마도 베이컨은 실업자로 지내는 학자들에 대한 경고 서한을 썼을 당시에 영국에 무슨 일이 생길지를 약

---

4) Ben Jonson, *Bartholomew Fair*. 다음을 참조. W. P. Holden, *Anti-Puritan Satire, 1572-1642* (New Haven, 1954).

간은 예감했을 것이다. 아닌 게 아니라 이 학자들은 실업자이기 때문만은 아니지만 일반 성도의 정신을 공급 받은 소외된 지식인들이 되고 말았다.[5] 그러나 이 제임스 왕의 대법관은 이 지식인들의 음식이 어떤지, 이 음식이 인간 행동에 어떻게 귀결될지는 전혀 알지 못했다. 영국혁명 이후 그 사건에 관한 저술을 남긴 위대한 클래렌던조차도 여전히 영국혁명을 불만을 품은 귀족들의 음모로 보았던 것이다. 그는 청교도들에 관한 낌새를 거의 알아차리지 못했고 그들의 신앙을 단지 "격동"에 대한 위선과 변명의 일종으로만 살펴볼 뿐이었다.[6] 클래렌던은 매우 틀렸지만 확실히 그의 견해는 그 시대의 지혜를 반영하는 것이었다. 행동과 이데올로기 면에서 헌신을 마다하지 않는 정치적 급진성은 유럽에서 이전에는 결코 알려진 적이 없었다. 근대성 이론가의 말을 사용하면 중세 사회는 대체로 비참여자, 활동하지 않는 사람으로 구성된 사회였다.[7] 그 사회의 역사를 간략하게 일별만 해도 칼빈주의 정치가 새로운 것이라는 점을 시사할 것이다.

2. 정치 없는 중세 사회

스토아 철학자 에픽테토스는 2세기에 쓴 글에서 정치를 "우리의 능력 밖에" 있는 것으로 열거했다. 그는 로마의 동료 시민들에게 다음과 같이 "준비하라"고 충고했다. "정치는 당신에게 관심이 없다고 말하도록." 그의 충고는 공직에 대한 야망과 추구를 경고하는 것이었다. 그러나 그 충고는 또한 정치적 관심과 활동에 등을 돌리는 것, 즉 사적 요구와 열망을 도시와 제국의 공공 세계로부터 급진적으로 단절하는 것을 대표하는 것이었다. 철학자는 내면적인 것을 계발한다. 달리 말하면 그는 "열등한 부분을 지니는 모든 [외면적인] 것, 말하자면 명

---

5) Bacon, *Essays*, "Of Sedition and Troubles." Jean Bodin, *Six Books of Commonwealth*, trans. M. J. Tooley (Oxford, n.d.), p. 113.

6) Edward Earl of Clarendon, *The History of the Rebellion and Civil Wars in England* (Oxford, 1827), especially bk.III.

7) Daniel Lerner, *The Passing of Traditional Society* (Glencoe, Ill., 1958).

예, 공무, 법원, 각종 사소한 문제에 대비되어 있어야 한다."[8] 그는 의무를 준비하고 출생이나 임명으로 책임을 지게 될 공무를 이행하도록 준비한다. 그러나 그는 공적 비전도 없고 국가 개혁의 생각도 없으며 특별한 정치적 목적이 없기 때문에 자신의 직위에 따라 명예롭게 일하는 것 이상 가는 어떤 것도 목표로 하지 않을 것이다. 그는 의무를 좁게 생각하므로 그 즉시 그의 정치적 상상력은 제한적이 되고 인내하면서 체계적으로 추구해야 할 아무런 이상도 발견하지 않는다. 철학자는 당을 만들지 않는다. 에픽테토스는 노예 출신인데, 시민권이 그 의미를 잃었고 모든 사람이 어떻게든 복속된 신민이 된 시기에 글을 썼다. 이들 정치적 존재들은 단 하나의 본질적 특성 이외에는 없었다. 즉 그들은 비개인적인 동시에 어느 정도는 법적인 명령에 복종했다.

이러한 정치는 사람들을 무섭도록 다양한 초법적 명령에 복속시키고 사적이고 개인적인 배치를 강요하게 되지만 제국의 보편적 주권의 붕괴는 이러한 정치조차도 분쇄하고 말았다. 마침내 이러한 배치로부터 봉건 체제가 출현하지만 이는 실질적으로 정치적 관계를 막았다.[9] 봉건 체제에서 인습적 정치 체제에 의해 세워진 형식적, 비인격적, 법적, 그리고 기능적-합리적 결합은 확대 가족과 사적 협약, 말하자면 개인적으로 강렬하면서도 실제로는 최소한 자연적이고 가부장적이고 애정적이라고 추정되는 관계를 대체해버렸다. 봉건 체제는 개인의 충성, 친족관계, 이웃관계의 유대를 정치적 목표를 추구하는 과정에서 사람들의 단결을 가져오는 관심과 이상으로 대체해버렸다. 그것은 관습적 양식에 대한 맹종을 정치적 방법에 대한 합리적 고찰로 대체해버렸다. 사람들은 토지와 재산뿐만 아니라 사회적 지위와 도덕적 개인적 약속까지도 세습하게 되었다. 전통에 대한 공경은 아버지와 영주에 대한 공경과 평행을 이루었고 이와 유

---

8) Epictetus, *The Enchiridion*, trans. George Long (Chicago, 1954), I, XXIX
9) 아래에서 논의되는 몇몇의 단락들은 주로 그 기초를 다음 저서에 두고 있다. Marc Bloch, *Feudal Society*, trans. L. A. Manyon (Chicago, 1961); Walter Ullmann, *Principles of Government and Politics in the Middle Age* (New York, 1961).

사하게 이념, 당, 또는 국가에 대한 비개인적 지극정성을 막았다. 가문이나 왕
가의 진격이나 후퇴가 정치적 활동을 대신했다. 먼 곳에 물러나 있는 왕들, 대체
로 무력한 왕들은 권위의 일부 흔적을 유지했고 신적 권리를 들먹이면서 종교적
왕권의 마법 의식을 수행함으로써만 봉건적 배치가 이루어지는 세계를 지배할
권리를 일부 유지했다. 그러나 복속된 신민들은 어느 정도는 이런 방식으로 점
차 군주제를 존중히 여겼어도 이와 동등하게 무심하게 여기는 정도도 역시 강해
졌다. 말하자면 그런 방식으로는 신과 친지들을 제외하고 나면 왕들의 의지처
가 되어 줄 수 있는 지지자들은 아무 데도 없었다. 정치는 이교 숭배의 전복적인
생존을 통해서도 그러했듯이 기독교의 보호 아래 마법과 신비의 저 먼 영역이
되고 말았다. 보통 사람들이 산 세계는 보다 좁은 세계이고 그들은 가족, 마을,
봉건 영주와 결합되어 있었으며 시민권의 이념과 공동선은 잊어버렸다. 종교는
철학자의 충고를 강화했다. 즉 정치는 결코 사적 인간의 관심이어서는 안 된다.

봉건 체제는 11세기와 12세기에 이론적 형태가 주어졌을 때 물론 정치 공동
체로 기술되었다. 그러나 그것은 그 구성원의 의지나 활동에 의존하는 공동체
로서는 아니었고 또한 평등한 시민의 공동체로서도 아니었다. 예를 들어 솔즈
베리의 요한과 같은 저자의 책을 보면 정치적 사회는 거대한 유기체, 인간이 만
든 변형에 여지를 주지 않는 정치체로 이해되었고 가족처럼 자연적인 것으로
이해되었다.[10] 사람들은 그 실상을 있는 그대로 말하면 이 정치적 신체의 시민
이 아니라 문자 그대로 유기체로 기능하는 방식으로 신체 전체에 관련된 **지체**였
다. 이 지체는 명백히 신체의 웰빙에 대한 관심을 공유했지만 그 관심의 정확한
본성을 함께 결정하라는 요구를 받은 적이 없다. 정치체의 관념이 봉건 체제가
실제로 성취한 것보다 높은 고도의 사회적 통합을 말해주는 것이었다면 그것은
또한 그 통합의 유일한 행위자가 통치자였다는 것을 말해주었다. 그것은 중세

---

10) John of Salisbury, *Policraticus*, pp. 64ff. 이 책은 존 디킨슨이 부분적으로 재출판했다. John
Dickinson, *Statesman's Book* (New York, 1927). 또한 디킨슨의 서론도 참조.

새로운 군주들의 관심에 봉사했다. 그리고 그것은 여전히 정치를 신비에 넘겼고 이 신비는 이성적 머리의 이해에는 열려 있지만 정신 없는 지체에는 불가해한 신비였다.

유기적 심상 역시 봉건적 배치의 무질서를 점차적으로 대신한 사람들의 위계를 정당화하는 데 봉사했다. 남작과 제후들이 이론적으로 왕에게 최고권을 양보하는 것은 당연한 일이었고 위계적 체제 내에서 즉 탁월성과 영예의 자연적이고 불가피한 서열 내에서 보증된 자리를 받았다. 상위 계층의 우선순위에 대한 논쟁은 항상 있었지만 서열 자체에 대한 도전은 근대 이전의 시대에는 거의 없었다. 이 사회적 위계는 인간 유기체뿐만 아니라 우주, 신의 창조 세계에도 반영되어 있는 것으로 생각되었다. 중세 작가들이 이렇게 주장했다. 즉 머리가 몸을 다스리는 것과 마찬가지로 신이 세계를 다스리고 왕이 정치체를 다스린다. 천사들은 아홉 계급과 질서 속에서 신 아래에 위치하는 것과 마찬가지로 정치체보다 고귀한 부분들은 왕 아래에 위치하고 그리스도의 몸의 사제들은 교황 아래에 위치한다. 따라서 불평등이 옹호하는 것은 복종과 존경 양식의 기득권 체제였고 이러한 체제는 사람들이 독립적인 정치적 활동을 이론적으로 사유할 수 없는 탓에 역시 실천에서도 어려운 일이 될 수밖에 없는 체제였다.

봉건 체제를 재구조화하거나 개혁하려는 노력은 어떠한 도전도 받지 않는 위계가 그렇듯 오로지 위로부터 즉 교황과 새 군주들로부터 가능하거나 또는 밖으로부터 즉 이런저런 수도사의 열렬한 지지자들부터 가능했다. 그러나 교황도 왕도 수도사들도 보다 하위 계층의 사람들에게 정치에 의한 조직적인 시도나 자유로운 합리적 결사의 지속을 감히 제안하지 못했다. 비록 이 두 요소를 교황의 관료제가 통합하기는 했지만 그들이 평민들에게 제안하지 못한 것은 확실하다. 힐데브란트의 개혁은 로마교황제의 관료 집단에서 수년간 지원을 받았지만 확실히 합리화 과정의 일부였다. 여기에 관련된 일은 그 개혁이 정치세계에 침투한 신비들, 기적을 행하는 왕에 대한 숭배, 대관식의 성례적 성격에 대한 숭배 같은 것을 공격하기로 결정한 때였다.[11] 개혁자들은 신비를 종교적 영역에 제한하기로 애썼고 그 영역의 행정 관리를 조직하려고 애썼으며 적어도 부분적으로 이러한 제한을 기반으로 하여 세속 왕의 권위에 한계를 두려고 애썼으며 교황의 지배권과 새로운 도덕적 질서를 확립하려고 애썼다. 그러나 새로운 지배자가 거의 할 수 없었던 것은 그의 신민들에게 새로운 **시민정신**을 제안하는 일이었다. 그레고리 7세의 기독교는 그의 사제들에게만 "시민적"이었다고 하는 주장은 공정한 지적일 것이다. 그는 그의 신민들에게 어떠한 새로운 형태의 정치적 활동도 설파할 수 없었다. 그 자신이 세속 질서와 교회 질서의 위계를 옹호하는 자로서 교황은 선택할 때 봉건제적 당파 속에서 선택을 했을 뿐이고 새로운 정치적 결사를 하등 창조하지 않았다.[12] 조직적 체계적 시도는 수도사의 특징으로 남았고 이 특징은 아마도 교황의 관료제, 그리고 다시 한 번 십자군 기사의 종교적 직제에서 모방되었다. 그러나 평민의 정치에 대해서는 아무런 의미도 없었다. 칼빈주의자는 언젠가는 십자군을 종교적 행동주의의 멋진 사례로 회고할수 있을 것이지만 그 이외의 다른 사례를 중세 시대에 발견할 수 있는 일은 거의 없을 것이다. 봉건 시대의 전쟁은 주로 진격하는 귀족 가문들의 무질서한 싸움, 약한 왕들의 "막강한 주인들"의 무질서한 싸움이었다. 반란이라고 해봤자 제일 많이는 비정치적 농부들이나 프롤레타리아들, 조직도 없는 사람들, 힘없는 사람들이 절망에다 분노에 차서 가장 조잡한 프로그램을 가지고서 필사적으로 일으킨 봉기였다.

중세인의 전통적 세계관은 위계적 유기적 정치적 질서가 불변하다고 생각했고 개인적 특수주의적 관계를 강조했기 때문에 어떠한 종류의 독립적 정치적 열

---

11) Fritz Kern, *Kingship and Law in the Middle Ages*, trans. with intro. by S. B. Chrimes (Oxford, 1948), pp. 54ff.
12) 아마도 그레고리 7세의 개혁에 관한 가장 훌륭한 논의는 다음 책에서 발견될 수 있을 것이다. Gerd Tellenbach, *Church and Society at the Time of the Investiture Contest*, trans. R. F. Bennet (Oxford, 1940).

망이나 이니셔티브도 막았을 것이다.[13] 그렇지만 이 두 가지 중 그 일부는 길드와 길드 통치 리더십에서 보이는 오랜 민주주의 투쟁이 보여주는 바와 같이 중세 후기와 르네상스 시대에 확실히 현존했다. 그러나 도시화가 가장 많이 이루어진 14-15세기의 이탈리아에서조차도 열정과 체계와 지속성을 특징으로 하는 행동의 정치를 발견하는 것은 어려울 것이다. 일례로 피렌체 인문주의자들 가운데 정치적 삶의 덕과 시민의 시민적 의무에 대한 눈에 띄는 새로운 의미가 출현하기는 했다. 그러나 이탈리아인 사이에 있었던 계급과 가족의 강렬한 대적은 음모, 암살, 폭동 그리고 내부의 쿠데타로 끝났지 체계적 조직, 지속적 활동이나 혁명으로 끝나지 않았다. 시민의 덕은 결코 가족의 충성심을 이기지 못했다. 공유한 시민권의 이념은 위계적 지위에 대한 비상한 관심을 결코 극복하지 못했다. 계급투쟁은 으레 그렇듯이 공유된 관심과 열광을 동반했지만 봉건적 피의 복수를 결코 전체적으로 교체하지 못했다.[14]

16세기 초 마키아벨리의 『로마사 논고』는 정치적 삶에 대한 상상적이면서도 현실적인 논의를 보여주고 시민의 덕과 시민권에 대한 진정한 갈망으로 가득 차 있다. 그러나 그의 『군주론』은 행동주의자 시민을 위한 프로그램이 아니라 모험가를 위한 핸드북이다. 마키아벨리는 정치를 개인의 기량과 계산의 문제로서 보는 새로운 정치의식을 가장 잘 구현했지만 제후의 야망을 제한하고 조형하며 타인들과의 협력을 의지적으로 수용하는 창조적 행위를 형태화할 수 있을 새로

---

13) 여기서 전통적이라는 말은 막스 베버가 사용하는 의미이다. 즉 관습과 개인주의적 관계에 토대를 둔 사회와 사고방식을 가리킨다. 따라서 봉건제의 위계는 **존재의 사슬**이었고 직위의 사슬은 아니었다. 그것은 계획에 따라 재구성할 수 있는 여지는 없었다. Weber, *The Theory of Social and Economic Organization*, trans. A. M. Henderson and Talcott Parsons (Oxford, 1947), pp. 424ff.

14) "군주제에 대립하는 형태의 대중적 급진주의는 르네상스의 폭정 국가에서 발견될 수 없다. 개개인은 내면적으로 전제정에 저항했지만 그 붕괴를 위해 다른 사람과 결합하기보다는 오히려 관용적으로 아니면 이익을 추구하는 생각에 타협할 경향을 가지고 있었다." Jacob Burckhardt, *The Civilization of the Renaissance in Italy: An Essay* (London, 1955), p. 39. 또한 다음을 참조. G. A. Brucker, *Florentine Politics and Society: 1343-1378* (Princeton, 1962), pp. 28, 35, 125-126; Lauro Martines, *The Social World of the Florentine Humanists: 1390-1460* (Princeton, 1963), pp. 50ff.

운 이데올로기가 아직은 뒤따라 주지 않았다. 따라서 새로운 의식은 강렬하게 개인적인 정치, 당파에 시달린 정치만을 산출했을 뿐이다. 형식에서 벗어난 예술가적 기교는 정치적 용병대장, 권력의 변주자를 낳았다. 이탈리아의 경제적 삶에 대해 베버가 그 실상을 어떻게 기술했던지 간에 이탈리아 정치에서 모험가의 중요성은 거의 부인될 수 없다.[15]

사보나롤라는 마땅히 예외일 것이다. 그가 순교자로서 사실상 일종의 종교적 모험가가 아니라는 전제에서 하는 말이다. 그가 쓴 바에 따르면 "[피렌체를] 유덕하게 만들고 그녀를 위해 그녀의 덕을 보존할 국가를 창건하기 위해"[16] 노력했다. 이는 주위에 정치 활동을 형성하고 열심당을 조직하는 이상을 제공했을 수 있다. 그러나 사보나롤라 개혁의 유일한 동력은 너무나 순수한 개인적인 카리스마였다. 그래서 조직적 표현을 할 수 없었기에 그 사람이 죽은 후에 남은 것은 진기한 기억과 다소 재미없는 설교집 밖에는 없었다. 피렌체인들이 사보나롤라에게서 운동이 아니라 사람을, 이데올로기가 아니라 정열을 알아보는 것은 전적으로 옳은 일이었다. 반세기가 지나게 되면 제네바 사람들은 정확히 그 반대의 것을 존 칼빈에게서 발견하게 될 것이다.

3. 청교도의 정치적 행위

마키아벨리의 모험가–제후는 16세와 17세기의 "주인 없는 인간들" 중에 최초에 해당하는 사람이다. 이들은 시대의 영웅이고 악당들이며 유기적 위계적 특수주의적 유대에서 풀려난 사람들로서 고대의 신비에 무감각하고 야망을 가지고 계산적이며 불경한 인물이었지만 아직 근대 사회 체계에 통합되지 못했다. 이들 중 일부는 새로운 주인을 칼빈의 신에게서 발견했고 곧바로 신이 영광

---

15) 다음을 참조. Max Weber, *The Protestant Ethic and the Spirit of Capitalism*, trans. Talcott Parsons (New York, 1958), pp. 58ff.
16) 다음에서 인용한 것이다. Roberto Ridolfi, *The Life of Girolamo Savonarola*, trans. Cecil Grayson (New York, 1959), p. 105.

30 · 성도들이 일으킨 혁명

을 받을 수 있고 그들이 행동적일 수 있는 새로운 사회를 창조하는 과업에 착수했다. 칼빈은 마키아벨리적 모험가의 기교를 한껏 발휘해서 제네바에서 권력을 추구했다. 영국의 칼빈 추종자들에 대해서도 동일하게 말할 수 있다. 다만 17세기 혁명 정치의 요소들을 열거할 필요는 있다. 이는 영국 칼빈주의자가 중세 지체들의 수동성뿐만 아니라 르네상스 제후들의 순수한 자기 확장으로부터도 거리를 두었다는 사실을 말해주기 위함이다.

첫째, 찰스 1세 왕의 사법적 처형이다. 이는 암살이 아니다. 바꾸어 말하면 1649년 찰스 1세 왕의 재판은 찰스 그 사람에 대한 개인적 공격이라기보다는 군주제의 본성 그 자체에 대한 대담한 탐구였다. 둘째, 잘 규율된 시민 군대의 출현이다. 이 군대에서 대표자 협의회가 발생하고 "선동가들"이 군부대에서 강의하고 가르쳤다. 이들은 심지어 이등병들, 풍자 문학에 나오는 구두 수선공이나 땜장이들에게도 정치적 문제들을 반성하도록 가르쳤다. 셋째, 국가 헌법을 문서화하는 최초의 노력과 이를 고쳐 쓰는 노력이다. 그리하여 문자 그대로 새로운 정치적 질서를 구성한다. 넷째, 갖가지 요란한 요구들의 공공적 발표이다. 이는 교회, 국가, 런던 정부, 교육 체계, 구빈법 행정의 재조직을 요구한다. 이들 중 많은 것이 이전에 수동적이고 비정치적이었던 사람들의 요구들이다. 다섯째, 이러한 요구들을 실행하기 위해 특별히 신중하게 기획된 집단들의 형성이다. 이 집단들은 자발적 결사의 원리에 기초해서 이데올로기적 헌신을 입증하는 것을 요구한다. 피의 유대, 귀족주의적 후원이나 지역 거주에 대한 입증이 아니다. 여섯째, 관심을 가지고 행동하는 공중들의 갑작스러운 팽창에 반응하는 정치적 저널리즘의 출현이다. 마지막으로, 무엇보다도 **개혁**의 필요성과 가능성에 대해 각을 세우고 계속 주장하는 각성된 의식이다. 확실히 새로운 정치의 결정적 특징 가운데 하나인 사회 개조의 열정은 1641년 하원 연설에서 분명하게 드러난다.

개혁은 보편적이지 않으면 안 된다. [청교도 목사인 토마스 케이스는 촉구했다] 모든 장소, 모든 사람, 모든 직업을 개혁하라. 재판관, 하급 치안판사를 개혁하라 ⋯. 대학을 개혁하라, 도시를 개혁하라, 시골을 개혁하라, 하급 학교의 학습을 개혁하라, 안식일을 개혁하라, 조례를 개혁하라, 예배를 개혁하라.⋯ 여러분이 할 일은 내가 말할 수 있는 것보다 훨씬 많다.⋯ 하늘에 계신 아버지가 심지 않았던 모든 나무는 뿌리째 뽑힐 것이다.[17]

　동일한 정신이 60년 전에 있었다. 청교도 목사 집단이 초안으로 작성한 의회 법안의 첫 구절에는 모든 현존하는 영국 교회의 "법, 관습, 법령, 조례, 헌법"을 뒤집을 의지가 담겨져 있었다.[18] 중세에는 이러한 파괴적 싹쓸이의 정치를 마음속으로 생각하는 것조차 어려운 일이다. 적어도 이와 똑같이 어려운 일도 있다. 즉 새로운 법, 관습, 법령, 조례 등등을 제공하는 일을 행복하게 시작하는 치안판사, 학자, 또는 군인을 상상하는 일이다. 그러나 크롬웰은 자신만의 방식으로 그 일을 치른 사람이었다. 그를 도와준 존 밀턴 역시 확실히 또 다른 사람이었다. 교회뿐만이 아니라 국가, 가정, 학교, 심지어는 극장, 그리고 종교, 문화, 가족, 정치의 경기 무대까지도 이 위대한 청교도 시인은 새롭게 만들려고 했었다.[19]

　개혁이라는 말은 16세기와 17세기를 경과하는 가운데 새로운 의미를 띠었다. 그 말은 이전에는 갱신 즉 어떤 원래의 형태나 상태의 복원을 뜻했다.[20] 이것이 아마도 원시 교회에 대한 비전을 품은 초기 프로테스탄트와 "고래로 전해 오는 헌법"을 영예롭게 생각한 프랑스와 영국의 많은 법률가에게 전해지는 함

---

17) Thomas Case, *Two Sermons Lately Preached* (London, 1642), II, 13, 16. (여기서 철자는 현 대적으로 바꾸었고 이하의 인용과 제목도 마찬가지이다)
18) J. E. Neale, *Elizabeth I and Her Parliaments: 1584-1601* (London, 1957), p. 149.
19) 특히 다음을 참조. Milton, *Works*, ed. F. A. Patterson, et al. (New York, 1932), III, part I, 237ff. and IV, 275ff.
20) *Oxford English Dictionary*, reform, reformation.

의였을 것이다. 그러나 이 두 신화의 이름으로 제안된 변화들은 종종 급진적이었고 관습과 선례에 호소함에도 불구하고 현재의 관행과는 급격하게 결별할 정도의 변화를 나타냈다. 그래서 개혁은 마침내 개선을 위한 향상, 변화, 즉 정말로 개선을 위한 급진적 변화를 단순하게 의미하게 되었다. 1648년대에 이르러 이 말은 오늘날 혁명과 연결된 종류의 변혁을 암시하게 되었다. 이것이 이 말에 대해 개혁을 끝없는 과정으로 본 보수주의자 리처드 후커가 기왕에 가졌던 의미였다. 이를테면 "프랑스[위그노]의 재형성까지도 … 개혁하려는 분파가 영국에서 일어났다." 이 말은 밀턴의 저술에서 비슷한 의미를 가졌다. "하나님이 그분의 교회에, 심지어는 재형성의 개혁에 어떤 새롭고 위대한 시기를 명하고 있었다."[21] 물론 설교자와 법률가들은 원시적이고 고대적인 관행에 계속적으로 호소했지만 의미의 이동은 분명했다. 그리고 그 가시화는 갱신의 이념의 토대가 된 순환적 역사관이 개선의 이념을 위한 이론적 토대를 제공한 진보적 관점으로 대체되는 과정에서 점진적으로 일어났다.[22]

진보 이론의 발전은 16, 17세기의 특징을 이루는 새로운 정치 정신, 새로운 의미의 활동과 가능성, 그리고 보다 급진적 상상력의 다른 신호일 뿐이다. 이 새로운 정신의 기원과 본성은 진보가 처음에는 기독교의 역사와 임박한 천년왕국의 견지에서 상상되었다는 사실로부터, 아니면 거듭 말하지만 목사가 개혁에 대해 젠틀맨과 법률가와 영국 하원 의원인 상인에게 정력적으로 설교했다는 사실로부터 암시된다. 청교도 성직자들은 정치적 활동이 성도들이 참여할 의무가 있는 것일 뿐만 아니라 특권을 누리는 창조적 노력이라고 주장했다. 중세인은 그렇지 않았지만, 성도들은 세상에 대해 무엇보다도 세상의 지속적인 재형성에 책임을 졌다. 성도들이 목적을 가지고 열광적으로 수행하는 활동은 종교적 삶

---

21) *Of the Laws of Ecclesiastical Polity*, Everyman's Ed. (London, 1954), bk. Ⅳ, Ⅷ, 4. Milton, *Works*, Ⅳ, 340.
22) E. L. Tuveson, *Millenium and Utopia: A Study in the Background of the Idea of Progress* (Berkeley, 1949).

의 일부였지 뚜렷이 다른 별개의 것이 아니었다. 그들은 자신들의 성도다움을 토론, 선거, 행정, 그리고 전쟁에서 실행했다. 종교적 열정에 대한 감수성만이 1640년대와 1650년대에 있었던 영국 사람의 행동을 설명할 수 있다. 그 시기의 정치는 종교적 목표의 추구였고 그 끝은 영적 기쁨이었을지라도 기쁨이었다. 밀턴은 이를 확실히 알고 있었고 가장 침울하고 의무적인 성도들도 어렴풋이 당연히 감지했을 것이다.

  그러나 청교도의 열정은 사적 정념이 아니었다. 그 대신에 그것은 고도의 집단 감정이었고 성도들에게 새롭고 비개인적 규율을 부과했다. 양심은 성도들을 중세의 수동성과 봉건적 충성심으로부터 자유롭게 했으면서도 개인주의적, 이탈리아식의 당파와 음모의 정치를 부추기지는 않았다. 청교도 목사들은 위대한 르네상스 권신들의 개인적 낭비를 반대하는 운동을 펼쳤고 정치에서 "사적 이익"이 맡은 역할을 개탄했다. 그들이 애호한 양심적 활동은 아마도 크롬웰의 신형군에서 가장 잘 드러났다. 신형군은 엄격한 부대 규율을 비롯해, 약탈과 강간에서 신성모독과 카드놀이에 이르기까지 모든 상상 가능한 죄를 방지하는 정교한 군령, 그리고 마지막으로 능숙한 효과적 군사 전술을 갖추고 있었다. 이러한 규율은 자기 통제 또는 상호 감시를 강조하면서 헌신을 지속하게 했고 체계적 활동이 정치에서 병행된 것은 당연한 일이었을 것이다. 실로 청교도의 새로운 정신은 막스 베버가 경제적 삶에서 기술한 "세속적 금욕주의"이기는 하지만 논쟁, 투쟁, 파괴, 그리고 재건을 향하는 만큼 취득을 향하지는 않는 세속적 금욕주의[23]에 직접 비유되는 일종의 군사적 정치적 직무 윤리로 규정될 수 있다. 칼빈주의적 양심은 전쟁과 정치, 또한 베버가 옳다면 사업에까지도 방법과 목적의 새로운 의미를 부여했다. 바로 이것이 무엇보다도 성도들의 활동을 중세인과 르네상스인의 그것과 구별짓는다. 중세인은 불변하는 전통 세계에 갇혀서 자신의 사회적 지위에 고착되어 친지들에게 충성했고 반면 르네상스인은 순전

___
23) Weber, *Protestant Ethic*, pp. 95ff.

히 개인적 야망을 추구했던 것이다.

4. 청교도의 사회정치적 배경

목적을 가지고 체계적으로 활동한 성도의 행위는 적어도 논리적으로 사회적 정치적 역사의 네 가지 다른 발전에 의존한다. 이 네 가지는 전통 사회가 근대 사회로 이행하는 점진적 변혁의 국면들이다. 이것들을 칼빈주의적 급진주의의 전제조건으로서 말하는 것은 아주 정확한 것은 아니다. 왜냐하면 그것들은 그 자체로 인간의 의도성 그리고 심지어는 성도들의 의도성이었기 때문이다. 그것들은 급진적 정치의 출현과 평행적으로 진행되고 관여된 발전이다. 그것들은 이데올로기적 헌신과 정치적 재구성을 가능하게 도와주었다. 이 발전 중 세 가지는 새로운 경제의 사회적 기초에 대한 막스 베버의 개요를 간단하게 풀어 말하는 것으로 기술될 수 있다.[24]

　Ⅰ **정치를 가정으로부터 분리하다** 이미 중세 시대에 교황주의자와 새로운 군주들은 질서를 다시 세우는 활동을 수행할 때 봉건적 가족의 소유권과 법적 특권에 반대하여 오랫동안 전쟁을 벌였고 또 다만 부분적으로만 성공했다. 그러나 많은 사람들이 관측한 바로는, 교황들과 왕들은 자신들의 소유권과 특권을 폐지하는 것이 아니라 그것들을 전유하고 독점하려고 애를 쓰는 방식으로 전쟁을 벌였다. 교황들은 교회의 신랑으로서, 군주들은 나라의 아버지로서 그들 자신의 권리와 특전을 위해 전쟁을 벌였다. 따라서 보다 이른 시기에 있었던 가족적 진격은 왕조의 확장이 대체했고 봉건 영주들의 소규모적 가부장제는 막강해진 왕들의 가부장제가 대체했다. 이러한 변화들은 분명히 가족적 정치의 지속을 귀족주의적 당파와 관료주의적 족벌주의의 형태로써 배제하지 않았다. 그렇지만 그들은 왕의 모든 신민들이 동등하게 그의 자녀들이라고 제안하는 방식이었을지라도 정치적 삶에서 친족의 중요성을 어느 정도 축소하려고 했다. 그러

---

24) Weber, *Protestant Ethic*, pp. 21-22.

나 칼빈주의 성도들의 활동이 필요로 한 것은 모든 신민들은 순진해 빠진 정치적 자녀라기보다는 아는 것이 많은 행동적 시민이라는 인식이요, 정부는 가정이 아니라는 인식이며, 국가는 확대된 가족이 아니고 왕은 다정한 아버지가 아니라는 인식이었다. 급진적 정치는 전통적 가족과 그 모든 과장되고 왜곡된 이미지들의 해체에 달려 있었다. 그러한 해체가 가족을 보다 근대적 형태로 재구성하는 일부였다는 점을 아래에서 논의할 것이다.

2 공식적으로 자유인이 나타나다. 16세기에는 현대에 와서 너무 흔해진 불법적 인간 즉 정치적 추방자를 처음으로 얼핏 볼 수 있다. 사회사를 넓게 보면 도망친 농노가 중요성을 지니듯이 정치적 추방자는 정치사에서 그와 같은 중요성을 지닌다. 그는 도망친 신민이다. 그는 패배한 봉건 영주와는 다르다. 다시 말해서 엄밀히 이국땅이 아닌 나라를 여행하고 친족의 궁정을 축복한 추방된 남작과는 매우 다른 인물이다. 여기서 문제되는 정치적 추방자는 처음에 이탈리아에서 나타나고 르네상스 시대 도시 국가의 당파적 지도자로서 너무 자주 해외에서 유랑하는 처지에 있었거나 자신의 영토에서 쓰라린 고립을 안고 살아가도록 선고되었다. 그러나 16세기의 새로운 급진주의자는 르네상스 정치가보다도 이데올로기적 이유에서 스스로 망명해야 할 가능성이 높았고 반목이 아니라 박해로 피해를 본 사람이었다. 기업적 교회를 파괴하거나 중대하게 해치는 종교적 재형성은 해방된 새로운 집단 즉 자유직업적인 설교자와 방랑하는 학자들을 낳았다. 때때로 조국에서 내쫓긴 채로 이 새로운 지식인들은 자신의 분노와 열정을 키웠고 이탈리아식 당파적 음모를 상당히 넘어서는 지점까지 나아가는 대립을 조직화했다. 그러나 이탈리아든지 북부 지역이든지 간에 추방자가 현존한다는 그것만으로도 봉건적 유대와 의무로부터 떨어져 나온 보다 많은 사람들이 존재한다는 것을 가리키기에는 충분하다. 이들은 홉스가 기술하는 "주인 없는 인간들"이다. 그들의 삶은 새로운 피카레스크 문학에도 반영되어 있다. 그들은 홉스의 저서와 소설에서 시각에 따라 위험한 또는 유쾌한 불한당으로 가장 많이

나온다. 그러나 그들은 또한 순례자였고 청교도의 설교 문집에 그렇게 기술된다.[25] 그러한 사람들만이 이데올로기적 헌신을 기초로 해서 스스로를 자발적으로 조직화할 수 있었을 것이다. 이들과 함께 함으로써만 왕조 확장의 정치는 개인, 당, 계급, 그리고 국가 확장의 정치로 대체될 수 있었을 것이다.

③ 정치적 방법을 합리적으로, 초도덕적으로, 실용적으로 고찰하다. 참으로 현실주의적 의미의 권력 방법론과 그 획득 · 보존 · 사용은 아마도 처음에 이탈리아 도시에서 나타난다. 정치적 사건에서 기교, 정력, 그리고 운수의 상대적 비중은 그 곳에서 엄청나게 세심하게 그리고 지극한 관심을 기울여 계산되었다. 현실 정치적 경험이 누적된 자료를 기초로 해서 다양한 목적을 위한 다양한 수단의 적절성 문제가 상세하게 토론되었다. 이러한 토론의 장기 효과는 신비를 정치적 한계로 사용하는 일을 끝내는 데 있었다. 마키아벨리와 같은 인간이 가진 격렬하고 실용적인 관심으로부터 제외될 수 있는 것은 아무것도 없었다. 명백히 다른 목적들 때문이었다고 해도 이 동일한 관심의 일부는 살아남았고 심지어 확대되었으며 칼빈주의와 예수회 저자들의 정치적 결의론 속에 보다 심화되었다.[26] 이런저런 정치적 수단이 기독교도에 의해 정당하게 사용되어도 좋을지에 관한 사제들과 성도들의 숙고가 극진해서 때로는 넌더리가 났지만 이는 극적 효과를 가져왔다. 즉 개인적 권력에 대한 열정적 추구는 집단적 양심적 노력으로, 정치적 기술에 대한 악마적 연구는 경건한 학문으로 전화되었다. 왕의 행동이라는 행동은 기민하게 계산하는 종교적 신민의 재고 대상이 되었고 이 독실한 재고는 마키아벨리적 모험가의 냉철한 실용주의보다 더욱 더 위험한 것이었다. 양심적 사람들은 주의 깊은 결의론자를 필요로 했지만 권력이 자신들의 목표로서 정당한 것이라는 말이 들리기만 하면 권력을 추구하는 일에서 놀라울 정도로

---

25) 청교도 문학에서 순례를 주제로 하는 가장 훌륭한 논의는 다음 저서에서 발견될 수 있다. William Haller, *The Rise of Puritanism* (New York, 1957). 특히 다음을 참조. pp. 147ff. 피카레스크에 관해서는 다음을 참조. F. W. Chandler, *The Literature of Roguery* (New York, 1907).
26) G. L. Mosse, *The Holy Pretence* (Oxford, 1957).

효과적이었고 아마도 필요한 수단을 택하는 일에서 모험가보다도 한층 더 가차 없었다.

4 **대규모의 정치적 단위가 발흥하다.** 전통적 정치적 삶의 여러 중심들 즉 가족, 기업, 도시 등등이 너무도 강력한 것은 근대 국가에서뿐이고 곧 이어서 그 중심들은 작은 단위들로 변형된다. 이 단위를 통해서 아이들은 사회화되고 복종을 가르치며 경제적 또는 지역적 이익을 대표하게 된다. 그런데 이를테면 이것 또는 이런 것이 작용한다고 할 때만 급진적 정치가 충분하게 발전하기 위한 무대가 설치된다. 최근의 혁명 연구자들이 확실히 올바르게 주장하는 것이 있는데, 이는 정치적 반란을 충분한 규모의 당으로 조직화하는 것이 근대 국가의 복잡하고도 막강한 장치의 역사적 대응물에 해당한다는 것이다. 이 둘은 16세기에 같이 나타난다.[27] 그러나 이것은 절대주의적 왕에 대한 도전, 급진주의자와 이단자의 반응의 문제만은 아니다. 어떤 의미에서 이 두 인간 집단, 즉 왕과 반란자는 양측의 긴장이나 전쟁이 무엇이든지 간에 같이 일한다. 정력과 열정이 흩어진, 예를 들어 반쯤 봉건적 보헤미아의 이단 후스파와 같은 보다 작은 정치적 단위를 억압하는 것, 봉건적·가족적·지역적 충성심을 파괴하는 것, 처음에는 중세 유기체의 신민이었다가 나중에는 시민으로 다시 나타나는 것과 같은 이 모든 현상은 새로운 군주가 필요로 한 복종의 사회적 기초를 제공했다고도 말할 수 있다. 또한 이 모든 것은 이데올로기적 헌신과 자발적 결사의 기초를 제공했다고도 말할 수 있다.

5. 정치적 칼빈주의

봉건적 가부장제가 붕괴한 것, 추방자이거나 방랑자이거나 또는 순례자이거나 불한당이거나 간에 자유인이 나타난 것, 정치적 수단을 합리적으로 계산한

---

27) Koenigsberger, "Revolutionary Parties," p. 335. 영국 근대 국가의 제도 발전에 대해서는 다음을 참조. G. R. Elton, *The Tudor Revolution in Government* (Cambridge, Eng., 1953).

것, 근대 국가가 발흥한 것, 이 모든 것은 성도가 나타난 역사적 상황을 말해준다. 그는 정치적 전통주의를 극복하고 주인 없는 인간들의 위험한 세계에서 생존하는 데 필요한 "심상치 않은 강한 성품"을 소유한 자였다.[28] 이 문구는 베버가 사용했다. 대략적으로 말하면 그는 베버의 경제적 기업가와 일치한다. 새로운 성도는 중세의 신민이나 르네상스의 용병대장과는 다르기도 했지만 베버의 경제적 기업가는 중세의 조심스러운 주민이나 이탈리아의 모험가적 자본가와도 달랐다. 급진적 정치는 성도의 창안물이었고 발명과 실험의 어려운 과정을 통해서 발전했다. 그 체계적 지속적 성격은 성도 자신의 성격이었고 세상을 사는 노력에서 실행되었다. 그 특수한 방법은 근대 군사적 전술이 봉건적 무질서와 개인적 전투로부터 진화한 것과 거의 동일한 방식으로 만들어졌다. 다시 말해서 그것은 정치적 갈등을 겪는 과정에서 주어지는 기회에 승리를 꾀하면서 체계적으로 행동하고 창의적으로 반응하는 사람에 의해서 산출되었다.

> 선한 형제들이여, 우리는 모든 수단에 이르기까지 굽히지 않으면 안 된다. 거룩한 대의의 진전을 가져오기 위해서.[29]

이것은 벤 존슨의 희극에 나오는 목사 트리뷸레이션 호울섬의 말이다. 그는 청교도 형제를 불경건한 연금술사의 가게로 데려가면서 그렇게 말했다. 벤 존슨은 정치적 기업가의 양심적 가차 없음을 암시했다. 트리뷸레이션 호울섬은 그의 형제라 불리는 땅의 열정처럼 코미디 같은 인물이었다. 하지만 존슨의 연극을 본 청중들은 그와는 면식이 조금 있었음은 의심의 여지가 없다. 곧 아래에서 묘사될 성도는 어찌 보면 하나의 "유형"이다. 이를테면 아마도 사회학적 방식으로 각색된 희화이다. 그러나 특정한 역사적 인물들은 성도의 이미지에 최

---

28) Weber, *Protestant Ethic*, p. 69.
29) Jonson, *The Alchemist*, III, i.

대한 맞추어서 자신들을 만들어냈다. 그들 중 일부는 거룩한 대의의 진전을 보기 위해서 확실히 모든 가능한 수단을 찾았다. 후속하는 내용이 관심을 보이는 것은 이러한 정치적 기업가들이다. 모든 나라에서 그들을 묘사하는 특징들은 대략적으로 동일하다. 따라서 "유형"이든 희화이든 둘 다 유용성이 있다.

물론 늘 기억해야 할 점은 이들은 다양한 관심과 능력, 상이한 사회적 배경을 가진 사람들이었고 다양한 방식으로 진행 중인 체제에 참여했고 다양한 강도로 새로운 질서에 헌신했다는 사실이다. 개개인은 그들의 충성심이 은밀하게 배후에 자리하고 있는 개혁 교회의 공식적 삶에 끌려 들어갔고 일부는 진정성을 가지고 헌신했지만 무정부주의적 또는 분리주의적 사고나 표현 또는 행동 양식을 유지했다. 그러나 이 모든 것에도 불구하고 성도는 희화화와 이상화를 통해 가시화되고 그렇게 설명될 수 있는 여지를 제공하며 새로운 정치는 성도 없이는 설명될 수 없다. 성도는 혼란 속에서 주의하며 내키지 않은 마음을 영구적으로 가지면서 세계를 살아간다. 성도가 현존하는 세계가 이렇다는 사실은 일련의 물음들을 제기한다. 우선, 많은 유파의 성도가 있었다. 제네바 칼빈파, 프랑스 위그노파, 스코틀랜드 계약파, 잉글랜드 메리 여왕 추방자들, 규율파 목사들, 청교도 성도들이 있었다. 그런데 개별적인 인간들을 이와 같은 경건한 이방인 결사체에 가입하도록 움직인 것은 무엇이었는가? 성도의 신분으로 그들이 엄격한 자기 규율과 과민하고 부단한 행동주의로 복무한 구체적 필요는 무엇이었는가? 성도들의 정치적 실험을 가능하게 하고 필요하면 언제라도 구습과 단련된 수동성과 동료들의 전통적 충성심을 무시할 수 있게 한 "심상치 않은 강한 성품"이 규칙적으로 행하는 일상적 반성과 날마다 하는 활동의 기초는 무엇이었는가?

이 책의 목적은 영국혁명보다 100년 앞서는 칼빈주의 정치에 대한 역사적, 사회학적 연구를 통해 이러한 물음들에 답하려는 것이다. 이 책의 끝부분에 이르면 이 서론 장에서 이미 말한 주장을 이론적 용어로 진술하는 것이 가능할 것이다. 즉 칼빈주의 정치, 실로 급진주의 일반은 현대 저술가들이 "근대화"라고 부르는 광범한 역사적 과정의 국면이다. 칼빈주의는 수동적 인간에게 정치적 활동의 스타일과 방법을 미리 가르쳤고, 근대 국가라는 계속 진행되고 있는 정치적 행동의 체계에 참여하는 권리를 성공적으로 주장하도록 만들었다. 근대성은 어떤 의미에서도 정치적 급진주의자의 의도적 창조물은 아니다. 예를 들어 베버가 자세히 말한 근대적, "합리적–법적" 질서의 요소들 가운데 급진적 열망과 많이 관계하는 것은 거의 없다.[30] 이 연구의 마지막 장에서 주장할 것이지만 칼빈주의 정치가 관계하는 것은 근대성이 아니라 근대화이다. 이것은 근대성이라는 결과가 아니라 이보다 훨씬 더 중요한 과정을 말한다. 성도는 그 과정의 어떤 순간에 나타났고 그 자신의 동기와 목적으로 기억되기보다는 사후에 자신이 맡은 극적 역할과 효과 때문에 기억된다. 그러나 그의 성도다움의 역사적 원천을 주의 깊게 검토하지 않고, 그의 목적이 그의 활동의 결과와 구별되지 않는다면 그를 이해하는 것은 불가능하다.

서구 유럽의 역사에서 특히 잉글랜드에서 16세기와 17세기는 근대화 과정의 결정적 단계를 표시한다. 다시 말해 청교도가 핵심 주역인 17세기 중반의 영국 혁명에서 최종적으로 나타난 명백한 "위기"를 표시한다. 어떤 의미에서 성도는 그 위기의 산물이라기보다는 원인이다. 그 위기는 다른 나라에서 다른 시간에도 일어나는데. 이는 이데올로기로 훈련되고 단련된 일군의 무리들이 구질서에 결정적으로 도전하고 전통주의에 대한 대안으로 자신의 비전을 제공하고, 전통적 통치자에 대한 대안으로 자신의 사람들을 제공할 때마다 일어난다. 그러나 다른 의미에서 이것 역시도 동등하게 중요한 것인즉 성도는 그 시대의 산물이라는 것이다. 왜냐하면 인간들은 역사의 어떤 순간에만 이데올로기적 훈련에 마음을 열기 때문이다. 대개 인간들은 자기 규율과 행동주의를 부추기는 것이라면 무엇이든 면역 반응을 보이고 벗어나며 모든 열광을 업신여긴다. 근대화의

---

30) Weber, *Theory of Economic and Social Organization*, pp. 329ff.

위기 상황은 오랜 면역력이 갑자기 무효화되고 수동성과 묵종의 양식이 뒤집히는 순간으로 정의될 수 있다. 오직 이때만 인간 집단은 베버가 기술한 대로 어떤 성품의 강화를 추구하고 그리고 정말 필요로 한다. 물론 다른 이데올로기들이 그 목적에 봉사할 수 있다. 칼빈주의가 정치적 급진주의의 유일한 형태가 아님은 분명하다. 자코뱅주의와 볼셰비즘을 병행적으로 언급하는 일은 나중에 제시될 것이다. 그러나 급진주의가 종교적 열망을 매개로 하여 처음으로 표현되었다거나 칼빈주의가 앞서 기술한 새로운 종류의 세상적 노력을 위해서 처음으로 조직된 이데올로기적 체계였다는 것은 둘 다 유력한 가능성이다.

이러한 이유로 우리의 연구는 2장에서 칼빈주의를 이데올로기로서 검토한다. 이데올로기로서의 칼빈주의는 가부장적 봉건 세계에 대한 비판적 시각, 정치적 현실주의, 사회적 재건을 위한 대담한 제안, 사탄과 그 동맹과 싸우는 사람을 조직하고 파견하는 비범한 능력을 특징으로 한다. 그리고 이 특징은 사탄의 동맹이 왕과 귀족으로 드러났을 때도 마찬가지이다. 이러한 특징을 지니는 입장으로부터 나오는 직접적 결과는 3장에서 두 가지 사례 즉 프랑스의 위그노와 영국의 메리 여왕의 추방자를 통해서 논구된다. 여기서 칼빈주의가 특정한 사회 집단에 호소하는 일이 분석될 것이고 개개인이 성도다움을 갖추기 위해 다양하게 즉 서툴고, 불안하고, 열광적으로 접근하는 일이 체계적으로 기술될 것이다. 칼빈 자신이나 나중의 성도들이나 간에 칼빈주의가 해결한 그들의 인간적 필요를 이해하는 것만이 역사의 이 특정한 순간에 완전히 새로운 세계관이 나타나는 것을 이해하도록 만들어 줄 것이다. 왜냐하면 필요는 어떤 면에서 원인이기 때문이다. 물론 그렇다고 해서 인간들은 자신이 필요로 하는 것을 항상 또는 언제고 얻는다고 말하는 것은 아니다.

잉글랜드에 있는 두 사회 집단은 그 성원들이 칼빈주의 이데올로기를 채택하고 성도가 되며 성도됨을 자신들의 필요에 맞는 형태로 빚어낼 가능성이 가장 많은 집단이었는데, 이 집단이 바로 성직자와 새로운 계층의 교육받은 평신도이다. 전문 지식인들은 근대화 도처에서 중대한 역할을 하고 이들은 대개는 전통적 질서에 대한 경제적 사회적 변혁을 위해 일어선 아마추어 지식인들의 지지를 받으며 이 지지자들은 대개는 새로운 중산 계급의 지도자들이다. 16세기와 17세기의 잉글랜드 목사가 맡은 역할은 급진적 지식인을 분석할 수 있는 기회를 제공해준다. 급진적 지식인으로서 목사는 맨 처음으로 기업적 교회의 통제로부터 자유롭게 되었고 아마도 이 자유 때문에 사회적 변화의 부담에 가장 예민하고 개종에 가장 개방적이며 지하 조직과 급진적 이데올로기로 실험할 준비가 가장 많이 되어 있음을 드러낸 사람이었다. 청교도 성직자의 사회학과 정치는 4장에서 검토될 것이다. 그들의 새로운 사상, 매일 표출하는 그들의 불만, 설교에 보이는 새로이 발견된 경건성, 그리고 일기와 신학논고는 5장과 6장에서 연구될 것이다. 우리는 목사들의 극히 절제된 삶, 그들의 조직 방식, 그들의 작품 어조, 이 모든 것이 중세의 위계질서와 가부장제, 유기체적 감정, 그리고 기업적 결사를 훨씬 뒷전으로 밀어 넣는 규율과 노동의 새로운 세계를 알려준다고 논할 것이다.

일반 성도나 올리버 크롬웰 같은 너무 자주 보거나 가장 중요한 경건한 젠틀맨들이나 또는 상류 인사이기를 열망하는 대학교육을 받은 상인들과 법률가들은 7장에서 기술될 것이다. 청교도주의는 이 사람들의 필요에 훌륭하다 싶을 정도로 적응된 것임을 입증했다. 이는 그 후 여러 형태의 급진주의가 가끔 새로운 사회 계급의 "발흥" 또는 이 계급의 교육 받은 구성원들의 발흥에 기능하는 능력을 입증한 것과 같다. 약간의 집단적이고 비개인적 부상을 나타내는 듯한 "발흥"이라는 성가신 단어는 실제로 엄청난 양의 고통스러운 인간적 노력을 은폐한다. 이 고통스러운 노력은 의지와 계산과 긴장, 그리고 무엇보다도 불안하고 내성적인 규율과 자기통제, 다시 말해서 칼빈주의가 성도들에게 제공한 양심을 요구했다. 이와 동시에 젠틀맨과 상인들이 이 새로운 이데올로기를 받아들임으로써 급진적 정치가 가능하게 되었다. 상류 인사의 권력과 특혜가 없었다면 칼빈주의적 열정은 사적 문제로 남았을 것이고 기껏해야 중세와 종교개혁 분파처럼 황망하게 대항하는 반란이나 이단 예언자들의 헛된 은밀한 음모를 꾸미는 데 그쳤을 것이다. 앞으로 영국 종교개혁의 분파주의자들에 관한 논의는 하지 않을 것임을 밝혀둔다. 이 분파주의자들은 흥미롭지만 영국 정치사의 결정적 혁신가들은 아니다.

존 햄프던, 존 핌, 올리버 크롬웰을 낳았던 칼빈주의 사상은 사회적 환경에 수용됨으로써 역사적으로 지식인들의 비밀 조직을 뒤따른 두 가지 형태의 새로운 정치, 곧 경건한 치안 판사와 종교적 군인을 실제적으로 가능하게 했다. 이 두 가지의 정점이 혁명이었다. 이 사실은 청교도 의원의 왕위 박탈과 신형군의 "섭리적" 승리에서 명백했다. 그 근저에는 계급의 야망뿐만 아니라 또한 칼빈주의적 양심이 있었다. 칼빈주의적 양심은 정치를 노동으로, 노동을 끊임없는 노력이자 악마와의 끝없는 투쟁으로 보는 비범한 관점을 갖고 있었다. 이러한 투쟁 과정에서 군대의 규율과 초병의 긴장은 정치적 인간의 기본적 필수 요소였다. 성도들 스스로가 혁명에 대해 이러한 관점을 취했는데, 그 근저에 정치를 일종의 전쟁으로 보는 새로운 개념이 있었다. 8장은 이 새로운 개념에 대해서 기술한다. 아마도 이러한 정치적 군인들의 성품은 존 애로우스미스가 전쟁이 이미 시작된 1643년 1월의 하원 설교에서 반복적으로 말한 주제에서 가장 잘 드러났다. 애로우스미스는 "확신하건대, 여러분은 결코 교회와 국가를 쉽게 개혁할 수 있을 것이라고 꿈꾸지 않았을 것이다"[31]라고 선언했다. 진실로 사람들이 평화로운 변화를 꿈꾸지 않았다면, 폭력과 체계적 전쟁을 왠지 개혁의 필연적 대가로 보지 않을 수 없게 되었다면 그것은 칼빈주의가 제공한 훈련 때문이었다. 전통적 사고방식에서 보면 그러한 투쟁을 생각하는 것은 당연히 불가능했겠지만, 바로 그런 사고방식이 점차로 낡은 것이 되었고 마침내 전통적 사고방식은 완전히 성도들의 집단적 근대주의적 양심으로 대체되었다.

---

31) *The Covenant-Avenging Sword Brandished* (London, 1643), p. 14.

2장 · 칼빈주의

1. 이데올로기로서 칼빈주의

1) 루터와 칼빈의 차이

16세기 당시에 리처드 후커[1554-1600]는 사람 이름이라기보다는 책 이름이라는 말이 있었다. 바꾸어 말하면 우리는 그에 대해서 아는 것이 얼마 없다.[1] 우리는 칼빈을 그보다 훨씬 많이 알지만 그는 교리를 나타내는 이름으로 불린다. 즉 그는 교리를 세운 사람이라는 것과는 별개로 존재하는 조직적 관념 체계를 일컫는 이름이다. 1536년 『기독교 강요』가 나왔을 때부터 칼빈주의라는 말만이 가능했다. 실제로 그 자신은 이렇게 자기 자신이 지워지는 것을 자신의 사상이 객관적 진리라는 것을 분명하게 보여주는 논증이며 가장 경건한 성과라고 여겼을 것이다. 루터교도들에게도 독일 종교개혁자가 있었지만 그 독일 종교개혁자의 사적 감정과 신비적 경험이 크게 중요한 것이었음에 틀림없다. 그들은 그의 그러한 종교적 조건을 다시 한 번 가지기를 추구했고 그와 비슷한 신앙에 이르기 위해 그가 겪은 시련을 다시 살고자 했다. 그러나 역사적으로 볼 때 칼빈에 관한 한 사적 개인 칼빈은 아무런 중요성이 없다. 그는 곧바로 공적 인물이 되었다. 그의 입장은 오롯이 공적 의견이 되었다. 그의 종교적 경험은 특별한 흥미를 끄는 대상이 아니었다. 칼빈이 믿은 대로 하나님의 예언자들에게 확실성을 심어

---

1) Christopher Morris, 리처드 후커의 책을 소개하는 다음 서론을 참조. Introduction to Richard Hooker, *Of the Laws of the Ecclesiastical Polity*, Everyman's ed. (London, 1954).

주는 영의 내면적 활동은 그 자신의 경우에 극적 영감이나 개인적 위기라기보다는 엄정한 논리적 정신의 점진적 깨우침에 관여된 것 같다.[2] 칼빈은 거듭거듭 되풀이해서 하나님의 불가해성을 확언했지만 개인적 신비는 거의 맛보지 못했다. 합리적 인간은 불가해성에 등을 돌린다. 하지만 신비는 강렬하고 흥분을 일으킨다. 칼빈주의는 개인적인 것과 감정적인 것의 종교적 강요에 저항하려는 아주 놀라운 노력이 성공한 결과이었다.

부분적으로 이런 이유에서 칼빈의 관념은 루터의 것보다 훨씬 더 많이 전파되었고 매우 광범위하게 사회적 경제적 환경에 적응하게 되었다. 칼빈의 관념은 객관적 비개인적 교리의 권위와 공적 견해의 범위와 호소력을 가지고 있었다. 노년의 루터는 지방 인물이었고 정치적 보수주의자였다. 그리고 이것은 19세기의 보다 정력적인 보수주의와 다르게 체념과 정적 속에 머무는 자세였다. 말년의 칼빈은 국제적 인물이었고 혹자는 그가 선동과 반란의 지칠 줄 모르는 원천이었다고 말했을 것이다. 그렇다면 소정의 관념들이 지니는 매력이나 모든 계층의 보통 사람들에 대한 호소력은 그 관념들의 감정적 강도나 깊이에 의해 결정되는 것이 결코 아니다. 왜냐하면 루터의 경우에 16세기 사람들을 뒤흔든 문제들의 인간적 뿌리에 보다 가까이 근접한 것은 확실하기 때문이다. 루터만이 권위와 주인 부재, 불안과 칭의의 거대한 딜레마를 무모하게 사는 삶을 살았다.[3] 그는 자신의 사적 삶이 마주한 극히 특별한 어려움에 몰린 탓에 가장 극단적 종교적 경험을 극화한 신학을 만들어냈다. 자신과 모순되는 것을 결코 꺼리지 않고 타협을 모르는 거친 말로 연설한 그는 모순과 양극을 맹렬하게 개인적으로 초월하는 의제를 제시했다. 반면에 칼빈은 탁월하게 논리적인 산문의 글을 쓰는 애매한 말의 대가였다. 그의 저서는 애매성이라는 커다란 정치적 덕목

<hr />

2) 칼빈주의자의 개종에 대한 논의는 다음을 참조. R. E. Davies, *The Problem of Authority in the Continental Reformers* (London, 1946), p. 99. 베자의 개종은 육체적 질병을 오래 앓은 끝에 왔는데, 분명히 보다 극적인 것이었다. 또한 Paul Geisendorf, *Theodore De Bèze* (Geneva, 1949), pp. 27ff.
3) Erik Erikson, *Young Man Luther: A Study in Psychoanalysis and History* (New York, 1958).

을 소유했다. 그의 저서는 내면화와 감정적 반복의 사적 과정이라기보다는 발전, 첨가, 왜곡 및 사용의 공개적 과정을 따른다.

이러한 개성과 스타일의 차이점들이 보다 근본적인 차이를 말해준다. 루터는 늘 신의 사적 인식을 자신의 강렬한 관심사로 여긴 신학자였다. 그는 프란체스코와 베르나르 같은 서로 매우 다른 인물을 포함하는 중세 전통에 서 있다. 이를테면 그는 교회 통치를 제일 관심사로 삼는 공의회 수위론자의 전통에 서 있지 않다. 루터는 실제로 교회 조직의 이론적 문제에 온 힘을 쏟지는 않았다. 아마도 그 이유는 그가 본디 그런 문제를 직면할 의향이 없었기 때문이었다. 그는 새로운 교회를 세울 계획을 가지고 있지 않았다. 그러나 프로테스탄트 2세대였던 칼빈은 애초부터 체계적 혁신에 헌신한 사람으로 경력을 시작했고 그의 혁신은 신학에서보다 도덕적 행동과 사회 조직에서 훨씬 더 중요했다. 그의 주된 관심은 로마 가톨릭 교회를 대체할 수 있을 교회와 그 대체 방법이었다. 칼빈은 가장 중요한 신학적 문제 즉 신의 존재 신비와 신의 은총의 문제를 사변하는 것은 죄를 짓는 자기 탐닉이라고 주장하면서 대체적으로 이를 거부했다. 『기독교 강요』에서 이와 관련된 구절들은 이상하게도 적고 수수께끼 같다. 『기독교 강요』 이후에 이 제네바 입법자는 오로지 성경 주석, 설교, 서신, 논쟁, 권면에 관한 글만 썼다. 지적이지만 사변적이지 않은 방식으로 쓰인 이 모든 것들은 언제라도 상식에 의존할 준비가 되어 있으며 복잡한 혼란으로 넘어가지 않으면서도 실천면에서 선명성을 갖추었다.

신과 은총을 향한 신학적 예봉은 칼빈의 글에서 의도적으로 억제되었다. 그는 반신학적 신학이라 부를 수도 있을 글을 썼다. 이를테면, "호기심에 탐닉하지 않는다", "모호한 주제에 관해 신의 말씀에 주어진 정보 이상의 것을 말하거나 사고하거나 심지어는 알고 싶은 것조차도 하지 않는다", "확실성"도 "일상적 사용"도 없는 "무익한 사변"을 금지한다, "신의 인식은 신에게 맡겨둔다."[4] 칼

4) John Calvin, *The Institutes of the Christian Religion*, Ⅰ, viii, 3, 21; Ⅰ, xiv, 4. 『기독교 강요』의

빈은 구원의 문제로 고통에 시달리는 사람들을 전혀 공감하지 않았다. 그가 믿기로는 그런 사람들은 구원을 받지 않았다는 것이 확실한 개연성이었다. "비참한 인간이 하나님의 재판소에서 자신에 대한 판결이 무엇인지를 발견하고자 … 신의 지혜로부터 억지로 은밀하게 물러나서 휴지기를 가지려고 노력한다면"[5] 그것은 끔찍한 죄였다. 그렇게 하는 것은 불안의 심연으로 뛰어드는 일이었다. 칼빈주의 사고의 본체 내에는 이러한 불안에 대해 신학적으로 도움을 주는 것들이 있지만 이것들은 영적으로 확정적인 것보다는 단순히 교화적인 것이라고 말해 두어야 한다. 칼빈주의는 칭의 교리보다는 규율과 복종 교리가 훨씬 더 중요했다. "사람들로 하여금 복음에 복종하게 하여 말하자면 하나님에게 제사를 드리게 하는 것"이야말로 기독교 목사의 의무였다고 칼빈은 썼다. "가톨릭 신자들이 지금까지 큰소리로 자랑해 왔던 것처럼이 아니라 사람을 하나님과 화해하도록 그리스도처럼 제물을 바치는 것으로써"[6] 말이다. 복종이 먼저이지 화해가 아니라는 것이다. 이것은 칼빈주의가 개인적 종교적 체계이기보다는 사회적 도덕적 체계라는 의미였다. 불안의 극복은 칼빈주의자들에게 저 세상에서 할 활동이 아니라 특별히 이 세상에서 해야 하는 활동이 되었다.

물론 그 차이는 결코 그렇게 분명하지 않았다. 바꾸어 말하면 가톨릭교도들은 항상 기독교의 도덕과 구원을 결합하되 그들의 방법의 하나로서 가시적 교회와 비가시적 교회는 중첩된다는 고대 신학과 더불어서 그렇게 하려고 노력해 왔다. 그리고 기독교도라면 어느 누구도 그러한 시도를 쉽게 포기할 수 없을 것이다. 그러나 개신교는 가시성과 비가시성을, 도덕과 구원을 점점 갈수록 더 멀어지게 만들려고 하는 경향을 가졌다. 루터교에서 비가시적 교회는 칭의를 체험한 개개인의 신자에게 선명한 실재가 되었다. 그러므로 그 종교는 이 체험이 고양된 경

모든 인용은 존 앨런 영역본, 라틴어 대역 불어 최종판에서 취한다. John Allen (Philadelphia, 1921).

5) *Institutes*, Ⅲ, xxiv, 4.

6) Calvin, *A Commentary upon the Epistle of St. Paul to the Romans*, trans. Christopher Roadell (London, 1983), p. 192.

건한 분파를 불어나게 하는 경향을 가졌다. 반면에 칼빈주의에서 신자의 종교적 에너지는 공개적 규율로 훈련되었고 가시적 교회의 형태로 향했으며 또한 그 형태를 통해 지도되었다. 이 차이들이 점점 뚜렷해짐에 따라 신교도의 기독교는 사적으로 함양된 하나님과의 친교 아니면 사회적 종교를 제시하게 되었다.

2) 칼빈 정치의 특징

칼빈이 그의 정치적 선임자에 대해서 가지는 관계는 그가 중세 신학자와 개혁자들에 대해서 가지는 관계와 비슷하다. 그는 주요 정치철학과 유사한 어떤 것도 만들어내지 않았다. 이것은 다시 한 번 말하지만 그가 마음의 내부 질서와 철학적 입장의 깊이 있는 구성에 거의 관심이 없었기 때문이다. 그러기는 해도 정치사에 대한 그의 "공적"을 가볍게 요약하는 것은 결코 충분한 처사가 아닐 것이다. 칼빈주의가 독창성은 좀 모자라도 복잡다단한 이론사에서 제자리를 차지하고 있는 일단의 흥미로운 정치적 관념을 포함했다고 말하는 것으로는 결코 충분하지 않다. 또한 칼빈주의가 정치적 질서에 대한 새로운, 그리고 새로 필요한 정당성을 제공했다거나 교화와 도덕적 규율의 유토피아적 틀을 제시했다고 하는 것도 충분하지 않다. 사실을 말하면 칼빈주의가 만든 가장 특색 있는 생산적 결과는 상당히 다른 류의 것이다. 그 결과는 실천적, 사회적, 계획적, 조직적이라는 경향을 가졌다. 성명서, 권면서, 논쟁서, 이 모두는 칼빈주의의 문학적 표현 형식들이었다. 계약, 집회, 회중 그리고 거룩한 연방, 이 모두는 칼빈주의의 조직적 이니셔티브의 결과들이었다. 루터교는 자신을 이와 비슷하게 표현하지 않았고 비슷한 결과도 없었다. 루터파 성도는 비가시적 하나님 나라를 추구할 때 정치와 등을 졌고 지상 왕국은 루터 스스로가 적었듯이 "그것을 원하는 자에게"[7] 남겨 두었다. 칼빈은 지상 왕국을 "취하고" 변혁하려는 세속적 조직적 헌신에 의해 추동되었다.

---

7) Martin Luther, *Works*, ed. C. M. Jacobs (Philadelphia, 1915-1932), III, p. 248.

칼빈 정치는 그 기초가 인식과 요구였다. 첫째, 정치적 현실에 대해 놀라울 정도로 현실주의적으로, 비도덕적으로 보는 인식이었고 둘째, 정치는 종교적 목적에 봉사하도록 구부러져야 한다는 요구였다. 이 중 어느 것도 칼빈을 권위의 형식이나 법의 내용에 관련시키도록 하지 못했다. 다시 한 번 말하지만 그는 이러한 중대한 논점들을 이론화하는 것을 억제했고 결과적으로 정치적 사실에 대한 그의 인식은 결코 그 사실을 합리화하는 구성을 만들 수 없었다. 그의 인식은 세계 방식에 대한 따로 떨어져 나온 비관주의적 인정이었을지는 몰라도 결코 질서와 합법성에 대한 내부적, 창의적 분석은 아니었다. 세속적 차림새를 보면 칼빈주의는 홉스의 유명론과 많이 닮았을지도 모른다. 물론 그것은 말씀을 객관적으로 보는 이론에 의해서 유명론으로부터 구원되었다. 정치에서 칼빈이 가장 야만적 형태의 권위를 인정한 것은 오직 말씀으로 권위를 부여하고 말씀을 세상에서 야만적으로 단호하게 권위를 지닌 것으로 만들기 위해서였다.[8]

칼빈 사상은 속세의 사실과 신의 명령 사이에서 움직였고 그 각각에 대해 적나라하고 엄정하게 사유하며 그 덕분으로 그는 중세 학파의 포괄적 이론화를 효과적으로 약화시켰다. 칼빈주의에는 아퀴나스가 말하는 도덕화된 본성과 겸손히 자신을 낮추는 신, 다시 말해서 세상 사람들이 하는 말로 표현할 것 같으면 사회화하는 신이 들어설 여지는 없었다. 이렇게 통일하는 견해는 가시적 교회와 비가시적 교회의 중첩성도 그렇지만 개신교에 의해 분쇄되었고 정치는 당장에 두 가지 가능성만을 제공하는 것 같았다. 즉 성도들이 피해 달아났던 세상에 적합한 잔인하고 부도덕한 폭정이거나 아니면 종교적 규율뿐이었다. 루터의 피의 검 교리는 첫째 가능성을 수용하는 것이 되었다. 칼빈은 그 검이 없어도 되는 것이라고 믿지는 않았지만 최종적으로 둘째 가능성을 택했다.

---

8) 본장의 논의가 자주 의존하는 책은 칼빈주의 정치에 대한 최고의 연구인 다음 책들이다. Georges Lagarde, *Recherches sur l'esprit politique de la Réforme* (Paris, 1926); André Biéler, *La Pensée économique et sociale de Calvin* (Geneva, 1959); Marc-Edward Chenevière, *La Pensée politique de Calvin* (Paris, 1937).

칼빈은 전통적 형태의 신학적 철학적 사변으로부터 떨어져 있었기 때문에 가장 간단하게 말해서 실제적으로 사고하는 인간이라고 기술될 수 있다. 그는 제네바 정치에 빠진 프랑스 망명 지식인이었다. 그는 종교적 칭의나 정치적 합리화의 정교한 이론적 과정에 연루되지 않았다. 정확히 말하면 바로 이러한 자유 때문에 그는 활동하는 세계와의 새로운 관계를 확립할 수 있었거니와, 이 관계를 가장 잘 설명해주는 것은 그를 제일 먼저 신학자로 부르는 일이 아니라 이데올로그라고 부르는 일이다. 신학의 힘은 신자들에게 신의 인식을 제공하고 이로부터 부패한 땅으로부터의 탈출과 초월적 친교를 가능하게 하는 능력에 있다. 철학의 힘은 적어도 그 말의 전통적 의미에서 철학을 공부하는 사람들에게 세계와 인간 사회가 존재하고 존재해야 하는 대로 설명하고 이로부터 필연성을 앎으로써 성립하는 자유를 쟁취하는 능력에 있다. 반면에 이데올로기의 힘은 신봉자에게 활력을 불어넣고 세계를 변화시키는 능력에 있다.[9] 의당 그 속뜻은 동시대의 경험을 수용할 수 없고 불필요한 것이라고 기술하는 것이며 한갓된 개인적 초월이나 구원을 거부하는 것이다. 그 실제적 효과는 조직과 협력 활동을 생성하는 것이다. 칼빈주의 이데올로기는 이러한 견지에서 이렇게 간명하게 요약될 수 있다.

인간이 신으로부터 영구적으로 어쩔 수 없이 소외되어 있다는 사실은 칼빈 정치의 출발점이다. 다시 한 번 말하지만 그는 루터와 달리 화해가 가능하다고 믿지 않았고 오히려 아담의 타락의 두 번째 효과를 처리하는 일에 노력했다. 그는 인간 소외의 사회적 함축을 탐구했고 사회적 치유를 탐색했다. 그는 공포와 불안, 불신과 전쟁은 타락한 인간의 주요 경험이며, 이는 특별히 16세기 유럽인의 주요 경험이었지만, 타락한 인간은 신으로부터만이 아니라 동료들과의 안정

---

9) 이데올로기는 여기서 이념의 역할을 구체적 집단의 이해를 숨기고 정당화하는 것이라고 말하는 마르크스주의적 의미에서 사용되지 않는다. 다음을 참조. Marx and Engels, *The German Ideology* (New York, 1947), pp. 14f, 30ff, 39.

적이고 유의미한 결합으로부터도 단절되어 있다고 생각했다.[10] 칼빈은 자신의 동시대인들에게 그들이 처해 있는 세계를 설명하기 위해 그 옛날의 교리 즉 타락설을 사용했다. 그리고 그는 동시대 삶의 폭압은 정치적으로 통제될 수 있다고 믿었기 때문에 행동주의자가 되었고 교회 정치가가 되었다. 사적으로, 그는 이러한 폭압에 엄격한 자기 통제로 대응했고 스스로 알지 않으면 안 되었던 골치 아픈 문제들에 대한 기록을 하나도 남기지 않을 만큼 분명히 성공했다. 공적으로, 그는 사회 전체를 보는 측면에서 유사한 대응을 가져올 수 있는 체계적 규율 계획을 지지했다. 그는 종교사상에서와 마찬가지로 정치사상에서도 불안의 치유를 화해가 아니라 복종에서 찾았다.

옛 아담을 영역 결합에 재통합하는 일 즉 교회와 국가를 결합하는 일은 적어도 그에게 구원의 시작이었다. 칼빈의 시각은 그의 젊은 시절에 최종적 모습을 형성했고 그는 신속하게 재세례파와 날카롭게 대립하는 논쟁에 개입했다. 재세례파의 목표는 정치적 세계의 재구성이라기보다는 해체였다. 이러한 목표를 예상하면서 많은 재세례파 성도들은 법원 출두, 군대 복무를 거부했고 어떤 방식으로든 정치적 질서와의 연결을 거부했다. 그들은 하나님의 직접적 축복과 재합일을 추구했다. 제네바의 미래 개혁자는 이러한 종류의 기독교 급진주의에 대한 공격에서 불안과 소외의 완화는 오로지 기독교 연방에서만 성취될 수 있다고 고수했다.[11] 그는 저 세상에 대한 어떤 암시도 포기하는 것처럼 보였다. 이렇게 해서 칼빈주의는 이 세상에서 수고하는 노력에 닻을 내렸다. 칼빈주의는 세상의 수단과 용도를 자기 것으로 만들었다. 치안제, 입법, 전쟁이 자기화 되었다. 새로운 인간 공동체를 향한 투쟁은 잃어버린 에덴을 대체하면서 구체적 정

---

10) 이에 대해 특별히 실감나는 기술을 보려면 다음을 참조. Institutes, I, xvii, 10; 소외의 주제에 관한 논의는 다음을 참조. André Biéler, La Pensée économique et sociale de Calvin, pp. 186ff.

11) Calvin, *A Short Instruction of For to Arm All Good Christian People against the Pestiferous Errors of the Common Sect of Anabaptists* (London, 1549), 또한 다음을 참조. Lagarde, Recherches, pp. 217-218.

치 활동의 문제가 되었다.

마침내 칼빈은 동료들에게 이러한 활동에 전심을 다해서 참여할 것을 요구했다. 아마도 그들은 불안과 소외를 공유했을 것이다. 바꾸어 말하면 그들은 재구성의 과업에 참여해야 한다. 바로 이러한 요구가 이데올로기를 역사 과정의 새로운 요인으로 확립했던 것이다. 처음에는 왕에게만 요구되었지만 마침내 점차 모든 사람 아니면 적어도 모든 성도에게까지 확장되어 거룩한 대의를 분담하도록 요청되었다. 리처드 후커가 표현한 바 있는 이러한 "권력이양"12이 가능했던 것은 중세 저술가들이 하는 방식대로 도덕적 왕을 찾은 것이 아니라 오히려 신의 도구가 될 준비를 하고 있는 인간을, **어떤 인간**이라도, 찾고 있었기 때문이다. 칼빈이 프랑스 군주에서 시작하게 된 것은 존경 때문이 아니라 냉철한 실천 가능성 때문이었다. 드디어 칼빈은 자기 자신 및 자기 자신과 같은 다른 사람들에게 빛을 주는 단계에 이르렀다. 그러나 그와 동시에 그는 개인이 아무리 사회적 지위가 높거나 영감이 뛰어나다고 해도 개인적 도구를 내켜 하지 않았다. 무엇보다도 그는 조직에 의존했고 동료들에게 아주 특별한 조직 이니셔티브와 활력을 전해주었다. 역사를 보면 회의하는 것을 더 많이 했으면 좋겠다고 하는 사람은 거의 없다. 따라서 많은 새로운 결사체들이 거룩한 연방의 규율을 미리 살펴보았다. 이 집단의 가입 구성원들은 모든 종류의 새로운 활동, 즉 논쟁, 투표, 명분 싸움에 끌렸고 아담의 죄와 그 세상적 결과로부터 해방시켜 주려던 새로운 형태의 질서와 통제를 차차 교육받았다.

중세 가톨릭교도들도 역시 충실한 신자들을 조직화했지만 그들을 도무지 현존하는 정치적 봉건 세계나 지역적 가부장적 복잡한 유대 관계로부터 떼어놓지 않고 그렇게 했다. 오로지 성직자와 수도회에서만 철저하게 새로운 조직적 삶에 노출되었다. 칼빈주의자들은 이러한 노출을 보편화하려고 애썼다. 확실히 그들의 초창기 회중들은 때로는 어떤 강력한 귀족에 소속된 자기 교회와 매우

---

12) Richard Hooker, *Ecclesiastical Polity, Book VIII*, ed. R. A. Houk (New York, 1931), p. 249.

흡사했다. 성도들은 소외의 범위가 어땠을지라도 세상과 온갖 종류의 타협에 빠지지 않을 수 없었다. 그러나 칼빈주의는 이론적으로도 그랬지만 실천적으로도 봉건 조직과 양립할 수 없었다. 말하자면 칼빈주의의 결사 형식과 연결 방식은 이미 구시대의 질서와는 상당히 많은 거리를 두고 존재했으며 어떤 점에서는 구질서로부터 풀려난 사람들에게 호소했다.

이러한 규율을 지닌 새로운 조직적 삶이 개인에게 주는 충격은 다양하기 이를 데 없었다. 많은 사람들에게 그 효과는 소소했다. 이를테면 질서와 통제를 감사하게 받아들인 사람들, 조용히 피해 간 사람들, 두려워서 은밀히 저항한 사람들이 있었다. 어떤 사람들에게는 칼빈주의의 조직 체계는 사회 발전을 위한 새로운 방법을 제공했다. 어떤 사람들에게는 조직 내 직위는 불편했지만 위신을 높여 주었다. 이것은 칼빈이 주된 관심을 보인 것과는 구별되는 종류의 불안을 완화하는 결과를 가져왔다. 그러나 보다 강렬하게 반응을 보인 사람들이 있었다. 이들은 성도가 되었다. 이들을 두고 이데올로기의 피조물, 왠지 새롭게 형성된 존재였으며 그들의 에너지는 새로운 규율을 통해 보내지고 통제된다고 말하는 것은 공정한 발언으로 보인다. 정기적으로 경건하고 엄밀하게 사는 그들의 규칙적 삶은 그들에게 자기 확신감을 가져왔고 이는 소외의 끝이며 정치에서 종종 흡사 광신처럼 보이는 것이었다.

2. 억압의 질서로서 국가

1) 칼빈의 타락론과 그 정치적 귀결

이와 같이 칼빈 사상은 소외에서 시작하여 새로운 종교적 규율로 끝난다. 그러나 이 둘 사이를 연결하는 매개적 단계가 있다. 성도들은 언제 어디서나 자신의 규율을 타락한 세상에 강요하지 않을 것임이 확실하기 때문에 칼빈은 순수하게 세속적 억압을 기술하고 정당화한다. 그리고 그는 이 세속적 억압이 가혹하고 살인적임에 틀림없지만 그럼에도 불구하고 하나님으로부터 소외된 인간성에 가져다주는 현저한 이득을 대표한다고 주장한다. 말하자면 이것은 칼빈주의 이데올로기가 계획하는 최소한의 프로그램이다. 그러나 최대한의 프로그램 즉 경건한 규율마저도 세속적 억압을 배경으로 삼아야만 충분히 이해될 수 있다. 칼빈주의의 현실주의는 그의 급진주의의 기초이다. 칼빈 추종자들은 결코 현실주의가 가르쳤던 교훈들을 잊지 않았다. 인간이 사악하다는 것과 통제와 구속이 영구적으로 필요하다는 것은 칼빈주의 정치의 항상적 공리이다. 이것들이 일정한 조건을 전제로 세속적 국가를 정당화한다. 이것들이 거룩한 연방의 거룩함을 조건지우고 자격을 부여한다.

타락이 일어나지 않았더라면 아담은 자신의 본래적 신성을 잃지 않았을 것이고 토론할 정치도 없었을 것이다. 칼빈은 루터의 많은 부분을 받아들여 전통 기독교의 관점을 한 번 더 긍정했다. 즉 그는 인간은 죄가 없는 상태에서 그 마음 속에 법을 지녔고 외부 권위도 강압적 정치 구조도 필요 없었다는 것을 긍정했다.[13] 그러나 이 프랑스 신학자는 이 무죄에 대해서는 거의 관심이 없었다. 그는 타락한 아담 이외의 다른 인간은 거의 상상할 수 없었다. 그는 타락 이전의 현실을 다만 형식적으로 믿었던 것과 마찬가지로 지상 구원이라는 어떤 미래 상태를 믿을 마음이 없었다.

타락은 제2의 본성과 비사회적 인간을 창조했다. 말하자면 인간은 복종을 싫어하고 타자를 계속 지배하려고 노력하는 피조물이었다. "내가 말하는 인간의 본성은 모든 인간은 이웃을 지배하는 왕 노릇하는 주인이라는 것이고 어떤 인간도 자신의 선한 의지로 하인이 되지 못할 것이라는 것이다."[14] 칼빈은 또한 아담의 원래적 무죄성이라는 어떤 잔여물로 남아 있는 인간성을 자주 언급했지만 이 주요한 본성에 대한 관심을 거의 보여주지 않았고 그 정확한 형태를 바로잡아 고치는 데 거의 관심을 보이지 않았다. 그것은 확실히 잔여물이었을 뿐이고 인

---

13) Calvin, *Sermons upon the Book of Job* (London, 1574), sermon 152, p. 780; *Sermons upon the Fifth Book of Moses* (London, 1583), sermon 101, p. 620.
14) Calvin, *Sermons upon the Book of Job*, sermon 136, p. 718.

간의 부패 한가운데 있는 고통스러운 모호성이었다. 가톨릭 신학자와는 반대로 칼빈은 그것이 일종의 무력한 합리성으로 생존해 있다고 분명히 믿지 않았다. 칼빈은 자주 그와 같은 선함이라는 잔여물을 본능적인 것 이를테면 "자연적 본능", "어떤 감각", "양심의 감정", "본능적 경향"[15]으로 확인했다. 그는 이 자연적 감각을 성의 금기를 정당화하는 데서 언급했고 간혹 이 자연적 감각이 보다 큰 "자연적 질서"와 연관되어 있음을 암시했다. 이 이상 가는 언급을 더해 본다면, 그는 분명히 사회를 향한 어떤 경향이 인간의 마음속에 즉 선과 악에 대한 어떤 불편하고 맹아적인 양심 안에 무기력하게 잔존한다고 믿었다.[16] 이것들도 역시 보다 큰 세계 질서의 일부를 반영했을 것이라고 추측된다. 그러나 칼빈은 그 반영 방법이 무엇인지, 그 질서의 본성이 무엇인지에 대해 정말 말하고 싶어 하지 않았다.

칼빈 견해의 난점과 동시에 그 최종적 역점은 자연법 이론을 변호하는 중세 논증 중의 하나에 대한 그의 반응으로부터 가장 잘 정리될 수 있다. 이 논증은 중세 학자들이 고전적 세계의 사람들에게 느꼈던 대단하지만 불편한 존경에 뿌리를 둔 논증이었다. 분명히 사회와 법은 가장 세련된 형태로 이들 이교도들 사이에 존재했고 이는 타락으로 인해 그들이 적어도 세속사에 관한 것일지라도 매우 절망적인 상태에 떨어진 것은 아님을 증명하는 것 같았다. 바꾸어 말하면 타락은 종교적이었지 정치적 재앙은 아니라는 말이다. 인간은 이교도의 시대일망정 입법하는 합리적 능력을 보유했다. 이교 사회로부터 자연법으로 이행하는 이러한 논증은 중세 저술가들에게 흔한 일이었다. 이것은 기독교 고전주의자의 목적에 부합할 뿐만 아니라 아테네인과 로마인의 결정은 말할 것도 없고 이슬람교도들에게까지도 법을 만들어냈다. 이렇게 되면 "기독교의 지배"를 급진적으로

---

15) *Institutes*, I , xvi, 3, 5; II, ii, 22; Lagarde, *Recherches*, pp. 138-139; E. Doumergue, *Jean Calvin*, vol. V: *La Pensée ecclè siastique et la pensée politique de Calvin* (Lausanne, 1917), pp. 466ff.

16) *Institutes*, II, ii, 13, 22, 24; Chenevière, *la Pensée politique*, pp. 61-67, 71-73.

요구하는 일은 거부되지 않을 수 없다. 칼빈은 디모데서와 디도서에 관한 설교에서 이러한 결과를 재진술하는 지점에 거의 근접했다. "이교도들은 정의가 무엇을 의미하는지, 치안판사가 되는 것이 무엇인지를 알지 않았는가?"[17] 그러나 『기독교 강요』에서 그는 매우 다른 관점을 표명했다. 그는 이교도의 정치적 법들은 전혀 인간 본성의 것에 귀속할 필요가 없다고 시사했다. 즉 그 법들은 오히려 "하나님의 영의 가장 탁월한 선물"[18]이었다. 따라서 불가해한 하나님이 아직까지 기독교 국가들에 선물한 축복을 훨씬 능가하는 축복들을 그리스인에게 주었다고 해서 칼빈은 괴롭게 생각하지 않았다. 본질적 요점은 이 축복들이 공적의 보상이나 자연적 인간의 업적이 아니라는 것이었다. 그리고 이 점은 칼빈의 최종적 평결로서 받아들여져야 한다. 다시 말하면 제1의 본성은 거의 죽은 것이나 마찬가지였기 때문에 그 존재는 실질적으로 아무런 정치적 의미도 없었다. 인간의 비사회성은 인간의 도덕적 부패와 동등하다. 그런데 이 마지막 진술은 너무 끔찍한 것이었기 때문에 칼빈의 대단한 수사학적 능력마저도 그 진술의 의미를 분명히 하도록 확장되어야만 했다.[19]

정치사상에서 제2의 본성 즉 비사회적 본성은 직접적으로 두 가지 부정적 결과를 가졌다. 첫 번째, 그것은 사회와 국가는 중세 아리스토텔레스주의자들이 기술한 바와 같이 자연적 결사체가 아니었다는 것을 의미했다. 이것들은 이를테면 가족과 완전하게 구별되었다. 아버지에 대한 순종이 자연적인 데 반해 정

---

17) Calvin, *Sermons the Epistles of St. Paul to Timothy and Titus* (London, 1579), sermon 39, on Timothy, p. 452.

18) *Institutes*, Ⅱ, ⅱ, 16; Lagarde, *Recherches*, p. 176. 인간은 법의 필요성을 이해한다고 칼빈은 쓴다. "정치적 질서의 어떤 씨앗들이 모든 사람의 정신에 뿌려지는 것"은 심지어 진리이기도 하다.(Ⅱ, ⅱ, 13) 그러나 분명히 종교개혁자들은 이 "씨앗들"이 그리스의 정치적 삶의 뛰어난 성장을 설명하기에 충분하다는 느낌은 가지지 못했다. 이 논점에 관한 논의는 다음을 참조. François Wendel, *Calvin: The Origins and Development of his Religious Thought*, trans. Philip Mairet (London, 1963), pp. 164, 192-194.

19) 여기에 제시된 것과는 매우 다른 자연법에 대한 칼빈의 견해에 대해서는 다음을 참조. J. T. NcNeill, "Nature Law in the Teaching of the Reformers," *Journal of Religion* 26:179ff (1946). 맥닐은 종교개혁자들의 저서에서 자연법이 중요하다는 것을 논변하지만 타락을 급진적으로 보는 이론을 충분히 다루지 않는다.

치적 복속은 그렇지 않았다. 이것이 정교하고 온화한 하나님이 통치자를 아버지라고 불렀던 이유였다. 즉 "우리를 보다 다정한 방식으로 [복속으로] 인도하는 분." 아버지에 대한 애정적 복종은 일반적으로 어떤 면에서 정치적 삶의 준비 즉 인간 타락 길들이기였다. 그것은 "우리의 정신을 누그러뜨려 복종하는 습관에 기울어지도록 만든다."[20] 그러나 사실상 치안판사들은 아버지가 아니고 인간은 그들을 사랑할 하등의 의무도 없었다. 권위를 지닌 사람들에 대한 사랑은 루터가 자주 제시한 처방이었다. 칼빈의 저작에서 그것은 거의 항상 "존경하라" "공경하라" "기도해 주라" "복종하라"[21]로 대체되었다. 그렇다면 가족으로부터 보다 복잡한 사회들로의 역사적 진보나 도덕적 진보는 없었다. 그리고 국가는 일단 수립되기만 하면 가족의 이미지로 기술하는 것은 아무런 이점도 없었다. 칼빈은 16세기의 숱한 이론가들로부터 자신을 분리시켰다. 이들은 실제로 국가가 대가족일 뿐이라는 주장을 고수하지는 않았지만 여전히 부성을 정치적 권위를 위한 가장 유용한 비유라고 알고 있었다. 실로 칼빈은 이 비유를 아주 뒤집어 놓으려고 했고 아닌 게 아니라 실제로 아버지라는 것은 흡사 치안판사와 같은 직위였다는 것을 시사했다.[22]

정치적 사회가 가족으로부터 유기적으로 발전하지 않았다면 그 사회 역시도 협약과 계약 과정에 의해 정초되지 않았다. 바로 이것이 인간의 비사회성의 두 번째 부정적 결과였다. 합리적 야만인은 홉스와 로크가 나중에 기술해야 할 방식 즉 인간의 자연 상태의 불편함을 반성하고 유사하게 반성한 타인들과 계약을 맺음으로써 사회적 질서에 이르게 된 것이 아니다. 칼빈은 자연의 공포를 인정했고 사회를 사는 인간에게 놀랍도록 감사할 것을 명했다. "우리는 너무 비뚤어지고 비뚤어진 본성을 가지고 있으며 누구든지 이웃의 눈을 가두어 둘 굴레가 없다면 그 눈을 할퀼 것이라는 것을 알고 있다." 정부는 "빵, 물, 빛, 공기처럼

---

20) Calvin, *Sermons upon the Fifth Book of Moses*, sermon 36, p. 213; *Institutes*, II, viii, 35.
21) 이와 관련된 인용 목록을 위해서는 다음을 참조. Lagarde, *Recherches*, p. 247.
22) 예를 들어 다음을 참조. *Institutes*, IV, xiii, 14.

똑같이 인류에게 필요한 것이고 훨씬 우수한 것"[23]이었다. 그러나 인간은 스스로 먹고 마시는 반면, 정부는 인간의 손 안에 있지 않는 것이 명백했다.

칼빈은 『창세기 주석』에서 주인됨과 노예됨은 자연주의적 기원을 가졌고 인간의 제2의 본성에서 나왔으며 이 본성을 통해서 원래의 자연적 질서가 "폭력적으로 부패했다"고 시사했다. 주인됨은 분명히 타인에게 복종을 강제한 소수의 야만적 지도자의 야수성에서 시작했다. 노예됨은 처음에는 불법적이었지만 "나중에 … 그 용도 때문에 수용되었고 이는 그 필요성 때문에 양해되었다."[24] 이 기술은 명백히 부적절했다. 이는 홉스마저도 정복이 비록 이론적일지라도 계약에 의해 지지되어야 한다는 것을 필요로 했을 때 인지한 이유 때문이다. 즉 그렇지 않으면 정복은 복종에 대한 아무런 정당성도, 양심적인 이유도 확립하지 못할 것이다. 칼빈에게는 이것들 중 어느 것도 인간의 창조물일 수 없었다. 인간은 스스로를 지나치게 고양하려는 욕망을 계속적으로 도발하는 욕정을 그들 속에 가지고 있다. 이렇게 되는 것은 하나님이 할 때까지는 어떤 자발적인 복속도 있을 수 없다는 것 때문이다.[25] 실제로 칼빈은 이보다 더 나아간다. 하나님이 욕정의 죄인들을 바꾸어놓는 행동을 하지 않았다면 강제적 힘에 대한 내키지 않은 복종마저도, 두려움에 떠는 복종마저도 없었을 것이다.

이와 같이 인간은 본성상 소외되어 있는 무력한 존재였다. 신의 은총으로부터 타락한 탓에 인간은 인간 결사의 위로조차도 행할 수 없었다. 인간의 소외는 이중적 특성을 가지고 있다. 즉 신으로부터의 소외와 사회로부터의 소외이다. 타락한 아담은 무서워하는 동물처럼 살았고 여타의 모든 보다 사나운 동물들은 "[인간] 파괴로 무장되어" 있었다. 삶은 칼빈이 형용하는 말로는 응당 험악하고

---

23) Calvin, *Sermons upon the Fifth Book of Moses*, sermon 142, p. 872. *Institutes*, Ⅳ, ⅹⅹ,3.
24) Calvin, *A Commentary upon the First Book of Moses, Called Genesis*, trans. Thomas Tymme (London, 1578), p. 270.
25) Calvin, *Sermons upon the Fifth Book of Moses*, sermon 36, p. 217. 칼빈은 인간의 본성에 대한 홉스의 기술과 완전히 일치하는 진술을 이어간다. "우리는 우리 속에 … 저주 받은 욕망의 뿌리인 상승 욕구를 본성적으로 가지고 있다."

잔인하며 단명의 것으로 기술된 삶이었다. 인간은 고정된 거주지도 일하는 분명한 동선도 없었다. 인간은 "평생 나날을 불확실성 속에서 유랑한다"[26]고 칼빈은 적었다. 인간의 삶은 기껏해야 불안한 사업이었다. 칼빈은 홉스처럼 그 위험을 의식했지만 다소 지나치게 의식했다. 규율과 복속에 대한 그의 관심의 기저에는 예외적인 두려움이 있었다. 그는 오랫동안 자기 탐닉적인 되새김 속에서 존재의 불확실성을 숙고했고 재앙은 항상 금방이라도 닥친다고 주장했다.[27] 물론 궁극적으로 하나님의 은총만이 인간을 이러한 "극도의 불안과 두려움"에서 구원할 수 있을 것이다. 그러나 선민만을 위해서는 아니고 만인을 위해서 하나님은 사회적 정치적 질서를 확립했다. 이들 질서가 제공하는 것이 구원까지는 아닐지라도 어쨌든 "평정"과 "안전"[28]은 가져다줄 것이다.

2) 복종을 강요하는 국가

칼빈은 자연의 질서는 신에 대한 복종이라고 썼다. 이 진술은 자연이 자연적이라는 것을 의심하는 발언으로 들릴 수 있다. 물론 이것은 그가 앞서 국가가 자연적이라는 것을 부인했다는 것을 조건으로 한다. 칼빈주의 사상에서 자연은 제2의 인과성 영역이기를 완전히 중지했다. 이 인과 세계는 그 법칙이 오래 전에 확립되었으며 오직 예외적인 기적 사례에서만 신의 의지에 복종하는 세계였다. 섭리는 더 이상 법칙이나 예지에서 성립하지 않게 되었다. "섭리는 행동에서 성립한다." 자연의 영원한 질서는 환경적인 특정한 사건들의 질서가 되었고 개개의 사건들의 원인은 신의 직접적 행동적 그러나 불가해한 의지이다. 여타의 어떤 견해들도 "하나님의 부성애적 호의나 심판을 보여주거나 행사하는 여지를" 남기지 않을 것이다. 이 견해들은 … "한 해의 풍작은 하나님의 선례 없는

---

26) *Institutes*, Ⅰ, xvii, 10; Ⅲ, x, 6. 다음 책에 나오는 논의를 참조. Biéler, *La Pensée économique et sociale de Calvin*, pp. 236-245.
27) Calvin, *Of the Life or Conversation of a Christian Man*, trans. Thomas Broke (n.p., 1549), sig. G$_8$ verso-H$_1$; *Institutes*, Ⅰ, xvii, 10.
28) *Institutes*, Ⅳ, xx, 2.

축복이 아닌 것처럼, 극빈과 기근은 하나님의 저주와 보복이 아닌 것처럼" 여길 것이다. 다시 한 번 더구나 분명하게 말하거니와, "하나님의 특별한 명령이 아니라면 바람조차도 일어나거나 불지 않는다."[29] 물론 하나님은 양식 같은 것을 창조했으며 이러한 양식을 두고 칼빈은 때때로 자연적이라고 불렀다. 그러나 그는 항상 주장하기를, 그것은 "자연에 포함된 끊임없는 연결과 복잡한 원인 연쇄"가 아니라 … "만물의 조정자와 통제자인 하나님"[30]으로부터 생긴다고 했다. 이와 같이 전능하고 항상 행동하는 하나님은 자유자재로 자연의 양식을 위반할 수 있고 그의 명령에 따라 그분의 성도들은 동일하게 위반할 수 있을 것이다. 성도들의 위반은 양식 그 자체처럼 자의적인 것이 아니었다.

이렇게 신적으로 명해진 사실의 질서에 자리하고 있는 것이 바로 주인됨과 노예됨이었다. 권위와 복종은 자연적 경향이나 합리적 계산의 산물이 아니라 마음만 먹는다면 짐승 같은 사람들에게 치안판사의 공포를 가르칠 수 있었던 하나님의 창조물이었다.[31] 군주를 세운 것도 하나님이었고 그 신민들의 마음속에 공포를 심어준 것도 하나님이었다. 이것은 우리가 수천 명의 인간이 마음속에 야망의 불을 지폈어도 군주에게 조용히 복종하면서 사는 것을 볼 때마다 증명된다고 칼빈은 썼다. "그 원인으로는 하나님이 그로 하여금 세상에서 가장 탁월해야만 하도록 검과 능력으로 무장시키는 것 이외에는 없다." 이에 더하여 하나님은 또한 "공포, 즉 이 공포 없이는 복종하지 않을 것이 확실한 그런 공포를 인간에게 불어넣는다."[32] 하나님은 모든 정치적 사실의 원인이었으며 특히 질서와 복속 같은 믿기 어려운 사실의 원인이었다.

이렇게 하나님이 복종을 확립하자 이제는 보다 어려운 과제 즉 복종을 양심

---

29) *Institutes*, I , xvi, 4, 5, 7.
30) Institutes, I , xvi, 8; xvi, 9. "하나님이 명하는 것은 반드시 일어나야 한다. 그러나 그것은 절대적 또는 자연적 필연성에 의해서는 아니다."(강조는 첨가됨)
31) Calvin, *Sermons upon the Fifth Book of Moses*, sermon 36, p. 214.
32) Calvin, *Commentaries upon the Prophet Daniel*, trans. by Arthur Golding (London, 1570), p. 85; *Homilies on I Samuel*, in *Jean Calvin*, V, 493. 이 부분은 에밀 두메르그(Émile Doumergue)에 의해 인용된 바 있다.

으로 만드는 일을 시작했다. 말하자면 그는 인간이 잊은 본성과 무죄의 법을 새로운 판본으로 공개했던 것이다. 이것이 십계명이다. 십계명은 모든 실천적 목적을 위해 오랜 자연법을 충분하고 완전히 재진술하는 법으로 여겨질 수 있다. 가톨릭적 견해는 16세기 말에 후커에 의해 반복되었는데, 그 견해는 자신의 자연법 이론에서 인간 이성의 창의적 탐구와 정교한 적응을 위한 장소를 발견했다. 이러한 가톨릭적 견해와는 반대로, 칼빈주의자들은 자연법 이론을 "너는 … 하라", "너는 … 하지 말라"와 같은 단호한 권위주의적 체계로 재구성했다. 자연법을 십계명과 일관되게 동일시함으로써 그들은 가톨릭 이론가들의 유연한 일반성들을 일련의 적극적 계율로 바꾸어 놓았다.[33] 동일한 과정이 권위를 취급할 때와 같이 법을 취급할 때도 작동했다. 법과 권위는 인간 본성과 이성을 넘어서 있었다. 즉 그 둘은 하나는 양심을, 다른 하나는 몸을 복종시키는 바, 전적으로 외부적 굴레를 대표했다.

구속은 타락의 치유책으로 필수적이었다.[34] 그러나 타락은 정치적 조직의 원인이 아니었다. 이것은 인간 스스로가 자신의 비참에 대한 치유책을 찾고 발견했다는 것을 시사할 것이다. 사실대로 말하자면, 사회적 질서, 명령과 복종은 하나님이 스스로 불가해한 이유에서 창조한 것이었고 다만 공교롭게 인류에게 유용한 것이었다. "지상 만물을 다스리는 왕과 통제자의 권위는 인간이 비뚤어진 결과가 아니라 하나님의 섭리와 거룩한 법령의 결과이다. 하나님은 인간사를 이러한 방식으로 규제하는 것을 기뻐했다."[35] 하나님의 구원의 은혜뿐만 아니라 그분의 사회화하는 법은 항상 전적으로 그의 손안에 있었다. 충실한 신자에게 이웃을 사랑하라고 요구한 그분의 법은 "세상에 존재하는 다른 사람이 없

---

33) *Institutes*, Ⅳ, ⅹⅹ, 16; Lagarde, *Recherches*, p. 177; Cheneviere, *Pensée politique*, pp. 73-77.

34) 처벌용으로서가 아니었다. Doumergue, *Jean Calvin*, Ⅴ, 400, 400n.

35) *Institutes*, Ⅳ, ⅹⅹ 4; Cheneviere, *Pensée politique*, pp. 125-128. 인용구절에 대한 다른 해석을 위해서는 다음을 참조. Sheldon Wolin, "Calvin and the Reformation: The Political Education of Protestantism," *American Political Science Review* 51:441-442(June 1957).

었을지라도 [인간] 양심의 의무"³⁶일 것이다.

칼빈은 종종 정치적 질서의 유용성으로부터 복종의 필요로 이행하는 논증을
펼친다. "… 군주들은 선하고 무고한 사람들을 괴롭히는 데 권력을 그다지 남용
하지 않지만 폭정을 통해 정당한 지배를 어느 정도 유지한다. 바꾸어 말하면 어
떤 측면에서 인간 사회를 보존하는 것을 변호하지 않는 폭정은 존재할 수 없다
는 뜻이다."³⁷ 그러나 그러한 비사회성은 너무 끔찍한 것이어서 결코 강제적 사
회화를 대체하는 대안일 수 없었고 그런 탓에 유용성도 결코 중대한 표준이 되
지 못했다. 인간 사회의 보존이 실제로 정부를 세우는 하나님의 목적이었다고
해도 그것이 여전히 한갓된 신민들이 정치적 판단의 틀거지를 짤 수 있는 기준
을 공급해주는 것은 아니었다. 국가를 창조하는 두 번째 원인들이라고 할 만한
것도 없었기 때문에 국가 형식과 활동을 측정할 수 있는 아무런 인간적 목적도
없었다. 타락한 아담은 정치적으로 무기력했다. 그는 종종 『디모데서와 디도서
설교』에서 기술한 것과 같은 왕으로 때우며 만족해야 할 것이다. 이런 왕은 폭력
으로 왕좌에 올랐으며 신을 정죄하는 자, 위선자, 종교가 없는 사람, 멍청한 사
람, 강간범, 짐승, 마뜩하지 않은 사람, 살인자이다. 칼빈은 이런 경우를 공리
주의적으로 정당화하는 일로 괴로워하지 않았다. 즉 그는 그러한 괴물을 동료
인간들의 통치자로 만들었을지도 모르는 유일한 권능에 의지했다. "그러나 하
나님이 그를 영예롭게 할 것이다. 그분은 그 이유를 안다. 그러므로 나는 기꺼이
그의 신민이 되어야 한다."³⁸

이것이 복종에 대한 기독교적 이유이다. 이로써 양심을 위해서 복종하라는
명령의 충분한 의미가 드러났다. 물론 이교도들에게는 그와 같은 이유가 전혀
없을 것이다. 또 정말로 거듭나지 않은 기독교도들도 마찬가지일 것이다. 그들
은 신의 명령을 받아들이지도 않았고 타락 상태에서 사회적 삶의 유용성을 깨달

---

36) *Institutes*, III, xix, 16.
37) Calvin, *Romans*, p. 173.
38) Calvin, *Timothy and Titus*, sermon 46, on Timothy, p. 552.

을 수도 없었다. 그들은 힘, 권력의 사실에만 복종했을 뿐이었다. 그러나 스스로 참되다던 기독교도들이 한 일은 그와는 달랐는가? 군주에 복종하라는 하나님의 명령은 현실적으로 기독교적 양심의 "개선"에 불과했다. 그 명령은 일반적으로 권위를 합법화한 동시에 현실적으로 권력을 쥐고서 행사한 사람을 제외한다면 합법성을 어떤 다른 특수한 주권에도 허락한 것이 아니었다. 사실을 말하자면 복종은 항상 힘의 강제에 의한 것이다. 왜냐하면 복종은 힘이 힘이라는 것을 인식함으로써 그 힘다움에 의해서만 강제되는 것이기 때문이다. "그분이 통치하게 하는 한 …, 왕들은 하나님의 권위로 무장하고 그 안에서 곧바로 쓸 수 있도록 임명하는 수많은 사람들을 … 유지할 수 있다. …"[39] 칼빈은 합법적 통치자와 강탈자와의 중세 구별을 무시했다. 사실대로 말하자면 그는 적법한 구별 노력을 정죄했다. "군주가 통치하는 권리와 칭호가 무엇인지 …, 그가 선하고 합법적 유산으로 그것을 가지고 있는지 … 캐묻는 것은 우리의 몫이 아니다." "우리에게는 그들이 통치하는 것으로 충분해야 한다. 그들은 자신의 힘으로 이 영지 위에 선 것이 아니라 하나님의 손에 의해 그 자리에 놓였기 때문이다."[40] 기독교도는 그러한 왕들에 복종해야 할 새로운 이유가 있었지만 그 왕들을 알아볼 새로운 방법은 존재하지 않았다. 그의 양심에 따른 복종은 권위의 본성을 하나도 바꾸지 못했다.

이러한 논증은 일보 전진하는 단계를 밟아서 불가피하게 도달하지 않을 수 없는 홉스의 결론에 이른다. 즉 특수한 주권은 그 주권자가 복종을 강제하는 힘을 소유하는 한 오로지 복종해야 하는 것이었다. 그 주권자의 적법성은 그가 패배하면 생존할 수 없다. 왜냐하면 주권자의 패배는 하나님이 폐위했기 때문에 패배한 것이기 때문이다. 칼빈은 예레미야서 38장에서 이 교리가 제시된 것을 발견했다. 그 예언자는 예루살렘 사람들에게 바빌로니아 침공자에게 항복하라

---

39) Calvin, *Daniel*, p. 84 verso.
40) Calvin, *Timothy and Titus*, sermon 46, on Timothy, p. 550; Calvin, *Romans*, p. 172.

고 명했다. 칼빈은 다음과 같이 썼다.

> 백성들이 섬기는 왕에게 끝까지 신앙을 지키겠다고 맹세할지라도 그때는 하나님이
> 그 도시를 바빌로니아에 넘겨주기로 했기 때문에 맹세의 의무는 중단되었다. 왜냐
> 하면 정부가 변하고 있을 때는 그 신민들이 무엇을 약속하든 간에 그것은 더 이상 구
> 속력이 없기 때문이다. 외부의 적이 전 영토를 점령했을 때 맹세의 의무는 중단된다.
> 왜냐하면 군주를 세우는 것은 백성의 손에 있는 것이 아니기 때문이다. 즉 정부를 원
> 하는 대로 바꾸는 것은 하나님의 손에 있기 때문이다.…[41]

3) 하나님의 권위로서 정부와 법

정치적 현실에 대한 칼빈의 냉혹한 옹호는 그가 양심적 복종을 요구했다고
해서 누그러질 수 있는 것이 아니었다. 참으로 양심마저도 선함이나 적법성보
다 힘에 더 얽매여 있었다. 왜냐하면 인간은 하나님이 만든 피조물이었다는 그
이유만으로 그분의 권위에 종속되었기 때문이다. 그리고 하나님 자신의 힘은
인간 탐구의 문제가 아니었던 것과 마찬가지로 그분이 지상에 세운 힘들은 한
갓된 신민들이 너무 자세하게 연구할 것이 아니었다. 칼빈은 특히 정치사상의
가장 결정적 논점 두 가지를 토론하는 것을 금했다. 첫째, 정부 형태의 문제. 둘
째, 실정법의 내용의 문제. 물론 이러한 금지를 위반한 최초의 사람은 칼빈 그
자신이었다. 『기독교 강요』와 수많은 주석서에서 그는 여러 번 헌법 형태의 문
제로 복귀했고 모종의 귀족주의적 자유 국가에 대한 선호를 긍정했다.[42] 그러나
그는 "우리의 정신이 항상 간질이는" 사변적 가려움에 굴복하는 당혹스러운 태
도를 거의 피할 수 없었다. 또한 그의 첫 청중이었던 제네바 시민들을 겨냥한 아

---

41) Calvin, *Commentaries on the Book of the Prophet Jeremiah*, trans. John Owen (Edinburgh, 1850), Lecture 147; Ⅲ, pp. 387-388.
42) 특히 다음을 참조. *Fifth Book of Moses*, sermon 101, p. 621; sermon 105, pp. 645ff.; *Institutes*, Ⅳ, xx, 8.

첨의 손길을 감지하는 것도 어렵지 않다. 하지만 그보다 더 중요한 것은 그가 자신의 의견을 평소와 너무 다르게 무시하는 확고부동함이었다. "그러나 이 모든 언급은 주의 의지에 만족하는 사람들에게 불필요할 것이다. 왜냐하면 왕국을 다스리는 왕, 자유 도시를 다스리는 상원이나 다른 치안판사들을 임명하는 것이 그분의 즐거움이라면 하나님이 우리가 거주하는 장소에서 세운 통치자에게 복종하는 것은 우리의 의무이기 때문이다."[43] 칼빈은 다른 환경은 다른 정부 형태를 필요로 한다는 것을 깨달았다. 이것은 그가 정치적 사실을 존중하는 또 다른 예였다. "[토론] 지도의 원리는 환경에 달려 있어야 한다." 그러나 토론은 실제로 그렇게 많은 유익을 주지 않았다. 바꾸어 말하면 특별한 시간에 특별한 사람들이 하나님의 손으로부터 자신들이 필요로 하는 형태를 받았던 것뿐이다. 칼빈은 고대의 유대인에게와 마찬가지로 다른 민족들에게 자비롭지 않았지만 모든 정치 체계는 똑같이 그 기원이 신적인 것이었다.

내용에 관한 문제는 어떠한가? 이 문제는 칼빈의 애매성이 예술적 기교에 이르지 못했다고 할 수밖에 없는, 『모세 오경 설교』의 한 구절에 제시되어 있다.

> 하나님이 왕, 군주, 치안판사를 정할 때 그와 함께 그들에게 입법할 권위를 부여한다. 그들은 연방의 법과 법령은 하나님의 지혜의 힘을 받는다는 말에 따라 학교에서 법을 배워야 하는 것은 사실이다. 그러나 그렇기는 해도 시민법이나 정치법은 인간이 만든다. 그러나 그럼에도 불구하고 하나님은 여전히 인간에 대한 주권을 유지하지 않기 위해 포기한 것이 아무것도 없다. 심지어 나는 외부 정책에 관해서도 동일한 뜻으로 말하고 있다.[44]

---

43) Calvin, *Institutes*, Ⅳ, xx, 8; 칼빈의 부인을 결코 심각하게 충분히 다루지도 않고 또한 그 중요성을 충분히 이해하지도 않는 다음 논문을 참조. J. T. McNeill, "The Democratic Element in Calvin's Thought," *Church History* 18:153-171 (1949).
44) Calvin, *Fifth Book of Moses*, sermon 4, p. 21. 다음을 참조. Lagarde, *Recherches*, p. 203ff.

"… 하는 것은 사실이다. 그러나 그렇기는 해도 …, 그러나 그럼에도 불구하고 …, 심지어 나는 … 뜻으로 말하고 있다." 이것은 정말 혼란의 수사학이었다. 칼빈의 관점은 거의 자기 의지와는 반대로 그의 수사학이 숨긴 가능성들을 검토함으로써 유도되어야 한다. 이 작업에서 츠빙글리의 저서는 결정적으로 중요하다. 왜냐하면 이 초기 스위스 종교개혁자는 칼빈의 혼란이 말살하려던 것은 아니었지만 부인할 의향이 있었던 바로 그 급진적 입장을 시사했기 때문이다.

츠빙글리는 칼빈도 그랬지만 프로테스탄트의 급진적 타락론을 위해서 자연법을 제물로 바쳤다. "최초로 숙고해야 할 점은 인간은 자연법을 그 자신 안에서 발견할 수 없다는 사실이다…." 두 번째 아담은 하나님이 개입해서 십계명을 주기까지는 도덕적으로 무력했다. 그리하여 츠빙글리는 대다수의 다른 프로테스탄트와 같이 자연법을 협소하게 구성하고 이렇게 구성된 자연법을 십계명에서 재발견했다. 그러나 십계명은 또한 참된 종교의 최초 계시들을 포함했고 이로부터 취리히 종교개혁자는 지극히 중요한 결론을 끌어냈다. "자연법은 그저 참된 종교일 따름이고 신자들만 이것을 이해할 수 있다."[45] 츠빙글리는 고전 세계를 숭배하는 면에서 칼빈보다 더 위대한 인물이었고 고대 그리스와 로마의 정치인을 신이 택한 선민들이라고 말하는 지점까지 거의 근접했지만[46] 그럼에도 자신의 견해를 따르면 그리스인의 정체를 처리하는 작업은 어려움을 겪게 될 것이었다. 그러나 동시대인들에게 츠빙글리가 요구한 것은 그들의 법이 성경적이고 그들의 통치자가 기독교적이어야 한다는 것뿐이었다. 바로 이 지점에서 주저한 것이 칼빈이었고 이 주저는 칼빈의 정치관 전체에 결정적 요소가 되었다. 즉 그는 이 초기 종교개혁자의 급진주의로부터 조심스럽게 뒷걸음질했지만 멈추어야 할 지점을 도무지 쉽게 발견하지 못했다.

칼빈은 모든 비기독교적 통치자들이 불법적이라는 것을 정말로 인정하고 싶

---

45) 다음에 인용되어 있음. Lagarde, *Recherches*, p. 143.
46) Wendel, *Calvin*, pp. 192-193.

지 않았다. 그는 하나님이 세운 국가와 왕국을 이론적으로라도 전복을 꾀하는 질서의 문제에 너무 몰입해 있었다. 실로 그는 어떤 권위라도 바로 그것이 존재한다는 것만으로도 그 자신의 합법성을 입증한다고 느끼는 경향이 있었다. 반면에 그는 비기독교적 또는 거듭나지 않은 사람들의 자연적 힘에 도덕적으로 적절한 법 능력을 거의 허락할 수 없었다. 이교도 정치는 필요하고 합법적일지라도 바람직하지 않은 것은 확실했다. 이교도들의 법과 관습은 종종 참된 기독교도들에게 혐오스러운 것이었을 것이고 기독교적 양심도 하나님과 함께 하는 십계명에 대한 공동 증언도 한낱 세속적 법과 도덕적으로 연결되어 있거나 그 법의 정의를 내적으로 인정하는 느낌을 가지지 못했을 것이다. 그러나 기독교도들은 존재하는 힘에 복종하라는 앞서 말한 하나님의 일반적 명령에 속박되어 있는 탓에 순종해야 한다. 칼빈은 이 명령만이 기독교적 양심에 구속력이 있다고 결론했다. 어떤 특별한 인간법도 이와 유사한 구속력을 가지고 있지 않았다.[47] 세속적 관심사는 적어도 양심과 관련해서는 구속받지 않고 아무렇지도 않게 방치되었다. 인간은 복종해야 하지만 내적으로는 동의하지 않을 수 있다. 이와 동시에 가장 야만적인 관습이라도 이에 대해 공적으로 저항할 필요는 없었다. 『예언자 다니엘 주석』에서 칼빈은 자신의 경건한 침착함을 보여주었다. 그는 다니엘을 헐뜯은 사람들이 결국에는 사자 굴에 던져졌을 때 그들과 함께 그 아내들과 자식들도 굴 구덩이에 처넣어졌다는 사실에 주목했다. 이것은 공정을 위배하는 일로 보였을 텐데, 칼빈은 그것이 공개적으로 정죄되어서는 안 된다고 썼다.

> … 그것을 그냥 그대로 두는 것이 더 좋다. 왜냐하면 우리는 그 동방의 왕들이 … 그 신하들에게 잔혹한 야만적 지배, 더 정확히 말하면 폭정을 행사했다는 것을 알고 있기 때문이다. 그러므로 누구라도 이 문제에 대해 많은 논쟁을 해야 할 아무런 이유도 없다.[48]

---

47) Calvin, *Fifth Book of Moses*, sermon 20, p. 118. *Institutes*, Ⅳ, x, 5. 이 견해의 결과에 대해서는 다음을 참조. Lagarde, *Recherches*, p. 193ff.
48) Calvin, *Daniel*, pp. 114-115.

정치적 존재의 어떤 측면에 대한 반감이 내적 문제였다는 것은 적절한 지적일 것이다.

칼빈의 실정법 견해는 나중에 홉스의 저서에 분명히 나타난 급진적인 유명론적 견해와 매우 유사한 것으로 보인다. 실로 제네바 종교개혁자에게 가용한 유일한 선택지는 그가 일단 자연법에 대한 상대적 무관심을 표명한 후에는 츠빙글리의 성경주의 아니면 극단적 유명론이었던 것으로 보였을 것이다. 세속적 비기독교적 정치의 독립적 합법성을 위한 그의 논증을 볼 때 그가 두 번째 입장을 선택했다고 말하는 것은 공정한 처사이다.[49] 물론 그의 실천적 유명론은 불가해한 하나님의 권위를 지녔고 그는 양심이 악한 법에 대한 동의를 보류하도록 허용함으로써 도덕적으로 해로운 영향으로부터 양심을 보호했다. 그러나 실제로 이 모든 것에서 칼빈은 홉스가 자신의 사적 판단 교의로써 성취한 것보다는 좀 더 많은 것을 성취했다. 홉스의 사적 판단은 칼빈주의적 양심의 세속화된 환원이었다고 말할 수 있다.[50] 홉스나 칼빈 할 것 없이 이 제한된 내적 자유는 다만 실정법을 개별 주체의 범위 밖에 있다고 설정함으로써만 보존되었다. 양심은 법과 연결되지 않고 법의 구속이 미치지 않기 때문에 양심으로는 유효한 판단을 할 수 없다.

4) 칼빈의 국가 정부 법이론의 결과

이렇듯 정치적 사변에 대한 금지는 칼빈 사상에 내속하는 고유의 것이다. 역설적으로 그 금지는 정치적 세계가 가지는 독립적 가치에 대한 인정에 뿌리를 두었다. 아퀴나스의 이론에서 이와 동일한 인정이 본성과의 경건한 타협으로부터 따라 나오고 법과 가능한 정부 형태에 대한 기나긴 논의를 가능하게 했다. 칼

---

49) 칼빈 사상이 홉스에 미친 영향이라 부를 수 있는 것은 17세기에 홉스를 폭넓게 인용한 위그노 목사 엘리 메라(Élie Merlat)에 의해서 명백히 제시되었다. 메라의 사상에 대한 논의는 다음을 참조. G. H. Dodge, *The Political Theory of the Huguenots of the Dispersion* (New York, 1947), pp. 7-9.

50) Thomas Hobbes, *Leviathan*, ed. Michael Oakeshott (Oxford, 1960), p. 243.

빈은 그러한 타협을 하지 않았다. 정치에 대한 칼빈의 비준은 세속적 자유 놀이의 제안도 아니었고 옛 아담의 가치에 대한 인식도 아니었다. 오히려 그것은 인간의 제2의 본성의 필연성에 대한 근엄하며 종종 냉혹한 감각으로부터 발전되었다. 그의 눈에는 "인간은 서로를 잡아채는 개와 고양이처럼 되어서는 안 된다는 것을 보여줄 의도로 …"[51] 항상 자연적 인간의 소외와 불안이 존재하고 있었다. 칼빈은 정치가 그 일반적 목적을 실현하고 **억압의 질서**를 확립하는 한 어떤 형태의 정치이든 받아들였다. 이것이야말로 국가에 대한 칼빈의 정의로 받아들여질 수 있는 것이었다.

국가는 신의 은총과는 아무런 관련도 없는 것이었지만 정치적 규율은 세속적 불안에 대한 최초의 승리 즉 억압 없는 삶이 지니는 불안정성과 공포를 대표했다. 불안으로부터의 보호는 먼저 사회적 삶의 제도적 존재들에 의해 제공되었다. 하나님은 직업을 확립했다. 칼빈은 이렇게 썼다. "모험이 두려워 인간은 일생 동안 쫓겨 다니지 않으면 안 된다." "이 또한 인간의 근심, 수고, 곤경, 그리고 기타의 짐을 적게나마 덜어줄 것이다. …"[52] 인간은 자신의 직업에서 다소 영구적인 정해진 일상과 정확하고 제한된 책임감을 개발할 수 있을 것이다. 하나님은 또한 실정법이 존재하고 그 영을 어긴 사람들을 가혹하게 처벌하도록 준비했다. 법과 처벌이 없다면 "많은 사람들이 다치도록 되어 있지 않으면 안 될 터인즉 이는 어떤 사적 인간의 권리도 안정적이고 확실한 것일 수 없기 때문이다…." 그분이 사악한 자를 "해치고 무너뜨리며" 평화와 "평정"[53]을 보장하도록 치안판사에게 검을 주었다. 사회적 평정은 사실상 정치적 억압의 위대한 업적이었다. 신기하게도 칼빈은 신의 은총의 결과를 기술하기 위해 동일한 말을 사용했다. "평정한 하나님은 만물을 평정하게 한다. …"[54]

---

51) Calvin, *Timothy and Titus*, sermon 14, on Titus, p. 1208.
52) Calvin, *Life or Conversation*, sig. K₂; *Institutes*, II, x, 6.
53) Calvin, *Daniel*, p. 97. verso; *Romans*, p. 173; *Institutes*, IV, x, 6.
54) *Institutes*, III, xxiv, 4. 칼빈은 성 베르나르를 인용하고 있다. 베르나르는 『기독교 강요』에 자주 나오지 않는다.

법과 정치적 규율은 또한 일종의 내면적 평정을 산출할지도 모른다. 법은 인간 활동과 이 세상 노력의 범위를 바로잡았고 법이 양심을 구속하지 않았다고 해도 적어도 죄를 합리적으로 제약하고 양심적인 사람들이 가지는 공포를 완화시켰을 것이다. 칼빈의 고리대금업자 취급 방식은 이러한 심리학적 과정의 흥미로운 예를 제공한다. 그는 고리대금업자를 흥분한 듯 혼자 중얼거리는 무서워하는 사람으로 보았다. 말하자면,

> 나는 그러한 수단을 사용해야 한다. 나는 그러한 곡예를 벌여야 한다. 나는 그 일을 그렇게 살펴보아야 한다. 그렇지 않으면 나는 매사에 밀리게 될 것이고 약체로 보일 것이며 내 인생의 절반에도 이르지 못했을 것이다. 내가 이러한 방식으로 일을 진행하지 않았더라면 … 말이다.[55]

칼빈은 이 비참한 죄인에게 그대는 하나님에게 책임을 지게 될 것이라고 확신시켜 주었다. 그러는 한 편 그는 일종의 세속적 위안을 제공했다. "모든 고리대금업이 … 먼저 지상에서 사라졌으면 하고 바랄 것이다. 그러나 이런 일은 이루어질 수 없기에 공공선을 위해 이루어질 수 있는 일이 무엇인지부터 살펴보아야 할 것이다."[56] 따라서 고리대금업은 정치적 문제로 취급되었다. 칼빈은 지대가 대표하는 자연적 가치 증가와 이자가 대표하는 비자연적 가치 증가의 중세 구별을 해체한 셈이다. "말에 그치지" 말고 더 정확하게 "사물을 탐구했다"면 지대와 이자가 유사한 경제적 사회적 사실이라는 것은 명백했던 점이다.[57] 이러한 사실과 연관해서 공공선을 결정할 때 성경 구절은 거의 아무런 소용이 없었다. 칼빈은 자연이나 신학에 의거한 전통적 논증에는 거의 관심이 없었다. 대신

---

55) Calvin, *Fifth Book of Moses*, sermon 134, p. 821.
56) Calvin, "Letter on Usury," in *Usury Laws … The Opinions of Jeremy Bentham and John Calvin* (New York, 1881), p. 34.
57) 다음 책에서 인용된다. Henry Hauser, *Les débuts du capitalisme* (Paris, 1927), pp. 54-55; pp. 64f. 토론 참조.

에 그는 "공정 규칙"에 호소했다. 그런데 이 규칙이 실정법이 아니라면 무엇이었겠는가? 초기 위그노 종교회의는 칼빈의 엄격한 지도하에 바로 이러한 입장을 채택했다. "모든 사람은 이자에 관한 왕의 칙령과 자비 규칙을 주의 깊게 살펴야 할 것이다." 왕의 참된 기능은 위그노 결의론자들이 검토한 다른 경우들을 투명해지도록 만드는 일이었다. 예컨대 해적이 판매하는 상품을 구입해도 되는가 하는 문제가 있었다. 목사들의 답은 이렇다. 즉 "치안판사들이 그 판매에 동의한다면 **양심**은 안전하고 구입할 수 있다. 그러나 그 판매가 몰래 하는 것이라면 구입해서는 안 된다…."**58**

제네바와 프랑스의 법을 고려할 때 칼빈은 "사람들 앞에서 [고리대금업은] 절도라고 정죄해서는 안 된다"**59**고 기꺼이 인정했다. 그것은 다만 이율을 정하는 문제였고 정치적 권위의 결정을 따르는 문제였다. 복종하는 시민은 하나님 앞에서 여전히 죄인이었을지는 몰라도 국가는 그의 죄성을 규제함으로써 불안을 완화해주었다. 그와 동시에 아직 더 많은 규제와 통제를 그에게 열어주었다. 그리고 이것이 칼빈이 고리대금업을 간혹 언급하는 논평이 지니는 참된 의미라고 간주되어야 한다. 칼빈의 견해는 사업을 삶의 방식으로 아주 열광적으로 추천하는 대표적인 견해는 거의 아니었다고 해도 세속적인 활동에 대한 솔직한 인식양식을 계속 이어가는 것이었다. 17세기를 해설하는 연구자들이 칼빈은 이자를 약제상이 독으로 해를 끼치는 방식으로 취급했다고 말하는 것은 확실히 옳았다.**60** 이러한 인식의 기본적인 목적은 모든 활동을 정치적으로 수용할 수 있는 범위 내에서 수정하고 사람들을 기독교의 규율에 준비시키는 것이었다.

세속적 불안의 완화는 무엇보다도 먼저 기존 권위의 명령 복종을 통해서 성

---

58) *Synodicon in Gallia Reformata: or, the Acts, Decisions, Decrees and Canons of those Famous National Councils of the Reformed Churches in France*, ed. John Quick (London, 1692), pp. 9, 34.(강조는 첨가됨)
59) Calvin, *Fifth Book of Moses*, sermon 134, p. 821. 이 본문 및 다른 본문에 대한 다소 다른 해석에 대해서는 다음 참조. Biéler, *La Pensée économique et sociale de Calvin*, pp. 453-473.
60) 다음에서 인용된다. Henry Hauser, *Les débuts du capitalisme*, p. 45.

취되었다. 칼빈은 사랑을 통해 공포와 고독을 감정적으로 극복하는 일에 대해 아무것도 말하지 않았다. 그가 말하는 군주나 치안판사는 부성애와 규율을 섞는 아버지가 결코 아니었다. 정치적 현실에 대한 전적으로 비감정적 태도를 견지하면서 그는 치안판사를 모든 인간이 사악한 탓에 유의미한 인격성도 없고 카리스마도 도무지 없는 공직자로 보았다. 권력이 고수하는 어떠한 특별한 덕성도 없거니와 권력자들은 "결코 다른 사람들보다 더 낫지 아니" 했다. 신민들은 냉정스레 복종했고 또 "그렇군요 주님, 이 자들이 당신의 이름으로 다스리고 있사오니 …"[61]라고 말했다. 또한 정치적 권위에 대한 칼빈의 인정은 정치적 신비를 끝내는 것이었다. 국가는 하나의 사실이고 무력과 조직의 문제였다. 국가는 인간의 극적 무기력함 때문에 유용했고 필요한 것이었다. 여기에다가 정치적 질서는 편안을 주고 위로가 되었다. 하지만 그것이 다였다.

이러한 종류의 정치는 불안을 초월하는 문제에서 어느 정도까지는 실패한 것이 명백했다. 그것은 인간의 자유나 형제적 연합에 대한 아무런 감각도 제공하지 않았다. 그의 신학도 그렇지만 칼빈은 항상 일관되게 화해가 아니라 복종에만 관심이 있었다. 그는 어떤 근본적 불안을 유지하려고 노력했다. 왜냐하면 그것 없이는 정치적 규율은 인간을 장악하지 못할 것이기 때문이다. 그의 신학을 보면 그는 경건한 자를 괴롭히는 불확실성과 의심이 신앙을 강력하게 만드는 데 도움을 주는 훈련인 것으로 보았다. 무질서와 소요는 권위의 속박을 강력하게 만드는 데 유사한 역할을 맡았다. 인간이 너무 안전해지지 않도록 하나님은 "그들이 자주 … 전쟁으로 불안해하고 들끓는 것을 허용한다." 그는 "땅에 확고하고 안정된 상태가 없다"[62]는 점을 주시하도록 마음을 썼고 그리하여 질서의 위태로움과 억압의 필요성을 다시 강조하였다.

---

61) Calvin, *Fifth Book of Moses*, sermon 36, p. 216; Job, sermon 131, p. 674.
62) Calvin, *Institutes*, III, ix, 1; *Daniel*, p. 63.

3. 기독교의 규율로서 국가

1) 기독교적 질서로서 국가

세속적 억압은 기독교 정체의 초석에 불과했다. 그것은 사회적 통제와 위안의 최소치만을 제공했으며 하나님의 주권적 힘과 인간의 야만적 힘의 가장 기초적인 성취만을 드러내었을 뿐이다. 그럼에도 불구하고 칼빈은 때로는 옛 아담은 이보다 더 나은 것을 기대할 수 없었을 것이라고 주장하는 것 같았다. 왕과 치안판사의 정치적 의무를 열거하며 칼빈이 요구한 것은 오로지 "정의"뿐이었다.

> 잘 다스리는 자들은 조심스럽게 모든 사람에게 개개인의 의와 심판을 제시하는 것 말고는 의와 심판을 집행할 수 있는 다른 방법이 없다. 사악한 자의 뻔뻔함을 알아보고 선량한 자와 무죄한 자를 변호하는 것 이외의 다른 방법으로 의와 심판을 집행할 수 없다. 바로 이것이 **지상의 왕들로부터 기대할 수 있는 것이다.**
> 이제 정책적으로 **이것 이외 바라야 할 것은 더 이상 없다.** 즉 바라야 할 것은 아무도 이웃을 거스르는 일을 하지 않는다는 것, 인간은 서로에게 해를 끼치지 않는다는 것, 인간은 소유물, 인격, 이름을 두고서 서로 불쾌히 여길 짓을 하지 않는다는 것, 나쁜 짓을 저지르는 누구라도 벌을 받아야 한다는 것뿐이다.**63**

그러나 칼빈은 다른 때에는 치안판사의 종교적 의무를 고수했고 순수하게 세속적 정의가 조금이라도 가치가 있다는 것을 부인했다.

> 하나님의 주장을 무시하고 다만 인간의 이익을 위해 준비하는 모든 법은 터무니없는 것이다.
> 그러면 명예로운 상태, 세계의 모든 존엄은 무엇이란 말인가? 그것은 모두 신이 우리를 통치하도록 야기하는 수단들이다.⋯ 그렇다면 왕, 황제, 치안판사는 무엇을 해

---

63) Calvin, *Jeremiah*, lecture 85; V, 142; Calvin, *Fifth Book of Moses*, sermon 116, p. 710.

야 하는가? 그들은 신이 높임과 커짐을 받는 것을 보아야 한다.…**64**

이와 같은 맥락으로부터 벗어날 때 위의 서로 다른 정식들은 틀림없이 모순처럼 보인다. 그러나 특정한 설교나 논고를 감안하면 칼빈이 부리는 기교는 자기 입장의 난점을 숨겨준다. 세속적 억압을 변호하는 일과 "하나님의 주장"을 단정하는 일은 너무 밀접하게 얽혀 있어서 서로 떼어놓는 것은 극히 어렵다. 그리고 그렇게 하는 것은 칼빈의 의도에 전적으로 공정한 처사는 아닐 것이다. 그렇지만 그렇게 하는 것이 제네바에서 성취한 그의 업적을 설명하고 그 근원을 칼빈 추종자들 사이에서 끊임없이 분출한 그의 급진주의 사상 내에서 드러내는 유일한 길이다. 칼빈의 이데올로기는 첫 번째 두 인용문의 세속적 비관주의에 뿌리를 두고 있지만 그 이데올로기가 충분히 발전하게 된 것은 두 번째 두 인용문에 나타난 경건한 주장에서이다.

가장 야만적인 억압을 변호하는 동안에도 칼빈은 그 불충분성을 주장했다. 그는 옛 아담에 대한 보다 심대한 통제와 질적으로 다른 평정을 확립하려고 노력했다. 이 둘은 다 같이 기독교적 규율의 산물이어야 했다. 화해와 재통합은 여전히 칼빈의 목표는 아니었다. 그는 유토피아를 "유대인이 가진 어리석은 공상"**65**이라고 일축했다. 인간의 악한 본성에 대한 그의 병적 고집은 자신의 새로운 규율의 성질을 오래되고 익숙한 억압에 속하는 성질이라고 규정했다. 그 두 성질은 타락한 인간을 대상으로 삼았다. 그러나 칼빈은 기독교도들은 사회적 통제의 객체이지만 동시에 주체여야 한다고 생각했다. 왜냐하면 하나님이 주장한 것은 자발적 복종이었기 때문이다. 세속적 국가처럼 기독교 연방은 강압적

---

64) Calvin, *Institutes*, Ⅳ, xx, 9; *Fifth Book of Moses*, sermon 4, p. 22. 또한 『기독교 강요』의 헌사를 참조. "왜냐하면 하나님의 영광이 정부의 목적으로 되어 있지 않다면 그것은 합법적 주권이 아니라 강탈이기 때문이다…."

65) Calvin, *Against the Anabaptists*, sig. E$_a$. 비엘레(Biéler)는 기독교의 규율을 "임시 사회"라고 부른다. 왜냐하면 그것은 역사의 궁극 목적 즉 그리스도의 왕국에 미치지 못하기 때문이다. Biéler, *La Pensée économique et sociale*, pp. 256-265.

일 것이다. 세속적 국가와 달리 기독교 연방은 양심 있는 인간의 동의에 토대를 둘 것이다. 칼빈은 양심과 강제를 합쳤다. 이는 양심과 강제가 후대에 루소의 일반의지에서 합쳐진 것과 거의 동일한 방식이었다. 칼빈 사상에 나타나는 바, 실로 정치적 삶에 대한 이 두 가지 시각은 홉스와 루소의 두 가지 다른 권위주의의 기독교적 예상으로 상상될 수 있다. 후대의 프랑스 저술가와 마찬가지로 칼빈은 사회적 통제가 거대하게 증가할 것이라는 점, 즉 인간 스스로가 통제를 의욕하고 마음속으로 동조하게 되면 결과할 수밖에 없을 통제가 거대하게 증가할 것이라는 점을 예리하게 깨달았다. 바로 이것이 기독교 신자가 칼빈 이론에서 한 일이고 또 칼빈주의 성도들이 실제로 자신의 개인 생활, 교회와 회중에서, 그리고 어떻게 해서든 권력을 쥐었던 국가와 연방에서 한 일이다.

2) 기독교적 규율로서 가족

세속적 질서가 다만 자연을 억압할 수 있었던 반면 종교는 그것을 변형할 수 있다. 이것은 칼빈이 가족을 취급할 때 가장 분명하고 가장 극적으로 입증되었다. 국가는 가족과는 전적으로 구별되는 질서였다. 칼빈의 저술에서 그 둘 사이의 연관성은 전혀 기술되어 있지 않았다. 국가는 우위에 있지 않고 다만 다를 뿐이었다. 국가는 가족 관계의 변화도, 집안 유대의 강화나 완화도 요구하지 않았다. 그러나 기독교의 유대감은 이러한 유대를 떼어 놓았다. 칼빈은 어떤 인간도 "복음 안에서 변함없이 지속할 수 없으나 아버지와 어머니를 잊고 아내를 버리며 자식을 포기할 때 그렇게 할 수 있다"고 썼다. 물론 이것은 전통적 복음 교리였고 칼빈은 누가의 명령에 찬동하여 "우리는 … 자기 아버지나 어머니를 미워하지 않으면 그리스도의 제자가 될 수 없다"고 썼다. 그리고 누가는 계속해서 아내와 자식, 형제와 자매를 언급했다.[66] 다시 한 번 칼빈은 금송아지 우상숭배자를 살해하도록 지시한 출애굽기의 성구를 인용했다. "너희는 너희 자신을 열성

---

66) Calvin, *Fifth Book of Moses*, sermon 194, pp. 1203-1204; 누가복음 14:26.

적으로 하나님에게 드리는 예배를 보여주게 될 것이다." 칼빈은 "너희는 하나
님이 만물 위에 있으신 분이라는 … 것을 보여주기 위해 자기 형제를 남김없이
죽이고 그래서 자연의 질서를 굴복시켰다"[67]라는 점에서 너희 자신을 주님께 드
렸다고 주석했다. 이러한 종류의 광신은 나중에 보게 되겠지만 그 복음적 목적
뿐만 아니라 정치적 목적까지 지니고 있을 것이다. 하지만 그것은 또한 보다 직
접적인 목적 즉 초기 종교개혁자들의 경험의 중요한 일부를 반성하고 정당화하
는 목적에 도움이 되었다.

칼빈은 자주 집요하게 프랑스 개종자들을 향해 부모와 조국을 떠나 제네바의
"충실한 사람들의 교제"에 합류하라고 촉구하는 글을 썼다.[68] 테오도르 베자는
아브라함은 "부모와 나라와 소유물을 신들과 일체의 것과 함께 남겨두고"[69] 떠
나지 않았는가라고 선언했다. 아버지, 조국, 아버지의 땅으로 압축될 수 있을
베자의 포기의 삼요소는 칼빈주의 수사학의 기성 형식이 되었다. 이 삼요소는
여성을 대상으로 할 때는 조금 변형되었다. 칼빈은 "자식의 포로가 되어 있는 얼
마나 많은 기독교 여성들이 있는가"[70]라고 외쳤다. 기독교의 교제는 모든 가족
적 결속의 희생을 요구했다. 이것은 정말로 칼빈 스스로의 경험이었고 베자, 오
트망Hotman, 그리고 16세기의 많은 다른 프로테스탄트의 경험이었다.

따라서 하나님의 명령과 교제를 위해서 가족은 분열되었으며 곧바로 이어서
재구성되었다. 복음주의의 공격이 독신주의와 수도원주의의 제도를 향해 굳
어진 반면 칼빈은 가족과 세상을 기독교의 경건을 실천하기 위한 적절한 무대
로 합쳤다. 그러나 그는 가족을 자연적 결사체로 재구성하지 않았다. 실로 그
는 아버지들에게 "신의 섭리에 의한 지명이 아니라면 그들이 그 위치에 이르지

---

67) 같은 곳, 출애굽기 관련 구절 32:27.
68) *Letters of John Calvin*, ed. Jules Bonnet, trans. David Constable (Edinburgh, 1855), Ⅰ, pp. 371-373; Ⅱ, 78, pp. 165-167.
69) Theodore Beza, *A Tragedy of Abraham's Sacrifice*, trans. Arthur Golding (London, 1577). 이 번역본은 말콤 월러스(Malcolm Wallace)의 서문이 포함된 편집본이다.
70) Calvin, *Letters*, Ⅱ, p. 78.

못했을 것이라는 점을 상기시키는 것을 좋아했다. 아버지라는 칭호는 하나님이 남자들에게 지정하기로 한 표지이다." 결혼에 의한 연합은 출산의 조건일 뿐이다. 바꾸어 말하면 하나님이 그 원인이다. 그렇다면 아버지의 권위는 전적으로 자연적인 것은 아니다. "남자와 여자가 자녀를 가진다면 그들은 자신이 하나님의 지배를 받지 않는 한 그들로 인한 복속이란 존재하지 않음을 이해해야 한다."[71] 왜냐하면 칼빈이 프랑스를 떠났을 때 한 일은 자기 아버지가 아니라 오히려 신에게 복종한 것뿐이기 때문이다.

"신자의 가족은 말하자면 작은 교회여야 한다.…" 이것은 칼빈이 종종 기독교의 가족 관계를 반복적으로 기술하는 표현이었다. 이교도들에게 가족은 "공적 정부의 심상과 형상" 즉 세속적 질서에 속하는 것이지만 기독교도들에게 가족은 하나님의 명령에 대한 엄격한 복종에서 질서 지어져야 한다. 아버지 지위는 하나님의 말씀이 규정한 직무와 의무가 따르는 종교적 직위로 변형되었다. 이것들은 기독교적 치안판사에 부과된 것들과 다르지 않았다. 즉 하나님이 영광을 받도록 그 신민들, 이를테면 가족의 경우에는 아내, 자식, 하인을 통치하는 것이다.[72] 가족이 기독교적 규율의 구성 요소가 되기 위해 칼빈은 아버지 지위의 자연적 애정적 측면에 대한 강조를 탈피하는 일에 급진적이 되었고 그 권위주의적 특성을 극적으로 강조했다. 말하자면 아버지는 가족에서 하나님을 대표하는 자가 되었고 기독교적 치안판사가 되었다.

봉건적 지배와 노예성의 실제적 형태를 가리는 부성애적 보살핌이 확장되는 일은 칼빈주의 사상에서 논리적으로 설 자리를 찾을 수 없었다. 재구성된 가족은 "작은 교회"를 형성했고 또한 그 구성원들은 이웃에 세워진 보다 큰 교회, 즉 아버지뿐만 아니라 장로들의 규율에 복종하는 보다 큰 교회의 구성원들이었다.

---

71) Doumergue, *Jean Calvin*, V, p. 508; Calvin, *Institutes*, II, viii, 26; *Fifth Book of Moses*, sermon 36, pp. 213-215.
72) Calvin, *Timothy and Titus*, sermon 23, on Timothy, p. 282. Biéler, *La Pensée économique et sociale*, pp. 259f.

칼빈주의의 장기적 경향은 가족을 보다 큰 규모의 규율 체계 내에 설정함으로써 부성적 힘의 크기를 제한하는 것이었다. 부르주아적 제네바에서도 이 경향은 분명했다. 하지만 그것은 프랑스 위그노들 사이에 보다 분명하게 보였다. 위그노 목회자들은 모든 중요한 문제를 칼빈의 견해에 따른 결정에 맡겼기 때문에 중세 군주의 특권과의 싸움 역시 칼빈 그 자신의 것이었다고 가정할 수 있을 것이다. 목회자들은 모든 사람들에게도 그랬지만 귀족들에게 그 구성원들이 자신의 가족을 교회로, 남자 구성원을 교회회의로 편성하도록 요구했다. 그러나 그들은 귀족이 개인적 목사를 유지하고 그의 성을 개인적 회중으로 만드는 "교회"에 대해서는 거의 승인할 수 없었다. 목회자들은 "교회를 섬기는 일을 위해 주어지고" 그들의 명은 위그노 회의에서 발하며 "대영주의 사람이나 궁전에다 명하지 않는다. 비록 그 가족들의 수가 몇몇 교회와 맞먹는다고 할지라도 … 목회자들의 주권은 이 목회자들을 제거할 때 이들과 함께 떠나지 않도록 요구될 것이다."[73] 귀족들이 왕을 따르지 않고 있을 때 위그노 규율이 선포되면 그들은 정규 교회에 가입하고 그 권위에 복종해야 했다. 사실상 그들은 가족과 가족의 개인적 헌신을 매우 좁게 생각해야 했다. 말하자면 가족의 범위에 제한을 두어야 했고 개인적으로 헌신할 때 스스로가 수행하는 것에 국한해야 했다. 그리고 그들은 모든 부양 가족들과 함께 동등한 자격으로 기독교 지역 사회의 회원이 되는 것을 받아들여야 했다. 위그노파 "교황"인 필립 드 모르네^{Philip de Mornay}의 아내이자『폭군에 대항하는 변론』^{Vindiciae contra Tyrannos}의 저자일 개연성이 가장 높은 모르네 부인은 그녀의 회고록에서 그렇게 받아들여져야 하는 회원 자격에 무엇이 포함되어 있는지를 분노에 차서 기술했다. 그녀는 머리 모양 때문에 성찬에 참여하지 못한 상태에서 그녀의 종들이 입장하는 것을 분노의 표정으로 지켜보았다. 그 후 몇 달 동안 청교도 목회자들과 지위에 따라 옷을 입어야 한다고 고집하는 귀족 여성들이 기독교도들이 머리핀과 철사를 사용하는 문제에 관해 논쟁을 벌였다. 극도

---

73) *Synodicon*, p. 66,

로 심각한 양측의 논쟁은 귀족적 자부심과 성직자의 가식이 참으로 거창하게 투쟁한다는 것을 암시한다. 적절한 답을 뚜렷하게 내놓는 결과는 아니었지만 그러한 논쟁이 봉건 질서에 미치는 영향은 쉽게 상상할 수 있다.[74]

그러한 사회적 갈등에 직접 연루되지는 않지만 중세 영주의 주권에 대한 칼빈의 궁극적 태도는 타협적인 것 중 하나였다. 그는 노예됨을 허용했고 다만 주군 되는 주인은 하나님의 직무를 기억해야 한다는 것을 요구했다. "위대한 자는 낮은 사람과 아래 사람들에게 … 길을 보여주어야 한다는 것을 이해해야 한다."[75] 이것은 칼빈주의 저술가들이 자주 하는 명령이 되어야 했다. 그들은 종들이 할례를 받아야 한다는 하나님의 아브라함 명령을 상기시키면서 귀족들에게 부양가족들 가운데 참된 종교를 전파하라고 촉구했다. 주님의 권위가 기독교도가 동원할 수 있는 유용한 도구로 남아 있는 한, 그것을 칼빈주의적으로 재구성하면 이는 문제가 될 것이다.

3) 사회적 질서로서 교회

종과 부양가족들을 개종시키기 위한 봉건적 권위의 사용은 교회가 부모와 주인에게서 벗어난 경건한 도망자 집단 그 이상이라는 것을 말해준다. 교회는 또한 사람을 "복음 복종"으로 데려오도록 설계된 강압적인 제도였던 것이다. 여기서 복음 복종은 사람을 은총의 길로 열어주는 것이 아니라 명령에 노출시키는 것을 말한다. 종교는 국가에 반대하는 정치체를 낳았다. 칼빈은 국가를 종교적 목적의 세계로 들어가게 하는 서곡으로서 정치를 종교에 들어가게 했다. 그는 자주 교회를 연방이라고 말했다. 그리고 이 비유는 그의 사상에서 중요한 열쇠이다. 물론 정치는 가톨릭교회에서 오랫동안 자기 역할을 담당해 왔다. 그러나

---

74) *A Huguenot Family in the Sixteenth Century: The Memoirs of Philip de Mornay, Sieur de Plessis Marly, Written by his Wife*, trans. Lucy Crump (London, n.d.), p. 64, 198ff. "비로니에와 다른 장로들이 … 그녀가 가발을 쓰고 입장할 수 없지만 남자 종들은 입장해도 좋다는 말을 선언하기 위해 파견되었다."(p. 211) 이 번역본에는 역자의 서문이 실려 있다.
75) Calvin, *Fifth Book of Moses*, sermon 166, p. 1028.

근자에 와서 어떤 저자가 칼빈을 프로테스탄티즘의 정치 교육가로 보는 것은 옳은 일이다.[76] 영적 존재와 시간적 존재를 절대적으로 구별한 루터는 국가가 억압의 질서일 뿐이며 정치는 다만 죄인들이나 관심을 가지는 질서라고 말해주었다. 기독교도들은 이미 조직, 권위, 강압과는 관계가 없는 다른 세계에 살고 있었다. 이 독일 종교개혁자는 거듭난 사람은 "인간관계를 가질 필요가 없고 하나님의 말씀에 의해 내적으로 소통한다…"[77]고 썼다. 칼빈은 이것을 비가시적 교회의 기술로 인식했을 것이지만 여기에 많은 관심을 갖지 않았다. 그는 아마도 경건은 조직화되지 않는다면 하나님이 보기에도 거의 가치가 없었을 것이라고 우려했을 것이다.

사회적 질서로서 교회는 세속적 정부의 장치를 필요로 했다. 칼빈은 이 정부를 대단히 상세히 기술했고 그 후로도 수백 년 이상 칼빈주의 여러 유파들이 다른 어떤 주제보다도 더 많이 교회 조직에 관한 글을 썼다. 이 방대한 문헌들이 짊어지는 부담은 교회 정치체의 형태는 세속적 질서의 그것과는 달리 환경, 권력의 현실, 적법성의 양식에 좌우되지 않았고 언제나 하나님의 말씀에서 정해졌다는 것이었다. 세속적 국가는 아주 간단하게 변화를 따르면 그만이었지만 교회는 오로지 부패와 개혁을 따르는 것이었다.[78]

칼빈주의 교회는 기독교도, 성도, 위선자임을 엇비슷하게 표방하는 포괄적 조직이었고 선출된 목회자와 평신도 위원회가 통치했다. 교회 정부에 평신도가 들어간 것은 성직자가 종교개혁 과정에서 겪은 탈신화화의 결과였다. 성직자들이 계속해서 상당한 권력을 행사한 것은 틀림없지만 더 이상 아무런 개인적 우월성도 소유하지 못했다. 독신의 길을 걸을까 하고 고취시켜 주었던 모든 경외감도 영원히 사라졌다. 신자들에게 주어진 이러한 새로운 평등성은 교회에서 새로운 민주주의를 산출했다. 목회자들과 나란히 앉아 항상 다수를 이루었던

76) Sheldon Wolin, "Calvin and the Reformation", 특히 p. 440.
77) 다음에서 인용된다. Lagarde, *Recherches*, p. 296.
78) 고대 교회를 신적 제도의 현실적 예시로서 말하는 칼빈의 기술을 참조. *Institutes*, Ⅳ, iv, 1.

평신도 장로들은 회중들이 선출한 사람들이었다. 실제로 그들은 현존하는 교회 리더십에 의해 호선되었고 적극적 경건한 반대가 개진되지 않는 한, 회원들이 묵시적으로 동의하는 것으로 가정되었다.[79] 그러나 평신도 참여의 정치적 가치는 그 형식적 절차에 달려 있지 않았다. 장로 직분은 집사 직분과 더불어 교회 정치체에서 과거에는 평신도와 평신도를 통치하는 성직자 사이의 도덕적 간격 때문에 불가능한 모종의 사회적 통합을 결과했다.

칼빈은 교회를 정치적 사회로 의식하는 날카로운 감각을 가지고 있었다. 그는 회원들의 유대를 강화하고 안정화하기 위한 도덕적 규율을 설계했다. 목회자와 장로 총회는 조사와 "영적" 책망을 위한 커다란 힘 즉 "출교권에 의해 집행되는 문책 불가한 절대적 견책권"[80]을 부여받았다. 그러나 그러한 권능은 사람들이 어느 정도 묵묵히 따라 주었을 때 행사될 수 있었다. 그런 일은 평신도의 참여 없이 불가능한 것과 마찬가지로 그런 참여가 보편적이 아니었다면 충분한 효과는 없었을 것이다. 교회 장로들의 조사는 교회 회원들의 "상호 감시"에 의존했다. 칼빈주의 규율은 교회회의의 규정에 나타난 하나님의 말씀에 대한 직접적이고 고의적인 복종을 요구했다. 따라서 그것은 세속적 국가가 세운 통제와는 달랐다. 세속적 국가에서 복종은 힘에 의해 강제되고 양심에 아무런 주장도 하지 못하는 법에 의해 규정된다. 종교적 규율은 이미 세속적 억압에 의해 실현된 질서를 강화시켰다.

실제 현실에서 모든 교인들이 새로운 규율에 기꺼운 마음으로 응하지 않았다. 지켜보고, 조사하고, 책망해야 하는 사람들이 많았으며 이들은 많은 경고를 받은 후에도 계속해서 거역하다가 마침내 출교되었다. 하나님의 주권을 높

---

79) 제네바에서 장로들은 칼빈의 승리 후에 목회자들이 추천했고 소위원회가 제출한 200명의 명단 중에서 도시위원회가 선출했다. 다음을 참조. James Mackinnon, *Calvin and the Reformation* (London, 1936), pp. 80-81.

80) Mark Pattison, "Calvin at Geneva", *Essays of the Late Mark Pattison*, ed. Henry Nettleship (Oxford, 1889), II, 25. 이것은 칼빈주의 규율의 특징을 탁월하게 규정하는 것이다. 또한 다음을 참조. *Institutes*, IV, ii, 1ff.

이 받드는 견해 때문에 칼빈은 교회의 출교가 영벌 지옥에 처하는 절대적 정죄였다고 주장할 수 없었다. 반면에 그는 그러한 강력한 규율 도구를 감히 포기할 수도 없었다. 칼빈은 이렇게 썼다. 즉 "교회는 출교되는 자를 결박한다. 그것이 그를 영원한 파멸과 절망에 빠뜨리는 것이 아니라 그의 삶과 태도를 정죄하고 그의 마지막 정죄를 이미 경고하는 것이기 때문이다."[81] 우리가 보게 되겠지만, 궁극적으로, 정죄된 죄인은 거룩한 연방에서 쫓겨날 것이다. 출교는 세속적 영장이었다. 마찬가지로 교회가 교제를 허락한 사람들은 그들의 최종 구원에 주의하라고 "경고 받은" 것이었다. 그러나 그들은 이 세상의 성도들이었고 그러니만큼 그들의 경건한 삶과 태도에 대해 직접적 보상을 거둘 것이다. 그들은 다른 사람들을 지켜보고, 조사하고, 책망하는 사람들이었다.

칼빈주의는 소통하는 교인들을, 출교된 자들만이 아니라 완전하게 복종하지 않거나 공동 정부에 열광적으로 참여하지 않는 사람들로부터도 분리하는 경향을 가지고 있었다. 성도들은 엄격한 규율을 가진 집단이었고 새로운 이데올로기의 조직화 능력을 보여주는 최고 사례였다. 그들은 거듭났다는 것을 엄격한 자기 통제를 통해 입증한 것처럼 똑같이 그것을 세상에서 실행했다. 그들은 어떤 사적 황홀경으로 물러서지 않았다. 칼빈은 이렇게 썼다. 즉 "단순히 자기 자신의 영혼 구원을 추구하고 확보하는 것만이 아니라 그보다 더 높은 곳을 향하여 올라가는 것은 확실히 기독교적 인간의 의무이다." 대신에 그는 존재 열정의 주요 동기로서 "하나님의 영광을 … 드러내는 것을 불사해야"[82] 했다. 칼빈은 이 땅이 "우리가 평가하기로는 극히 더러운 것"이 되게끔 되어 있다는 식의 인습적 주장을 고수하면서도 동시에 그것을 하나님의 영광의 극장으로 재평가했다. 바로 여기가 종교적 인간이 자신의 진정한 기능을 발견한 곳이다. 성도는 전투

---

81) *Institutes*, Ⅳ, ⅺ, 1.
82) *Reply by John Calvin to the Letter of Cardinal Sadolet to the Senate and People of Geneva* (1539), in *Theological Treatises*, trans. J. K. S. Reid (Philadelphia, 1954), p. 228. 역본에 역자의 서론이 실려 있다.

적 기독교 행동가이고 그의 행동은 그를 교회 바깥으로 데려다 놓았다. 그는 회중 정부에만 참여하는 것이 아니라 또한 거룩한 연방을 창조했다.

4) 기독교적 사회로서 시민 사회

교회의 직위는 평신도 공동체의 가장 부유하고 유력한 회원들로 상당히 규칙적으로 채워지는 경향이 있었다. 그와 동시에 교회 조직 내에서 부각된 사람들은 새로운 특권과 자부심을 얻었고 국가를 다스리는 지위 쪽으로 움직이는 것은 당연했을 것이다. 어느 쪽이든 평신도의 참여는 교회를 세속적 질서로 이동시키는 데 효과를 발휘했다. 제네바의 경우 그 결과는 칼빈 권력의 최고 지위를 제외하면 실제로 교회의 최고권을 도시위원회에 건네주는 셈이었다. 그러나 교회회의의 일원으로 봉사하는 시민들은 그 도덕적 분위기를 일부 닮는 것을 거의 피할 수 없었다. 특히 그 분위기가 칼빈 또는 그 수제자 베자와 같은 권위적인 인물이 명할 때는 더욱 그랬다. 그들은 곧바로 시민법과 법령에서 명백해진 고양된 종교적 책임감을 시민 총회에 되돌려주었다. 이리하여 정치적 직위와 종교적 직위 사이의 양심적 상호성은 그 양자의 통합을 위한 기초를 제공했다. 그 통합이 법적으로 결코 완성되지 않았을 때도 그랬다. 왜냐하면 칼빈은 신앙의 불안정성과 세속적 질서의 우세한 힘을 확신하고 있었으므로 결코 그 통합이 완성되지 않을 것임을 확신했기 때문이다. 그는 어떤 독립적 종교적 위치에서 호소할 수 있는 한, 그 호소가 평신도의 양심에 호소되는 것으로 만족했다. 칼빈은 제네바 치안판사들에게 다음과 같이 썼다. "… 우리의 호소가 거룩한 복음의 말씀으로부터 나오는 것이라는 것을 **그대가 본다면** 이러한 준행들을 받아들여서 그대의 도시가 좇아갈 수 있도록 각별한 주의를 기울여 주기 바란다."[83]

이러한 기독교적 치안판사의 종교적 책임은 일상 시민들의 동등한 종교적 의

---

83) *Articles Concerning the Organization of the Church and of Worship at Geneva* (1537), in Calvin, *Theological Treatises*, p. 49 (강조는 첨가됨).

무와 병행되었다. 보통 사람이 장로가 될 기회가 많지 않다면 하나님의 도움으로 그는 여전히 아버지의 직위 즉 보다 작은 사회 너머로까지 확산되지만 비슷한 의무를 지니는 직위인 아버지가 될 수 있다. "가족의 거룩한 아버지"로서 그는 가정을 작은 교회로서 통치하는 "경건한 노력"에 끊임없이 참여할 수 있을 것이다. 가족의 헌신은 보다 큰 교회의 공동적 헌신을 재생산했으며 예배와 규율은 배로 늘어나고 교회회의의 권능에 복속한 사람들은 자신의 가정에서 그 힘을 행사했다. 그렇게 할 때 그들은 기독교 국가의 양심적 시민으로서 소양을 준비했다.

신자와 시민의 일치는 새로운 규율의 영원한 특성이었을 것으로 가정되었다. 칼빈은 이렇게 세속법으로부터 많은 협조를 얻는 것을 필요로 했다. 회개하지 않는 출교자에 대한 마지막 처벌은 추방이었다.[84] 그는 이것을 심하게 고집하지 않았는데, 그 이유는 "시민의 죽음"이 죄인의 영적 죽음을 미리 보여줄 것이기 때문이라서가 아니라 오히려 기독교 국가의 도덕적 순수성을 유지하기 위해서다. 이 순수성은 완벽한 것은 아닐 것이다. 왜냐하면 국가의 많은 시민들은 교회회의의 심문관에 의해 경고나 책망을 받는 동안에 모종의 영적 중간상태에 놓여 있을 것이기 때문이다. 그러나 끝까지 거역하는 대가는 분명해지도록 되어 있었다.

신자와 시민의 동일성은 제네바를 사실상 계약 공동체로 바꾼 시민의 선서에서 극적으로 현시되었다. 칼빈은 목회자들을 인도해서 1537년에 도시 전체가 새로운 신앙을 공개적으로 표방하는 것을 요구하도록 했다. 그는 제네바의 역사가로서 기록한 바와 같이 "시민 사회는 종교 사회의 모든 기독교 교인들로, 오로지 그들로만 통합적으로 구성되기를" 바랐다.[85] 그 승리는 다만 일시적인 것으로 판명되었고 나중에 확증되지 않을 수 없는 것이었다고 해도 목회자들은 자신의 뜻대로 했다. 제네바 사람들은 그 도시에 대한 충성을 맹세함과 동시에 신

---

84) Georges Goyau, *Une ville-église: Genève* (Paris, 1919), Ⅰ, pp. 32-33, 65.
85) Ibid., p. 51.

앙고백을 받아들였고 십계명에 복종하기로 맹세했다.[86] 이것은 칼빈주의자들이 착수해야 했던 국가적 또는 시민적 선서와 계약 중 최초의 것이었다. 이들은 하나님과 유대인 사이에 맺은 성경적 계약을 명백한 모형으로 삼아서 선택과 선민의 동일성을 의미하는 중요한 것을 제공했다. 계약의 관념은 칼빈이 기독교 정치의 대상으로 보았던 고차적 억압의 본질에 대한 극히 중요한 단서이다.

칼빈은 자신의 신학에서 율법의 계약과 은혜의 계약을 구별했다. 제네바 선서의 모형이었던 구약의 계약은 그 두 계약의 결합이었다. 어떤 인간도 신명기의 법규에 완전하게 복종할 수 없었기 때문에 하나님은 16세기의 기독교도들뿐만 아니라 고대의 유대인들에게도 은혜를 베풀었다. 왜냐하면 신약과 구약은 본질적으로 유사한 것이라고 칼빈은 항상 주장했기 때문이다.[87] 그러나 그와 동시에 하나님은 아마도 "신자의 공로와는 무관하게" 은혜를 허락했기 때문에 그의 율법에 철저히 복종할 것을 요구했다. 그분은 "자신의 선함이 … 경멸의 대상이 되지" 않도록 할 것이다.[88] 이렇게 해서 칼빈주의 신학의 강조점이 번갈아 달라졌다. 즉 율법이 먼저이고 다음에 은혜 그리고 그 다음에 다시 율법. 이 세 번째 국면의 율법은 유의미한 차이를 지니게 되는데 즉 이 율법은 은혜를 받아들인 사람들에 의해서 내적으로 받아들여진 법이라는 것이다. 칼빈의 강조점은 다른 의미에서 번갈아 나타났다. 즉 유대인과 맺은 최초의 계약은 민족적이고 사회적이었지만 신약에 기술된 하나님의 은혜는 다만 개개인에게 주어졌다는 점이다. 그럼에도 불구하고 다시 한 번 은혜를 수용함으로써 공동체가 형성되었다. 처음에는 이것이 신자들의 자유 결사체였다면 금세 정치적 사회가 되었고 즉 은혜를 지상에 선포하는 것뿐만 아니라 계약이 요구하는 법적 필수요건의 성취에도 책임을 지는 사회가 되었고 그리하여 하나님의 영광이 적절하게 인정

---

86) 그 절차는 다음에 기술되어 있다. J. T. McNeill, *The History and Character of Calvinism* (New York, 1957), p. 142: "경찰에 의해 소환된 집단적으로 모인 사람들은 지지의 뜻을 표명했다."

87) *Institutes*, II, x, 2.

88) *Institutes*, III, xvii, 5-6.

되도록 했다. 여기서 번갈아 나타난 순서는 사회적, 개인적이었다가 다시 한 번 사회적이었다는 점이다. 이 세 번째 국면의 계약은 율법에서 그랬듯이 하나님의 성도들의 새로운 자진성에 의존한다.

칼빈이 모든 제네바 시민에게 요구한 선서를 이해하려면 교대로 나타나는 마지막 순서를 주목하는 것이 가장 적절하다. 그러면 계약은 당연시된 내적 수용과 동의에 기초하여 하나님의 법에 복종하겠다는 사회적 헌신을 대표하는 것이었다. 그것은 하나님이 부과한 법에 자기를 스스로 강제하는 복종이었지만 이 자기 강제는 사회적 행동이었고 사회적 집행을 하나님의 이름으로 따르는 것이었다. 분명히 계약과 함께 기독교의 규율이 세속적 억압을 치환했다. 새로운 연방의 모든 시민은 그들이 경건하다고 인식한 절대적 지배를 양심으로 받아들였다. 그리고 이것으로 세상의 종말을 가져올 수 있었던 불안이 종식되었다. 왜냐하면 그것이 옛 아담에 대한 억압의 효율성을 엄청나게 증가시켰기 때문이다. 이제 사회적 규율은 새로운 의미를 갖게 되었다. 이 일이 일어난 것은 사회적 규율이 자유로웠던 양심에 부과된 것도 아니고 자연, 혈통, 가부장제의 개입에 의해 그 모든 정서적 감정적 함축과 함께 변형된 양심에 부과된 것도 아니라 그 대신에 양심을 통해 집행되었을 때였다.

4. 저항, 개혁, 그리고 경건한 전쟁

1) 하나님에 대한 복종으로서 저항과 개혁

인간에게라기보다는 늘 신에게 복종해야 한다는 것은 아마도 정치사상의 역사에서 상투적으로 만날 수 있는 가장 유의미한 문구일 것이다. 대부분의 상투어가 그렇듯 그 말은 행동을 위한 선명한 정의도 프로그램도 제공하지 않는다. 하나님에게 복종하는 것은 하나님의 이름으로 말하는 것을 요구하는 확고부동한 지상의 권위에 복종하는 것을 포함할지도 모른다. 그것은 또한 현존하는 권력에 도전하는 양심적인 개인의 자발적 영웅성을 말해줄지도 모른다. 다만 확실한 것은 그 수칙이 양심에 호소하는 것에 의존하고 양심은 권위를 지닌 교회에 속박되지 않는 한, 아무런 규칙도 가지고 있지 않다는 것이다. 프란츠 노이만은 그러한 어려움을 다음과 같이 요약했다. "인간의 양심이 언제 국가법에 대한 복종의 의무를 합법적으로 면제할 수 있는지를 우리에게 말해주는 보편타당한 진술은 있을 수 없다. 모든 인간은 개인적으로 그 문제와 씨름해야 한다."[89] 그러나 이 어려움이 해결될 수 있다는 것, 사람들이 개인으로서 이 어려움과 씨름하기 전에 해결될 수 있다는 것이 이 칼빈주의 저술가들의 근본적인 약속이었다.

최초의 프로테스탄트들은 영 안에서 초대 기독교도들의 열광을 다시 한 번 체험했다. 그들에게 하나님에 대한 복종은 소극적인 저항과 빠른 순교이거나 조국과 지친 망명에 대한 도피밖에 없었다. 이 두 가지는 모두 박해에 대한 개별적인 대응이었다. 그의 편지로 판단하건대 칼빈은 제네바 망명을 필요로 했을 뿐이기 때문에 그 둘 중에서 후자를 선호했다. 그러나 그는 이주를 프랑스 프로테스탄트 귀족을 위한 장기 정책으로는 거의 제안할 수 없었다. 그는 그러기를 원하지도 않았을 것이다. 왜냐하면 그가 보기에는 귀족들은 고국에서 감당할 정치적 역할을 가지고 있었기 때문이다. 그가 그들에게 요구한 것은 종교적 열광보다는 정치적 의무의 양심적 수행이었다.[90] 바로 이것이 칼빈이 하나님에게 복종하라는 말로 의도한 진심이었다. 그는 고국의 **종교 귀족**을 조직하고 그렇게 해서 프랑스를 기독교 연방으로 규제하려고 했다. 성도들이 직위를 보유했다면, 그리고 칼빈이 이미 봉건 군주제조차도 직업이라고 말했다면 그들이 매일 수행하는 활동은 일상의 억압을 경건한 규율로 바꾸어놓을 것이다.[91] 칼빈이 조언을 요청한 젊은 귀족들에게 설교한 것은 바로 이와 같은 것이었다. 그는 그들에게 어떤

---

89) Franz Neumann, *The Democratic and The Authoritarian State: Essays in Political and Legal Theory*, ed. H. Marcuse (Glencoe, Illinois, 1957), p. 158.
90) *Institutes*, III, ix, 4, 6. 여기서 모든 인간은 자신의 지위를 지키도록 경고를 받고 특히 치안 판사들과 아버지가 그렇다.
91) Cheneviere, *Pensée politique*, pp. 150-154.

자발적 활동, 어떤 순수한 개인적 용기를 요구하지 않았다. 그는 아마도 순교를 순진한 것으로 생각했을 것이다. 칼빈주의적 양심은 집단적이었고 칼빈 자신이 통제하는 한, 질서와 규율을 갖춘 체계적 방식으로 실행되어야 했다.

그러나 프랑스 왕이 그러한 활동을 금했다고 가정해본다면 어떻게 될까? 세속적 권위에 대한 칼빈의 옹호를 가정할 때 그 의도는 경건하지만 그가 어떤 종류의 정치적 반대를 정당화할 수 있을지를 아는 것은 어려운 일이다. 기성의 권력이 진실로 신적으로 제정되었고 따라서 항상 합법적이라면 그때는 칼빈의 프랑스 추종자들은 왕의 개종을 위해서 하나님에게 기도하는 것 외에는 아무것도 할 수 없다. 그들에게는 폭군이나 이교도 군주조차도 하나님의 골칫거리로 보일 것이다. 이제 그들은 처벌이 가해지거나 자비로운 구제가 있을 징조를 말해주는 자연적 정치적 역사를 탐색할 것이다. 교회에서 적극적 행동과 근면을 기르도록 양육을 받았지만 성도들은 국가에서 수동적이 될 것이다. 그러나 이것은 칼빈주의자들이 하나님의 주권적 권능 이론으로부터 도출한 결론이 아니었다. 왜냐하면 이러한 애매성이 정치적 현실을 신의 의지의 체현으로 보는 시각에 들어 있었기 때문이다. 다시 말해서 신의 의지는 현실에서 반역하는 인간 집단에도 능동적으로 작용해야 하고 정부 제도에서만큼이나 혁명 조직에도 현시해야 하기 때문이다. 그리고 칼빈주의 성도들은 스스로 그러한 의지의 도구라고 알고 있지 않았는가? 하나님은 그들에게 그러한 표시를 해 두었고 그 표시는 인간에게 심어둔 신의 의도성의 일부 즉 양심이었다. 양심은 성도를 정치적 수동성으로부터 해방하는 보증이었을 것이고 성공은 그가 무엇을 행하든 이를 정당화하는 신의 징후였을 것이다.

그러나 칼빈 자신은 이러한 종류의 행동주의를 절대적으로 막지는 않았지만 단순한 성도들이 제공할 수 있는 것보다 더 큰 정치적 확실성을 추구했다.[92] 그

---

92) 성도들이 자신의 구원에 대해 커다란 평화와 확실성을 누리도록 되어 있지만 칼빈은 이 확실성을 정치적 행동의 기초로 삼는 것은 아주 내켜하지 않았다. 이 점이 『기독교 강요』(특히 3권 2장) 확실성에 관한 절에 나오는 예외적인 애매성의 한 가지 이유이다. 또한 "유기 받은 자들이

도 정치적 수동성은 피하고 싶었다. 하지만 그와 동시에 그는 경건한 노력이 가져오는 무질서를 끔찍이도 두려워했다. 양심은 성도들 사이에 공공연한 것이었기 때문에 그것을 공개적으로 인식하는 길, 하나님이 자신의 도구로 누구를 선택했는지, 어떤 과업을 부여했는지를 의심의 여지없이 아는 길이 필요했다. 하나님은 항상 활동하고 있다는 칼빈의 이론은 그를 역사에서 저항과 개혁에 대한 어떤 신성한 서임을 찾도록 이끌었다. 이 위대한 개혁자는 여전히 선례와 징조를 찾았고 사실에서 신성을 찾았다. 이를테면 칼빈은 프랑스의 가톨릭 군주제라는 사실에 대하여 **반대 사실**, 반대 힘을 폭정 자체만큼 실재적이고 세상적이며 일상적인 것으로 설정하고자 분투하였다. 프로테스탄트 귀족의 힘이 바로 그런 것이었다. 그는 사실의 애매성이라고 부를 수 있는 것을 이용했지만 그 이용이 제한되도록 의도했다. 그는 추종자들에게 기존 법에서 역사적 선례로, 역사적 선례에서 섭리의 힘으로 이행하는 호소 방법을 가르쳤다. 그러나 그 자신은 그러한 호소를 가장 커다란 망설임 속에서만 했다.

역사, 법, 그리고 전통 속에 이미 자신들의 사실적 표시를 남긴 사회 집단이 있었고 이러한 사회 집단에 칼빈은 찬동하는 편견을 분명히 가지고 있었다. 그래서 그는 『기독교 강요』에서 봉건 세계의 "하위급 치안 판사들"이 수행한 저항을 신중하게 정당화하는 작업을 집어넣었다. 그들, 오직 그들만이 이교도 왕에 반대해서 참된 종교를 변호할 수 있었을 것이다. 칼빈의 견해는 비록 그의 진술이 아마도 뛰어난 애매성 능력의 득을 본 것이었을지라도 루터와 부처가 일찍이 수년 전에 표현한 것과 다르지 않았다.[93] 그러나 그의 이론의 의의는 봉건적 치안 판사들의 특권에 대한 조심스러운 재공식화에 있는 것이 아니라 오히려 정치적 직위를 종교적 소명으로 보는 개념 규정을 보다 근본적으로 충분히 발전시킨

때로는 선택 받은 자들과 유사한 감정에 영향을 받는다는 것, 따라서 그들 자신의 견해로는 선택 받은 자들과 결코 다르지 않다는 것을 경험은 보여 준다"고 칼빈이 경고하는(3권 2장 11절) 한 가지 이유일 수 있을 것이다.

93) *Institutes*, IV, xx, 31; Hans Baron, "Calvinist Republicanism and its Historical Roots," *Church History* 8:30-42 (1939).

것에 있다.

귀족들이 왕의 고삐를 조이기 위해 행동할 수 있다는 것은 오래된 중세의 관념이었지만 중세 시대에 그들은 항상 공동체나 공동체를 구성하는 영지 또는 단체 중의 하나를 대표하는 자로서 행동했다. 그들은 폭군에 대항하는 법, 관습, 공동 이익을 변호했다. 이 견해가 위그노파 이론에서 일정한 역할을 수행했지만 기본적으로 칼빈주의적 사고는 아니었다. 칼빈은 결코 공직이나 귀족을 대표자로 상상하지 않았다. 그는 자기 조직 능력을 갖추고 대리인이나 대변인을 임명하는 어떠한 인간 공동체도 발견하지 못했다.[94] 헌법 구조들은 지극히 다양했지만 특정한 공직자들은 오로지 하나님에 의해 창조된 것이었다. 정치적 의무들은 신의 의지에 의해 결정되었다. 따라서 저항은 대표자적인 것이 아니라 양심적 행동이며 세속적 의미에서가 아니라 종교적 의미에서 공적 행동이다. 치안 판사들이 폭군에 저항하지 못한다면 시민적으로는 아니더라도 도덕적으로 유죄이다. 왜냐하면 "**그들은 하나님의 서임에 의해 사람들의 수호자로 임명되었다고 하지만 그 사람들의 자유를 기만적으로 배반하기**"[95] 때문이다.

칼빈주의자들 사이에는 늘 그랬지만 양심은 사실의 지지를 받았다. 많은 치안 판사들과 귀족들은 현실적으로 왕에 저항하는 힘을 가졌다. 그뿐만 아니라 그들은 지방 자치와 시의 특권과 봉건적 권리의 오랜 전통들로 인해 자신의 권력을 사용하는 데 익숙했다. 그러나 16세기 동안 법 이론과 실제적 발전은 이러한 사람들 및 이들이 대변한 단체들의 권위를 약화시켰다. 모든 정치적 법적 권력은 통합된 주권으로 함께 모아짐에 따라 공직에 있는 개개의 사람들은 봉건적이든 왕족이든 왕의 "구성원이자 담보물"로 간주되어야 했다. 왕의 법률가들

---

94) 칼빈은 유대 민족은 "자신의 판관을 선택할 자유"를 가졌다고 적는다. 그러나 그는 이것을 하나님의 특별한 은혜로 취급한다. *Fifth Book of Moses*, sermon 101, p. 620. 다른 한편, 사울을 왕으로 선택한 것에 대한 칼빈의 견해는 이렇다. "그는 인간의 심의에 의해서가 아니라 오직 하나님의 의지에 의해서 선택을 받은 자이다." 다음에서 인용된다. Doumergue, *Jean Calvin*, V, p. 481.
95) *Institutes*, Ⅳ, xx, 31. (강조는 첨가됨)

은 자신의 독립성을 거부했고 왕립 법원은 다소 효과적으로 그 거부를 시행했다.[96] 칼빈주의자들은 사회에서 권력이 이와 같은 방식으로 유출되는 것에 반대하는 성향을 보여주었다. 왜냐하면 아마도 그것은 양심적 행위를 위한 기회들을 제약하고 축소했을 것이기 때문이다. 칼빈 자신이 왕의 새로운 주권을 인정하기를 거부한 것은 성경에 대한 뜻깊은 해석에 기초한 것이다. 그는 "존재하는 권력"의 복수성을 거부하는 것은 커다란 남용일 것이라고 주장했다. 신약성서의 본문들은 "… 모든 치안 판사들의 권위를 추천하는 공통 이유"를 제공했다.[97] 그러나 나중에 가서야 베자와 위그노 저술가들은 주권의 공유를 개진하는 이론을 제시했다. 그때까지 칼빈은 자신의 재능을 발휘해서 권력 구별 작업을 멋지게 해냈다. 칼빈은 앙부아즈 음모 직전에 이렇게 썼다. 즉 기즈 가문에 대한 귀족들의 반란은 혈통의 왕자가 이끄는 경우에만 정당화될 수 있을 것이다. 그러나 단 한 명의 왕자만 참여한다면 그때는 그것은 출생이 왕가에 가장 가까운 주요 왕자여야 할 것이다.[98]

봉건 정치의 잔재를 변호할 때 칼빈이나 그 추종자 누구도 전통적인 중세적 논증을 진술하는 일을 다시는 하지 않았다. 그들은 위계의 자연성을 촉구하지도 않았고 또는 으레 언급하는 천사의 질서와의 유비를 들먹이지도 않았으며 봉건 사회에 너무나 중요했던 가족적 가부장적 유대를 특별한 존경심으로 취급하지도 않았다. 그리고 그들은 이런 것들을 하등 하지 않았기 때문에 그들의 이론은 명백히 무엇이 참된 것인지를 말해준 셈이 되었다. 즉 옛 권위들은 급진적으로 재구성되었을 때만 지속할 수 있을 것이었다. 이러한 재구성이 일어나거나 맹렬하게 시도된 곳이라면 어디서나 칼빈주의는 그 현실주의 정치와 규율화된 조직 체계와 함께 이데올로기적 지지를 당연히 제공했다. 프랑스 전역에 프

---

96) W. F. Church, *Constitutional Thought in Sixteenth Century France: A Study in the Evolution of Ideas* (Cambridge, Mass., 1941), p. 39 and passim.
97) 다음에서 인용된다. Doumergue, *Jean Calvin*, V, p. 501. 관련 성구는 베드로전서 2:13-14이다.
98) Cheneviere, *Pensée politique*, pp. 341-346.

로테스탄티즘이 급속히 퍼지고 있었다는 것과 함께 동시적으로 가톨릭 귀족들 사이에 있었던 스토아주의의 부흥은 어떤 새로운 이데올로기적 버팀대의 필요성이 광범하게 느껴진 것임을 말해준다.[99] 스토아주의와 칼빈주의는 지방 공직자, 법률가, 정부 관리가 되는 과정에서 교육받은 젊은 귀족들에게 대단히 적합한 세계관이었다고 주장해도 좋을 것이다.

2) 세계 투쟁으로서 경건한 전쟁

직위 이론은 정치적 활동에 대한 새로운 견해의 열쇠를 제공한다. 그 열쇠는 단 한마디 즉 개혁으로 요약될 수 있다. 양심적 치안 판사는 약탈적 또는 이교도적 폭군에 저항해야 하는 것만 하지 않았다. 정상적 발전이 퇴행하는 세상에서 "사람들을 다시 이끌어서 하나님을 순수하게 예배하도록 하는 것"도 마찬가지로 그의 계속적 의무였다. 인간의 부패 때문에 개혁은 영구적 필연성이었다. 저항은 직위에 요구된 활동 중 하나일 뿐이고 또 가장 중요한 것도 아니었다. 칼빈은 잉글랜드의 수호자 서머셋 공작 에드워드 시모어에게 보내는 서신에서 다른 종류의 활동 즉 다시 한 번 말하지만 결코 대표적인 것이 아니라 근본적으로 종교적인 활동을 증시한다. 서머셋은 그의 신민으로 있는 대다수의 사람들의 분노와 폭력을 기대했을지 모르지만 칼빈은 냉철하게 그 모든 이를 "말씀의 투명한 빛으로" 데려오기 위해서 그의 검을 사용해야 한다고 썼다. 그는 서머셋에게 거듭 반복해서 그의 "책임", 그의 "책무", 그의 "의무"에 대해 경종을 울렸다.[100] 경건한 치안 판사는 하나님 자신만큼 방심하지 않고 경계하며 행동해야 한다. 칼빈은 중요한 저서인 『모세의 다섯 번째 책에 대한 설교』에서 공직자들 사이에 있는 수동성과 무기력을 매섭게 고발하고 공격으로 돌아섰다. 칼빈은 "부지런히 탐구하라 …"고 치안 판사들과 재판관들에게 촉구했다. "엄밀히 탐

---

99) Léontine Zanta, *La Renaissance du Stoicisme au XVIe siècle* (Paris, 1914). 특히 왕립 공직자 베어(William Du Vair)에 관해 pp. 243ff.
100) Calvin. *Letters*, Ⅱ, pp. 171, 172, 183.

구하고 … 문제의 밑바닥까지 샅샅이 탐색하라."[101] 사탄과 그 추종자들은 이렇게 해서만이 지상의 사회로부터 근절될 수 있을 것이다.

칼빈은 국가의 효과적인 통치자에게 촉구한 것처럼 장원 영주와 가족 수장에게 동일한 의무를 고수했다. 각 사람은 저마다 직위에 따른 권한 내에 있는 모든 것을 해야만 한다. 이렇게 말하는 것은 질서와 규율에 따라 행동해야 한다는 점을 강조할지라도 분명히 혁명적이었다. 칼빈은 이보다 더 자발적인 종류의 개혁에 대해서는 반대했다. 그는 폭군을 살해하는 정치적 권리를 거부했고 종교적 성상 파괴를 고발했으며 열광주의적 프로테스탄티즘의 성직 없는 방랑 예언자를 정죄했다.[102] 그러나 그는 활동을 요구했다. "모든 사람이 자신이 처한 상황을 항상 고려하면서 … 자신이 할 수 있는 모든 수단을 동원해 [신에게 영광을 돌리기 위해] 자신의 힘을 다해 충실히 자신을 바치는 것은 적절하다."[103] 어떤 주어진 직업의 의무들이 논쟁 대상이 되고 심지어 실험 대상이 되는 것은 말할 필요가 없었다.

활동과 개혁이라는 이러한 마지막 필수조건은 직위의 관념이 정치 영역을 넘어서 종교 영역, "섭리" 영역으로 확장되었을 때 그 의미가 더욱 커졌다. 정치 영역에서라면 그 법적 정의는 최소한 하나의 가능성이었으나 종교 영역, 섭리 영역에서라면 그 정확한 본성은 결정하기가 훨씬 더 어려웠다. 물론 칼빈이 복수의 섭리에 의지할 때 그것은 폭군에 대한 수사학적 경고이지 행동 프로그램은 더더욱 아니었다. 그러나 섭리의 관념은 그 관념에 관해 특정하게 암시하는 것을 가지고 있었다. 칼빈은 하나님은 때때로 "섭리적 해방자", "공개적인 복수자"를 일으켰다고 썼다. 말하자면 "왕들은 들어라 그리고 두려워하라"는 것이

---

101) Calvin, *Fifth Book of Moses*, sermon 120, pp. 737-738.
102) 폭군 살해에 대한 칼빈의 정죄에 대해서 다음을 참조. *Institutes*, Ⅳ, ⅹⅹ, 26; *Life or Conversation*, sig. K₂ verso. 종교적 방랑자에 대해서 다음을 참조. *Letters*, Ⅰ, p. 293.
103) Calvin, *What a Faithful Man Ought to Do*, sig. B₇; *Daniel*, sig. B₂ verso(서신)도 참조. "이제 모든 사람의 직위와 권력이 그를 이끄는 한, 참된 종교가 그 순수하고 완전한 상태를 회복할 수 있도록 온 마음을 다해 주의를 기울이는 것은 그대의 몫이다."

다. 이러한 사람들이 나타나면 그때마다 그것은 그들이 주 하나님의 "합법적 사명"을 가진 사람들이라는 것이다. "그들은 하늘로부터 내려온 권위로 무장하고 … 상위의 힘을 가지고서 하위의 힘을 처벌한다."[104] 그러나 그들이 성공하는 것 외에는 그들의 합법성이 어떻게 알려질 수 있는지를 아는 것은 어려운 일이었다. 칼빈은 다만 폭군 살해를 신성의 엄호 아래서만 재인정했을 뿐이다. 그렇게 할 때 그는 저항의 적법성은 최소한 부분적으로 **사후** 귀속이었다는 것을 드러내었다.

보다 흥미로운 대목은 여전히 종교적 직위의 힘, 즉 목회자와 예언자의 힘에 관한 그의 논의였다. 그 둘은 추정컨대 모든 정치적 활동에서 배제되었다. 그러나 도덕법을 세속적, 종교적 힘으로 시행하려는 칼빈주의적 노력은 그 배제의 본성을 변화시켰다. 종교적 직위는 도덕적 견책의 의무를 포함했다. 그리고 왕에 대한 예언자와 목회자의 고발이 정치적 문제였음을 아는 것은 확실히 어려운 일이 아니었다.[105]

> 예언자와 교사를 왜 보내는가? 그들이 세계를 질서에 맞추어 만들 수 있도록 하기 위함이다. 그들은 청중을 아끼는 것이 아니라 필요할 때마다 자유롭게 책망해야 한다. 그들은 또한 사람들이 정도를 벗어나 있다고 발견할 때 위협을 가해야 한다. … 예언자와 교사는 천상의 진리의 권능으로 무장할 때 용기를 내어 왕들과 나라들에 대담하게 대적할 수 있다.

통치자들은 우리가 복종해야 할 사람들이지만 성도들 중 일부는 그들의 악행을 힐책하는 특별한 직위를 가지고 있다. 틀림없이 칼빈은 이러한 일부였고 이는 특별히 『다니엘 주석』에서 왕을 반복적으로 고발하는 것을 설명해주는 것

---

104) *Institutes*, IV, xx, pp. 30-31.
105) Calvin, *Jeremiah*, lecture 2; I, p. 44.

임에 틀림없다. 그는 『다니엘 주석』 서문에서 프랑스 왕을 명시적으로 언급했다.[106] 그러나 의회 의원과 영지 대표자들의 항의와 질책을 어느 정도 인식한 프랑스 왕이 칼빈의 직위를 알고 싶어서 물어본 것도 당연했을 것이다.

이 제네바 개혁자는 끈질기게 목회자와 예언자의 소명을 확고히 하려고 했고 그 자신의 사상에 내재하는 위험들을 축소하려고 했다. 그렇게는 했지만 그 위험들은 컸다. 바꾸어 말하면 안정성은 프로테스탄트 예언자의 본성에 들어있는 것이 아니었다. 칼빈 자신조차도 견고하고 모범적인 예외적 인물이었지만 예언자의 직위는 쉽게 조직과 통제를 받을 수 있는 것이 아니었다는 것을 인정하지 않을 수 없었다. 여기서 양심은 "섭리적 해방자"가 그렇듯이 자유롭게 되었다. 칼빈은 1538년에 제네바 시민에게 "그대가 [나의 소명에] 어떤 의구심을 품고 있다면 그것은 내가 만족할 만큼 더없이 분명한 것이어서 이것으로 나는 충분하다"[107]고 썼다. 바로 여기가 그가 직위 이론을 급진적 무정부주의적 개인주의로 환원하는 것과 그리 멀지 않았던 곳이다. 물론 실제 현실에서 그는 공직에 있는 사람의 공적 의무만이 아니라 개인적 소명이 공개적으로 인정될 수 있기 전에 겪어야 하는 정교한 조직 훈련과 시험에 대해서도 엄중한 의식을 가지고 있었다. 실로 그의 지위를 확고히 한 것은 종교적 소명에서 정치적 직위로의 이행을 강조하는 것뿐이었다. 이 이행은 도드라졌다는 것뿐이지 내용적 변화는 크게 없었다. 그는 정치적 행위를 산출하기 위해서 사적 양심을 공적 의무에 연결했다. 그러나 이로부터 나온 직접적 결과로서 그는 폭군 살해, 예언자 고발 같은 극적 형태의 활동은 당연히 양심적이고 의무적이라는 입장을 거의 피할 수 없었다. 따라서 세속적 질서는 양심적 인간에 의해 붕괴될 대상이었다. 그러나 이것은 규율과 복종을 근본적으로 가르치는 이론가에게는 난해하고 심지어는 옹호될 수 없는 입장이었다.

---

106) Calvin, *Daniel*, 특히 97쪽 참조.
107) Calvin, *Letters*, Ⅰ, p. 71.

이러한 난점을 지적하는 것으로 칼빈의 정치사상에 대한 논의를 끝내는 것이 당연할 것도 같다. 그러나 그의 사상을 전체적으로 볼 때 종교적 직위 이론이 지니고 있는 혁명적 잠재력을 크게 증대시킨 또 다른 면이 있다. 즉 그의 저서에는 성도의 삶을 악마와의 끝없는, 거의 군사적 투쟁으로 보는 견해가 널리 퍼져 있다. 종교적 인간의 양심적 개혁적 활동이 너무 자주 폭력과 전쟁의 결말을 가지거나 필요로 했다는 점은 악마와 악마를 뒤따르는 지상의 막강한 지지 집단 때문이었다. 칼빈은 기독교 초창기와 또 자신의 시대에 복음이 나타났을 때마다 "말할 것도 없이 땅의 한 구석이 무섭게 피해를 입지 않은 곳이 없었다"고 썼다. "전쟁의 소란은 만국에 불을 지피는 것과 같이 모든 땅에 일어났고 … 질서와 시민 정체의 무질서한 혼란[이 뒤따랐으며] … [그렇게] 해서 세상은 이제 곧 뒤집어질 것 같았다."[108] 사람들은 말씀의 신성함을 사탄이 반대하고자 내세우는 폭력에 의해 거의 시험할 수 있었다.[109] 사탄의 활동 때문에 경건한 이들의 삶은 영구 전쟁과 같은 것이었다. 칼빈의 기술은 아마도 16세기 사람들에게 비실재적인 것은 아니었을 것이다. 칼빈은 하나님이 "악마가 싸움으로 신자들을 훈련시키고, 매복으로 그들을 공격하고, 기습으로 그들을 괴롭히며, … 그들을 혼란에 빠뜨리고, 겁을 먹게 하는 것"을 허용했다고 썼다.[110] 전쟁의 이미지는 칼빈의 작품에 끊임없이 존재했다. 그것은 적어도 부분적으로 수사학적 장치였지만 역시 칼빈주의자의 세계 투쟁 에너지의 자기 조직화 경향을 말해주었다.

직위가 군사 소초가 되었을 때 그 직위를 맡은 성도들에게 새로운 가능성이

---

108) Calvin, *Letters*, II, p. 172. *Timothy and Titus*, sermon 9, p. 100. 여기에 디모데에 관한 설교가 나온다. "악마는 그들이 순수하게 하나님의 말씀을 전해야 하는 것에 견줄 수 있는 것이 아니라 그것에 대적할 것이기 때문에 … 그가 할 수 있는 모든 것을 시도할 것이다. 그러므로 우리는 싸울 준비를 해야 한다." 또한 다음도 참조. *Daniel*, sig. B₂ "그리고 악마는 그가 가진 자들을 … 극도의 분노와 격분으로 찔러 모두를 아수라장으로 만든다. … 여기에서 전투와 전쟁이 일어난다."

109) "사탄을 방해하고 그의 반대를 불러일으키지 않고는 결코 자기 모습을 드러내지 않는 것이 하나님 말씀의 순진한 속성이다. 이것이 하나님 말씀이 세상의 박수를 받는 … 거짓 교리와 구별되는 가장 확실한 … 기준이다." 『기독교 강요』 헌사.

110) *Institutes*, I, xiv, p. 18.

열렸다. 칼빈 자신은 군사적 수사를 매우 급진적으로 투영하는 것으로부터 물러났고 그는 기독교도의 권리는 방어 전쟁 이상 가는 것으로 더 이상 확대되지 않았다는 것을 암시했다. 그러나 다른 사람들은 자신이 그렇게 구속되어 있지 않다고 생각할 수도 있었다. 왜냐하면 전쟁이 영구적이었다면 방어와 공격을 주의 깊게 구별한다고 해도 결국 그러한 구별의 의미는 없어질 것이기 때문이었다. 칼빈은 허용 가능한 활동의 범위를 제한하고 규정하는 것에 힘을 썼고, 저항을 특별히 한정된 법적 의무로 확립하는 것에 애를 썼지만, 사탄과의 싸움에 대한 그의 극적 견해는 아주 다른 어떤 것을 말해주었다. 즉 전시에는 옛 로마 금언은 사라졌고 법은 침묵한다. 그러면 군사적 규율이 법질서를 대체한다. 그리고 평화와 평정이 승리를 기다린다.

3장 · 칼빈주의 정치의 두 가지 사례 연구

1. 이데올로기적 배경

이데올로기는 이념사의 일부인 만큼 변화와 발전의 과정을 겪는다. 이것은 이데올로기의 정치적 사회적 역사의 일면이다. 사람들은 행동하고 자신의 행동을 이데올로기적 견지에서 설명한다. 그들은 조직하고 자신의 조직을 서로에게 설명한다. 이런 일을 하면서 그들은 지속적으로 그 표현 수단인 언어, 이미지, 개념을 변형시킨다. 이 변형은 상이한 방식들을 이용해 수행된다. 겁을 먹은 불확실한 사람들은 종종, 극히 다르고 심지어는 모순적이기까지 하는 표현 방식들을 일시적으로 조화를 이루는 것으로 만들어서 우리에게 불편함을 주기도 한다. 그런 방식으로 위그노들은 옛 것과 새 것 사이를 조심스럽게 움직이면서, 말하자면 봉건주의의 메타포와 칼빈주의의 메타포를 뒤섞어 놓았다. 반면에, 급속한 사회 변화나 정치적 패배와 박해의 압력에 몰린 사람들은 오랜 지적 전통과 단절하면서 놀라울 정도로 무모하게 새로운 이데올로기를 채택할지도 모른다. 이러한 방식으로, 메리 여왕이 추방한 사람들은 칼빈의 사상을 그 주창자 자신을 크게 교란한 논리와 담대함으로 해설했다. 어느 정도, 이데올로기는 자신이 표현할 수 있는 사상에서 자기 제한적이다. 따라서 이데올로기는 어떤 집단의 사람들에게만 나타나기에 이들은 어떤 방향으로만 움직인다. 그러나 사람들은 이기적이고 용감하고 열광적이며 냉소적이거나 부조리하기 때문에 항상 혼란한 짓과 호사스런 짓을 능히 할 수 있다.

    프랑스 위그노 이론가들과 영국 메리 여왕 추방자들의 작품은 관심을 가진 구체적 인간과 추상적 상징 내지 관념과의 상호작용을 분명하게 예시한다. 두 저술가 집단 사이의 대조는 특별히 흥미로운데, 그 이유는 양측 모두가 본질적으로 동일한 비축물자 즉 보다 새롭게 등장한 프로테스탄트의 개념들과 함께 중세의 흔한 것들을 가지고 작업했고 또 칼빈의 그림자 속에서 그의 조직 신학의 직접적 영향 아래 작업했다는 것이다. 존 녹스와 필립 드 모르네는 언젠가 만나게 되었더라도 서로 낯설지는 않았을 것이다. 하지만 모르네는 영국에서 자기와 같은 역할을 맡았던 상대이자 친구였던 필립 시드니 경이 더 편안했을 것이다. 그러나 녹스와 모르네는 아마 이데올로기적으로 서로 공감했겠지만 그것이 무엇이었든지 간에 사회적 거리가 너무 컸다. 모르네는 나바르의 앙리 왕의 궁정에 소속된 프랑스 귀족의 아들이었고, 녹스는 프랑스의 갤리선 노예로 일했고 영국과 제네바에서 추방의 쓰디쓴 삶을 살았던 스코틀랜드 농민 계급의 아들이었다.

    그 사람들을 아는 일과 그들의 사상을 예상하는 일은 동시에 가능한 일일지도 모른다. 그 두 사람은 다 같이 칼빈주의적 양심과 의무론으로 가득 찬 정치적 이데올로기를 산출했다. 그 두 사람은 다 같이 추종자들에게 정치적 행동의 명시적 프로그램을 설파했다. 그 두 사람은 행동가 그 자체였다. 모르네는 프랑스 내전 동안 위그노파 대사요 고문이었고, 녹스는 스코틀랜드 종교개혁 지도자 중 한 사람이었다. 그러나 모르네가 쓴 글은 프로테스탄트를 위한 것이었을지라도 귀족들, 젠트리 가족의 보다 젊은 아들들, 부유한 시민들, 법률가들에게 쓴 것이었다. 왕권의 성장을 두려워하고 자신의 정치적 기능을 확신하지 못하는 그들은 종교개혁뿐만 아니라 확실하고 중요한 역할을 맡을 수 있는 새로운 헌법 질서를 추구했다. 그들은 이미 지위와 명성을 가진 사람들로서 자신의 위치에 적합한 양심을 계발했고 또한 자부심의 함양을 통해서 양심을 향상시킬 준비를 갖추었다. 그들의 거친 열망에 형태를 부여한 지식인들은 의무와 규율의 육중한 함축을 배경으로 하는 칼빈의 정치적 직위 이론을 강조했고 확장했다. 그들은 칼빈주의를 새로운 정치적 역할을 위해 프랑스 귀족을 훈련하고 강하게 만들어준 교리라고 생각했다. 이것은 결코 귀족적 자기 이익의 자동적 반영이 아니었다. 대신에 그것은 그 이익이 무엇인지에 대한 이데올로기적으로 통제된 의식을 대표했다. 그것은 모든 귀족 성원들이 공유한 의식은 아니며 그 중 극소수의 귀족들이 파악한 견고한 의식이었다.

반면에 존 녹스가 글을 쓴 집단들은 소외된 분노의 지식인들, 고국에서 망명한 자들, 오래된 유대가 끊어진 자들, 새로운 정당성과 새로운 엄정성을 발견하는 희망 속에서 한마음으로 뭉칠 준비가 된 자들이었다. 녹스는 칼빈의 성도 개념을 확고히 정해진 사회적 이해관계가 없는 사람들을 불러 모을 수 있는 이상으로 변형시켰다. 성도의 정치적 활동에 대한 녹스의 기술은 위그노의 논고에서 전개된 직위의 책무성 교리를 훨씬 넘어섰다. 무법자가 된 자로서 망명 목회자인 그는 법적 질서를 따를 의무를 거의 느끼지 못했다. 이것이 그를 사회적 통제 세계 밖으로 내치지는 않았다. 칼빈주의는 위그노 귀족에게 그랬던 것처럼 성도에게 일종의 자기 규율을 가르쳤던 것이다. 그러나 위그노의 자기 규율은 헌법 질서에 봉사했지만 메리 여왕이 추방한 자의 자기 규율은 혁명적 조직의 필요성을 형성하도록 했다.

2. 위그노들

1) 위그노의 계급적 특성

프랑스에서 칼빈주의가 광범하게 받아들여진 것과 귀족이 프로테스탄트 계층에서 출현한 것 사이에는 현저한 연대기적 일치가 있다. 프랑스 루터교는 거의 전적으로 하위 계급의 사람들, 이를테면 장인, 특히 이주 노동자와 도제, 수도승, 상인, 도시 성직자, 교사에게 나타났고, 반면에 칼빈주의는 16세기 프랑스 정치 엘리트들을 통해 퍼졌다. 칼빈주의가 거의 직접적으로 왕권에 의존한 사회 집단들, 예를 들어 예복 귀족, 법률 전문가, 의회 옹호자 사이에서 빠르게 근절되었다면 그것은 또한 독립적 권위 의식 같은 것을 어느 정도 유지한 보다 오래된 정치적 계급 사이에서 계속해서 입지를 확보해 갔다.[1] 늦어도 1558년에 칼빈은 여전히 프랑스에서 그의 추종자들이 가진 지위와 존엄이 불충분하다고 불평했을지 모르지만 그때까지 제네바에서 프랑스 학생들의 3분의 1은 완전히 귀족 태생이었던 한편, 프랑스 자체에서 제네바 개신교는 귀족과 젠틀맨이 늘어나는 종교였으며 그들 가족의 세습 종교가 되는 도상에 있었다.[2] 1556년 왕의 관리들에 의해 압수된 지방 귀족 샤를 뒤 베르제의 도서관에는 이미 마로와 베자의 시편과 칼빈의 제네바 교리문답서 사본이 보관되어 있었다.[3] 베르제는 무명의 인물이었지만 위그노 운동을 지도하고 지원한 전형적인 사람이었다.

실제로 모든 위그노 홍보 대사는 귀족들이었고 무엇보다도 그들의 동료를 위해 글을 썼다. 베자, 모르네, 위베르 랑게Languet, 프랑수아 누에Noue, 심지어 프랑스 "회중파" 모렐리Morely, 이 모든 이들은 귀족 태생이었다. 그들 중 다수는 제네바에서 추방과 격리의 삶을 살기로 하지 않았지만 위그노 제후나 독일 개신교 군주를 위한 삶을 살았고 프랑스 최전선을 오가면서 때로는 충분히 국제적으로 보였던 대의를 섬겼다. 또한 위그노 사역 계층에는 하위 귀족들이 상당수 포함되어 있었다. 이들의 많은 영지들은 프로테스탄트 결의론자들의 잦은 관심사였다. 1559년과 1659년은 각각 처음과 마지막에 해당하는 전국가적 개신교 총

---

1) 프랑스 개신교의 초기 확산에 대해서 다음을 참조. Henri Hauser, "The French Reformation and the French People in the Sixteenth Century," *The American Historical Review* 4:218ff. (January 1899). 프로테스탄트 공동체의 변화하는 구성에 대해서 다음을 참조. Imbart de la Tour, *Les origines de la Réforme*, vol. IV: *Calvin et l'Institution Chrétienne* (Paris, 1905). pp. 473ff; Lucien Romier, *Le royaume de Catherine de Médicis: La Franceà la veille des guerres de religion* (Paris, 1922), II, p. 257f.
2) 제네바의 프랑스인 학생 통계에 관한 제공은 다음을 참조. R. M. Kingdon, *Geneva and the Coming of the Wars of Religion in France*, 1555-1563 (Geneva, 1956), pp. 6ff. 세습 종교로서의 칼빈주의에 대해서 다음을 참조. É. G. Léonard, *Le Protestant Français* (Paris, 1953), pp. 8, 62.
3) De la Tour, *Calvin*, p. 489. 그 지역의 칼빈주의의 또 다른 사례에 대해서 다음을 참조. *A Huguenot Family in the Sixteenth Century: The Memoirs of Philippe de Mornay, Sieur de Plessis Marly, Written by his Wife*, trans. with intro. by Lucy Crump (London,n.d.)

회 연도인데 그 사이에 개최된 28개의 다양한 대회에서 성직자 대표자 중 귀족의 비율은 3분의 1에 도달했다.[4] 교회는 명백하게 영예로운 소명으로 남았다. 귀족과 평민 사이의 내적 투쟁이 오랜 역사를 가지고 있었지만 프랑스 개신교의 정치적 문화적 음색은 주로 귀족 사회에 의해 결정되었다. 최근의 역사가들이 프랑스 개신교의 **부르주아화**라고 부르는 이러한 과정은 실제로 18세기까지 시작하지 않았다.[5] 프랑스 위그노 종교전쟁 시기에 라로셀시 의회 의원의 편지와 간헐적인 선언서들만 부르주아 관점을 나타낸다고 말할 수 있을 뿐이고 심지어 그 같은 영웅 도시마저도 군사적 리더십은 개신교 기사도의 모형 즉 "무쇠팔"로 불렸던 프랑수아 누에의 수중에 있었다.[6]

칼빈주의와 중세적 잔존 귀족 사이에 일종의 역사적 세력 다툼, 아마도 문화적 변혁의 시기에 발생하는 전형적 쟁탈전이 있었다. 이따금씩 칼빈주의적 조직은 중세 질서의 오랜 양식에 완전히 흡수되기 직전에 출현했고 이따금씩 귀족들은 개인적으로 중세와 맺은 유대를 곧잘 추방의 길을 밟음으로써 끊어버렸으며 그리하여 성도답게 행동하는 것처럼 보였다. 아마도 더욱 드문 일처럼 보인 것은 군주와 종교의 어떤 통합이 경건한 젠틀맨에서 성취되었다는 점이다. 두 가지 다른 조직 체계, 즉 한편으로는 회중, 감독, 대회가, 다른 한편으로는 중세 위계와 지역 관계가 단순히 공존하는 것이 전적으로 가능했다. 결과적으로 진기한 사법적 분규가 출현했지만 말이다. 예를 들어 목회자 피에르 푸르넬레Pierre Fournelet는 회중이 변화를 원한다면 자신이 뇌샤텔 교회의 직무에서 면제

---

4) *Synodicon in Gallia Reformation: or, the Acts, Decisions, Decrees and Canons of those Famous National Councils of the Reformed Churches in France*, ed. John Qucik (London, 1692). 이 책은 모든 위그노 대회의 참가자 명단을 제공한다. 목회자의 영지에 대해서 다음을 참조. p. xxiv'목회자들은 그들 자신의 영지와 토지를 소유했지만 그럼에도 불구하고 양떼들로부터 삯을 받았을 지 모른다."

5) Léonard, *Le Protestant Français*, pp. 63ff.

6) 그러나 위그노 귀족 정치는 시민 지지자들에게 상당한 자유를 허용했고 특히 라로셀에서 독일의 것과 유사한 자유 도시를 만들기 위한 노력들이 있었다. 다음을 참조. Georges Weill, *Les théories sur le pouvoir royal en France Pendant les guerres de religion* (Paris, 1892), pp. 127-129.

되어야 한다는 것을 세 가지 서한을 통해 요구했던 것이다. 첫째는 롱그빌의 공작이자 뇌샤텔의 최고 영주인 레오노르 오를레앙의 대리인 직위를 면제해 주는 편지, 둘째는 도시 시민위원회에서 면제되는 편지, 셋째는 지역 감독에서 면제되는 편지.[7] 중세 가족의 통제를 확고히 하려는 숱한 대회 입법에도 불구하고 균형추는 보다 오래된 형태에 기울어져 있었다. 교회 관리들이 규율과 종교적 질서를 빈번하게 반복적으로 요구한 것은 교회회의가 수많은 지역 사례에서 제멋대로인 귀족에게 거의 힘을 쓸 수 없었다는 것을 가리킨다. 1581년 라로셀 대회에서 들렸던 거의 하소연에 가까운 주의 사항이 그 전형적 사례라고 할 수 있다. "우리는 군주와 위대한 영주가 규율 조항을 준수하도록 권고하는 바이다."[8]

프랑스 개신교는 점진적으로 다소 무질서하고 불균등하게 봉건적 관계와 존속하는 후원 체제에 통합되었다. 하지만 이 체제는 여전히 경제적 정치적 약점이 무엇이었든지 간에 중대한 의미를 지니고 있는 일종의 군사 조직이었다. 아마도 그것은 이탈리아 전쟁 이후 소용없게 된 체제였지만 그래도 여전히 뛰어난 용도를 가지고 있었다. 엥바르 투르는 "귀족이 신하로 변모할 때가 아직 오지 않았다"고 썼다.[9] 또한 귀족이 그렇게 될 것 같지도 않았다고 말해 두어야 한다. 여기서 귀족은 영국에서 그 역할을 맡았던 대역 인물과는 크게 달랐다. 영국의 그 대역 인물은 대학 교육을 거쳤고 왕의 지방 관리로서 봉사했던 것이다. 귀족의 첫째가는 의무는 "국가의 적과 싸우는 것"이라고 위베르 랑게는 여전히 주장했을 것이다. "귀족들 앞에 놓여 있는 피로와 위험에 대한 보상은 국가의 다른 명령이 그들에게 허락한 명예이다."[10] 프랑스 귀족이 제일 먼저 프로테스탄트 회중들과 관계를 확립한 것은 군사로서, 낡은 봉건 영주로서 맺은 관계였다. 폭

---

7) Kingdon, *Coming of the Wars*, p. 27. 또한 이중적 형태의 조직이 존재했다는 점을 톰슨과 닐도 유의했다. J. W. Thompson, *The Wars of Religion in France: 1559-1576* (Chicago, 1909), p. 313.; J. E. Neale, *The Age of Catherine de Medici* (London, 1948), p. 31.
8) *Synodicon*, p. 137; 같은 책에 실려 있는 다음 부분 참조. pp. xxi and lv of the Huguenot Discipline.
9) De la Tour, *Calvin*, p. 487.
10) 다음에서 인용된다. Henri Chevreul, *Hubert Languet* (Paris, 1852), pp. 115-116.

력이 점증하는 시기에 그는 자신의 칼과 부하를 보호했고 말하자면 칼빈주의적 예배의 봉건적 후원자가 되었다. 얼마 지나지 않아 그는 종교적 후원자이기도 했고 그 자신도 적절하게 선출된 장로였으며 목회자는가 그 가족 집단의 일원이 었을 가능성이 강력하지만 아마도 불편한 가족이 되었을 것이다.[11] 단속적으로 일어나는 내전 동안 휴전은 여러 번 있었지만 그 휴전은 평소와 같이 귀족들에 게 영지에 대해 설교할 수 있는 봉건적 최고 사법권을 누리도록 허용했다. 가톨 릭 신자들은 설교를 들을 수 있는 특권이 영주의 가족과 소작인을 넘어서는 범 위까지 확장되는 것은 아니라고 주장했다. 다시 말하면 그것은 그 이상을 넘어 서는 사법권 자체여서는 안 된다고 주장했지만 실제로 그 특권은 그 지역의 위 그노 회중을 포함하도록 확장되었다. 이것은 매우 중요한 확장이었지만 이 확 장은 그 환경 때문에 애매하게 되었다. 회중이 독립적이 되는 바람에 치러야 했 던 대가는 쉽게 짐작될 수 있을 것이다. 목회자와 귀족 사이의 논쟁은 빈번했지 만 영주가 우월한 권력을 소유한 점은 분명하다. 그리고 개혁 교회의 수호자이 자 후원자로서 그의 새로운 지위를 고려할 때 자신이 봉건 영주라는 것을 자신 의 종교적 사명과 관련해서 정당화하는 것보다 더 가능한 것이 무엇이었는가? 세뇨르 드 라 페스트-프레넬Seigneur de la Feste-Fresnel은 "하나님이 나를 확정했 다"고 썼고 나는 "많은 사람들을 다스리는 권세를 가지고 있으며 이것으로 왕국 의 가장 미신적인 나라 중 하나가 그리스도를 얻게 될 것이다."[12]

그러나 페스트-프레넬의 자랑은 아직 개발된 이데올로기적 입장을 구성하 지 못했다. 가톨릭 역사가 엥바르 투르가 프랑스 귀족은 왕과의 투쟁에서 가장 절정의 순간에도 결코 새로운 독립적 이데올로기를 개발하지 못했다고 주장하 는 것은 정확하다. 순간의 필요나 열정에서 태어난 사상은 종종 후회나 분노의 폭발에 지나지 않았다. 투르는 귀족은 단지 힘과 전쟁을 알았을 뿐이고 항상 "반

---

11) Romier, *Le royaume de Catherine de Médicis*, Ⅱ, p. 263ff.
12) 다음에서 인용된다. Henri Hauser, "The French Reformation," p. 226.

역이 혁명이었다"[13]고 부정확하게 믿었다고 썼다. 추방의 길을 간 사람을 제외한다면 귀족은 명예, 충성, 기사도가 기본 덕목이었던 세상 안에서 계속 움직이고 있었다. 귀족의 양심을 칼빈주의적으로 형성하는 것은 결코 완성된 과정이아니었다. 정확히 말해 그 이유는 대다수의 귀족들이 내면의 가장 깊은 곳에서느끼는 감정이 봉건적 가부장적 세계로부터 충분히 해방된 것이 아니었다는 점이다. 그들 세계에는 칼빈주의가 잘 성장할 수 없는 감정 즉 후회가 과도하게 많았던 것이다. 전사 누에가 중세적인 아마디스의 로맨스가 여전히 자기 세대 즉위그노 세대와 종교 투쟁 세대 사람들에게 "현기증을 일으키는 황홀한 정신"을유발한다는 것을 인정했을 때 그것은 그가 확실히 제네바의 엄격성을 따르지 않는 비밀의 세계를 열어젖혔던 것이나 마찬가지였다.[14] 이와 동일한 세계의 또다른 요소는 기즈 공작의 암살자 프로테스탄트 폴트로Poltrot를 칭송하는 구절 중의 하나에서 드러났다.

극도로 용감한 사람들 중

가장 경이로운 본보기

열 번째 기사 영웅

프랑스의 해방자[15]

기사 영웅Le Preux은 용감한 기사, 용사를 말한다. 여기서 말하는 인물은 칼빈주의에서 말하는 성도와 속인의 범주에 쉽게 흡수되지 않는 사람이다. 좀 더 제

---

13) De la Tour, *Les origines de la Réforme*, vol. I : *La France moderne* (Paris, 1905). p. 374.
14) 다음에서 인용된다. J. Huizinga, *The Waning of the Middle Ages* (New York, 1954), pp. 79-80; La Noue, *Discours politiques et militaire* (n.p., 1612), pp. 133-147. 제네바 사람은 중세적 로맨스인 『아마디스 드 골』(Amadis de Gaules) 사본을 가지고 있으면 교회회의의 주의를 받았다; Williston Walker, *John Calvin, the Organizer of Reformed Protestantism* (London, 1906), p. 304.
15) 다음에서 인용된다. Charles Labitte, *De la démocratie chez les prédicateurs de la ligue* (Paris, 1841), p. lii.

대로 말하자면 프로테스탄트 시는 암살자를 하나님의 도구로 칭송했고 그 개인의 용기에 대해서는 아무것도 말하지 않았다.

그러나 위그노의 작품은 초기 근대 프랑스 귀족이 독립적인 이데올로기의 위치에 가장 가까이 접근했다는 점을 나타낸다. 그것은 귀족의 권리와 의무에 대한 고도로 합리화되고 합법성을 가진 견해를 추구하며 그 일원들을 봉건적 가족의 수장으로서가 아니라 그 영역의 공직자로서 간주한다. 위그노의 이론은 중세의 지위를 헌법적 위치로 변형시키는 노력으로서 성공하지 못했다고 간주될 수 있을지도 모른다. 그것은 마지막 가능한 순간에 취해진 노력이었다. 왜냐하면 대부분의 귀족들은 이미 실제 정치와 지역 행정에서 떨어져 나왔고 정당성과 자부심을 위해 자신의 지위와 그에 따른 명예에만 더욱 더 순전하게 의존했기 때문이다.[16] 프로테스탄트 저술가들은 낡은 귀족을 위해 근대국가의 정치적 질서로 들어가는 통행로를 발견하려고 애썼다. 그러나 많은 귀족들은 이미 중세 가족을 왕의 궁정으로 이끄는 것이 자신에게 보다 자연스러운 길이었다고 결정했다. 왕궁에서라면 명예, 충성, 그리고 기사도는 다소 인위적이기는 했지만 매우 정교한 실존을 향유하고 있었다. 다른 사람들, 말하자면 시끄럽고 야심적이며 보통은 교육을 받지 못한 대다수의 젊은 청년들은 프로테스탄트로서 싸울 기회를 환영했지만 칼빈주의자들이 병사들에게 부과하려고 한 결합된 규율, 즉 군사적이고 교회적인 규율은 거의 받아들이려 하지 않았다. 그러한 사람들은 복잡한 동기도 없고 경제적 또는 정치적 기능도 없는 모험가들이었다. 그들 대부분은 프로테스탄트의 경건을 결하고 있는 사람들이었다. 그들은 프랑스 헌법에 대한 새로운 관점을 공들여 다듬는 오트망과 모르네가 관심을 가지고 보았던, 의무에 엄중한 공직자들이 거의 아니었다.

그러면서 프랑스 칼빈주의는 봉건 체계를 그 헌법과 "정신"에서 재조직하는

---

16) De la Tour, *Les origines de la Réforme*, vol. I : *La France moderne* (Paris, 1905), p. 375ff.; Romier, *Le royaume de Catherine de Médicis*, I , pp. 170-171.

노력으로서 자기 자신을 정치적으로 수행해 갔다. 그것은 "용감한 기사"를 양심적 공직자로 바꾸는 시도였다. 이 목적을 위해서 하위 치안판사의 의무에 대한 칼빈의 개념이 위그노 지식인들에 의해 강조되었고 정교화되었다. 그 이론이 역사적 사실에 기초했다는 것을 입증하기 위해 많은 노력이 부어졌다. 적법한 선례들이 끝없이 동원되었다. 봉건적 선서와 가신 체계가 변형되었고 이어서 훨씬 광범하고 보다 근대적인 헌법상의 의무 구조에 통합되었다. 불행하게도, 이러한 구조에 숨을 불어넣으려고 했던 사람들은 그 수가 너무 적어서 효과를 볼 수 없었다. 위그노의 입헌주의는 간단했으며 주로 정신적으로 존재했다. 모르네는 그 이론에 실천적 의미를 부여할지도 모를 역사적 인물을 제안한다. 즉 그는 청교도적 기질의 시골 젠틀맨이었고 지성적이며 청렴하고 유머가 없지만 상당한 정치적 상상력을 소유했다.[17] 그는 나바르의 앙리 왕의 궁정에서 사는 것이 불편했고 미래 왕의 정부들을 용서할 수 없었지만 그 정부들로부터 "말 없는 비난"을 당했다. 그는 경건한 마음으로 앙리 왕에게 세심하게 완성된 하루 일정을 선물로 제시했다. 왜냐하면 하루가 "잘 배치되면" "진지한 업무"를 위한 많은 시간이 주어지기 때문이다.[18] 위그노 동전의 뒷면에 있었던 이는 나바르의 왕이었다. 그는 프로테스탄트 진영에서 아무도 도전하지 못하는 지도자였고 바로 그런 그 자신의 출현과 더불어 그 왕을 봉건적 도당으로 바꾸어 놓았던 자이다. 그는 프란시스 베이컨이 "선동과 문제"Of Sedition and Trouble 에세이에서 경고한 사람 즉 "위대하고 높은 명성"을 가지고 있는 "불만족하는 사람"의 원형이다. 모르네와 모르네 같은 사람들은 아직 무대 뒤에 있었던 것이다. 바꾸어 말하면 혈통의 왕이 선두에 있었고 크롬웰 같은 이를 상상하는 것은 아직 불가능했다.

---

17) 위베르 랑게는 분명히 이와 비슷한 유형이었다. 말하자면 가벼운 대화를 두려워하고 모든 형태의 사치를 싫어하며 "엄격한 태도"를 함양한 사람이다. 이 엄격한 태도로 랑게는 멜란히톤의 칭찬을 받았다. Chevreul, *Languet*, pp. 15, 172-173.
18) *Huguenot Family*, pp. 59-60.

2) 위그노의 역사적 정당성

영국 메리 여왕의 추방자들이 전개한 논고들은 종종 설교처럼 읽힌다. 그것들은 무엇보다도 정치적 선행을 고양한다. 그러나 많은 위그노 문헌의 어조는 과잉반응을 보이지 않고 독설적이지 않을 때는 양심과 결의의 어려운 문제를 고찰하는 성직자 회의에 나오는 어조와 같다. 이것이 대개는 평신도가 쓴 논쟁적 작품이 지니는 성격이 되어야 했고 이는 직무, 의무, 그리고 정치적 활동에 대한 위그노의 관념들이 극도의 불확실성 속에서 수용되었다는 것을 말해준다. 프랑스 기사들은 60년 내지 70년 전에는 의기양양하게 아무런 도덕적 거리낌도 없이 이탈리아 전쟁에 뛰어들었다. 많은 사람들이 다시 한 번 동일한 분위기에서 싸웠을 것이고, 전쟁과 추격이 아닌 경우라면 거의 이해관계도 없고 능숙하지도 않은 그들이 영원히 있었던 곳은 무기였다. 그러나 적어도 이것은 칼빈주의로 개종한 일부 귀족이나 프랑스 남부 또는 서부 지역에 살았거나 보르도 또는 제네바에서 공부한 젊은 모르네 같은 사람들에게는 사실이 아니었다. 그들의 경건은 새로웠고 경건에 열심이었다. 그들이 더 이상 약탈적인 일부 남작의 뒤를 열광적으로 따를 수 없었다면, 활동과 전쟁에 대한 새로운 이유, 불안한 칼빈주의적 양심을 향해 말해야 할 이유이자 옛 방식에 대한 막연한 향수를 극복할 이유를 필요로 하지 않을 수 없었다.

테오도르 베자는 논문을 썼고 "많은 사람들이 양심적으로 만족할지도 모른다고" 선언했다. 양심을 공적 일로 보는 새로운 프로테스탄트 양심의식으로 인해 그는 정치적 논증으로 많은 사람들에게 다가가기 위한 주의 깊고 체계적인 노력을 기울였다. 베자는 양심이 가책을 받으면 사적 시민이라도 칼빈이 이전에 금지한 조항을 위반하고 법과 정부에 대한 공개 토론을 시작할 수 있게 된다고 주장했다.

… 일부 사람의 양심이 어쩔 줄 모르면 그들은 사려 깊고 평화로운 방법으로 그들에

게 허용되거나 금지되는 일이 무엇인지를 지정하는 명령 속에 어떤 요소가 이성적이고 정의로운지를 발견해야 하는 문제를 검토하는 의무 아래 놓일 수 있고 또 놓이게 된다.[19]

이와 동일한 동기화가 중요한 팸플릿 『자명종』*Réveille-Matin*의 두 번째 대화에서 기술되어 있다. 정치는 "온순하고 세심한 사람"을 위하여 "양심과 국가의 견지에서" 저항의 문제를 논의해야 하는 요구를 맞이하고 있다. 이러한 사람들은 "논증, 권위 및 사례에 의해 확정되고 해결"되어야 한다.[20]

위그노의 글은 일종의 정치적 결의론이었고 구체적으로 양심적인 사람에게 확신을 주고 그들의 양심을 풀어주며 그들에게 행동을 명하도록 의도된 것이었다. 위그노는 여느 결의론자처럼 자신의 사례들에 구속되었다. 그는 이러한 사례들을 역사 즉 하나님의 심판의 무대에서 찾았다. 통상 칼빈주의자들은 항상 활동하는 신의 의지의 증표와 처방을 찾으려고 역사에 의존했다. 역사 해석은 종교적 행위가 되었고 아니면 오트망이 표현한 대로 "경건한 행위"[21]였다. 역사적 보기를 인용하는 것은 위그노의 글이 보여주는 단일한 주요 논증 방법이었다. 16세기 프랑스인의 마음을 안정시키는 것으로 이보다 더 나은 도움을 주는 것은 없었다. 이러한 사실이야말로 그의 동시대 사람들이 프랑수아 오트망의 『프랑크-갈리아』*Franco-Gallia*에 부여한 커다란 중요성을 설명하는 데 도움을 주고 그리하여 베자의 논고와 『폭군에 대항하는 변론』에서 역사적 예증의 길이와 세부사항을 이해할 수 있게 만든다. 이러한 세부사항은 보충적이 아니라 본질적인 것이며 추상적 원리에서 나오는 추론보다 훨씬 더 중요한 것이다. 자신

---

19) Theodore Beza, *Concerning the Rights of Rulers over their Subjects and the Duty of Subjects towards their Rulers*, trans. Henry-Louis Gonin, intro. A. A. Van Schelven, ed. A. M. Murray (Capetown, 1956), p. 26.

20) Eusebe Philadelphe Cosmopolite[Nicolas Barnaud?], *Le Réveille-Matin des Français et de leurs voisins* (Edinburgh, 1574), dialogue II, p. 75.

21) Weill, *Théories sur le pouvoir royal*, p. 105.

의 역사적 예증을 제시한 후에 베자는 자신은 실제로 종결지었다고 생각했다. "이러한 … 사례들은 너무나 신뢰할 수 있고 본래적인 것이라서 이것들만으로도 예하 치안판사들의 양심을 강화하기에 충분하지 않을 수 없다."[22]

사실적 세계에 대한 칼빈주의적 견해는 역사에 대한 새로운 평가를 초래했고 특히 객관적이라고 부른 역사를 새롭게 평가했다. 물론 과거에 대한 이 새로운 견해는 기존 관습의 파급력이 역사적 분석과 원시적 순수성의 환기에 의해 손상된 르네상스와 종교개혁의 시기에 많은 사람들이 공통적으로 가졌던 것이었다.[23] 기원의 신화는 근대에 관한 한, 그 자신의 기원이 바로 여기에 있는 것이다. 그러나 이와 같은 보다 일반적인 경향에 대해 칼빈주의자들이 특별히 맡았던 역할은 이를 강조하는 것이었고 이보다 더 중요한 일은 강도 높은 관심을 새롭게 부여했다는 것이다. 이러한 강도는 오트망으로 하여금 자신의 분석을 위해 기원이 되는 출처 이외에는 아무것도 의지하지 않게끔 몰아넣었고 비판자들에게 특유하게 격렬한 잘못된 주장 즉 "이 책은 역사적이다. 이 책은 사실의 역사이다. 이 논의 전체는 사실에 의존한다"[24]는 주장으로 대응하게 만들었다. 그리고 그는 사실들은 신의 작품이고 영원한 계시의 세부 사항이라고 덧붙였을지도 모른다. 진실로 오트망은 헌법을 정당화하는 어떤 추상적 원리도 프랑스 역사에서는 발견되지 않는다고 제안했다. 그가 인정한 유일한 보편성은 사실의

---

22) Beza, *Rights of Rulers*, pp. 42-43. 이러한 종류의 논변 방식에 대한 다른 사례로는 익명의 논고인 다음을 참조. *Le politique, dialogue traitant de la puissance, autorité, et du devoir*, in *Mémoires de l'état de France sous Charles neuviéme* (Meidelsbourg, 1576), III, 특히 pp. 131-134.

23) 16세기 정치사에 대한 프랑스의 연구에 관한 논의를 위해서 다음을 참조. W. F. Church, *Constitutional Thought in Sixteen Century France: A Study in the Evolution of Ideas* (Cambridge, Mass., 1941), pp. 83,157, 203.

24) 다음 책에 있는 오트망의 편지 중의 하나에서 인용됨. Beatrice Reynolds, *Proponents of Limited Monarchy in Sixteen Century France; Francis Hotman and Jean Bodin* (New York, 1931), p. 80. 역사적 객관성에 대한 위그노의 견해에 대해서는 모르네가 위베르 랑게에 보내는 다음 편지를 참조. 이 편지에서 그는 장 슬라이단(Jean Sleidan)의 종교개혁사를 비판한다. "나는 사건에 대한 많은 역사가들의 판단 때문에 감히 비난하는 바이다.… 나는 종종 재판 보고자와 같은 역사가들이 일단 그들이 가진 의견에 의해 편견을 가지지 말고 판단을 재판관의 자유에 맡겨야 한다고 생각했다.…" 다음에서 인용된다. Paul Méaly, *Les publicistes de la Réforme* (Paris, 1903), p. 228.

보편성이라고 자처하는 것 이외 다른 것이 아니었다. 그는 독일, 스파르타, 잉글랜드, 그리고 아라곤의 역사로부터 그 순서대로 무작위적 예를 수집했고 그의 자유의 관념이 "모든 국가의 항상적 보편법"[25]이었음을 결론했다. 오트망의 역사는 **관습**의 정반대를 **선례**로 만드는 방법에 따르는 극적 사례를 제공한다. 이 방법은 나중에 영국 일반 변호사들에 의해 사용되었다. 이 방법은 정치적 혁신을 뒷받침하기 위해 역사적 사례를 합리적으로 사용하는 것을 말해준다.

칼빈은 아무 생각 없이 인간 역사의 통상적 과정은 퇴보였다고 쓸 수 있었다.[26] 이와 같은 태도 비슷한 것이, 꼭 필요한 유일한 개혁은 원시적 순수성에 극적으로 복귀하는 것이라는 주장의 배후에 놓여 있었다. 그러나 정치적 덕목의 원래적 상태를 기술하는 것만으로는 전통적 사유와 행동 방식에 여전히 사로잡힌 사람들의 양심을 설득하기에 충분하지 않았다. 위그노 귀족은 정치적 질서와 급진적으로 단절할 마음이 없었다. 이는 종교개혁이 이미 전통 종교에 대해 한 것과는 달랐다. 결국 그는 기존의 종종 쇠퇴하고 있는 체제 내 인물이었고 실제적 군사 기술과 그에 수반되는 마음이 결합된 존재였다. 그는 확장된 또는 급진적 사변에 도움이 되지 않는 지위, 기능, 사고방식 등을 소유하고 있었다. 그는 기원의 신화에 덧붙여, 베자가 "단절되지 않은 용법"이라고 부른 지속의 신화를 필요로 했다. 그는 원래적 권리와 의무는 여전히 그의 것이라는 말이나 최소한 그 원리와 의무가 너무 최근에 박탈당해서 시간이 아직 상처를 덮지 못했다는 말을 듣고 싶었다. 오트망은 이렇게 썼다. "프랑크–갈리아의 자유와 연례 총회의 권위가 충분한 활력 속에서 융성한 이래로 … 처음부터 자유의 원칙에 토대를 둔 우리의 연방은 1,100년 이상을 동일한 자유와 신성한 상태를 유지했고 … 아직 100년이 끝나지 않았다는 것은 분명하다." 마찬가지로 그러나 똑

---

25) Francis Hotman, *Franco-Gallia or, An Account of the Ancient Free State of France* (originally published 1573; in English, London, 1721), p. 71. 또한 모르네가 오트망에게 보내는 다음 편지를 참조. 모르네는 오트망에게 "우리의 권리를 자연적 공평보다는 … 왕국의 헌법적 법률에서 연역할 것"을 촉구한다. 다음에서 인용됨. Reynolds, *Limited Monarchy*, pp. 93-94.

26) Calvin, *Institutes of the Christian Religion*, Ⅳ, ix, 8.

같이 부정확하게 『자명종』의 저자는 이렇게 주장한다. "영지의 자유가 억압된 것은 60년을 넘지 않는다."[27] 따라서 프랑스 헌법은 정치적 삶에서 일종의 정태적 힘으로 재구성되었고 그 합법성을 단절되지 않은 용법으로부터 도출했으며 그 가운데서 기존 제도에 도전했다. 그것은 관습법처럼 지혜와 경험을 통합하면서 시대의 경과 속에서 성장한 것이 아니었다. 오히려 그것은 역사서에서 발견된 세속적 계시이거니와, 아직 종교적 계시에만 의존할 준비도 섭리적 보호의 희망 속에 위험을 감수할 준비도 되어 있지 않은 사람들의 정치적 활동을 합법화하는 세속적 계시였다. 이러한 위험은 크롬웰이 언젠가 감당해야 할 것이었다.

오트망의 작품을 제외한다면 위그노의 역사관은 결코 지속, 발전 또는 변화를 취급하는 매우 확장된 방식으로 이어지지 못했다. 『프랑크–갈리아』 서론에서 오트망은 국가를 가족사를 지닌 신체라는 정치적 통일체로 기술했다. "인간 신체는 쇠퇴하고 소멸하는 것처럼 꼭 그렇게 … 연방은 자신의 시대에 도달한다.…"[28] 이러한 종류의 유기체적 이미지는 위그노의 글에서 거의 다시는 나타나지 않는다. 자연이 칼빈의 작품에서 자연적인 것이 아닌 것처럼 역사는 프로테스탄트 홍보 대사들이 통상적으로 취급하는 바와 같이 자연적인 것이 아니다. 개개의 역사적 사건은 개개의 한 줄기 바람처럼 각기 개별적으로 신이 품은 의지이다. 역사는 결의론자의 사례본이다. 그것은 계속되는 발전이 아니라 별개의 사실, 사례, 선례의 수집이다. 꼭 필요한 구별이 『자명종』의 두 번째 대화에서 **역사기술**에 의해 제공된다. 즉 신의 심판은 "진리와 확실성"을 가지고 성경적 역사에서 알려지고, 반면 세속적 역사에서 신의 심판은 "억측으로만"[29] 알려진다. 실제로 현실에서 이러한 구별은 거의 행해지지 않는다. 자기 유형을 보이는 저술가들은 단순히 그가 가장 잘 아는 역사가 성경적이든 고전적이든 봉건

---

27) Hotman, *Franco-Gallia*, p. 122; *Le Réveille-Matin*, dialogue II, p. 89.
28) Hotman, *Franco-Gallia*, 서문, pp. v-vi.
29) *Le Réveille-Matin*, dialogue II, pp. 39-40.

적이든 분명히 역사에 의존하면서 사례를 증폭한다. 이러한 것들은 무엇이라도 도움이 될지 모르나 역사적 목적에는 아니다. 프랑스 귀족의 새로운 도덕적 상역시 세 가지 역사적 유형 즉 성경적 성도, 스토아적 귀족, "용감한 기사"로 합성되었다. 이렇게 역사는 상당한 지적 혼란의 대가를 지불하고서야 열성적으로 행동하는 위그노에게 여러 유형을 통해 다중적 정당성을 제공했다.

3) 위그노의 정치적 정당성

모든 사례는 논증이고 오트망의 역사는 모든 논증 중에서 가장 인상적인 논증이다. 『프랑크-갈리아』의 역사적 가치가 무엇이든 그에 대해 근대 저술가들이 혹독하게 다룬 경향을 보인 것은 당연했다.[30] 그러나 그것은 미묘하고 집요한 칼빈주의자의 양심을 설득하기 위해 고안된 정교한 논문으로 가장 잘 읽힐 수 있다. 오트망은 폭군에 대한 저항이 하나님 또는 하나님이 임명한 지상의 목사에 대한 반대가 아니었다는 것을 입증하려고 애썼다. 프랑스 역사에 대한 자세한 연구는 하나님의 의지가 권리와 책임에서 왕과 동등한 대안적 권력을 세울 것이라는 것을 드러냈다. 프랑스 왕국의 "공적 위원회"는 법적으로 오래 존속한 고래의 헌법에 토대를 둔 **"신성한 권위"**를 소유했다. 그 권위를 지닌 공직자가 소유한 권력은 왕의 권력만큼 신적인 것이었다. 오트망은 다만 그것이 **실재하는 것**이라고 말하기만 하면 되었다.[31] 그 권력 행사는 실제적 심판과 헌법적 사용의 문제였다. 종종 과거에 그 위원회는 왕에 반대했고 왕을 폐하기도 했다. 따라서 양심은 법적 사실에 의해 해결될 수 있었다. 그 자체가 법적 사실의 총화였던 정치적 질서는 신학자 칼빈에게 신성했던 것처럼 똑같이 변호사 오트망에게 신성했다. 그러나 그 변호사는 이제 폭정에 대한 저항은 이러한 질서의 일부였다고 논증했다. 이 질서는 역사적으로 검증 가능하고 법적으로 정당화되고

---

30) August Thierry, *Récit des temps mérovingiens* (Paris, 1878), pp. 32-40.
31) Hotman, *Franco-Gallia*, pp. 53, 64ff. (강조는 첨가됨)

따라서 신의 명령에 의해 부여된 것이다.

하나님은 스스로 정치적 질서를 자신의 뜻으로 의도한다. 그 직위에 있는 사람은 하나님의 이름으로 행동한다. 이러한 공리가 주어짐으로써 마침내 가능하게 된 것은 누가 지상에서 하나님을 위해 효과적으로 행동을 할 수 있는가라는 고대의 물음에 답하는 일이었다. **종교 귀족**은 놀랍게도 하나님이 임명한 신적 도구로서 나타났다. 그리고 여기서 위그노의 조사는 끝을 맺었다. 프로테스탄트 귀족의 저항과 반란은 하나님이 스스로 세운 절차에 따라 처방한 의무의 수행이나 다름없었다. 오트망은 이러한 헌법적 절차를 발견함으로써 저항을 가능하게 했다. 법적 역사적 논증은 이 논증이 없었더라면 혼란스러웠을 양심을 편하게 해 주었다. 폭력을 통한 정치적 변화조차도 합법화되었고, 말하자면 일상적인 것, 질서 있는 것으로 전화되었다. 자신을 니콜라 드 몽탕Nicholas de Montand 이라고 부르는 위그노 팸플릿 저자는 위그 카페 왕가가 캐롤링거 왕조를 빼앗은 일이 어떻게 가능했는가 하고 물었다. 그는 실제로 이렇게 대답했다. 즉 그것은 먼저 "왕국과 제국을 자신의 기뻐하는 마음에 따라 변화시키는 하나님의 의지에 의해서 명령을 받는다면 하등 어려운 문제가 아니었다. 어떤 수단으로? **그분이 세상에 세운 정치적 질서에 의해서.**"[32] 그리고 그것이 의미하는 것은 이렇다. 즉 세움을 받은 정치적 공직자에 의해서.

칼빈은 "섭리적 해방자"를 인정했지만 그래도 위그노 저술가들은 폭군살해의 정당화를 극히 경계했다. 그들은 사치스러운 일을 물리쳤고 그러한 불확실한 기적의 정치적 위험을 피했다. 『자명종』의 저자는 잉글랜드 사태를 논의하면서 하나님의 행동이 문제 많은 메리 스튜어트의 삶을 끝내주는 것이 당연할 것이라는 점을 인정했다. 그러나 그는 그녀의 법적 처형을 선호하고자 했다.[33] "인간 제도에서 파생된" 폭정에 반대하는 길들이 있다는 베자의 주장은 이와 비

---

32) 다음에서 인용됨 Nicholas de Montand, *Le miroir des Français* (1581) in Weill, *Théories sur le pouvoir royal*, p. 154. (강조는 첨가됨)
33) *Le Réveille-Matin*, dialogue Ⅱ, p. 16.

슷한 틀에서 주조되었다. 세상의 수단에 대한 그의 극단적 집착은 칼빈 후계자의 정치적 저술에 이상하게도 비종교적인 어조를 부여하지만, 이는 바로 이 집착에 신학적 이유가 있었다는 점이 이해될 때까지만 그렇다. 이를 예시해 보자. 베자는 사사기에 나오는 이스라엘의 판관들은 구약의 폭군 살해처럼 하나님의 어떤 특수 동의에 의해서 자신들이 유명해지는 행동을 하도록 부추김을 당했다는 사실을 인지했다. 정확히 이러한 예들이 스스로는 촉발되지 않으면서도 폭군을 제거하고 싶었던 많은 저술가들에 의해 인용되었다. 베자는 이러한 정치적 무기력과는 아무런 관계도 맺고 싶지 않았다. 그는 이 점에 대해 하나님은 이스라엘의 정신이 폭정에 의해 깨어졌다는 것을 오로지 지시한 "특수한 방식으로" 이스라엘 민족을 각성시켜야만 했다고 적었다. 왜냐하면 인간, 더 정확히 말하면 일부 인간은 실제로 "자기 나라의 정당한 헌법을 변호할 … 일상적 권리"를 소유하기 때문이다.[34] 이러한 "일상적 권리"는 신의 섭리의 일상적 공급이었고 바꾸어 말하면 기적은 없어도 되었다.

『폭군에 대항하는 변론』의 두 번째 계약도 역시 정치적 활동과 저항을 일상세계의 사실과 법 내에 자리 잡게 하는 시도를 대표했다.[35] 모르네가 자신의 논고에서 명백히 그렇게 사용한 오랜 중세의 관념들을 가지고 무엇을 했는지를 주시하는 것이 유익을 줄 것이다. 중세 저술가들은 때때로 왕권이 어떤 제한된 인간의 필요를 해결하려고 합리적으로 의도된 직위에 지나지 않는다고 주장함으로써 저항을 변호했다. 한시적으로 재위하는 공직자가 그 필요를 해결하지 못

---

34) Beza, *Rights of Rulers*, pp. 29, 34.
35) Junius Brutus[Philip de Mornay], *Vindiciae contra Tyrannos* (org. published 1576; English ed. 1689; repr. with intro. by H. J. Laski, New York, n.d.), pp. 71ff. 이 책의 저자가 모르네인지는 논쟁되어 왔던 것이며 위베르 랑게가 왕과 백성 사이의 두 번째 계약을 설명하는 절을 썼을 가능성이 있다. 역자 라스키의 서론과 다음을 참조. Raoul Patry, *Philippe de Plessis-Mornay: un Huguenot homme d'état (1549-1623)* (Paris, 1933), pp. 277-278. 공동 저자의 가능성은 1절의 종교적 논증을 본래부터 세속적이고 합리주의적이었던 입장에 추가된 것이라고 보는 주석가들이 선호하는 이론이다. 앞으로의 논의에서 칼빈주의적 정신이 책 전체에 퍼져 있고 세부적으로는 확실히 혼란이 있기는 하지만 여러 부분에서 대체로 일관성을 가지는 논증이 형성된다는 입장을 유지할 것이다. 따라서 편의상 모르네가 유일 저자라고 보고 인용할 것이다.

하거나 월권을 하게 되면 이성을 가진 사람이 그 직위를 해제를 하는 것은 당연했다. "왕은 사람을 위하지 사람이 왕을 위하지 않는다."[36] 그러나 위그노들은 예측 불가한 신의 개입에 만족할 수 없었던 것과 같이 이러한 세속적 이론적 공리주의에 만족할 수 없었다. 공리주의적 논증은 주로 추상적이고 형식적이었다. 모르네는 자신의 계약을 이용해서 유용성을 법적 참조점으로, 말하자면 그들의 실천적 양심의 격렬한 법정에서 호소할 수 있는 정치적 질서의 설정점으로 변환하려고 했다. 그는 도덕적이기만 하는 한갓된 의무나 합리적 사람들을 구속만 하는 의무를 피하려고 노력했다. 모르네는 군주정의 목적에 대한 중세의 논의를 아주 상세히 되풀이했지만 이 목적을 유대로서 그리고 이 유대를 법적 계약으로 만들어놓을 때까지 만족하지 않았다. 봉건 왕의 즉위 선서, 의회의 권리와 권력, 대표회의와 계급 신분과 위원회, 장관과 호민관과 상원에 대한 검토를 통해서 그는 저항권을 역사와 헌법의 실재성에서 확립하려고 했다.[37]

4) 위그노의 저항론

정복자나 강탈자에 반대하여 이 권리는 어떠한 사적 시민에 의해서도 행사될 수 있다. 그는 신의 영감이 아니라 다만 일상의 담대함만 필요할 것이다. 폭군이 합법적일 가능성이 더 높은 경우에 헌법적 보호의 "일상적 권리"는 헌법상의 직위를 차지한 공적 인간에게만 속했다. 이것은 중세 저술가들의 견해이기도 했지만 위그노 작품에서 새로운 의미를 띠었다. 오트망의 역사적 결의론을 주목할 만하게 넘어서는 정치적 사변을 밀어붙이면서 프로테스탄트 저술가들은 두 가지 중요한 관념을 발전시켰다. 첫째, 그들은 교회의 질서는 제외하고 모든 인간 질서의 인습적 본성을 예리하게 고수하면서 가부장주의와 카리스마의 가능

---

36) 중세의 견해를 위해서 다음을 참조. Fritz Kern, *Kingship and Law in the Middle Ages*, trans. S. B. Chrimes (Oxford, 1948), pp. 119ff. 왕권을 공리주의적으로 보는 견해는 『폭군에 대항하는 변론』 139쪽 이하에서 논의된다.
37) *Vindiciae*, 특히 127쪽 이하, 176쪽 이하를 참조.

성을 배제하는 동시에 단도직입적으로 헌법 정치의 길을 열었다. 둘째, 그들은 이 새로운 근근한 질서에 종교적 양심과 규율을 주입했다. 위그노의 활동을 합법적이게 만든 것이 역사와 법이었다면 그것을 의무적인 것으로 만들고 그것의 목표를 규정한 것은 칼빈주의적 양심이었다. 그리고 양심은 직위의 형태 안에서 작용했다. 실제로 그것은 정치적 행동을 하라는 하나님의 소명이었다. 오트망의 역사는 세속적 과제를 수행할 수 있도록 프로테스탄트 귀족을 지원했고, 그들로 하여금 오래 사라지지 않았던 "현기증을 일으키는 황홀한 정신"을 극복하도록 도와주었다. 모르네의 첫 번째 계약은 정치적 직위에 대한 칼빈의 개념 규정을 봉건적 상에 따라 발전시킨 것으로서 양심적 인간을 행동에 나서게 할 충동을 드러내었다.

모르네는 『폭군에 대항하는 변론』에서 "왕의 본성은 상속, 재산, 사용권이 아니라 직책[이고] 직위를 의미한다"고 썼다. 이러한 직위를 갖고 있는 사람은 여전히 사람일 뿐이다. 그가 만일 왕이라면 그는 "연방의 행정관리"에 지나지 않는다. 그는 자궁에서 머리에 왕관을 쓰고 나타난 것은 아니며 아버지가 자식에 대해 그렇듯 신민에 대해 하등의 자연적 수위권을 소유하고 있지 않다. 정치적 급진주의의 영원한 주제를 건드리면서 모르네는 신민은 왕의 형제였다고 주장했다.[38] 그러므로 정치적 불평등은 자연적 위계와는 완전하고도 명백하게 분리되었다. 이것은 칼빈의 작품에서 이미 암시되었던 분리였다. 정치적 질서의 기본 요소였던 가부장제를 한층 극적으로 거부한 일까지도 『지배자와 정치체의 대화』 *Dialogue between Archon and Polity*에서 발견된다. 익명의 위그노 저자는 이렇게 외친다. "모든 인간과 자연에 공통하는 주인과 주는 오직 아버지 한 분만 있을 뿐이다. 그분을 제외하면 … 다른 부권, 주군이나 통치는 없다. 지상의 상급자는 그분의 장관과 부관뿐이다. …"[39] 자연적 위계와 부권이 정치 세계 밖으로

---

38) Ibid., pp. 156, 170. 또한 다음을 참조. *Le politique*, in *Mémoires*, Ⅲ, p. 98.
39) *Le politique*, in *Mémoires*, p. 156. 마태복음 23:9와 비교해 볼 것.

밀려난 것과 마찬가지로 최고위 자리는 그 세계 안에서 아무런 의미도 가질 수 없었다. 그러나 왕이 머리가 아니었다면 국가는 더 이상 정치체일 수 없었다. 그러면 실제로 정치 조직은 그 헌법적 구조에 의해서 규정된 인공적인 것 즉 신이나 인간의 창조물이었고 더 이상 자연적 유기적 세계의 일부로서 설명될 수 있는 것이 아니었다. 우리가 본 바와 같이 위그노 저술가들은 이 구조를 구체화하여 거기에 전적으로 초역사적 존재를 부여하는 경향을 보여주었다. 이는 새로운 일상적 사실로서 거의 세속적 경외의 대상이 된 것이나 마찬가지였다. 그들은 역사적 발전에 대한 관념이 거의 없었기 때문에 이렇게 하는 것은 충분히 쉽게 할 수 있는 일이었다. 게다가 이는 왕의 권력이 새롭게 명백히 점증함으로써 프랑스 귀족에게 제기된 많은 문제들을 행복하게 해결하는 길이었다. 헌법을 다룰 때 프로테스탄트 귀족들은 무엇보다도 이를테면 그들이 역사에서 발견한 지속의 영구성과 확장을 위한 기반을 찾고 있었다. 그러나 그들은 그 영구성을 개인적 지위가 아니라 직위의 "소명"의 이름으로 찾지 않을 수 없었다. 왜냐하면 봉건적 위계의 쇠퇴와 더불어 왕 개인의 마법은 모든 다른 주장을 그 주장의 기초가 비개인적인 것이 아니었다면 무효로 처리했기 때문이었다. 오트망은 "왕국은 그 자체 내에 의원들 및 능숙한 사람들의 지혜 안에서 지속적이고 확신한 안전의 원리를 가지고 있다"[40]고 썼다. 그러나 특정인이 자신의 직위의 목적을 실현하는 데 실패했다면, 의원이 지혜롭지 않다면 그 목적은 "공식적"으로 남았고 지혜는 여전히 의원이 맡아야 할 몫이었다. 사람의 실패도 시간의 처방도 헌법 구조를 바꿀 수 없었다. 인간에게 이로움을 주기 위해 하나님이 치안판사를 서임했다는 사실을 기반으로 하여 그 직위는 영원한 것이었다. "연방은 결코 죽지 않는다."[41]

---

40) Hotman, *Franco-Gallia*, p. 108.
41) *Vindiciae*, p. 137. 저자가 주장하고 있는 것은 이렇다. 즉 "시간의 경과나 개인의 변화라고 할지라도 [그] 백성의 권리를 어떠한 면에서도 변하게 할 수 없다." 그는 앞서 자신의 책 126쪽에서 치안판사들을 "백성의 권리와 특권"의 영원한 수호자라고 기술했다.

베자의 논의는 동일한 양식을 따른다. 그는 유사하게 자연적 자질이나 봉건적 서열로부터 정치적 직위로 이행하는 것을 강조하고 직위의 기초를 주권의 초역사적 사실성에 둔다. 칼빈의 제자는 왕의 모든 쾌락에 부응하는 그리고 오트망에 따르면 사치에 타락한 내국의 신하들을 독립 귀족과 시민 공직자로부터 주의 깊게 구별했다. 후자는 "수위권 자체"에 의존했지 군주에 의존하지 않았다. 사실상 그들은 왕관을 공유했다. 위그노 공직자들은 "국가, 그것은 곧 우리이다" 하고 말했을지도 모른다. 모든 사람이 양심적인 한, 통합된 주권도 개인적 주권도 존재할 수 없었다. 왕국의 선이나 하나님의 영광을 위해 어떠한 경건한 또는 자의적 치안판사도 왕으로부터 독립해 행동할 수 있었다. 그의 독립의 유일한 대가는 그가 양심적이었다는 것이다. 일부 귀족의 직위가 세습적 명예의 칭호에 지나지 않는 것이 되었다 해도 "그 원래적 권리와 권위는 결코 잃지 않았다"고 베자는 썼다. 마찬가지로 역시 그 사람들이 그 명예에 포함된 의무에서 벗어나지 않았다는 것도 거의 말할 필요가 없었다.[42]

위그노의 양심은 직위 형태와 너무나 밀접하게 결속되어 있었기 때문에 때때로 개인의 속성인 것보다는 그 지위의 속성인 것처럼 보였다. 베자는 개개인은 각기 "공동체의 헌법에서 획득한 관할 직책에 맞추어" "좋은 법"을 보호해야 한다고 썼다. 이러한 의무가 자연적인 것도 보편적인 것도 아니었음은 노예의 정치적 권력에 대해 베자가 절대적으로 부정한다는 점과 사적 개인을 향하는 "공적 명령"에 대해 『폭군에 대항하는 변론』이 거부한다는 점에서 분명했다.[43] 따라서 개인적인 것에 대한 칼빈주의자의 평가절하는 프랑스 위그노 사이에 공무상의 것을 앙양하는 결과를 초래했다. 그러나 이것이 다만 가능하게 된 것은 공직자가 하나님의 대리자였거나 위그노의 이미지를 빌면 하나님의 가신이었기 때문이다. 모르네는 다음과 같이 썼다. "지상의 모든 거주자는 자신이 소유한

---

42) Beza, *Rights of Rulers*, pp. 38-40; 유사한 논증이 나오는 다음을 참조. *Vindiciae*, pp. 126-127.
43) Beza, *Rights of Rulers*, pp. 74, 77; *Vindiciae*, pp. 126-127.

것을 [신의 것으로] 소유하고 있으며 그분의 세입자일 뿐이고 … 모든 사람이 그 정도에 관계없이 그분의 하인, 농부, 관리 및 가신이며 그분에게 책임을 지고 감사를 표한다 …"[44] 『폭군에 대항하는 변론』의 첫 번째 계약은 이 관계에 형식적 표현을 부여하는 노력이었다. 이 계약을 통해 하나님은 자신의 의지를 직위를 가진 사람들에게 행사했다. 그들은 합리적으로 동의할 수 없었지만 다만 양심적으로 복종할 수 있었고 복종은 하나님의 영광을 위해 열성과 규율을 갖춘 지속적 활동을 필요로 했다.

일부 위그노 이데올로그들은 칼빈이 거부한 정치적 직위의 대표적 성격을 복원하려고 했을지라도 책무와 의무는 그들 대부분에게 신에 의해 고정되고 양심에 의해 공동 증언되는 구체화된 헌법 구조 위에 세워졌다. 바로 이러한 이유로 칼빈주의 저술가들은 다수 없이 일할 준비가 되어 있었다.[45] 실로 그들은 사람들을 헌법 구조에 통합하려고 했다. 그러나 이 사람들은 중세 문헌에 기술된 바와 같은 사람들, 즉 사랑과 동료애로 단결된 법인 공동체는 아니었고 마찬가지로 역시 후대에 자유주의 작가들에 의해 이기적이고 교활한 개인의 총화로 기술될 그런 사람들도 아니었다. 그 대신에 위그노들은 프로테스탄트 대중, 지도자, 추종자를 구상했고 이들은 모두 비슷하게 단일한 양심을 소유하고 하나님 앞에서 공동 책임을 인정하는 인식에 의해 단단히 결합되었다. 『폭군에 대항하는 변론』에서 모르네는 "이 사람 집단 전체"는 "한 사람의 직위와 장소"로 간주되어야 한다고 선언했다. 사람은 집합적으로 보면 바로 치안판사들이나 다름없었다. 이들 또한 소명과 일련의 정치적 의무들을 가졌다. 그리고 바로 이것이 그들의 규율의 시작이었다. 그들은 더 이상 타락한 인간처럼 행동하고 "난동을 부리는" 짓을 해서는 안 되었다. 사적 개인들의 단순한 집합체로 보면 "그들은 아무런 권력도 없었고 공적 명령도 없었으며 권위의 칼을 빼는 아무런 소명도 없

---

44) *Vindiciae*, p. 68.
45) 특히 『폭군에 대항하는 변론』의 논의 100쪽 이하를 참조. 여기서 그는 백성의 "더 많은 부분"이 폭정에 동의할 때 무엇을 할 것인가라는 물음에 답한다.

었다." 계약은 집단적이었고 "어떤 식으로든 특수 사항과 관련될" 수 없었다.[46] 위그노 저술가들은 추종자들은 일을 무모하게 해서는 안 되고 "할 수 있는 데까지 적절한 순서에 따라 규율을 따르는 방식으로" 해야 한다고 계속적으로 주장했다.[47] 그리고 이것은 사람의 치안은 오직 사람의 치안판사들에 의해서만 실행되어야 했다는 것을 의미했다. 경건한 공직자 없이 사람은 조직된 기관이나 정치적 또는 법적 유능 기관을 구성하지 않았다.

『폭군에 대항하는 변론』의 두 가지 계약은 대의제 정부를 확립하지 않았으며 확실히 인민 주권의 체제는 아니었다. 그것은 매우 특별한 종류의 신탁 통치였다. 헌법 신임의 기초는 경건한 양심의 동일성에 있었다. 이러한 이유로 위그노들의 "적절한 질서"는 그들이 한 것을 사람들이 이해한다는 것을 막는 것이 아니었고 사실상 이를 필요로 했다. 그들이 한 모든 것이 경건한 치안판사에 복종하고 따르는 것이었을 때도 그랬다. 모르네는 이 치안판사들이 동일한 장소에서 동일한 종교적 의무에 구속된 자로 집단적 사람들을 대신하는 "대용자"였다고 썼다. "모든 사람은 하나님을 섬겨야 하는 의무가 있다. 그러나 일부 사람은 … 보다 큰 권위를 받았다.…[48] 이리하여 일단 자연적 위계가 뒤집어진 곳에서는 양심이 정치적 규율을 가능하게 만들었다. 칼빈주의는 모든 사람에게 의무의 새로운 금욕주의를 제안했다. 치안판사의 엄숙하고 헌신적 인격에서 타락하고 부패한 옛 아담은 거의 보일 수 없었다. 새로운 규율을 갖춘 사람들 사이에서 난동 인간의 기억은 지워졌다.

단순한 사적 인간은 위그노 이론에서 아무런 역할도 하지 않는다. 그런 인간은 정의상 규율도 질서도 갖추지 않은 인간이다. 칼빈의 서한은 떠도는 방랑 설

---

46) *Vindiciae*, pp. 90, 97. 109.
47) Beza, *Rights of Rulers*, p. 35.
48) *Vindiciae*, p. 110. "우리가 모든 사람을 말할 때 이는 사람들로부터 그들의 권위를 견지하는 사람들, 정확히 말하면 치안판사들만을 의미하는 것으로 이해된다. 이들은 말하자면 사람들이 제국을 돕는 것을 대신하거나 확립한 자들이다.…" p. 97.

교자와 돌아다니는 자유 예언자를 극도로 혐오하는 사례들을 자주 제공한다.[49] 페트루스 라무스는 반란적인 프로테스탄트 철학자인데 이 철학자에 대한 베자의 경멸은 그의 스승의 태도와 아주 유사하다. 제네바의 수제자는 다음과 같이 썼다. "그는 항상 등장하고 싶어 하지만 제자로서가 아니라 의사로서 그렇다." "라무스는 이 모든 문제에 관해 제일 중요한 것을 알지도 못하고 내가 알기로는 결코 성경이나 그에 대한 신성한 해석을 아무것도 연구하지 않았음에도 자신감만으로 무장하고서 전투에 달려든다."[50] 칼빈주의자들은 피카레스크식 정신에 대해서 그랬듯 피카레스크식 인간에 대해서도 불편해했고 불화했다. 그들은 돈키호테마저도 조직 속에 집어넣으려고 했을 것이지만 또한 그들은 그에게 그가 뒤쫓는 적들보다 더 견실한 적들인데도 공격하게 했을 것이다. 그들은 그를 자기 군대의 일원으로 징집했을 것이다.

위그노들이 실제로 동원한 군대는 스스로가 결코 성취하지 못한 헌법 질서보다 훨씬 나은 그들 자신의 규율의 본성을 말해준다. 『프랑스 회고록』*Mémoires de l' état de France*에 미디에서 개최된 위그노 총회가 "전쟁 사무 규제"에 관해 채택한 40개 조항이 보존되어 있다.[51] 이 조항들은 약 70년 후에 스코틀랜드 장로교 군대와 영국혁명 신형 군대에서 시행된 극히 이례적일 정도로 정확하고 엄밀한 규율들의 가장 초기 판본이다. 위그노에 관한 40개 조항에서 군사적 교회적 규율은 다 함께 짜서 맞추어져 있었다. 『자명종』의 저자는 이들 규율은 "악을 억제하고 군사들에게 자신의 의무를 견고하게 붙들도록 하기 위한" "두 가지 탁월한 신경"이었다고 썼다. "하나님의 법과 군대의 정책"을 집행하기 위해 특수 경찰이 위그노 총회에의해 설립되었다. 종교 규율과 군사 정책은 함께 기독교 군병

---

49) 예를 들어 다음을 참조. Calvin, *Letters*, ed. Jules Bonnet, trans. David Constable (Edinburgh, 1855), Ⅰ, p. 293.

50) 다음에서 인용된다. Paul Geisendorf, *Théodore de Bèze* (Geneva, 1949), p. 304.

51) "Articles pour le règlement des affaires de guerre," *Mémoires*, Ⅱ, pp. 164ff. 이 조항은 1572년 베아른에서 개최된 대회에서 작성된 것이며 1573년 미요에서 채택되었다.

의 "선하고 조신한 행동"을 보장했다.[52] 프랑수아 누에는 『정치적 군사적 강론』 *Discours politiques et militaires* 에서 적어도 첫 번째 종교내전 기간에 지배적이었던 위그노 규율의 본성과 효과를 기술했다.

> 개전 당시에 군대 규율을 말하는 대장과 대위가 있었지만 가난한 사람을 억누르지 말라고 권고한 설교가 훨씬 더 효과적이었다.… 귀족은 전쟁 초기에 그 이름에 합당한 자신의 모습을 보여주었다.… 어떤 군인이 폭력 범죄를 저질렀으면 그는 추방되거나 구금되었다.… 그토록 많은 사람들이 모인 가운데 우리는 하나님의 말씀을 모독하는 사람이 하나도 없다고 들었다.… 진지에서 주사위 상자나 카드갑을 발견할 수 없었다.…[53]

확실히 신식 군사와 봉건적 이야기의 용감한 기사 사이에는 커다란 거리가 있다. 기사는 여전히 일종의 개인이었으며, 말하자면 기사도가 있고 개인적으로 경건하고 혼자 아니면 잡다한 무리와 함께 어울려 타고 다니는 그런 개인이었다. 군사는 군대의 일원으로서 규율을 갖춘 구성원이었고 그 경건은 이데올로기적이었고 집단적이었으며 공개 기도로 확인되었다. 이것 자체가 위그노 진영의 주요 혁신 중의 하나였다. 아마도 두 번째 종교 내전에서 프로테스탄트 자작들은 용감한 기사를 닮았거나 아니면 좀 더 가능한 일로 즉 약탈하는 봉건 남작들을 닮은 것은 여전했을 것이다. 그러나 칼빈주의 회중에서 모집된 자로서 시편을 노래하는 군사들은 다른 사람들이었다. "대장인 것으로 드러나고 있는 이들은 어떤 방식의 교회들인가?"하고 가톨릭 장교는 물었다. 아마도 그는 똑같이 "이들 대장은 어떤 방식의 대장인가 …?" 하고 물었던 것도 당연한 일이었

---

52) *Le Réveille-Matin*, dialogue Ⅱ, p. 103; "Articles," *Mémoires*, Ⅱ, p. 173.
53) *Discours*, pp. 571-572; 다음에서 인용됨. Sir Charles Oman, *A History of the Art of War in the Sixteenth Century* (London, 1937), pp. 399-401.

을 것이다.[54] 정치적 사람이 그렇듯 종교적 군대도 그 직무에서 "공통의 엄격성"과 공통의 양심에 구속되어 있었다. 그것은 이미 "대의"[55]라고 불리는 것을 보호하는 지속적인 규율적 투쟁에 관여되어 있었다.

5) 위그노의 혁명론

위그노 이론의 핵심은 이렇다. 즉 정치적 질서는 공유된 주권의 영원한 체제, 의무의 특별하고 정확한 배정이었고, 한편으로 법으로, 다른 한편으로 양심으로 집행 가능한 것이었다. 저항은 헌법적 도덕적 의무로부터 나오는 규율적 행동에 지나지 않았다. 자연법, 공동의지, 세속적 유용성에 의한 논증은 모두 이러한 근본 개념을 보충하는 것이었다.[56] 질서, 조직, 규율, 의무, 이 모든 것은 위그노 사상의 중심에 있는 관념들이었다. 이것들은 다른 무엇보다도 교육 받은 프로테스탄트 귀족들의 가장 깊은 희망과 두려움을 보다 투명하게 드러냈다. 아마도 두려움이 더 각별하게 드러났을 것이다. 이들 귀족들은 경건함의 스타일과 쓸모를 탐구했고 자신의 새로운 헌신을 발휘하고 오랜 권위를 유지할 수 있는 정치를 다소 우려스러운 마음으로 추구했다.

당대는 여러 면에서 두려움의 시대였다. 호이징가가 중세 후기 정신의 특징으로 기술한 극심한 비관주의는 여전히 귀족적 기질의 요소로 계속되었다.[57] 이것은 위베르 랑게가 젊은 시드니에게 보낸 음울하며 따뜻한 편지에서 볼 수 있다. 시드니는 다음과 같이 썼다. "당신의 편지에서 나는 우리가 살고 있는 시대가 어떤 상을 보여주고 있는지를 상상합니다. 이 시대는 너무 오래 당겨 구부러져 있는 활을 닮은 시대입니다. 줄을 풀어주지 않으면 안 됩니다. 그렇지 않으면

---

54) 다음에서 인용된다. C. G. Kelly, *French Protestantism: 1559-1562* (Baltimore, 1918), p. 82.
55) "Articles," *Mémoires*, Ⅱ, p. 169. 또한 위그노 군대의 집단 선서를 기술하는 165쪽도 참조.
56) 정치이론을 연구하는 많은 역사가들은 이러한 위그노 논증의 요소들을 프랑스 개신교도가 정치 사상의 발전에 기여한 주요 "공헌"이라고 보았다. 이것은 사실일 수도 있고 아닐 수도 있다. 이 문제는 지금의 논증과는 무관하다. 다음을 참조. Méaly, *Les publicistes.* 여기에 더하여 특히 『폭군에 대항하는 변론』에 게재된 역자 라스키의 서론을 참조.
57) Huizinga, *Waning of the Middle Ages*, pp. 31ff.

부러질 것입니다." 일부 사람에게는 이 누적된 긴장은 새로운 에너지를 방출했고 일부 사람에게는 끊어졌다. 감수성이 조금만 있는 누구라도 그것을 알았다. 랑게의 편지는 재앙이 곧 닥칠 것이라는 조용한 확신으로 가득 차 있었다. 말하자면 기독교도들 사이의 끔찍한 전쟁, 투르크족의 새로운 정복, 야만인 앞에 벌어진 이탈리아의 몰락과 곧 있을 유럽 전역의 몰락, 이 모든 우울한 예상들을 그는 시드니에게 역설했다.[58] 그 자신이 칼빈주의자라기보다는 프로테스탄트 금욕주의자였던 그는 젊은 영국인 앞에서 아무런 열정 없이 귀족의 의무에 대한 근엄한 상만을 견지했다. 테오도르 베자는 이와 동일하게 항상 금욕주의적으로 조용하게만 반응할 수 없었다. 그는 성 바돌로매 축일 밤의 대학살 소식을 듣고 무서운 공포감을 표출했다. "여기 있는 우리도 동일한 위험에 노출되어 있는 것은 확실하다. 그리고 이것은 아마도 내가 당신에게 글을 쓰는 마지막 시간이 될 것이다. 이 사건이 보편적인 음모라는 것을 의심하는 것은 불가능하다.…"[59]

그러나 투르크족의 침입과 가톨릭교도의 음모는 위그노들이 가진 공포감의 진정한 원천이 아니었다. 이들은 자신들을 내몬 스스로의 생각과 위험한 행동의 논리를 더 두려워했다. 즉 팸플릿 저자 중의 한 명은 "우리는 … 전쟁의 결과와 비통함을 느끼고 있다"[60]고 썼던 것이다. 물론 칼빈은 추종자들에게 전쟁을 예상하라고 가르쳤고 프랑스 귀족들은 오래 전에 참여하는 것을 터득했다. 그러나 왕에 대항하는 지속적 전쟁은 종교 귀족조차도 물러서게 된 함의를 갖고 있었다. 이들 귀족은 양심이라는 새로운 언어로 자신들의 저항을 정당화했지만 그들의 양심적 행동은 사실상 신중했고 온건한 것이었다. 프랑스 칼빈주의는 결코 종교적 열심당원을 낳지 않았다. 위그노 귀족들은 가능성을 매우 제한되

---

58) *The Correspondence of Philip Sidney and Hubert Languet*, ed. W. A. Bradley (Boston, 1912), pp. 40, 49 and passim. 또한 101쪽 참조. "나는 요즘 남자들이 현실에서 친구를 배신하지 않는다면 대단한 일을 한다고 생각합니다. 게다가 어떤 좋은 느낌을 하나라도 가지게 된다면 분명한 소득이라고 적어둘 것입니다.…"
59) 다음에서 인용된다. Geisendorf, *Théodore de Bèze*, p. 306.
60) *Le politique*, *Mémoires*, Ⅲ, p. 83.

게 의식하고 있었다. 그들은 정말로 매우 제한된 종류의 전쟁을 싸웠고 대체적으로 전쟁이 끝나면 천만다행이라고 기뻐했다.

정치에 대해서도 그렇지만 전쟁에 대해서도 위그노의 논의는 그 어조가 결의론적이었다. 그들의 목적은 프로테스탄트 군사의 활동을 정당화하는 것이었고 또한 그 활동을 제한하고 통제하는 것이었다. 모르네는 『폭군에 대항하는 변론』에서 다음과 같이 썼다. "그렇다. 그들이 기습에 의해 공격을 받으면 그들은 또한 매복을 사용할 수 있다. … 그들이 항상 유리한 전략과 항상 불법인 신의를 저버린 반역을 주의 깊게 구별할진대 … 합법적 전쟁에서 그들에게 지침을 제공하는 아무런 규칙이 없다면 그렇게 매복으로 공격하는 것은 가능하다."[61] 베자는 그들이 소유한 수단을 사용할 수 있다고 주장했다. 그는 계속해서 "법원과 무력과 같이 이 세상의 것과 일을 방어하는 수단은 … 영적인 것을 방어할 수 있는 수단과 다르다는 점을 부인했다."[62] 이것은 궁극적으로 인습적 세계에 대한 찬사였다. 그러나 베자가 보여준 유연성은 또한 한계의 인정이었다. 거의 신경질적인 원한이 터지면서 『자명종』의 저자는 다른 전쟁을 제안했다. "이탈리아의 계략과 악의를 유익하게 사용할 수 있는 시간이 한 번이라도 있었다면 바로 지금일 것이다. 그리고 부리와 발톱을 모두 사용해서 대항해야 했던 사람이 도대체 있었다고 한다면 … 바로 이 분노하고 미친 짐승들일 것이다."[63] 그러나 부리와 발톱의 정치는 아마도 그들의 적보다는 프로테스탄트 귀족들에게 더 무서운 것이었을 것이다.

이 전쟁은 경건한 치안판사들이 이끌고 "고래로 전해 오는 헌법"의 회복을 목표로 하는 조심스러운 전쟁이었고 본질적으로 방어전이었다. 이것이 귀족의 의도였다. 그러나 결국 하나님의 목표는 왕의 한계 너머에 당도했고 그리하여 위그노 전쟁은 항상 적어도 이론적으로는 저항과 방어를 넘어서는 행동을 할 위험

---

61) *Vindiciae*, p. 96.
62) Beza, *Rights of Rulers*, p. 82.
63) *Le Réveille-Matin*, dialogue Ⅱ, p. 112.

에 처해 있었다. 역설적이게도 위그노 귀족들은 자신들의 합리화로 인해서 불편하게 되었다. 그들은 하나님의 보다 더 큰 영광을 위해 정치적 사회적 질서를 재조직하는 것을 계속적으로 추구하지 않고는 칼빈주의적 의미에서 양심적일수 없게 되었다. 이교도 왕에 저항하는 일뿐만 아니라 세속적 국가를 모르네가 "하나님의 성전"[64]이라고 부른 것으로 변형하는 일까지도 그들의 의무가 되었다. 베자는 이렇게 썼다. "질서 잡힌 정치의 목적은 세상의 삶에서 평화로운 것과 고요한 것만이 아니라 … 인간의 현재적 삶 전체가 지향해야 하는 하나님의 영광이다."[65] 우리가 본 바와 같이 모르네의 첫 번째 계약은 이 종교적 의무를 법적 형식으로 고정하는 노력이었다. 그러나 그가 "하나님의 성전"에 대한 정치적 기술을 전혀 제공하지 못했다는 점도 말해두지 않으면 안 된다. 그도 그렇지만 다른 위그노 어느 누구도 유토피아적 논고를 제출하지 못했다. 아마도 이는 그들이 국가의 변형에 대해 전적으로 심각하지 않았다는 점을 말해준다. 그들이 글을 써서 보낸 사람들이 심각하지 않았다는 점은 확실하다. 혁명은 그들의 가장 커다란 공포였으며 그들 자신의 봉기에 대해 그들을 가장 혼란스럽게 한 것은 정확히 혁명과의 유사성이었다.

그럼에도 불구하고 **칼빈주의** 교회를 지지하고 **개혁** 종교를 확장하는 것은 위그노 문헌에서 정치적 공직자의 의무가 되었다. 이들 의무에 대해서 그 역사적 정당성과 헌법적 근거를 발견하는 일은 정말로 어려운 것이라는 점은 거의 말할 필요가 없다. 베자는 결의론적이라기보다는 교황적 분위기를 풍기면서 다음과 같이 썼다. "나는 가장 훌륭하고 경건한 통치자의 중대 의무는 하나님이 그에게 허락한 모든 수단, 권위, 권력을 오롯이 이 목적만을 위해 적용해야 한다는 것을 선포한다. 이는 하나님이 그의 신민들 사이에서 인정될 수 있도록 하기 위함이

---

64) *Vindiciae*, p. 67. "하나님의 성전이 세워지고 진실로 성전 그 자체인 영지를 제외하고 흔들림 없는 안정적인 것으로 평가되어야 하는 영지는 없다.…"
65) Beza, *Rights of Rulers*, p. 83.

다."[66] 그 주장은 『폭군에 대항하는 변론』에서 더 이어졌다. 이 책의 저자는 치안판사들은 계약에 의해 참된 종교를 유지해야 한다고 주장했다. 더욱이 그들은 "교회의 경계를 확장해야 하며 … 이를 실패할 경우 그들이 그 일을 할 수 있는 수단을 가지고 있다면 신의 위엄을 거스르는 대역죄의 형벌을 정당하게 받게 된다."[67] 모르네가 드는 이러한 활동의 유일한 사례는 십자군이었다. 위그노의 시 "역설의 작은 노래"의 저자가 아래에서 기술하려고 의도한 것은 십자군 전쟁이었음에 틀림없다.

> 평화는 큰 악, 전쟁은 큰 선.
>
> 평화는 우리의 죽음, 전쟁은 우리의 삶.
>
> 평화는 우리에게 희망을 주었고 전쟁은 우리를 규합했으니.
>
> 평화는 선을 죽이고 전쟁은 선을 후원하노니.
>
> 평화는 악인의 것이요 전쟁은 참된 기독교도의 것.[68]

단순한 내전이 불만스러운 것처럼 일부 위그노 이론가들은 전쟁을 세계화하려고 노력했다. 그들은 프랑스인을 "이 상처받고 불쌍한 백성"이라고 언급하면서 일부 이웃 왕들에게 "해방자"이기를 요청했다. 이 말은 정복자들이 끊임없이 주장했던 칭호이다.[69] 스스로는 세계교회의 구성원일 뿐만 아니라 세계계급의 구성원이었던 위그노 지식인들은 명백하게 후대 혁명가들의 전쟁관에 근접하는 전쟁관에 이중적으로 내몰렸다. "하나님의 교회는 … 지상 전역에 뻗어 있으면서 어떠한 한계에도 갇혀 있지 않다. [교회의] 방어는 … 지상의 모든 왕들에게 동등하고 무차별적으로 권고된다. … 자신의 의무를 행하는 데 관심이 있

---

66) Ibid., p. 82.
67) *Vindiciae*, p. 109. 또한 218-220쪽.
68) *Le politique, Mémoires*, Ⅲ, p. 142.
69) *Le Réveille-Matin*, dialogue Ⅰ, p. 143; *Vindiciae*, p. 229; Méaly, *Les publicistes*, pp.143f. 참조.

는 어떤 왕이라도 하나님에 대항하여 전쟁을 벌이는 그의 동료들을 찾아내고 징벌하고 싸워야 한다."[70]

그러나 실제로 세계 프로테스탄트 십자군은 위그노가 염두에 둔 것이 아니었다. 그들은 주로 자신들의 전쟁을 억제하고 존경할 만한 것으로 만들고 그 함의들을 부정하려고 했다. 그들은 뚜렷하게 공세를 취했을 때라도 방어적 자세를 유지하려고 고투했다. 그들은 무기는 참된 종교를 방어하는 데만 사용될 수 있다고 주장했고 그러면서 베자는 그러한 방어가 참된 종교가 "공적 권위에 의해 합법적으로 … 결정되고 확인된" 경우에만 가능하다고 덧붙였다.[71] 그러나 이렇게 되면 프랑스는 배제될 것이다! 결국 군대의 힘은 종교적 대의의 진보를 가져오는 데 사용될 수 없었고 다만 참된 교회를 적의 지속적 맹공격으로부터 방어하는 데만 사용될 수 있었다. 위그노 문헌에서 저항을 기술하는 가장 일관적인 방식은 방어전에 비유된 기술이다. "경건한 사람들은 개전으로 공격을 받았을 때 … **그때는 무기를 들고 적의 공격을 기다린다**."[72]

위그노의 비상한 교회 조직은 실제로 국가 내의 국가이고 그들의 업적 가운데 가장 창의적인 것이지만 이에 대한 반성은 아마도 『폭군에 대항하는 변론』의 초기 연방주의에서 발견되는 것을 제외하면 그들의 저술에서 도무지 발견되지 않았다. 칼빈주의 교회와 평행을 이루던 그 정치적 군사적 조직은 이론적으로 볼 때 봉건 남작 집단 즉 15세기 공익 동맹에 동화되었다.[73] 위그노 홍보 대사들은 저항을 새로운 양심적인 높은 수준의 합리화된 그러나 본질적으로 중세적 활동으로 보는 입장을 지속했다. 혁명은 그들의 가장 커다란 공포였고 그들의 양

---

70) *Le Réveille-Matin*, dialogue II, p. 29.
71) Beza, *Rights of Rulers*, p. 85.
72) *Vindiciae*, p. 106 (강조는 첨가됨).
73) 군사규율 조항은 1573년의 대회에서 채택되었는데, 이 때 "미요 규칙"이 채택되었다. 이 규칙은 위그노 조직을 확립했지만 여전히 봉건적 견지에서 조직을 보호했다. 이 규칙은 "가입한 도시와 다른 지역의 법령, 상호 특권, 가맹권과 자유의 존중"을 요구했지만 프로테스탄트 회중의 규율과 독립의 정당성에 대해서는 거의 시사하는 바가 없었다. Weill, *Théories sur le pouvoir royal*, p. 130.

130 • 성도들이 일으킨 혁명

심적 헌법적 활동의 성취가 아니라 응보였다. 프로테스탄트 귀족들은 일단 가톨릭 동맹의 급진주의를 본 후에는 아마도 국가를 "하나님의 성전"으로 만들 수 없었을 정치적 왕이라도 충분히 환영하는 마음을 기꺼이 가졌다. 그들 중의 하나가 1593년에 "귀족만이 올바른 길에서 벗어나지 않았다"고 썼다. 1593년은 위그노의 정치적 활동이 막바지에 이르렀을 때였다. 그때서야 그들은 "더 이상 왕이 없었더라면 각 마을은 젠틀맨으로부터 자유로워졌을 것이라는 점을 이해했다."[74] 진실로 이것이야말로 위그노 이데올로기의 많은 부분을 설명해줄 수밖에 없는 비밀스러운 공포인 것이다. 왜냐하면 여전히 마을을 소유한 사람은 칼빈주의적 회중을 전폭적으로 지지하는 구성원일 수 없었고 또한 그는 칼빈주의 사상의 논리를 감히 탐구할 수 없었을 것이기 때문이다.

3. 메리 여왕의 추방자들

1) 추방자들의 계급적 성분과 정치적 형성

카톨릭교도 메리 여왕이 왕위에 오른 후 수년 내에 약 800명의 영국 프로테스탄트들이 대륙으로 추방당했다.[75] 이들 중 약 100명은 이전 시대의 추방자들과 별반 다르지 않은 사람들 말하자면 이러저런 봉건 파벌이 승리하자 피해 달아났던 귀족들과 그 추종자들이었다. 대부분의 젠트리 가족의 보다 젊은 아들들 즉 가장 최근의 추방자들은 프랑스 해안보다 그다지 멀리 나가는 여행은 하지 않았다. 그곳에서 그들은 음모를 꾸미고 서로를 염탐하고 해적 역할을 하기 위해 머물렀다. 그들은 노섬벌랜드의 지지자들, 불행한 왕비 제인 시모어의 옹호자들, 반란자 토마스 와이엇의 켄트 출신 동지들이었다. 그들의 프로테스탄티즘은 그들 정치의 기능이었고 그들 가족과 지역의 이익을 위한 정치였다. 국내의 음모

---

74) 다음에서 인용됨. Ibid., p. 258.
75) 메리의 추방자에 대해서는 다음의 탁월한 연구서를 참조. C. H. Garrett, *The Marian Exiles* (Cambridge, Eng., 1938); M. M. Knappen, *Tudor Puritanism: A Chapter in the History of Idealism* (Chicago, 1930), chs. vi-viii.

와 해외로의 추방을 통해서 그들은 아무런 일반적인 정치적 관점도 이끌어내지 못했다. 그들의 편지에서 그들은 정교하지만 매우 개인적인 변증을 전개했으며 이론적 정당화에 관한 것은 거의 제공하지 못했다. 이 젊은 아들들 중 몇몇은 아마도 열매 없는 음모에 지쳐서 프랑스에 잠시만 머물었다가 이탈리아로 갔다. 거기서 그들은 이탈리아 궁정의 새로운 방식을 연구하고 르네상스 풍습 그리고 드물게는 르네상스 예술을 흡수했다. 그들 중의 한 명은 토마스 호비 경이었고 그는 발데사르 카스틸리오네 의 『궁정론』 *Il Cortegiano* 의 번역자였고 미래의 엘리자베스 시대의 공직자였다. 호비는 흥미로운 사실을 보여주는 가족사를 제공한다. 그의 아버지는 헤리퍼드의 평범한 시골 출신 젠틀맨이었고 그의 이복형은 수도원 땅을 소유했으며 에드워드 왕의 대사이자 티치아노와 아레티노 친구였다. 그의 아들은 타협하지 않는 청교도였을 것이다.[76] 토마스 자신은 새로운 방식으로 길러졌고 추방 전과 추방 기간 동안 여행자였던 그는 자신의 부유한 지적 전리품을 영국으로 가져간 관념의 중개자였다. 프랑스와 이탈리아에 있는 그의 직접적인 동료들은 모험가들이었고 다른 종류의 약탈자였다.

추방자들의 대다수는 추방된 봉건 영주의 시대와 풍습과는 다른 사람들이었고 그 차이가 너무 커서 분리될 수밖에 없는 사람들이었다. 그들은 프랑스에서 멈추지 않고 대신에 독일 남부와 스위스의 개혁 도시로 이동했다. 프랑스는 영국의 음모가들에 대해서는 수용적인 나라지만 영국 프로테스탄트들에 대해서는 수용적이지 않던 나라였다. 거기서 그들은 자치적 종교 공동체를 확립했고 모험가들의 염탐과 음모를 정치적 신학적 논쟁으로 대체했다. 아마도 이 추방자들의 반은 이런저런 종류의 성직자 예를 들면 전직 수도사와 수사, 집사, 사제, 자유 독립 설교자 또는 케임브리지나 옥스퍼드 신학생이었을 것이다. 아주 작고 미미한 수의 성직자와 성직자 지망생들만 젠틀맨 태생이었다. 이 학생들

---

76) 다음을 참조. *The Diary of Lady Margaret Hoby 1599-1605*, ed. with intro. by D. M. Meads (London, 1930), introduction; *DNB s.v.* Hoby.

이 가난한 것은 예사였다. 그들은 분명히 무리를 지어 여행했고 함께 살았으며 그들의 비용은 "경건한 상인들"이 지불했다. 그러나 그들을 따라 추방을 같이 한 상인들은 거의 없었다. 젠틀맨의 수는 훨씬 많았고 독일과 스위스 도시 영국인의 3분의 1 이상에 달했다. 이는 목회자와 학생 다음으로 많은 집단이었다. 그 중 몇몇의 사람들은 자신들의 거주 체계를 추방지로 가져갔다. 예를 들면 서포크 공작부인은 "그리스인 말 기수"와 광대를 포함하여 집사장, "점잖은 숙녀", 여섯 명의 하인을 동반했다. 그러나 공작부인은 예외에 해당했다. 즉 그러한 가공할 가계를 유지할 수 있는 젠트리는 거의 없었다. 추방 그리고 때때로 가난은 젠트리에게 성직자 동료들과의 새로운 평등을 강요했다. 마지막으로, 대부분이 직공인 소수의 장인들도 해외로 나가 제네바와 아라우에 모였으나 회중 정치에서 거의 아무런 역할도 하지 못했다.[77] 그들의 미미한 수는 프랑스와 플랑드르에서 온 프로테스탄트 난민들 중 대다수를 차지한 장인들과 날카로운 대조를 이룬다. 젠트리의 존재와 성직자 지식인들의 우세 때문에 메리 여왕의 추방은 새로운 정치적 이데올로기적 중요성을 띠었다.

추방 정치에서 주요 역할을 맡은 이는 분명히 목회자들이었다. 이것은 아마도 메리 여왕의 추방과 그 뒤의 위그노 운동 사이의 주요 차이였을 것이다. 위그노 운동의 지식인들은 거의 모두가 평신도이고 귀족이었다. 목회자의 위치와 힘은 추방에 의해서 크게 진작되었다. 왜냐하면 젠트리는 토지를 남겨두고 떠났지만 성직자들은 책을 가지고 갔기 때문이다. 공통 문제에 대한 참여도는 높은 편이었지만 지적 표현은 성직자의 독점물이었다. 추방된 젊은 젠틀맨들이 정치적 개입과 신학적 논쟁에 대한 자신들의 능력을 시험했지만 목회자들이 학생단의 지도자였듯 회중들의 지도자였다.[78] 그리고 이들이 유일한 추방 공동체

---

77) 추방자들에 대한 통계분석에 대해서는 다음을 참조. Garrett, *Marian Exiles*, p. 41.
78) [William Whittingham?], *A Brief Discourse of the Troubles at Frankfurt* (first published in 1574; ed. and repr. by Edward Arber, London, 1908). 이 책은 추방자들 간에 있었던 논쟁 중에 가장 중요한 것을 기술하고 기록한다.

였다. 왜냐하면 이 난민들은 그들을 받아들인 도시들에 대한 충성을 거부하면서 외국 언어를 전혀 모른 탓에 독일 및 스위스 이웃들로부터 더욱 차단되었기때문이다. 추방은 그들 대부분에게 분명히 협소한 경험이었고 동시에 강렬하게 집단적인 경험이었다.

그러고는 메리 여왕의 추방자들은 5년 동안 "아무런 효과적인 사법권의 제약도 받지 않고" 살았다. "그들은 자유인이었다." 크리스티나 개럿 여교수는 계속해서 말한다. "그들은 자유롭게 오갈 수 있고, 자유롭게 무기를 들거나 하지 않을 수 있으며, 무엇보다도 그들이 선택한 대로 자신의 작은 공동체의 내부 문제를 자유롭게 명령할 수 있다."[79] 소수의 직공과 인쇄업자를 제외하고는 자선기금을 모집하고 배분하는 것 이외의 다른 경제 활동을 하지 않았고 시간이 그들의 손안에 있었기에 영국 프로테스탄트들은 자치 정부를 바쁘게 시간을 많이 소모하는 사업으로 만들었다. 그들은 실험했고 그 실험은 새로운 종류의 정치적 활동과 함께 했다고 말해두는 것도 가능하다. 그들 정치의 주요 경향은 프랑크푸르트 공동체의 두 가지 "규율" 즉 교회헌법의 비교로부터 파악될 수 있다. "구규율"은 추방자들 가운데 보다 보수적인 사람들이 초기에 부과한 것으로서 8명의 교직자들에게 제공되었고 그 길이가 12개 조항에 불과했으며 그 모호함 때문에 단독 목회자의 권위를 극대화했다. 많은 논쟁과 소규모 혁신 끝에 채택된 "신규율"은 그 길이가 73개 조항으로 16명의 교직자들을 위해 제공되었고 채택 당시 회중은 남성이 62명이었다. 신규율은 명시적으로 정교한 주의를 기울였고 두 명의 동등한 목회자의 권위를 제한했다.[80] 이 경향은 그 뒤로 권위를 작살내고 분열시켰으며 직분의 수를 늘리고 헌법상의 세부 사항을 증폭시켰다. 이 모든 것에서 목회자들의 정력적인 활동, 논쟁 수완 및 조직적 경험이 중요한 역할을 수행했다.

---

79) Christina Garrett, *Marian Exiles*, p. 18.
80) 두 가지 규율은 다음 책에 실려 있다. *A Brief Discourse*, 143-149, 150-205쪽. 회중 내부의 투쟁에 대해서는 다음을 참조. Garrett, *Marian Exiles*, pp. 22ff. Knappen, *Tudor Puritanism*, ch. iv.

목회자와 학생들은 두 집단으로 나뉘었다. 아주 만족스러운 구분은 아니지만 간단히 말하면 미래의 국교도와 미래의 청교도로 지정될 수 있다. 후자 집단은 난민들 중 소수였고 말하자면 이중적 추방을 겪었다. 먼저 고국을 떠나고 그리고 그 후에 그들 동료인 대다수의 망명자들과 분리되었다. 해외 영국인들의 대부분은 그들 중의 한 명이 그들 추방 교회의 "영국의 얼굴"이라고 부른 것을 유지하려고 애썼고 영국적 의례와 합법적으로 선포된 에드워드 6세의 최종 공동기도서를 계속 사용하려고 애썼다.[81] 그들은 추방되었지만 스스로를 무법적이라고 간주하기를 거부했다. 다른 한편, 소수자인 청교도 급진주의는 종교를 민법이나 국가의 충성에 복종시키는 것을 거부하는 것이 그 특징이었다. 프로테스탄트 논리를 열렬히 추구하는 가운데 청교도들은 마침내 칼빈의 제네바에 도착했다. 바꾸어 말하면 그들은 프랑크푸르트의 영국 공동체에서 도망쳤고 패배한 채로 거기에 도착했던 것이다. 제네바에서 그들은 미래의 청교도의 야망의 표준을 설정하는 회중과 규율을 확립했고 난외의 주를 단 성경 역본을 만들었으며 그들이 단 주는 청교도주의를 수많은 영국의 가정에 전달했다.[82] 이보다 더한 것이 있었다. 즉 그들은 집에 있는 동포들에게 일련의 비범한 정치적 논고를 담은 책자를 보냈고 이 논고에서 그들은 위그노가 혁명의 첫 번째 정당화를 달성하고 발전시킨 것보다 훨씬 더 급진적인 정치 활동에 대한 견해를 정교하게 다듬었다.

그들의 정치이론은 그들의 정치적 경험과 밀접한 관계에 놓여 있다. 그들의 견해가 지닌 급진주의는 소외와 분리가 오랫동안 계속된 과정의 지적 결과였다. 이는 마침내 이중적 추방이라는 물리적 사실에서 절정에 이르렀고 그들을 영국의 인습과 법에서 완전히 해방되게 만들었다. 이러한 경로를 밟아가는 동안 그들은 점차 인내할 수 없게 된 정치적 습관과 틀에 박힌 일상을 뒤로 하게 되

---

81) *A Brief Discourse*, p. 54.
82) 제네바 성경의 이데올로기적 음색과 영향에 대해서는 다음을 참조. Hardin Craig Jr., "The Geneva Bible as a Political Document," *Pacific Historical Review* 7:40-49 (1938).

었다. 그들 동료 목회자들 중 많은 이들이 이러한 새로운 자유를 단순한 조급증으로 잘못 생각하기도 했다. 그래서 미래의 국교회 주교인 쥬얼은 크리스토퍼 굿맨에게서 비슷하게 생각하는 점을 내다보고는 절망하게 되었다. 즉 "그는 너무 성급한 기질의 사람이고 한번 시작한 일에 너무나 완고하다."[83] 안서니 길비에 대한 풀러의 판단도 이와 유사했다. 그는 "사납고 맹렬하며 격렬히 분노하는 반대자"[84]이다. 그리고 확실히 이들은 분노의 사람들이었다. 신사다움의 경험이 없었고 편협하게 교육되었고 재능은 적었다. 그러나 추방은 그들의 마음도 그랬지만 그들에게 협소하고 강렬하고 제한된 환경을 제공했다. 헨리 방식의 개혁에 철저히 환멸을 느끼고 에드워드 치하의 보다 진보한 프로테스탄트의 공식에도 거의 충성을 느끼지 않은 그들은 외국의 제네바를 엄격하게 훈련된 새로운 완벽함의 원형으로 만들었다.

이 미래의 청교도들에게 추방은 위대한 석방이었다. 이 점은 그들이 추방된 대륙의 도피처로부터 영국을 향해 들이붓듯 풀어놓은 폭력적 수사학에서 상징되었다. 궁정과 그 파벌로부터 해방되고 거대한 귀족들로부터 독립한 목회자들은 처음으로 자기 자신을 스스로 헌신하고 세계를 자신의 상에 따라 재창조하려는 깊은 충동을 지닌 자유로운 지식인으로 발견했다. 그들은 헨리 8세와 그들이 아주 작은 역할을 한 그 왕의 세속적 개혁에 대해 충분한 수사학적 복수를 진행했다. 길비는 다음과 같이 썼다. "그 폭군과 음탕한 괴물의 시대에 …" "따라서 개혁은 결코 없었고 다만 기형이 있었다." "그는 어떤 방식의 종교에도 관심이 없었다. 이 괴물 멧돼지는 … 그의 전성기에 … 교회의 머리라고 불려야만 하는 필요밖에 없었고, 오직 하나님의 말씀이 선포되어야만 했던 교회에서 왕의 책, 왕의 공문, 왕의 강론 외에는 아무 소리도 들리지 않았다."[85] 이러한 언어는 목

---

83) J. Jewel to Peter Martyr in 1559, *Zurich Letters*, first series, ed. and trans. H. Robinson (Cambridge, 1842-1845), p. 21.
84) 풀러의 평은 존 녹스의 저서 편집자의 각주에서 인용된다. John Knox, *Works*, ed. D. Laing (Edinburgh, 1846-1848), Ⅳ, p. 546.
85) Anthony Gilby, *An Admonition to England and Scotland to Call Them to Repentance*. 이 책

회자들의 새로운 신경질적인 에고이즘에 만족을 주는 것임에 틀림없었다. 이러한 의미에서 적어도 그들은 추방 중에 번영을 이룩했다. 그들의 편지나 논고에는 잉글랜드에 대한 향수나 슬픔을 암시하는 말이 거의 없다.

잉글랜드에서 목회자들은 주교와 회의와 교회 수장에 복종하는 교직자에 지나지 않았다. 정치적으로 그들은 아무런 직위도 없는 사적 인간들이었다. 그것은 존 녹스조차도 관찰할 수 있었던 차별점이었다. 그는 1552년에 다음과 같이 썼다. "나는 … 관례를 바꿀 마음이 없습니다.… 왜냐하면 나는 반대하는 치안판사들과 공통된 질서를 비롯해 많은 식자들의 판단 … 을 가진 한 사람에 불과하기 때문입니다."[86] 그는 1554년에 영국에 보내는 최초의 권면 서신에서 동일한 논지를 고수했다. "우리가 가서 모든 우상 숭배자를 죽여야 할까요?" 하고 그는 물었다. "친애하는 형제 여러분, 그것은 … 관할 영역 하의 모든 민간 치안판사들의 직위였습니다. 우상 숭배자들을 죽이는 것은 모든 특정한 사람에게 해당되는 것이 아닙니다.…"[87]

그러나 그 제네바 사람들은 "영국의 얼굴"과 법을 가진 다른 추방자들과 달리, 완전히 그들 자신의 창조물이었던 그 작은 종교연방체를 제외하고는 더 이상 교회에서 공식적 직위마저도 가장할 수 없었다. 그들은 영국인에게 전언해줄 아무런 법적 또는 공적 소명도 가지고 있지 않았다. 그렇게 되자 그들은 추방 상태에서 영국을 직면하게 되어서 새로운 직위를 찾았고 인간 헌법에서가 아니라 신적 예언에서 그것을 발견했다. 이리하여 그들은 위그노가 관심을 보이지 못한 칼빈주의의 사상적 측면을 포착했다. 그 제네바 사람들은 구약 예언자의 모습으로 그들의 새로운 공적 특징을 발견했다. 존 녹스는 자기 자신을 지명하

은 처음에 녹스의 다음 글과 함께 출판되었다. Knox, *The Appellation* (1558) repr. in Knox, *Works*, Ⅳ, pp. 563-564.

86) Knox, *Epistle to the Congregation of Berwick*, in Peter Lorimer, *John Knox and the Church of England* (Edinburg, 1875), p. 156.

87) Knox, *A Godly Letter of Warning or Admonition to the Faithful in London, Newcastle and Berwick* (1554) in *Works*, Ⅲ, p. 194; *A Comfortable Epistle to Christ's Afflicted Church* (1554) in *Works*, Ⅲ, p. 244.

기를, "나, 이 사람들을 … 다시 한 번 하나님을 참되게 섬기도록 … 부르라는 하나님의 보내심을 받은 자"라고 했다.[88] 그들은 예언을 칼빈주의적 **직위**라고 기술했으며 직위에서의 개인적 불충분성과 부패는 의무 규율과 신적으로 정해진 지위에 의해서 극복되었다. 녹스는 이렇게 썼다. "그들이 사람의 아들들인 것처럼 그들은 본성상 거짓말쟁이요 불안정하고 헛되다. 그분이 그들의 입에 두시고 그들을 대사로 삼으신 그분의 영원한 말씀이야말로 … 진실하고 안정되며 확신이 있다."[89] 길비는 그분은 "사람의 지혜, 공허한 웅변, 또는 기이한 이유로부터가 아니라 하나님의 말씀의 오류 불가한 진리로부터" 말할 것이라고 썼다. 그는 "하나님의 저주와 위협"을 전하도록 부름을 받았다.[90] 크리스토퍼 굿맨은 보다 고상한 어법으로 목회자들을 "하나님의 거룩한 신비의 청지기"라고 불렀고 "이것은 사람의 임명, 자기 스스로의 임명이 아니라 우리 구세주의 명령에 의한 것이다. …"[91] 그러나 운명의 예언자는 신비의 청지기보다 더 자주 더 자기 고양적 이미지였다. 어느 쪽도 영국의 성직 서임은 필요 없었다는 점을 유념해 두어야 한다. 존 녹스는 믿음직한 보우스 부인에게 나는 하나님의 "나팔수"였다고 썼다. "비록 저는 저 자신의 존재가 비참하게 허약하다는 것과 또 솔직하게 그렇다는 이미지가 결코 없는 것은 아니지만 모든 땅에 명백하게 죄가 넘쳐나는 것을 보고 완고한 반역자들에 대해 하나님의 위협을 대성일갈하지 않을 수 없습니다."[92]

종교적 직위의 세계에서 양심은 정치적 역할과 매우 유사한 역할을 담당했

88) Knox, *The Appellation from the Sentence Pronounced by the Bishops and Clergy* (1558) in *Works*, Ⅳ, p. 474.
89) Knox, *The Copy of an Epistle* (1559) in *Works*, V, p. 486. 또한 다음을 참조. Edwin Muir, *John Knox: Portrait of a Calvinist* (London, 1939). 이 책은 녹스의 현대적 자서전 중 가장 흥미로운 것이다. 이 책이 항상 성공적이지는 않지만 인간과 "도구" 사이의 긴장에 대한 심리학적 고찰을 시도한다.
90) Gilby, *Admonition*, in Knox, *Works*, Ⅳ, p. 554.
91) Christopher Goodman, *How Superior Powers Ought to be Obeyed* (1558) repr. Facsimile Text Society (New York, 1931), p. 31.
92) Knox, *Works*, Ⅲ, p. 338.

다. 그것은 사람을 낡은 충성심으로부터 해방시켜주었고 새로운 의무감을 강요했으며 자의적 신에 대한 복종을 요구했다. 예언자 녹스는 그의 독자들이 비록 의심을 품는 것은 당연했지만 자신이 예언하는 운명을 좋아하지 않을 것이라고 확신했다. 그의 양심이 없었다면 그는 요나처럼 자신의 임무를 회피했을 것이다. "내가 중지해야 한다면 그때는 나의 양심에 반하는 것이고 나의 지식에도 반하는 것이며 따라서 나는 경책을 하지 못한 탓에 멸망하는 자들의 피에 대하여 죄를 범하는 것이다. …"[93] 예언자의 초창기 의무는 그러한 나팔수 노릇을 넘어서지 않았다. 예언은 아직 정치적 직위가 아니었다. 그러나 법적 한계로부터 자유로워지자마자 그것은 이미 정치적 함의를 지녔다. 예언자는 하나님의 특별 공직자, 즉 직접 고용된 "도구"였다. 그의 지위와 기능은 헌법적 구조에 의해 결정되지 않았으며 법이나 관습에 의해 규제되거나 통제되지 않았다. 어떤 의미에서 그는 그러한 통제 너머에 있었다. 추방자처럼 그는 효과적인 정치적 사법권 밖에 있었다. 그는 자유롭게 돌아다닐 수 있었고 법규와 사회적 경계를 무시했다. 칼빈은 이미 왕을 질책할 수 있는 예언자의 권리를 공표했다. 어떤 용기 있는 설교자는 그와 같은 권리를 행사했을 수도 있다. 이를테면 청교도인 에드워드 데링은 언젠가 엘리자베스 여왕에게 퉁명스럽게 말했을 것이다.[94] 그러나 그것이 훨씬 더 중요한 사실이 된 것은 예언자의 질책이 궁정의 비교적 사사로운 자리에서 마주 대하고 전달된 것이 아니라 오히려 공개 포럼, 팸플릿에서 그것도 국가에 전달되었을 때였다. 이렇게 되면 질책이 반역이 되는 것은 불가피했다. 녹스는 1554년에 다음과 같이 불길하게 썼다. "여기에 한 가지 주목할 것이 있다." "하나님의 예언자는 때때로 왕에 대한 반역을 가르칠 수도 있다. 그러나 그 예언자나 그 예언자가 주의 이름으로 하는 말씀에 순종하는 자는 하나님을 거스르지 않는다." 이것은 추방 중인 목회자의 새로운 정체성에 의해 가능해

---

93) Knox, *Godly Letter*, *Works*, III, p. 108.
94) Edward Dering, *A Sermon Preached before the Queen's Masjesty* (n.p., n.d.)

진 담대한 발견이었다.

2) 추방자들의 정치적 특징

이 신적 도구의 가장 직접적 산물은 고발 문서였다. 이 고발은 녹스가 예언자의 "영적 증오"를 관대하게 약속했을 때 의도한 것을 격렬하게 또는 때로는 신경질적으로 종종 추하게 드러내는 것이었다. 비난은 단 하나, 즉 자주 반복되는 예언적 비전에 의해서만 억제되었다.[95]

> 그리고 혐오스러운 우상숭배자들이 잠시 승리할지라도 하나님의 복수가 공격적으로 임할 시간이 머지않으며 그 영혼들뿐만 아니라 더러운 시체들은 역병처럼 번질 것이다.… 그들의 도시는 불탈 것이고 그들의 땅은 황무지가 될 것이며 그들의 딸은 더럽혀질 것이고 그들의 자녀는 칼끝에 떨어질 것이다. 그들은 어떠한 자비도 발견하지 못할 것이다. 왜냐하면 그들은 자비 그 자체인 하나님을 거부했기 때문이다.

그러나 이것은 다만 경건한 희망이었을 뿐이다. 사실을 말하면 억제되지 않은 비난에 더 많은 관심이 주어져 있었다. 그 지적 결과는 상당히 예외적인 것이었다. 혹독하지만 논리적이고 거의 끊이지 않는 비난은 정치적·법적·지적 현상황의 인습적 세계에 대한 급진적 평가절하를 향해 돌입하고 있었다. 제네바 추방자들의 논쟁과 예언이 나타내는 것은 이 세상의, "인간 지혜"의, 전통과 법의, 대중적 의견의 완전하고 전적인 부패를 꾸준히 강조하는 점이었다. 이 땅의 모든 권위는 약화되었고 권위에 대한 모든 단순한 인간적 합리적 정당화는 의심되었다. 녹스와 여타의 예언자들은 "그 모든 권역에서" 부패한 땅은 충직한 사탄의 통치 하에 있었다는 거의 마니교적 우주관을 기술했다. "… 그것이 우리의 환상과는 반대될지라도 우리는 그것을 믿어야 한다. 왜냐하면 악마는 이 세상

---

95) Knox, *Godly Letter*, *Works*, Ⅲ, p. 184.

의 임금이요 신이라 칭함을 받기 때문이다. 그 이유인즉 그가 세상에서 다스리며 우상숭배로 존귀함을 받기 때문이다."[96]

　메리가 법적으로 여왕이 되고 예언자가 불법적 인간이 된 이후, 예언자가 권위에 저항하는 나팔을 부는 것은 불가피한 일이었다. 그 자신은 "하나님과의 동맹" 속에서 인류와 그 통치자들의 죄성과 무지에 반대하며 협소하게 인식된 신의 진리를 옹호했다. 보다 전통적인 사상에서 이 통치자들을 "이 세상의 신"이라고 부르지만, 녹스는 이 칭호를 악마에게 부여했던 것이다. 치안판사들은 타락한 인간들에 지나지 않았다. 그들의 이성도 인간성도 경건한 정치를 위한 하등의 기초일 수 없었다. 녹스는 "하나님의 참된 인식은 인간과 함께 태어나지 않는다. 어떤 인간도 자연적 능력에 의해서 그 인식을 가져오지 못한다"고 썼다. 이성, 교육, 연구는 예언자가 "그분의 택함을 받은 은혜"[97]로 가지게 된 참된 인식에 훨씬 못 미치는 인간을 키웠다. 따라서 참된 인식은 종교적 조명이나 종교적 헌신과 동일시되었다. 예언자들은 신비가가 아니었기 때문이다. 그리고 이 동일시는 역시 하나의 제약이었다. 녹스는 고전작품이 가져올 수 있는 "일상의 즐거움"을 인정했다. 그렇지만 그는 그것을 오히려 더욱 더 열렬히 정죄했다. 왜냐하면 그는 하나님 말씀의 "영구적 반복"[98]을 제외하고는 어디서도 아무런 가치를 보지 않았기 때문이다.[99] 녹스와 굿맨과 위팅엄의 저술에서 실질적으로 사라진 것은 고전을 참조하는 데서 오는 16세기의 공통적인 풍요로움이었다. 이는 다른 칼빈주의자들 저서에서도 공통적으로 있었던 것이었다. 여성에 대한 논고를 작성할 때 녹스는 아마 그때 통용되던 참고서를 사용해서 그 모든 것을 다시 끌어들였지만 고전에 대한 학습이 그의 주장에서 주요한 요소는 결코 아니

---

96) Ibid., pp. 166-167.
97) Knox, *Faithful Admonition*, *Works*, Ⅲ, p. 285. 사탄이 효과적 힘을 가지는 문제에 관한 녹스의 신학적 난점에 대해서는 그의 섭리론이 나오는 다음을 참조. *An Answer to a Great Number of Blasphemous Cavillations*, *Works*, Ⅴ, pp. 35-36.
98) Knox, *Godly Letter*, *Works*, Ⅲ, p. 204; *An Answer*, *Works*, Ⅴ, p. 28.
99) Knox, *A Letter of Wholesome Counsel* (1556), *Works*, Ⅳ, p. 135.

었다. 그의 정치는 치안판사들이나 군주들이 사용했을 그와 같은 인습적 지식에 기초를 두지 않았다. 그가 호소한 곳은 항상 특별한 진리였다. 성령의 지도를 받은 그는 "영원하신 분의 자문으로 이미 정해진 것"[100]으로 이해한다고 자랑했다.

관습은 이 자문에 대해서 이성보다 더 확실한 증거를 제공하지 않았다. 녹스는 사람들이 자신의 행동들을 정당화하기 위해 추구한 통상적인 주장을 반복했다. 말하자면 "그 행동들은 칭찬할 만한 것이고 정직하고 고상하며 좋은 의미를 가지고 우리의 아버지를 기쁘게 했고 세상 대부분이 이와 동일한 방식을 사용했다." 그러고는 녹스는 이 모든 것을 정죄했다. "이렇게 우상숭배 속에서 부패한 자녀들은 조상들의 행적을 따라간다."[101] 위팅엄의 결론은 이와 유사했다. "그리하여 관습과 친구는 … 우리를 타락으로 이끌어간다.…"[102] 아버지의 사례는 신민들의 어머니라고 할 여왕의 사례와 마찬가지로 아무런 가치가 없었다. 역사성은 일부 위그노 저술에서와 같이 신성과 동등한 것이 아니었다. 그것은 오히려 의심을 가져오는 이유였다. 그것은 부패한 속인의 묵종을 연장하는 것 이외 달리 무엇을 가리키겠는가? 예언자의 목적이 법의 도움으로 제공되는 것은 아닐진대 하물며 대중의 선택에 의해서겠는가? 쓰레기를 치우는 녹스의 비질은 원대했다. 그는 1559년에 엘리자베스 여왕에게 다음과 같이 썼다. "… 사람의 동의도 시간의 경과도 많은 사람들도 하나님이 승인할 법을 확립할 수 없습니다.… 그러므로 당신에게 속하는 일은 당신 권위의 정당성의 기초를 매년 변하는 법에 둘 것이 아니라 [하나님의] 영원한 섭리에 두는 것입니다.…"[103]

그들의 고발 범위를 고려할 때 예언자들이 정치이론을 정교하게 다듬는 일

---

100) "하나님은 진리가 드러나게 되어 있을 어떤 사람들을 언제나 일으켜 세울 것이고 그런 사람들에게 너희는 자리를 줄 것이다.…" *First Blast of the Trumpet against the Monstrous Regiment of Women*, Works, Ⅳ, p. 379.
101) Knox, *Godly Letter*, *Works*, Ⅲ, p. 180.
102) 다음을 참조. Whittingham's Introduction to Goodman, *Superior Powers*, sig. A$_2$.
103) Knox, *Works*, Ⅳ, p. 49.

은 거의 필요가 없거나 가능한 것이 아니었다. 그러한 이론에서 다루는 전통적 주제들은 그들에게 별로 흥미가 없었다. 실제로 그들은 국가의 역사, 세속적 목적, 헌법적 형태를 알지 못했다. 그들의 관심은 예외적으로 단일했다. 크리스토퍼 굿맨은 누구라도 "하나님의 영광의 촉진자와 설정자가 아닌 한, 그가 시민 정책에 따라 어떤 칭호나 권리를 가지고 있는 것처럼 보이더라도" 아무도 왕이나 통치자로 선택될 수 없다고 썼다.[104] 그의 직함이 무엇이든지 간에 치안판사의 기능은 여기에 있었고 예언자들은 그 이상으로 가기를 꺼려했다. 기독교도만이 이 기능을 실현할 수 있었다는 것은 명백하다. 그러므로 기독교도만이 합법적으로 왕이 될 수 있었다. 정치 질서와 "시민 정책"의 이익을 위해 칼빈은 비록 더 나은 이를 갈망했을지라도 이교도 통치자의 가능성을 받아들였다. 굿맨은 이 가능성을 거부했다. 왜냐하면 그는 질서에 관심이 없었기 때문이 아니라 이교도적 또는 이단적 시민성의 가능성마저도 더는 인정하지 않았기 때문이다. 사악한 세상에 대한 유일한 대안은 기독교 연방이었던 것이다.

굿맨의 진술을 다른 목회자의 펜으로 써진 왕의 의무에 대한 기술과 비교하는 것이 유용할 것이다. 존 포넷은 스트라스부르에서 미래의 국교도들과 살게 되었지만, 에드워드 왕조의 주교로서 그의 관심은 명백히 거룩한 것에 있기보다는 세속적인 것에 더 많이 있었다. 그는 이렇게 썼다. "군주가 주시하는 것은 가난한 자의 집을 지키는 것이다. 그의 수고는 신민의 안락을, 그의 근면은 신민의 즐거움을, 그의 문제는 신민의 고요함을 지키는 것이다." 가정, 안락, 즐거움, 그리고 고요함은 칼빈주의적 덕목에서 최고의 자리를 차지하는 덕목이 거의 아니었다. 포넷은 폭정을 절도와 동일시하는 암시를 준다. 그는 좋은 정부를 재산의 보호라고 보았다.[105] 다른 한편, 제네바의 예언자들은 한마음으로 폭군

---

104) Goodman, *Superior Powers*, p. 51.

105) John Ponnet, *A Short Treatise of Political Power* (1556), facsimile repr. in W. S. Hudson, John Ponnet, *Advocate of Limited Monarchy* (Chicago, 1942), pp. 21ff. 포넷에 대해 다음을 참조. Hudson's introduction and Christopher Morris, *Political Thought in England*: *Tyndale to Hooker* (Oxford, 1953), pp. 152-155. 포넷의 배경은 인본주의자였고 그는 분명히 칼빈의

을 우상숭배자라고 말했다. 그들은 공유지의 오래된 방어만큼이나 사유 재산의 새로운 방어에도 거의 관심이 없었다. 그들은 사탄의 세상을 공격하는 일 때문에 실제로 사회적 관계나 공감이 없는 상태에 남겨지게 되었고 하나의 정치적 열정, 즉 타락한 인간을 "주의 언덕으로" 몰고 가는 일만 남아 있었다. 하나님의 예언자들은 자신의 협소한 종교적 목적을 세속적 정치세계에 채워 넣었다. 그들은 모든 성공의 권리, 모든 기존의 법과 관습, 모든 왕조와 국가 또는 심지어 계급의 충성조차 무가치하게 보는 부름에 응하라고 제안했다. 따라서 예언자적 고발의 효과는 추방자의 실제적 소외를 심화하고 그 소외에 지적 형태를 부여하는 것이었다. 지금에 이르러 이것은 칼빈주의의 타락 교리에 견고하게 뿌리를 두고 있었다. 예언자는 신의 "도구"로서 별도로 존립했고 그는 세계를 녹스가 쓴 대로 "정의로운 심판의 영으로" 바라보았다.

고발로 인해 심판은 하나의 가능성이 되었고 신의 명령과 지상 사건 사이의 연결은 깨어지게 되었다. 제네바 사람들의 신학이 엄격하게 예정론적이었다고 해도 그들의 수사학은 실제로 논거를 이동한 것이나 마찬가지였다. 예언자들의 경우에 종종 사실이었듯이 그들의 논쟁적 언어와 펜은 그들의 신학적 정신보다 더욱 담대했고 창의적이었다. 예언자는 악마의 효과적이고 독립적인 힘을 선언했다. 물론 그는 그러한 힘을 하나님의 전능에 대한 그의 개념에 어울리는 것으로 할 수는 없었지만 그가 논거를 어디로 옮겨놓았든지 간에 하나님의 의지 영역에서 볼 때 악마가 더 이상 지상에서 일어난 것에 의해서 계시되는 것은 아니었다는 점이 극적으로 분명해졌다.[106] 그 대신에 지상은 다른 주권을 인정했으

신학적 교리를 채택하지 않았다. 그렇기에 모리스가 말한 것처럼 녹스가 포넷보다 덜 "심오하다"고 제안하는 것은 거의 가치가 없다. 사실을 말하면 두 사람의 기본 가정은 아마도 똑같이 심오했을지 몰라도 아주 달랐다.

106) 굿맨의 논의를 참조. Goodman, *Superior Powers*, pp. 110, 133ff. "그리고 [폭군과 우상 숭배자들에게] 불복종하고 저항할 때 우리는 하나님의 명이 아니라 사탄의 명에 저항하는 것이다." 이것은 더 오래된 프로테스탄트 틴데일의 견해와 대조되어야 한다. "선하든 악하든 하나님의 모든 것을 받아들이도록 하자 …. 그분의 양육과 형벌에 순복하자 …." *Works of the English Reformers*: *Tyndale and Frith*, ed. Thomas Russel (London, 1851), I, pp. 230-231.

며 신의 법은 이른바 세상의 가증스러운 것들과는 날카롭고도 철저한 대조를 이루는 것이었다. 녹스는 마치 욥이 결코 존재해 본 적이 없었던 것처럼 가장 단순한 종류의 신정론으로 복귀했다. 부당한 왕들이 하나님의 명령에 의해 서임되었다고 말하는 것은 하나님을 부당성의 장본인으로 만드는 것이 될 것이다.[107] 이러한 결론은 불가능했다. 악한 인간은 여전히 신의 도구, 신의 형벌의 채찍과 전갈로 말해질 수 있을지 모르지만 역시 그들은 신의 적들이었다. 녹스는 이 사실에 따른 새로운 추론을 발견했다. "왜냐하면 우리를 하나님에게서 멀어지게 하는 모든 자들 즉 악마의 본성에 속하는 모든 자들은, 그들이 왕이든 여왕이든, 하나님의 원수이며, 따라서 우리가 우리 자신을 그들의 원수라고 선언하는 것은 하나님의 존재일 것이기 때문이다."[108]

3) 추방자들의 혁명적 성격

사탄의 힘의 실재성은 성도와 속인 사이의 전쟁에 대한 통상적인 칼빈주의적 기술에 새로운 의미를 부여했다. 그것은 전쟁을 매우 직접적이고 실천적 문제로 만들었다. 실로 군사 모집은 예언적 과제가 되었다. "우리의 대장 그리스도 예수와 그 대적자 사탄은 이제 분명히 대항관계에 있다. 그들의 깃발이 표시되면서 그들의 나팔소리는 울려 퍼져서 각 진영에 군사를 모집한다. 우리의 주군께서 홀로 그것도 격렬하게 바빌론을 떠나라고 부르신다.…"[109] 여기에 단순한 방어적 투쟁은 결코 없었다. 예언자의 세계 고발은 방어를 부적절한 것으로 만들었다. 거기서 합법적으로 보호될 수 있을 무언가가 남아 있었는가? 그 대신에 그 고발은 무대를 설치했고 그 무대는 변혁, 사탄에 대한 전면 공격, 부패한 세

---

107) Knox, *The Appellation, Works*, Ⅳ, p. 496.
108) Knox, *Godly Letter, Works*, Ⅲ, p. 193. 이 문장 줄은 원고에 있기는 하지만 출판된 책에는 없다. 또한 그 책의 198쪽을 참조. "우리는 우리의 적들이 하는 모든 것이 악마적이라는 것을 확신한다."
109) Knox, "Letter to Mrs. Anna Loch,"(1559), *Works*, Ⅳ, p. 11; *Copy of an Epistle, Works*, Ⅴ, p. 478.

상에 대한 새로운 질서의 부과를 위한 것이었다.

그리스도와 사탄 사이의 이러한 싸움에서 누가 전사일 것인가? 일찍이 추방 초기의 "경고 서한"에서 예언자들은 어떤 형태라도 정치적 활동을 권장하는 것에 극히 조심했다. 그들은 순전히 신이 파괴할 것임을 설교했다. 녹스는 한 편지의 마지막에 가서 하나님이 "우상숭배자들을 향해 그분의 정의로운 심판을 집행하도록" 예후를 일으켜 주시기를 기도했다.[110] 그러나 그는 그 이상으로 나아가지 않았다. 즉 그는 충실한 자에게 예후의 역할을 수행해 달라고 결코 요청하지 않았다. 그는 다만 자기가 했던 것을 그들이 해 달라고 요청했을 뿐이다. 즉 "우상숭배자가 함께 하는 모든 모임과 사회라면 영적으로나 육체적으로나 피하고 벗어나라 …"[111]는 것이었다. 그러나 추방이 어떤 친교를 끝내는 것이었다면 그것은 또한 다른 친교를 시작하는 것이었다. 우리가 본 대로 그것은 사람을 인습, 법, 영국 전통이 가르친 정치적 수동성으로부터 자유롭게 했다. 그것은 협의해서 전쟁 계획을 세우도록 그들을 단합시켰다. 독일과 스위스 도시에서 수년간 검토와 논증을 거친 후기 논고에서 예언자들은 경건한 사람들에게 영국의 우상 숭배자를 전복하도록 그것도 즉각 힘차게 행동하라고 촉구했다.

관례적인 개신교 방식으로 녹스와 굿맨은 먼저 치안판사를 향했지만 치안판사를 대하는 그들의 태도는 중대하게 갑작스러운 것이었다. 그들은 헌법이나 법적 질서에 대해 그렇게 정교한 견해도 없었고 확실히 아무런 존경심도 없었다. 치안판사에 대한 그들의 시각은 법과 관습에 의해 형성된 헌법적 지위로 보기보다는 하나의 매개되지 않은 신의 명령으로 보는 것에 더 가까웠다. 즉 "여러분은 … 바른 눈으로 연구해서 하나님의 영광을 드높이도록 해야 한다"는 것이다. 하나님만이 일부 사람들을 치안판사로 만들었으며 그들 본성이 그 아랫사람들과 다르게 만들어진 것은 아니었다. "왜냐하면 임신, 출생, 삶과 죽음에서

---

110) Knox, *Faithful Admonition*, *Works*, Ⅲ, p. 329.
111) Knox, *Godly Letter*, *Works*, Ⅲ, pp. 116, 194.

여러분은 보통 사람들과 하등 다르지 않기 때문이다."[112] 치안판사와 귀족은 그들의 경건한 의무를 수행하는 것 외에는 아무 권리도 없었고 그에 못 미치는 아무 권리도 전혀 없었다. 훨씬 더 강력하고 자유롭게 녹스는 후세대 위그노와 그다지 다르지 않은 견해를 표명했다. 녹스는 1557년에 스코틀랜드 귀족에게 이렇게 썼다. "아랫사람들, 그렇다, 여러분의 형제들이 억압받고 있다." "그들의 신체와 영혼이 속박되어 있다. 하나님이 눈 먼 세상에 죽지 않은 여러분의 양심을 향해 그들을 구출하려면 여러분의 목숨이 위태로워져야 한다고 말한다. 왜냐하면 그 대의로만 여러분은 … 출생과 자손이 아니라 … 직위를 이유로 … 사람들의 군주라고 불리기 때문이다.[113]

그러나 위그노와 철저하게 대조되는 녹스의 직위관은 헌법에 따른 것이 아니었다. 치안판사에 대한 그의 호소는 오로지 그의 예언적 활동의 시작이었다. 그의 고발이 당대의 제한된 정치적 청중 너머에 미친 것과 마찬가지로 경건한 "도구"에 대한 그의 탐구는 공직 세계와 귀족의 범위 밖으로 이동했다. 말하자면 그것은 사회적 외부와 하향으로 나아갔다. 이러한 탐구 과정에서 그 예언자는 두 가지 전통적 정치 관념 즉 치안판사는 유일하게 공적인 사람이라는 것과 사적 인간은 정치적으로 책임이 없다는 것을 명시적으로 거부하는 쪽으로 갔다. "그들이 잘 통치한다면 우리는 더 잘 할 것이다. 그들이 경건하지 않다면 그들은 그 불경건성에 대해 더 많이 대답하지 않으면 안 될 것이다. 우리가 그들의 문제와 무슨 상관이 있는가?" 이와 같은 방식으로 크리스토퍼 굿맨은 사적 인간의 인습적으로 하는 말을 대변하듯 말했다. 그리고 그는 다음과 같이 논평했다. "그러므로 모든 종류의 인간은 … 옷깃을 열어서 머리가 빠져나가도록 놓아준다."[114]

---

112) Knox, *The Appellation, Works*, Ⅳ, pp. 480, 481. 녹스는 분명히 『폭군에 대항하는 변론』의 두 가지 계약과 같은 정교한 법적 구성이 필요하지 않다고 보았고 오트망의 『프랑크-갈리아』와 같은 역사적 헌법적 사변에도 관심이 없었다.

113) Knox, *Letter to the Scottish Nobles* (1557), *Works*, Ⅰ, p. 274.

114) Goodman, *Superior Powers*, p. 146. 이와 같은 전통적 견해는 셰익스피어가 『헨리 5세』 4막 1장에서 진술한다. "… 왜냐하면 우리가 왕의 군사라는 것을 아는 것으로 충분히 알기 때문이다. 만일 왕의 대의가 잘못되었다면 왕에 대한 우리의 복종은 우리에게서 그의 죄를 지워버릴 것이

굿맨이라면 그 옷깃을 죄어서 목에 단단히 동여매었을 것이다. 녹스 역시 치안 판사 단독으로 책임을 지는 것은 결코 아니라고 주장했다. 왕에 대한 복종이 죄를 지은 신민에게 면죄부를 주는 것은 아니었다. 그 대신에 모든 인간은 하나님 앞에서 평등하다는 만인의 평등이 사회적 위계에도 불구하고 평등한 정치적 책임을 강제했다. 녹스는 『평민에게 보내는 편지』에서 "그대가 그러한 부당성의 주요 장본인이 아니기 때문에 결백하다고 생각한다면 그대는 완전히 속는 것이다." 하나님은 마찬가지로 "부당성에 대해 동의하는 자"[115]도 저주할 것이다.

그러므로 모든 인간은 정치적 이해를 추구해야 한다. 그들은 "[치안판사들이] 명하는 것과 … 이것이 합법적이 아닌 한 하지 말 것을 깨닫도록 … 하나님의 말씀에 책임을" 진다. 치안판사는 아무런 비밀도 가지고 있지 않아야 할 것이다. 예언자들은 지식의 사회적 소유를 촉구했으며 이 지식은 법이 공개적으로 선포되는 중세의 필수조건을 훨씬 능가한 조항들에 대한 앎이었다. 열정적 인간이었던 굿맨은 예언자 또한 아무런 비밀도 갖고 있지 않아야 할 것이라고 기꺼이 말해주었다. "지금은 예언자 요엘이 모든 이가 예언자가 될 것이요 환상을 볼 … 때 … 라고, 만물이 이전처럼 … 예언자들에게 그랬듯이 … 모든 남녀에게 투명하고 분명하다[는 것이 되어야 하는] [때]라고 말한 시대이기 때문이다."[116] 지식이 보편적이든 특수적이든 그 정점은 행동이었다. 굿맨은 "구석에 자리를 잡아 조용하고 편안히 있는 것"을 선호하는 자들, "집에서 성경 한 두 장을 읽는 약간의 훈련으로" 충분하다고 생각한 자들을 유일하게 경멸했다고 적었다. 그대는 "그분의 깃발이 표시되고 그분의 표준이 세워진 곳에 … 의지하지 않는 한" "그리스도의 용감한 군사"[117]가 될 수 없다고 그는 적었다. 이러한 방식으로 예언자들의 독려와 함께 군대는 모였을 것이다. 그리고 치안판사가 의무를 다하

다."

115) Knox, *A Letter Addressed to the Commonality of Scotland* (1558), *Works*, Ⅳ, p. 535.
116) Goodman, *Superior Powers*, pp. 167, 169.
117) Ibid., p. 226f.

지 않으면 군대는 싸움에 들어갈 것이다. 매정한 후커는 이렇게 썼다. "치료는 결코 없다." "모든 것은 길게 보면 … 사람들 가운데 있는 경건한 자들에게 권력이 이양됨으로써 오는 것이다."[118] 후커는 충분히 정확했다. 왜냐하면 녹스와 굿맨은 더는 신중하고 합법적인 저항을 기술하지 않았기 때문이다. 즉 그들은 혁명을 기술하고 있었고 그것도 상당한 선견지명을 가지고 그랬다.

의무에서 실패했더라도 통치자와 귀족들은 "더 이상 왕이나 합법적 치안판사들 앞에서 해명되지 않을" 것이지만 "사적 인간으로서 신의 법에 의해서 … 조사되고 문책되며 정죄되어 처벌받을 것이다."[119] 이리하여 굿맨은 혁명의 주요한 상징적 순간이 어떠할지를 기술했다. 즉 왕의 사법적 처형 말이다. 왕은 그 자신의 법에 의해서가 아니라 전적으로 다른 법에 의해 심판될 것이다. 그는 그의 재판관들을 알아보지 못할 것이다. 왜냐하면 그들은 왕이 사적 존재로 "간주된" 것과 같은 시간에 공개된 새로운 사람들일 것이기 때문이다. 그리고 이 새로운 사람들은 나타나자마자 처음부터 그들의 인간적 권리가 아니라 그들의 신적 의무를 지적함으로써 자신의 정치를 정당화했다. 혁명가는 예언자처럼 자기 자신을 신의 도구로 보았다. 그러고는 칼빈주의 이데올로기에서 그는 관습적인 권위와 일상적인 절차가 일시적으로 결핍된 세상에서 행동할 수 있도록 허락할 만큼 충분한 힘을 주는 정체성을 발견했다.

> 사람들은 모든 종류의 상급자[와] 치안판사들의 좋은 본에 의해서 고무되어 경건함에 이르지 아니할 때 … 크게 낙담한다[는 것은 틀림없다] [고 굿맨은 썼다]. 그럼에도 불구하고 이 모든 것은 아무런 변명이 될 수 없다.… 비록 권력 있는 사람이 당신 측에 없었지만, 사람들 사이에서 악을 근절하기를 의지하는 하나님의 말씀의 보증을 받는 것이 당신에게 충분한 확신이다. … 하나님은 치안판사와 관리들만을 통해

---

118) Richard Hooker, *Ecclesiastical Polity, Book* VIII, ed. R. A. Houk (New York, 1931), p. 249.
119) Goodman, *Superior Powers*, p. 139. 그는 메리 튜더의 처형(암살이 아니다)을 옹호했다. p. 99.

서 악을 근절하기를 의지하는 것은 아니고 이와 더불어서 정의의 칼의 일부를 수탁한 전체 무리들도 역시 기소된다.[120]

잠시 동안 녹스는 사람들에게 제한된 혁명 프로그램을 제공했다. 그들은 "제각각 소명에 따라" 개혁을 위해 일해야 했다. 그러나 그렇게 하다가 개혁자가 사회적 위계에 경의를 표하면 그 위계를 전복하기를 계속했다. "여러분은 부하에 불과하지만 합법적으로 상급자에게 … 참된 설교자를 제공해 달라고 … 요구할 수 있다. 그리고 여러분의 상급자가 태만하다면 … 여러분 스스로를 위해 참된 설교자를 제공하는 것은 가장 정당한 처사일 것이다." 부하들은 또한 [상급자가] "받는 열매와 이윤이 여러분으로부터 가장 부당하게 받는 것"이라면 … 그 열매와 이윤을 상급자에게 주지 않고 보유할 수 있다.[121] 굿맨은 여운을 남기는 그러한 주의마저도 그만두고 더 폭력적인 일이 도래할 것을 경고했다. 그는 크롬웰을 예언하는 말을 썼다. "사람들이 상급자에게 범죄의 형벌을 주어야 하는 것이 얼핏 보기에 엄청난 무질서인 것처럼 보여도 치안판사와 여타 공직자들이 자기 의무를 다하기를 중지한다면 다시 말해서 사람들에게 공직자들이 없는 것 같이 될 때 … 그러면 하나님이 사람들의 손에 검을 쥐어주고 그분 자신은 즉각 그들의 머리가 된다.…"[122] 그리고 녹스의 사회적 보수주의조차도 자신의 예언적 분노 앞에는 무색하게 되었다. 그는 "메리를 바로 그 이사벨이라 말하고 대항해 섰을 뿐만 아니라 … 그녀를 죽음에 처하는 것까지도" 귀족과 사람들의 의무라고 썼다.[123] 폭군살해는 더 이상 영감 받은 사람의 특별한 임무가 아니었다. 그것은 감당할 의사가 있을 사람의 일상적 소명이 되었다.

그러나 모든 사람의 임무는 아니었고 다만 성도의 일상적 소명을 이해한 사

---

120) Ibid., pp. 179-180.
121) Knox, *Letter to the Commonality*, *Works*, Ⅳ, p. 534.
122) Goodman, *Superior Powers*, p. 185.
123) Knox, *The Appellation*, *Works*, Ⅳ, p. 507.

람만의 임무였다. 그러한 성도들이라면 충분한 이유를 댈 수 있었다. 예를 들어 영국의 메리는 "주의 언덕"에 대해서는 아니지만 교회 토지에 탐을 낸 누군가에 의해 살해되었을 수도 있고, 아니면 그녀는 사생아 여왕이나 스페인의 아내로서 암살되었을 수도 있다. 그 사건이 일어났으면 틀림없이 박수를 쳤을 녹스이지만 그럼에도 불구하고 그는 모든 정치적 행동은 종교적 의도를 갖고 있고 살해는 그 방식이 어떻든 간에 양심적 행위라고 주장했다. 그리고 굿맨의 예언자 세계에 대한 열정적 비전에도 불구하고 칼빈주의적 행동은 거의 보편적일 수 없었다. 왜냐하면 그러면 그것은 타락한 인간의 애착과 이해에 의존하게 될 것이기 때문이다. 녹스는 온건하고 점진주의적 개혁자의 논증을 경멸스럽게 인용했다. "사람들이 더 잘 계도될 때 그러면 우리는 더 진보할 수 있을 것이다 등등." 그는 이것은 "뜨겁지도 차갑지도 않은 사람들"의 교리였다고 썼다.[124] 혁명은 다수를 기다릴 수 없었다. 그 대신에 녹스는 "하나님이 지식을 허락한"[125] 혁명적 선민 즉 적은 소수의 정치적 특권을 기술했다. 정치적 권리는 사람들 가운데서 오로지 경건한 자들에게만 "이양되었다." 그리하여 예언자가 성도들을 모집했다.

이러한 사람들에게 법과 결의론은 거의 적용성이 없다. 이들은 정교한 규칙이나 주의 깊게 공들인 구별에 구속되지 않을 것이다. 이러한 경우에 이들에게 양심을 적용하는 것은 위그노 지식인들에게서처럼 끝없는 논쟁과 토론의 문제가 아니었다. 그것은 실천적 행동의 문제였다. 하나님의 말씀을 친밀히 아는 자신만만한 성도는 자신의 모든 행동을 그의 신적 의도에 의해서 합법화했다. 이렇게 해서 예언자와 성도는 녹스에 의해 극적으로 요약된 특별한 정치적 성품을 공유했다. 녹스는 금송아지 우상 숭배자를 죽여라는 출애굽기 32장을 논의하면서 "세상의 현상, 자연적 애착, 민법과 헌법에 반하여" "하나님의 말씀은 택

---

124) Knox, *Copy of an Epistle, Works*, V, pp. 515-516.
125) Knox, *Godly Letter, Works*, Ⅲ, p. 199.

함 받은 자를 뒤따르게 한다"고 썼다.[126] 이렇게 해서 성도의 특권은 그 권력이 미칠 수 있는 데까지 확장되었다. 생애 후반에 녹스는 경건한 신하는 경건하지 않은 군주를 전복해도 되는가 하는 물음에 아무런 법적 도덕적 문제도 제기하지 않고 간단하게 답했다. 그들이 할수 있다면.[127]

4) 혁명가로서 성도

성도는 봉건적 공직자나 "섭리적 복수자"와도 다른 새로운 정치적 인간이었다. 그의 의무는 헌법적 직위에서도 신의 영감에서도 나오지 않았다. 그의 활동은 저항도 암살도 아니었다. 저항은 알려진 공적 및 법적 성격을 지닌 소정의 공직자에 의한 집단적 사회적 방어의 한 형태였다. 암살은 열광을 예측할 수 없이 갑작스럽게 터뜨리는 가운데 자기를 희생시키는 사적 개인의 행동이었다. 그러나 성도는 혁명가였다. 즉 구질서 속에서 낡은 인습에 놓여 있지만 새로운 법의 기초 위에서 공적인 지위를 주장하는 사적 인간이었다. 그는 왕에게 저항하지 않는다. 그는 왕을 뒤집는다. 그는 왕을 암살하지 않는다. 그는 왕을 재판에 부친다. 그의 행동은 체계적이고 조직적이었다. 어떤 면에서 그는 이미 그가 구상한 새로운 질서의 규율에 복종했다.

낡은 정치적 질서에서 성도는 낯선 사람이었다. 그래서 적절히 말한다면 그는 추방 중에 있는 지식인의 창조물이었다. 낡은 세계에서 깨어나고 인습적이고 복종을 반복하는 일상에서 떨어져 나온 그는 "영적 증오"와 함께 잉글랜드를 향해 돌아섰다. 그것은 칼빈주의 신학에 의해 심화되고 부여된 지적 형태였다. 육체적으로는 추방된 상태이지만 그는 정치적 한계에 놓인 세계를 벗어나서 자

---

126) Knox, *Faithful Admonition*, *Works*, Ⅲ, pp. 311-312. 출애굽기 32장이 영국혁명 동안 "숙청"
을 부르짖는 설교자들에 의해서 자주 인용되었다. 이 숙청은 모세가 시나이 산 기슭에서 수행
한 바로 그 숙청이다. 칼빈은 녹스와 비슷한 방식으로 그 구절을 논의했지만 그 구절이 주요 위
그노 저술가들에 의해 항상 인용된 것 같지는 않다. *Sermons on the Fifth Book of Moses* (London, 1583), p. 1203.
127) Knox, *History of the Reformation of Religion in Scotland*, ed. Cuthbert Lennox (Edinburgh, 1905), p. 323.

기 통제의 새로운 세계 안으로 이동했다. 그의 새로운 자유는 급진적 포부와 탐구를 가능하게 했다. 그것은 또한 광신을 가능하게 했으며 심지어 필연적이게 만들었다. 해적질과 같은 구태의연한 행동은 오직 모험가만 있으면 되었지만 혁명은 아마도 "더 강인한" 사람이 필요했을 것이다. 자신을 선민이라 부름으로써 성도는 하나님의 말씀과 어쩌면 "주의 언덕"에서 친교의 삶을 살 미래의 공동체에 대한 자신의 배타적 충성을 명시화했다. 그러나 현재로서는, 그것은 전쟁이었지 친교가 아니었고 군사적 질서와 이데올로기적 규율이었지 마음을 점유한 그리스도의 사랑이 아니었다. 혁명가를 생산하기 위해 예언자는 하나님을 악마의 세계에, 그런 연후에 성도를 속인에 대항하는 것으로 설정했다. 혁명은 그 기원에서부터 오로지 이러한 영원한 전쟁의 특수한 형태였으며 군사적 수단에 의한 종교적 행위의 계속이었다.

이리하여 대립과 투쟁의 수사학은 혁명 이념의 전개에서 중요한 역할을 맡게 되었다. 물론 이러한 수사학은 수사학으로서 칼빈주의에 새로운 것은 아니었다. 전쟁은 정치이론보다 훨씬 더 많이 오래되었고 그 이미지는 종종 이론가들에 의해서 전유되었다. 예를 들어 그리스 시대 이후로 육체와 영혼의 전쟁은 계속해서 흥미로운 주제였고 종종 인간이 집단으로 실제 싸우는 것을 암시하게 되었다. 중세 교황주의자들은 세속적 정치체는 모든 구성원이 의문의 여지없이 복종해야 했던 로마의 영혼에 의해 지배되어야 한다고 격렬하게 주장했다.[128] 그러나 육체와 영혼의 대립과 성도와 속인의 대립 사이에는 유의미한 차이가 있다. 왜냐하면 후자의 경우 그 용어들은 모든 유기적 의미가 제거되기 때문이다. 그 용어들은 개개인들을 직접 묘사한다. 이 용어들은 다른 방식으로 포괄적이거니와 말하자면 군중에서 시작하여 단체 또는 군대에 이르는 어떤 것이라도 내포한다. 그러나 이 용어들은 실체와 육체를 너무 밀접하게 만들어서 실체를 육

---

128) Walter Ullmann, *The Political Theories of the Medieval Canonists* (London, 1949), pp. 81-83.

체로서 명시적으로 표현하는 것이 결코 아니다. 그렇다면 후자의 전쟁은 아마도 그 의미가 더 이상 심오하지는 않게 되지만 그 효과는 훨씬 더 광범위하게 될 가능성이 분명해진다. 그리고 전사들은 머리를 짜내어 여러 가지 새로운 것을 창안할 것이고 이전보다 더 위험한 존재가 될 것이며 전통적 지위나 규정된 사회적 기능의 한계를 지속적으로 넘어설 것이다.

중세 시대의 저항은 대개 정치적 질서에 대한 공격 행위를 저지른 폭군에 대한 방어적 투쟁으로 간주되었다. 방어는 법적 폭력을 일시적으로 필요로 하는 형태였지만 질서가 회복되면 종결되었다.[129] 그러나 성도와 속인의 영구 전쟁은 합법성과 질서를 제쳐놓았다. 악마는 상상할 수 있는 모든 형태의 교활함과 암수를 쓸 것으로 예상될 것이고, 성도들은 계속해서 그의 능력을 시험하고 그가 약하다는 것을 발견할 때마다 일어날 것이다. 굿맨이 쓴 바와 같이, 성도들은 오직 "포로 상태와 속박 상태에서"만 마지못해, 수동적으로, 또는 일상적 방식으로 그에게 복종할 것이다. 이들은 가능하기만 하면 언제든지 불복종하고 반역할 것이다. 왜냐하면 "혼신의 힘을 다해 하나님의 대의를 유지하는 것"이 그들의 "필수적인 의무"였기 때문이다.[130] 정치사상사에서 이러한 칼빈주의적 영구 전쟁의 이념은 저항 이론과 혁명 이론 사이에 놓여 있으며 하나에서 다른 하나로의 이행을 매개한다. 칼빈주의는 새로운 종류의 군대를 만든 것과 마찬가지로 전쟁에서도 새로운 정치를 발견했다. 성도들은 거의 군사적 규율을 따라야 하는 군사였고 목회자는 "주를 접견하는 대장"이었다. 그들은 세속에 대한 아무런 충성심이나 동정심도 없이 낯선 사람으로 존재했던 적의 영토에서 다 함께 싸웠다.

---

129) 다음과 비교해 볼 것. St. Thomas Aquinas, *Summa Theologica*, 1ª 2ᵃᵉ, Q. 42. 동일한 견해가 근대 초에 수아레즈에 의해 재확인되었다. 수아레즈는 저항을 전쟁이라는 일반적 표제로 다루었고 왕이 폭군이고 따라서 "폭압자"일 때마다 전쟁을 "정의롭다"고 불렀다. Francisco Suarez, *Selections from Three Works* (Oxford, 1944), vol. II: *An English Version of the Texts*, trans. G. L. Williams, A. Brown, and J. Waldron, pp. 854-855. (Disputation XIII, in *A Work on the Three Theological Virtues*).

130) Goodman, *Superior Powers*, pp. 135-136.

5) 급진적 정치인간

프랑스에서 칼빈주의 정치는 성격상 귀족주의적이었지만 상류 계급의 정부 기능을 불확실한 대로 재조직하는 경향을 보여주었다. 그 뚜렷한 표시는 직위를 맡은 성도라는 이념이었다. 모르네와 같은 위그노 지식인들은 오래된 봉건적 영주를 그의 공무에 대한 전적으로 비개인적 열망을 지닌 양심적 치안판사로 바꾸려고 간절하게 노력했다. 그들의 저항 이론은 최종적으로 그러한 치안판사들의 존재와 행동에 의존했다. 메리가 추방한 사람들의 경우는 모든 공적 기능을 빼앗겼지만 어떤 다른 근대적 인물이 형성되고 있었다. 직위를 맡지 않는 성도, 대립적 인간, 정치적 급진주의자가 그런 인물이다. 방금 언급한 두 가지 형태의 인물은 공통적인 어떤 것을 갖고 있다. 무엇보다도 그들은 공적 봉사와 이데올로기적 헌신에 근거를 둔 비봉건적 형태의 조직에 참여했다는 점이다. 직위의 안이든 밖이든 성도는 규율을 따라야 하는 인간이었고 가족 관계의 범위를 넘어갈 준비가 된 인간이었으며 아무런 관계도 없이 의견만 공유한 사람들과 지속적으로 동맹할 수 있는 인간이었다.

이들 두 가지 형태의 인간은 하나는 프랑스에서, 다른 하나는 추방자들 중에서 각각 따로 나타났다. 16세기 프랑스인들은 급진적 지식인 집단을 생산하지 않았다. 목회자와 귀족들 사이에 긴장은 있었지만 그럼에도 불구하고 끝내 목회자들은 귀족들을 따랐다. 반면, 제네바에 머문 추방된 영국 젠틀맨들은 직위를 가지고 자신들의 경건함을 발휘할 기회를 전혀 가지지 못했다. 그 대신에 그들은 분노한 목회자들을 따랐다. 그러나 잉글랜드에서는 혁명 발발 수년 전에 경건한 젠틀맨들과 급진적 지식인들이 같이 존재했었다. 성도들은 직위가 있든 없든 상당한 기간을 같이 일했고 서로 영향을 미쳤다. 그들의 공존과 협력은 새로운 혼합물, 말하자면 혁명 기간에 제 역할을 맡아야 했던 새로운 정치적 유형을 낳았다. 어떤 의미에서 근대 정치는 제네바 추방자들의 귀환과 함께 잉글랜드에서 시작한다.

시작은 쉽지 않았다. 무엇보다도 귀환하는 목회자들에게 쉽지 않았다. 추방은 온실이었다. 바꾸어 말하면 그들은 고국의 동포들보다 훨씬 앞서 움직였으며 그들의 이념에 대한 즉각적인 공감은 거의 발견되지 않았다. 정말 존 녹스는 남은 생애 동안 영국에서 기피 인물이었고 크리스토퍼 굿맨은 두려워서 귀환을 수년 동안 미루었다. 1559년 이후 수십 년 동안 다른 청교도 목회자들은 집에서도 고립되고 소외되었다. 약간 초조한 상태에서 그들은 경건한 전쟁을 추구했고 점차적으로 이를 대립적 정치의 형태로 변형시켰고 계속해서 평신도 동맹을 찾았다. 그러나 1640년대가 되어서야 부분적으로 청교도 탐구의 산물인 존 밀턴과 같은 사람이 뒤를 돌아보고 녹스, 길비, 굿맨, 위팅엄을 "잉글랜드의 참된 개신교의 성직자이자 우리가 간직하는 신앙의 조상"으로 인정할 수 있었다.[131]

---

131) Milton, *Works*, ed. F. A. Patterson, et al. (New York, 1932), V, p. 52.

4장 · 청교도 성직자: 근대정치와 급진적 지식인

1. 청교도 목회자와 위그노 목회자의 차이

1668년에 토마스 홉스는 "아마도 1,000명도 되지 않았을 이 선동적인 목회자들이 설교를 하기도 전에 모두 죽임을 당했으면 훨씬 더 좋지 않았을까" 하고 물은 적이 있다. "나는 그것이 엄청난 살해였다는 것을 인정한다. 그러나 그보다 [내전에서] 100,000명이 살해되는 것이 더 엄청난 일이다."[1] 홉스는 진담 반으로 소요 문제에 대한 고전적 해법이라고 부를 만한 것을 제안했지만 그보다 더한 진담으로 성직자의 소요가 영국혁명의 주요 원천이었음을 시사했다. 이에 대한 분명한 응답은 선동자의 성공이 전적으로 그의 생각에 열려 있는 사람들이 존재하는지에 달려 있다는 것이지만 이는 잠시 제쳐두는 것이 좋겠다. 홉스의 시사 속에는 상당한 진리가 들어 있다. 영국혁명은 청교도 성직자들과 이들의 이데올로기가 젠트리와 새로운 상인과 전문 계급에 미친 충격의 견지에서 설명될 수 있을 뿐이다. 이유야 어쨌든 그 충격이 없었더라면 사회적 경제적 세력들은 형태를 달리하는 많은 갈등과 심지어는 다른 형태로 전개된 영국 내전을 낳았을 것이다. 바꾸어 말하면 그 세력들은 혁명을 낳지 않았을 것이다.

청교도 성직자는 위그노 목회자들과 아주 다른 형태의 역할을 맡았다. 청교도 성직자가 그 나라의 정치 계급에 미친 영향은 훨씬 더 심원했고 그 이데올로

---

1) Thomas Hobbes, *Behemoth*, in *English Works*, ed. W. Molesworth (London, 1839-1845), VI, p. 282.

기는 훨씬 더 급진적이었다. 이것은 성직자 자신이 한 동안 독립적인 응집력을 가진 사회적 세력을 형성했기 때문이다. 말하자면 그 구성원들은 봉건적 연관체제에서 벗어났으며 스스로의 삶에서 혁명 정치를 기대했다. 프랑스에서 칼빈주의 목회자들은 그와 같은 독립성도 없었고 비교할 만한 영향력도 없었다. 그들은 후원과 보호라는 이유로 귀족에 구속되어 있었고 결코 귀족의 정신을 지배하지 못했다. 위그노 중에 가장 큰 자는 귀족이었고 이들 귀족이 간간히 목회자로, 더 자주는 개혁교회의 평신도 장로로 섬겼지만 그들의 가장 밀접한 사회적 연관성과 깊숙한 정치적 감정들은 낡은 봉건적 가족들과 함께 했다. 그리고 그들의 행동이 가장 자주 따랐던 것은 봉건적 양식이었다. 하층 성직자들은 프랑스의 종교전쟁에서 잠시를 제외하고는 그다지 중요한 역할을 맡지 않았으며 이어지는 가톨릭 동맹만 해도 그들은 그다지 중요한 존재가 아니었다. 과거에 사제였던 사람, 수도사, 상인들과 학교교사들이 개신교 초기 개종자들이었을지라도 가톨릭 동맹은 "제3신분의 성직자의 반란"이 실제로 표출된 유일한 정치적 운동이었다.[2] 이러한즉 가톨릭 설교자들에게도 민주적 급진주의가 있었지만 이들의 민주적 급진주의는 위그노들 사이에 있는 것과 같은 것이 결코 아니며 주요 도시와 도시 빈민 속에서 가톨릭 위력의 재강화에 기여하는 것이었다. 프랑스 프로테스탄티즘은 귀족 운동으로 남아 있었고 어느 정도까지는 제네바에서 발원한 종교적 충동에 의해서 형성되었을 뿐이고 결코 제네바 성직자를 신봉하는 사람들의 통제 하에 있지 않았다. 부분적으로 이러한 이유로 해서 프랑스의 내전은 결코 혁명적 투쟁으로 변환되지 않았다.

반면에, 청교도주의는 그 시작부터 성직자와 복음전도자의 운동이었다. 메리 여왕이 추방한 시절부터 목회자는 그 핵심 인물이었다. 그는 젠트리 사이에서 후원자와 맹방을 모두 가졌고 심지어는 대귀족들 사이에도 있었다. 그러나 청교도 이데올로기는 오롯이 성직자의 창조물이었다. 1630년대까지 영국 칼빈

---

2) Charles Labitte, *De la democratie chez les predicateurs de la ligue* (Paris, 1841), p. xxv.

주의자 가운데는 중요하다고 여겨질 수 있는 평신도 작가들이 아무도 없다. 영국에는 모르네에 필적하는 저자가 없었고 심지어 그러한 세속적 위그노 지식인과 누에와 로앙 같은 행동가들은 아무도 없었다.[3] 부분적으로 이것은 15세기에 있었던 전쟁과 장기적으로 튜더 정부에 반대하는 연속적인 하찮은 반란과 음모들 이후에 초래된 영국 귀족의 정치적 약화 때문이었다. 1580년대에 이르면 정치적으로 중요한 귀족은 이미 궁정 귀족이었으며 그 일부 구성원들이 틀림없이 가졌을 불안감이 무엇이었든지 간에 글로리아나의 숭배에 휩싸였다. 레스터와 같은 신하들은 청교도의 지지를 모색했고 전투적 프로테스탄티즘을 대표한다고 주장했지만 엘리자베스 1세 여왕이 바라는 것에 반하여 일관되게 행동할 수 있는 위치에 있지 않았다. 목회자들은 어쩔 수 없이 스스로 행동에 나서지 않을 수 없었다.

에너지가 넘치는 평신도 칼빈주의 역시 엘리자베스의 국교회주의의 순전한 애매성에 의해 차단되었다. 엘리자베스의 새로운 체제의 방식은 분명히 프로테스탄트였지만 역시 관용적이었고 정치적이었으며 그 안에는 제네바나 예수회의 열정은 거의 없었다. 1559년 통일령의 정착은 종교적 박해와 전쟁, 고통과 열광을 똑같이 있을 수 없는 것으로 만들었다. 프로테스탄트 국가의 비전은 하나님의 영광을 위해 기사도적 전쟁을 벌이는 경건한 귀족 엘리트에 의해 관장되었고 필립 시드니 경과 같은 사람의 마음에서 탄생했지만 이 비전은 엘리자베스 치하의 잉글랜드에서 실현될 수 있는 기회를 전혀 가지지 못했다. 사략선을 이끄는 일부 사람들은 아마도 그 비전을 일종의 무법자로 행세해도 좋을 표현으로 만들었을 것이고 다른 사람들은 가급적 타협을 마다하지 않았을 것이다. 그러

---

3) 마틴 마프렐럿 (Martin Marprelate)은 아마도 이 일반적 규칙에서 예외일 것이다. 닐(J. E. Neale)은 그를 시골 젠틀맨인 잡 쓰록모턴이라고 밝혔다. Neale, *Elizabeth I and Her Parliaments: 1584- 1601* (London, 1537), p. 220. 그리고 "청교도"라는 용어는 본 장과 이어지는 장들의 논의에서 어떤 식별할 수 있는 형태의 칼빈주의 이데올로기를 채택한 영국 목회자와 평신도들을 가리키는 데만 사용된다는 점에 유의하기 바란다. 이러한 견해는 그 범위가 "스코틀랜드" 장로교인에서부터 독립과 중에서 보다 더 독립적인 일부 교인에 이르기까지 확장되며 그 이상을 넘어서지 않는다.

나 가톨릭 왕이 있었더라면 필경 프로테스탄트 귀족들이 있었을 것이고 그러면 레스터나 헤이스팅스 또는 음울한 에섹스 백작이 비록 적당한 기반이 되는 땅이나 사병을 소유하지 못했을지라도 부르봉이 한 역할을 했을지도 모른다.[4] 시드니나 프란시스 월싱엄은 필경 영국판 모르네가 되었을지도 모른다. 칼빈주의는 귀족의 사상을 조직화하는 중심 역할을 했을지도 모르고 교회는 귀족의 결사체의 주요 형태의 하나가 되고 목회는 귀족이 맡는 경력이 되었을지도 모른다.

사실 그대로를 말하면 1559년 잉글랜드로 귀환한 성직자 무리는 촘촘히 결속되어 있었지만 거의 모두가 평민이었던 탓에 결코 편안함을 느끼지 못했다. 심지어 어떤 영국 국교회 주교조차도 엘리자베스 체제에 평안은 했지만 여전히 영국과는 분리된 일종의 영적 소외를 암시하는 용어로 추방을 기억했다. "오, 취리히, 취리히, 나는 취리히에 있는 동안 영국에 대해 생각했던 것보다 영국에서 취리히를 더 많이 생각합니다."[5] 청교도 목회자들은 가족 명의의 지원과 추밀원 위원들의 격려를 받았지만 고립 집단으로 남아 있었다. 그들 작품의 어조와 그들 결사체의 방식은 적어도 1590년대까지는 급진적 지식층의 그것이었고 이들은 편협하게 구성되고 전적으로 헌신적이고 교조주의적이었으며 르네상스 시대의 영국과 가장 미약한 관계로 보였던 것들과 함께 했다.

2. 청교도 목회자들의 개혁성

초기 청교도 목회자들은 독일과 스위스에서 전통적 연관성과 권위 영역 바깥에서 프로테스탄트 지적 생활의 중심지에 살았다. 그들은 잠시 그들과 같은 목회자들과 경건하고 깨어 있는 평신도들이 다스리는 도시에 정착했다. 그리고

---

4) 아마도 에섹스는 이와 같은 것을 마음에 두고 있었을 것이다. 소수의 청교도 목회자들은 1600년 대 후반과 1601년 초반에 흥분의 나날들을 보내면서 런던에 있는 그의 집에 모였다. 그들은 하위급 치안판사들의 권리에 관한 위그노의 교리들을 설교한 것으로 보고된다. G. B. Harrison, *The Life and Death of Robert Devereux, Earl of Essex* (New York, 1937), pp. 278-279.

5) J. Jewel to Peter Martyr in 1559, *Zurich Letters*, second series, ed. and trans. H. Robinson (Cambridge, 1842-1845), p. 23.

이들 평신도의 권위는 혈육에도 왕관 및 질서의 신비에도 근거하지 않았다. 추방 목회자들은 자신들의 자그마한 독립 교회의 헌법 초안을 스스로 작성했다. 뿌리 잘린 교사들, 학생들, 젊은 젠틀맨들이 모인 이러한 일시적 공동체에서 권력은 주로 지적 재능, 성경을 처리하는 능력, 말씀을 해석하는 능력에 의존했다. 제네바 목회자들은 설교를 전했고 귀국 여부도 불확실한 추방 상태에서 이데올로기적으로 무모하게 글을 썼다. 추방은 새로운 신앙에 대한 그들의 헌신을 강화시켜 주었다.[6]

그들은 잉글랜드로 귀환했지만 잉글랜드는 낡은 교회의 부패가 국가 행동과 국가 통제 즉 "왕의 책과 왕의 공문"으로 끝나버린 곳이었고 그들이 참여할 수 있을지도 모르는 사회적 기초를 지닌 개혁 운동은 아무데도 없는 곳이었다. 그들은 귀족들의 조직화된 반대로 체계적인 방식으로 이루어지는 후원을 기대할 수 없었고 추방 생활에서 배운 새로운 방식으로 관계를 맺을 수 있는 실질적인 집단들이 아직 없었다.[7] 그들이 선출된 목회자와 그의 경건한 회중들 사이의 본질적인 평등주의적 관계를 즉시로 가용하는 것은 불가능했다. 진실로 말하건대, 위계적인 권위 체제의 전통 교회는 아직 결정적인 도전을 받지 못했다. 제네바를 떠나기 전에 보다 급진적 목회자들은 바로 그러한 도전을 촉구하는 편지를 썼었다. 이는 "… 우리가 다 같이 유배에서 배운 하나님의 말씀에 대한 참된 인식을 가르치고 실천하기 위함이거니와 여기서 우리는 많은 적대세력과 그 지주

---

6) 해외 특히 독일, 스위스, 네덜란드에서 보낸 시간의 의미에 대해서는 다음을 참조. "외국 경험을 조금이라도 한 프로테스탄트들은 거의 항상 청교도 단체에 속했다." 이것은 추방자들뿐만 아니라 외교관들에게도 사실이었다. 그러나 추방자들 사이에 작용하는 특수 요인들이 있는 것은 명백하다고 할 것이다. M. M. Knappen, *Tudor Puritanism: A Chapter in the History of Idealism* (Chicago, 1939), p. 232.

7) 엘리자베스 치하의 영국에서 청교도 고립의 범위는 논쟁이 되는 문제였다. 청교도들이 평신도의 지지를 거의 발견하지 못했다고 주장하는 급진적 진술은 다음에서 발견될 수 있다. R. G. Usher, *The Reconstruction of the English Church* (New York, 1910), I, p. 244ff, 특히 pp. 280-281. 다음과 비교해 볼 것. M. M. Knappen, *Tudor Puritanism*, pp. 333ff; *Letters of Thomas Wood, Puritan, 1566-1577*, ed. Patrick Collinson, *Bulletin of the Institute of Historical Research*, Special Supplement no. 5 (London, 1960), Introduction.

들을 발견할 것이다.…"[8] 이것 대신에 그들이 만난 것은 확실한 형태가 없는 국교회였다. 엘리자베스 체제는 그들로 하여금 충성하게 만들 수 없었다. 왜냐하면 그 체제는 영국민을 개혁적 방식으로 교육하고 규율을 부과할 수 없었기 때문이다. 그러나 그 체제는 메리의 가톨릭주의가 초래한 것과 같은 반대에 집중토록 하는 일은 일어나도록 하지 않았다. 후대의 두루뭉술한 정치적 통치자인 엘리자베스는 1580년대에 프로테스탄트 옹호자로서 등장했다. 스페인 전쟁과 이에 동반된 애국 열기는 청교도 목회자들에게 일종의 이중게임을 벌이도록 강요했다. 즉 그들은 자신들의 정치적 충성심을 정직하게 충분하게 고수하면서도 동시에 급진주의와 개혁의 새로운 전복 정치를 실험에 옮겼다.

목회자들의 모든 얼버무림에도 불구하고 청교도 교리의 요지는 충분히 분명했다. 즉 그것은 전통 질서의 전복을 가리켜 지향하는 것이었다. 귀환 목회자들은 먼저 여전히 기성 교회에서 발견되는 "가톨릭 제도의 잔재" 즉 예식, 의식용 장식, 사제 예복을 공격했다. 왜냐하면 이것들은 전통적 심성의 인정이었고 낡은 신비의 애매한 기념물이었기 때문이다. 국교회 주교 존 아일머는 중백의를 "여왕의 상징복"이라고 묘사했을 때 그와 다르게 생각하지 않았다. 하지만 그는 그러한 교회 봉건주의를 반대하는 사람은 아니었다.[9] 반면에, 녹스의 친구 앤서니 길비는 중백의를 "적그리스도의 더러운 옷"이라고 정죄했다. 왜냐하면 그것은 "연약한 양심"을 혼동에 빠뜨리고 "우상숭배"와의 최종 단절을 막았기 때문이다.[10] 다른 청교도 저자는 "목회자 복장 양식과 형식이 다른 사람들의 것과 달라야 하는 무슨 이유가 있다는 말인가" 하고 따져 물었다.[11] 사실상 이 의상

8) William Whittingham, *A Brief Discourse of the Troubles Begun at Frankfurt in the Year 1554*, ed. John Arber (London, 1908), p. clxxxvii.
9) 다음에서 인용된다. William Pierce, *An Historical Introduction to the Marprelate Tracts* (London, 1908), p. 78. 1560년대의 예복 논쟁에 대한 최고의 정보 출처는 다음을 참조. John Strype, *The Life and Acts of Matthew Parker* (Oxford, 1821).
10) Anthony Gilby, *To My Loving Brethern that is Troubled About the Popish Apparel, Two Short and Comfortable Epistles* (n.p., 1588).
11) 다음에서 인용된다. A. Tindal Hart, *The Country Clergy in Elizabethan and Stuart Times, 1558-1660* (London, 1958), p. 13.

들과 의식들이 공경과 존중의 오래된 습관, 서열과 질서의 오래된 구별을 유지하기 위한 엘리자베스의 결정을 상징한 것임은 말할 필요도 없다. 또한 이 때문에 지방 성직자의 무지와 "미신"을 둘러싸고 궁정이나 추밀원은 아주 크게 불안하는 일이 없었으며 오래된 질서의 또 다른 생존이 가능했던 것이다.[12] 그러나 청교도들은 설교를 거의 하지 않았던 지방 사제들을 무자비하게 공격했으며 이들 사제들은 그 권위가 한때 미사의 기적을 행하는 것에 달려 있었고 아마도 여전히 미사에 대한 기억에 달려 있었을 것이다. 그리고 지금에 와서 그들은 성공회 기도서를 채택함으로써 "시류를 따르는 사람"임을 입증했다.[13] 이들은 많은 시골 지역 특히 북부와 서부 지역의 후진성을 반영했지만 종종 교구 주민들을 충분하게 잘 섬겼다. 그들의 후임자들은 청교도든 국교도든 항상 환영받은 것은 아니었다. "참된 개혁"은 강압을 필요로 했으며 청교도 지식인들은 이 강압을 신속하게 옹호했고 여왕은 채택하기를 꺼려했다.

무엇보다도, 청교도들은 성례를 집전하는 사제를 설교 사역으로 교체하기를 요구했고 이는 반드시 교육받은 사람의 사역을 의미했다. 설교자는 16세기 청교도주의의 영웅이었고 격론을 펼치는 데서 한없이 고양되었다. 웨일스의 복음전도자 존 펜리는 "… 주께서 이해와 지식의 양식을 … 은사에 관하여 자기 마음에 합한 목사들의 입술에 달아 놓았다"고 적었다. 월터 트래버스는 목회자는 교회의 신탁이라고 가르쳤고 "하나님의 말씀에 대한 위대하고 탁월한 지식 없이는 …" 누구도 이런 사람이 될 수 없었다.[14] 사람들 사이에 결정적 구별이 있다

---

12) M. M. Knappen, *Tudor Puritanism*, p. 253. 이 저자는 아마도 여왕을 불공정하게 대하고 있다. 스스로 칼빈주의자이지만 최근에 추방된 많은 주교들은 성직자의 입장에 개선을 가져오기 위해 노력을 기울였다. 엘리자베스의 입장은 에드먼드 그린달을 그녀가 꾸짖은 데서 가장 잘 드러난다. Ibid., pp. 256-257.

13) 특별히 의회를 향한 훈계를 담은 두 권의 연작 도서를 참조. *Admonitions to Parliament*, 1572, repr. in *Puritan Manifestoes*: *A Study of the Origin of the Puritan Revolt*, ed. W. H. Frere and C. E. Douglas (London, 1954). 그리고 다음 책을 참조. *The Second Part of a Register*, ed. A. Peel (Cambridge, 1915), Ⅰ, p. 189.

14) John Penry, *An Exhortation unto the Governors and People of Her Majesty's Country of Wales*⋯ (n.p., 1588), p. 9; Walter Travers, *A Full and Plain Declaration of Ecclesiastical Discipline Out of the Word of God and of the Decling of the Church of England from the Same*. Trans.

고 한다면 이러한 지식이 있느냐 없느냐였다. 1580년대 가장 지적인 청교도 저술가 중의 하나인 더들리 펜너는 그 요점을 아주 분명하게 말했다. 즉 그는 "하나님의 진리의 의미를 보여주기 위해 성경을 해석하는 … 예언적 능력"은 오로지 목회자들의 것이었다고 주장했다. 이것과 대조를 이루는 것이 "말씀의 설교에 의해 … 깨우침을 얻은 … 평범한 영적 사람"[15]의 보다 낮은 능력이었다. 교회를 통치해야 하는 이가 목회자였다는 것은 명백했다. "교회 통치에 요구되는 매우 위대한 예술이 있다는 것을 알게 되면 … 어느 누구도 자신이 전문가이고 정교하다고 하지 않는 한 그에 관해 지도를 맡아서는 안 된다. …"[16]

그러나 청교도 전문가의 통치는 전통적 질서와 매우 다르고자 했다. 이것은 보다 많이 알려진 청교도 저술가가 기민하게 지적한 것처럼 성공회의 위계가 거의 지성의 위계가 아니라는 것 때문만은 아니다. 마틴 마프렐럿은 주교들과 떠들썩한 활극을 벌였다.[17] 보다 중요한 것은 청교도의 지식은 관습적 공식의 문제가 아니었고 전통의 통제를 따르지 않았다는 점이다. 추방자들은 이미 책 밀수와 불법 출판을 실험했다. 그들의 학습은 독립적으로 자주 고통을 통해 때로는 외국의 프로테스탄트 대학에서 얻어진 것이었으며 이로 인해 그들은 이상하고 참신한 주장에 끌렸다. 그들은 지명된 주교를 존경하기를 거부하는 것과 마찬가지로 지명된 기도서를 읽기를 거부했다. 청교도 설교자들은 "사람이 고안한 어떤 정해진 기도 형식"에 구속되지 말라고 주장했고 더 정확히 말하면 "영이 그들에게 감동을 주는 대로 주께 진심의 간구를 쏟아 부으라"는 것이었다.[18] 이것은 정말로 설교를 전하는 것과 훈계를 읽는 것 사이의 차이였다. 후자는 성직자적 고안의 위험을 감지한 여왕이 선호하는 것이었다. 프로테스탄트 독학자는

from the Latin By Thomas Cartwright (n.p., 1574), p. 97.
15) [Dudley Fenner], *A Defence of the Godly Ministers Against the Slanders of D. Bridges* (n.p., 1587), sig.ff₂.
16) Travers, *Ecclesiastical Discipline*, p. 98.
17) *The Marprelate Tracts: 1588, 1589*, ed. William Pierce (London, 1911), passim.
18) *An Admonition to Parliament*, in *Puritan Manifestoes*, p. 11.

전통 사회에서 어떤 자리도 발견하지 못할 판이었다. 바꾸어 말하면 그는 총체적으로 다른 체제를 필요로 했던 것이다.

그러므로 주교에 대한 공격이 있었다. 그것은 교회 통치에 관해 목소리를 내고 실제로 재능에 개방적인 교회를 원했던 교육 받은 또는 자기 스스로 교육한 공격적 사람들이 행한 것이었다. 그리고 이와 함께 새로운 교회 "규율"을 위한 일련의 급진적 의제들이 동반되었다. 1570년대에 이를 즈음 청교도 목회자들은 동등성, 위계질서 폐지, 일련의 성직자 회의를 공개적으로 요구하고 있었고 이 성직자 회의는 회의를 주재하는 선출된 사회자보다 더 장엄한 사람은 아무도 없어야 했으며 이로써 회의가 위계질서를 대체했다.[19] 결정은 길어진 토론과 상호 비판을 통해 이루어지고 거수로 마무리된다. 우중충하고 꾸밈없는 옷차림새는 지성이 최고의 자리에 있음을 말해준다. 목회자들은 그들의 지역 교회에서 더 이상 특정한 의식상의 역할을 맡고 있는 사제로서가 아니라 순전히 재능의 힘만을 가지고 성경 전문가로서 다스릴 것이다. 이것이 추방자들이 대륙에서 가지고 돌아온 목회적 입장의 소견이었다. 그들은 이제 이것을 젊고 야망 있는 대학생들에게 가르쳤다.

3. 선진 지식인으로서 청교도 목회자들

아마 청교도 목회자들은 전통 사회에 "선진" 지식인의 최초 사례를 제공할 것이다. 그들의 추방은 그들에게 자유인의 격식을 가르쳤고 그 최초의 현시는 전통적 권위와 반복적 일상의 틀을 피해가는 것이었다. 객관적 말씀 교리는 새로운 격식을 반영했고 말씀에 대한 배타적 신뢰는 법인체적 교회로부터 벗어나는 지식인들의 탈출, 사실은, 그들의 자기 신뢰를 상징했다. 왜냐하면 말씀이 그들 스스로에게 가르침을 주었기 때문이다. 사람들이 "교회의 결정이 말씀에 합

---

19) 새로운 규율은 다음 책에서 기술된다. *Second Admonition to Parliament* (n.p., 1572), p. 31ff; Walter Travers and Thomas Cartwright, *A Directory of Church Government* (written 1587, printed in 1644; facsimile repr. with intro. by Peter Lorimer, London, 1872).

하는 것인지를 시험하는 것, 그리고 그렇지 않으면 거부하는 것"은 합법적이었다.20 그러나 그러한 시험의 결과는 개인의 기행으로 그치는 것이 아니었다. 다시 말해서 급진적 지식인들은 흩어지지 않았고 오히려 새로운 결사체를 형성했다. 말씀은 대의를 일으켰고 귀환한 추방자들은 대의의 대표자로서 법인체적 봉건적 잉글랜드와 대결했다. 이러한 새로운 역할의 결과는 정치적 갈등을 탈개인화하고 전통 형식의 조직, 즉 파벌, 측근, 가족 관계에 도전하는 것이었다. 설교자 존 펜리는 극적인 방식으로 청교도 대의에 바치는 자신의 헌신이 갖는 비개인적 특성을 공개적으로 선포했다. 1580년대 후반에 그를 체포하는 영장이 발부되었으나 그는 즉시 자기 자신이 아니라 자신이 수고한 개혁을 변호하는 논문을 출판했다. 그는 혐의가 "내 개인 자신을 넘어서 그 이상으로 미치는 것이 아니었다면 제기된 혐의를 내붙이는 것 즉 그 혐의에 말없이 항복하는 것은 우리 국가가 조용해지는 것과 관련된 나의 의무였다"고 썼다.21 "그러나 **그것이 나를 전혀 건드리지 못한다는 것**, … 그것이 주께서 나의 약하고 오염된 손을 사용해서 변호하는 것을 기뻐하는 진리를 전체적으로 공격한다는 것을 알고는" 여왕의 경찰을 피해서 그의 변론을 출판했다.22

잉글랜드에서 많은 추방자들은 복잡한 관계와 충성 체제에 휘말려서 다시 한번 자신들이 친봉건적 일부 측근 그룹의 일원이 되어 있다는 것을 발견했다. 이들 중 일부는 잘 알려진 앤서니 길비를 포함해서 헌팅돈 파벌의 보호를 받았고, 다른 일부는 프란시스 베이컨의 어머니 앤 베이컨의 교제권과 그 친척들에게서

---

20) John Penry, *A Brief Discovery of the Untruths and Slanders … Contained in a Sermon by D. Bancroft* (n.p., 1588), p. 35.
21) 지식인들이 사회적 갈등을 "객관화하고" 투쟁을 강화하는 방식은 그 투쟁 목적을 탈개인화함으로써인데, 이런 방식은 다음 책에서 논의된다. Lewis Coser, *The Functions of Social Conflict* (Glencoe, Ill., 1956), pp. 111-119. 다만 여기서 반드시 덧붙여 두어야 할 점은 이렇다. 즉 그런 방식은 특별히 근대 지식인들이 성취한 업적인 것 같다는 점이고 또 그들이 개인적 법인체적 관계가 중요한 역할을 맡고 있는 사회를 공격할 때 각별히 중대한 의미를 지닌다는 점이다. 이데올로기적 헌신은 전통적 질서의 강력한 용해제이다.
22) John Penry, *A Treatise Wherein is Manifestly Proved that Reformation and Those That … Favor the Same Are Unjustly Charged to be Enemies Unto Her Majesty and the State* (n.p. 1590), sig. 4 verso.

후원을 찾았다. 레스터는 귀한 지지를 제공했고, 제네바 추방자인 토마스 우드는 그가 충분히 전폭적이지 않다고 퉁명스럽게 말했지만, 이들 목회자 대부분은 그가 손수 수행한 개혁을 즐거이 받아들이고자 했다.[23] 나중에는 경건함이 보다 덜한 에섹스와 버킹엄의 손에 의해서 수행한 개혁을 묵인한 성도들도 있었다. 그러나 이 모든 것에도 불구하고 프로테스탄트 귀족들은 프랑스에서 동역자적 역할을 맡은 대역 인물들이 위그노들 사이에서 떠맡은 것과 같은 중요성을 청교도들 사이에서 떠맡은 것은 결코 아니었다. 목회자들은 구질서에서 발견한 위안과 도움에 한 번이라도 완전하게 만족한 적이 없었다. 특히 그 도움은 그들의 목적에 전혀 충분하지 않았기 때문이라는 점은 말할 필요가 없다.

　그들 자신의 결사체들이 결코 봉건적 파벌이 아니기는 했어도 서로에게 친숙해서보다는 성경에 더 친숙한 탓에 모인 무리들이었다. 이 목회자들 중 두 사람은 그러한 결사체들만이 진실로 안전했다고 주장했다. 그들은 이웃과 일가친척의 오래된 결속은 실패할 것이며 "덕과 경건"으로 선택된 동맹들이 신뢰감을 줄 것이라고 경고했다. 몇 년 후에 토마스 테일러는 "특별히 복음으로 뭉친 유대감에 충성하라"고 썼다.[24] 청교도주의가 젠트리 사이에 퍼지는 한, 낡은 봉건적 결속은 새로운 복음의 유대감에 의해 보충되었다. 이리하여 리처드 나이틀리 경은 레스터에게 다음과 같은 글을 썼다. "당신은 높은 소명을 받은 것과 관련하여 … 그렇게 많이는 행동으로 옮길지 않을지라도 **좋은 대의**에서 당신의 주권과 함께 삶을 모험할 준비가 되어 있는 그런 친구들을 … 얻었습니다."[25] 그러나 그러한 "친구들"은 여전히 평신도 사이에는 상대적으로 드물었고 이데올로기적 헌신이 개인적 충성을 대체했다는 사실이 목회자들에게는 더욱 중요했다. 그리

23) *Diary of Lady Margaret Hoby, 1599-1605*, ed. Dorothy M. Meads (London, 1930), Introduction, pp. 5ff.; A. F. Scott Pearson, *Thomas Cartwright and Elizabethan Puritanism: 1535-1603* (Cambridge, 1925), p. 345; *Letters of Thomas Wood*, pp. 18-22.
24) John Dod and Robert Cleaver, *A Plain and Familiar Exposition of the Thirteenth and Fourteenth Chapters of the Proverbs of Solomon* (London, 1609), p. 119; Thomas Taylor, *The Progress of Saints to Full Holiness* (London, 1630), p. 341.
25) 다음에서 인용된다. *Letters of Thomas Wood*, p. xxviii (강조는 첨가됨)

고 성직에 있는 성도들은 자신들의 **비개인적** 조직을 잉글랜드 삶의 필수 형식으로 밝히게 되었다. 말하자면 그들은 본능적으로 적의를 품은 이방인의 감수성을 가지고 전통 질서의 쇠락을 지적하며 대안을 제시했다.

그들은 법인체적 교회와 봉건 체제뿐만 아니라 급속히 발전하는 세속적 귀족적 런던 문화까지도 멀리했다. 왜냐하면 사실상 이 두 가지는 과도한 긴장 없이 공존했기 때문이다. 르네상스는 그 자체 본질적으로 충일했고 그 충일함은 교회 또는 국가의 전통적 질서에 대해 아무런 중대한 공격도 포함하지 않았다. 그것은 종교적 재구성이나 사회적 규율을 위해 아무런 기초도 제공하지 않았고 프로그램을 갖춘 기초는 확실히 하나도 없었다. 그것은 실로 전통적 정치와 종교 세계의 점진적 쇠락에 수반하는 무질서를 강화하는 것처럼 보였다. 그것은 낡은 규범의 와해를 상징했고 그 와해가 허용한 빛나는, 종종 "환상적"이고 유별난 개성을 표현하도록 했다. 그렇지만 이 흥분을 자아내는 개방성의 도시는 목회자들이 추구한 바와 같은 길, 새로운 규율을 향하는 길을 지시하지 않았다.[26] 생명을 새롭게 불어넣는 아무런 도덕도, 이기적 자아가 없는 아무런 인간도 런던에서 지방으로 흘러가지 않았다. 사람들이 움직이고 있는 방향은 다른 방향 즉 청교도들이 팽창하고 번영하는 도시의 퇴락과 부패라고 느낀 방향이었다. 쾌락을 추구하는 도시 군중들에 대한 그들의 불안한 반응은 극장에 대한 공격에서 분명했고 의상에 관련한 르네상스 사치에 대한 맹렬한 정죄에서 더욱 그랬다.[27] 마찬가지로 의상 양식과 격식에 대한 개인의 순수한 몰입과 과시적 소비

---

26) 르네상스 저술가들은 런던의 지하세계에 열광했기 때문에 도시에 만연한 사악성과 무질서를 과장하게 되었을지도 모른다. 예를 들어 다음을 참조. George Whetstone, *A Mirror for Magistrates of Cities* (London, 1584); Thomas Dekker, *The Seven Deadly Sins of London* (London, 1606). 이러한 종류의 것에 대한 아무런 열광도 보여주지 않는 청교도적 설명은 필립 스텁스의 다음 책이다. Philip Stubbes, *The Anatomy of Abuses* (1583; repr. by F. J. Furnivall, London, 1879).

27) "연극 자체에 대한 공격은 청중을 대상으로 하는 대형 운동에서 작은 충돌 이상의 것은 아닌 것으로 간주될 수 있을지도 모른다." Alfred Harbage, *Shakespeare's Audience* (New York, 1941), p. 11. 새로운 의상 양식에 대해서 다음을 참조. Stubbes, *Anatomy*, p. 34, "아주 멋진 의상"을 논의하고 이어서 내리는 결론은 이렇다. "이것은 커다란 혼란이고 일반적 무질서이다. 하나님이시여! 우리에게 자비를 베푸소서."

에 대한 새로운 관심은 전통 도덕주의자의 걱정거리였지만 청교도의 관심은 보다 신경질적이었고 보다 강렬했다. 말하자면 목회자들은 르네상스 감수성과 세련화를 거부하는 중산층의 선봉대를 구성했다.

청교도 목회자들은 스스로 제3신분의 성직자 구성원으로서 세속적 제3신분의 지적, 사회적 특성을 예기하는 경향을 보여주었다. 이를테면, "솔직하게 말하기" 사실대로 말하는 격식을 갖추기, 교육과 독립적 판단을 주장하기, 법인체적 교회를 벗어나서 자발적으로 결사하기, 체계적이고 합목적적인 노력을 강조하기, 질서와 규율을 협소하고 무감하게 의식하기 등이다. 이것들은 모두 분명하게 삶의 양식이 중세 영주, 르네상스 궁정관리, 심지어 국교회 대주교의 것과도 다르다는 것을 말해주었다. 이 새로운 양식은 먼저 전통 세계와 차단된 사람들, 말하자면 불안하게 새로운 질서를 추구하면서 분노하고 고립된 성직자들에 의해 잉글랜드 사회의 주변부와 사회의 틈새 공간에서 발전되었고 시험되었다. 이것은 견실한 런던 상인들과 시골 젠틀맨들의 전적인 자발적 창조물이 결코 아니었으며 나중에 가서 이들은 그 양식을 독실하게 옹호하게 되었다. 이 양식은 이들이 배워 갔던 어떤 것이고, 더 정확히 말하면 이들 일부가 그렇게 배워 갔던 것이다. 자동적인 시민적 가치들 즉 금주성, 조심성, 검약성은 17세기 청교도 도덕성의 중요한 핵심을 구성하지 않았다. 성직자 지식인들이 도덕적 행동주의, 금욕주의적 방식, 높은 마음가짐의 질을 추가했고 이를 추종자들에게 가르쳤다.[28]

정치에서도 역시 대의의 대표자로 헌신하는 "선진" 지식인들은 새로운 양식을 개발하고 이를 뒤에 오는 사람들에게 가르쳤다. 영국 상인들과 젠틀맨들이 정치와 종교에서 독립적으로 모험을 준비하기 수년 전에 목회자들은 정치세계

---

28) 루이스 라이트가 인용한 많은 작품들은 새로운 젠틀맨들과 상인들이 오래된 귀족을 직접 모방하는 경향을 가졌다고 말한다. Lewis Wright, *Middle-Class Culture in Elizabethan England* (Ithaca, 1935), 특히 138-139쪽 참조. 청교도주의는 새로운 대안적 양식을 확립하는 데 주요 부분을 차지한 것으로 보인다. Ruth Kelso, *The Doctrine of English Gentleman in the Sixteenth Century*, University of Illinois Studies in Language and Literature (Urbana, Ill., 1929), vol. XIV, no. 1-2, p. 107.

에 도달했고 이미 행동하고 있었고 에너지가 넘쳤으며 창조적이었다.[29] 가장 이른 시기부터 그들의 조직은 거의 전적으로 성직자들로 구성되었다. 얼마의 시간이 지나 청교도주의는 나라로 퍼졌고 강력한 동맹을 떠안고 있는 것으로 발견되었다. 이러는 사이에 그들은 근대정치라고 불리게 되는 많은 기술들, 이를테면 자유 집회 정치, 대량 청원, 집단 압력, 여론에의 호소를 실험했다. 이 모든 것은 엘리자베스의 잉글랜드에서 불법적이거나 기껏해야 준사법적인 것이었다. 이렇게 되면 정치적 실험은 종종 그 뒤부터 그랬듯이 필요하면 합법적 절차를 의도적으로 무시하게 되어 있다. "선진" 지식인들을 성공적 기업가로 바꾸어 놓은 것은 바로 이러한 무시였다. 그들이 실험한 방법들은 정치적 국외자였던 그들의 상황에 따라 부분적으로 결정되었다. 아마도 대개는 그들이 추방지에서 국내로 가져온 새로운 이념에 의해서였다. 우호적인 젠틀맨들이 머뭇대고 있는 동안 열망의 청교도들은 벌써 정치는 공적 과업이고 공중은 성도들이 모이는 위대한 비개인적 결사체라고 주장하고 있었다.

그러나 급진적 성직자 무리와 같은 소수의 고립된 집단은 정치사에서 거의 중요한 역할을 할 수 없다. 어떤 사회적 세력 균형 때문에 청교도적 혁신이 가능하게 되었다. 그것이 "선진" 지식인의 무시 전략을 효과적인 정치적 방법으로 바꾸어 놓았다. 그것이 성도들을 자유롭게 만들었다. 낡은 봉건적 귀족이 더 이상 정치적 삶을 지배하지 못하는 사회가 있었다. 지식인들을 후원하는 것이 더 이상 왕궁, 귀족가문, 또는 법인체적 교회의 배타적 특권이 아니게 된 사회지만 아직 자리를 확고하고 잡지 못해 정치적으로 높은 수준의 전문적 상업적 계층이 부재한 사회가 있었다. 이러한 사회에서 새로운 이념에 사로잡힌 지식층의 영향과 힘은 토지와 부의 소유에 비례하는 것과는 사뭇 상치했다. "말씀의 엘리트는 여타 종류의 엘리트가 아무도 없는 곳에서 그 지배력 행사를 확보하려고 노

---

29) 엘리자베스 시대의 의회에 속한 지방 젠틀맨들의 기술에 대해서 다음을 참조. W. W. Mitchell, *The Rise of the Revolutionary Party in the English House of Commons, 1603-1629* (New York, 1957), p. 2ff.

력한다."[30] 아니면 그러한 사회가 16세기 후반의 잉글랜드 상황이었기 때문이다. 이러한 상황에서 오래된 엘리트의 쇠퇴와 새로운 엘리트의 미성숙은 어떤 긴장된 평형을 낳는다. 젠트리가 하원을 안전하게 장악할 때까지 새로운 형식과 제도의 창조를 결정적으로 이끌어줄 수 있는 에너지를 가진 선명하게 지배적인 사회 집단이 하나도 없었다. 사회적 교착 상태는 사상가들을 이런저런 기존 권력의 대변인이나 변호인이라는 평상적 역할로부터 일시적으로 자유롭게 해주었다.[31]

밀접하게 뭉친 지식인 집단은 이를테면 청교도 성직자는 그렇게 해서 권력과 특권이 결정되지 않았던 사회적 틈새 공간으로 파고든다. 청교도들은 귀족의 반체제적 요소에 의해 보호를 받았지만 결코 위클리프처럼 곤트의 존과 같은 "막강한 신하"가 변호하는 봉건 측근의 종속적 구성원은 되지 않았다. 왜냐하면 그들도 마찬가지로 성장하고 있는 새로운 사회집단들 속에서 보호소를 발견했고 그리하여 정치적으로 훈련되지 않고 조직화되지 않은 구성원들 사이에서 제자들을 발견했기 때문이다. 예를 들어 롤라드파의 가난한 사제들과는 대조적으로 청교도 목회자들은 수월하게 도시의 상인 계급, 지방 젠트리 계급 가운데로 들어갔다.[32] 그들의 새로운 이념이 채택되었고 마침내 낡은 질서에 도전할 정도로 강하고 자신 있는 인간을 길러내는 일에 도움을 주었다. 이리하여 그러

---

30) Suzanne Labin, "Advanced Intellectuals in Backward Countries," *Dissent* 6:240 (1959).
31) "통상적 역할"에 대해서 다음을 참조. Karl Marx, *German Ideology* (New York, 1947), p. 39. 지식인층을 "사회적으로 분리된 층"으로 보는 칼 만하임의 묘사는 그 지위를 다만 특수하고 상대적으로 드문 역사적 시기에 한해서 기술하는 것 같다. 그러한 시기라고 해도 지식인이 모종의 "객관성"을 성취한다는 것은 의심스럽다.(Mannheim, *Ideology and Utopia* [New York, n.d.] pp. 156ff). 어쨌든 객관성은 청교도 목회자가 과민하게 자기본위적이라는 점에서 성취될 수 없다. 그가 성취하는 것은 **창의성**이다. 그는 혁신가일 수 있다. 우세한 사회적 세력이 부재할 때에 그럴 수 있다. 추방 성직자들에 의한 새로운 정치적 이념의 도입은 플랑드르와 네덜란드의 프로테스탄트 난민들에 의한 새로운 경제적 기술의 도입에 맞먹는 것일 수 있을지 모른다. F. A. Norwood, *The Reformation Refugees as an Economic Force* (Chicago, 1942). 엘리자베스의 잉글랜드를 외국에 영감을 받은 혁신에 개방적인 "후진" 사회로 보는 포괄적 견해에 대해서 다음을 참조. Thorstein Veblen, *Imperial Germany and the Industrial Revolution* (New York, 1942), ch. iv.
32) 카트라이트는 유용한 사례들을 제공한다. 그리고 16세기 청교도 지도자의 사회적 관계에 대해서는 다음을 참조. Scott Pearson, *Cartwright*, pp. 168ff., 345 외 곳곳.

한 지원을 찾는 과정에서 급진적 지식인층은 자신이 호소하는 계급의 초기 정치 세력을 조직하는 데 도움이 될 수 있다. 그러나 런던의 모험상인들도 지방 젠트리의 경건한 구성원들도 심지어는 하원의 청교도 "합창단원"들까지 잠시라도 굽히게 할 수 없었던 것은 목회자들의 단호한 독립성이었다.

그들이 자신을 위해 제시한 요구는 자신의 고립과 독립성에 직접 비례해서 전개되었다. 다시 말해서 그것은 그들의 "선진" 이념이 그들로 하여금 주장하도록 했던 것이고 동시대 사람들에 대한 우월성에 비례했다는 뜻이다. 그러므로 성직자의 주장에 관한 한, 16세기 영국목회자의 소리가 17세기의 영국 목회자의 소리보다 더 컸다. 17세기는 청교도주의가 국가 전반에 걸쳐서 훨씬 더 많은 지지를 받았고 목회자들이 평신도와 함께 생각해야 했던 때였다. 이 두 시기는 그들이 유럽 사회에서 가장 후진적이었던 사회에 살았던 스코틀랜드 장로교인들 가운데서 최고점에 도달했던 때였다.[33] 상인들과 젠틀맨들이 자신의 사회적 힘을 시위할 수 있기도 전에 목회자의 정신은 칼빈주의적 위계, 촘촘하게 규율화된 사회적 질서를 구성했고, 이것들은 "말씀의 엘리트"에 의해 지배되고 새로운 지식인에게 호소한 객관적이고 절대주의적 기준에 따라 통치되었다. 목회자들은 어떤 의미에서 상인들과 젠틀맨들의 선임자였고 그들의 통치자가 되고 싶었던 사람이었다.

4. 청교도 목회자들의 정치활동

16세기 마지막 30년의 흐름 속에서 청교도 목회자들은 조직과 이데올로기 면에서 놀라운 독립성을 획득했고 급진적이고 혁신적인 정치를 발전시켰다. 그들은 메리 여왕이 추방한 자들이 수행한 작업을 계속했다. 그런 지도자 중의 한

---

33) 장로교의 주장 사례들에 대해서는 다음을 참조. W. L. Mathieson, *Politics and Religion*: *A Study in Scottish History from the Reformation to the Revolution* (Glasgow, 1902), I, p. 265 외 곳곳. 다음과 비교해 볼 것. H. R. Trevor-Roper, "Scotland and the Puritan Revolution," in *Historical Essays*: *1600-1750*: *Presented to David Ogg*, ed. H. F. Bell and R. L. Ollard (London, 1963), pp. 82-83.

사람인 존 필드는 잉글랜드에서 녹스 저술 유고의 관리자였다.[34] 그러나 그들의 사고의 혁명적 질은 엘리자베스 체제의 무정형적 프로테스탄티즘과 다투는 가운데 무디어졌다. 그 목회자들은 구원이 새로운 영국 국교회에서 가능하다는 것을 인정했다. 그들마저 성공회의 직책을 받아들였다. 그러나 그들은 그 체제에 결코 통합되지 않았다. 그들은 계속해서 그 체제의 규율을 피하는 것을 추구했다. 책략과 기만은 급진론자의 제일가는 무기였다. 귀환한 추방자들과 그 추종자들은 가능할 때는 공개리에, 필요할 때는 비밀리에, 교회 밖에서 결사하기를 계속했으며 여왕이 싫어하는 규율을 그들 사이에서 유지하기를 계속했다. "예언하기"는 상호 교화와 비평을 위해 계속 진행되었고 그들의 조직 정신을 살아 있게 했다. 말하자면 그들은 국내 추방을 구성했던 것이다. 그리고 이것이 사실이었다면 그때는 후일의 "회의들"은 지하조직이라고 불리는 것이 마땅하다 할 것이다.[35]

이러한 비밀스러운 성직자 모임은 초기 형태의 자발적 결사체를 대표한다. 이들 모임은 사람들을 엘리자베스의 잉글랜드의 관행 방식 밖으로 가져다 놓는 청교도주의의 경향을 가리키고, 이는 청교도주의가 사람들을 메리의 잉글랜드의 현실적 경계 밖으로 가져다 놓았던 것과 같다. "회의들"은 느슨한 장로교적 체제 형태로 계획되었다. 목회자들은 그들의 지역에서 함께 모였고 "범국민적 대회"를 위하여 여러 번 대표자들을 런던에 파견했다. 대회는 의회 회기와 일치하도록 일시를 조정했고 그리하여 일종의 목회자 로비를 조치했다. 나라 전체에서 벌어지는 다양한 모임은 존 필드가 공식적으로 조정했다. 존 필드는 1580년대 청교도 목회자들의 총무로 섬겼다. 필드는 수많은 문서 자료들을 모았고 분명히 모종

---

34) A. Peel, ed., *The Second Part of a Register*, Introduction, p. 15. 녹스에 대한 필의 찬사를 참조. "너무나 귀중하고 유명한 하나님의 도구였고 … 얼마나 영웅적이고 대담한 정신의 소유자였던가 …." Knox, *An Exposition upon Matthew* IV (London, 1574), Introduction, p. 91.

35) Neale, *Parliaments: 1587-1601*, pp. 18ff. "예언하기"는 동시대의 목회자 윌리엄 해리슨에 의해 기술된 것이다. William Harrison, *Harrison's Description of England in Shakespeare's Youth*, ed. F. J. Furnivall (London, 1877), Ⅰ, pp. 17ff.

의 선전 운동을 펼칠 계획을 세웠다. 그의 "기록장부"는 아직 있으며 성직자들의 노력 범위를 말해준다. 거기에는 의회 법안 초안, 공격 문서와 팸플릿, 정치적 잡시, 그리고 수많은 "탄원" 즉 청원 사례들이 포함되어 있다. 이 모든 것들은 목회자들이 작성했고 지방 젠틀맨들 사이에 돌았다. 회의 자체를 두고 볼 때 목회자들은 신학과 결의론의 세부적인 논점을 쟁론에 부쳤지만 역시 의회 문제들과 그들 자신의 사안들, 즉 돈, 교구민들과의 관계, 주교와의 문제가 갖는 보다 세속적 측면들을 논의했다. 사실상 이 운동은 대체 체제였고 이 체제는 "법적으로는 결코 인지되지 않았던 사정들을 포괄적으로 품은" 체제였다.[36] "그들은 다 함께 이상한 형제애로 결합되었다"고 미래의 대주교인 리처드 밴크로프트는 적었다. "그들은 불법적이고 선동적인 집회를 참되고 가장 고유한 교회라는 이름으로 부르는 도전을 감행합니다. … 자신들의 시도를 결론적으로 마무리하기 위해 [그들은] 주교를 그 직에서 내보내고 그들의 위원을 교회의 가장 탁월한 위엄 앞으로 나아가도록 하는 일을 스스로에게 맡길 것입니다.…"[37]

깜짝 놀란 보수주의자 밴크로프트가 아마도 옳았을 것이다. 목회자들의 정치적 활동은 엘리자베스 정부의 확립된 통로와 절차를 전혀 개의치 않는 아주 놀라운 무관심으로 특징지어졌다.[38] 교회 소집은 1563년 이후 완전히 회피되었다. 모든 관습과는 반대로 목회자들은 그들의 회의에서 의회 사안들을 논의했고 제안과 청원들을 채택하여 런던으로 보냈다. 그리고 런던에서 개원한 하원의 회기 중에 목회자들은 로비 기술을 모색했다. 현대 작가의 보고에 따르면,

---

36) R. G. Usher, ed., *The Presbyterian Movement in the Reign of Queen Elizabeth* (London, 1905), Introduction, p. xxiii. 이 책은 성직자 회의에 관한 최고의 정보를 담은 "데담 노회의 의사록" (Minute Book of Dedham Classis)을 포함한다. 필드에 대해서는 다음을 참조. Patrick Collinson, "John Field and Elizabethan Puritanism," in *Elizabethan Government and Society: Essays Presented to Sir John Neale*, ed. S. T. Bindoff, et al. (London, 1961).

37) Bancroft, *Dangerous Positions and Proceedings* (London, 1593), pp. 126, 127.

38) Frere and Douglas, *Puritan Manifestoes*, Introduction, p. xiv. 크나펜은 청교도의 의회 전술들을 "평범한 것"으로 취급한다. 그러나 여론에의 호소는 이 범주에서 제외한다(Knappen, *Tudor Puritanism*, p. 234). 실제로 이 전술들은 아주 미증유의 것이었다. 이는 밴크로프트와 같은 사람들에게 분명했으며 여왕은 말할 것도 없다. 오늘날 닐과 같은 보수주의적 역사가들에게도 마찬가지이다.

"[그들은] 하원 문 앞에 습관적으로 나타났으며 이동하는 의원과 연줄이 있으면 복음을 기억하는 예배를 올렸다."[39] 또한 의회 의원에게 공개적 압력을 넣는 조직적 노력도 했다. 성직자 회의는 교구별로 기존 교회를 조사해서 그 자료를 편찬하고 결점이라고 생각된 것을 명세화했다. 그들은 이것을 1584년도 의회 회기용으로 출판했고 공감을 표하는 젠트리의 수많은 탄원서와 함께 돌렸다. 닐은 이것이 적어도 "자발적으로 터진 일반적 불만족의 현상"을 창조하려는 시도였다고 썼다.[40] 의회의 결정에 영향력을 행사하고 심지어 하원에서 추종자를 조직하려는 노력들은 영국 정치사의 주요한 발전을 대표한다. 1640년대의 평신도와 의회주의자들의 많은 전술은 1580년대의 목회자들에 의해 예기되었고 시험되었다.

5. 청교도 목회자들의 정치참여의 특성

급진적 혁신은 청교도가 인습적이고 관행적인 절차로부터 유리되고 또 추방되며 고립됨으로 말미암은 기능이었다. 제네바에서 귀환한 목회자들과 젊은 학도들은 성공회의 "부패" 가운데 야망을 가지고 경건한 이력을 추구했기에 마찬가지로 소외감을 느꼈다. 설교자 리처드 그린햄은 "낙원은 우리의 고국이라"고 썼고 이때 그가 뜻하는 것은 잉글랜드가 아니었다. "우리는 메섹과 게달의 장막에서처럼 여기에 거주하며 그러므로 집에 있는 것을 기뻐한다."[41] 어떤 의미에서 급진주의는 추방의 정치였고 오래된 잉글랜드가 집이 아니었던 사람들이 펼친 정치였다. 칼빈주의는 추방의 이데올로기였고 그리스도의 군대에 입대하기 위해 "아버지와 조국"을 포기한 사람들의 이데올로기였다. 이것은 전쟁을 가차

---

39) 다음에서 인용된다. Irvonwy Morgan, *Prince Charles' Puritan Chaplain* (London, 1957), p. 111. 로비 활동에 대한 다른 기술을 위해서는 다음을 참조. Thomas Fuller, *Church History of Britain* (London, 1845), V, p. 83.
40) Neale, *Parliaments: 1584-1601*, p. 61. 탄원서를 보려면 다음을 참조. A. Peel, ed., *Second Part of a Register*.
41) Richard Greenham, *Works* (London, 1612), p. 645; 다음에서 인용된다. Knappen, *Tudor Puritanism*, p. 350.

없이 벌일 수 있는 군대였다. 왜냐하면 그것은 자신이 움직이고 있었던 세계에 대한 경멸 외에는 아무것도 가진 것이 없었기 때문이다. 성도들의 의로움을 보장하는 것은 오로지 말씀뿐이었고 그들은 말씀을 고국 땅에서 "인간이 만든" 모든 관습과 편안한 전통과 대립하는 것으로 설정해 놓았다. 밀턴은 1641년에 "그들이 특권을 원하는 동안 성가를 부르게 하라"고 썼다. "우리는 그들에게 성경을 말할 것이다. 그들이 관습을 말하면 우리는 성경을 말할 것이다. 그들이 법령과 법규를 말한다면 우리는 여전히 성경을 말할 것이다."[42] 이것이 정확히 결사체를 만든 청교도 목회자들의 견해였고 그들로 하여금 정치적 활동에 대한 전통적 제약으로부터 자유롭게 해 준 것이었다. 심지어 이것이야말로 모든 정치 중에 가장 담대한 정치를 가능하게 해 준 것일지도 모른다. 존 필드는 1580년대의 의회 작전이 실패하자 걱정했던 동료들에게 이렇게 말했다. "터쉬, 그리고 에드먼즈 씨, 평안을 지키도록 합시다. 우리는 소송이나 논쟁으로 이러한 일들을 포괄할 수 없다는 것을 알기 때문에 우리가 원하는 규율을 달성해야 하는 것은 다중多衆과 사람인 것입니다."[43]

영국의 법과 관습에 대한 경멸과도 같은 이것은 엘리자베스의 가톨릭교도들을 특징짓는 것이기도 했다. 이들의 고립은 확실히 개혁 성도들이 견딘 것보다 훨씬 더 잔인했다. 그러나 청교도 정치와 가톨릭교도 정치를 자세히 비교해 보면, 아마도 청교도들의 우월한 모험가적 재능이 드러날 것이다. 물론 기회는 그들에게 더 많이 열려 있었다. 그들은 가능한 것을 더 많이 알아차리고 행동했다. 대체로 그들은 순교자의 로맨스에 의해 마음이 움직이지 않았다. 그와 동시에 두 무법자적 성직자 집단 사이에는 병행될 수 있는 중요한 것이 있었다. 가톨릭 사제들도 역시 "하나님의 소명과 거룩한 교회"[44]를 따르기 위해 추방을 견뎠고

---

42) John Milton, *Works*, ed. F. A. Patterson, et al. (New York, 1932), III, part I. p. 246.
43) 다음에서 인용된다. Neale, *Parliament: 1587-1601*, p. 145; 약간 다른 설명을 위해서 다음을 참조. Bancroft, *Dangerous Positions*, p. 135.
44) A. O. Meyer, *England and the Catholic Church under Queen Elizabeth*, trans. J. R. McKee (London, 1916), p. 133.

"혈통에 따른 아버지"와 단절했다. 1569년에 충성스러운 귀족들의 반란이 실패한 후 사제들은 가톨릭이 전개한 투쟁에서 주도권을 잡았고 청교도 성직자의 권력과 다소 비슷한 그들의 새로운 권력은 전통적 평신도 리더십의 붕괴와 관계가 있었다. 가톨릭 성직자들 사이에서 예수회는 성공회의 통제에 대한 조급한 마음과 정치적 실험을 기꺼이 하려는 마음이라는 양면에서 특별히 청교도 목회자들과 닮았다. 예수회 지도자 로버트 파슨즈는 1580년에 런던에서 일종의 대회를 소집하고 동년에 불법적 인쇄소를 설립하는 일을 해냈다.[45]

그러나 가톨릭교도들 사이에는 추방을 겪은 경험, 예컨대 급진적 이데올로기에 의해 고양되는 것과 같은 일이 없었다. 잉글랜드로 몰래 들어간 용기 있는 사제들은 종종 그곳에서 죽기도 했지만 전통적 사회 질서에 밀접하게 구속되었고 가장 자주 하던 일은 영주와 예배 목사 사이의 봉건적 관계라는 한계 내에서 일하는 것이었다. 그들의 수고의 궁극적 결과는 버림받은 자의 문화를 창조하는 것이었고 안전한 전통주의의 거주공간을 만드는 것이었다. 로마와 스페인에서 그들의 관계는 끔찍이도 불리한 조건에 처해 있었기 때문에 잉글랜드에서 어떤 의미 있는 가톨릭 정치 조직을 만들어 낼 수 없었다. 가톨릭 사제와 평신도들은 정치 활동에 참여했지만 전술 면에서 대귀족의 주위를 맴도는 암살 구상과 구태의연한 음모에 기울어져 있었다. 반면에, 청교도들은 지하조직에 기울어져 있었고, 아니면 어찌 됐던 전통적 권위 구조 밖에 있는 조직에 기울어져 있었다. 이들은 위대한 개인을 덜 강조했고 혁명 기간 동안에도 암살 기술을 거부했다.

가톨릭교도 정치는 궁극적으로 로마에서 결정되었다. 영국 예수회는 교황청에서 로비 활동을 했다.[46] 추방과 투옥을 직면한 청교도들은 자신의 내부로 향

---

45) J. H. Pollen, "The Politics of English Catholics during the Reign of Queen Elizabeth," *The Month*, in six parts (January-August, 1902), XCIX, p. 147; E. L. Taunton, *The History of the Jesuits in England, 1580- 1773* (Philadelphia, 1901), pp. 8, 55ff., 69; Meyer, *Catholic Church*, p. 201.

46) Meyer, *Catholic Church*, pp. 420ff. 가톨릭 정치의 많은 에너지는 로마 모의에 소비되었고 사제들의 많은 논쟁적 노력은 라틴어로 써졌다. 그 제명에 대해서는 다음을 참조. Meyer, *Catholic Church*, pp. 432, 432n.

했고 그들의 의존 수단은 깊이 자신을 돌이켜 보는 것과 회의를 여는 것이었다. 이리하여 그들의 정치는 그들의 경험과 이데올로기에서 직접 도출되었다. 그것은 아무런 법인체적 몸에 의해 매개되지 않았다. 청교도의 정치적 혁신, 결사한 목회자들의 전술, 필드의 혁명적 제안은 그 원천이 그들의 정치가 야기한 경험과 정신 상태에서 추구되어야 했다. 가장 간단하게 말해서, 성직자라는 성도들의 삶은 산발적인 박해와 지속적 괴롭힘으로 특징지어졌다. 이는 회피, 조롱, 철수의 기술을 효과적으로 가르친 그들이 지닌 "선진" 이념의 대가였다. 그들의 선진 이념은 종종 신속하고도 갑작스러운 운동을 요구했고 종종 일종의 과민한 긴장과 항존하는 "정착되지 않음"의 감정, 그러면서도 거의 초대되지 않은 순교를 유발했다. 이 모든 것은 청교도주의가 탄생한 추방의 경험을 재현했고 그리하여 목회자들은 이미 본 바와 같이 추방의 조직화를 재확립하고 그 방식을 다시 채택했다. 그들의 우월성 및 이방인 의식은 그들에게 일치할 것을 강제하는 바로 그런 사람들이 확증해 주었다.

크레인 브린튼의 용어를 채택해서 말하자면, "지식인들의 이반"은 가끔은 대륙으로의 무질서한 탈주였고 가끔은 감방에 가는 내키지 않은 행렬이었다. 필드와 윌콕스는 『의회에 보내는 훈계』*Admonition to Parliament*를 불법적으로 출간해서 배포한 후 감옥에서 여러 달을 보냈다. 카트라이트는 1590년대에 아일랜드에서 일 년 동안 살았고 케임브리지 대학교에서 강의할 수 없게 된 후 제네바에서 또 일 년을 보냈으며 네덜란드에서는 수년 이상을 보냈다. 그는 "회의" 운동이 무너진 후 어달, 스네이프, 그리고 다른 사람들과 함께 1590년대에 투옥되었다. 그는 노령을 잉글랜드에서가 아니라 건지 섬에서 보냈다.[47] 월터 트래버스는 훗날 제네바에서, 그 후로는 아일랜드에서 추방의 삶을 살았다. 그와 더들리 펜너는 둘 다 앤트워프에 있는 영국인 교회에서 수년 동안 목회자나 강사로

---

47) Scott Pearson, *Cartwright*, pp. 20, 150ff., 373. 현재 단락에 나오는 다른 정보의 출처는 *DNB*.

봉사했다.[48] 존 펜리는 마프렐럿 논쟁 사건 후 스코틀랜드로 도피했고 모험하듯 귀국하고는 처형되었다. 청교도 인쇄업자인 월드그레이브는 수년 동안 위그노의 라로셸에서 그리고 그 후에는 에딘버러에서 살았다. 브라우니와 해리슨 같은 보다 급진적 분리주의자들은 삶의 대부분을 네덜란드에서 보냈다. 보다 많은 사례들이 제시될 수 있다. 말하자면 16세기 청교도들은 17세기 청교도들 중 많은 이들이 새로운 세계에 익숙해 있던 것처럼 대륙에 익숙했다.

그러나 청교도 지식인이 도망가지 않았다고 해서 잉글랜드에서 안전하고 마음이 편안했던 것은 아니었다. 휘트기프트 대주교는 잔인하게도 카트라이트를 유랑하는 노숙자라고 비난했다. 그는 식사를 다른 사람들의 식탁에서 했던 것이다.[49] 실제로 청교도에게는 탁발적인 어떤 부분이 늘 있기는 했다. 그는 17세기가 되어서도 할 수 있는 한 최선을 다해 평신도의 후원에 의지해서 살았으며 기존의 교구 제도 내에서는 재정이 거의 안정되지 않았다. 성공회 교회도 교육받은 자랑스러운 청교도 목회자에게 적당한 영적 심지어 물질적 장려책도 제공할 수 없었다. 그의 포부들이 최고점에 도달한 것은 그가 그 포부들을 적어도 전통적 질서 내에서 기존 체제의 지적 퇴폐성과 경제적 나약성의 조건 속에서[50] 실현할 가능성이 가장 적었을 바로 그때였다. 그러나 그가 잉글랜드에 머무는 한, 그 질서를 전적으로 피할 수는 없었다. 그를 교회 삶의 일상적 틀에서 떼어놓는 것은 그의 "선진" 이념들의 본성이었지만 그렇다고 해서 그것이 그가 더 이상 존경하지도 않고 존경도 박탈되어 있는, 그러면서 적어도 가끔은 두려워지게 하는 권위로부터 자신을 해방시키려는 것은 아니었다. 바로 이러한 이유로 해서 그 자신은 순응을 완강하게 거부하게 되고, 그러므로 괴롭힘을 당하지 않을 수 없게 된다. 그러므로 또 다시 많은 사람들이 추방의 실험이나 투옥의 위험을

---

48) S. J. Knox, *Walter Travers*: *Paragon of Elizabethan Puritanism* (London, 1962), pp. 25-53.
49) Scott Pearson, *Cartwright*, p. 66.
50) 엘리자베스 시대의 교회 조건에 대한 최고의 기술은 다음에서 발견될 수 있다. Usher, *Reconstruction*, Ⅰ, pp. 205ff; Christopher Hill, *Economic Problems of the Church*: *From Archbishop Whitgift to the Long Parliament* (Oxford, 1956).

기꺼이 마다하지 않게 된다.

　이 모든 것의 결과는 역시 칼빈주의 신학에 의해 심어진 "정착되지 않음"이라는 이상한 의식을 청교도 정신에 견고하게 고정하는 것이었다. 청교도를 잉글랜드에서 국외자로 만든 이념과 지적 분위기가 청교도적 경험에 의해 강화되는 일이 번갈아 일어났다. 토마스 테일러는 이러한 경험의 교훈을 1618년에 다음과 같이 요약했다. "은혜가 많을수록 문제도 많다." 사람이 성도가 되면 "구속과 투옥이 어디서나 자기에게 머문다"는 것을 그는 안다.[51] 이와 동일한 느낌이 리처드 로저스의 일기에서 오롯하게 예시되었다. 그 일기는 경건으로 인한 걱정과 "경성"으로 인한 긴장이 가득하다.

　로저스의 자존감, 다시 말해서 청교도 지식인의 우월감은 "공통 과정"을 과민하게 피해가는 것을 필요로 했다. 일상적으로 반복하는 목사 생활조차 그의 성도로서의 열정을 무디게 만들었다. "우리는 서서히 필요하지 않은 말로 배회하고 이전의 열정은 얼마간 약해졌다."[52] 로저스는 "경각심을 나와 함께 하는 동반자로서 … 가지고 싶다"고 기도했다. 왜냐하면 악마는 부주의한 순간, 열정적 헌신의 약화만을 기다리기 때문이었다. 로저스의 영적 불확실성은 어떤 의미에서 자신의 교회 내 불확실한 지위를 반영했다. 따라서 그는 1588년에 브라이드웰에 있는 죄수들을 방문하고는 그들처럼 "자유를 잃을 것 같다는 생각에 괴로워하며" 불안한 마음으로 집으로 돌아갔다. 다음 해에 적은 기록을 보면 그는 자신이 "직무를 쉽게 처리할 수 있을 만큼 활달하지도 용감하지도 않으며 이러한 이유로 정직될 가능성이 매우 높다 …"고 밝혔다. 악마와 주교의 맹공을 동시에 직면하게 되자 그는 "좋은 친구" 즉 동료 청교도들에게로 다시 돌아갔다. "금월[1587년 12월] 6일에 우리는 우리 목회자들끼리 금식을 하고 더 많

---

51) Taylor, *Christ's Combat and Conquest* (London, 1618), pp. 4, 9.
52) *Two Elizabethan Diaries*, ed. M. M. Knappen (Chicago, 1933), p. 58, 또한 다음을 참조. Taylor, *Progress of the Saints*, p. 216. 성도들은 "공통 과정으로부터 분리되어 나오는 특별 봉사"를 강력하게 권고한다.

이 경건해지기 위해 우리를 각성시켰다." "좋은 친구"에 대한 로저스의 감각이 그 안에 가족적이거나 이웃적이라고 하는 것이 거의 없었다는 점은 주목할 가치가 있다. 그가 방문자들에게 "언약 맺기의 필요성"을 촉구했을 때 그는 친족보다는 새로운 형태의 "형제" 결사체를 제안하고 있었다. 청교도들이 정치 세계에 진출한 것은 바로 이런 종류의 조직과 더불어서였다. 수년 동안 로저스는 데담 회의에서 활동했다. 그의 동료 목회자들과 함께 금식을 축하하고 그들과 함께 나바르의 왕을 위해 기도하며 경건이 고조되는 데까지 스스로 노력했다. 이렇게 그는 실제로 추방까지는 가지 않았을지라도 "주와 함께 조심스럽게 동행하면서"[53] 공통 과정을 피했다.

6. 청교도 목회자들의 사회적 성격

리처드 로저스는 목수의 아들이었고[54] 카트라이트는 어느 요맨의 아들이었으며 트래버스는 금세공사의 아들이었다. 펜너의 가족은 분명히 부유하게 살았지만 일반적으로 엘리자베스 시대의 청교도들은 메리 여왕에 의해 추방된 목회자들처럼 평민 출신에 속했다. 이것은 『의회에 보내는 훈계』의 저자인 필드와 윌콕스의 초년에 대해 알려진 것이 거의 없다 해도 필시 그 두 사람에게 사실이었다. 그들이 모호하다는 바로 그 점이 그들이 상류 태생이 아니었다는 것을 논변한다. 어셔는 1603년의 청교도 목회자들의 수가 약 300명이라고 계산했고 이들 모두가 실질적으로 평민이었고 그 3분의 1은 거의 대학 교육을 받지 못했으며 나머지는 아마도 독학했을 것이다.[55] 그리고 이러한 사람들이 사회적으로 앞서갈 것 같지는 않았을 것이다. 또한 성직자의 수입은 적었고 16세기 동안 목회자들은 평신도의 후원을 찾는 압박을 많이 받았다. 이 청교도 성도들은 회의에

---

53) Ibid., pp. 67, 69, 77, 92.
54) Ibid., pp. 17ff. 현재 단락과 다음 단락의 다른 정보는 별도로 언급되지 않는 한 다음 책이나 벤자민브룩의 책에서 온 것이다. *DNB* (Dictionary of National Biography); Benjamin Brook, *The Lives of the Puritans*, 3 vols. (London, 1813).
55) Usher, *Reconstruction*, I, pp. 250-252.

서 "생활비의 부족"에 관한 불평을 터뜨렸다.[56] 대체로 그 시대의 편견으로 인해 그들은 결혼을 잘 하는 것이 막혀 있었고, 따라서 그들을 세속적 걱정으로부터 자유롭게 해 줄 부를 보장받는 것도 막혀 있었다. 구역 목사의 아내들은 여전히 악의적인 소문의 피해자였고 "남편의 삶에서 분리되어 나서지 않은 채 뒤에 있었다." 이렇게 흐릿한 존재는 젠틀맨이나 잘 되는 상인이 자기 딸을 위해 찾아나서는 그런 부류가 아니었다.[57]

상대적으로 상류층 출신의 소수 성직자 집단은 그 대부분이 회의 운동의 붕괴 후에 두드러지게 되었는데 이들은 다음 세기로 넘어가는 전환을 표시한다. 로렌스 채더톤은 거의 40년 가까이 케임브리지 대학교의 엠마누엘 칼리지 학장으로서 부유 가문 출신이고 또 다른 부유한 사람과 결혼했다. 존 도드는 젠틀맨의 아들로서 17명의 자식 가운데 가장 막내였다. 헨리 스미스는 좋은 가문 태생이었으며 "거대 유산의 상속자"였다. 아서 힐더샘은 1590년대 초반에서 1632년까지 애쉬비-드-라 주쉬에서 재임했고 그 기간 동안 일곱 번 정직되었으며 헌팅던 백작의 먼 친척이었다.

17세기의 청교도 형제들 가운데 수많은 사람들이 젠트리 및 도시 상류층과 사회적으로 연결되었다. 물론 하층 사회 집단들도 중요한 목회자들 중 많은 사람들을 아마도 그 대부분을 계속 지원했다. 예를 들면 인기 강사이자 수레 목공의 아들인 리처드 십스, 1640년대의 위대한 의회 설교자이자 장갑 제조공의 아들인 스티븐 마샬, 궁정 정치에서 유일하게 활동한 설교자이자 아마도 쇠락한 젠틀맨이었을 요맨인 농부의 아들 존 프레스턴 등이 있다. 백스터의 아버지도 마찬가지로 "조상 때문에 젠틀맨이라 불린 평범한 자유토지보유농"이었다. 그러나 윌리엄 가우지는 쇠락하지 않은 오랜 젠트리 가족 출신이었다. 그의 아버지는 부유한 청교도적 런던 상인 니콜라스 쿨버웰의 딸과 결혼했다. 토마스 가

---

56) Usher, *Presbyterian Movement*, p. 43.
57) Hart, *Country Clergy*, p. 33f.

타커는 젠틀맨의 젊은 아들인 성직자의 아들이었다. 조셉 미드는 학자이자 케임브리지 대학교 교수로서 계시록에 대한 그의 작품은 1640년대의 급진주의자들에게 영감을 주었고 런던 상인들과 관계가 있는 젠트리 가족 출신이었다. 칼리뷰트 다우닝은 1641년 선동을 부추기는 설교를 했고 젠트리 태생이었다. 혁명 팸플릿 작가 허버트 팔머는 토마스 팔머 경의 아들이었다. 든든한 장로교 목회자 코넬리우스 버지스는 오랜 부유한 가족 출신이었고 토지구입비로 장기 의회에 3,500파운드를 선불할 수 있었다. 휴 피터는 1648년에 처형되는 찰스 왕 앞에서 설교했고 유명한 콘월 가족의 작은 아들이었다.[58] 보다 많은 목회자들이 도시의 지배 계급과 밀접한 관계를 맺었다. 존 대번포트의 아버지는 코벤트리 시장이었다. 마찬가지로 윌리엄 홧틀리의 아버지는 밴버리 시장을 역임했고 사무엘 버틀러가 나중에 그의 청교도주의를 유명하게 만들었다. 재능을 지닌 신학자 토마스 테일러의 아버지는 수년 동안 요크셔의 리치몬드 판사였다. 프레스턴은 노샘프턴 시장인 외삼촌이 대학에 보냈다.

결혼을 잘 하는 것은 16세기보다 17세기가 수월했다. 따라서 설교자 로버트 볼턴은 켄트에 있는 "유서 깊은 가문이자 고명한 가족의 교양 있는 여자"와 결혼했다. 장로교 성직자 집단Smectymnuans의 일원인 매튜 뉴커먼과 에드먼드 칼라미는 둘 다 아내가 될 사람을 로버트 쉬넬링의 딸들 가운데서 찾았다. 쉬넬링은 제임스 1세 치하에서 마지막으로 몇 번 개최된 의회에서 입스위치를 대표하는 하원 의원이었다. 존 오웬은 1640년대와 50년대의 독립파 목회자들의 주요 지도자로서 오랜 웨일스 가족의 아들이었고 잉글랜드 젠틀맨의 과부와 결혼했으며 그녀와 함께 해서 상당한 부를 얻었다. 그의 동료 토마스 굿윈은 런던 부시장의 딸과 결혼했다. 앞서 개혁에의 급진적 외침이 인용된 바 있는 토마스 케이스는 유명하고 부유한 맨체스터 시민의 딸과 결혼했다. 그리고 결과적으로 그의 딸은 젠틀맨과 결혼했다. 스티븐 마샬은 온건한 장로교인으로서 그의 아내는

58) R. P. Stearns, *The Strenuous Puritan: Hugh Peter, 1598-1660* (Urbana, Ill., 1954).

"상당한 부를 가진 교양 있는 여자"였는데 "그의 설교를 열렬히 전하는 일에 매료되었다"는 말이 있다.[59] 17세기 젠트리의 딸들이 그토록 놀라운 매료를 흔하게 받아들였다는 사실은 의미심장하다.

청교도 성직자의 사회적 성격은 대충 1570년대와 1640년대 사이에 변했는데 이는 이데올로기적 강조를 포함하는 방향으로 점점 이동했다. 카트라이트와 그 추종자들의 "규율적" 교리는 초기에 발전되었지만 그 성격은 장로교적이었고 거의 전적으로 평민으로 구성된 성직자의 이데올로기였으며 사회적으로 지적으로 고국에서 고립된 이데올로기였다. 그것은 사역의 중요성을 엄청나게 강조했으므로 그 관련 문헌들은 포괄적으로 성직자 자신에게 유리한 특별한 주장의 일부로서 해석될 수 있다. 장로 직분에 귀속된 권력에도 불구하고 장로교는 그 순수한 형태에서 성직자의 지배 체제였다.[60] 사역과 관련한 의안, 예컨대 사역 보수, 지위, 권력에 관해 16세기 청교도들이 초조하게 고집하는 제안들을 한 곳에 모은다면 이 지배성이 결정적으로 예증될 수 있을 것이다. 『의회에 보내는 두 번째 훈계』의 어느 절을 보면 여백에 "사역을 신용과 평가로 가져오는 길"이라고 지목되어 있고 이는 초기 청교도들의 불안과 열망을 가리키는 색인 구실을 하는 것일 수 있다. 그 본문은 회중은 "그들[즉 목회자들]이 그대의 교회에 부여한 하나님의 보석이라는 것"을 알아야 한다고 설명했다.[61] 규율에의 야망은 또한 물질적 전환을 겪었다. 월터 트래버스는 성직자에 대한 엘리자베스의 평가뿐만 아니라 엘리자베스 치하의 생활유지비까지도 불충분하다는 것을 불같이 촉구했다. 그는 "주께서 그렇게 지정했다. 즉 복음을 설교하는 그들은 복음에 의지해서 먹고 살아야 한다"고 썼다. 목회자는 "필요와 빈곤 때문에 해를 가장 많이 입게 되어 자신들의 연구가 흐트러지지 않도록 교회에 의해서 관대히 공급

---

59) E. Vaughan, *Stephen Marshall* (London, 1907), p. 15.
60) 규율 이데올로기에 대한 최고의 논의는 다음을 참조. Scott Pearson, *Church and State: Political Aspects of Sixteenth Century Puritanism* (London, 1928).
61) *Second Admonition*, p. 22.

받아야 한다."**62**

17세기 초 내내 청교도사상과 실천의 경향은 목회자들이 그들의 교회론에 대해 무슨 이름을 붙였던 간에 독립적 입장을 지향했다. 독립성은 하급 젠트리와 도시 상류층과 갈수록 더 긴밀한 관계를 형성하고 있었던 성직자의 자연스러운 교리였고 이 교리에는 두 계층의 구성원들이 모두 포함되어 있었다. 그 교리에는 장로교를 특징지었던 불안과 강박적인 과잉 조직이 훨씬 적었다. 그것은 돈에 대해 보다 느긋했고 보다 급진적으로 지지한 사람들 중 일부는 다같이 기꺼운 마음으로 십일조에 앞장서기도 했으며 이를 지지하려고 목회자와 회중 사이의 협약에 의존하기도 했다. 독립성은 지역에 따른 영향이든 평신도가 미치는 영향이든 이들 영향에 대해 보다 개방적인 형식을 취했다. 도시의 강사직에서, 특별 설교자와 도시 회중과의 계약에서, 그리고 젠트리의 후원을 통해 지방에서 제공되는 직책에서 어떤 독립성이 시험되고 완수되고 있었다. 그와 동시에 목회자와 의회 젠틀맨 사이에서 점진적으로 이루어져 가는 우호적 협력은 중앙집권적인 강력한 성직자 조직의 요구를 약화시키고 있었다. 16세기만 하더라도 의회의 청교도 "합창단"의 많은 회원들은 의심의 여지없이 스스로를 개혁 교회의 지부를 지배하는 경건한 장로들로 보았다. 성직자의 권력과 독립성의 진정한 고향은 스코틀랜드였고 여기서는 프로테스탄트 사역이 도시와 지방의 작은 은신처에서 꾸려져서 봉건 귀족에 대항해서 장기적이고 격렬한 투쟁을 벌였다.**63** 그리고 장로교 총회가 더 오래된 의회와 나란히 독자적으로 강력한 위치를 차지한 것은 오직 스코틀랜드뿐이었다.

이러한 성공은 영국 의회의 실패와 비교할 때 날카로운 대조를 보여준다. 1590년대의 회의 운동은 밴크로프트의 치안에 의해서 허물어지고 성직자의 지하조직은 결코 재건되지 못했다. 그때부터 성직자의 결사체는 그 구조가 덜 굳

---

62) Travers, *Ecclesiastical Discipline*, pp. 112, 113.
63) Mathieson, *Politics and Religion*, pp. 100, 160, 200ff.

건했으며 성직자의 활동은 덜 독립적이 되었고 덜 창의적이 되었으며 정치적으로 덜 흥미롭게 되었다. 1620년대에 교회의 성직과 강사직을 매입하기 위해 설립된 불법 법인인 몰수 수탁 기관Feoffees of Impropriation에서 청교도 목회자들, 상인들, 변호사들, 그리고 젠틀맨들은 긴밀하게 협조하여 일했다.[64] 목회자인 가우지와 대번포트는 그 일에 관여했고 이미 그들의 평신도 동료들과 같은 사회 계급의 구성원들이었다. 지역적 차원에서 지역 장로들과 함께 회중들은 성직자 회의를 청교도 조직의 주요 형태로 대체했고 종종 지방 젠트리의 교육 받은 구성원들과 긴밀하게 협조했다. 규율적 청교도가 17세기의 회중적 형태로 이동한 것은 젠트리의 세련화와 자신감의 급속한 발전과 평행을 이루었다. 진실로 그 두 과정은 밀접하게 상호 연결되어 있다. 왜냐하면 청교도 지식인들은 새로운 계급의 열광을 어느 정도 형성했고 지휘했으며 청교도 회중들은 이를 펼칠 행사의 장을 제공했기 때문이다. 그러나 그 결과는 목회자의 자유를 일정 정도 상실하는 것이 되었다. 제3신분의 목회자는 그보다 더 큰 평민 운동과 합병되었고 그에 딸려가게 되었다. 목회자들은 젠트리의 목사이자 지도 교사, 대학에 다니는 젠트리 출신 아들의 실제적 교사, 변호사 협회의 설교자가 되었다.

드디어 청교도 지식인들은 이제 수혜 제도 밖에서, 그리고 적어도 부분적으로 주교의 관할 밖에서 그들이 설교하는 복음에 의지해서 먹고 살았다. 그들의 강사직은 대중들의 구독 모금으로 지원되었다. 그들이 도시 공동체와 맺은 계약은 통상 십일조보다 더 많은 돈을 가져왔고 오래된 회비는 수혜로 돈을 받은 성직자보다 더 많은 돈을 가져다주었다. 초창기의 자유분방한 급진주의는 에너지와 야망이 넘치는 도시와 지방의 평신도들과의 새로운 동맹으로 대체되었다. 이들 젠틀맨, 변호사, 그리고 상인들 중에 보다 예민한 이들은 목회자들과 함께 영적 여정에 착수했고 그 끝에는 평성도와 혁명이 있었지만 필드가 한때 구상

---

64) Hill, *Economic Problems*, ch. xi; Ⅰ. M. Calder, *Activities of the Puritan Faction of the Church of England, 1625-1633* (London, 1957).

했던 것과 같은 혁명은 아니었다. 새로운 가능성들이 개혁 교회의 이념뿐만 아니라 거룩한 연방의 비전에도 충실한 크롬웰과 같은 사람에게서 훌륭하게 요약되었고 그 이념과 비전은 둘 다 경건한 목회자들의 지배하에 있었지만 크롬웰과 같은 평성도들에 종속되어 있었다.

7. 혁명의 문을 여는 청교도 지식인들

17세기 청교도 목회자 및 점차 늘어나는 청교도 젠틀맨의 경력은 통상 대학 경력에서 시작했다. 케임브리지대학교와 옥스퍼드대학교는 교육을 제공해 주는 일도 했지만 사회적 공간을 더 제공해 주었다. 그런데 이 공간은 목회자와 평성도와의 동맹이 완성될 수 있었던 결정적 사회적 공간의 일부였다. 성도의 "영적 투쟁"과 최종적 개종은 대학교육의 영향보다 도시선교의 영향 하에서 자주 일어났지만 그것이 일어난 곳은 대학교였다. 다른 "선진" 지식인 집단과 마찬가지로 보다 중요한 교육은 여전히 대학에서 보장될 수 있던 대의를 위한 제도와 출판물에서 제공되었다. 케임브리지대학교와 옥스퍼드대학교의 교육과정은 17세기 초반을 거치면서 여전히 낡은 스콜라적 유형을 계속 따르고 있었다. 아마도 라무스가 많은 논리학 지도 교사들을 위해서 아리스토텔레스를 대신했고 새로운 범주들이 칼빈주의 신학을 지지하기 위해 차용되었을 것이다. 그러나 관심 없는 젊은이들을 열정의 청교도로 돌려놓을 어떤 것을 17세기 학문 교육의 주제 속에서 발견하는 것을 어려운 일이다. 아마도 대학 교육이라는 그 단순한 사실 하나만으로도 변화가 가속화되었을 것이다. 왜냐하면 칼빈주의는 틀림없이 새로 교육받은 자들의 주장을 부추겼고 영국 사회는 그러한 주장을 수용하거나 경건한 졸업생의 야망을 위한 어떤 출구를 제공할 준비가 거의 되어 있지 않았기 때문이다.[65]

---

65) Mark Curits, "The Alienated Intellectuals of Early Stuart England," *Past and Present*, no. 23 (November, 1962), 특히 27-28쪽. 대학 생활 일반에 관해서는 다음을 참조. William Haller, *The Rise of Puritanism* (New York, 1957), ch. ii; Mark Curtis, *Oxford and Cambridge in*

16세기 후반과 17세기 초에 젠틀맨의 아들들이 대학에 갑작스럽게 몰려든 것은 청교도 교수들과 신학생들을 국교회의 규율로부터 자유롭게 하고 후원과 지원의 대안적 원천을 제공하는 것을 도와주었다. 로렌스 채더톤과 엠마누엘 학장인 존 프레스턴과 같은 사람들은 젊은 목회자와 경건한 젠틀맨 세대 전부를 훈련시켰다.[66] 대학에 있는 동안 그러한 사람들은 어느 정도 자유롭게 미래의 목회자들과 연합했다. 특히 그들의 사회적 지위가 동일했을 때 그러했으며 미래의 목회자들은 종종 수년 동안 그렇게 유지된 관계들을 확고히 했다. 학생들은 청교도 지도 교사의 집에서 함께 숙식을 했고 연구했으며 틀림없이 각자의 영적 상태에 대해 정보를 나누었다. 또는 그들은 개종에 앞서 있는 일이라고 관습적으로 생각되는 "광야"나 "방탕"에 다 같이 빠지기도 했다. 이러한 연합의 영향은 거의 무게를 재어볼 수 없다. 분명한 것은 미래 목회자들의 중요한 방식 일부가 세속적 직업을 고대하는 사람들에 의해서 획득되었다는 점이다.

목회자들은 전통적 형태의 영국적 삶으로부터 소외를 오랫동안 느껴 왔는데, 바로 이 소외를 이제는 많은 젊은 젠틀맨들이 공유하게 되었다. 그들은 또한 객관적 말씀의 지령에 따라 칙칙하고 무정한 방식으로 행동하는 것을 배웠다. 그들은 금욕적 방식을 채택했고 교회 밖에서도 그렇게 했다. 그들은 결기를 가지고 높은 마음가짐으로 대의에 전념했다. 이러한 대학생들로부터 청교도 평신도 지식인들이 처음 생겨난 것이다. 예를 들면 밀턴은 1620년대에 케임브리지대학교 크라이스트 칼리지에 다녔다. 그는 교회 회원으로 가입할 계획을 세웠다. 할러가 쓴 바와 같이 그 대신으로 그는 문학계에 헌신과 행동주의의 복음적 의미를 처음으로 가져온 사람이었다.[67] 케임브리지로 오기 전에 청교도 목회

Transition: 1558-1642 (Oxford, 1959).

66) Morgan, *Prince Charles' Puritan Chaplain* (존 프레스턴의 삶 1587-1628), pp. 28-40.

67) Haller, *Rise*, pp. 293ff. 밀턴의 헌신에 대해서는 그가 스스로 진술하는 다음을 볼 것. Milton, *Second Defense* (1654), *Works*, VIII, pp. 119ff.

자인 토마스 비어드의 개인 지도를 받았던 크롬웰과 같은 사람들은 정치 영역에 이러한 헌신을 가져왔다. 이와 동시에 그것이 가져온 것은 인습과 판에 박힌 관습으로부터의 자유였고 이 자유는 "선진" 진리의 소유에 자부심을 갖는 목회자에게 과거에 전가된 바로 그 자유였다.

1638년의 편지에서 올리버 크롬웰은 최종적 개종이라는 영적 위기에 앞서 자신이 놓여 있던 상황에 대해 기술한 바 있다. 말해두지 않으면 안 되는 것은 그가 일상적으로 충족한 삶을 영위했고 대학에서 뛰어난 것도 아니었으며 나중에 그의 땅과 가족을 차지했다는 점이다. 그는 변호사 세인트 존의 아내인 사촌에게 "당신은 나의 삶의 방식이 어땠는지를 안다"고 썼다. "오, 정말 나는 어둠에서 살았고 어둠을 좋아하고 빛을 싫어했다. 나는 괴수, 죄인의 괴수였다." 크롬웰이 틀림없이 진심을 보여주었지만 여기에는 어떤 전도된 자아 중심주의가 있었다. 가장 일반적인 형태의 잉글랜드 상류층의 삶이 갑자기 괴물처럼 보였다는 것, 바로 이것이야말로 거듭난 올리버가 거쳐 지났다고 느낀 엄청난 거리의 기능이었다. 이제 그는 계속해서 이렇게 말한다. "나의 영혼은 맏아들이 된 회중과 함께 있고 나의 신체는 소망 가운데 안식한다. 그리고 여기서 내가 행동 아니면 고난으로 나의 하나님을 영화롭게 할 수 있다면 나는 가장 기쁠 것이다."[68] 그러나 아직 잉글랜드에서 경건한 "행동"의 기회는 전혀 없었다. 평신도 청교도의 높은 마음가짐과 자아의 중요성은 다만 좌절과 비통으로 이어졌을 뿐이다. 그리하여 크롬웰의 영적 여정은 일종의 내적 이주였고 오래된 잉글랜드로부터의 철수였다. 그것은 성직자 지식인들의 실제적 경험을 요약적으로 다시 보여주었다. 그 경험은 이미 청교도 이미지의 일부가 되어버린 경험이거니와 많은 젊은 젠틀맨들이 그런 면에서 청교도의 관점에서 생각하도록 가르침을 받았다.

목회자 중 한 명은 "가여운 영혼들이여, 우리는 이 세상에서 지나가는 여행

---

68) Thomas Carlyle, ed., *Oliver Cromwell's Letters and Speeches* (London, 1893), I, pp. 79-80.

자들과 다름없다. 우리가 지나가는 길은 바다 한가운데 있노라"고 썼다.[69] 지상에 있는 "맏아들"의 집은 아직 결정되지 않았다. 크롬웰은 라우드가 최종 승자가 된 잉글랜드를 저버렸을 것이다. 또 다른 많은 이들은 라우드가 승리한 것처럼 보인 땅을 버리고 도피했다. 그들은 자신의 영적 소외를 신체적 철수로 바꾸었다. 1630년대의 박해는 어느 정도 메리 여왕의 추방 조건을 재현했다. 그러나 이때는 800명이 아니라 20,000명 이상이 잉글랜드 해안으로 도망쳤다. 1629년과 1640년 사이에 약 100명의 케임브리지 사람들이 뉴잉글랜드로 이주했고 이들 중 33명은 엠마누엘에서 자랐다. 다른 32명의 이주자들은 옥스퍼드에서 왔다.[70] 이들은 미국 쇄도를 이끄는 지식인이자 정치적 지도자였다. 이들 모두는 16세기의 추방과 도피 전통을 계속했다. 구질서를 변혁하려는 오랜 노력은 이제 실패하는 것 같았고 "정착되지 않음"이라는 칼빈주의적 의미는 찰스 1세의 캐롤라인 시대를 특징짓는 심원한 비관주의 속으로 심화되었다. "나는 주께서 잉글랜드를 떠났다고 보았다.… 나는 대부분의 경건한 사람들의 마음이 [새로운 세상을 향해] 정해져 있다가 그렇게 구부러지는 것을 보았다"고 토마스 셰퍼드는 자신의 『자서전』에 썼다. "나는 뒤에 남게 되면 많은 불행을 느낄 수밖에 없을 것이라고 생각해야 했다." 그의 견해는 존 윈쓰롭과 같은 경건한 젠틀맨도 공유했다. 그는 아내에게 "여타의 모든 유럽 교회들은 절망에 처했다"고 썼다. "그와 같은 심판이 우리에게 다가오고 있는 것이지 않을 수 없다."[71] 1629년 의회 해산과 더불어 반대편의 마지막 통로는 폐쇄되었다. 목회자와 평신도들의 선택은 급진적 모의와 이주 사이에 있었다. 셰퍼드는 다음과 같이 물었다. "그들은 불법 활동에 가담하고 감옥을 채우고 있는데, 그렇지 않고 자유의 문이 활

---

69) William Perkins, *Works* (Lodon, 1616), I, p. 398; 다음에서 인용된다. H. C. Porter, *Reformation and Reaction in Tudor Cambridge* (Cambridge, Eng., 1958), p. 312.

70) S. E. Morison, *The Founding of Harvard College* (Cambridge, Mass., 1935), appendix B, pp. 359-410.

71) Shepard, *Autobiography* (Boston, 1832), pp. 42-43; 다음에서 인용된다. H. W. Schneider, *The Puritan Mind* (Ann Arbor, 1958), pp. 78-79; 존 윈쓰롭에 대해서는 다음을 참조. E. S. Morgan, *The Puritan Dilemma*: *The Story of John Winthrop* (Boston, 1958), p. 40.

짝 열렸을 때 그들이 머물고 있어야 하는 이유가 있는가?"[72]

이주는 다만 청교도가 오래된 잉글랜드로부터 영적으로 분리된 한 결과였다. 그리고 혁명은 다른 결과였다. 1640년까지 주께서 두 번째 "문"을 열어주지 않았다. 그러나 그 시기가 오지 않았어도 경건한 목회자의 훈련을 받은 평신도 청교도는 자신의 혁명적 경력을 시작했다. 대이주와 함께 1580년대 이래 처음으로 1630년대에 급진적 정치의 모든 장치들이 나타났다. 즉 불법 인쇄 출판, 조직적인 도서 밀반입, 투박한 지하조직망 등. 헨리 버턴과 같은 목회자들은 새로운 불법 청교도주의에 참여했지만 리더십은 점차 다른 사람의 손에 떨어졌다. 변호사 윌리엄 프린, 의류상 견습생 존 릴번, 의사 존 바스트윅이 정치사에서 새로운 역사를 열었다. 곧이어 크롬웰과 그의 친구들이 "행동으로" 하나님을 영화롭게 할 것이었다.

8. 청교도 지식인들의 혁명적 역할

청교도의 작품은 순례와 갈등, 추방과 전쟁의 주제들을 상세히 탐구했다.[73] 따라서 그것은 저작자인 성직자의 경험을 반영했다. 무엇보다도 그것은 그들의 자기의식의 산물이었고 그들의 은혜와 고민의 집단적 기록이었다. 그러나 동시에 그것은 형식을 확립해서 그 안에서 모든 경험을 이해하려고 했고 경건한 삶의 기본 양식을 규정하려고 애썼다. 그들의 고립성, 배타성, 내향적 전념에도 불구하고 청교도 목회자들은 청중을 강렬하게 의식하면서 글을 썼고 설교를 전했다. 청중은 그 규모와 종류에서 그들이 관례적인 경로를 통해 접한 청중과는 달랐다. 실로 그들이 의식적으로 노린 것은 다른 사람들을 그들 자신의 경건한 목적에 따라 조형하고 영적 전쟁과 순례의 "단련"을 위해 모든 잠재적 성도들을 일깨우고 동원하는 방식으로 말씀을 선포하는 것이었다.

---

72) 다음에서 인용된다. Perry Miller, *Orthodoxy in Massachusetts 1630-1650* (Boston, 1959), p. 100.
73) 이에 대한 최고의 연구는 다음 책이다. Haller, *The Rise of Puritanism*; "여정과 전쟁"의 주제에 대해서는 특별히 147쪽 및 이하를 참조.

16세기에 청교도의 저술은 정치에 대한 규율의 모험에 걸맞게 논쟁적이었고, 논쟁은 가장 빈번하게 학술적이었고 부풀려지고 장황하게 이루어졌으며, 실로 사회적으로 고립된 지식인들의 일이었다. 장로교의 규율은 카트라이트와 펜너 같은 작가들에 의해 일련의 삼단논법적 증명 명제로 바뀌었고 영국 르네상스의 활발한 언어를 거의 닮지 않은 둔탁하고 우아함이 없는 산문으로 옹호되었다. 비록 카트라이트는 키케로 시대에 하듯 무겁고 학술적 방식으로 할 수 있었지만 말이다.[74] 앤서니 길비와 존 어달의 대화는 개혁을 전하는 위대한 설교자의 구어체적 산문을 떠올리게 하는 보다 대중적 방식을 취한 초기의 시도였고 마프렐럿의 논고는 이와 유사한 노력으로 비범한 성공작이었다.[75] 그러나 논쟁의 서투름이 어떻든 간에 이 모든 것은 여론에 영향력을 행사하는 것을 노렸다. 카트라이트조차도 자신이 글을 쓴 것은 교회의 고유한 통치와 같은 문제를 숙고해 보자는 요청을 전혀 받은 적이 없었던 사람들을 향해서였고 또 스스로 그런 것으로 알고 있었다.[76] 이러한 의미에서 1572년의 『의회에 보내는 훈계』는 16세기 작품 중 최고 가운데 하나로서 근대적 방식으로 저작된 정치적 팸플릿이었다.

1590년이 지나서 청교도의 신학논고와 결의론에 관한 작품이 윌리엄 퍼킨스와 윌리엄 에임스와 같은 주로 경건한 학자에 의해서 발전적으로 저술되었다. 성인생활의 대부분을 추방자로 보낸 에임스는 라틴어로 글을 썼고 케임브리지에 있는 크라이스트 칼리지에서 수년 동안 교수한 퍼킨스는 "쉬운" 영어로 글을 썼으며 그의 논문은 이전에 보지 못했던 대중성을 누렸다.[77] 그의 책들은 새로운 세계로 실어다 주는 일류급에 속했다. 퍼킨스의 성공은 청교도의 돌파구

---

74) C. S. Lewis, *English Literature in the Sixteenth Century* (Oxford, 1954), pp. 441ff.
75) Gilby, *A Pleasant Dialogue Between a Soldier of Berwick and an English Chaplain* (London, 1581); Udall, *The State of the Church of England Laid Open in a Conference* (London?, 1588?).
76) 그의 정교한 변증을 다음에서 참조. *A Reply to an Answer*, in John Whitgift, *Works* (Cambridge, Eng., 1851-1853), I. p. 79f.; 또한 목회자 선출에 대한 카트라이트의 변호를 참조.
77) 퍼킨스에 대해 다음을 참조. Haller, *The Rise of Puritanism*, pp. 64ff.; Porter, *Reformation and Reaction*, pp. 288ff.

를 표시하는 것이었다. 왜냐하면 그보다 앞선 논쟁물은 마틴 마프렐럿의 작품을 제외하고는 결코 잘 팔리지 않았기 때문이다. 전심으로 칼빈의 가르침을 채택한 이 청교도 교수는 칼빈 같은 묘미나 정확성은 거의 가지고 있지 않았지만 그의 저작물은 제네바 신학을 영국의 경험과 실천으로 전환하는 오랜 과정을 시작하게 해 주었다. 퍼킨스와 그 추종자들은 잉글랜드에서 처음으로 사제보다는 평신도를 겨냥한 대중적 결의론을 만들어 냈고 경건한 행동을 위한 고정된 규칙을 제공했다.[78] 청교도들은 종종 기존 교회에서 현실적으로 영혼을 치유하는 권리를 빼앗겼지만 설교와 출판을 일종의 대안적 치유로 치환했다. 법인체적 교회에서 자유롭게 된 후 그들은 전형적인 형태의 근대적 지적 활동을 실험했고 사람들을 말씀 중심으로 조직화하려고 애썼다.

퍼킨스는 설교자의 의무는 "그가 은사가 있다면 [성경 본문으로부터] 올바르게 수집된 교리를 단순하고 쉬운 말로 인간의 삶과 태도에 적용하는 것"이라고 썼다.[79] 집회에 참석한 회중들 앞에서 성경에 부합하여 버티고 선 채 이 청교도 목회자는 자신의 성경 본문의 충족성을 결코 의심하지 않았다. 그는 이로부터 일련의 긴 "실천적" 적용을 이끌어냈고 또 말하자면 전쟁과 순례의 "방법"을 가르쳤다. 바로 이것이 그의 기술이었다. 다시 말하면 설교자는 인간을 여행자로서 또는 군사로서 하나님의 무대 위에 고정해 놓음으로써 자신의 신학을 극화했다. 이리하여 인간은 그 무대 위에서 사탄의 공격과 싸워 물리치고 결코 난관과 역경이 없을 수 없는 구원의 여정을 떠난다. 그리고 바로 이것이 그의 목적이었다. 이를 위해 그는 내적 반성과 자기 통제의 필요성, 대의에의 지속적 전념의 필요성을 가르쳤다. 그는 영감을 노린 것이 아니고 종교적 황홀경을 산출하려고 한 것이 아니었다. 그의 손 안에 있는 설교는 "영적 테크놀로지 매뉴얼"로 변환되었다.[80] 1630년에 토마스 테일러는 다음과 같이 썼다. "우리가 영을 소멸

78) Perkins, *The Whole Treatise of the Cases of Conscience, Works*, II.
79) Perkins, *Art of Prophecying, Works*, II, p. 673.
80) W. Fraser Mitchell, *English Pulpit Oratory from Andrewes to Tillotson. A Study of its Literary*

하지 않으려면 그때는 우리는 영의 임재뿐만 아니라 영의 작용까지도 지키고 주의 깊게 나타내야 한다.… 좋은 의무와 관련해서 그대 자신을 조사하라.… 죄에 관해서 그대 자신을 조사하라.…"**81**

　결의론, 실천신학, 설교와 같은 이러한 전형적인 형태의 종교적 작품은 이보다 앞선 성직자들이 펼친 논쟁을 대체하면서 교육받은 경건한 새로운 평신도 세대에게 소구했다. 설교는 그 중에서도 가장 인기가 있었다. 팸플릿 형식의 인쇄물이든, 두꺼운 4절책에 담겼든, 설교는 17세기 출판 문헌의 놀라운 비율을 설명한다. 대중 문학 장르로서 설교의 등장은 엘리자베스 시대 청교도들이 이제까지 알고 있었던 것보다 훨씬 더 많은 청중의 출현을 상징적으로 보여준다. 이제 목회자들은 카트라이트와 그 추종자들의 사역을 계속하면서 그러나 더는 사회적으로 또는 지적으로 고립되지 않고 전국 대중을 교육하기 시작했다. 그들은 자신의 스타일을 새로운 대중의 능력에 맞게끔 채택했고 그와 동시에 국교회 법원 설교자의 형이상학적 "재치"를 공격했다. 토마스 윌콕스는 자신의 "전달 방식이 보다 단순한 부류의 사람들 … [그리고] 긴 주석을 읽기에는 여유가 허락될 수 없거나 허락되지 않을 사람들에게 도움을 주게끔 … 쉽고 짧을" 것이라고 썼다. 토마스 테일러는 "가장 평범한 지능에" 맞게 전할 것이라고 말했다. 청교도 목회자들마저도 학과학문의 배타성을 넘어서 성직자 형제애의 배타성도 허물면서 자신의 전문적 지식을 보급하는 일에 노력했다. 펜너는 1580년대에 모든 사람들이 박사 특유의 고유 전문 분야까지 지식을 얻어서는 왜 안 되는가라고 물었다. 아마도 신학은 이렇게 통속화되는 최초의 전문 분야의 지식이었던 것이다.**82**

　물론 청교도의 작품은 "고급 통속화"의 범주에 속했다. 왜냐하면 성도들은

　　Aspects (London, 1932), p. 114.
81) Taylor, *Progress of the Saints*, p. 30.
82) Thomas Wilcox, *Works* (London, 1642), sig. A₆; Taylor, *Progress of the Saints*, 서신; Fenner, *The Arts of Logic and Rhetoric, Plainly Set Forth* (n.p., 1584), sig. B₂ verso.

"그 단순한 면 때문에 양이라고 불릴 수" 있었지만 "또한 특별히 구원의 지혜 면에서 뱀처럼 지혜롭기" 때문이라고 카트라이트는 썼다.[83] 펜너가 말하는 얻는 지식은 라무스주의적 논리학에 관한 고급 전문 편람으로 이루어져 있었고 윌콕스의 "짧은" 주석서는 온장이 4면으로 구성된 총 447쪽의 폴리오 책으로 촘촘하게 인쇄되어 있었다. 퍼킨스의 결의론은 조밀하고 어려웠다. 사실을 말하면 이들은 현대적 기준으로 보면 상대적으로 수가 적은 대중을 표적으로 삼았다. 그러나 가장 중요한 것은 그들이 이 대중 속으로 들어가는 한, 그들 자신의 특수한 위치는 약화되었다는 점이다. 설교를 적고 나중에 그 논변의 평을 일기에 기록한 부지런한 청중들은 머지않아 목회자들과 주장을 다투는 논변을 시작하게 될 것이었다.[84] 언젠가는 밀턴과 같은 평신도 지식인들이 그 자신의 신학을 산출하게 될 것이다. 더들리 펜너가 목회자의 우월성의 기초라고 보았던 전문적 지식은 젠틀맨들, 교양 있는 여자들, 상인들, 변호사들, 마침내 장인들까지도 이전보다 더 많이 광범하게 이리저리 지식을 얻게 됨에 따라 그 유의미성이 갈수록 작아졌다. 그러나 어떤 의미에서 이것은 목회자들 자신의 의도였다. 이들은 아무튼 귀환한 추방자의 과민한 자기본위를 초월한 목회자들이었다. 그들은 지지를 추구했고 그들이 발견한 것은 바로 이 지지였다. 그들은 순례자와 군인의 새로운 경력을 탐구했고 다른 사람들이 따르도록 훈련했다. 그들은 새로운 사회적 질서가 정초될 수 있는 동등성과 평준성이라는 쌍둥이 이념을 가르쳤고 목회자 형제들의 권위를 없어도 좋은 것으로 만든 경건한 평신도 세대를 일으켰다. 그리고 바로 이것이 정확하게 그들의 혁명적 역할이었다. 지식인층의 역할은 "지식인층 가운데서 나오는 특정한 지도자들을 필요치 않은 것으로 만드는 것이다."[85]

---

83) Whitgift, *Works*, I, p. 372.
84) 기록한 내용의 논의에 대해서 다음을 참조. Mitchell, *English Pulpit Oratory*, pp. 31ff. 예를 들어 존 맨니엄의 일기, 레이디 마가렛 호비(Lady Margaret Hoby)의 일기를 참조. *Diary of John Manningham*, ed. John Bruce (Westminster, 1868).
85) 이 인용문의 출처는 다음과 같다. Lenin, *What the "Friends of the People" Are* (1894), (Moscow edition, 1951), p. 286.

5장 · 전통적 정치세계에 대한 공격

1. 전통적 질서와 청교도

전통적 질서에 대한 공격은 종종 사람들에게 자유 투쟁으로 보인다. 추방이나 도피에 대한 신중한 선택, 자발적 결사 실험, 청교도 목회자들의 기업가적 정치는 모두 자유 투쟁이다. 이 모든 것에 대해 급진적 지식인은 익숙하다. 이 자유는 급진적 지식인의 요소이다. 그러나 이 자유는 곧바로 편안함을 가져다주는 요소는 결코 아니다. 청교도 목회자의 활동을 가능하게 하는 사회적 실패와 무질서는 또한 그들의 정신과 영혼 안에 앞서 기술된 그 이상한 "정착되지 않음"을 산출한다. 목회자는 자신의 비정상적 사회적 입장, 영속적 불안정성, 자주 발생하는 빈곤으로 인해 고문을 받는다. 할러가 제시하는 대로 그는 변화하는 사회의 압박을 체감하고 이를 분명히 표현하는 민감한 사람들 중의 하나가 된다.[1] 그의 "선진" 이념들은 그에게 좋은 양심을 부여한다. 그가 매일 겪는 경험은 그에게 나쁜 긴장을 부여한다. 어느 쪽이든 그 일부는 그의 도덕적 분개, 비범한 자기 의분과 주장, 확실성을 꾀하는 힘든 내성적 탐구 속에 현존한다. 이러한 의심, 걱정, 그리고 열망은 정치적 결과를 가진다. 즉 그 지식인은 관습과 개인적 관계로부터 새롭게 쟁취한 자유를 기반으로 해서 규율화된 사회 질서를 구축하고자 애를 쓴다.

그러나 청교도의 저술에서 그러한 질서의 정확한 형태를 파악하는 것은 항상

---

1) William Haller, *The Rise of Puritanism* (New York, 1957), p. 39.

그렇듯 쉬운 일은 아니다. 성도들은 자신의 교회론과 사회 및 정치체의 개념 사이에 어떤 용이한 유비가 나올 수 있다는 것을 재빠르게 부인했다. 그들은 제임스 왕의 "주교 없으면 왕은 없다"는 준칙이 그들에게 결코 일어날 수 없다는 것을 경건하게 고수했다. 이것은 아마 기만은 아니었을 것이고 사실 단순한 기만도 아니었다. 성도들은 자신의 자유를 완수했고 가장 심층적 차원의 사고와 표현으로 자신의 새로운 질서를 추구했다. 그들은 그 시대에 흔해빠진 정치적 말들을 반복할 때 많이 주저한 것은 거의 아니었다. 그렇다고 이 상투적인 말들이 그들 사상의 요지를 대표하는 것은 아니었다. 사실을 말하면 그 요지 때문에 그들은 전통적 교리의 명백한 내용에서 더욱 떨어져 나갔고 또한 마찬가지로 자유와 정착되지 않음의 경험에서 더욱 떨어져 나갔다. 자유 아닌 규율이 청교도주의의 핵심에 자리 잡고 있다. 제임스 왕이 청교도의 규율은 자신의 고래의 권위와는 양립할 수 없다고 주장하는 것은 틀린 것이 아니었다.

경건한 규율의 본성을 이해하기 위해 먼저 필요한 것은 성직자 지식인들이 세 가지 결정적 형태의 전통적 관계 즉 위계질서, 유기체적 관계, 신체로서의 정치체와 단교한 방식을 자세히 검토해야 한다. 왜냐하면 정치적 부성, 정치체적 신체, 그리고 대사슬의 이미지에 따라 오랜 질서는 자신의 상징적 표현을 발견했고 그 구성원들의 감정적 충성에 소구했기 때문이다.[2] 청교도들은 그러한 충성을 거부했고 다른 상징을 찾았다. 그렇게 해서 그들은 정치적 정통성을 정면으로 공격하기 오래 전에 감정과 사고 면에서 그 토대를 이미 약화시켰던 것이다. 어떤 의미에서 그들의 지적 활동은 그들의 지하 정치와 평행을 이루고 있었다. 이미지, 스타일, 그리고 논증 방식 면에서 일어난 미묘하고 중대한 이동 때문에 정치적 사회적 세계에 대한 급진적인 새로운 담화 방식의 기초가 제공되었다. 1640년대의 언어는 역사를 가지고 있다. 이 역사는 오직 뒤를 돌아다봄으

---

2) 이러한 이미지에 대한 일반적 논의를 위해서 다음을 참조. E. M. W. Tillyard, *The Elizabethan World Picture* (New York, n.d.).

로써만이 탐구될 수 있거니와 여기서는 사후 판단이 그 모든 위험에도 불구하고 일종의 통찰이다.

국교회의 설교자들이 오랜 문학적 전통 안에서 사역을 하고 그리하여 그들의 말은 버릴 수도 부인할 수도 없는 의미와 어조를 싣고 있었던 반면, 청교도들은 새로운 상징들을 가지고 사역을 했고 그 상징들의 가장 분명한 의미들을 거부하는 일을 심지어 스스로에게조차도 아주 유능하게 수행했다.[3] 성도들에게 직유와 비유는 자주 은폐의 수단이었다. 그렇지만 그들 작품의 중심 이미지들은 새로운 정치를 충분히 분명하게 말해준다. 영혼이 구원을 받으려면 고문 과정을 거쳐야 한다는 것, 사탄과의 쓰디쓴 싸움이 연장되고 있다는 것, 하나님과의 언약은 자발적으로 이루어져야 한다는 것, 이 모든 이미지는 구원뿐만 아니라 혁명을 기술하는 것일 수 있고 실로 궁극적으로 그것은 구원과 혁명을 기술하는 데 사용되었다. "좋은 마음은 오로지 천국을 향해서만 걸어갈 것이다"라고 토마스 테일러는 썼다. "그것은 좋은 친구를 얻을 수 없다 해도 [그러나] 오히려 그 때문에 친구를 얻을 것이다."[4] 언젠가는 그 친구에 잉글랜드 전체가 포함될 수 있을 것인가? 1640년대에 걸쳐 개인의 중생과 국가의 중생은 끊임없이 함께 연결되어 있었다. 개인의 언약은 국가 중생의 언약과 함께 하고 사탄의 정욕과 싸우는 성도의 사적 전투는 사탄 지지자들과 싸우는 집단적 전투와 함께 한다.[5] 고독한 마음의 경력과 중생한 국가의 경력은 동일한 감정의 구조에 뿌리박혀 있고 동일한 언어로 표현되었다. 그리고 이것이 사실이라면 국가의 언약과 내전이 언제고 정치적 논쟁의 주제가 되기에 앞서 줄곧 함께 했고 목회자의 이미지 속

---

3) 약간의 예를 보려면 다음을 참조. Thomas Cartwright, *The Rest of the Second Reply* (n.p., 1577), pp. 64-65; Dudley Fenner, *A Defense of the Godly Ministers* (n.p., 1587), sig. D.; William Stoughton, *An Assertion for True and Christian Church Policy* (London, 1604), pp. 20, 359.

4) Thomas Taylor, *The Progress of Saints to Full Holiness* (London, 1630), p. 250; 다음과 비교해 볼 것. Richard Sibbes, *The Complete Works*, ed. A. B. Grosart (Edinburgh, 1863), II, p. 232.

5) 이러한 평행은 1640년대의 의회 설교자들에 의해 되풀이해서 거듭 사용된다. 특히 다음 설교자들의 설교를 참조. 이는 앞으로 그리고 7장과 8장에서 인용된다. Simeon Ashe, William Bridge, Edmund Calamy, Thomas Coleman, Thomas Goodwin, Stephen Marshall, John Owen, Thomas Temples, Henry Wilkinson.

에 드러나 있었다고 말하는 것은 결코 믿기 힘든 일이 아니다.

천사론에 대한 궁금증을 자아내는 청교도의 글들을 자세히 탐구해 보면 위계에 대해 공유하고 있었던 관점이 드러난다. 즉 그것은 사실상 존재의 대사슬에 대한 비판이고 엄청난 정치적 의미를 가지고 있다. 비슷하게 청교도의 정치적 설교의 이미지와 비유들은 유기체주의적 사고로부터 점차 멀어지는 운동의 실마리를 많이 제공한다. 이 운동의 충분한 의미는 혁명에 이를 때까지 분명하지 드러나지 않는다. 그리고 또 가족 통치에 대한 상세한 논고는 아직 정치적으로 적용되지 않았지만 권위와 사회적 관계에 대한 새로운 관점을 주장한다. 이것은 충분히 발전된 정치 체제가 목회자의 정신에 이미 있었다는 것이 아니라 다만 간혹 기교적으로 제시되었다는 것을 말해주는 것이다. 절제, 조정, 그리고 타협은 출판된 저술에도 있었고 목회자의 사사로운 반성에도 틀림없이 있었다. 그러나 그들이 의식적으로 또는 무의식적으로 한계를 어디에다 두었던 간에 성직자 성도들은 실제로 하나님과 우주, 인간과 그 지상 여정에 대한 새로운 기술을 완성했다. 이러한 기술은 예를 들어 후커와 국교회 설교자들의 그것과 급진적으로 달랐고 또 거부될 수는 있지만 피해갈 수는 없는 정치적 함의를 담은 것이었다.[6] 실로 그에 관한 시험이 도래했을 때 대부분의 목회자들은 피해 달아나지 않았다.

---

6) 청교도 정치에 대해 매우 다른 관점을 취하는 이가 페리 밀러이다. 페리 밀러의 다음 두 저서를 참조. Perry Miller, *Orthodoxy in Massachusetts, 1630-1650* (Boston, 1959), ch. i; 밀러의 뛰어난 연구서 *The New England Mind: The Seventeenth Century* (Cambridge, Mass., 1954), 특히 14장 참조. 밀러는 청교도의 학술 문헌에 크게 집중한다. 타협 과정이 갈 데까지 나아간 것은 바로 학자들 사이에서 일어난 일이었다. 아마도 이러한 이유로 해서 밀러는 청교도주의를 매우 보수적인 인물로 묘사하는 것으로 나타나고 많은 목회자들은 아퀴나스에 거의 불일치하는 것으로 보이지 않는다. 청교도의 대중적인 문헌들은 확실히 매우 달랐다. 설교자와 일기 저자들의 심리 상태는 그 이념들이 전통적인 것이라고 추정되었다면 도무지 이해될 수 없는 것들이었다. 앞으로의 논변은 그들의 이념들은 실제로 전통과의 중대한 단절을 대표한다는 것이 될 것이다. 이러한 논변은 밀러 그 자신도 시사한 바 있는 논변이다. 다음을 참조. Miller, *The New England Mind: The Seventeenth Century*, p. 399.

2. 청교도주의와 존재의 대사슬

1) 위계적 존재 사슬에 대한 공격의 배경과 기초

칼빈은 재세례파와 논쟁을 벌임으로써 인간의 사악함을 엄청나게 강조하게 되었고 원죄의 정치적 함의를 충분히 발전시키게 되었다. 이것은 정치적 삶에서 통제 받지 않는 열광을 비롯해 이성의 역할과 자연적 충동에 대한 거친 공격을 포함했고 국가를 규율이 다스리는 언약의 공동체로 보는 협소하지만 고도로 시민적 관점을 말해주었다. 그러나 보다 급진적 프로테스탄트들과 벌인 논쟁에서 부과된 필연성들은 청교도사상의 발전에 중심이 아니었다. 분리주의자와의 오랜 싸움은 교회 통치라는 매우 특정한 문제들에 관련되었고 그들 간의 불일치가 지니는 함의는 더 이상 추구되지 않았다. 16세기의 청교도 공격과 혁명 전 10년간의 공격이 보다 중요한 표적으로 삼은 대상은 국교회의 위계였다. 이 투쟁도 역시 주로 교회 통치와 성경 해석의 다양한 전문적 문제들을 두고 벌어졌다. 그러나 이는 다른 사상 영역에서 반향을 일으켰다. 왜냐하면 대부분의 동시대 사람들에게 주교는 보편적 질서 체계의 일부 이외 다른 것이 아니었기 때문이다. 또한 청교도의 세계관은 편의상 말한다면 이 체계에 대한 공격, 즉 전통적 위계관을 비판하는 견지에서 가장 잘 탐구될 수 있다.

폭정이 종종 민주주의의 길을 터주는 중요한 역할을 한다는 사실은 정치사에서 흔히 있는 일이다. 폭군은 매개 권력의 구조를 파괴하고 개인의 이익에 기초한 정치를 가능하게 한다. 그는 봉건적 귀족을 이기고 씨족과 부족의 충성심이 고도로 발전된 체계를 허물어뜨리며 지역분리주의와 지방의 특권을 공격한다. 그는 획일성과 그리고 일종의 거친 평등을 부과한다. 다시 말하면 그는 정치적 세계를 수평화한다. 이와 동일한 역할 같은 것을 담당하는 것이 바로 칼빈주의의 하나님이다. 그 존재 자체가 중세의 질서와 권력 위계를 위험에 빠뜨린다. 그분은 우주를 수평화하고 천사와 성모 마리아의 매개 권력을 파괴하며 성자와 교황과 주교와 마침내 왕의 매개 권력까지도 파괴함으로써 자신의 전능함을 확립한다.

이 하나님, 이 자의적이고 의도적이며 전능한 보편적 폭군이 청교도의 양심을 형성했고 지배했다. 그러나 그가 폭정의 역사상 전례 없는 만큼 정확하고 총체적 복종을 요구했다면 그는 또한 인간을 모든 종류의 대안적 사법권과 권위로부터 해방시켰다. 중세의 세계는 복수주의적이었다. 하늘 영역의 천사와 별, 지상의 교황과 왕은 자연에서 고정되어 나머지 우주 질서와 조화를 이루는 방식으로 연결된 장소를 점했다. 이것들은 일반적으로 신의 개입에 종속된 것이 아니었고 영구적으로 신의 의지에 의지하는 것이 아니었다. 이것들은 사람들이 충성과 애정의 대안적 대상으로, 또는 권력과 행운의 매개적 원천으로 추구한 것이었다. 반면에 칼빈의 하나님은 단 하나의 통합된 영역을 전체적으로 다스렸다. 다시 말하면 모든 권력은 그분으로부터 직접 유지되고 자연에 아무런 빚도 지고 있지 않았다. 모든 사람이 그분의 도구였고 그분의 주권을 지지하든 거역하든 그분이 그 자신의 의도에 따라 그들 모두에게 어떤 것을 부과했다. 인간은 본래 완강하고 꼼꼼하다는 것, 인간은 동료들 사이에서 독립적이라는 것, 인간은 그 행동에서 정교하다는 것, 인간은 그 판단에서 절대주의적이라는 것, 이것들 모두가 칼빈주의가 말하는 "연한 양심"이 담지하고 있는 것들이었다.[7] 그리고 그들이 머리를 숙이는 유일한 분인 그 폭군은 일거에 왕국을 뒤집어엎었고 교회를 가파른 사양길로 보냈으며 반역의 천사들에 대항하는 전쟁을 벌였고 자신과 동등한 사람들보다 위에 서서 이들과 자신 사이를 중재한다는 어떠한 인간의 주장에도, 예를 들면 주교, 교황, 왕의 주장에도 참지 않았다.

2) 공격받는 존재의 대사슬

엘리자베스 시대 국교회의 주교 제도 보호는 주로 세속적이고 공리주의적이

---

7) 이 문구에서 중요한 "연한"이라는 말은 "쉽게 상처를 입는다"거나 "민감하다"는 의미가 아니라 오히려 "꼼꼼하다", "까다롭다"는 의미이다. 청교도적 양심은 하나님이 찍은 자국을 받아들이는 것이라기보다는 그분의 전제(tyranny)와 의도를 재생하는 것이다. *Oxford English Dictionary, s.v.* tender.

었다. 이들 국교도들은 최종적으로 앞서 말한 칼빈주의적 하나님에 대해 조금 안다고 하는 사람들이었다. 이들은 여왕의 특권과 질서와 종속의 필연성을 넘어가는 그 이상을 하등 촉구하지 않았다.[8] 그러나 이 보호는 초기에는 지지를 받아, 종교적인 그러나 프로테스탄트 이전의 우주관이었던 관점 즉 우주를 하나님에서 시작하여 가장 작은 돌에 이르기까지 내려가는 거대한 위계로 보는 관점에 의해 강화되었다. 이 위계는 존재의 거대한 사슬이었고 대주교의 단순한 세속적 용도가 무엇이었든지 간에 대주교를 이 사슬과 연관되지 않게 하는 것은 어려운 일이었다. 교회의 질서가 우주의 질서와 평행을 이루어야 한다는 것은 자연스러운 일이었고 확실히 엘리자베스 정치체의 경건의 문제만은 아니었다. 또한 우주를 본질과 등급의 위계로 보는 관념은 16세기의 상투적인 생각이었고 일상인의 마음에도 쉽게 가용될 수 있었다.[9]

대사슬은 원래 신플라톤주의적 이론에서 나왔고 중세 사상에서 부재한 적은 없었어도 르네상스의 플라톤주의자들이 그것을 새롭게 생생하고 힘차게 내놓았다.[10] 그 사슬은 엄청난 다산성과 선함을 가진 하나님이 통할하였고 그분의 세계 창조는 자의적인 명령의 결과라기보다는 일종의 불가피한 생산성의 결과로 보였다. 그 자신으로부터 이 하나님은 개개의 모든 가능한 탁월성의 등급에 따라 물리적 세계의 생명 없는 바위와 도덕적 세계의 신 없는 사탄에 이르기까지 모든 가능한 형태의 존재를 만들었다. 그분은 순전한 선함이나 바꿀 수 없는 필연성에 이끌려서 우주의 모든 빈 장소를 채웠다. 모든 창조된 종과 모든 생명 없는 형태

---

8) 이것은 그 자신 좋은 칼빈주의자인 존 위트기프트에게 가장 분명한 사실이다. 카트라이트와 논쟁하는 내내 위트기프트는 본질적으로, 교회 통치는 좋은 질서를 위한 관심에서 해결되어야 하는 것과는 "무관한 문제"라고 주장했다. 예를 들어 다음을 참조. *Works* (Cambridge, 1851-1853), I. p. 176.

9) Tillyard, *Elizabethan World Picture*, pp. 25ff.; Hardin Craig, *The Enchanted Glass* (New York, 1936), especially pp. 11ff.; Theodore Spenser, *Shakespeare and the Nature of Man* (New York, 1949), ch. i .

10) A. O. Lovejoy, *The Great Chain of Being: A Study of The History of an Idea* (Cambridge, Mass., 1936), 특히 4장 참조. 러브조이의 견해는 실질적으로 1936년 그의 책이 출간된 이후로 대사슬 이론에 관해 써진 모든 것의 기초가 된다.

는 거대한 사슬 속에서 그 정확한 장소를 발견했다. 천사, 인간, 동물, 식물 그리고 돌이 그랬다. 이들은 각각 다시 한 번 우성과 열성의 것으로 나뉘었다. 오래 전에 주교와 왕은 이러한 위계에 들어맞았다. 모든 피조물과 마찬가지로 그 위계는 그들에게 자연적 필연성의 측면을 적합한 것으로 만들어 주었다.[11]

이와 같은 우주적 위계 이론에 대해 기독교는 기본적으로 어떤 반감을 가지고 있었다. 이 반감은 후기 중세의 이론가들에 의해 혼란스럽게 되었고 타협적이게 된 것이지만 칼빈주의 저술가들에 의해 재확인되었다. "있으라"라고 명령한 창세기의 신은 그 사슬을 통합하는 이는 신뿐이었다고 하는 원천적 신과의 화해를 이루는 문제에서 난점을 가질 수밖에 없었다. 의도를 가지고 의지를 행사하는 하나님과 마찬가지로 하나님에 대적하는 위대한 적수도 역시 마찬가지였다. 즉 사탄의 반역 드라마는 존재 사슬 이론과 선뜻 들어맞을 수 없었다. 신플라톤주의적 사상에 따르면 사탄의 무신성은 바로 그 존재 자신의 필연적 측면이었다. 즉 그의 악함은 신과의 거리가 멀다는 바로 그 점과 정확히 일치한다.[12] 그런데 신에 대한 사탄의 계획적 저항에 대한 기독교의 견해는 명백히 이것과는 매우 달랐다. 즉 그 견해는 그 사슬을 궁극적으로 파괴한 것이 정확히 바로 그분의 의도적 의지라고 말해주었다. 다시 말해서 신과 사탄의 대립은 대사슬 이론가들에 의해 배제된 것이 아니었다. 그 대신에 그것은 그들 사이의 이어질 수 없는 엄청난 거리에 의해서 연출되는 단순한 기능으로 바뀌었다. 그러나 공격, 군사 교전, 전략적 계책을 포함하는 신과 사탄의 전쟁은 상상적 사고로라도 생각될 수 없는 것이었다.

전쟁과 의지가 부재하는 가운데 존재 사슬은 조화로운 질서의 우주를 말해주었고 각각의 것은 그 우주에서 서로 연결되어 자신의 장소를 발견했으며 자신의

---

11) 천사의 위계와 하늘의 위계 사이의 비교는 디오니시우스가 두 권의 책에서 이미 행한 바가 있다. Dionysius, *On the Heavenly Hierarchy*; *On the Ecclesiastical Hierarchy*. 다음을 참조. Till-yard, pp. 42-43.

12) Robert West, *Milton and the Angels* (Athens, Georgia, 1955), p. 10.

지적 도덕적 능력에 완전하게 적응했다. "왜냐하면 우리는 세계 전체와 그 각각의 부분을 보기 때문이다"라고 후커는 썼다. "그처럼 결속되어 있으므로 각각의 것은 자신에게 자연적인 일만을 수행함에 따라 다른 것과 자기 자신을 보존한다."[13] 법칙의 위계에 대한 후커의 견해는 피조물의 다양한 지능에 일치하며 존재 사슬 이론과 쉽게 합치했다. 신플라톤주의자의 다산적인 신은 기독교적 아리스토텔레스주의자들의 입법자가 되었고 우주의 조화는 자연적일 뿐만 아니라 합리적일 수 있는 것이 되었다. 그러나 다시 말하지만 무법자 사탄을 위한 자리는 없었다. 극적인 사실은 칼빈주의 체계에서만 사탄이 우주의 자의적 주권에 대항하는 반역자로서 간주될 수 있었다는 점이다.[14]

그렇다면 대사슬의 등급은 행동이 아니라 존재의 문제이다. 평소와 다른 강한 에너지에 의한 연결이라도 신의 원천에 더 가까이 올라가는 것을 바랄 수 없었다. 두꺼비는 결코 사자일 수 없을 것이다. 사자는 결코 인간일 수 없을 것이다. 사탄은 결코 신의 보좌에 앉을 수 없을 것이다. 인간에 한해서만 어떤 희망이 있을 것이라고 소수의 작가들은 생각했다. 말하자면 인간은 천사 "법인"에 들어갈 수 있을지도 모른다. 그러나 그는 신체로부터 벗어난 사후에만 자신의 존재를 변형할 수 있었을 것이다. 현생에 관한 한, 천사들은 사슬에서 인간보다 위에 있었고 인간에 대한 어떤 지배를 행사했다. 청교도 작가인 헨리 로렌스는 크롬웰의 관리이기도 했는데 그 차이를 전통적 관점에서 다음과 같이 기술했다. "보이지 않는 영인 천사는 모두 영의 존재로서 부분적으로 영적이고 부분적으로 신체적 인간에게 영향을 발휘한다."[15]

그러나 위계와 지배가 인간들에게 반복되면 더는 전적으로 자연과 존재의 문

---

13) Richard Hooker, *Works*, ed. John Keble, 7th ed., revised by Church and Paget (Oxford, 1888), I. p. 237.

14) 이것이 밀턴이 취한 견해이다. Milton, *Paradise Lost*. 이리하여 사탄은 처음으로 이렇게 발언한다. "… 그/지금 주권자인 그는 처분하고 명령할 수 있으니/무엇이 옳은 것인가. 그로부터 가장 멀어질수록 최선이다/이성은 동등해도 힘은 월등한 그이다/따를 자 없는 그로부터 멀어지자" (I, lines 245-249).

15) Henry Lawrence, *Militia Spiritualis* (London, 1652), p. 23.

제만은 아니다. 자연에서 주교는 그 동료들과 구별될 수 없었다. 다시 말해서 그들은 신체를 덜 가진 것도 영을 더 가진 것도 아니었다. 왕에 대해서도 동일하게 말할 수 있었다. 국교회 설교자들마저도 무덤은 누구에게나 공통적이라고 언급하고 모든 사람이 평등하다는 위대한 수평파의 힘을 원용했을 때 웅변적으로 되기 마련이었다. 그러나 어떤 의미에서 죄와 죽음이라는 불가피한 운명을 지닌 타락한 인간에 대한 타락한 인간의 관계는 독수리와 참새 또는 그룹^{cherub}과 천사의 관계를 닮았다고 말할 수 있다. 마찬가지로 인간은 종에서 다르고 서로의 모순적 "덕성"에서 구별된다. 이는 타인들이 서로의 모순적 본성에서 구별되는 것과 마찬가지이다. 토마스 엘리엇은 귀족은 "덕의 성명"이라고 썼고 이 덕은 교육에 대한 강조에도 불구하고 생래의 것이었다는 것이 그의 사상의 분명한 함의였다. 그러나 그것은 전적으로 또는 배타적으로 그런 것은 아니었다. 어떤 사람들은 태생이 천해서 이에 따라 덕이 주어져 있기에 사회적 위계상 그 자리가 고유한 것이지만 그렇다고 해도 **성취될** 수 있을 자리까지 올라갈 수 있다.[16] 사자나 그룹은 도무지 그러한 성취에 필요한 노력을 기울일 필요가 없었다.

어쨌든 인간은 평등하지 않다고 알려져 있었고 그 불평등에 대한 가장 빈번한 기술은 우주적 위계에 직접 유비하는 것이었다. 보다 낮은 사슬의 연속 계열이 대사슬 내에서 발견되었다. 즉 독수리와 사자에 의해 통합된 것과 같은 동물 위계, 9등급의 천사 질서, 더 크고 더 작은 별들이 그렇다. 이러한 것들은 서로 밀접하게 대응한다고 주장되었다. 이처럼 보다 낮은 사슬이 또한 동물의 질서, 천사의 질서에 대응하듯 사람들 사이에 존재했다는 관념은 거의 피해갈 수 없는 것이었다. 인간 사회는 "광범한 우주의 축소판이요 모형이라고까지" 하지 않았던가?[17] 실로 지위와 등급의 봉건적 위계는 대사슬을 완전하게 모방하는 것처

---

16) Thomas Elyot, *The Book Named the Governor* (1531), Everyman's ed. (London, n.d.), p. 126; 사회적 이동성에 대한 논의를 위해서 다음을 참조. John Ferne, *The Blazon of Gentry* (London, 1586), pp. 12ff.
17) Edward Forset, *A Comparative Discourse of the Bodies Natural and Political* (London, 1606), "To the Reader."

럼 보였다.

사슬의 위와 아래라고 하는 복잡한 유비 체계는 순전히 문자적으로 받아들일 수도 없고 단순한 고안물 즉 유용하고 기분 좋은 비유로서 이해될 수도 없다. 전통주의 저술가인 에드워드 포세트에게 우주와 인체, 대우주와 소우주는 대안적 "양식"이었으며 이 양식을 따라서 국가는 인간의 "기술과 정책"에 의해서 그 틀을 만들 수 있다. 정치의 기술은 자연의 모방이었다. 그러나 이와 동시에 포세트는 유비 체계 전체는 신의 피조물이고 사람이 하는 일은 다만 "잘 일치하는 유사성을 … 발견하는 것"이었다고 주장했다. 이러한 대응들은 결코 인공적이 아니었으며 인간이 인식하기에 앞서 참된 존재를 가지고 있었다. 인식도 모방도 자발적 선택이 아니었다. 왜냐하면 그 대안적 양식과 다른 양식은 전혀 없었기 때문이다. "잘 결합된 것을 서로에 대한 사랑스러운 유비로부터 분리하는 것은 폭력적 이혼이요 일탈이다. …"[18]

분명한 것은 대부분의 국교회 설교자들에게 대사슬의 등급이 사람들 가운데서 아주 단순하게 반복되었으며 우주에 널리 퍼진 동일한 질서와 조화를 정확히 인간 사회에서 확립했다는 점이다. 1636년에 토마스 허스트는 다음과 같이 설교했다. 하나님은 "천국에 천사와 대천사를 만드셨다." "하늘에서 해인 왕, 달인 여왕, 평민인 별을 만드셨고 공중에는 독수리와 날벌레, 바다에는 고래와 청어, 땅에는 사자와 메뚜기를 … 만드셨다." 그는 계속해서 동일한 하나님이 인간을 불평등하게 만드셨다고 말한다. 프란시스 그레이는 이와 유사하게 주장했다. "천상계"에는 그룹들cherubim과 스랍들seraphim, 대천사, 천사의 위계가 있고 "천체계"에는 "한 별의 영광이 다른 별의 영광과 다르다." "자연계"에는 모든 구성원들이 머리의 인도를 받는다. "경제계"에는 금과 은이 있고 또한 보다 저급한 금속들이 있다. 이와 마찬가지로 "정치계"에는 왕과 제후와 신하들이 있다. 칼빈주의자 조셉 홀마저도 논증을 역순으로 펼치는 별난 방식이기는 했

---

18) Ibid., sig. A.

지만 동일한 대응이 있음을 말해주었다. 즉 "평등은 땅에도 지옥에도 자리가 없다. 따라서 천국에서 그것을 추구할 이유가 없다."[19]

허스트와 그레이 같은 대중적인 설교자들에게 우주는 조각이었다. 그 실체는 빠짐없이 골고루 동일하지는 않았다. 그게 아니라면 존재의 사슬은 결코 있을 수 없었을 것이다. 그러나 그 형식적 구조는 반복적이었고 반복되는 형태 내에서 종종 신비롭지만 실질적인 유사성이 있었다. 예를 들어 그룹cherub이나 금, 태양이나 머리에 무엇이 있든지 간에 그것으로 그것들은 우월한 것이 되었고 이것은 왕과 주교에도 있었다는 바로 그와 같은 것 즉 어떤 하나님의 은혜가 특별하게 주입되었다는 것이다. 혹자는 지혜나 신비적 통찰, 자연적 구성상의 어떤 차이성을 추가했다. 왕을 "둘러싼" 신성은 그의 보좌가 아니라 그의 인격을 "둘러싼" 것이었고 명백히 어떤 마법적 힘을 말해주었다. 보다 공격적으로 나서는 국교회 설교자들은 왕의 자연적 우월성을 주장했고 왕의 덕성을 단순하게 확인하는 것을 훨씬 넘어서는 주장을 펼쳤다. 헨리 발렌타인은 1639년에 "왕이시여, 영광을 받으옵소서 …"라고 썼다. "왜냐하면 창조된 모든 자연 가운데서 이보다 더 위대한 것은 없기 때문이다." 왕은 왕실의 분천이었다. 이는 신이 신의 원천인 것과 같았다. 그는 "사람의 모든 집합적인 전체에 생명을 불어넣고 영향을 미친다." 존 롤링슨은 그보다 이른 20년 전에 런던에 있는 성 바울의 십자가 설교단에서 다음과 같이 선포했다. "자연 그 자체는 왕의 관상을 보고 있는 많은 사람들에게 경외의 공포와 존경을 불러일으키는 것과 같은 것으로 여기게 만들었다." 그는 이것을 문자적으로 의도했다. 왕의 얼굴이 경외스러운 만큼이나 그의 일도 신비로워야 한다. 로저 마인웨링은 다음과 같이 썼다. "하늘이 땅과 관련이 있기는 하지만 왕들의 마음은 보통 사람들과 거리가 멀기 때문에 그들의

---

19) Thomas Hurste, *The Descent of Authority: or The Magistrate's Patent from Heaven* (London, 1637), p. 2; Francis Gray, *The Judge's Scripture or, God's Charge to Charge-givers* (London, 1637), p. 4; Joseph Hall, *The Invisible World Discovered to Spiritual Eyes*, in *The Works* (Oxford, 1837), VIII, pp. 366-367.

깊은 마음을 안다면 아무도 왕의 고상한 강론과 깊은 조언을 조사하지 않을 것이고 조사할 수도 없다."[20] 왕을 정치적 **신비**를 의도한 특이 능력을 가진 특별 인간으로 보는 개념적 인식은 아주 많이 오래된 제사장직에 필적하는 것이었다. 청교도들, 실로 일반적인 프로테스탄트들에게 그 둘은 똑같이 마법의 냄새를 풍겼다.

유비 추리는 정치 군주, 교회 군주가 서로 유사성을 확실히 말해주지만 그들의 카리스마나 자연적 우월성을 필요로 하지 않았다. 왕을 태양, 최고 천사, 사자에 대응하게 하는 것은 왕의 개인적 지위를 정의하는 형식적인 정확한 방식 그 이상은 아니었을 것이다. 이러한 방식을 통해서 그는 우주적 질서에 필적하는 사회적 질서에 들어맞게 되었고 자신이 움직여야 하는 영역을 지시하게 되었다. 이러한 방식을 통해서 개인으로서 그의 자리가 어딘지를 매겨주고 다른 사람들과의 관계가 어떨지를 고정해주었다. 이 관계들은 천체의 조화가 그렇듯 정교하고 섬세했을 것이다. 다시 말해서 그 관계들은 시인이 태양에서 본 장관과 위엄을 필요로 했을 것이다. 또는 왕은 사자처럼 포효하고 모든 면에서 그들의 두려움을 불러일으킬 필요가 있었을 것이다.[21] 이 모든 것은 대응이 수행하는 교묘한 인위성이었다. 그러나 후커와 같은 세련된 국교도한테서도 왕의 자리는 전적으로 자연적인 것처럼 보였다. 즉 사람들 사이의 질서는 위계적이어야 했다. 왜냐하면 **여타 종류의 위계는 없었기** 때문이다. "사물이나 사람에 질서가 있다면 이것은 이들 모두가 등급으로 구별된다는 것을 함축한다. 왜냐하면 질서는 점진적 성향이기 때문이다."[22] 사람들의 삶은 지위와 등급에 의해 결정되었다. 이들은 이러한 결정의 형태 내에서만 같이 살 수 있었고 확실하고 평화

---

20) Henry Valentine, *God Save The King* (London, 1639), pp. 9, 17-18; John Rawlinson, *Vivat Rex* (Oxford, 1619), p. 9; William Dickinson, *The King's Right* (London, 1619) sig. C_2; Gray, *Judge's Scripture*, p. 5; Roger Maynwaring, *Religion and Allegiance* (London, 1627), first sermon, p. 17.

21) "의복은 당연히 위엄의 일부이다"라고 엘리엇은 썼다. Thomas Elyot, *The Book Named the Governor*, p. 124.

22) Hooker, *Ecclesiastical Polity, Book VIII*, ed. R. A. Houk (New York, 1931), p. 168.

롭게 관계할 수 있었다.

그러나 이와 동시에 이러한 결정은 천사나 동물의 결정만큼 불가피한 것이 아니었다. 천사는 완전한 지성으로 움직였고 동물은 완전한 본능으로 움직였다. 그러나 인간은 이도저도 소유하지 않았다. 그들은 대응을 따랐다. 즉 반은 이성적이고 반은 자연적이었다. 그렇다고 해도 그들은 항상 혼돈과 무질서의 위기 속에서 걸어갔다. 16세기 영국 사람들은 사회적 전변의 역사적 사실에 예외적으로 얽매여 있었다. 그들의 관심은 대응 이론과 적용에 새로운 시급성을 부여했다. 그렇지만 그 또한 세계의 전체적 조화와 위계라는 관점을 의문시하게 만들었다. 반역자, 찬탈자, 정복자, 폭군 같은 이 모든 것은 16세기의 사변적 사유와 극적 표상의 대상이었다.[23] 대사슬은 그와 같은 사람들을 거의 설명할 수 없었다. 그들은 자연적이지 않았고 괴물 같았지만 전 인류의 역사가 그 사람들의 실재성을 가르치고 있었다. 아들은 아버지를 죽일지 모르고 신하는 모시는 왕을 암살하지 모른다. 후커의 공통적 합리성의 개념 즉 "인간의 고유한 행동과 목적의 성취라는 생래적 경향"과 타락의 재앙에 대한 숙고를 거부하는 그의 입장은 방금 말한 위험들을 완화하는 것을 도와주었다.[24] 그러나 인간의 사악함에 대한 칼빈주의의 강조는 다시 한 번 그 위험들을 표면화시켰다. 청교도 저술가들은 수많은 옛 이미지들을 이용하지만 이를 죄의 관념을 기반으로 확대하면서 홉스의 자연관을 아주 많이 닮은 느낌을 주는 혼돈에 대해서 기술했다.[25] 그

---

23) 크리스토퍼 말로위(Christopher Marlowe)의 『탬벌린 대왕』(Tamburlaine)이 아마도 위대한 사례일 것이다. "우리를 네 가지 요소로 구성한 자연/부대를 위해 우리 가슴 속에서 전쟁을 하는 자연/우리 모두에게 야심에 찬 마음을 가르치는 자연." 탬벌린 대왕은 밀턴의 사탄처럼 위계적 질서 내에 거의 포함될 수 없었다.

24) 이 인용은 17세기 국교회 설교자 앤서니 포크너로부터 나온 것이다. 그는 대중적 방식으로 후커의 자연법 관점을 재진술했다; Anthony Fawkner, *Nicodemus for Christ, or the Religious Moot of an Honest Lawyer* (London, 1630), p. 6.

25) Robert Bolton, *Two Sermons Preached at Northampton* … (London, 1635), p. 10. 볼턴의 긴 인용은 실제로 후커의 책에서 가져온 것이지만 여러 곳에 유의미한 변화를 주었다. Hooker, *Ecclesiastical Polity*, Book I, III, 2 (*Works*, I, pp. 207-208). 후커는 인간 사회의 혼돈에 대해 아무것도 말하지 않는 반면, 볼턴은 "살인, 간음, 근친상간, 강간" 등등에 대해 상세히 숙고한다. 그리고 후커는 혼돈의 목적을 자연법의 복종에서 찾지만 볼턴은 신의 권능의 행사에서 찾는다.

리고 혼돈이 자연적이라면 대사슬은 결코 존재할 수 없었다.

홉스와 칼빈주의자 양측에 대해 사악함과 무질서의 해독제는 자의적 권력이었다. 그러나 존재 사슬 이론에 관한 가장 두드러진 점은 정확히 그 이론이 자의적 권력에 아무런 자리도 주지 않았다는 사실이다. 지배의 관념은 존재 사슬 이론에 낯선 것이었다. 국교도 저술가들에게 하나님의 창조의 믿기 힘든 다양성은 반드시 이익과 의지의 영구적 충동을 산출하지 않았고 따라서 치유제로서 주권적 힘을 필요로 하지 않았다. 그 대신에 그것은 등급의 차등으로 자연스럽게 해소되었다. 정치체에서 등급이 다른 인간들은 명령과 복종이 아닌 권위와 공경의 견지에서 서로 관계했다. 위계는 개인적 지위의 상호 인정에 의존했다. 권력을 가진 사람은 여전히 "영주"였지만 아직 "통치자"는 아니었다. 그러나 치안판사가 영주를, 비개인적 권력이 개인적 지위를 대체한 것처럼, 억압과 통제가 겸허와 종속을 대체한 것처럼, 존재 사슬과 대응 체계는 정치적 삶의 기술에서 갈수록 유용성이 줄어들었다. 질서는 권력의 문제가 되었고 권력은 의지, 세력, 계산의 문제가 되었다. 그러나 정치세계의 변화하는 본성은 우주 개념의 변화에 맞게 평행을 이루었다. 따라서 유비 추리가 완전히 폐기되기 전에 약간의 시간이 있었다. 하나님과 그분의 우주를 보는 관점에 일어난 변화는 많은 원천을 가지고 있지만 그 중 가장 중요한 것은 칼빈주의였다.

3) 천사론에 대한 공격

타락론에 국한하고 그 이상을 더는 고려하지 않는다면 칼빈과 그 신학적 상속자들이 조화로운 우주에 살지 않았다는 점은 쉽게 이해될 수 있다. 프랑스 칼빈주의자 랑베르 다노는 1578년에 영어로 번역된 자연철학에 관한 자신의 저서에서 타락은 인간의 본성뿐만 아니라 자연 일반도 부패시켰다고 주장했다. 그것은 역병과 독, "독초, 수많은 뱀" 등등이 출현한 원인이었다. 그러나 원래의 창조조차도 후커가 기술한 것과 같은 공동적인 조화와 통합의 세계는 아니었다. 위대한 국교회가 너무나 행복하게 되풀이해서 말한 천사와 인간의 "우의"는 결국 그들이 거의 언급하지 않았던 천사와 천사의 끔찍한 전쟁 때문에 불가능하게 되었다. 실로 하나님은 "하나가 다른 하나에 대해 허용, 굴레, 조절이 지 않으면 안 되는" "대립과 모순", 예를 들어, 뜨거움과 차가움, 축축함과 건조함, 어둠과 빛을 창조했다. 다노는 계속해서 우주를 자연적 위계로서가 아니라 도시의 사회 조직의 견지에서 기술한다. 즉 많은 다른 사람들이 있고 이들은 "상태가 다 다르고 직업이 같지 않으며 많은 모순도 있다. …"[26]

혼란과 모순이 인간의 사악함에 의해 강화될 것임은 명백했다. 소수의 청교도 저술가들이 부분적으로 후커의 아리스토텔레스주의적 설명을 채택했지만 그 형제들 대부분은 칼빈의 정신에 속해 있었고 조화와 평화는 엄밀한 규율 없이는 거의 상상하기가 불가능하다고 생각했다. 어떤 청교도 설교자는 "그처럼 많은 사람들 사이에 질서가 있어야 한다는 것은 그야말로 기적보다 더한 것이다"라고 썼다. "한 나라에 수백만의 사람들이 있고 이들은 모두 의견과 감정이 다르고 … 일반적으로 불복종하고 속이고 여러 가지 정욕과 쾌락을 채운다. … 그들은 마치 바다에 모인 물과 같으며 동요하는 불안한 요소이다. …"[27] 이것이 후커의 세계관보다 청교도의 경험에 훨씬 더 밀접하게 어울리는 세계관이었다. 성직자 성도들의 특징이었던 "정착되지않음"과 위험의 의미, 그들이 가진 긴장된 대립의식, 적대의식 등과 같은 이 모든 것은 표현되어야 했고 그 표현은 신의 권능의 지속적 필요를 강조하는 우주론, 항존하는 사탄의 위협을 강조하는 재앙의 보편적 역사에서 발견되었다. 하나님의 명령만이, 오로지 하나님의 성도들의 영구적 투쟁만이 지상에 약간의 아주 작은 질서를 부과했다. 이와 유사하게 다노의 유비는 우주의 통일성이 위로부터 부과되었으며 자연적이지도 생득적이지도 않았다고 말해주었다. 그 통일성은 역시 우주 도시의 주요 치안판사

---

26) Lambert Daneau, *The Wonderful Workmanship of the Word*, trans. Thomas Twyne (London, 1578), p. 83, 85 좌우쪽.
27) John Ward, *God Judging among the Gods* (London, 1645), p. 23.

로서 상상된 하나님이 내리는 명령에 직접적으로, 계속적으로 의존했다.

신의 명령과 사탄의 위협이 존재의 대사슬에 작용한 사건은 아주 놀라운 변혁적 사건이었고 이는 청교도의 새로운 천사론에서 특별히 명료하게 나타났다. "천사론"은 여전히 16세기의 학문이었고 천사학 연구는 여전히 심오한 인간적 관심사였다. 후커는 밝은 천사 "비행대"는 많은 무리의 사람들에 대응한다고 생각했다. "서로의 보다 완벽한 방향을 위해서 어떤 식으로든 어느 한 쪽을 아는 것이 편리하기 때문에 그러한 대응이 있다."[28] 그러나 드디어 철학자와 과학자들은 그러한 유비에 등을 돌리고 하늘의 인구를 완전히 없애게 될 것이다. 그러나 그보다 앞서 지적 전망의 이동이 있었고 이후에도 천사들이 여전히 커다란 중요성을 가지고 있다고 생각되었지만 그럼에도 불구하고 이 천사들이 물리적 세계의 하루 일상에서 차지하는 역할을 제거해버렸다. 바로 이것이 하나님의 절대적 주권의 이념을 개진하고 설명하는 일에 참여한 프로테스탄트 저술가들이 한 일이었다. 그들의 연구가 왕립학회의 길을 준비하는 데 도움을 준 것은 당연할 것이다. 그러나 그것은 보다 직접적으로 사람들의 주의를 자연에서 완전히 돌아서게 하고 그 대신에 신의 뜻에 집중하게 만들었다.[29]

물론 어떤 궁극적 의미에서 국교도들도 청교도와 마찬가지로 천사들을 하나님의 명령을 받는 위치에 놓이게 했다. 그러나 국교도들은 스콜라적 예수회 저술가들을 따르면서 천사들이 점한 매개적 영역, 다시 말해서 우주의 조화 기능이 지속적 신의 개입을 불필요하게 만드는 영역, 인간에 대한 상상적 탐구로 초대한 영역에 훨씬 더 많은 관심을 보였다.[30] 천사들은 별과 행성을 움직이는 힘으로 여겨졌고 따라서 천상계의 지적 특성을 유지했다. 그리고 대사슬에서 인간보다 상위에 자리했다. 가톨릭에서 천사들은 하나님에게 탄원할 수 있는 중

---

28) Hooker, *Works*, I, p. 281; pp. 212-213.
29) 천사에 대한 청교도사상과 근대 과학의 관계에 대한 논의는 다음을 참조. West, *Milton*, pp. 14-15. 본 절은 전반적으로 17세기 천사론에 대한 웨스트의 멋진 해설을 긴밀하게 따랐다.
30) 천사론에 대한 가장 훌륭한 국교회 문서는 존 살켈드의 논저이다. John Salkeld, *A Treatise of Angels* (London, 1613).

보자적 피조물인 성도들과 함께 자주 공경되었다. 그러나 무엇보다도 그들은 인간들과 함께 지적 세계를 공유한 상위 형태로 창조된 다른 **존재**로 생각되었다. 천사 존재의 세부 내용에 관한 채워질 수 없는 호기심이 있었다. 말하자면 천사들은 늙어 가는가? 그들은 서로를 어떻게 아는가? 그들은 신체를 취할 수 있었는가? 그들의 서열과 질서는 무엇인가? 존재 사슬 이론과 관련된 결정적 문제는 명백히 위계의 문제였다. 여기서 위 디오니시우스의 신비적 저술이 중세 지혜의 정점을 대표했다. 그의 저술에 나오는 아홉 단계의 천사 질서 교리가 일반적으로 수용되었다. 예를 들어 그 교리는 토마스 헤이우드의 이국적이지만 따분한 구경거리를 제공한 1635년 저서『축복받은 천사의 위계』의 기초가 되었다.[31] 이 시점에서 청교도들은 어떤 경우에도 이국주의를 존경할 것 같지 않은 자로서 그에게 동의하지 않는 의견을 개시했다.

칼빈은 디오니시우스의 개념들을 "한갓된 수다"라고 불렀다. 그는 자신의 많은 주석서에서 반복적으로 중세의 천사론을 비판했다.[32] 그러나 그는 단순히 고대과학만을 거부한 것이 아니라 경건한 무지에 호소했다. 그의 청교도 추종자들은 번갈아 천사의 위계와 마주쳤을 때 무지에 호소하는 것이 그 전략이었다. 리처드 십스는 "그 질서가 어떤지는 성경에 결정되어 있지 않다고 성 아우구스티누스와 함께 고백하는 바이다"라고 썼다. "우리는 성급하게 이런 것들에 대한 조사를 인정해서는 안 된다." 천사를 아홉 등급으로 구분한 윌리엄 가우지는 인간은 "호기심이 너무 많고 대담한" 존재라고 썼다. 윌리엄 퍼킨스는 모종의 위계가 있었다는 것을 의심하지 않았지만 "누가 또는 얼마나 많이 각각의 질서에 속하는지를 탐구하는 것은 우리를 위한 것이 아니다. 우리는 호기심에 따

---

31) Tillyard, pp. 41-42, 52, 88; Thomas Heywood, *The Hierarchy of the Blessed Angels* (London, 1635). 살켈드는 디오니시우스의 위계들을 받아들이지 않았다. 추정하건대 그는 이 문제에 대해 칼빈주의적 견해를 가진 제임스 왕의 승인을 추구했기 때문일 것이다. 웨스트의 논의를 참조. West, *Milton*, pp. 50-51.
32) West, *Milton*, pp. 13-14; cf. *Institutes of the Christian Religion*, I, xiv, 44.

라 그들이 본질, 은사, 직무에서 어떻게 구별되는지를 물어서도 안 된다.…"33 부분적으로 이것은 신학적 호기심에 반대하는 칼빈주의 운동의 다른 측면이었을 뿐이다. 그러나 그것은 또한 여타의 모든 중재자에 대해서처럼 천사의 역할을 최소화하는 의식적 노력이었다. 그러므로 청교도의 무지에는 능청스러운 데가 있었다. 천사들의 서열이 무엇이든 너무 크게 존중되어서는 안 되었다. "하나님은 자신의 영광을 분유하기 위해 그들을 그분의 권능과 선함의 목회자로 만들지 않는다 …"라고 칼빈은 썼다. "그러므로 우리는 천사를 수단으로 하여 하나님에게 접근하는 플라톤적 철학을 떠나도록 하자.…"34

청교도들은 과묵한 자세를 취했지만 천사의 질서가 존재 사슬 이론가들의 그것과 다르다는 개념을 가지고 있었다. 그들은 아주 단순하게 천사의 서열과 권능이 여하튼 하나님의 절대적 주권을 손상하지 않는다는 것을 필요로 했을 뿐이다. 그러나 이것은 전능한 하나님 앞에서 천사들은 아무런 권능도 가지지 않을 것이라는 점을 의미했다. 무능하다는 점에서 그들은 서로에게 동등했다는 말이다. 그러므로 존 프레스턴이 하나님의 모든 피조물에 대해 "우리는 그들이 그분의 명령을 받들고 있기 때문에 아무것도 아니라고 말하는 바이다"라고 썼을 때 스랍들도 예외는 아니었다. "하나님의 이 세계의 모든 피조물은 거의 숱한 하인이다시피 한 존재이다. 세계 전체를 돌아보는 눈길을 한 번 주기 바란다." 청교도들은 천사들이 순수한 지적 존재라서가 아니라 다만 십스가 "그들의 과업을 위해 천사들을 신속하게 파견한다"고 했던 것 때문에 찬양하는 경향이 있었다. 칼빈은 다음과 같이 선포했다. 즉 그들은 "하나님의 명령 수행에 너무나 준비가 되어 있기에 하나님의 의지를 나타내기가 무섭게 곧바로 사역에 준비한다." 퍼킨스는 천사들이 보다 쾌히, 보다 빨리 복종하기 때문에 인간보다 월등하다고

---

33) Sibbes, *Works*, VI, 319; Gouge, *The Works Armour of God* (vol. II in *Works*) (London, 1627), p. 42; Perkins, *Works* (London, 1616),I, pp. 16-17.

34) Calvin, *Institutes*, I, xiv, 12.

제안했다. 그들은 더 잘 "봉사할 수 있는 능력"이 있다.[35] 청교도들에게 지위를 결정한 것은 존재라기보다는 행동이었다.

앞서 천사와 인간의 관계를 전통적 견지에서 기술할 때 인용된 바 있는 헨리 로렌스는 마찬가지로 전통이 수정되었다는 사실을 알려주는 데 도움을 줄 것이다. 그는 천사들 사이에서 어떤 "사역 분업"이 발견되어야 한다고 썼다. 분업은 필연적도 자연적도 아니었지만 "이것은 우리로서는 설명할 수 없는 하나님의 행정 방식, 법령이다. 그분은 서로가 연결되는 사슬과 종속을 이용한다. …"[36] 이리하여 사슬은 더 이상 우주 질서의 불가피한 형식이 아니었다. 로렌스에게 그것은 하나님의 우주 행정을 위한 편리한 수단 이외 아무것도 아닌 것이 되었다. 그리고 이러한 행정에서 천사들은 일종의 천상계의 공복, 하나님의 도구였다. 그들은 더 이상 어떤 의미에서도 매개적 권능은 아니었다. 그들은 아무런 독립적 행동 영역도 가지지 않았다. 그들은 명령에 반응하지만 그들의 활동을 통치한 법을 더 이상 완벽한 지성으로 알고 있지 않았다. 프레스턴은 "명령 없이 움직이는 … 어떤 피조물도 하늘이나 지상에는 없다"고 썼다. "그분이 명령하면 그들은 간다. 그들은 어떤 봉사라도 하게끔 준비가 되어 있고 기민하게 움직인다."[37]

밀턴이 『실낙원』을 집필했을 때까지 청교도들은 천사들에 관한 주목할 만한 문헌을 출판했다. 여러 주요한 논고들은 혁명 기간에 나타났고 비록 왕립학회의 과학적 영향으로 17세기 말에 이르기까지 관심은 크게 줄었지만 천사들은 수년 동안 사변적 연구 주제였다. 그러나 과학자들이 연구에 착수하기도 전에 칼빈주의 저술가들은 천사를 물리적 세계로부터 거의 완전히 제거했다. 그들 스스로가 가졌던 관심의 본질은 그들의 가장 중요한 책 중에 두 권의 책 이름에서 알 수 있다. 즉 로렌스의 『영적 군사』 *Militia Spiritualis* 와 이삭 암브로스의 『악마와

---

35) John Preston, *Life Eternal, or a Treatise of the Knowledge of the Divine Essence and Attributes* (London, 1634), p. 138; cf. *The New Covenant, or The Saint's Portion* (London, 1629), p. 48; Sibbes, *Works*, VI, p. 320; Calvin, *Institutes*, I, xiv, 5; Perkins, *Works*, III, pp. 133-134.
36) Lawrence, *Militia Spiritualis*, pp. 48-49.
37) Preston, *New Covenant*, p. 33.

의 전쟁과 천사와의 교통』 *War with Devils and Communication with Angels* 이다.[38] 이 청교도 작품에 따르면, 천사들은 사탄과의 영구전쟁에서 하나님의 명령을 수행했다. 천사 군대는 선택받은 자들의 수호자였다. 이 기능은 청교도 저술가들에게 너무 중요한 것이어서 그들은 여타의 모든 천사 활동을 무시하고 천사의 본성에 대한 고대의 궁금증을 망각하는 경향이 있었다. 로렌스와 암브로스는 천사의 지성이나 그들의 서열과 질서에 대해서는 거의 말하지 않았다. 사실상 그 두 책은 "천사학"이라는 고대학문에는 관심이 없었고 오히려 관심은 교화, 영적 전쟁에의 소명, 사탄의 유혹에 대한 논고, 천상 "대대"의 경건한 힘에 있었다.

아마도 그 중에서 가장 중요한 것은 그 두 청교도 저술가가 자연의 반복적 일상에서 담당한 천사의 역할을 경시하는 경향을 보였다는 점이다. 청교도들은 천사들이 하나님과의 협력에서 두 번째 원인이었을 뿐인데 불가피하게 그분의 영광을 찬탈했다고 생각했다. 정말 천사들은 쉽게 하나님의 뜻의 단순한 도구가 될 수 없었다. 왜냐하면 전통 이론이 천사들을 훨씬 더 그러한 존재로 만들어 놓았기 때문이다. 후커는 다음과 같이 썼다. "단순한 자연적 행위자를 작용인으로만 움직이는 하나님은 자신의 거룩한 천사들을 … 그와는 다르게 … 움직이게 하지 않는다." "그분의 미에 대한 사랑에 완전히 몰입해서" 그들은 자유롭게 그분을 모방하고 "기어이 온갖 종류의 선을 행한다."[39] 이러한 독립적인 선에 대해서 칼빈주의자들은 거의 참을 수가 없었다. 그들이 선호한 것은 모든 자연적 사건을 직접적으로 그분에게 돌리는 일이었다. 하나님은 "자기 자신에게 가장 잘 알려진" 방식으로 그 일을 했다. 그래서 그들은 별들이 자유로운 지능에 의해 살아 돌거나 움직였다는 것을 부인했다. 바꾸어 말하면 불가해한 하나님의 자의적 비개인적 힘으로 충분했다.

---

38) 로렌스의 책은 1646년에 처음 출판되었다. 1652년까지 3쇄 발행되었다. 암브로스의 저서는 1662년에 나왔다. 또한 다음을 참조. Robert Dingley, *The Deputation of Angels* (London, 1654); Christopher Love, *Ministry of Angels* (London, 1657).
39) Hooker, *Works*, I, p. 212.

하나님이 영적 전쟁에서 천사들을 사용했을 때 그분은 어떤 선재하는 위계를 참조해서 그들을 선택한 것이 아니다. 청교도들은 그분이 그들의 지위를 인정하지 않았다고 주장했다. 오히려 그분은 그들의 직위를 명했다. 이 견해는 밀턴이 전통적 천사 지식에 매료되었다고 하지만 분명히 그가 채택한 것이다. 그는 자신의 시적 목적에서 고대의 위계적 용어가 필요하다고 느꼈지만 그 용어를 "실제적으로 위계적 의미 없이" 사용했다.[40] 오래된 칭호는 등급보다는 직위를 구별했다. 밀턴은 아마도 16세기의 하인리히 불링거에서 시작한 프로테스탄트 사상가 계열을 따랐다. 이 취리히 종교개혁자는 천사들은 "하나님의 대업에 관한 전령을 보낼" 때만 대천사라고 불렸다고 주장했다. 동일한 생각이 로렌스의 "사역 분업"에서 명백히 반복되었다. 다시 말하지만 청교도 윌리엄 가우지는 천사들은 그 기능에서만 다르지 그 본성에서는 아니라고 주장했다. 그들은 "구별되는 여러 직위"를 맡았다. "왜냐하면 모두가 동일한 일을 해야 한다면 어떻게 다른 일들이 수행될 수 있는지"[41] 하고 그는 분별 있게 추론했기 때문이다. 대부분의 청교도들에게는 지위는 고용에서 결정되었고 고용은 하나님의 뜻에 있었다. 천사 활동의 독립적 영역은 사라졌다. 일시적 직위 체계가 오래된 위계를 대체했다. 존재 사슬은 명령 사슬로 변환되었다.

4) 위계적 인간론에 대한 공격

하나님과 인간의 관계는 명령과 복종이라는 유사한 구조에 의해 통치되었다. 천사와 같이 인간 사회에서도 하나님의 주권은 오랜 등급의 위계를 파괴했다. "소명"은 일종의 직위였다. 그 관념이 지위를 강화하는 특정한 역사적 순간에 봉사했을지라도 하나님의 부르심은 사실상 일종의 명령이었고 퍼킨스의 중요한 저서 『직업론』 Treatise of the Vocation에서 특징적 이미지로 그렇게 기술했다.

---

40) West, *Milton*, pp. 133-136.
41) Gouge, *Armor of God*, p. 30.

"군영에서 보듯 장군은 모든 사람에게 적과 맞서 싸워야 할 … 위치와 지위를 지정한다. … 인간 사회도 마찬가지이다. 하나님은 모든 사람에게 그의 특별한 소명을 지정하는 장군이다.…" 존 프레스턴은 1620년대 케임브리지 청중에게 강연할 때 사람들이 장군에게 복종하지 않을 때 어떤 일이 일어날 수 있는지를 말해주었다. "그들은 하나님이 그들을 파괴할 준비가 되어 있음을 발견하는 것이 좋을 것이다."[42] 프레스턴은 계속해서 더 이상의 소용이 없을 때 버리는 도구 비유를 발전시켰다. 그렇다면 사람들은 하나님에 의해 버려질 수 있다. 이 비유는 개인적 지위의 오랜 위계를 공격하는 후기 중세와 초기 근대의 논쟁 문헌에서 흔하게 사용되었다. 왜냐하면 인간이 하나님의 공구에 불과했다면 그는 자신의 자리나 권력에 대해 아무런 개인적 세습적 주장도 하지 못했을 것이기 때문이다. 사보나롤라는 자신이 교황과 싸울 때 동일한 모형을 사용했다. 그는 "톱이 숙련공의 손에 움직이듯이" 하나님은 모든 사람을 움직인다고 주장했다. 불복종 인간은 "고장 난 공구로 버려진다."[43] 이것은 칼빈주의 설교자에게 자연적인 호소력을 지닌 모형이었다. 하나님의 도구라는 이미지는 청교도 문헌에서 너무 자주 사용되기에 인간을 하나님의 자녀로 보는 훨씬 오래된 이미지를 대체하는 것에 가까웠다.

그러나 하나님이 인간을 도구로 사용했다면 그는 성도로서 그분에게 복종한 것이고 여기에는 어떤 난점이 놓여 있었다. 인간이 하는 복종은 의지의 행동이었다. 인간은 천사처럼 하나님의 목적에 대한 완전한 통찰을 가지고 하나님의 명령을 따른 것이 아니다. 그렇다고 인간의 복종이 본능적인 것도 아니었다. 하나님은 그분의 성도를 단순히 도구로 그저 "사용하는 것"은 아니었다. 어떤 의미에서 인간의 행동은 숙고에 의한 행동이지 않으면 안 되었다. 그러나 인간의 도덕적 무능성에 대한 칼빈주의자의 주장을 고려하면 그의 숙고가 어떤 역할을

42) Perkins, *Works*, I, p. 750; Preston, *Life Eternal*, pp. 146-247.
43) Roberto Ridolfi, *The Life of Girolamo Savonarola*, trans. Cecil Grayson (New York, 1959), p. 218.

할 수 있을지를 아는 것은 극히 어려운 일이었다. 하나님의 명령인 그분의 예정된 결정과 타락한 인간의 활동 사이에는 커다란 간격이 있었다. 이것은 하늘로부터 "두더지굴"인 땅에 이르기까지 길게 펼쳐져 있는, 사람이 없고 매개가 없는 광대한 거리였다. 인간이 하나님에 반응하는 어떤 방법이 발견되어야 했다. 복종이라는 것만으로는 충분한 답이 될 수 없었다. 예정이 유도할 수 있는 포기된 수동성과 정적주의는 칼빈주의 신학자들과 설교자들이 예민하게 자각한 위험이었다. 하나님의 명령은 경건한 묵종만 찾은 것이 아니라 일종의 열성적 동의 즉 정신이나 마음이 아닌 양심과 의지에서 등록된 응답을 찾았다. 인간은 스스로 "봉사할 수 있는 능력"이 되어야 했다. 하나님의 의도성은 인간의 의지적 자진을 필요로 했다. 이 두 가지는 마침내 청교도의 언약 관념에서[44] 함께 도래했다. 성도들은 하나님의 은혜로 가능해졌기에 하나님의 도구이기를 자진했다. 명령과 동의가 만났고 계약 조항이 작성되었다. 인간의 동의가 하나님의 주권을 제한하지 않음은 물론이다. 언약은 인간을 활성화하면서도 하나님을 통제하지 않는 방법이었다. 동의 또한 자유로운 선택의 문제가 아니었다. 왜냐하면 은혜가 성도들을 찾았고 어떤 인간도 은혜를 자원함으로써 구원을 얻은 것은 아니었기 때문이다. 언약이 한 일은 은혜에 대한 규율적인 체계적 반응, 명령에 대한 새로운 능동적 의지적 복종을 말해주는 것이었다. 바로 이것이 17세기 청교도 "실천" 신학의 주요 주제였다.

언약 신학의 복잡성은 여기서 논의될 수 없다. 그러나 중요한 점을 말한다면 그것은 언약이 말해주는 하나님과 인간의 관계에 관한 것이고 또한 대중적인 문

---

44) 언약 신학에 대한 최고의 논의는 단연 페리 밀러의 것이다. Perry Miller, *The Seventeenth Century*, ch. xiii. 수동성의 위험과 영적 "훈련"의 필요성에 대해서는 다음을 참조. Taylor, *Progress of Saints*, pp. 12ff.; *Christ's Combat and Conquest* (London, 1618), p. 213; Preston, *A Sermon Preached at a General Fast* (London, 1633) (printed with The Saint's Qualification), p. 285; *New Covenant*, passim. 일부 청교도 목회자들은(폴 베인, 사무엘 워드, 토마스 트위스를 포함) 언약 신학을 거부했다. 왜냐하면 그들은 그것이 하나님의 주권을 제한한다고 생각했기 때문이다. J. D. Eusdon, Puritans, *Lawyers and Politics in Early Seventeenth Century England* (New Haven, 1958), p. 29n.

헌에서 그 관계를 기술해준 이미지에 관한 것이다. 이것이 중요한 이유는 하나님의 주권적 의지와 인간의 의지적 복종은 저 거대한 사슬을 파괴한 보편적 주의주의의 두 가지 측면이었기 때문이다. 다시 한 번 말하지만 언약은 창조적 사랑, 자녀의 겸손, 그리고 성자와 천사들의 자비로운 중보 위에 세워진 보다 오래된 관계를 폐지하는 것을 강조했다.[45] 하나님과 인간의 협약은 그 조항이 아마도 성경에 쓰여 있을 것인즉, 이는 모든 관계의 인위적 본성을 완벽하게 상징적으로 말해주는 것이었다. 언약을 통해서 인간은 하나님의 "보증인"이 되었다. 하나님의 자녀가 아니다. 이 이미지는 존재하는 부채 즉 하나의 법적 또는 상업적 의무에 대한 자발적 인정을 함의했다. 하나님은 모든 인간의 채권자였다. 그러나 일부 인간은 그분의 은총을 입어서 그 부채를 인정하는 것이 가능했고 복종함으로써 부분적으로 상환했다. 이러한 인정이 정확히 하나님이 그분의 성도들에게 요구한 의지의 행동이었다. 즉 "여러분은 다 알고 … 양심적으로 … 언약에 임해야 한다." 시므온 애쉬는 "엄숙 동맹과 언약"을 갱신하는 1646년에 런던 시민에게 다음과 같이 말했다. "우리의 맹세는 증언에 앞서 … 숙고되어야 한다."[46] "숙고"의 맹세는 존재 사슬에서 차지하는 자리가 거의 없었고 일반적으로 아버지와 자녀 사이에 필요한 것도 아니었다.

하나님과 인간 사이의 거래는 때때로 일종의 "영적 상업주의"를 말해주는 용어로 논의되었다. 즉 복종이 많을수록 은혜도 많을 것이다.[47] 그러나 그러한 유비들이 정치적이고 사회적으로 되는 일이 더 자주 있었다. 언약 신학은 그 원천이 이스라엘 민족에 대한 하나님의 엄숙한 약속에 있었고 계약의 관념이 처음으로 프로테스탄트 정신에 들어온 형식은 민족과의 언약이라는 형식이었다. 언약

---

45) 물론 언약을 인간이 얻을 수 있도록 만드는 것은 하나님의 사랑뿐이다. 그러나 일반적으로 매우 강력하거나 열정적인 감정은 언약 관계에서 제거되었다. 이는 곧 이어 나오는 이미지에 관한 논의 내용이 말해주는 바와 같다. 또한 다음을 참조. Miller, *The Seventeenth Century*, pp. 381ff.
46) Simeon Ashe, *Religious Covenanting Directed* … (London, 1646), pp. 71ff; Edmund Calamy, *The Great Danger of Covenant-Refusing* (London, 1646).
47) 이 용어는 밀러의 것이다. Miller, *The Seventeenth Century*, p. 389.

신학의 실천적 절정은 1630년대와 1640년대의 스코틀랜드와 잉글랜드 민족이 약속한 집단 헌신에서 알아볼 수 있다. 여기서 규율과 사회 절서에 대한 청교도의 압도적인 관심이 가장 극적으로 드러났다. 성도 개개인과 하나님 사이의 사적 계약마저도 집단 협약의 축소판을 제안하는 이미지로 기술되었다. 가장 자주 기술되는 방식은 그 조항들이 대가-도제, 대장-병사의 용어로 제시되는 것이었다.[48] 4반세기 전 위그노 문헌을 너무 자주 떠올리게 해 주는 낡은 봉건적 맹세인 군주와 신하 사이의 관계는 청교도 저술에서 사용되지 않았다. 아마도 중세의 관계는 너무도 개인적이었겠지만 여하튼 그런 관계의 기술이 없었다는 점에 대한 다른 가능한 이유에 관해서는 주목할 가치가 있다. 대사슬 이론이 말해주는 사람들 사이의 관계처럼 봉건적 유대는 평생을 갔고 세습되는 것이기도 했다. 반면 대가-도제, 대장-병사의 관계는 갱신은 되지만 일시적이었을 뿐이다. 청교도의 "방법"은 사탄과의 교전이 종료된 후, 개개의 유혹이 끝난 후에는 말할 것도 없지만 심지어는 정기적인 금식일과 엄숙한 시기에도 끊임없이 재확인하는 것을 필요로 했다. 이와 유사하게 하나님의 소명의 관념은 자연적 위계와는 대조적으로 반드시 영구적인 사회적 위치를 말해주는 것이 아니었다. 청교도 폴 베인은 "하나님이 우리를 보다 자유롭고 편안한 조건으로 인도할 때 오히려 우리는 이를 사용해야 한다"고 썼다.[49] 주기적 자기 점검은 청교도적 삶의 특징이었다. 왜냐하면 의지와 양심은 결코 영구적으로 구속적일 수 없었기 때문이다. 자연과 피에 의한 유대와는 달리 동의에 의한 그것은 자주 갱신되어야 하고 아니면 붕괴한다.[50]

---

48) Edmund Calamy, *The Great Danger of Covenant-Refusing*, passim; Joseph Caryl, *The Nature, Solemnity, Grounds, Property and Benefits of a Sacred Covenant* … (London, 1643), p. 42.

49) Paul Bayne, *A Commentary upon the First Chapter of the Epistle of St. Paul* (London, 1618), pp. 8-9.

50) 퍼트니 토론에서 개진된 일명 버프 코트(로버트 에버라드)의 급진적 견해를 참조. "내가 어떤 의무를 짊어지든 간에, 이후에 하나님이 자신을 드러내야 한다면 하루에 백 번이라도 즉각 어길 것이다.…" *Puritanism and Liberty*, ed. with an introduction by A. S. P. Woodhouse (London, 1938).

대장과 감화된 병사 사이의 관계는 당연히 하나님과 예정된 인간 사이의 그것을 형상화한다. 하지만 징집된 병사는 숙고하고 맹세한 언약의 사람과 비슷했다. 하나님은 자신이 선택한 도구들을 가졌고 그 도구들이 선택된 신호는 자원한 행동이었다. 이러한 용어들을 통해서 뉴잉글랜드 청교도 통치자들은 정착자들에게 홍보했다. "그리스도 예수는 … 이 선포를 자원자들에게 알리기 위해 그 종들을 왕의 사자로서 독려한다.…"[51] 그러나 자원자가 사적 병사가 아님은 명백했다. 그는 군대에 입대했거나 새로운 정치적 공동체에 가입했다. 어느 쪽이든 그의 선택은 역시 복종에 합의한 것이나 마찬가지였다. 실로 그의 동의야말로 이 합의를 보다 원대한 것으로 만들었다. 이는 제네바 시민이 그들의 언약을 통해서 아주 놀라운 엄격한 규율에 스스로를 구속한 것과 마찬가지였다. 계약은 영구적 관계도 세습적 관계도 확립하는 것이 아닐 수 있지만 역시 여러 면에서 피와 자연에 의한 유대보다 강력한 유대를 창조했다. 성도 개개인이 사적으로 한 언약조차도 그를 규율에 노출시켰고 교회의 종교적 훈련에 구속시켰다. 자발적 충성은 그를 집단적 규율로 끌고 갔다. 구원의 신학을 사회학으로 바꾸는 것은 칼빈주의의 항상적 경향이었다. 리처드 백스터는 "거룩한 사회는 거룩하게 분리된 개인보다 우리의 창조자를 더 많이 영광스럽게 한다"고 썼다. 즉 보다 적절하게 군사적 삶의 이미지로 표현하면 "사도는 교수로서 하나 되어 지켜보는 데서뿐만 아니라 … 깃발을 든 군대로서 질서 있게 함께 행군하는 데서도 성도들의 긴밀한 질서를 보게 되어 기쁘게 생각한다."[52]

청교도 저술가들에게 사적 인간의 언약 조항과 민족의 언약 조항은 실제적으로 상호 교환될 수 있는 것이었다. 그들은 종교적 황홀경의 순전히 개인적인 성질에 대해서는 거의 배려하지 않았다. 개인 구원과 민족 개혁은 둘 다 사람들 사이에 질서와 규율을 확립하려는 하나님의 정치의 국면들이었다. 이것들을 동일

---

51) 다음에서 인용된다. H. W. Schneider, *The Puritan Mind* (Ann Arbor, 1958), p. 8.
52) Richard Baxter, *A Holy Commonwealth* (London, 1659), p. 14; John Owen, *The True Nature of a Gospel Church* (London, 1689), 서문.

한 저술가들과 설교자들이 탐구했거니와 이들은 모두 우주를 이질적이고 모순적인 요소들이 집적된 도시로 생각했고, 천사들을 하나님의 공복으로, 악마를 편재하는 위협으로 상상했으며, 존재 사슬을 명령 사슬로, 조화의 우주를 불화와 논쟁의 세계로 변환한 사람들이었다. 이들은 인간 사회에서 오래된 위계를 명령과 언약에 의해 형성된 집단적 규율로, 자연적이며 불가피한 것이 아닌, 즉 인공적이며 목적이 분명한 새로운 질서로 대체했다. 하나님은 스스로 그분의 성도들과 "연합했고" 이 연합은 협소하게 정치적 또는 군사적이었으며 가부장적 애정보다는 목적을 위한 숙고에 의한 동맹을 포함했다. 이리하여 우주적인 명령 사슬은 제임스 1세가 두려워한 대로 지상적인 표현을 발견하게 되거니와 즉 그것은 왕이 이끄는 것이 아니라 장군들과 대령들이 이끄는 전투적인 성도들의 집회이다. 사제의 마법은 가버렸고 모든 위계들은 의문시되었다. 언약과 명령은 사람을 도구로 바꾸었고 소명과 직위가 태생과 지위를 대신했다. 옛 질서의 분쇄는 사람들을 자유롭게 했겠지만 하나님의 의지와 사람들의 경건한 양심은 그 어느 때보다 더욱 단단히 그들을 붙들어 매었다.

3. 정치체적 신체에서 국가라는 배로

1) 유기체적 국가론에 대한 공격

국가를 정치체적 신체, 살아 있는 유기체로 보는 관념은 대사슬의 개념만큼이나 16세기와 17세기에 흔한 것이었다. 사실상 그 두 가지는 동일한 세계관의 일부였다. 왜냐하면 존재 사슬 전체는 그 신적 원천에 의해 생명을 가진 광대한 유기체로서 상상되었을 것이기 때문이다.[53] 이것은 후커가 말한 대로 대우주였고 유기체적 형태로 그 모든 부분이 조화롭게 압축된 우주였다. 따라서 그 안의 만물은 상호 의존적으로 일치했다. 인간은 소우주였고 우주의 모형이었으며 "본래적으로 세계이기도" 했다. 말하자면 대사슬에서 반은 영혼이고 반은 신체

---

53) Tillyard, *Elizabethan World Picture*, pp. 83ff.

인 인간은 중간에 위치하는 존재로서 우주가 구성된 것과 동일한 요소로 크기가 엄청 작게 구성된 것이었다. 소우주와 대우주의 관계는 아마 대응 가운데서도 가장 중요한 대응이었을 것이다. 인간 사회는 그 두 가지에 똑같이 대응했고 소우주 유비는 보다 쉽게 이해되었고 동시에 정치적으로 보다 유용했다. 국교회 설교자 로버트 십소프는 이러한 이미지를 전형적으로 전개하면서 다음과 같이 썼다. "머리는 왕을 대표한다.… 몸통은 연방이거나 백성이다. 자연적 신체처럼 정치체적 신체에서 그 모든 … 구성원들은 저마다 수행할 의무가 있고 … 다른 사람에게 받아야 할 의무가 있다."[54]

정치사상에서 유기체 유비의 사용이 매우 오래된 것임은 의문의 여지가 없다. 그러나 중세 후기와 근대 초기에서 그 중요성이 엄청 큰 데는 특별한 이유와 역사가 있었다. 정치체적 신체의 이미지는 교회를 그리스도의 보이는 신체로 규정한 개념에 평행되는 것인즉 그 이미지의 많은 감정적 힘은 그로부터 나온 것이다. 왜냐하면 중세의 기독교 공동체는 한갓된 인간 사회가 아니었기 때문이다. 성찬의 화체설과 유사한 신비를 통해 기독교 공동체는 하나님 자신이 머리이고 나머지 반은 신체인 유기체로서 드러났다.[55] 이미지와 은유는 원래 성례였고 틀림없이 성례적 사고는 이어지는 유비 추리에 특별한 활력과 설득력을 부여했다.

17세기의 많은 국교도들에게 신비의 요소가 그 오랜 이미지에 잔존한 것은 확실하다. 그러나 이 이미지의 진정한 힘과 그 역사적 기능을 말해주는 것은 11세기와 12세기 교황주의자의 문헌이다. 교회 대변인들은 교회의 통일성을 지지하고 교회의 봉건적 관계를 공격하기 위해 유기적 관념에 의존했다. 그들은 교회를 봉건적 질서로 통합하는 것을 그리스도의 몸에 대한 불법적 성폭행으로

---

54) Robert Sibthorpe, *Apostolic Obedience, Showing the Duty of Subjects to Pay Tribute and Taxes to Their Princes* (London, 1627), p. 10.
55) Gerd Tellenbach, *Church and Society at the Time of the Investiture Contest*, trans. R. F. Bennet (Oxford, 1940), pp. 126ff.; Otto Gierke, *Political Theories of the Middle Ages*, trans. with intro. by F. W. Maitland (Boston, 1958), p. 132 n77.

묘사했다. 교회는 자신의 신성한 남편 또는 자신의 카톨릭 남편과 적절하게 결혼했고 이는 동일한 목적에 이바지하는 대안적 이미지로서 모든 세속적 또는 불륜적 관계로부터 반드시 자유로워야 했을 것이다. 유기적 국가 개념은 중세 양식의 지역적 사적 관계에 반대하는 유사한 논증을 제공했다. 바로 이것이 중세 후기 내내 그 논증을 체계적으로 이용하는 주요 이유였다.[56] 솔즈베리의 존 때부터 자연적 신체와 정치체적 신체의 유비는 사회의 모든 구성원들의 상호 의존성을 강조하고 "머리"는 하나뿐이라는 필요성을 말해주는 일에 이바지했다. 유기적 유비는 통일성과 군주제를 지지하는 논증이었다. 그런 용도로 그것은 16세기에 여전히 사용되었고 심지어 "개놈 봉건주의"가 침식된 이후에도 특별한 힘을 가지고 있었다.

수아레즈가 17세기 초에 여전히 정치적 공동체를 "신비한 신체"로 묘사할 수 있었지만 유기적 유비의 신비는 실제로 13세기에 아퀴나스에 의해 거부되었다. 이 위대한 가톨릭 합리주의자는 정치체적 신체의 모든 구성원들은 그 개체성으로 인해 자연적 신체의 기관들과는 대단히 달랐다는 점을 인식했다. 그럼에도 불구하고 사회는 사람들이 모인 한갓된 모임은 아니었다. 그 구성원들끼리 자연적 관계가 있었고 또한 적어도 유기체와 유사한 기능적 통합이 있었다. 이리하여 인간의 통치가 필요로 한 것은 왕과 왕국과의 관계는 영혼과 신체와의 관계와 같다는 점이었다. 그리고 국가의 보호가 필요로 한 것은 일부 사람들이 국가의 "팔"로 기능한다는 점이었다.[57] 이러한 용어들로 후커는 군주제를 보호했고 심지어 이와 다른 논증에 크게 의존한 보댕조차도 "모든 지체가 … 단 하나의 머리에 복종하는 신체라는 소우주를 고려하든, 전능한 하나님에 복종하는

---

56) John of Salisbury, *Policraticus*. 그 일부가 다음 책에 부분적으로 실려 있다. John Dickinson, *Statesman's Book* (New York, 1927). 디킨슨의 서론 19쪽 참조.

57) Aquinas, *Selected Political Writings*, ed. with intro. by A. P. D'Entreves (Oxford, 1954), pp. 67, 191-193; Francisco Suarez, *Selections from Three Works* (Oxford, 1944), vol. II: *An English Version of the Texts*, trans. G. L. Williams, A. Brown and J. Waldon, p. 375. 그러나 수아레즈는 육체적 통일성이 아닌 "도덕적" 통일성을 말하고 있다는 점에 주의해야 한다.

세계라는 대우주를 고려하든 모든 자연법칙은 군주제를 가리킨다"는 점을 망각하지 않았다.[58] 이러한 저술가들이 유기적 유비를 더는 엄격하게 적용하지 않았지만 그 유비에 대한 실제적 거부는 영국혁명의 팸플릿 작가들이 기다렸던 것이었다. 보댕과 후커의 분명한 의미는 이성이나 예술이 일종의 유기적 관계를 재생산할 수 있을지도 모른다는 것이었다. 보댕의 영어 번역자 리처드 놀레스는 1606년에 정치적 사변의 목적을 다음과 같이 주장했다. 즉 그것은

> 자질과 재산과 조건이 지금까지 서로 다르고 거의 지배를 받지 않는 수많은 사람들이 하나의 정치체적 신체를 이루어 모든 사람이 하나가 되도록 하는 좋은 합리적인 수단을 찾기 위한 것이었다. 이렇게 해서 누구나가 하나의 동일한 자연적 신체 구성원으로서 … 공동선과 더불어 타인의 현재 감정을 선한 것과 해로운 것이 되게 하려는 것이다.…[59]

그러나 이러한 정교한 견해는 보다 대중적인 적수를 가지고 있었다. 놀레스가 보댕 번역본을 출간한 같은 해에 에드워드 포세트는 『자연적 신체와 정치체적 신체의 비교 강론』*A Comparative Discourse of the Bodies Natural and Political*을 세상에 내놓았고 그 유비를 자세히 전개했으며 이로부터의 일탈은 이성이나 예술의 붕괴만이 아니며 하나의 질병이라는 것을 함축했다.[60] 포세트의 책은 아마 유기적 관념의 최후의 체계적 탐구였지만 그 유비는 다음 40년간 대중적인 문헌 속에 스며들었다. 그 대중적 사용의 비결은 광범하게 공유된 개념, 즉 사회가 자연적으로 불가피하게 유기적 형태로 구분된다는 것, 그와 다른 형태는 불가능하지 않지만 "괴물스러운 것"이라는 점이었다. 이는 "자연적 신체처럼 정치체적 신

---

58) Bodin, *Six Books of the Commonwealth*, 축약본, M. J. Tooley (Oxford, n.d.), p. 199. Hooker, *Book VIII*, pp. 195ff.
59) Richard Knolles, "Epistle to the Reader," in Bodin, *Six Book* … *Done into English* (London, 1606).
60) Forset, *Comparative Discourse*, pp. 62ff.

체도 마찬가지이다." 존 롤링손은 1619년에 "신체에 머리가 없다면 곧바로 땅에 거꾸러질 것이다"라고 선언했다.[61]

대사슬처럼 유기적 유비는 조화로운 질서를 기술했다. 정치체적 신체의 지체는 상호 관심과 자기 보존의 공통감에 의해 함께 묶여 있었다. 이 조화가 위계인 것은 말할 것도 없었고 솔즈베리의 존이 기술한 위계와 다를 바가 없었다. 포세트는 다음과 같이 물었다. "발이 머리와 함께 우월한 지점에 참여하는 것이 허용되겠는가? 또는 머리가 자신의 국가를 떠나 자신을 낮추어 … 무역업에서 수고하는 것이 적절한 일이었는가?" 오히려 "보다 낮은 위치의 보살필 줄 아는 사람이 경주에 참여하여 자신에게 제시된 목표를 잡아야 한다 …"고 그는 생각했다.[62] 국교회 설교자들이 왕을 영광스럽게 하기 위해 머리 또는 마음이나 영혼의 이미지를 사용하기는 했지만 유기적 관념은 사슬 이론만큼이나 지배를 배제했다. 물론 그것은 또한 반역도 배제했다. 따라서 혁명이 일어난 동안 왕당파 팸플릿 작가들은 정치체적 신체는 "외부 세력에 대해 전쟁을 벌일 수 있지만 지금 그 일부가 머리와 대치되어 있는 것은 아니라고 …" 주장했다. "왜냐하면 그러면 전체가 해체되는 경향이 있기 때문이다."[63] 유기적 유비는 기껏해야 반역이 정말로 상상될 수 없을 연방, 즉 분리된 지체는 많으나 영혼은 하나밖에 없는 사회를 묘사했다. 1630년 데본 순회 재판소에서 토마스 포스터는 "이러한 결합으로부터 공동체가, 이러한 애정의 통일로부터 자비로운 행동의 공동체가 자라나야 한다"고 설교했다. 포스터는 판사들에게 "그대들은 서로 지체이고 정책의 힘줄에 의해서 하나의 군주 머리에 결합되어 있으며 그의 복지와 상호 복지를 연구하는 것이 그대들의 관심이어야 한다"고 말했다.[64]

---

61) Raslinson, *Vivat Rex*, pp. 9-10.
62) Forset, *Comparative Discourse*, p. 50. 다음 책에 실려 있는 솔즈베리의 존의 글과 비교해 볼 것. John Dickinson, *Statesman's Book*, pp. 64ff.
63) 왕당파 팸플릿 작가는 헨리 편이었다. 그는 다음 책에서 인용된다. Herbert Palmer, *Scripture and Reason Pleaded for Defensive Arms* (London, 1643), p. 14.
64) Thomas Foster, *The Scourge of Covetousness: or, An Apology for the Public Good, Against Privacy* (London, 1631), pp. 15, 22.

유기적 유비의 가장 중대한 함의는 고정된 기능을 가지되 아무런 독립적 활동 능력도 없는 인간 **구성원**의 관념이었다. 청교도 목회자들은 기능적 불평등을 노동 분업에 필요한 그 이상의 것으로 평가하지 않았다. "신체 전체가 눈이었다면 청각 작용이 어디에서 일어날 수 있겠는가 …?"[65] 그러나 국교회는 일반적으로 다양한 구성원들 특히 머리의 특별한 재능을 곱씹었다. 포세트는 이성적 머리가 터무니없는 짓을 하는 신체를 멀리할지도 모르는 비밀을 자세히 논의했다. 그는 정치적 지식에 대한 탐구를 일종의 반역으로 취급했다.

> 이렇게 탐구해서 꿰뚫는 추측이 최고 단계에 이르러 왕 자신을 엿보고 그의 기질, 의도, 애정, 자질, 중대한 과업 및 진지한 행동을 발견하고 폭로할 때, 그렇게 되면 그것은 프로메테우스의 교활한 도둑질을 … 닮는다.…[66]

모든 구성원들이 자기 자리를 지키고 자신의 의무를 수행하는 것이 가장 중요했다. 부분이 무질서하면 무정부적이 되고 개인의 야망과 지적 의심은 무질서의 시작이었다. 어떠한 종류의 혁신이라도 정치체적 신체의 섬세한 건강에 가장 커다란 잠재적 위험이었다.[67] 유기적 유비를 따르는 한 모든 형태의 변화 가운데서도 성장만큼은 허용될 수 있을 것이다. 국교회 저술가들은 성장은 거의 알려질 수 없을 정도로 점진적으로 이루어진다는 점을 강조했다. 포세트는 다음과 같이 썼다. "모든 변화에는 여유롭게 진행되는 진중한 절차가 있음에 틀림없다. 자연은 우리에게 양식을 남겨주었고 … 우리는 그것이 차츰차츰 자라도록 해야 한다.…"[68] 정확히 그런 방식으로 후커는 관습에 의해 뒷받침되고 시대의 지혜에 의해서 비준된 법이 생겨났다고 생각했다. 이런 방식으로 변화를

---

65) John Ward, *God Judging*, p. 9.
66) Forset, *Comparative Discourse*, p. 99.
67) Gervase Babington, *Works* (London, 1622), pp. 296ff. (제3절 부분).
68) Forset, *Comparative Discourse*, pp. 62, 64.

성장으로 보는 관점이 청교도의 개혁을 아마도 품을 수 없었다는 사실은 당대에 인정되었다. 칼리뷰트 다우닝은 개혁은 "필연적으로 법률 직종과 관행에 변화를 유도할 것이고 그와 같은 법의 오랜 사용이 자연화되어서 ⋯ 우리 국가의 예절과 성향이 된다"고 주장했다. 이것들은 신체의 습관과 같고 깨뜨리기 어렵다. 한 번 확정되기만 하면 어느 때고 의도적으로 깨뜨린다고 깨뜨려지는 것이 아니다. 왜냐하면 그것들은 마인웨링이 『종교와 충성』*Religion and Allegiance* 의 유명한 설교에서 말한 대로 "모든 것에 적절한 자리를 부여하고 그에 따라 안식과 고요함을 확보하고 보존하는 ⋯" 자연적 질서로 이식되기 때문이다. 그리고 다우닝은 계속해서 신체가 병이 들 때면 안식과 고요함이 가장 확실한 치료제라고 말한다. "이제 모든 선동적 변화는 위험한 것이고 특히나 연방 신체가 질병으로 가득 차 있을 때 그렇다."[69] 급격할 수밖에 없는 변화는 죽음 자체였고 자연의 조화로운 질서 속에서라면 죽음이라고 해도 천천히 오는 것이었고 나이가 들어도 서서히 쇠퇴하면서 천천히 오는 것이었다.

2) 정치체적 신체 유비의 한계

청교도 설교자들은 유기체의 이미지를 거의 피할 수 없었다. 그것은 흔했으며 쉽게 이해되었고 따라서 "쉽게 말하기" 하는 그들에게 쓸모가 있었다. 그럼에도 불구하고 설교에서 그러한 이미지를 체계적으로 전개하는 일은 국교회 설교자라는 거의 확실한 신호이다. 유기체는 청교도 교리에 쉽게 부합하지 않았다. 그것이 말해주는 관계들은 신비적이었던 것 같고 명령이나 규율의 견지에서 기술하기에는 쉽지 않았다. 칼빈주의자의 활동과 개혁은 유기적 용어로는 쉽게 변호될 수 없었다. 알렉산더 레이턴은 1628년의 『의회에 대한 호소』에서

---

69) Calybute Downing, *A Discourse of the State Ecclesiastical* (Oxford, 1634), pp. 14-15. 다우닝은 나중에 자신의 입장을 바꾸었고 내전에서 의회파를 지지했다. 그는 1640년에 반역에 편드는 중요한 설교를 전했다; 다음을 참조. *DNB*. Maynwaring, *Religion and Allegiance*, Sermon II, p. 9.

그 유비를 시도했다. 그는 의회 의원들에게 왕국의 "눈과 귀와 손"으로서 "활동하는 인간"이 되기를 촉구했다. 그는 "손이 전해주지 않으면 머리가 무엇을 할 수 있는가?"하고 물었다. 그러나 그는 의회 의원들의 질서를 감히 뒤바꾸지는 않았고 다만 보다 명백한 질문을 던졌다. 그렇듯이 비유는 분명히 부적절했고 레이톤은 그 비유를 발전시키지 않았다. 그 대신에 그는 다시 다음과 같이 시작했다. "그대들은 국가의 의사이다. 일어서서 그대들의 치료를 행하라 ···. 그대들이 스스로 가진 힘을 실제적으로 알았다면 왕과 우리는 기뻐했을 것이다."[70]

충분히 의미심장한 것이 있었다면 그것은 청교도 설교자들에게 소구력을 가진 유기적 이미지의 유일한 측면이 질병의 관념이었다는 점이다. 그들은 처방과 치료의 은유로 개혁에 대한 그들의 요구를 숨겼다.[71] 여기에는 유기적 유비를 충분히 수용한다는 것이 포함되어 있지 않았다. 왜냐하면 청교도들이 그토록 크게 강조한 의사로서의 치안판사는 결코 지체가 아니었기 때문이다. 바꾸어 말하면 청교도들이 촉구한 치료는 칼리뷰트 다우닝의 안식과 고요함보다 훨씬 더 선동적이었다. 의학적 용어 사용은 혁명 시기의 핵심 주제 중 하나를 제공했다. 프란시스 체이넬은 1643년 5월 하원 의원들에게 다음과 같이 말했다. "그대들은 국가를 위한 의사이고" "지금은 정화의 시점이며 모든 악의적 체액을 교회의 몸과 정치체적 신체에서 정화해야 한다."[72] 처방의 목적은 이전의 어떤 정상적 건강 상태의 회복 이외 다른 것일 수 없었기 때문에 이러한 형태의 유기적 유비일지라도 궁극적 차원에서 보면 청교도 설교자들에게 어울리는 것이 아니

---

70) Alexander Leighton, *An Appeal to Parliament* (n.p., 1628), pp. 173-174, 208-209. Cf. Sibbes, *Works*, VI, p. 89.

71) 다음 책에서 인용되는 사례들을 참조. M. A. Judson, *The Crisis of the Constitution: An Essay in Constitutional and Political Thought in England, 1603-1645* (New Brunswick, N.J., 1949), pp. 343ff.

72) Francis Cheynell, *Sion's Momento and God's Alarum* (London, 1643), p. 19. "정화"를 요구하는 최고 설교 중 하나는 사무엘 페어클로드의 다음 책이다. Samuel Fairclough, *The Troublers Troubled, or Achan Condemned and Executed* (London, 1641), especially pp. 22ff. 의사로서의 치안판사에 대해서는 옥스퍼드 판사들에 대한 로버트 해리스의 연설을 참조. "그대들은 치유자들이라고 불린다; 하나님이 가라면 그대들은 생명 있는 것들에게 가야 할 것이다.···" Robert Harris, *Two Sermons* (London, 1628), p. 21.

었다. 혁명하는 동안 처방의 주제는 재건의 주제로 대체되었다. 여러 명의 의회 설교자들은 하원 의원의 사역과 바빌론 포로에서 귀환하는 추방자의 성전 재건 사이의 역사적 유비를 정교화했다. 재건이라는 이미지는 처방이라는 이미지보다는 훨씬 더 분명하게 근본적 개혁으로의 길을 명백하게 열어주었다. 체이넬이 설교한 지 불과 5개월 만에 목회자들은 하원 의원들에게 다음과 같이 말했다. "완전히 땅에 내려앉게 되어 있는 낡은 골격 위에 건물을 짓는 일을 하고 있지 않은지 주의를 기울이기 바랍니다. 그대들이 허물고 있어야 할 때도 석고에 반죽을 바르고 있는 것은 아닌지 주의하기 바랍니다."[73] 따라서 혁명은 낡은 몸을 치료하는 것이 아니라 새 건물을 건축하는 것을 요구했다. 고대의 정치적 유기체의 건강과 조화는 청교도의 목적에 도움을 줄 수 없었다.

3) 국가라는 배의 비유

기독교적 아리스토텔레스주의자에 따르면 정치의 목적은 선한 삶이었다. 후커는 인간은 "인간의 존엄성에 적합한 삶"을 추구하면서 사회 안으로 자연적으로 함께 왔다고 썼다. 아퀴나스는 정치가 목적론적이었음을 말해주기 위해 국가선ship of state이라는 이미지를 사용했다. "이제 배가 정박하는 것처럼 어떤 것이 자기 외부에 있는 목적을 위해 명령을 받을 때 자신의 통합성을 보존하고 지정된 목적지에 도착하는 일에 주의하는 것은 통치자의 의무이다."[74] 유기적 유비는 그와 동일한 목적론을 말해준 것은 아니었지만 15세기의 내전 후에 사람들은 분명히 정치체적 신체의 통합과 건강이 어떤 외부적 목적보다도 중요하다는 것을 느끼게 되었다. 생명 그 자체 즉 기관의 조화, 체액의 균형, "자기 의무의 순응도"는 정치의 유일한 목적이 되었다. 국가선의 이미지는 후커에 다시 나타나지 않았고 고전 문학에서 흔히 볼 수 있는 그 이미지는 "우아한" 국교회 설교

---

73) Henry Wilkinson, *Babylon's Ruin, Jerusalem's rising* (London, 1643), p. 26; cf. Thomas Goodwin, *Zerubbabel's Encouragement to Finish the Temple* (London, 1642).
74) Hooker, *Works*, I, p. 239; Aquinas, *Selected Writings*, p. 73.

자들에 의해 거의 언급되지 않았다.[75] 그들에게 기독교도 개개인은 정치체적 신체 외부에 목적을 가지고 있었고 그 목적은 천국이었다. 그러나 국가선을 위한 안전구역은 없었고 평화로운 정박지 이상 가는 항구는 아무데도 없었다. 실로 유기적 유비는 정치적 삶의 유일한 목적이 정치적 죽음이었다는 사실을 말해주었다. 대부분의 르네상스 작가들에 의해 제시되고 프랑스의 보댕이나 르 로이에 의해 상세히 전개된 국가의 역사는 흥망성쇠를 반복하는 아주 오래된 주기적 역사였다.[76] 그 두 프랑스 작가들의 증거가 주로 역사적이었다고 해도 국가를 정치체적 신체로 보는 관념은 의심의 여지없이 그 주기의 형식적 구조를 제공했다. 그리고 이 구조가 받아들여지는 한, 완전하게 주의주의적 정치를 말하는 것은 어려웠다. 사실을 말하면 통치자의 기술은 다만 유기적으로 돌아가는 멈출 수 없는 역사의 시간표를 가속화하거나 완화할 뿐이었다.

그러나 칼빈주의자의 하나님의 정치는 순수하게 의도적으로 의지적이었다. 그분은 유기적 주기와 아무런 관계가 없는 그 자신의 목적을 가지고 있었고 자연법칙은 그분의 자의적 권력에 대한 아무런 장벽도 아니었다. 1642년에 스티븐 마샬은 그 주기의 관념을 명시적으로 거부했다. 그는 국가가 "젊었다가 강해지고 잠시 후에 쇠퇴한다"는 사실은 "특정한 규칙"이 아니라고 썼다. 그 대신에 역사는 신의 손 안에 있다. "어떤 교회, 국가, 또는 도시라도 그 죄가 … 충분히 차면 그때는 하나님은 오류 없이 그들에게 파멸을 가져 온다. …"[77] 동일한 개념이 청교도 설교자들에게는 흔했다. 이를테면 하나님은 경고 없이 아니면 예언자 파송 후에 갑작스럽게 행동했다. 그분은 정복 국가의 채찍질을 사용했다. 아

---

75) 그 이미지의 고전적 사용에 대해서는 다음을 참조. Plato, *Republic*. 이 책은 존 엘리엇 경이 다음 책에서 인용한 바 있다. John Eliot, *The Monarchy of Man*, ed. with intro. by A. B. Grosart (London, 1879), II, p.22ff; Horace, *Odes*, Book I, p. 14.

76) Bodin, *The Method for the Easy Comprehension of History*, trans. by B. Reynolds (New York, 1945), pp. 235, 300; 그리고 다음 논의를 참조. E. L. Tuveson, *Millenium and Utopia: A Study in the Background of the Idea of Progress* (Berkeley, 1949), pp. 56ff.

77) Stephen Marshall, *Reformation and Desolation* (London, 1642), p. 29. 보댕 역시 제국의 정밀한 지속성이 하나님에 의해 정해진다고 말한다. 하지만 그는 하나님이 주기적 양식을 위반한다고 믿지 않는다. Bodin, *The Method for the Easy Comprehension of History*, p. 236.

니면 역병을 보내거나 내전을 일으키도록 야망을 가진 사람을 부추겼다.[78] 정치사를 살펴보았을 때 청교도들은 하나님의 활동이 그 성격상 유기적이며 모든 일을 서서히 한 번에 한 단계씩 완성한다는 보댕에 거의 동의하지 않았을 것이다. 그 프랑스 철학자는 "하나님은 하나의 작은 씨앗에서 나무가 자라 키 큰 나무가 되도록 성장하게 하지만 항상 지각 불가능하게 서서히 그 일을 한다"고 썼다. "그는 이를 수단으로 해서 극단을 통합한다. 그는 겨울과 여름 사이에 봄을, 여름과 겨울 사이에 가을을 둔다."[79] 청교도의 수사학은 고상하기가 이보다는 훨씬 덜 했다. 혁명이 왔을 때 청교도의 수사학은 하나님의 "무서운 흔들림과 황폐"를 선언하는 일에 선뜻 적응했다.

청교도 수사학의 형상화와 그 유사성은 역사에 대한 다른 견해 즉 유기적 유비를 통해서보다는 국가선의 견지에서 보다 쉽게 표현된 견해를 말해주었다. 설교자들은 또 다시 그들의 신학 주제를 일반화하고 사회화하는 경향이 있었다. 국가선의 관념은 삶을 항해로 보는 청교도의 관점과 밀접하게 관련되어 있었다. 이 비유는 아마도 1615년 『거룩한 땅을 향한 영적 항해사』라는 제목으로 출간된 토마스 아담스의 설교에서 가장 잘 전개되었다고 해야 할 것이다.[80] 아담스에게 세계는 바다였고 인간은 바다의 위험을 만나는 여행자였다. 천국은 약속의 땅이었다. 이 이미지는 기독교만큼이나 오래되었다. 그러나 청교도들은 이것을 자신의 것으로 만들었고 항해의 세부 사항을 정교하게 다듬었으며 자신의 천국 목적지보다는 기독교도의 순례 "과정"을 훨씬 더 강조했다.

아담스가 자신의 설교를 전하고 몇 년 후에 지방 설교자인 윌리엄 펨버톤이 하트포드 순회 재판소에서 말할 때 동일한 이미지를 정치적으로 발전시켰다.

---

78) 특히 토마스 비어드가 편찬한 수많은 사례를 참조. Thomas Beard, *The Theater of God's Judgments*, 3 ed. rev. (London, 1631).

79) Bodin, *Six Books*, p. 127.

80) Thomas Adams, *The Spiritual Navigator Bound for the Holy Land* (London, 1615); Anthony Nixon, *The Christian Navy: Wherein is Plainly Described the Perfect Course to Sail to the Heaven of Eternal Happiness* (London, 1602).

그는 치안판사들이 "연방이라는 배의 주인이자 조종사"라고 말했다. "이들은 선미에 앉아 자신의 지혜와 충실성을 통해 ··· 바라는 평화와 번영의 안식처로 선도한다. ···"[81] 그의 설교 본문으로 판단하건대 펨버톤은 매우 온건한 청교도였다. 그가 제안한 정치적 목표는 유기적 유비에 함의된 그것과 다르지 않았다. 그가 배의 이미지를 사용한 것은 상상력의 부족이었다. 그러나 청교도들은 실제로 항해하기 시작했을 때 "평화와 번영"을 향해서 항해한 것이 아니라 오히려 "주께서 새 교회와 새 연방에서 함께 창조하실 새 하늘과 새 땅을 위한 장소"를 향해 항해했고 이 비유는 금세 새로운 의미를 띠게 되었다. 항해사들이 일단 새로운 세계를 향해 나서게 되자 정치의 폭풍은 점차로 중요하게 되었고 인내하고 분석할 가치가 있었다. 이 이미지는 개혁, 운동, 과정의 개념들과 전적으로 양립될 수 있었다. 유기적 유비는 그렇지 못했다.

국가선이라는 이미지가 지닌 힘은 스티븐 마샬이 1643년 6월 하원에서 전한 열광적 설교에서 가장 잘 알 수 있다. 그는 "그리스도의 영광, 이 교회와 왕국의 체제, 모든 기독교 왕국의 복지는 ··· 그 배의 조종이 대부분 그대들에게 맡겨진 바로 그 배에 모두 실려 있다"고 외쳤다. 순례자는 열광주의자가 되었고 설교자는 혁명가가 되었다. 국가선이 낡은 세계의 해안에서 멀어지게 되었을 때 이들 중 아무도 후회할 시간이 없었다. 마샬은 계속해서 "그대들이 대의로 삼아 적절하게 참여하고 있는 종교의 복지와 멋진 성공이 10,000개의 잉글랜드보다 그대들에게 더 소중한 것이기를 바라마지 않습니다 ···"라고 말했다.[82]

4) 국가선의 정치

국가라는 배는 1640년대의 청교도 설교에서 빈번하게 나타났고 그것은 왕과 전쟁하는 시기에 지성사적으로 중요한 역할을 수행했다. 왜냐하면 신체는 머리

---

81) William Pemberton, *The Charge of God and the King* (London, 1619), p. 24.
82) Marshall, *The Song of Moses ··· and the Song of the Lamb* (London, 1643), p. 37.

와의 전쟁을 벌일 수 없었다고 하면 배의 선원은 선장이 취하거나 미치면 확실히 퇴역시킬 수 있었기 때문이다. 이것은 반란일지 모르나 정당할 수 있는 반란이었고 자살 행위와는 정반대의 것으로 생각되었다. 그러므로 국가선의 비유는 영국 혁명을 정당화하는 데 사용되었다. 국교회 팸플릿 작가들이 유기적 유비를 언급했을 때 청교도들은 두 가지 방식으로 답변했다. 첫째, 그들은 그 유비의 타당성을 부인했다. 허버트 팔머는 "자연적 신체는 여러 주교나 학식 있는 성직자를 대신하여 머리의 지도를 받는 것 외에는 아무것도 할 수 없다"고 썼다. "그러나 정치체적 신체는 합리적 사람들의 모임이고 그 행동은 그들의 정치체적 머리와는 분리되어 있으면서도 이성적이고 규칙적일 수 있다." 러더포드는 "자연적 머리는 팔, 어깨, 다리, 발가락, 손가락 등의 자유로운 선택과 동의에 의해 머리가 되는 것이 아니다"라고 지적했다. 그렇다면 이 지체들은 그들의 머리에 저항할 수 없다. "그러나 정치체적 신체의 지체들은 정치체적 머리에 저항할 수 있다."[83]

청교도의 둘째 답변은 유기적 이미지를 완전히 무시했고 그 대신에 배와 선장의 관념을 개발했다. 윌리엄 프린이 일찍이 1642년에 한 것이 이것이고 존 굿원은 1649년에 의회의 정화와 왕의 재판을 변호하면서 그 논증을 반복했다.

> 해상에서 선박의 조종사나 선장이 술에 취해 지금까지도 짓눌려 정신이 혼미하거나 아니면 다른 방식으로 무력화되어 … 현재의 위험 상황에서 선박의 보존을 위해 현장에서 긴급 조치를 수행할 수 없을 때, … 숙련된 하급 선원 중 한 명 이상은 선박과 그 안에 있는 모든 사람의 생명을 구할 목적으로 조종사의 이익에 의거해서 매우 합법적으로 가정하고 행동할 수 있다.…[84]

---

83) Palmer, *Scripture and Reason Pleaded* ···, p. 14; Samuel Rutherford, *Lex, Rex, or The Law and the Prince* (London, 1644; repr. Edinburgh, 1843), p. 71.
84) 존 굿원은 윌리엄 프린을 인용한다. John Goodwin, *Right and Might Well-Met* (London, 1648), pp. 9-10.

비록 "하급 선원"의 개념이 칼빈주의에서 선례가 있었지만 이 논증은 오로지 세속적 필요성의 견지에서 혁명을 변호하는 것이었다. 국교회의 공격에 대해 직접성은 덜하지만 필연적인 셋째 답변이 있었다. 즉 그것은 성도들은 하나님의 명령에 따라 행동했다는 것, 그들은 하나님의 도구였다는 것, 심지어 혁명은 그들의 정치적 소명이었다는 것을 단순하게 주장하는 것이었다. 이 입장은 아래에서 논의될 것이다. 그러나 하나님의 명령이 모든 사람을 복종하게 만들었다는 중대한 조건을 고려할 때 배의 유비는 제멋대로 정치할 수 있는 긴 발걸음을 수반하게 되었다.

국가선은 여전히 긴밀한 정치적 통일성과 상호 관심을 함축했다. "왜냐하면 우리가 보는 이유로는 배에 있는 모든 사람의 선실의 안전은 그 배의 안전에 있기 때문이다. 배가 침몰한다면 그의 선실은 어떻게 될 것인가?"[85] 그러나 그 이미지는 또한 선원들이 "서명했다"는 것을 말해주었다. 왜냐하면 그들은 확실히 태어날 때부터 뱃사람은 아니었을 것이기 때문이다. 또한 국가선이 조선소와 건조 시기가 있었을 것임을 말해주었다. 심지어는 아마 장인도 있었을 것이다. 건축의 관념, 특히 "새로운 토대" 위에 건물을 세우는 생각은 청교도사상에서 매우 오래되었다. 이는 명백히 국가를 인간 사교성의 자연적 산물로 보는 아리스토텔레스적 개념에 반립적이었다. 그러나 그 대신에 그것은 거리는 있을지라도 정치의 인위성과 계산성을 의식하는 르네상스적 감각에 관련된 것이다. 여기에 더하여 치안판사를 장인으로 보는 관념이 플라톤적이었다는 점도 배려할 필요가 있다.

다른 한 편, 아퀴나스는 가끔씩 연방이 실재적 신체였다는 마법적 교의를 공격할 때 배의 이미지를 사용했는데 그러나 그와 동시에 그는 국가의 건설은 "대장장이와 조선공의 기계적 기술에" 비유될 수 있다는 것을 부인했다. 오히려 그

---

85) David Cawdry, *The Good Man a Public Good* (London, 1643), p. 38; 코드리는 내전의 "중립성"을 반대하는 논증을 펼치고 있다는 점에 유의할 것.

것은 "도덕학"에 속했다.[86] 그러나 16세기 청교도 토마스 카트라이트의 경우 하나님은 모든 도덕적 문제를 해결했고 청사진을 따르는 것 말고는 인간이 해야 할 일을 아무것도 남겨두지 않았다는 점을 잊어서는 안 된다. "교회 건축"이나 "그 형식과 방식"에 관련될 수 있는 것은 그 무엇이든 하나님의 말씀을 빼놓지 않았던 것이다.

그리고 카트라이트는 "벽걸이가 집에 적합하게 제작되듯이" "연방은 교회에 일치하게 만들어져야 한다 …"고 주장했다. "그것이 세계의 토대이기에, 충족되어야 하는 것은 그 토대 위에 세워진 연방이 교회에 따라 틀을 만들어야 한다"[87]는 것이다. 정확하게 동일한 생각이 약 70년 후에 혁명 동안 존 오웬에 의해 선언되었다. 그는 모든 국가의 시민 헌법이 아직 그리스도를 데려오기에는 제대로 된 것이 아니라고 주장했다. 그들은 "흔들리고 깨어지고 … 그들의 낡은 토대를 벗어나야 한다." 오로지 그때만이 새로운 교회와 연방이 참된 그리스도의 "틀"과 함께 건축될 수 있을 것이다.[88]

청교도들은 이러한 종류의 정치적 사고의 세속적 함의를 거의 발전시킬 수 없었다. 그들의 정치적 사고는 유기적 유비, 기능적 통합과 조화의 관념으로부터의 선명한 단절을 대표했다. 그것은 정치체적 신체의 보존과 건강과는 별도의 목표, 다시 말하면 인간을 도구로 만드는 목표, 정치 자체를 자기 충족적 유기적 존재에서 수단이자 방법으로, 그리고 목적 있는 규율로 바꾸는 목표가 있었다는 것을 말해주었다. 청교도들에게 이러한 목표는 하나님에 의해 정해졌으며 이는 그들이 동의한 계약 조항이 천국에서 기안된 것과 같았다. 그러므로 정치체적 신체의 구성원은 성도가 되었을 때 대사슬의 연결에서도 그랬듯이 그토록 오래된 관계에서 벗어나게 되었고 하지만 아직 자유롭게 된 것은 아니었다.

---

86) Aquinas, *Selected Writings*, p. 197.
87) Thomas Cartwright, *A Reply to an Answer* (1573), in Whitgift, *Works*, III, p.189.
88) John Owen, *The Advantages of the Kingdom of Christ in the Shaking of the Kingdom of the World* (London, 1651), p. 9; *The Shaking and Translating of Heaven and Earth* (London, 1649), in *Works*, ed. W. H. Goold (Edinburgh, 1862), VIII, pp.256-257.

4. 정치와 가족

1) 가부장적 정치론

자연적 세계 내부로부터 정치적 삶을 확립하는 세 번째 전통적 방법이 있었다. 이것은 연방을 가족으로서, 왕을 아버지로서 연구하는 것이었다.[89] 물론 아리스토텔레스의 경우나 또한 거듭 말해서 아퀴나스와 수아레즈의 경우에 가족과 정치적 사회 사이에 질적 차이가 있었다. 수아레즈는 가족이 인간 본성의 가장 직접적 산물이었다고 썼다. 그러나 그것은 "정치적 입장에서 보면 불완전"했다. 왜냐하면 그것은 자기 충족성을 결코 실현할 수 없었기 때문이다. 스페인 예수회는 가족에서 시민 공동체로 가는 역사적 진행에 대해서 계속 그 둘의 자연성을 기술하고 증명했다. 즉 인간의 사귐성이 남편과 아내의 "유대"를 낳고 정치적 연방을 낳는다. 수아레즈 역시 하나에서 다른 하나로 이행하는 유비 추리는 완전하게 적절했다고 말해주었다. 그 유비의 기초는 정치적 세계의 발전에서 가족적 삶의 어떤 주요 요소가 없어지지 않았다는 생각이다. 예를 들어 정치적 형식에서 아버지의 자연적 권위와 애정의 관심을 재발견하는 것은 가능하다고 생각되었다. 그 둘 속의 중요한 뭔가가 사실상 왕권으로 독해되었고 그렇게 되면 신하는 아이의 달콤한 무능력과 신뢰를 공유하는 존재로 되었다.[90] 가족적 이미지는 정치적 유대를 강화했고 정치적 아버지의 신비적 숭배를 암시했다.

이 모든 것은 기독교적 아리스토텔레스주의자들이 적절하다고 생각하기에는 지나치다 싶을 정도로 상당히 먼 후대까지 전해질 수 있었다. 그렇게 된 이유는 이 사람들이 왕에게 아버지의 자비를 촉구함으로써 정치에 대한 자신의 이성적 견해를 누그러뜨릴 수 있었을지는 모르나 그들에게 신비에 대한 취향은 거의 없었기 때문이다. 정말로 가족적 유비는 정치적 마법에 대해 토마스주의자의 공격이 무디어지고 그 유비의 목표에서 멀어지게 되는 도구 중의 하나였다. 하

---

89) 로버트 필머의 책에 실려 있는 피터 라슬렛의 서론을 참조. Robert Filmer, *Patriarcha and Other Political Works* (Oxford, 1949).
90) Suarez, *Selections from Three Works*, II, pp. 364-366, 371, 378.

지만, 그 목표는 국가에 대한 여전히 경건하게 고양된 견해 즉 세속적이고 자연주의적인 국가관이었다. 예를 들어 보자. 교황주의 이론가들은 왕의 기름부음의 성례적 가치를 부인하는 것을 성공적으로 밀어붙였다. 그러나 이 부인은 왕이 여전히 지적으로 기름부음을 받고 그렇게 해서 신비로운 아버지의 위상을 보여줄 수 있으면 매우 불완전한 승리로 판명될 것이다. 왜냐하면 그러면 왕의 신민들은 여전히 그의 직위만이 아니라 그의 인격을 경외하는 가운데 서 있게 될 것이기 때문이다. 정치적 아버지와 정치적 아이의 관계는 합리적 필요에 따른 종류의 복종에서가 아니라 오로지 사랑의 견지에서 묘사되는 것만이 그럴 듯하게 보일 것이다. 그리하여 입법 활동은 아버지의 관심사일 것이고 자연법칙에서 조사하는 문제가 안 될 것이다. 이러한 이유들로 해서 아마도 가족과 가부장제의 이미지는 아퀴나스나 후커의 저서에서 흔하지 않았을 것이다. 정치적 질서와 복종을 논의할 때 "명민한" 국교회주의자들은 가족 언급보다는 우주론적 언급을 선호했다. 왜냐하면 우주는 가족이 그랬던 것과 같은 감정적 유대를 요구하지 않았기 때문이다.[91] 그들에게는 이것이 가장 그럴 듯하게 보였다.

그러나 보다 대중적인 국교도 작가들에게 가족은 정치적 삶의 흔한 "양식"이었다. 설교자와 정론가들은 정치적 유대는 실제로 신체적이 아니었다고 해도 자연적이었다는 것을 아주 분명하게 말해주었다. 그들은 왕국의 남편, 왕국 구성원의 아버지로서 왕에게 경의를 표했고 그의 자비는 의지가 되는 것이지 결코 의심이 가는 것은 아니었음을 분명하게 함축했다.[92] 이러한 의지와 단순한 정치적 복종 사이의 대조는 엘리자베스 시대의 작가 제프리 펜톤에 의해 전형적 방식으로 제시되었다. 그는 정치적 사회에 대해 다음과 같이 썼다. 그것은

---

91) 왕과 아버지 사이에 "어떤 유사성"이 있다는 점을 마지못해 인정하는 아퀴나스의 언급을 참조. *Selected Political Writings*, p. 9. 후커는 왕을 "나머지 모든 형제들이 복종하는 형제"일 뿐이라고 … 부른다. *Book VIII*, p. 283.

92) Babington, *Works*, p. 291 (제3절 부분); William Goodwin, *A Sermon Preached before the King's Most Excellent Majesty* (Oxford, 1614), pp. 22-24; Rawlinson, *Vivat Rex*, pp. 10-13; Maynwaring, *Religion and Allegiance*, I, pp. 2-3; II, pp. 24-25; Hurste, *Descent of Authority*, p. 24.

좋은 통치자가 신민의 발전에 똑같이 주의 깊은 애정을 표하는 일반적 가족이나 가정과 … 같다. 현명하고 다정한 아버지는 그가 전적으로 사랑하는 자녀들에게 동일한 애정을 이용한다.… 그렇다면 치안판사들의 지혜, 사랑과 열정은 그들의 명령 권위를 능가하도록 해야 한다. … 그리고 겸손, 솔직한 순종과 완전한 사랑이 그들의 시민적 복종보다 신민들에게 더 크도록 해야 한다.[93]

이렇게 상호 사랑은 권위와 복종을 변형시킬 것이다. 정치적 사회가 참된 가족으로 보였을 때 주권적 의지는 아버지의 지혜가 되었고 복종은 겸손이 되었다.

그러나 16세기 후반과 17세기 초반에 매우 다른 국가관에 대응한 매우 다른 가족관이 발전되었다. 원래 이것은 보댕의 연구였다. 보댕은 칼빈주의의 세계관의 많은 부분을 차지하는 동일한 정치적 무질서에 실제적인 방식으로 반응한 사람이었다. 그는 가장이라는 옛날 로마 개념을 부활시켰다. 이 개념은 사랑과 관심이 완전히 법적 주권으로 대체되었다는 생각이었다. 프랑스 정치는 국가에서 아버지를 찾는 대신 오히려 가족에서 주권을 찾았다. 세대와 사랑이 만들 수 있는 차이를 여전히 인정하는 동안 보댕은 아리스토텔레스가 "경제"를 "정치"에서 분리한 것이 잘못되었다고 주장했다. 그 대신에 "질서정연한 가족은 연방의 참된 이미지이고 최고 주권에 비교될 수 있는 가정이다." 이러한 동일시의 논리에 의해서 보댕은 아버지에게 왕이 소유한 것과 같은 생과 사의 권력을 부여하게 되었다. 그리고 그는 신민에 대해서처럼 아이에 대해서 "자신을 보호하고 불의한 강압적 시도에 저항하는 권리"를 부인했다.[94]

보댕의 견해는 새로운 출발을 대표했지만 그 오래된 유비가 취한 대중적 형식과 쉽게 통합되고도 남았다. 이 형식은 왕과 아버지를 단순하게 동일시하는

---

93) Geoffrey Fenton, *A Form of Christian Policy* … (London, 1574), p. 13.
94) Bodin, *Six Books*, pp. 6-11. 아버지가 자녀에 대해 생사의 권력을 가져야 한다는 관념은 1606년 국교회 대회에서 승인되었다. 1606년은 크놀슨이 보댕을 번역한 영어본이 나온 해이다. *Bishop Overall's Convocation Book*, 1606 (1690, repr. Oxford, 1844), pp. 22-23.

경향을 가졌고 정치적 사회를 거대한 가부장제로 바꾸었다. "왕은 가족의 아버지 즉 가정 전체가 의존하는 아버지였다." 잉글랜드에서 이 통합은 로버트 필머에 의해서 확실하게 성취되었다. 필머의 『가부장권』*Patriarcha*은 국가를 가족으로 개념화하는 최후의 체계적 탐구였다. 이는 포세트의 『자연적 신체와 정치체적 신체의 비교 강론』이 유기적 유비의 최후의 중대한 발전이었던 것과 같다.

　보댕 저서의 경향은 가족을 절대주의적 국가의 관심에 따라 정치화하는 것이었다. 이와 동일한 경향이 칼빈주의 사상가들에게 나타났다. 즉 하나님의 주권에 대한 그들의 관심은 정치 권력에 대한 새로운 세속적 관심에 필적하는 것이었다. 가족을 자연적 또는 성례적 공동체라기보다는 정치적 공동체로 보는 개념화는 마침내 프로테스탄트들의 시민적 결혼과 밀턴의 이혼에 관한 급진적 견해에서 정점에 달했다. 그것은 또한 가족은 궁극적으로 정복에 기반을 두고 세워졌다는 홉스의 주장과 가족은 동의에 기반을 두고 세워졌다는 푸펜도르프의 다른 특징적인 견해로 이어졌다.[95] 그러나 필머는 주권적 권력에 대한 보댕의 개념을 채택하면서도 정치적 사회를 커다란 가족으로 보는 더 오래된 견해로 되돌아갔다. 그는 자신의 동시대 사람들의 연구에서 논의되고 있었던 이러한 유비를 유의미하게 역전시키는 일을 모방하지 않았다. 따라서 그는 가족적 유대의 전통적 본성을 변경하지 않고 가족을 왕정 절대주의를 정당화하는 것으로 만들었다. "우리는 아버지의 자연적 의무를 왕의 그것과 비교한다면 위도나 범위만 제외하고는 아무런 차이도 없는 그 모두가 하나라는 것을 발견한다.… 왕의 모든 의무는 자신의 백성을 보편적으로 아버지처럼 보살피는 돌봄으로 요약된다." 그리고 이와 유사하게 국교회 설교자들은 새로운 주권을 오래된 부성과 합성했다. 그들은 아버지됨을 고압적 절대주의로 확장했다. 그러나 그들은 신민

---

95) Hobbes, *Leviathan*, II, xx; 그러나 홉스의 경우 가족은 또한 계약을 기반으로 세워질 수 있다는 점을 유의해야 한다. Puffendorf, *On the Law of Nature and Nation*s, trans. by C. H. and W. A. Oldfather (Oxford, 1934), pp. 914-915; 911쪽 이하에서 홉스의 견해를 논의한다.

과 왕 사이의 상호 사랑의 필요성을 촉구하기를 중지하지 않았다.[96]

2) 가족적 유비에 대한 공격

가족적 이미지는 청교도 설교와 논고에서 빈번하게 나타났지만 정치적 부성의 개념은 결코 국교회 문헌에서만큼 활발하게 또는 자연주의적으로 발전되지 않았다. 청교도 목회자들은 기독교도들이 수 세기 동안 믿은 대로 계속해서 5계명이 정치적 복종을 명령하는 것이라고 믿었다. 덴햄의 설교자 로버트 프리케는『5계명에 포함된 우위성과 복종 교리』*The Doctrine of Superiority and Subjection Contained in the Fifth Commandment*에서 아주 자세한 설명을 전개하는 논고를 출판했다. 그러나 청교도들이 순수하게 자연적인 관계를 뒤집을 것 같지는 않았다. 그들이 존경한 것은 그러한 가족적 내용보다는 오히려 신의 명령이었다. 따라서 프리케는 정치적 아버지의 사랑보다는 오히려 **의무**와 **직위**를 다루었다.[97] 그러나 그의 동료들은 형제들에게 아버지의 권위도 하나님의 말씀의 검증을 받아야 한다고 주장했다. 정말로 관습에 대한 청교도의 비판은 목회자들을 아버지의 권위를 급진적으로 의문시하는 쪽으로 이끌었다. 존 스톡우드는 사람들이 "진심 어린 마음"을 가졌다면 "아버지와 시대와 관습의 헛된 그림자에 맹목이지 않을 것이고 말씀을 척도로 종교의 진리를 판단해야 할 것이다"[98]고 썼다. 스톡우드가 공격하고 있었던 전통적 논증, 말하자면 "우리 아버지들, 우리 통치자들, 우리 선조들이 … 그렇게 생각하고 그렇게 행동한다"는 논증은 부성과 세대로 요약된 역사적 연관 체계에 의존했다. 이상과 가치가 유전되었고 그래서 알게

---

96) Filmer, *Patriarcha*, p. 63; cf. Rawlinson, *Vivat Rex*, p. 13. 제임스 왕 자신에 대해서는 다음을 참조. *The Political Works of James I*, ed. C. H. McIlwain (Cambridge, Mass., 1918), p. 61. 이것은 미래의 스트랜드포드 백작이 북부 평의회 의장으로서 행한 최초의 연설에서 표현한 왕권에 대한 견해였다. "군주들은 자기 백성을 관대하게 돌보는 아버지가 되어야 한다.… 진실로 이들은 왕과 그의 백성 사이를 … 지나가야 하는, 아래로는 사랑과 보호가 내려가고 위로는 충성이 올라가는 상호 지성이다."

97) Robert Pricke, *The Doctrine of Superiority and Subjection Contained in the Fifth Commandment* (London, 1609), esp. sig. C_8-D_1.

98) John Stockwood, *A Sermon Preached at Paul's Cross* (London, 1578), pp. 55-56.

는 되었지만 동의를 받은 것은 아니었다. 그러한 체계는 청교도적 양심에 수용될 수 없었다. 1640년대에 쓴 저서에서 허버트 팔머는 그것을 효과적으로 뒤집어 놓았다. 그는 "유전에 관해서라면 그것은 동의의 연속 이외에 아무것도 아니다"라고 썼다.[99] 따라서 자연적 연관은 인간의 의지에 종속되었다. 이것은 자연적 연관이 이미 하나님의 말씀에 종속된 것과 같다.

이와 유사하게 청교도들은 다른 형식의 연관 즉 시간을 거슬러 올라가지 않는, 말하자면 공간적으로 외적인 연관, 다시 말해서 지역적 충성, 친족, 문중, 결혼으로 요약된 연관에 의존하는 것은 어떤 것이라도 찬성하지 않았다.[100] 도드와 클리버 같은 설교자들은 "가깝다거나 이웃이라는 것은 실패할 것이다"고 썼다. "인척과 친척은 실패할 것이지만 은혜와 종교는 결코 실패하지 않을 것이다. 우리가 [경건한 사람들의] 덕과 선함을 인하여 그들 옆에 붙어 있으면 그들은 재앙과 환난을 인하여 우리를 떠나지 않을 것이다."[101] 따라서 지역적 관계, 가족적 관계에 대한 비판은 목회자들이 이미 실험하고 있었던 새로운 형식의 연합을 말해주었다. 그러나 그것 또한 가족의 변형을 수반했다. "덕과 선함을 인한" 자유로운 동맹은 정확히 밀턴이 결혼이라고 생각했던 바로 그것이었다.

그러나 자연에 대해 칼빈주의적 불신을 불분명하게 공유한 사람들이 아버지를 자연적 군주로 언급함으로써 왕권을 보호하는 것 같은 일을 할 것 같지는 않았다. 그 대신에 청교도사상의 경향은 아버지됨을 정치적 주권으로, 가족을 "작은 연방"으로 바꾸어놓았다. 청교도 형제들은 가족의 삶에 대한 비교적 많은 문헌을 생산했지만 적절한 결혼과 부적절한 결혼의 전통적 주제에 대해 거

---

99) Palmer, *Scripture and Reason Pleaded*, pp. 38-39.
100) 17세기의 지역적 관계의 중요성에 대해서는 다음을 참조. R. H. Tawney, "Introduction," in D. Brunton and D. H. Pennington, *Members of the Long Parliament* (London, 1954), p. xvii; J. H. Hexter, *The Reign of King Pym* (Cambridge, Massachusetts, 1941), pp. 75-88.
101) Robert Cleaver and John Dod, *A Plain and Familiar Expostion of the Thirteenth and Fourteenth Chapters of the Proverbs of Solomon* (London, 1609), p. 119; 다음에서 인용된다. Christopher Hill, *Economic Problems of the Church: From Archbishop Whitgift to the Long Parliament* (Oxford, 1956), p. 23.

의 논의하지 않았다. 그들은 결혼을 허락할 수 없는 자연적 친화성의 정도를 다루었다.[102] 그들의 논고에서 자연이나 사랑은 많은 역할을 하지 않았다. 그들의 관심은 거의 전적으로 가정의 "통치"에 있었다. 그들은 "여자를 다스리는 법", "자녀가 부모에게 복종하고 공경하는 법"과 같은 제목으로 장황한 글들을 썼다. 국가처럼 가족은 하나님의 선제적 명령에 따라 확립된 제도이자 사람들이 계약으로 가입한 하나님의 제도로 보였다. 계약은 "신의 영광이 증진될 수 있는 선한 정부에 의해" 사회를 만들어냈다.[103]

가족은 17세기 사회사상에 나타난 것처럼 실제로 상당한 규모의 체제였고 여기에는 광범한 친족, 많은 종과 견습공, 심지어 고용 노동자들이 포함되었다. 이 체제는 아마도 전통 영국 사회에서 가장 중요한 법인체였을 것이다. 실로 산업혁명 때까지 그 체제는 일반적인 영국 사람들의 가장 결정적인 충성심을 규정했다.[104] 그렇지만 청교도의 가정 문헌은 이 정도 범위의 가족적 유대와 이 유대가 부과한 형식의 권위를 벗어나기 시작하는 운동을 대표했다. 청교도주의는 그 전환을 알리는 사자였고 이 전환은 다음 200년 동안 일어나는 전환으로서 가부장적 가족에서 부부 가족 즉 결혼한 부부 중심의 가족으로 이동하는 전환이었다.

가족 관계의 본성에 일어난 이러한 변혁은 세속적 정치 주권의 부상과 평행적으로 진행되었고 또 이를 지지했다. 이와 동시에 세속적 권위는 개개인을 법인체적 가족의 유대로부터 자유롭게 해 주고 그들이 자발적으로 결혼 계약을 시작하도록 해 준다. 이 계약은 처음으로 칼빈주의적 네덜란드에서, 다음에는 크롬웰의 영국에서 공적 기록과 세속적 규정의 문제로 되었다.[105] 부부 가족은 시민적 동의에 의해 형성되었고 적어도 부분적으로 청교도적 가정 통치의 개념에서 그 형태를 갖추게 되었는데 그리하여 실제로 이 가족은 주권 국가의 지역적

---

102) C. L. Powell, *English Domestic Relations, 1487-1653* (New York, 1917), p. 123.
103) Robert Cleaver and John Dod, *A Godly Form of Household Government* (London, 1621), sig. A7.
104) Peter Laslett, "The World We Have Lost," *The Listener*, April 7, 1960, pp. 607-609.
105) G. E. Howard, *A History of Matrimonial Institutions* (Chicago, 1904), I, pp. 404ff.

단위가 되었다.

근대인이 새로운 정치적 질서에 통합되기는 했지만 통합된 자들은 복종하는 자녀나 엄격한 남편 또는 아버지라는 가족의 일원으로서 그렇게 된 것이었다. 이러한 가부장적 가족의 자녀는 오랜 친족 체계에 구속되어 있어서 가족 지지자와 신봉자들에 미리 헌신한 자녀였고 따라서 정치적 통제에 쉽게 응할 수 없었다. 충실한 아들이라면 좋은 시민이 되는 일은 있을 것 같지 않았다.

청교도 저술가들은 가정의 규모를 제한하는 경향이 있었다. 그 주된 이유는 반 정도만 봉건적이었던 측근들이 규율을 따르지 않는 것을 보고 강렬하게 싫어했기 때문이다. 따라서 도드와 클리버는 청교도적 가정 통치의 핵심 문서에서 대가족에 의해 유지된 "봉사하는 게으른 인간들의 집단"을 비난했다. 이러한 인간들은 종교적 또는 정치적 통제를 따르지 않았다. 이들은 가장한테서 신뢰와 애정을 얻을 수 있고 의심은 마땅히 그한테서만 받았다. "당신에게 하나님을 진정으로 두려워하는 것과 같은 귀한 종들이 있다는 점을 제외하고는, … 당신을 부득이하게 몰아가는 일이 아닌 한, 그 종들이 보여주는 것 이상으로 그들을 신뢰하지 않기 바랍니다."[106]

이러한 청교도적 견해는 제임스 1세 시대의 도덕가이자 극작가였던 토마스 데커에 의해서 강력하게 표현된 보다 전통적인 전망과 대조될 필요가 있다. "기억하라! 너, 부유한 인간들아, 그대들의 종은 그대들이 입양한 자녀들이다. 그들은 그대들의 피 속에 자연화되어 있다. 그대들이 그 피에 해를 입힌다면 그대 자신의 것에 피를 내는 죄를 범하는 것이다. …"[107]

관계, 충성, 그리고 봉사에 대한 전통적 개념에 청교도들이 느끼는 불편함은 이러한 종류의 자연화를 방해했고 이는 그들의 불편함이 법과 관습을 정치체적 신체의 "성향"으로 자연화하는 것을 방해한 것과 같다. 물론 청교도들은 이 종

---

106) Dod and Cleaver, *Household Government*, sig. B₇.
107) Dekker, *The Seven Deadly Sins of London* (초판, 1606), 다음에서 인용된다. L. C. Knights, *Drama and Society in the Age of Jonson* (London, 1937), p. 230.

들을 지켰고 게으름의 죄에서 구원하기 위해 열심히 일하도록 했다. 그러나 도드와 클리버는 남편과 아내가 그들 자신의 일을 많이 함으로써 스스로를 구원하는 것이 더 낫다고 생각했다는 점에 유의할 가치가 있다. 좋은 청교도 포목상인 윌리엄 스코트는 그렇게 하는 것이 영혼에서 뿐만 아니라 사업에서도 더 낫다고 덧붙였다. "이익을 취하는 자로 하여금 고통을 감당하게 하고 … 그리하여 아무 일도 하지 않고 오직 생각과 말만 하는 지시로 자신의 일을 종에게 미루는 사람이 부끄러워 얼굴을 붉히게 하라."[108]

3) 새로운 가족 주권론

게으름과 무질서의 위험 때문에 가정의 모든 구성원들은 그 "통치자"의 경계하는 눈빛 아래에 있지 않으면 안 되었다. 그러한 위험은 또한 그만큼 연방의 모든 구성원들이 정치적 주권을 따를 것을 요구했다. 그리고 청교도의 두려움은 통치자의 권위의 본성이 주권자의 그것과 같다는 결정을 내리게 했다. 칼빈주의 타락론의 논리적 발전이라고 할 수밖에 없는 구절에서 도드와 클리버는 실제로 절대 권력이 필요하다는 주장을 했다.

> 요람에 있는 어린 아이는 말을 안 듣고 변덕을 많이 부린다. 체구는 자그마하지만 대단한 마음을 가지고 있다. 그는 전적으로 악한 경향이 있다. … 여기에 불꽃이 튀어 번지는 일이 생기면 불이 격화하여 전체를 태운다. 왜냐하면 우리는 태생이 아니라 교육에 의해서 … 변하고 선하게 되기 때문이다. 그러므로 부모들은 조심하고 신중해야 한다. … 그들은 악담을 하거나 악행을 하는 것에 대해 아이들을 교정하고 꾸짖어야 한다. …[109]

---

108) William Scott, *Essay of Drapery* (London, 1635), p. 104; Dod and Cleaver, *Household Government*, sig. F$_8$.
109) Dod and Cleaver, *Household Government*, sig. S$_8$., S$_8$. verso.

아버지는 집에서 군주이고 교장이고 목회자이고 재판관이다. 그러나 이 중 어느 것도 그의 직위에 따른 의무인 만큼 그의 애정의 기능이 아니었다. 자연적 감정은 거의 아무런 역할을 하지 못했다. 그러한 감정은 악한 자녀들이 애정에 의해 망쳐지지 않도록 진실로 의식적으로 억제되어야 했다. 통치의 필요성은 압도적이었고 청교도들은 아버지와 법적 후견인 사이를 유의미한 정도로까지 구별하지 않았다. 이 문제에 관해서라면 자녀들과 하인들 사이에 대해서도 마찬가지였다. "자녀들은 통치를 받는 동안 … 하인들과 하등 다르지 않았다." 가정 통치는 하나님에 의해 설립되었고 그러므로 순수하게 개인적일 수 없었고 순수하게 감정적 문제일 수 없었다. 윌리엄 가우지는 "가정 의무의 공정한 수행은 공적 일로 간주될 수 있을 것이다"고 썼다.[110] 치안판사처럼 아버지는 제멋대로 구는 대중에게 명령했다. 자연적 지혜는 그의 임무에 충분하지 않을 것이다. 그는 "시민적" 이해와 "경건한" 이해를 둘 다 필요로 할 것이다. 그러면 아버지됨은 정치적 직위였고 또한 소명이었고 그 직위와 소명에서 사람은 주권에 가장 가까운 어떤 것을 소유한 자였다. "그 사람은 그 집에서 하나님의 직속 관리자로 간주되어야 하고 말하자면 가족의 왕과 같다.…" 그리고 이 왕권은 "아버지는 자녀를 처분할 수 있는 권위를 가진다"는 의미였다고 윌리엄 퍼킨스는 썼다.[111] 아마도 퍼킨스는 보댕의 저서를 알지 못했을 것이다.

물론 가족적 주권은 현실의 정치적 주권의 힘을 훼방해서는 안 된다. 그 주권은 자신의 영지에서 왕의 역할을 하는 봉건 시대의 남작이나 백작의 주권과 같지 않았다. 청교도 가족의 아버지는 넓은 영토를 다스리는 지배 군주가 아니었다. 그 대신에 그는 사람들을 다스리는 치안판사였고 가족의 이익보다는 하나님과 군주의 도구로서 다스렸다. 그 이론은 그렇게 계속 진행되었다. 그는 자녀들을 성도나 시민으로 키웠다. 여기서 청교도주의는 그보다 오래된 휴머니즘

---

110) William Gouge, *Of Domestical Duties* (London, 1622), pp. 18, 442.
111) William Whately, *A Bride-Bush, or A Direction for Married Persons* (London, 1619), p. 89; Perkins, *Works*, II, p. 269.; Gouge, *Domestical Duties*, p. 263.

에 필적했다. 왜냐하면 르네상스 사상도 역시 "시민 교육"의 이념에 기울어졌기 때문이다.[112] 이러한 훈련의 보다 넓은 의미는 아마도 절대주의에 관한 세속적 이론가들과 칼빈주의자들에 의해 흐릿해졌을 것이다. 이들 양측의 주요 관심은 복종이었고 그들의 목표는 "시민적"이었다는 점에서 비슷했다. 보댕은 아버지에게 생과 사의 권력을 허락하는 것을 주장했다. 왜냐하면 "부모들에게 별로 경외심이 없는 자녀들은 … 쉽게 치안판사들의 힘을 무시하기" 때문이다.[113] 청교도 저술가들은 가족을 종교적 규율을 비롯한 정치적 복종의 훈련장으로 보았다. 사실상 그 둘은 같이 갔다. "가족은 어떤 권위의 장소에서도 적합한 재판을 받을 수 있는 … 작은 교회요 작은 연방이다 …"라고 가우지는 썼다. 더 정확하게 말하면 "그것은 통치와 복종의 제일 원리요 근거가 학습되는 … 학교이다."[114] 국가를 배로 보는 것처럼 가족을 학교로 보는 생각은 다시 한 번 목적에 대한 청교도의 강압적인 의식을 드러낸다. 이 목적은 저 너머에 있는 목적을 향하거나 아무튼 일상인의 필요 및 느낌과는 동일화되지 않는 목적이었다.

이러한 신적 목적에 바치는 엄격한 아버지의 헌신은 다소 어머니의 배려에 의해 완화되었다. 물론 어머니도 역시 자녀들의 훈련에 요구되기는 했지만 말이다. "어머니의 온화한 회초리는 매우 정다운 것이고 뼈도 부수지 않고 피부도 찢지 않을 것이다. 그러나 그와 함께 하는 하나님의 축복으로 … 마음속의 부패를 싸매고 있는 유대는 깨어질 것이다."[115] 청교도 문헌은 여성이 아내와 어머니로서 맡은 역할에 대해 모종의 낭만화를 말해준다. 아마 일례로 여성이 자녀들을 간호한다는 주장이 있다.[116] 아버지의 주권을 강조하는 효과처럼 이 새로운 견해는 기본 가족 단위를 보다 긴밀하게 결합하는 효과가 있었을 것이다. 물

---

112) J. H. Hexter, "The Education of the Aristocracy in the Renaissance," in *Reappraisals in History* (New York, 1963), pp. 45-70.
113) Bodin, *Six Books*, p. 13.
114) Gouge, *Domestical Duties*, pp. 17-18.
115) John Eliot, *The Harmony of the Gospels* (1678), 다음에서 인용된다. E. S. Morgan, *The Puritan Family* (Boston, 1944), p. 57.
116) Dod and Cleaver, *Household Government*, sig. P₃ verso.

론 이런 류의 것들은 측정하기가 가능한 것들이 아니다. 게다가, 청교도들은 어머니의 사랑이라는 주제에 대해서라면 예외적으로 말이 없었고 조심스러워 했다. 목회자 중의 한 명은 부모와 자녀 사이에는 "응분의 거리"를 두는 것이 필요하고 "귀여워하고 친근하게 되면 … 불손을 … 키우게 된다 …"고 경고했다.[117]

그러나 다른 의미에서 보면 귀여워해주는 것과 어머니가 배려하는 것은 억압의 충격을 완화하면서도 그 효과를 심화하는 억압적 측면이 있었다. 이러한 관계는 1638년에서 1643년 사이에 청교도 레이디 브릴리아나 할리가 옥스퍼드에 있는 아들에게 쓴 일련의 편지에서 가장 잘 제시된다. 레이디 할리는 아들의 마음에 대해 끝없이 염려한다. 그녀는 아들에게 약용 시럽을 권장하고 피곤할 정도까지는 아니지만 열심히 운동하기를 바라며 어쩔 수 없이 런던을 피했으면 하는 희망을 전한다. "너를 많이 생각한단다. 좋은 시간을 가지도록 주의했으면 좋겠다. 런던은 요염한 곳이란다." 편지는 온통 그녀의 한 가지 바람이 네드가 "좋은 소년" 되기를 품는 것이고 이것이 그녀의 모든 염려의 이유이다. "사랑하는 네드야, 세상을 초월하는 마음을 간직하도록 해라. 매일 자기 점검을 단단히 하거라. 네가 다녔던 곳을 잘 생각하거라." "안식일을 지키도록 하거라." 이 모든 것은 이 이지적인 어머니가 잘 알았듯이 규율이었고 대비였다. 이는 청교도 아버지가 맡은 교장 역할에 필적하는 것이었다. 그리고 그 속에서 사람들은 슬프게도 동일한 의구심을 탐지할 수 있다. 그것은 보다 "온화한 회초리"이기는 하지만 역시 동일한 목적에 봉사한다. "좋은 소년"은 장성하면 좋은 시민이 될 것이다. 레이디 할리는 아들이 "자기 나라에 잘 봉사하기 위해" 의회파 군에 입대하기 직전에 "하나님이 너를 축복하기를 기도한다"고 썼다.[118]

---

117) Thomas Cobbett, *A Fruitful and Useful Discourse Touching the Honor Due from Children to Parents and the Duty of Parents toward Their Children* (London, 1656), p. 96.
118) *Letters of the Lady Brilliana Harley*, intro, by T. T. Lewis (London, 1854), pp. 8, 69, 101, 178, 180.

4) 새로운 결혼관

자기 아들을 이와 같이 지도한 여성은 또한 자기 남편도 지도할지 모른다. 청교도 저술가들은 여성의 열등성을 주장했지만 여성 안에 있는 잠재적 성도를 인식했다. "영혼들은 성이 없다"고 로버트 볼턴은 썼다. "더 나은 부분에서 볼 때 그 영혼들은 둘 다 남자이다."[119] 두 성도들의 결혼은 "영적 합일"일 것이고 밀턴의 용어로 말하면 "비합리적 뜨거움을 처방한 만족"이 아니다.[120] 그렇다면 여성에 대한 새로운 청교도적 견해는 새로운 결혼관을 포함했다. 자발적 계약을 기반으로 결혼은 어떤 면에서 "건강에 좋은 쾌락과 유익을 가져오는 상품"을 지향했다.[121] 이것은 반려자의 선택을 이전의 그 어느 때보다도 더 중요한 것으로 만들어주었다. 바꾸어 말하면 밀턴이 겪어서 알게 되었듯이 나쁜 선택은 재앙 수준이 된다.

청교도 저술가들은 이러한 선택을 결정할 때 부모의 권위를 계속해서 강조했고 그와 동시에 묘하게 훼손했다.[122] 점차로 결혼은 두 개인 사이의 자발적 동의로 제시되었고, 말하자면, 각자는 다른 한 쪽의 잠재적 경건함을 평가하는 가운데 동의했다. 그 동의는 "시민적 계약"이었고 "공적 행동"이었다. 그것은 더는 성례가 아니었다. 시민적 의례가 종교적 신비를 대체했다. 세속적 계약적 유대를 강조함으로써 그 두 개인은 확대 가족적 관계의 범위 밖과 관련되는 쪽으로 움직이게 되었다. 가족 구성원들에게 이 새로우면서도 주로 법적인 관계들은 성례적 결합과 가부장적 관계 체계가 가졌던 것과 같은 영속감과 안정감을 생성하지 못했다. 가족 동맹과 개인 결혼 사이의 차이는 명백했다. 이 중 주요한 차

---

119) Robert Bolton, *The Works* (London, 1631-1641), IV, pp. 245-246.
120) Milton, *Works*, ed. F. A. Patterson, et. al. (New York, 1932), III, part II, p. 394.
121) Dod and Cleaver, *Household Government*, sig. K_{5-7}.
122) Lawrence Stone, "Marriage among the English Nobility in the Sixteenth and Seventeenth Centuries," in *Comparative Studies in Society and History*, 3:182-206 (1961). 스톤은 청교도주의는 자녀의 자유가 증가하는 데 부분적으로 책임이 있다고 주장한다. 그와 동시에 그는 변화를 동반한 "비통한 가족 불화"를 강조한다(183-187쪽). 일반적으로 청교도 저술가들은 부모에게 상당한 권위를 허락했지만 적어도 자녀를 위해 거부권을 유보하는 경향이 있었다. 예를 들어 다음을 참조. Thomas Gataker, *A Good Wife God's Gift* (London, 1637), p. 138.

이는 결혼의 경우에서 친족적 의무의 급속한 쇠퇴였다. 이 모든 것은 결혼을 원래의 동의 및 그 최종적 지속이라는 견지에서 논의하는 것을 가능하게 했고 진실로 필연적이게 만들었다. 계약은 자발적이어야 한다. 그리고 자발적 결혼은 곧바로 부부 사랑의 로맨스를 낳았다. "손으로 때리기 전에 마음이 결합되어야 하고 또 그래야만 한다."[123] 사랑은 남편과 아내의 법적 유대를 강화할 것이지만 그렇다고 그 이상으로 나아갈 필요까지는 없다.

이 모든 것은 명백히 아버지의 정치적 주권을 의문에 붙였다. 이리하여 설교자들은 중산층 소설가들의 주요 주제 중의 하나를 제시했다. 이들 소설가들은 어떤 점에서 그들의 후계자이다. 파멜라와 클라리사는 아직 알려져 있지 않지만 가족 통치의 진부한 논의에서 진정한 주제였다. 참된 사랑의 역경은 이미 17세기에 청교도 시인 조지 위더에 의해 묘사되었다.

힘을 가진 친구가 있을까?

우리처럼 결합된 마음을 갈라놓을 힘을,

당신이 나에게 그렇게 하기도 전에 나는 차라리

나의 아버지보다 더 소중한 사람과 헤어지는 것이 나았을 것이다.

위더의 『피델리아』*Fidelia*의 여자 영웅은 그렇게 노래했다. 그녀의 느낌은 낡은 형식의 가족적 외교술을 점차로 곤란하게 만들었다. 의도를 가진 자녀들을 미리 무시할 수 있는 존재처럼 대해서는 안 되었다. 또는 그들의 의도성이 경건에 의해 그다지 강화된 적은 없었다.

왜냐하면 비록 우리 창조주의 의지가

---

123) Dod and Cleaver, *Household Government*, sig. K₅. verso. 부부 가족의 "이데올로기"로서 낭만적 사랑에 대해서는 다음을 참조. Talcott Parsons, *Essays in Sociological Theory Pure and Applied* (Glensco, Ill., 1949), p. 241.

각 자녀에게 부모의 정신을 배우고 알게 하지만

내가 정히 확신하는 것은 신이

경건을 거스르는 명령을 내리지 않는다 ··· 는 것뿐이기 때문이다.

부모는 권위를 가지고 있을지라도,

그 권위로 소수의 자녀를 다스린다고 해도,

부모는 결코 독재를 허용할 권한을 부여받지 않는다. ···[124]

　이렇게 가족의 통일성에 대한 가부장적 개념을 비판함으로써 개인의 로맨스
가 가능하게 되었다. 그리고 잠시지만 청교도 가족 규율에 닥친 로맨스의 위험
들은 목회자들의 이상화된 사랑의 개념 때문에 그들에게 은폐되었다. "그들 가
운데 기도하지 않는 그 또는 그녀가 있기에 좋아하는 사이일 수 있을지 모르지
만 그들이 사랑일 수 없다"고 어떤 설교자는 썼던 것이다.[125]

　동일한 종교적 이상화가 주종 관계의 청교도적 기술에서 작용했다. 종은 경
건한 주인을 선택하고 경건하지 않은 가정을 멀리하라는 선의에서 나온 설교자
의 제안이 자그마한 사회적 갈등의 다른 영역을 열어주었다. 이는 이미 경건한
의도성에서 자녀들을 대함으로써 열리게 된 영역과 유사했다. 이러한 문제들
에 대한 청교도적 논의는 17세기에 약간 이상하게 보였음에 틀림없다. 대부분
의 종들은 아마도 자기 주인을 거의 선택하지 않았을 것이다. 여전한 것은 가정
이 "작은 연방"이고 "작은 교회"라면 그 구성원들은 반드시 이주와 분리의 권리
를 동일하게 소유했을 것이라는 점이다. 많은 청교도들이 이미 그보다 큰 사회
에서 이러한 권리를 요구해 왔다. 그러기에 도드와 클리버는 종은 "불경하고 사
악한 ··· 이들에게 몸을 맡기지 않도록 매우 경계하고 주의해야" 한다고 말해주

---

124) *The Poetry of George Wither*, ed. Frank Sidgwick (London, 1902), I, p. 121; 이 시에 대한 논
　　의는 다음을 참조. H. J. C. Grierson, *Cross-Currents in Seventeenth Century English Litera-
　　ture* (New York, 1958), pp. 150-151.
125) Whately, *A Bride-Bush*, p. 51.

었다.[126] 주인 또한 청교도였다면 불경하고 사악한 종들을 조심해야 했다. 그렇다면 주인과 종이 이렇게 경건을 참아보고자 말을 주고받는 것은 상상하기 힘든 일이다. 조사를 해보고 경계심을 가지고 알아보며 그리하여 결정을 내리는 일, 이 모든 것은 아주 새로운 것이다. 진중한 도덕적 성실성을 지닌 밀턴이 구애를 이러한 유사 절차로 바꾼 것은 당연하다 할 것이다.

가톨릭에서 결혼은 축복의 성례이며 해체 불가능한 유대였다. 육체적 합일은 신비하게 그리스도와 그의 교회의 합일에 비교되었다. 청교도들은 일반적으로 이 성례를 거부하면서 적어도 간음과 유기의 경우에는 이혼 가능성을 권고했다. 이 두 경우는 자연적 유대를 깼고 합일을 사실상 끝냈다. 그러나 가족을 사회로, "작은 연방"으로 보는 청교도적 관점의 진정한 시험대는 불화로 인한 이혼이었다. 왜냐하면 그것은 사회적 유대를 깨뜨릴 수밖에 없는 것이었기 때문이었다. 이 미묘한 논점에 대해서 대부분의 형제들은 보수적 입장을 취했다. 무질서에 대한 그들의 강력한 두려움 때문에 그들은 사회적 관계는 즐겁지 않아도 영속적이어야 한다고 설득되었다. 헨리 스미스는 다음과 같이 썼다. "그들이 불일치 때문에 헤어질 수 있다면 어떤 이들은 분쟁을 상품으로 만들 것이다. 그러나 이제 그들이 다투는 것이 최선은 아니다. 왜냐하면 싸움에 지쳐서 그만두게 될 때까지 율법이 그들의 코를 쥐고 있을 것이기 때문이다.…"[127] 그러나 밀턴이 최종적으로 도달한 입장은 16세기 후반에 윌리엄 퍼킨스에 의해 예기되었다. 이 위대한 청교도 결의론자는 이혼은 "악의적 대우"로 인해 가능했다고 주장했다. 다시 말하면 "함께 살 때 서로에게 참을 수 없는 조건이 필요하다"면 이혼이 가능하다.[128] 이것은 사랑이 부족하면 어디서든 이혼을 허락하는 것이 결

---

126) Dod and Cleaver, *Household Government*, sig. Aa7. verso. 또한 청교도 목회자 니콜라스 바이필드가 런던의 견습생인 어떤 소년에게 보내는 조언을 참조. 바이필드는 소년에게 안식일에 주인의 심부름을 거부하는 것이 좋겠다고 조언했다. 소년의 삼촌은 반대로 조언했다. 이 사례가 다음에서 인용된다. Louis Wright, *Middle-Class Cuture in Elizabethan England* (Ithaca, New York, 1935), p. 267n.

127) 다음에서 인용된다. Powell, *Domestic Relations*, p. 75.

128) Perkins, *Works*, III, p. 688. 또한 퍼킨스의 다음 주장을 유의할 것. 즉 이혼은 남자 또는 여자가

코 아니었다. 그러나 그것은 그 방향으로 일보를 내디딘 것이었다. 소수의 프로테스탄트 저술가들은 조심스럽게 이혼은 혹시 종교적 차이가 남편과 아내 사이에 일어났을 때 가능할지 모른다고 말해주었다. 이것은 아마 영적 유대를 깨뜨렸을 것이다. 경건한 부부는 동반자의 구원을 위해 힘써야 하지만 그렇다고 무한정 노력할 필요는 없다.[129]

사실상 이러한 견해들은 가족을 자발적 연합으로 바꾸어놓았다. 퍼킨스가 여전히 이 "자연 속의 최초 사회"에 대한 아리스토텔레스적 규정을 고수하고 혼란스럽게 섞었으며 하나님의 법령을 아버지 권위의 유일한 원천으로 고집했지만 끝내는 그렇게 되고 말았다. 그러나 계약과 이혼은 가족을 자유롭게 했고, 국가의 이론적 재구성이 비슷한 논점에 도달하기 약 50년 전에 적어도 이론적으로는 그처럼 자유롭게 해 주었다. 그러나 이론적으로는 그렇다고 해도 실제에서 완성되기 전까지는 훨씬 더 많은 시간이 걸렸을 것이다.

5) 청교도적 가족론의 평가

가족의 청교도적 변혁은 불완전한 채로 남았다. 자녀들은 태어나지만, 이것이 식민주의자가 새로운 나라에서 자발적으로 나타나는 것과 같은 일을 대신하지 않는 한, 가족은 순수하게 정치적 사회가 될 수 없었다. 부모와 자녀의 관계는 적어도 자연적 관계였고 법적 이혼의 대이론가였던 밀턴조차도 자연을 다루는 것은 힘들었다. 그러나 이렇게 청교도들이 가족을 명령과 동의에 전적으로 기반을 둔 작은 연방으로 변혁하는 일에 실패했다면, 마찬가지로 그들은 국가를 자연과 사랑에 기반을 둔 낡은 방식의 가족으로 상상하는 일도 불가능하게 만들었다. 혁명이 도래해 왕당파 팸플릿 작가들이 왕의 신비한 부성을 촉구했

요구할 수 있는 것이다. "왜냐하면 그들은 평등하게 서로에게 결속되어 있기 때문이다.…" p. 690.
129) 밀턴은 이러한 입장을 취했다. 그러나 그는 자신과 불일치하는 테오도르 베자의 의견을 주의 깊게 언급했다. *Works*, III, part II.

을 때 청교도들은 불쑥 다음과 같이 부인하는 말로 맞대응했다. "아버지는 대대로 아버지이다. … 그는 자녀들의 자유로운 동의와 선거권이 없는 자연적 머리이고 뿌리이다"라고 사무엘 러더포드는 썼다. "… 그러나 군주는 공동체의 자유로운 선거권에 의해서 군주이다."[130] 허버트 팔머는 더 나아가서 결혼의 자유로부터 정치의 자유로 이행하는 주장을 폈다. "결혼은 하나님의 제도이다. … 그러나 모든 인간이 결혼의 의무가 있는 것은 아니다. 다만 자기 자신의 유익과 안락을 위해서 결혼한다.… 이는 정치적 권력이나 통치도 마찬가지이다."[131] 로버트 필머의 논증에 사용한 용어들을 이보다 더 완벽하게 뒤집는 것은 있을 수 없었다. 허버트 팔머는 인간은 자유롭게 태어나고 정치적 아버지에게 종속되지 않으며 정부체제 확립에 구속될 의무도 없다고 생각했다.

그러나 1643년에 팔머는 청교도 가족 문헌의 범위를 상당히 넘어서는 쪽으로 움직였다. 나이 많은 목회자들은 항상 가족 유대의 엄청난 중요성을 주장했고 그들은 가정 자체에서 그들의 새로운 규율을 확립하기 위해 그 유대를 다소 개조하기를 바랐다. 그들은 모든 사람에게 결혼을 권고했고 이들이 가정 통치의 범위를 벗어나서 사는 것을 바라지 않았다. 퍼킨스는 걸식하는 부랑자는 "불신과 불손의 세대"였다고 썼다. 그들이 걸식을 위해 돌아다닐 때 "하나님의 저주가 그들을 좇아간다.… 왜냐하면 그들은 어떤 가족 안에도 들어가지 않기 때문이다.…"[132] 청교도적 문헌이 가정 통치를 강조하는 것은 종교적 의무, 거듭 말하지만 정치적 질서에 관한 문제였다. "남편과 아내의 상호 의무", "자녀에 대한 부모의 의무"는 목회자들의 주제였다. 사랑 자체는 청교도적 가족 관계의 묵직한 도덕적 분위기를 거의 덜어줄 수 없었다.

그러나 청교도들이 가족의 필연적 관계로부터 자유롭게 해 준 한 사람이 있

---

130) Rutherford, *Lex, Rex*, p. 63. 또한 아버지에 관한 비유를 들자면 "뮤즈에게" 맡기는 것이 더 낫다고 하는 밀턴의 의견을 참조. Milton, *Works*, VII, pp. 45, 279.
131) Palmer, *Scripture and Reason Pleaded*, pp. 30-31.
132) Perkins, *Works*, III. pp. 71, 191.

었거니와, 그는 사실상 방랑자였다. 이 사람은 추방된 성도로서 모든 낡은 유대를 부수고 아버지와 조국을 뒤로 한 복음 구도자였다. 이 인물은 칼빈과 베자의 작품에서 그랬던 것처럼 청교도의 저술에서 "이방인이자 순례자"로서 지상에는 집이 하나도 없고 하늘나라를 향해 여행하는 모습으로 나타났다. 그는 기독교도이며 나중에 빛나는 빛을 따라 나서는 존 번연의 서사 영웅이다. "그의 아내와 자녀는 그를 향해 돌아오라고 절규하지만 자신의 귀에다 손가락을 꽂아 달리면서 생명, 생명, 영원한 생명이라고 외친다."[133]

　　그러나 칼빈주의자들이 이 "이방인"을 상당히 강조하고 또 문학적 기술을 동원해 묘사했다고 해도 실생활에서 그에 대한 불편함은 통상적인 것을 훨씬 넘어섰을 것이다. 그의 유일한 집은 하늘에 있을 것이다. 그는 진실로 오래된 유대로부터 자유로울 것이다. 이것은 위계, 유기체, 그리고 확장된 가족에 대한 청교도의 비판으로부터 나온 직접적 결과 이외 아무것도 아니었다. 그러나 다시 한 번 말해 두어야 하는 것은 자유는 청교도의 목적이 아니었고 "정착되지 않은" 성도는 청교도의 영웅이 아니었다는 점이다. 말하자면 그는 다만 경건한 활동의 출발점을 대표했을 뿐이다. 이는 홉스의 "주인 없는 인간들"이 16세기 후반과 17세기 초반의 사회적 입법의 출발점을 대표했던 것과 같다. 종교적 규율, 가정 정부, 거룩한 연방, 이 모든 것은 전통적 형식의 질서와 관계의 대체재로서 제시되었다. 이방인과 순례자는 다시 한 번 통합되어야 했고 성도이자 시민으로서 하나님을 영화롭게 하지 않으면 안 되었다.

　　전통 사회의 형식들은 모두 자연적으로 존재했고 아니면 존재하는 것으로 생각된 것이었다. 다른 한 편, 청교도적 대체재들은 모두 창조되어야만 했던 것들이다. 이리하여 칼빈주의적 우주론과 사회학으로 인해 목회자들과 그 평신도 추종자들은 어렵고 때로는 위험한 정치적 발명 작업에 헌신하게 되었다. 앞으로 보게 되겠지만 그들 자신의 경험이 그들에게 그와 같은 작업을 추동했다.

---

133) John Bunyan, *Pilgrim's Progress*, ed. J. B. Wharey (Oxford, 1928), p. 11.

1. 사회적 경제적 변화의 현실

청교도의 공격이 있던 시기에 전통적 정치 관념들 즉 위계, 유기체, 가부장제는 영국의 통치나 사회를 정확하게 기술하는 것이 아니었다. 청교도주의가 일정한 역할을 수행한 사회적 경제적 변화는 장기적으로 진행됐는데 이 과정에서 오랜 관념과 상징들은 부적절하게 되었다. "개놈 봉건주의" 시대의 내전, 튜더 절대주의의 발전, 가톨릭교회의 붕괴, 16세기 후반의 급속한 경제 성장, 17세기의 혁명은 전통 봉건 사회가 근대의 사회적 질서로 변혁되는 많은 무대들이었다. 이 변혁 경로에서 사람들은 극적인 새로운 문제를 직면했고 낡은 믿음의 붕괴 징후와 오랜 유대의 해체를 맞이했다. 이것들은 봉건 세계에서 소외된 "주인 없는 인간" 현상, 방랑자와 범죄자, 새로운 건달 영웅에서 가장 선명하게 요약될 수 있다. 냉철한 자, 번영한 자, 두려운 자들의 눈에는 이 뿌리 뽑힌 농민들, 이 해산된 군인들, 이 방출된 가신들은 그 시대의 가장 증오스러운 악당들, 사회적 폭력과 범죄 질환의 담지자들이었다.[1] 그러나 이 모든 것을 취합해서 볼 때 그들의 절망, 그들의 가혹한 삶의 곤경, 그들의 폭동과 간헐적인 반란 활동은 한 순간이라도 총체적 위기를 만들지 못했다. 사회적 변혁이 장기적으로 진행되는

---

1) C. J. Ribton-Turner, *History of Vagrants and Vagrancy* (London, 1887); Sidney and Beatrice Webb, *English Local Government: English Poor Law History: Part I. The Old Poor Law* (London, 1927), pp. 23ff., 42ff.; W. K. Jordan, *Philanthropy in England 1480-1660* (London, 1959), pp. 78ff.

내내 많은 일상적 반복 활동, 누적과 소소한 상실, 현실에 안주하는 자적하는 번영의 강력한 저류가 있었다. 반복적 일상이 유지되었지만 여기에는 신경이 쓰이는 약간의 대가가 확실히 따랐다. 튜더 정부는 경계를 하지 않으면 안 되었고, 칼빈주의 성도들이라면 누구라도 이렇게 되기를 바랐을 것이다. 새로운 문제들은 지속적 감시를 필요로 했다. 그것들은 소소한 위기들이 연속적으로 계속되다가 갑자기 눈에 들어왔다. 이 위기들은 주로 농업을 떠나는 혼란에서 비롯되었는데, 이 혼란은 초기 튜더 왕가의 산발적 입법 노력을 촉진한 것이고 마침내 엘리자베스 정부의 위대한 편술로 이어졌다. 질서를 여전히 자연적인 것으로 보고 변호하였으며 이러한 질서는 점차 입법과 정부의 힘에 의해서 뒷받침되었다. 그러나 이런 것들은 사회 변화의 느린 과정을 나름대로 지속시켜 주었고 사회를 다소 안정적으로 유지하는 기본틀 역할을 맡아 주었다.

그 시대의 문헌을 보면, 가변성, 위험에 대한 의식이 있었고 제임스와 캐롤라인의 시대에 이르러서는 쇠락에 대한 강렬한 자각이 있었다. 튜더 시대의 법을 보면, 그 전문에는 사회적 무질서의 항존적 위협이 강조되어 있는 반면 저술가들과 극작가들에게는 사인의 삶의 부침이 강력한 새로운 탐구 대상이었다. 왜냐하면 이제는 사인의 삶은 주로 구질서의 안정적인 나라와 세계 밖에서 이루어지는 삶이 되었기 때문이다. 『치안판사를 위한 거울』*Mirror for Magistrates*과 같은 16세기 중반의 선집을 보면, 행운의 바퀴는 오로지 소수의 사람을 향하는 것으로 보였다. 한 편으로는 권력과 군주 지위를 타고날 때부터 가진 자가 있었고 다른 한 편으로는 대담한 강탈자가 있었다.[2] 사인들은 여전히 군주와 권리주장자들의 모든 극적 투쟁에도 조용히 살고 있었다. 그러나 이것이 반세기 후에는 달라졌다. 그 바퀴는 모든 사람을 향했다. 벤 존슨은 다음과 같이 생각했다.

---

2) *The Mirror for Magistrates*, ed. L. B. Campbell (Cambridge, Eng., 1938), p. 87: "가장 큰 책임에는 가장 큰 걱정이 뒤따른다/소유를 가장 많이 한 사람이 늘 짜증을 가장 많이 낸다/가장 큰 바다에는 성난 폭풍우가 가볍게 태동한다/가장 신선한 색이 가장 빨리 색조가 옅어진다.…"

우리는 이러한 변화를 매일 보고 있다.

온당한 땅이 의뢰인의 것이었다가 지금은 변호사의 것이 된다.

선한 사람인 테일러의 부유한 저택에는

한때 나무들이 있었는데, 이 나무들은

최종 구매를 위해 측정된 정원에 있던 나무들보다도 더 많았던 적이 있었다.

이와 같이 자연은 부침을 겪는다.[3]

이러한 기술은 아마도 실제로 일어나고 있는 변화를 과장하는 경향이 있었다. 그러나 이러한 기술 자체는 장기적으로 진행되는 변혁 과정 전체의 중요한 요소였다.

청교도주의를 연구할 때 이와 가장 직접적으로 관련되는 사회적 문제는 네 가지 종류였다. 첫째, 시골 인구의 "유출", 방랑 생활, 포괄적 빈곤의 문제가 그것이다. 어느 현대 역사가는 "아시아적" 빈곤이라고 썼다.[4] 수천에 달하는 거지들이 도로를 돌아다니고 있었고 이는 인클로저, 목양업, 오래된 시골 사회로부터의 이탈에서만큼이나 급격한 인구 성장에서도 발생한 것이었다. 이 거지들은 1세기 이상 아주 문자 그대로 별개의 사회 집단을 형성했고, 그들이 사는 주변부의 일용 노동 세계에서 완전히 소외되었으며, 자신의 불행을 최대한 활용하는 자녀들, 경건한 목회자들이 두렵게 생각하는 구걸을 직업과 생활 방식으로 바꾸어버리는 자녀들을 키워냈다. 영지에서 쫓긴 다른 사람들은 도시와 자치구로 쏟아졌다. 거기서 그들은 침체의 재앙과 도시의 실업에 새로이 굴복했다.[5]

둘째, 런던만의 문제라고 해도 급격한 도시화의 문제가 있다. 이 문제와 함

---

3) Ben Jonson, *The Devil is an Ass*, II, i.
4) R. H. Tawney, *The Agrarian Problem in the Sixteenth Century* (London, 1912). "아시아적" 빈곤에 대해서는 다음을 참조. Peter Laslett, "The World We have Lost," *The Listener*, April 14, 1960, p. 649.
5) 16세기의 도시 빈곤에 관한 현존 자료를 특별히 잘 요약한 다음 책을 참조. W. K. Jordan, *Philanthropy in England 1480-1660* (London, 1959), pp. 66ff.

게 하는 것은 역병과 화재의 위험이 높아진다는 점, 중세적 법인주의와 고도의 통합 속에 잘 통치된 오랜 시민 공동체가 중요한 영향을 받는다는 점이다. 런던의 인구는 엄청나게 늘었고 아마도 엘리자베스의 즉위와 제임스의 죽음 사이에 세 배는 늘었을 것이다. 제임스 사망 시에 인구의 수는 300,000명을 넘었을 것이다. 이 유구한 도시의 이토록 극적인 급성장은 1603년과 1624년의 대역병에도 불구하고 일어났다. 합쳐서 2년 밖에 안 되는 기간에 65,000명 이상의 남녀가 그 도시에서 사망했다.[6] 전체 인구가 증가했는데 이렇게 인구가 보다 많아진 것은 시골에서 이주한 결과였다. 이로 인해 기존의 시민 제도로는 흡수할 수 없었던 새 사람들이 런던으로 들어왔다. 이들 중 많은 사람들이 이 오래된 도시의 교외와 외지에 정착했고 런던의 치안판사들과 강력한 동업조합으로부터 벗어나 있었다. 그러나 이들은 침체와 기근 및 역병의 시기에 런던 시민들이 보호받는 것보다 더 적게 받았다. 범죄는 교외에서 성했고 문헌으로 판단하건대 그 정도는 런던 사람들이 이전에 줄곧 안 것보다 더 심했다. 1591년에 헨리 체틀은 교외는 "강간자, 도둑, 살인자, 그리고 모든 못된 노동자의 어두운 소굴 이외 다른 것"이 아니라고 썼다. 그리고 급속하게 확장하는 도시에서 각종 형식의 도시 착취, 집세, 그리고 부당 이득은 이미 잘 알려져 있었다. 정말로 토마스 홉스는 도시의 삶과 그 위험은 자신의 만인에 대한 만인의 전쟁 교리를 충분히 타당하게 만드는 것이라고 생각했다.[7] 그러나 청교도들도 마찬가지로 도시 특히 교외에서 무성했다. 주교 법정의 기록에 따르면 최근의 이주민들은 종종 분파적 종교 집단의 회원으로 나타났다.[8] 숱한 사람들이 마을과의 연대감에서 박탈되어 많은 무리 속에서 방향 감각을 잃었고 청교도 신앙과 심지어 청교도 규율에서 위

---

6) F. P. Wilson, *The Plague in Shakespeare's London* (Oxford, 1927), 부록 II, pp. 209ff.
7) Valerie Pearl, *London and the Outbreak of the Puritan Revolution: City Government and National Politics, 1625-1643* (Oxford, 1961), pp. 13-23; 체틀은 38쪽에서 인용된다. Thomas Hobbes, *Leviathan*, ed. Michael Oakeshott (Oxford, 1960), pp. 82-83.
8) Champlin Burrage, *The Early English Dissenters in the Light of Recent Research: 1540-1641* (Cambridge, 1912), II, p. 27; Pearl, *London*, pp. 40-42.

안을 찾아야 했다. 그러나 다른 새로운 전입자들은 군중 집단의 영속적 기반이요 전통적 당국의 영속적 근심이었던 혼잡한 도시를 더욱 막연하게 배회했다. 이 당국 관계자들은 때로는 그들을 도시에서 몰아내기도 했고 때로는 유입하는 것을 막기도 했다.

셋째, 오래된 교회가 점차 쇠퇴하고 갑자기 붕괴하는 일로 인해 생긴 종교적 공백의 문제가 있었다. 이 공백은 비교적 이른 시기에 런던과 지방에서 청교도들로 채워지기 시작했다. 그럼에도 불구하고 줄곧 17세까지 어느 작가가 국교회주의의 "재건"이라고 부르기는 했어도 목회자 없는 교구와 황폐한 교회에 속한 교구들이 많았다. 영적 지도력과 전통적 종교 활동을 박탈당한 수천 명의 사람들이 있었다. 16세기 후반과 17세기 초반 내내 한때 활발한 교구의 사회적 삶 이를테면 잔치, 춤, 교회 행사들이 서서히 퇴색했음은 분명했고 이는 부분적으로 낡은 신앙이 사라지고 또한 튜더 왕조가 교구를 행정 단위로 바꾸는 데서 기인했다.[9] 다시 한 번 청교도주의는 많은 사람들에게 대안적인 사회적 영적 활동의 무대를 제공했다.

마지막으로, 어떤 면에서 그 모든 것을 포함하는 기본 문제인즉, 사회를 조직화하는 문제가 있었다. 이 기본적 문제는 장원 제도와 가부장 체제의 해체나 중단, 시골 "집안살림"의 종말, 도시 형제회의 소멸, 길드 협력의 약화, 사회적 지리적 이동률의 증가, 도시 군중과 도시 지하 세계의 형성에서 발생했다.[10] 사람들을 어떻게 조직하고 사회 집단으로 함께 결속할 것인가? 사람들을 어떻게 협력적 활동과 감정적 지속을 위해 통합할 것인가? 16세기와 17세기가 경과하는 동안 너무 많은 새로운 종류의 조직과 관계 방식, 너무 많은 계약과 언약 이론들

---

9) Sidney and Beatrice Webb, *The Old Poor Law*, pp. 11ff.; Mildred Campbell, *The English Yeo-man Under Elizabeth and the Early Stuarts* (New Haven, 1942), p. 301.
10) "집안살림"의 쇠퇴에 대해서는 동시대인 마컴의 논고를 참조. Gervase Markham(?), *A Health to the Gentlemanly Profession of Servingman* (London, 1598), repr. in Roxburghe Library, *Inedited Tracts* (London, 1868). 길드에 대해서는 다음을 참조. George Unwin, *The Guilds and Companies of London* (London, 1909).

이 나타난 것은 바로 이러한 문제들에 대한 응답이었다. 새로운 조직 특히 청교도 회중의 정확한 본성에 대한 논쟁은 이 시기의 소책자 문헌의 상당한 부분을 차지한다. 그에 관한 강렬하고 상세한 토론과 논객의 격정은 현학적이다시피 하고 오늘날 보면 어리석어 보이기도 한다. 그러나 그것들은 논쟁의 혁명적 성격을 말해주고 가장 중요한 문제의 성패가 이 논쟁에 달려 있었으나 구별이 세심하게 이루어져 진행되는 것은 아무것도 없었다. 모든 논점은 똑같이 전적 헌신을 요구했다.

이 문제들은 토마스 모어의 『유토피아』에서 혁명적 시기의 유토피아적 천년왕국적 소책자에 이르기까지 사회적 종교적 사상가들의 주요한 관심사였다. 정치가, 신학자, 그리고 이어서 "기계적 설교자들"까지도 이모저모로 이 문제들을 해결하고자 했고 또한 이 문제들을 활용했다. 청교도적 문헌은 이 두 가지를 수행하는 가장 의미 있는 노력이었다. "세속 인간들뿐만 아니라 하나님의 백성까지도 험난한 바다에서 고기를 잡을 때가 있다." 그리고 성도들의 최초 노력은 새로운 "규율"을 변호하는 급진적 격론을 지속하는 것이었는데 이러한 격론은 하나님의 백성이 고기를 잡기를 바라는 험난한 바다의 본성을 매우 거침없이 말해주었다. 루소는 『사회계약론』에서 "칼빈을 신학자로만 아는 사람들은" 그의 천재성의 범위를 많이 폄훼하고 있다"고 썼다.[11] 청교도 설교자들에게도 동일한 말을 할 수 있다. 그들도 역시 입법자이고 싶어 했다. 칼빈과 루소처럼 그들의 입법 노력은 그 목표가 쇠락하는 질서를 "사악한" 인간의 중생으로 대체하는 것이었다.

그러나 그들의 건설적 계획이 사회적 경제적 변화에 대한 대응이었다면 그 계획에 대해 현대적 용어로 표현하자면 그것이 사회이론, 경제이론을 구성한 것은 아니었다고 하겠다. 청교도들은 무질서 및 혼란과의 대결을 벌였지만 그것에 관한 특정한 물질적 원인들에 대해서는 거의 알 필요가 없었다. 바꾸어 말

---

11) Jean-Jacques Rousseau, *The Social Contract*, trans. G. D. H. Cole (New York, 1950), p. 39n.

하면 대결을 벌이는 것 이외에 그들이 기대하는 것은 아무것도 없었다. 유기적 조화는 결코 그들의 전제가 아니었다. 칼빈주의 신학은 이미 새로운 사회적 실재를 비추어주었고 일반적 설명을 말해주었다. 즉 아마도 타락한 인간, 말하자면 가만히 있지 못해 정욕에다 불복종하는 인간의 활동으로부터 나올 수 있는 것은 무질서밖에 없었을 것이다. 청교도가 16세기 또는 17세기 초에 인간을 바라볼 때 그가 본 것은 어디서든 옛 아담이 하는 일, 즉 다툼, 혼란, 이동, 모순, 소동, 사기, 탐욕뿐이었다. 어쨌든 이것이 청교도가 묘사한 세상이었고 이러한 세상은 오늘날까지도 그렇다고 확신을 주고 이는 곧 세상이 불안과 두려움의 세상이라는 것이다. 홉스가 절대 권력을 찾아나서는 탐구를 시작한 것도 바로 이러한 두려움을 동일하게 가졌기 때문이었다. 그러나 칼빈주의의 하나님은 이미 그러한 권력을 행사했고 유대인의 하나님처럼 질투의 절대 권력을 행사했다. 그 대신에 청교도들은 복종하는 양심적 주체, 중생한 인간, 의도를 가진 언약적 인간을 찾았다. 그리고 이것은 홉스적인 권력을 잉글랜드에서 불필요한 것으로 만든 인간을 발견하거나 창조하는 문제에서 부분적으로 성공을 이루었다.

2. 사회적 경제적 변화에 대한 도덕주의적 대응

16세기와 17세기에 동시대 영국인의 죄를 악의적으로 상세하게 늘어놓는 도덕적 논고나 설교 또는 연극이 많이 있었지만 이런 것들은 흔하거나 따분하기 이를 데 없었고 그와 동시에 풍자에서도 성공적이지 않았다. 런던의 악에 대한 그러한 기술들이 어느 정도 너무 생생하고 열광적이라서 하나의 진지한 도덕으로 받아들일 수 없다는 반대가 당연히 있기는 했지만 그렇다고 그 시대가 현실에 안주만 하는 시대는 아니었다. 그러한 기술들은 이윤을 목적으로 하는 상업적 가치가 있기는 했다. 그러나 요약해서 말한다면 그 작품들은 충분히 진지했고 경건하기도 했고 때로는 초기 프로테스탄트 설교자들이 전한 설교처럼 강력했고 감동적이었다. 비판의 짐이 있었다는 점은 널리 알려져 있다. 라티머와 후퍼 같은 담

대한 복음전도자들은 인클로저, 엄청나게 비싼 지대, 토지소유자의 새로운 탐욕을 반대하는 설교를 전했다.[12] 그린과 마스톤은 도박꾼, 창녀, 포주, 런던 지하 세계의 사기꾼에게 "채찍을 들었다."[13] 제임스 시대의 극작가들은 "투자자"의 야망 즉 자신의 "도시 교리"를 품은 새로운 자본가의 구도를 공격했다.

> 자연은 인간을 홀로 세상에 보냈고,
>
> 아무 동료도 없는 오직 한 사람을 돌보기 위해서이지,
>
> 그리고 그 일은 이루지노니.[14]

실제로 모든 비판가들은 낮은 계급의 증가된 이동성을 침통하게 생각했고 새로운 부와 궁정의 여성스럽고 예의 바른 우아함의 과시를 조롱했다.

이렇게 침통한 비판의 꾸준한 흐름은 때로는 뛰어난 악담으로, 때로는 순진한 분석으로, 아마도 가장 잦은 것은 일종의 관행적 잡담의 모양새를 취했지만 튜더 왕조의 입법 활동과 평행해서 이루어졌다. 16세기에는 입법 시행이 덜한 부문에서도 그러했지만 도덕주의적 문헌은 전통의 안정적이고 자비로운 전통 세계로 돌아가는 경향이 그 특징이었다. 작가, 설교자, 입법자들은 동시대인의 모든 죄악, 즉 새로운 탐욕, 빈자의 시달림, 감투 욕망, 유행 추구와 관련해서 가부장적 영주와 견실하고 공손한 요맨이 조화롭게 살았고 자선이 자유롭게 흐른 오래된 잉글랜드에 대한 회상을 불러일으켰다. 보수적인 신화학에 나오는 중세 영국의 기원이 16세기에 있었던 것이다. 그 시대에 중세 영국이 출현했다

---

12) Helen C. White, *Social Criticism in Popular Religious Literature of the Sixteenth Century* (New York, 1944), 특히 3장과 4장 참조.
13) Robert Greene, *A Looking Glass for London and England* (London, 1594, repr. Oxford, 1932); 또한 그의 "속임수를 통한 도둑질"에 관한 책을 참조. John Marston, *Scourge of Villainy* (London, 1599).
14) Thomas Dekker, *If it be not Good, The Devil is in it*, in *Dramatic Works* (London, 1873), III, p. 324. 다음에서 인용된다. L. C. Knights, *Drama and Society in the Age of Jonson* (London, 1939), p. 243.

는 사실은 이미 상당한 기억 상실을 가리키는 것이고 이는 다시금 사회 변화가 비교적 장기적으로 진행될 것임을 말해준다.

가버린 좋은 시절의 신화는 아마도 가장 순진한 사회 비판의 형식일 것이다. 바로 그 점 때문에 그 신화는 광범위하게 해석되고 사용되기 쉽다. 예를 들어 청교도 저술가들마저도 비록 그들의 손에서 전통 사회는 스파르타식 분위기를 띠고 있지 않을 것 같았는데도 새로운 신화론으로 자신의 환상을 제멋대로 채웠다. 필립 스텁스는 이전 시대의 사람들은 "우리보다 열 배나 더 힘들었다 …"고 생각했다. 그들은 거친 복장과 단순한 식사를 해도 엘리자베스의 퇴락한 신하들보다 더 건장하고 강했다.[15] 보수적 저술가들은 오랜 위계질서의 자비롭고 친절한 특징, 이를테면 주인과 종의 진정한 사랑, 지방 젠트리의 관대함과 후덕함, 그리고 요맨의 충성심을 더 자주 강조했다.[16] 모든 저술가들 사이에 원시적 단순성과 선함의 주제는 널리 퍼져 있었다. 그 주제는 귀족들의 목가적인 장르에서도 우세했고, 한때는 프랑스와 이탈리아 스타일의 영향이 느껴졌지만 시골의 단순함은 일종의 관습이 되었으며 그 자체가 역설적으로 정교하고 인위적인 것이 되었다. 청교도의 손에서 그것은 다시 한 번 새로운 종류의 엄격함과 미덕을 묘사하게 되었다. 이전의 전통은 1568년의 한 익명의 작가에 의해 요약될 수 있다. 그는 예전에 젠틀맨의 관습이었던 것을 다음과 같이 엄숙하게 선언했다.

많은 사람을 먹이고 그들 스스로는 적게 먹고, 런던을 거의 찾지 않는 대신 그들 집안에서는 자주 찾는 사람이다. 연기가 자욱한 부엌을 먹을 것으로, 마구간을 말로, 옷장을 비단옷보다 오히려 마구로 채운다. 그들의 현관 거실에는 사람들이 있고 그들의 방에는 연료가 많고 향료가 거의 없다.[17]

---

15) Stubbes, *Anatomy of Abuses* (London, 1583), repr. by F. J. Furnival (London, 1897), p. 54.
16) Markham(?), *A Health to the Gentlemanly Profession of Servingman*, p. 113; Anon., *The English Courtier and The Country Gentleman* (London, 1586), repr. in Roxburghe Library, *Inedited Tracts* (London, 1868, pp. 34ff.
17) Anon., *The Institution of a Gentleman* (London, 1568), sig. C$_1$.

청교도 목회자들은 비단과 향료를 공격하는 일에 충분히 열성적으로 참여했다. 그들은 심지어 사유 재산과 "그들이 열거하는 것을 스스로 할 수 있다고 생각하는" 사람들에 대한 전통적인 도덕주의자들의 비판에 가세했다. 그러나 그들의 고발 어조에 다시 한 번 변화가 있었다. 오래된 잉글랜드의 신화는 쾌활한 환대 이야기로부터 엄격하고 애국적인 덕 이야기로 바뀌었다. 토마스 스코트는 스페인과의 투쟁을 재개하기 위해 단호한 노력을 기울이는 가운데 5년 동안 1620-1624 23종의 팸플릿을 출간한 창의적이고 근면한 주전론자로서 오래된 잉글랜드를 사심 없는 전사의 집으로 보았다. 이들 전사들은 "우리 땅의 독점자나 개량자, 교회와 국가를 약탈하는 비종교적 몰수자들"과는 실로 다른 사람이었다. 스코트는 오늘이라고 말하면서 이렇게 썼다. "우리의 모든 사유 재산은 그러한 괴물들로 가득 차 있으며 이 품종들은 위조된 품격으로 꾸민 게으른 쓰레기 인간에서 나왔다. 이들은 근면한 전임자들이 어떤 명예로운 업적을 장식하는 휘장으로 구입한 무기들을 빈둥거리며 들고 있어서 자신들의 원본을 욕되게 한다. 진정한 신사는 "모든 여성적인 유행과 달래주는 쾌락을 … 알고 지내면서 빈둥거리며 살기"보다는 싸우기를 택할 것이다. "그런 유행과 쾌락이 있는 곳에서 조언이 필요한 자는 잔심부름꾼, 사환, 마부 외에는 아무도 없으며 환심을 사는 전쟁 외에는 다른 행동이 취해지지 않고 … 무대가 제시하는 것 말고 다른 적은 없다."[18]

　　이러한 비판 속에는 옛 요소와 새 요소가 복잡하게 얽혀 있었다. 이 혼란이 말해주는 것은 급격한 사회 변화의 과정에 갇힌 인간의 딜레마에 관한 것이다. 말하자면 청교도들이 개혁의 열정을 가지고 또는 스코트의 경우라면 경건한 전쟁의 열정을 가지고 그들의 저술에서 함께 밀고 나간 일종의 향수적 유토피아주의이다. 헨리 크로스의 『덕의 연방』1603만큼 향수와 열정이 더 완벽하게 혼동된 곳

---

18) Thomas Scott, *The Belgick Pismire* (London, 1622), pp. 27-28; cf. Scott, *The Highways of God and the King* (London, 1623).

은 없었다. 이 제목은 미래의 청교도 국가를 말해주었다. 크로스 자신은 보수주의자로서 "현재의 규율에 대해 투덜거리는 사람들"을 특별히 거부했지만 그가 가진 생각은 청교도적이라고 명명해도 별로 틀리지 않는다.[19] 『덕의 연방』은 재산의 위험에 관한 학위논문이었고 그의 사회의 갑작스러운 풍요에 대한 도덕주의적 불행한 반응의 전형적 산물이었다. 크로스는 돈과 돈 욕심은 사람들을 움직이게 했고 그들을 고대의 집과 고정된 직업에서 끌어내어 타락한 도시로 유인했다고 생각했다. 너무 많은 사람들이 "소명의 한계를 떠나고 … 방황하는 삶에 빠지거나 … 아무 기술도 없는 삶을 시도한다." "우리는 좋은 자리와 계산 능력을 가진 사람들이 어떻게 구석에 몸을 숨기며 사적으로 살고 … 도시[와] 자치구로 몰려들어 … 한 숙소에서 다른 숙소로 이리저리 굴러다니는지를 … 본다." 크로스는 "사람들이 … 지킨 자신의 좋은 집에서 살고 그들이 살던 곳에서 잠시 머문 적은 결코 없었다"하는 안정된 시골 사회의 이미지를 다시 한 번 불러일으켰다.[20]

토마스 홉스는 "우리는 과거에 대한 우리의 개념적 사고로부터" "우리의 미래를 만든다"고 썼다.[21] 그러나 크로스의 개념적 규정은 그 과제를 감당할 수 없었다. 그가 요구한 덕은 청교도 목회자들의 도덕적 개혁처럼 환대와 그가 기억한 시골의 "좋은 집"을 필요로 했다. 그리고 사실상 크로스의 주요 관심은 낡은 질서의 쇠망이 아니었다. 그의 관심은 무질서라는 당대의 냉혹한 사실에 있었다. 그의 연구를 지배한 것은 향수가 아니라 불안이었다. 그는 르네상스 도시의 활기, 절망, 자유분방한 에너지에 직면했을 때 여느 목회자들 못지않게 걱정했다. 따라서 그가 극장에 대한 청교도의 공격에 가담한 이유는 희곡이 "수치스럽고" 부도덕했기 때문이 아니라 연극 공연이 폭동의 계기가 되었고 그 관객 "대부분이 이 땅에서 가장 음란한 사람들 … 부정한 세대"였기 때문이었다. 그들은

---

19) Crosse, *Virtue's Commonwealth* (London, 1603), sig. N$_8$. verso.
20) Ibid., sig. I, I$_4$ verso.
21) Thomas Hobbes, *Behemoth*, in *English Works*, ed. W. Molesworth (London, 1839-1845), VI, p. 259.

"강의와 거룩한 훈련"에 주의를 기울일 수 없는 바로 그 사람들이었다. 마찬가지로 크로스는 봉건적 대저택과 르네상스의 집에 대한 청교도 목회자들의 맹비난을 따라갔다. 그는 "자녀들을 접대원이게 놓아두는" 부모들은 자녀들에게 큰 해를 입히는 것이라고 생각했다. 궁정관리들과 급사들 사이에서 부모들이 배운 것은 죄악밖에 없었다. 그들은 거의 일도 하지 않았고 휴식은 통음밖에 없었다. 크로스는 그 대신에 아버지가 일의 습관을 엄하게 자신의 아들에게 훈련시킨 청교도 가족상을 유지했다. "모든 사람은 정직하고 적절한 일에 가보아야 하고 게으름으로 인해 감각이 상해서 위축되지 않도록 해야 한다. …"[22] 이것이 전통적 시골 생활을 기원하는 것은 아니라고 하겠다.

크로스의 견해는 꽤 전형적이다. 이런저런 형식으로 그의 견해는 다른 사람들 말하자면 청교도들과의 동일시에 준비되어 있지 않은 온건한 사람들에 의해 반복되었다. 이들은 자신들의 견해가 제임스 왕의 책 『왕의 선물』*Basilikon Doron*에서 반향되고 있음을 발견했다. 그의 다소 격렬한 어조에는 미래의 왕당파를 암시하는 것이 거의 없고 실제로도 제임스 자신의 측근을 암시하는 것도 거의 없다. 제임스 왕은 "게으름을 몰아내기 위해" 육체적 훈련과 근면의 필요성을 주장했는데, 이는 청교도의 사회 비판의 핵심 주제를 건드렸고 청교도들이 불편하게 바라보았던 현상의 본질을 다시 한 번 강조했다.[23] 청교도들은 극장에서 오후를 보내는 것, 나날이 큰 집에서 느긋하게 앉아 "기다리는 것"에 대해 불편함을 가졌었다. 그러나 청교도 목회자들은 이러한 종류의 것을 더욱 더 멀리까지 가져갔다. 그들은 제임스 왕이 상상할 수 있었던 것보다 더 강직한 규율을 모색했고 바로 이 강직함이 옛 방식에 대한 향수로부터 그들을 단절시켰다. 사실을 말하면 그들은 자신들이 그토록 증오한 게으름이 옛 질서 자체의 질병이었

---

22) Crosse, *Virtue's Commonwealth*, sig. P$_2$, S$_3$, S$_3$ verso.

23) *The Political Works of James I*, ed. Charles McIlwain (Cambridge, Mass., 1918), pp. 48-49. 이 책에 대한 논의는 다음을 참조. W. L. Ustick, "Advice to a Son: A Type of Seventeenth Century Conduct Book," *Studies in Philology* 29:409-441 (1932).

다는 것을 보게 되었고 그러기에 그들은 전통주의적 신화론에 완전히 등을 돌렸다. 게으름은 성장하는 런던 도시를 위시한 봉건적 주택 및 가톨릭교회의 특징적 표시였다. "사냥과 매춘에 완전히 넘어간" 수도사나 하인이나 젠틀맨들의 습관적인 나태함은 거지, 방랑자, 가난한 실업자나 불완전 고용자의 새로운 "혼돈"에 의해 가중되었을 뿐이다. 이들은 모두 정직한 일에는 "가보지" 않았던 사람들이었다. 크로스의 문구는 청교도적 이상의 주의주의적 본성을 말해준다. 그리고 그것은 청교도적 이상을 전통적 도덕주의자가 촉구한 보다 자연적이고 본질적으로 감상적이었던 행동과는 별개의 것으로 설정한다.[24]

청교도는 게으름을 몰아내기 위해 지속적이고 조직적이며 체계적 활동을 요구했고 이러한 요구는 시골 안정성의 붕괴와 크로스에서 보듯 도시 사람의 이동이라는 갑작스러운 현상에 대한 반응이었다. 그러나 그것은 전통적 견지에서 보여준 반응은 아니었다. 그것은 동시대의 영국 사람들이 자신들의 사회에서 일어나고 있는 변화에 적응한 복잡한 과정의 일부였다. 도덕주의자들은 영고성쇠에 대한 병적 환상과 동거하고 절제와 등급의 낡은 미덕을 애처롭게 회상했다. 그러는 사이에 청교도의 저술은 다른 방향으로 전환했다. 목회자들은 게으름과 혼란의 세계를 "손절하는" 문자적 가능성을 말해주었다. 그들은 향수에서 해방됨으로써 무질서의 가시적 기호들과 직접적으로 친히 대결할 수 있었다. 그 기호들은 도시에서 일 없는 사람들, 소란하고 혼잡한 군중들, 시골길을 배회하는 방랑자들, 게으르고 떠들썩한 사람들로 가득 찬 큰 집들이었다. 청교도들은 의로우며 고고한 마음에서 강렬한 도덕적 불편함을 지닌 채 그들을 둘러싸고 있다고 상상한 혼돈의 죄성에서 자신들을 떼어놓으려고 필사적으로 노력했다.[25] 바로 이것이야말로 그들이 스스로를 규율하고 "선한 동료"를 찾는 핵

---

24) 제임스 1세 시대의 도덕주의자의 연구에 대한 요약으로는 다음을 참조. Knights, *Drama and Society in the Age of Jonson*.
25) 사악한 자들로부터 분리되려는 생각은 결혼과 우정에 관한 문헌에도 만연해 있다. 예를 들어 백스터는 "불경한 친구들을 조심하라"는 주제를 논의한다. Richard Baxter, *The Saints' Everlasting Rest* (New York, n.d.), pp. 188ff.

심 목적이었다. 그러나 그들은 또한 크로스와 제임스 왕을 분명히 능가한 격정으로 경건한 질서가 규칙이 되고 죄는 가능한 활동일 수 없는 사회를 창조하기를 바랐다. 청교도들은 스스로 자신들 속에서 감지한 것이 있었다. 즉 그들이 확실히 성도였다는 점, 그들이 종종 그랬던 것처럼 실체를 갖춘 인간이었다는 점, 죄의 세계를 초월하고 자신들을 그 세계에서 운수가 보다 못한 구성원들과 구별하면서도 인간의 사악함을 통제할 수 있는 힘과 에너지를 가진 인간이었다는 점이다. 이것들은 이제 상세하게 고찰될 필요가 있다. 그중 첫째는 청교도의 소명 교리에서, 둘째는 회중 체제에서, 셋째는 치안판사론에서 드러난다.

3. 새로운 직업론

중세 영국인의 전사의 미덕을 회상한 후에 토마스 스코트는 갑자기 칼빈주의 네덜란드인의 보다 현대적인 미덕으로 방향을 바꾸었다. 그는 그들의 근면성을 강조했다. 이 단어는 최근에서야 거의 종교적인 색조를 띠게 되었다. 다시 말하면 열정적이고 공들인 적용을 암시하는 말이 되었다.[26] 스코트는 다음과 같이 썼다. 거기서는 "거지가 하나도 없거나 극히 소수이다." "왜냐하면 정말로 모든 사람이 일하고 자조하기 때문이다.… 그들의 식단은 가정적일 뿐이고 잔치 같은 매일은 없다.… 그렇다. 그들의 생활 전체는 과잉의 단식에 지나지 않는 것처럼 보인다." 추방을 겪은 많은 목회자들이 근면한 네덜란드의 이미지를 노래하고 찬양했는데, 이 이미지는 점차로 가부장적 군주와 건장한 요맨의 이미지를 대체했다. 청교도들은 여가 없는 인간의 유토피아를 발견했다. 네덜란드 상인과 장인은 그들의 사회의 안정성과 질서를 보장했을 뿐만 아니라 자신들을 경건한 사람들로서 따로 떼어놓았다.[27] 어떤 작가는 "부지런한" 어부를 포함했다.

---

26) *Oxford English Dictionary*, s.v. industry, industriousness.
27) Scott, *Belgick Pismire*, pp. 50ff., 75, 80. 하나의 모형으로서의 네덜란드에 대해서는 다음을 참조. Raymond Stearns, *Strenuous Puritan: Hugh Peter, 1598-1600* (Urbana, Ill., 1954), pp. 307, 309-310; Stearns, *Congregationalism in the Dutch Netherlands* (Chicago, 1940), p. 76. 네덜란드 어부에 대한 찬사는 다음에서 발견된다. Tobias Gentleman, *England's Way to Win*

이들은 일을 새롭게 보는 관점을 가졌고 게으름을 비판했다. 이러한 관점과 비판에 수반하는 수사학적 폭력은 오랜 질서에 대한 청교도적 거부의 구체적 기초를 형성했다. 하나님이 천사를 영예롭게 한 것처럼 인간을 영예롭게 했다. 그들은 "봉사할 수 있는 능력" 즉 그들의 열정적 적용과 기술 그리고 그들의 효율성에 비례해서 그렇게 되었다. 그리고 하나님은 천사를 조직한 것처럼 인간을 조직했다. 즉 명령의 사슬에 따른 노동 분업으로 그렇게 했다. **모든 인간은 노동해야 한다**, 젠틀맨이든 평민이든 똑같다. "좋은 직업"에 훈련이 안 된 젠트리의 아들들은 "우리나라의 모든 해악의 종자인간들"이었다고 목회자인 도드와 클리버는 썼다.[28] 게으른 인간은 반역자였고 그런 인간을 두둔한 집에 가족 통치란 존재하지 않았으며 하나님에 대한 섬김은 없었다. 크로스는 "영예와 예배는 많은 종을 지키는 것에 있지 않다"라고 또는 "떼를 짓는 많은 무리들과 친구가 되는 것에 있지 않다"라고 썼다.[29] 이 주제는 종종 청교도의 작품에서 반복되었다. 이것은 1568년의 어느 익명 작가의 행복한 기억과는 심하게 달랐다. 이 작가는 이를테면 마구간에 있는 많은 말, 현관 거실에 있는 많은 사람을 회상했던 것이다. 어쩔 수 없이 청교도들은 자신들이 여가를 누린 계급 및 봉사, 영예, 휴식에 대한 전통적 관념에 대해 각을 세우고 공격하고 있다는 것을 발견했다. 근면한 성도들은 게으른 부자든 이 부자가 후원하는 사람이든 이들 모두와는 분리하려는 경향이 있었다. 부자가 후원한 사람들로는 종, 제대 병사, 배우, 거지, 그리고 수시로 고용을 찾아다니는 도시의 많은 빈민들이 있었다. 이들은 함께 집단화하여 크로스가 말한 "부정한 세대"를 이루었다.[30]

　청교도들은 주요한 기초적인 형태의 사회적 규율, 질서의 열쇠, 모든 진보한 도덕성의 토대를 일에서 발견했다. 윌리엄 홧틀리는 간음을 피하고 싶다면 바

　　Wealth (London, 1614), pp. 10-11.

28) Robert Cleaver and John Dod, *Household Government* (London, 1621), sig. P$_6$ verso, P$_7$.

29) Crosse, *Virtue's Commonwealth*, sig. S$_3$.

30) 리처드 백스터는 1642년에 왕을 지지한 사람들로서 젠틀맨, 거지, 노예적 임차인을 열거했다. *Reliquiae Baxterianae*, ed. M. Sylvester (London, 1696), p. 30.

쁘게 지내는 것이 중요하다는 점을 강조했다. "왜냐하면 소명 속에 고통을 겪는 분주한 일을 하노라면 그러한 상황 속에서 죄를 저지르는 데 쓰는 그토록 넘쳐나는 많은 영양분이 소모될 것이기 때문이다. 그것이 피와 영을 다른 길로 돌릴 것이다. …"[31] 그러나 일은 이렇게 명백하고 불충분한 형태의 가정적 규율 이상의 어떤 것이었다. 그것은 또한 경건한 사람들의 자기확인 활동이기도 했다. 성도들은 그들의 근면성과 성실성에 의해 무질서한 세속의 무리들과 구별되었다. 그들의 근면성은 그들의 성도됨을 **드러냈다**. 그들의 동료들에 대해서뿐만 아니라 그들 자신에게도 그랬다. 여기에서 선한 **일들**에 대한 오래된 가톨릭교회 이론은 선한 **일**에 대한 프로테스탄트 이론으로 변형되었다. 그 차이는 효율성의 문제에만 있는 것이 아니라 이보다 중요한 차이인즉슨 요구된 활동의 본성의 문제에도 있었다.[32] 청교도 목회자 사무엘 하이에론은 인간의 일은 "그의 종교의 증언"이라고 썼다. 그가 논의하고 있었던 것은 소명 속에서 일을 계속하는 노동이었지 가끔씩 행하는 선행이 아니었다. 그는 계속해서 "고용되어 일상적으로 일하는 정직한 사업이 없는 사람, 자신이 가볼 수 있는 정착된 행로가 없는 사람은 하나님을 기쁘게 할 수 없다"고 말한다.[33] "근면"처럼 "사업" 역시 16세기를 경과하는 동안 새로운 의미를 띠었다. 이 단어는 원래 다만 직업 또는 거래를 의미했고 여기에는 1580년대까지 해로움과 무례함의 함의도 담겨 있었지만 그러나 이제는 성실함과 체계적 활동의 의미가 추가된 말이 되었다.[34] 하이에론과 여타의 많은 청교도 설교자들이 의도한 것은 바로 이러한 새로운 의미였다. 그들은 사람들에게 "자신의 소명을 의식하라"고 가르쳤다. 일, 이를테면 치안

---

31) Whately, *A Bride-bush* (London, 1619), p. 9.
32) 이 논점에 대한 고전적 논의는 다음을 참조. Max Weber, *The Protestant Ethic and the Spirit of Capitalism*, trans. Talcott Parsons (New York, 1958), 특히 109쪽 및 이하 참조. 베버는 개인의 구원 추구에서 노동의 역할을 강조했다. 열심히 노동하고 성공을 성취하는 능력은 은혜의 기호로 보였다고 그는 주장한다. 그러나 설교자들이 강조한 것은 열심히 노동하는 사회적 도덕적 효과였지 그 영적 의미는 아니었다. 적어도 그 새로운 윤리는 내세에서의 운명에 대한 개인의 불안만큼이나 사회적 질서라는 압도적 문제에 대한 대응인 것이다.
33) *All the Sermon of Samuel Hieron* (London, 1614), pp. 245-247.
34) *Oxford English Dictionary*, *s.v.* business.

272 • 성도들이 일으킨 혁명

판사, 전쟁, 자선, 종교적 단련은 이러한 일반적 주제를 보여주는 다른 측면이나 다름없고 체계적이고 지속적이어야 했다. 즉 산발적 또는 즉흥적 활동은 어떤 종류의 것이든 엄격하게 피해야 하는 것이 되었다. 그러기에 윌리엄 스코트의 "완전한 시민"은 가끔씩 오후의 낮잠에 대해 걱정했고 무엇보다도 그것은 "익숙한 시간이 아닌 시간"에 왔기 때문에 즉 계획되지 않았기 때문에 걱정거리가 되었다.

> 사람이 주말마다 자기가 어떻게 보냈는지를 음미해본다면 먹고 마시는 것을 제외하면 자기가 어떻게 부여했는지를 말할 수 없는 시간이 얼마나 많은지를 헤아릴 수 있을까? 그는 잠에다 맡겨버린 불필요한 종목이 얼마나 많은지를 발견할 수 있을 것인가? 30분 내지 45분의 익숙하지 않은 시간을 제외하면, 7일 밤을 바친 허드렛일, 아마도 7일 동안 매일 한나절을 바친 허드렛일이 있을 것이다.…[35]

청교도적 노동의 이 두 가지 함의, 즉 사회적 규율과 자기확인은 목회자들에 의해 소명 이론에서 결합되었다. 윌리엄 퍼킨스가 자신의 『직업론』*Treatise of the Vocations*에서 제시한 대로 그 이론은 성도들 사이에 유기적 관계와 위계 형식을 대체하는 새로운 질서를 말해주었다. 청교도의 소명은 위그노의 정치적 직위의 관념과 밀접하게 평행되는 것이었지만 그 사회적 외연은 훨씬 더 넓었다. 위그노들이 주로 봉건 귀족의 조직화와 규율화를 추구한 반면, 청교도의 노력은 귀족과 평민들을 같이 포함하려고 했다. 그 노력은 정치를 귀족의 의무로부터 일종의 일로 변환해 놓았고 일을 일반적으로 모든 사람의 종교적 의무로 만들었다. 그러나 이렇게 범위가 광역화되어도 그 두 관념의 유사성은 두드러지게 드러난다. 즉 위그노의 직위 및 의무 이론에서와 같이 청교도의 소명은 사람들에게 책임을 짊어지는 비개인적 헌신의 길을 열어주었다. 하루 종일 일하는 세계

---

35) Scott, *Essay of Drapery* (London, 1635), p. 101.

에서 의무는 계약 방식의 광범한 네트워크를 위한 기반을 마련했다.

청교도 사회에서 인간관계의 도식은 인간고용의 도식에 의해 결정될 것이다. 성도들은 거의 배타적으로 모일 것이고 그런 방식으로 자기 일을 할 것이다. 그들의 삶은 "정직한 사업"으로 채워질 것이고 그들의 열정을 흡수할 것이다.[36] 그렇게 해서 그들이 확립한 관계들은 계약적이 될 것이고 다시 말해서 형식적으로 자유로운 사람들에 의해 자발적으로 참여하는 것이 될 것이다. 이 자유로운 사람들의 소명은 충분히 확실하고 그들의 활동은 그들이 장기적인 약속과 합의를 하는 데 이를 만큼 충분히 지속되었다.[37] 이것은 하이에론이 하나님을 기쁘게 하는 것을 추구하는 모든 사람들에게 촉구한 "정착된 행로"가 지니는 명백한 사회적 의미였다. 퍼킨스는 소명이 다양한 사람들이 사랑으로 함께 결속되었다는 보다 오랜 관념을 반복했지만 그러나 사실상 사랑은 청교도의 사회 조직론에서 맡은 역할이 거의 없었다. "나의 시민은 신중함의 커다란 구성 부분인 불신을 방패로 삼아 자신을 보호해야 한다 …"라고 직물상인 윌리엄 스코트는 썼다. 또한 퍼킨스에게 시민 사회에서 거지들을 배제하는 것은 아무런 자선 행위도 아니었다. 그는 거지들은 "몸에서 떨어지는 썩은 다리와 팔과 같다"라고 썼다. 그렇다면 위대한 영주는 더 이상 많은 방랑자와 거지들부터 충성스러운 추종자를 모집하지 않을 것이다. 목회자들마저도 군대는 그와 같은 사람들 즉 "다 망가진 전과자와 주인 없는 방랑자들"로 채워져서는 안 된다고 촉구했다. "진지한 행동에서 이러한 죄스러운 도구들을 선택하는 것은 기독교의 정책이 결코 아니다."[38] 청교도들은 시민 사회, 계약 관계, 신뢰와 책임은 이미 "특정한 직위"에

---

36) 백스터는 6시간이 건강한 기독교도가 스스로에게 허용할 수 있는 최대의 수면량이라고 생각했다. 그는 기도조차 늘어나서는 안 된다고 주장했다. 하나님은 사업에 대해 오랜 시간과 엄격한 주의를 요구하는 어려운 주인이었다. 이에 대한 논의와 인용에 대해서는 다음을 참조. Richard Schlatter, *The Social Ideas of Religious Leaders* (London, 1940), especially pp. 190ff.

37) 청교도주의에 대한 다소 다른 논의와 계약의 관념에 대해서는 다음을 참조. Christopher Hill, *Economic Problems of the Church: From Archbishop Whitgift to the Long Parliament* (Oxford, 1956), pp. 184-185, 346-347.

38) Perkins, *Works* (London, 1616), I. p. 755; Scott, *Essay*, p. 137; Thomas Palmer, *Bristol's Military Garden* (London, 1635), p. 21.

속하는 규율에 복종한 사람들 사이에서만 존재했었다고 생각했다.

이러한 복종은 의지 행위였고 퍼킨스가 가끔 사용한 유기적 이미지의 거짓됨을 보여준 자발적 행동이기도 했다. 그는 사람들은 하나님의 명령이기도 한 내면적 부름에 응답하여 그들 스스로가 자신의 직위를 선택해야 한다고 주장했다. 그들은 자신을 성찰해야 하고 자신의 애호와 은사를 연구해야 한다. "여러 가지 소명에 어울리는 사람은 최선의 것을 선택해야 한다." 마찬가지로 정치적 세계는 "하나님의 도구"로서 행동하는 수많은 인간 집단들이 그들의 동료들 가운데 관리들을 선택하는 세계이고 이러한 정치적 세계에서 그들은 자신의 은사를 검사해야 하고 최선의 인간을 선택해야 한다. "이렇게 하여 사사로운 인간이 치안판사가 될 수 있다." 이 모든 것은 형식적 자유만이 아니라 형식적 평등도 함의했다. 모든 인간이 평등한 은사를 가지는 것은 아닐지 몰라도 모든 이의 은사는 "검사될" 것이다. 청교도들은 계속해서 소명들 사이에는 일종의 영적 평등이 있다는 것을 말해주었다. 퍼킨스는 "집안청소를 하거나 양을 지키는 일에 불과해도 … [39]" 하나님 앞에서 모든 소명은 평등했다고 썼다. 이 생각은 거의 새로운 것은 아니었지만 청교도들은 거기에 새로운 의미를 부여했다. 어떤 직업이라도 그 직업에서 적용과 성실성은 하나님에 대한 찬사였고 사회적 질서의 효과적인 보증이었다. 그러기에 성도들의 지위가 무엇이든 모두가 규율에 가담하지 않으면 안 되었다. 도드와 클리버는 다음과 같이 썼다. "공경 받는 위대한 하나님은 그 거래가 그렇게 비열한 것이 결코 아니더라도 정직한 거래는 멸시하지 않고 **모든 선한 정신을 그의 거룩한 규례로** 이끌기 위해 그의 축복으로 관을 씌운다."[40] 사람들은 규율을 받아들였고 다시금 이어서 자기 중요성의 경건한 의미를 수용했다.

그렇게 되어서 그들은 또 다시 그들의 동료와 협약을 맺었다. 그러한 협약의

---

39) Perkins, *Works* (London, 1616), I. pp. 756-762.
40) Dod and Cleaver, *Household Government*, sig. P_6, P_7.

가치는 명백히 성도의 형식적 평등과 영적 자기 존중에 의해 고양되었다. 최초로 계약이 어느 한 편에 존중이나 비하의 특징이 전혀 없이 평등한 사람끼리 맺는 협약으로 보였다. 이것은 양편 모두에게 완전히 자발적이고 강제성이 전혀 없는 협약이었고 개인적 충성이나 두려움의 문제가 아니라 양심의 문제였다. "자연적 필연성이 언약의 바로 그러한 본성을 파괴한다"고 어느 청교도 목회자는 썼다. 왜냐하면 "언약은 의지의 자유를 누리고 선택이나 거부의 힘을 가지고 있는 사람들이 그러한 상황 속에서 관계하는 사물에 대해 가지는 자발적 의무"임에 틀림없기 때문이다. 이러한 자유가 주어지면서 계약의 결정적 특징은 정직한 의도를 상호 인정하는 것이 되었다. 결의론자 윌리엄 에임스는 자신의 『양심의 사례』*Cases of Conscience*에서 "이 형식은 내부적이고 본질적으로 계약자의 올곧은 거래가 진실하고 성실할 것을 요구한다"고 썼다.[41] 영적 평등은 좋은 신앙에 대한 이러한 상호 인정의 기초였다. 하나님과 타락한 인간 사이의 언약조차도 "우리 사이에 일종의 평등을 함의한다"고 존 프레스턴은 썼다.[42] 계약의 개념에 함축된 인간 존엄성에 대한 모종의 감수성은 앞서 살펴 본 주종 관계 및 결혼 유대에 대한 청교도적 관념의 기초가 되었다.

이러한 자기성찰이나 자유계약과 같은 관념들 때문에 청교도 저술가들은 평등을 비롯한 사회적 이동과 씨름하지 않을 수 없었다. 사람들이 "최선의 것을 선택할 수 있어야" 한다면 정치와 사업에서 선택은 자유로워야 할 것이다. 퍼킨스는 자녀들에 관해서 부모들조차 잘못을 범할 수 있다는 것을 인정했다. 자녀의 귀가 언제나 부름에 맞추어져 있는 것은 아니었다.[43] 그러나 이러한 위계적 질서의 세계가 방해물로 작용한다고 해서 두려워할 것은 거의 없었다. 왜냐하면 자유 선택에 공들여 진행된 내적 반성이 그러한 세계에 함께 동반했기 때문이

---

41) 다음에서 인용된다. Perry Miller, *The New England Mind: The Seventeenth Century* (Cambridge, Mass., 1952), p. 375.
42) Preston, *The New Covenant* (London, 1629), p. 331.
43) Perkins, *Works*, I, 758. 여기서 이동에 대한 청교도의 변호는 지나치게 강조되어서는 안 된다. 그러나 퍼킨스의 주의주의적 어휘 즉 **검사하다, 선택하다**는 중요하다.

다. 따라서 "주인 없는 인간들"에게는 여전히 자유가 없었다. 성도들은 그들 자신이 주인이었고 그들의 "고통"이 얻는 특권만을 요구했다. 거지들과 방랑자들은 직업 세계에서 추방될 수밖에 없었고 썩은 사지처럼 떨어져 나갔다. 왜냐하면 퍼킨스가 생각한 대로 그들은 아무런 고통을 감수하지 않았기 때문이다. 마침내 성도들의 고통스러운 성실성은 물질적 성공과 풍요라는 일종의 평화를 요구하게 될 것이다. 그러나 이 점에서 초기의 청교도 저술가들은 극히 망설였다. 일이 부를 가져다주어야 한다는 것은 의도한 바가 아니었다. 목회자들은 급격한 생산성 증가의 가능성에 대해 거의 의식하지 않았다. 본능적으로 그들은 일종의 경제적 제한주의로 기울어졌다. "사람들이 음식과 의복을 제공할 만큼 충분히 가지고 있고, 따라서 합법적으로 구할 수 있는 만큼 추구할 수 있다면 …" 그로써 만족해야 한다고 퍼킨스는 썼다.[44] 당분간은 그들은 합법적인 추구에 중점을 두었는데 즉 "좋은 직업 기술과 노동"을 추구했고 그로 인해 발생할 수 있는 위험한 결과에 대해서는 강조하지 않고 있었다.

4. 소명론의 결과

청교도의 소명 이론이 급진적 사회 비판을 포함했다는 사실은 이미 제시되었다. 그 본성은 퍼킨스가 "어떤 특별한 소명도 구하지 않는" 네 개의 인간 집단을 열거할 때 분명하게 밝혀졌다. 이들은 직업 세계 밖에 살아간다. 그 목록은 다음과 같다. ① 불한당, 거지, 방랑자, ② 수도사와 수사, ③ "나날을 먹고 마시는데 보내는" 젠틀맨, ④ 종. 종이 여기에 포함되는 "이유는 단지 대기 상태로만 있는 것은 … 충분한 소명이 아니기 때문이다."[45] 퍼킨스는 이들이 모두 위험한 사람이라고 생각했다. 왜냐하면 그들은 통제와 규율에 복종하지 않았기 때문이다. 어떤 이들은 고정된 주거지가 없는 부랑자였다. 그들은 교구, 도시, 주를 드

---

44) Perkins, *Works*, I, 769.
45) Perkins, *Works*, I, 755-756. 크리스토퍼 힐의 다음 논의를 참조. Christopher Hill, *Puritanism and Revolution* (London, 1958), p. 226.

나들었고 "그리하여 모든 권위를 피해 다녔다." 청교도 신학자는 "사람이 주거가 불확실하다는 것은 좋은 징표가 아니라 다만 병적 기호였다"고 썼다.[46] 다른 이들은 정직한 사업도 정착된 행로도 없었다. 목회자인 도드와 클리버는 "게으른 사람의 두뇌는 금세 악마의 상점이 된다"고 생각했다. "치안판사에 대한 반동과 불평은 어디서 일어나는가? 여러분은 게으름보다 더 큰 원인을 제공할 수 없다."[47] 여기가 폭동과 반란, 붐비는 극장 인파와 북적거리는 매춘굴의 원천이다. 여기가 경건한 사람들이 저주받은 자들의 일이나 놀이로 확인하는 다른 모든 것의 원천이다.

게으름이나 방랑 생활에는 어떠한 구원도 없었다. 퍼킨스는 나태한 무리들이 항상 가톨릭적 견해로 기울어지고 항상 일하기보다는 노는 일에 더 준비가 되어 있는 경향이 있었다고 생각했다. 그 무리에 속하는 이들은 천국으로 가는 길을 애써 찾지 않을 것이다. 무성의하게 하루하루 보내는 존재는 구원이 요구한 지속적 노력을 거의 확실하게 차단했다. 물론 가난은 성도의 운명일 수 있다. "이 세상에서 하나님의 교회와 자녀들의 상태는 대부분 외부 조건과 관련해서 고통을 당하고 가난한 처지에 있을 수밖에 없다."[48] 그러나 이러한 가난은 무질서나 불만으로 이어지지 않았던 경건이다. 즉 경건한 가난이고 "근면한 빈자"의 가난이다. 성도들은 세상이 충분하다는 것을 알 것이다. 그들은 요구는 할 것이지만 요구하는 것이 그렇게 많지 않고 조금밖에 되지 않을 것이며 그 정도는 허락될 것이다. 퍼킨스는 이렇게 썼다. "그대는 하나님의 나라를 구하는 일에 마음을 고정하라. 말씀을 따르고 그 안에서 중생을 위해 수고하며 의심하지 말라. 그러나 그대가 합법적 소명 안에서 올바르고 근면하다면 그 삶이 충분하다는 것을 알 것이다."[49] 퍼킨스의 진술에 만족하는 경건은 게으름과 실업이 자주

---

46) *Works*, III. p.71.
47) Dod and Cleaver, *Household Government*, sig. X_3.
48) Richard Sibbes, *Complete Works*, ed. A. B. Grosart (Edinburgh, 1863), VI, p. 236.
49) Perkins, *Works*, III, p.191; Hill, *Puritanism and Revolution*, pp. 215ff.

고의적인 것이 아니었다는 동시대 사람들의 발견과는 거의 양립할 수 없는 것으로 보인다. 그러나 그것은 의도를 가지고 살아내고자 하는 경건한 사람들의 능력에 대해 청교도적으로 내린 중대한 판단을 반영했다. 이와 동일한 판단을 내린 자가 가난한 자들 스스로였다고 하면 그때는 그것은 그야말로 경건한 가난의 완전한 이데올로기로밖에는 달리 간주될 수 없을 것이다.

그와 동시에 인간의 무력함에 대한 점증하는 자각은 특별히 청교도들 사이에서 바로 이러한 경건한 빈자들을 향해 다소 배타적인 새로운 종류의 자선을 불러일으켰다. 목회자들이 부분적으로 지도하는 부유한 청교도들은 직접적인 구제뿐만 아니라 교육적 기회와 견습 훈련까지 제공하러 나섰고 때로는 실제로 성도가 되고 싶은 사람들에게 자본이나 물질도 제공했다. 가장 많은 경우에 해당하지만 청교도적 자선은 실질적인 자금의 수탁자 역할을 하는 평신도에 의해 전통적인 경로 밖에서 사적으로 관리되었다. 그렇지만 그러한 청교도적 자선은 신중한 의도에서 차별적이었고 목적을 가지고 있었다. 그 지침은 거지를 구호하는 것이기보다는 종교적으로 가난한 자를 선정해서 자급자족하는 자기 규율을 갖춘 사람으로 변혁하는 것이었다.[50] 목회자들은 그러한 자비를 간헐적으로 제공되는 무분별한 자발적 구호와는 주의 깊게 정확하게 구별했다. 퍼킨스는 이러한 구호는 "방랑자의 신학교"라고 부르는 것을 구성하게 된다고 말했다.[51] 청교도적 자선은 이와는 다른 틀림없이 보다 엄밀한 종류의 학교였다. 그것은 튜더 왕조의 많은 입법처럼 보다 효과적이었을지 몰라도 규율을 지닌 체계적 노동자 즉 고용자가 신뢰를 보낼 수 있고 두려워할 필요가 없는 사람을 창조하는 것을 목표로 삼았다. 고용자는 당연히 청교도 자선가와 동일 인물이었다.

---

50) Jordan, *Philanthropy*, pp. 240ff. 여기에 16세기와 17세기의 자선에 대한 인상 깊은 기록이 나온다. 그 많은 부분은 청교도적이다. 그리고 청교도의 의도에 대한 논의는 다음을 참조. *Philanthropy*, pp. 143ff. W. T. MacCaffrey, *Exeter 1540-1640: The Growth of an English Country Town* (Cambridge, Mass., 1958). 이 책은 자선의 본성이 변화하고 있음을 보여주는 특별한 사례를 제공한다. 109쪽 참조.

51) Perkins, *Works*, II, 144-145; Hieron, *All the Sermons*, pp. 388-389.

그러나 그 시대의 무질서에서 야기된 다른 종류의 빈곤이 있었고 청교도 목회자들은 그 피해자들에 대해 거의 변함없이 오로지 증오와 두려움으로만 기술했다. 이것은 도시로 방황하고 일을 구하지 못하고 할 수 있는 힘을 다해 닥치는 대로 사는 법을 배운 수백 수천 명의 시골 사람들을 괴롭힌 빈곤이다.

[리처드 십스는 이렇게 썼다] 거리를 지나가는 사람은 세상에서 하나님을 대적하는 가장 큰 반역자인 가난한 무리의 소리를 들을 것이다. 그 소리는 신성을 모독하고 욕을 뱉으며 치안 판사와 통치자에게 격분을 터뜨리는 말이다. 그들은 세상에서 꺾이지 않는 최고의 사람들이고 가장 가난하며 가장 거지같은 자들이고 인류의 쓰레기이다. 그들은 그들이 처한 상태에 있듯이 그와 같이 그러한 성향에 있다.[52]

이 마지막 문장이 전형적인 칼빈주의자의 어조와 마주쳤다. 즉 가장 희망이 없는 형태의 게으름과 빈곤은 타락한 본성의 산물, 부패한 인간의 "성향"의 산물일 뿐이다. 동일한 판단을 퍼킨스가 내렸다. 그는 거지들이 "불신과 불손의 세대"였고 … "[그들은] 인간보다는 야수를 더 닮은 것처럼 산다 …"고 썼다.[53] 그들은 소명이 없었고 특정한 회중이나 정착된 가족의 구성원이 아니었다. 그들은 보통 사람들이 스스로를 성도로 변혁시킬지도 모르는 체계적인 노동을 수행하지 않았다. 그들이 정말로 가장 내켜하지 않았던 것은 일하는 것이었다. 본질적으로 모든 칼빈주의 사상의 기초를 이루는 주의주의voluntarism 때문에 이러한 뿌리 뽑힌 사람들의 순전한 무력함에 대해 어떠한 이해도 불가능하게 되었다. 일은 사람들이 자원해서 해야 하는 검사였다. 그들의 자원 실패는 그들이 소명을 받지 않았다는 증거였다.

청교도주의는 어떤 의미에서 사회학적으로 보면 유능한 자들의 종교였고,

---

52) Sibbes, *Works*, VI, p.238.
53) Perkins, *Works*, III, 71, p.191; 힐의 다음 논의를 볼 것. Christopher Hill, *Puritanism and Revolution*, p. 227.

소명을 받았던 사람들의 종교였다. 17세기에 반청교도 홍보 대사들은 기민하게 도 그것이 경제적으로도 부유한 사람들의 종교라고 말해야 했다. 이것은 적어도 부분적으로 사실인 판단이었다. 자선을 베푸는 것이 유능해지는 영역을 넓히는 과감한 일이었을지 모르지만, 근본적 의미에서 보면 장기적인 사회적 일탈과 무질서로 가장 많은 상처를 받은 사람들이 가장 내켜하지 않는 것은 청교도의 규율, 내성, 그리고 자기확인에 참여하는 일이었다. 더 정확하게 말하면 그것은 그들이 가장 할 수 없는 일이었다. 청교도들은 차례대로 돌아가며 현대 작가의 표현을 빌려 "스스로를 윤리적 행동의 구동 중심으로 행동하는 것"이 가능한 사람들만을 성도라고 불렀다.[54] 이러한 종류의 주의주의적 교리를 전하는 설교자들 중 게으른 부자나 시대에 뒤진 부자들을 그들의 독설에 포함시키는 것을 잊은 사람이 거의 없었다는 것은 사실이다. 그렇지만 그 교리는 가난한 사람들을 가장 힘겹게 내리쳤다. 그러나 부자들이 사악하고 교만하다는 것으로 유죄라고 결정되었을 뿐 여전히 그 두 부류의 부자들은 즐겁게 지낸다고 알려진 반면 가난한 사람들은 그들의 무기력과 곤궁에 대해 비난을 받고 자존심의 위안은 거절되었다. 청교도 목회자들은 치안판사의 폭력에 주저 없이 그들을 복종시키고자 했다. 그리고 성도들은 일상적 업무와 종교적 단련에서 스스로를 "불손의 세대"로부터 분리시키고자 했다.

5. 회중의 조건

종교적 단련은 청교도적 사회 질서의 두 번째 측면이다. 노동의 규율과 함께 신앙의 규율이 나란히 서 있다. 이 둘은 모두 기꺼이 복종하고 고통을 감수하는 모든 이들에게 열려 있었다. 퍼킨스는 사람의 일은 그의 "특별한 소명"이었다고 썼다. 하나님은 또한 모든 기독교도들이 공유한 "일반적 소명"을 선포했다. 그들은 "[그분의] 교회의 건설"을 위해 노동을 해야 했다. 경제에서도 그랬지만

---

54) Gertrude Huehns, *Antinomianism in English History* (London, 1957), pp. 66-67.

교회에서 모든 성도들은 체계적으로 행동해야만 했다. "사람들은 … 이 의무가 목회자 고유의 것이라고 좋게 상상하지만 진리는 그것이 그들에게만이 아니라 모든 이에게 속한다는 것이다."[55] 교회의 건설은 수백 명의 지방 회중들에게서 계속되었는데 성도들은 이들 가운데서 권력 투쟁을 하고 죄짓는 자를 공격하며 까다로운 하나님을 기쁘게 할지 모르는 "예법 개혁"을 위해 열심히 노력했다. 일이 선택과 자기확인의 문제로 되었던 것처럼 종교는 이제 민주적 통치는 아닐지라도 자기 통치의 문제로 되었다. 일이 자신이 선택한 소명 속에 그 이전의 어느 때보다 더 힘들고, 더 규칙적이며, 열성적이 되어 갔듯이 청교도의 자기 통치는 그 이전에 있었던 어느 때의 통치보다 더 체계적이고 더 억압적이 되어 갔다.

경건한 사람에 의한 지방의 자기 통치라는 것은 16세기 "규율파"의 신조였다. 이 신조는 토마스 카트라이트가 1570년대 처음 선포한 것이다.[56] 75년 후에 그것은 여전히 리처드 백스터와 존 오웬 같은 온건한 장로교파이자 독립파의 신조였다. 그리고 그들이 카트라이트 체계의 모든 세부 사항을 수용하든 말든 혁명 시기의 청교도들이 카트라이트가 경건한 자기 통치에 두었던 높은 희망을 여전히 공유했다는 것은 분명한 사실이다. 존 밀턴은 혁명이 시작하는 바로 그때 그러한 희망을 요약적으로 말했다. 그는 이렇게 썼다. 규율은 일체의 "이 시민적 삶 또는 신성한 삶의 … 사회적 완전성"의 열쇠이다. 그것은 "무질서의 제거뿐만 아니라 … 덕의 가시적 형태이자 형상"이었다. 회중의 규율이 도덕, 강간, 그리고 살인을 억제할 것이라고 주장했다는 점에서 1573년의 카트라이트는 보다 더 구체적이었을 뿐이다. 게다가 그것은 "치안판사가 일반적으로 처벌하지 않는" 죄를 "시정하는" 것이 될 것이다. 그가 열거한 죄로는 거짓말, 참하지 못한 농담, 성마른 발언이 있다. 존 펀리는 그 명단에 가난을 포함시켰다. "게으름

---

55) Perkins, *Works*, I, p.753.
56) "규율파" 청교도에 대해서는 다음을 참조. Marshall Knappen, *Tudor Puritanism* (Chicago, 1939); Donald J. McGinn, *The Admonition Controversy* (New Brunswick, N.J., 1949); A. F. Scott Pearson, *Church and State: Political Aspects of Sixteenth Century Puritanism* (London, 1928).

과 자유는 … 가난한 사람들에게는 편리한 것이었을 뿐이지만 이들을 위한 질서 있는 보살핌은 부족한 상태이다. 큰 가난이 우리 가운데 있지만 … 그리스도의 규율로 매우 잘 개선될 수 있을 것이다."[57] 성경을 불가피하게 길게 인용하는 이러한 종류의 논증은 아마 청교도 논쟁의 주요 주제였을 것이다. 교회 통치의 새로운 구조는 사회적 질서를 위한 만병통치약으로 옹호되었다. 프란시스 월싱햄은 규율파의 입장을 그에게 제시된 대로 또는 아마도 그의 대리인이 거리에서 논쟁하는 것을 들은 대로 다음과 같이 기술했다. "많은 불한당과 가난은 모든 사람의 눈에 거슬리고 혐오스러운 것이기 때문에 그러므로 그런 것들은 규율이 자리를 잡으면 방랑자나 거지가 있어서는 안 된다 … 는 것을 사람들의 머리 속에 심어준다."[58]

이것은 카트라이트의 입장을 가장 적나라한 실제적 용어로 표현한 것이다. 동일한 논점을 다르게 주장할 수 있다. 즉 규율의 목적은 기독교적 행동 표준을 가르치고 집행하는 것이라고 하겠다. 집행은 지방에서 성도들이 하는 것이고 상호 통제는 새로운 규율의 방법이었다. 필드와 월콕스는 『의회에 보내는 첫 번째 훈계』에서 다음과 같이 썼다. 목회자, 장로, 그리고 집사에 의한 교회 통치는 "하나님이 자신의 교회에 남긴 명령이었고 이에 의거해서 인간은 **서로를 가르치고 훈계함으로써**, 그리고 참으로 그에 관해 의향을 가진 사람과 무시하는 자를 교정하고 처벌함으로써 하나님의 법에 따라 자신의 의지와 행위를 구성하는 법을 배운다."[59]

기독교도의 행동뿐만 아니라 새로운 종류의 기독교적 친교까지도 규율로부터 도출되어야 했다. 많은 목회자들이 방문이 거의 없었던 교구들로부터 수입

---

57) Milton, *Works*, ed. F. A. Patterson, et al. (New York), III, pt. I, p.185; Thomas Cartwright, *A Reply to an Answer* in Whitgift, Works (Cambridge, 1851-1853), I, p.21; John Penry, *An Humble Motion with Submission* [Edinburgh, 1590], p. 72.

58) 다음에서 인용된다. Hill, *Puritanism and Revolution*, p. 234.

59) Field and Wilcox, *An Admonition to the Parliament*, in *Puritan Manifestoes*: *A Study of the Origins of Puritan Revolt*, ed. W. H. Frere and C. E. Douglas (London, 1954), p. 16.

을 얻었던 시대에 카트라이트는 목회자를 회중에 결속하는 "사중 밧줄"의 목회적 의무 즉 설교, 검사, 훈계, "의심 해체"를 강조했다.[60] 이와 비슷하게 구성원들의 관계는 매우 밀접했다. 그러나 회중은 그 기반을 이웃에도 또는 제대로 말하면 사랑에도 두지 않았는데, 왜냐하면 앞으로 보게 되겠지만 지방에서 성도들끼리만 친교가 허용되었기 때문이다. 그들은 서로를 검사하고 훈계했다. 따라서 성도들은 시시때때로 일종의 영적 테러리즘으로 변할지도 모르는 집단적 감시의 폐쇄적 체계 속에서 결합되었다. 백스터는 키더민스트에 있는 교구에서 도덕적 훈련의 집행이 "이웃의 구원을 갈망하며 나를 개인적으로 보조했던 그 도시의 경건한 사람들의 열정과 근면에 의해서" 가능하게 되었다고 보고했다.[61]

회중의 통일성은 그 분파의 강렬한 집단주의에 근접했고 규율파는 지역 교회를 거룩한 자의 자발적 결사체로 변형했다. 분리파들 사이에는 그 분파 조직을 현실적으로 인증하는 언약이 맺어졌다.[62] 언약과 규율은 똑같이 성도들이 자신들의 "일반적 소명"에 장기적으로 헌신함으로써 가능하게 되었다. 그 둘은 "특정한 소명"에 헌신함으로써 가능하게 된 계약적 관계에 필적한다고 말해도 좋다. 분파의 언약은 평등한 사람끼리의 자발적 협약이었고 청교도의 규율은 모든 성도들이 평등하게 복종한 공통 편제였다. 목회자들의 동등성이 이데올로기에만 기반한 동맹을 가능하게 했듯이 평신도의 평등성은 청교도들의 지역적 및 국가적 노력의 기초였다. 카트라이트는 청교도들에 대해 다음과 같이 썼다. "그대가 그들을 얼마나 비천하게 평가하든 그들은 하나님의 백성이고 따라서 영적이며 곧 바울이 말한 바, '영적 사람이 모든 것을 분별한다'고 말한 사람들

---

60) Whitgift, *Works*, I, p.517.
61) Baxter, *Reliquiae Baxterianae*, p. 87.
62) 다음을 볼 것. Champlin Burrage, *The Church Covenant Idea: Its Origin and Development* (Philadelphia, 1904); Ernst Troeltsch, *The Social Teaching of the Christian Churches*, trans. by Olive Wyon (London, 1931), II, pp.590ff.

이다."[63] 이러한 견해는 신비스러운 통일이 아니라 성도들의 의도적인 결사체인 종교적 조직을 위한 기초를 제공했다. 그들은 자신의 말과 약속할 수 있는 서로의 권리와 약속을 지킬 수 있는 능력에 대한 인식을 바탕으로 함께 일했다.

카트라이트와 그 수제자였던 월터 트래버스는 자주 이 새로운 공동체를 "연방"이라고 언급했고 따라서 그것이 본질적으로 지닌 정치적 본성을 강조했다. 긴밀한 결사체는 리처드 로저스가 목회자들의 회합에서 도움을 받았듯이 경건한 이들에게 열정과 자신감을 높이 유지하도록 도와줄 수 있었다. 하지만 그 주요 목적은 사회적 통제였다. 경건성은 자그마한 교구 연방의 **시민정신**이었고 선출된 장로들은 그 연방의 특수 대리인 즉 일종의 도덕 경찰이었다.[64] 트래버스는 이들을 "법을 지키는지를 주의 깊게 주시해야 하는" 아테네의 시민 관리관 및 로마의 감찰관에 비유했다.

왜냐하면 비록 모든 사람이 어느 정도는 그를 그릇된 길로 데려가지 않을 수 없다고 해도, 교회의 모든 지체가 파수꾼들을 배정하여 특별히 모든 사람의 예법을 특징짓고 감독하고 검사해야 하는 직위를 맡게 할 때, 교회 안에 범죄가 일어나지 않도록 더 낫게 더 부지런히 주의하는 일이 있지 않으면 안 되기 때문이다.

그렇다면 장로들은 일종의 치안판사였고 그 중 어떤 이들은 두 가지 역할을 두 배로 해야 하고 교회 장로로서 그리고 동시에 평화의 법관으로서 섬겨야 한다. 회중은 교구가 엘리자베스 시대 국가의 지역적 단위였듯이 "거룩한 연방"의 지역적 단위였을 것이다.

그러나 회중이 교구의 모든 영주자를 포함하는 것은 아니었을 것이다. 이는

---

63) Whitgift, *Works*, I, p.372.
64) 목회자와 장로의 선출에 대한 카트라이트의 다음 논증을 참조. Whitgift, *Works*, I, 370ff. 또한 다음을 참조. Walter Travers, *A Full and Plain Declaration*, pp. 57-58, 156, 160-161, 177, 191. 본문의 인용문은 트래버스의 책 156쪽에 나온다.

오래된 교회가 그랬던 것과 똑같다. 목회자들은 이것이 경건성을 지리적 문제로 만들고 교회를 "누가 오든지 받아들이는 여관"[65]으로 바꿀 것이라고 말했다. 그 대신에 참여는 행동에 달려 있으며 행동은 아마도 의지에 달려 있을 것이다. 그러므로 청교도들은 교구 연방에 가입하고 싶어 하는 모든 이들을 주의 깊게 검사할 것을 요구했다. 말하자면 미래 시민의 애국주의를 질문하는 조사가 필요하다. 그들은 이웃과 친척마저도 친교에서 배제하는 권리를 주장했다. 이는 경건하고 냉엄한 질서 속에서 산 경건한 이와 부정한 채로 "폭동을 일으키는" 죄인 사이를 분명히 구별하고 유지하기 위해서였다. 백스터는 "일반적으로 [종교적 종류의] 성향에는 뭔가가 있는데, 그것은 그들이 다른 본성을 지닌 다른 사회의 인간으로서 자신들을 공개적인 불경건한 죄인들과 분리하는 경향이 있다는 점이다"라고 주장했다.[66] 백스터 자신의 교구에서 교구 사람들의 약 3분의 2는 친교에서 배제되었다. "친교할 수 있는 약 600명을 제외하고는 모든 교구 사람들은 오지 못했다." 다른 120명은 도덕적 훈련을 받기를 거부했으며 이들은 백스터의 눈에는 더 이상 그의 개혁 교회의 회원이 아니었다. 카트라이트는 "교회는 교구에 배속된 그러나 교회 회원이 아닌 사람들과 단절했다"고 썼다.[67]

교회에 소속해 남은 사람들은 청교도적 회중의 이상한 시간 소모적인 활동으로 끌려 들어갔다. 즉 설교를 부지런히 적고, 끝없는 집회에 참석하고, 마침내 친척도 아닌 남자와 여자에 친밀하게 지속적으로 연합하며, 무엇보다 경건한 이들의 열정적 감시와 훈련에 복종했다. 청교도주의는 경건뿐만 아니라 행동주의와 참여에 열을 올릴 것을 요구했다. 백스터가 기술하는 매주 일과는 이를 설명하는 데 유익하다. 그는 매주 두 번 일요일과 목요일에 설교한다. 목요일 저녁

---

65) 청교도의 배타성에 대한 논의는 다음을 참조. H. H. Hension, *Studies in English Religion in the Seventeenth Century* (London, 1903), esp. pp. 116-119. 인용된 구절은 카트라이트의 글에서 가져온 것이다. Thomas Cartwright, *A Reply to an Answer* in Whitgift, *Works*, I, p.139.

66) Baxter, *Reliquiae Baxterianae*, p. 91. 교구 내의 "분리"에 관한 또 다른 사례에 대해서는 다음을 참조. Joseph Hunter, *The Rise of the Old Dissent Exemplified in the Life of Oliver Heywood* (London, 1842), pp. 99-105.

67) *The Second Reply of Thomas Cartwright* (n.p., 1575), p. 146.

에는 "기회를 붙잡은 가장 갈급해 하는" 집회 참석자들을 만나서 설교에 관해 토론한다. 토요일 밤에는 "보다 젊은 부류"를 만나서 "다음 날을 준비하도록" 한다. 한 번은 몇 주 동안 매주 집회 참석자들과 함께 "겸허의 날"을 찬양했고 키더민스트 여성 중 한 명이 아이를 낳을 때마다 "오래된 잔치와 잡담 대신에" 몇몇 이웃들과 함께 "감사의 날"을 지켰다. 매주 저녁에 두 번은 그와 조력자는 "개인적 문답 교리 교육과 상의를 위해서" 열 네 가구의 가족들과 만났다. "교구 훈련"을 위한 교회 장로들의 모임은 매월 첫 번째 수요일에 개최되었다. 마지막으로, "징계와 논쟁"을 위한 회의는 첫 번째 목요일에 열렸다. 청교도주의는 오스카 와일드의 사회주의처럼 저녁에 너무 많은 시간을 필요로 했다. 그러나 백스터의 설교와 모임은 참석하지 않으면 안 되었다. 그는 수년 동안 이를 유지했다.[68]

추정하건대 불경한 120명한테는 이 모든 것이 유보되었다. 그러나 그들과의 단절은 완전한 분리는 아니었다. 청교도들은 분파주의자와는 달리 자신을 구원하는 것에만 관심이 있는 것이 아니라 모든 영국인을 목회자와 장로들의 조심스러운 감시하에 두는 데 관심이 있었다. 그들에게 교구는 여전히 공동체였다. 그러나 일단 통제를 장악하게 되면 그 교구는 내부 전쟁이 일어나는 공동체로 변형되었다. 경건한 이들은 이 목회자들 즉 "주의 군대의 대장이요 그 군대의 지휘관"의 지도하에 지역의 세속 인간들의 영혼을 위해 전투를 벌였다. 그러나 그들이 영혼을 위해 싸우려면 육체에 접근할 수 있어야 한다. 그들은 교리 문답, 종교 교육, 설교 참석을 강제해야 할 것이다. 대부분의 청교도들은 주저하지 않고 기독교도 치안판사가 교회 장로이기를 바라면서 필요한 강제력을 제공할 것을 요구했다.

그들은 연방에 속할지도 모르고 연방에 있을 수 있다. [카트라이트는 이렇게 썼다.]

---

68) Baxter, *Reliquiae Baxterianae*, p. 83.

그러나 그 연방은 교회에 속하지 않을지도 모르고 속할 수도 없는 경우일 수 있고, 또한 교회에 있을 수도 없는 경우일 수 있다. 그러므로 교회는 그렇게 아무 관련이 없으므로, 치안판사는 그들이 설교를 듣는 일에 가담하는 지를 보아야 한다. … 그리고 그들이 어떻게 유익을 얻는지를 조사하도록 하고, 만일 그들이 아무런 유익을 얻지 못하면 그들을 처벌하도록 해야 한다. …[69]

백스터는 약 80년 후에 치안판사는 모든 사람이 "자발적이고 개인적인 기독교 신앙 고백을 할 때까지 … 하나님의 말씀을 배우고 질서 있게 조용히 걸어가도록 강요해야 한다"고 썼다.[70] 따라서 회중에 합류하는 것은 자발적 행위로 남고 청교도의 기독교는 극도로 격렬한 형태의 자기 통치로 남을 것이지만, 그럼에도 불구하고 스스로를 통치하기를 거부한 사람들은 사실상 자유로워지지 않을 수 없을 때까지 통치를 받아야 할 것이다.

6. 사회개혁자로서 치안판사

성도들은 홀로 천국에 가고 싶어 하는 것만큼 자발적으로 일할 것이다. 그러나 성도들이라고 해도 순례를 떠나는 여정에서 동료들을 선호했고 부지런한 노동을 위해 격려가 필요했을 것이다. 다른 사람들은 일상적 행동에서 하나님의 영광을 위해 격려와 동료뿐만 아니라 강압과 통제, 지침과 지배가 필요했을 것이다. 청교도들이 "불손의 세대"의 죄성에 대응하기 위해 추구한 것은 사랑이 아니라 물질적 힘이었다. 스스로를 통치한 사람들은 또한 다른 사람들을 통치할 것이다. 그들은 치안판사들에게 초조하게 요구했고 주권의 공격적 사용을

69) Cartwright, in Whitgift, *Works*, I, p.386.
70) Baxter, *Holy Commonwealth* (London, 1659), p. 274. 물론 회중 규율의 범위와 국가 강제의 한계는 혁명 시기에 차이가 생기는 결정적 논점이었다. 이 불일치는 여기서 고찰될 수 없다. 그러나 도덕적 규율과 개혁에 대한 청교도의 일반적 헌신을 강조하는 것은 중요한 점이다. 이 헌신은 교회와 국가의 정확한 역할에 대해 일치를 보이지 않았던 사람들이라고 해도 공유하는 것이었다. 다음을 참조. William Lamont, *Marginal Prynne: 1600-1669* (London, 1963), pp. 157-174.

탐구했다. 카트라이트는 "두 왕국"을 기술했다. 하나는 회중 즉 자기 통제의 세계였고 다른 하나는 국가 즉 외부 강압의 세계였다. 노동의 규율을 거부하거나 회중의 규율을 "유보한" 사람들은 국가의 세속적 권력과 통제된 폭력에 완전히 복종했다.

변화와 혼란의 세월 동안 칼빈주의는 국가 권력의 확대를 합법화한 이데올로기 중의 하나였다. 청교도 목회자들은 무질서와 사악함의 위험에 예외적으로 예민했으며 자신들의 신학을 도덕적으로 권위주의화해서 세속적 억압 이론으로 발전시켰다. 애초부터 칼빈주의자들은 규제와 통제의 옹호자였다. 제네바 체제는 규제와 통제를 최대화하기 위해 조성되었다. 이는 허술하고 비효율적인 교회 법원을 희생시키고 세속적 권위의 꾸준한 확대를 수반한 임무였다. 청교도주의에서 분명한 것은 바로 이러한 경향이었다. 성도들은 가난한 사람들을 보살피는 일에서, 유언장과 계약에 대해 판결을 내리는 일에서, 결혼과 이혼을 규제하는 일에서, 심지어 도덕법의 많은 부분을 시행하는 일에서 국가가 법인체적 교회를 대체할 것을 요구했다. 1604년에 윌리엄 스토턴은 런던 변호사 협회의 변호사들에게 바치는 논고에서 다음과 같이 썼다. "하나님의 거룩한 율법의 두 돌판 중 어느 하나에 포함된 계명을 존중하면 아무 범죄도 없다. 그러나 범죄는 … 더 많아졌고 이제 왕의 왕권적 일시적 사법권에 의해 형벌을 내릴 수 있다." 스토턴은 계속해서 간통, 위증, 이단, 교회 불참을 논의했다. 그는 이미 "약혼과 결혼의 문제 일체"는 민사재판에 의해서 결정되어야 한다고 논변했다.[71] 바로 여기서 사법권은 실질적으로 양심과 동연적이게 되었고 권위 즉 근대국가는 우리의 고백자인 사제나 주교의 법원보다 훨씬 더 효율적이었다. 혁명적 잔부의회 인물이나 크롬웰 같은 주요 장군들의 많은 억압적 행위는 스토턴과 같은 청교도들의 저서에서 예기되었던 것이다. 두려움을 가졌던 목회자들은

---

71) William Stoughton, *An Assertion for True and Christian Church Policy* (London, 1604), pp. 78ff., 85, pp.116-117. 또한 다음을 참조. Cartwright, in Whitgift, *Works*, I, p.267; Penry, *A Brief Discovery of the Untruths and Slanders*… [Edinburgh, 1590], pp. 50ff.

오직 억압만이 그들이 그토록 열렬하게 바랐던 사회적 통제의 강력과 안전의 중대한 증가를 초래할 수 있었다고 믿었다. 그것은 청교도의 공포였다. 만일 "예법 개혁"이 목회자들이 의도한 규모로 이루어졌다면 정확히 말해서 그것은 청교도에게 공포였을 것이다.

세속적 규제의 필요성은 청교도 문헌에서 반복되는 주제 중의 하나이다. 예를 들어 필립 스텁스는 그에게 보기 드문 정확성을 가지고 고리대금업에 대한 칼빈의 입장을 되풀이했다. 그는 하나님 앞에서 이자를 취하는 것이 그지없이 불법이라고 썼다. "그러나 [고리대금업이] 사람들을 얼마나 많이 격분하게 하는지를 보고는 그 격분이 더욱 계속되어서 모든 이성과 경건의 둑을 넘지 않도록 그들[즉 치안판사들]은 [그것을] 일정한 경계선과 둑 내에 두는 것으로 제한했다…." 그는 계속해서 이러한 법적 한계를 두는 목적이 그의 은유를 사용해 바꾸어 표현하면 "합리적이거나 양심적 이득에는 전혀 개의치 않고 … 막무가내로 갈취할 수 있었던 사람들을 숲이나 공원 내에" 가두는 것이었다고 말했다.[72] 스텁스의 『악폐의 해부』Anatomy of Abuses가 출간된 지 한참 후에 청교도 설교자들은 지속적으로 고리대금업자와 그의 거래를 강력히 비난했고 또 그 죄에 필요한 모든 수사학적 힘을 공격하는 데 전념했다. 그러나 대부분 이것은 단순한 자기 방종이었다. 왜냐하면 청교도의 목적은 정부 규제에 의해 달성되었기 때문이다. 에임스와 백스터 같은 결의론자들은 보다 더 주의 깊게 구별했다. 즉 성도들은 빌려준 돈에 대한 이자를 궁핍한 자에게 청구해서는 안 되었다. 그들은 불행한 때에 차용인을 압박해서는 안 되었다.[73] 그러나 가장 중요한 점은 목회자들이 법적 제한을 설정하고 법적 이율을 결정하는 것을 국가에 맡겼다는 사실이다.

---

72) Stubbes, *Anatomy of Abuses*, pp. 123-124.
73) R. H. Tawney, *Religion and the Rise of Capitalism* (New York, 1926), pp. 180, 185f. 그러나 찰스 조지는 많은 목회자들이 칼빈의 입장을 어겼고 고리대금업을 절대적으로 반대했다고 주장한다. Charles H. George, "English Calvinist Opinion on Usury, 1600-1640," *Journal of the History of Ideas* 18:462-471 (1957).

필립 스텁스가 고리대금업자의 탐욕을 다루었던 것만큼이나 윌리엄 퍼킨스는 거지의 게으름을 다루었다. 그는 엘리자베스의 구빈법에서 제시된 세속적 규제의 원리와 처벌을 열성적으로 변호했다. "그러므로 거지와 불한당을 억제하기 위해 마지막 의회[1597년]에서 만들어진 법령은 훌륭한 법령이며, 그 실체가 바로 하나님의 법이기 때문에 결코 폐지될 수 없다."[74] 아마도 부랑죄에 대한 잔혹한 처벌은 청교도 목회자들에게 가난한 사람들이 "교정의 집"에서 예속되었던 포괄적이고 세세한 통제보다 덜 중요했을 것이다. 수많은 사례들이 있거니와 이를테면 노동에 강하고 적합하지만 주인도 없고 합법적인 직업도 갖고 있지 않아 생계비를 벌 수 없게 된 남자와 여자는 채찍질하라는 명령을 받은 다음에 "오른쪽 귓불을 불에 태우라"는 명령을 받았다. 물론 이와 같은 수많은 사례들은 그들 청교도 목회자들이 단호하게 승인했음에 틀림없을 것이다.[75] 경건한 치안판사들은 그러한 처벌의 수행을 느슨하게 살펴보지는 않았을 것이다. 목회자들은 평화의 법관이 새로운 법을 시행할 것을 세차게 촉구했다. 그러나 그들은 특히 구빈원의 면밀한 감독에 관심을 가졌다.[76] 그리고 바로 이 점에서 그들은 프란시스 베이컨처럼 세속적 권위를 지적으로 옹호하는 사람과는 달랐다. 베이컨은 "나는 무력한 사람이 구제되고 건장한 거지가 일에 임하며 또한 무능한 사람이 게으른 상태에 방치되지 않는 구호와 교정의 집을 … 가장 많이 추천한다. 무능한 사람은 게으른데다가 늘 술 취한 행동을 하고 불결한 상태에 있지만 구호와 교정의 집에서는 스스로 관리하고 수행할 수 있는 작업 집단으로 분류된다."[77] 일부 목회자들은 이것보다 더 전진하여 거지들이 구원까지 받을 수

---

74) Perkins, *Works*, I, p.755.
75) E. P. Cheyney, *History of England* (London, 1926), II, p.333.
76) 크나펜의 책에 인용된 니콜라스 바운드(Nichoals Bownde)의 견해를 참조. Knappen, *Tudor Puritanism*, p. 413. 또한 다음을 참조. Perkins, *Works*, III, p.539. 17세기에 목회자 윌리엄 가우지는 천을 만드는 공장에 가난한 사람들을 고용하고 자기 돈으로 작은 구빈원을 유지했다고 한다. 청교도적 전통에 서서 그는 일을 하지 않으려는 사람들에 대해 사나운 글을 썼다; Schlatter, *Social Ideas*, p. 142.
77) 다음에서 인용된다. Sidney and Beatrice Webb, *Old Poor Law*, p. 85.

있다고, 다시 말해서 근면한 인간으로 바뀌었다고 말해주었다. 그러나 구원을 받았든 말든 그들은 "양심적 이득의 공원"이라는 폐쇄 공간에 갇힌 고리대금업자들처럼 통제에 예속되었을 것이고 더는 개방 도로에서 자유롭게 돌아다니지 못했을 것이다.[78]

고리대금업의 제한과 거지의 억압은 다만 청교도들이 추구한 세속적 통제의 두 가지 특성이었다. 그들의 입법 요구는 동시대의 다른 많은 사람들이 충분히 무해하다고 간주한 활동들에도 훨씬 더 많은 규제를 포함했을 것이다. 이러한 활동에는 곰 골려주기, 댄스, 욕설, 주일 스포츠, 교회 잔치 등등이 있었다. 청교도 하원 의원들은 악덕에 대한 정부의 억압을 목표로 연속 법안을 도입했고 심지어는 지역 판사들에게 교회의 규율을 집행하는 책임을 지우려고 시도하는 법안도 있었다. 의회에 진출한 적이 없는 젊은 존 윈쓰롭의 문서 중에는 술에 대한 법안 초안이 있다. 그의 비공식적 관심과 공식적 치료는 모두 동시에 모두 청교도 젠트리의 틀림없는 전형이었을 것이다.[79]

세속적 통제에 대한 청교도의 요구는 선술집 규제에 대한 제임스 1세의 것과 같은 튜더와 스튜어트 법령에서 엷게 반영되어 있다.[80] 그러나 이 법들은 잘못 집행되기에 이르러 리처드 백스터는 내전 동안 모든 술주정뱅이가 왕당파였다고까지 말했다. "거리에서 [경건한 사람을] 만나는 모든 술 취한 사람들은 그들에게 말할 것이다. 우리는 조만간 청교도들에게 명령을 내릴 것이다.… 그리고 전쟁이 일어났을 때 거의 모든 술주정뱅이들이 왕의 군대에 들어가 급살되었다."[81] 힘이 없는 가난한 자를 구제하고 음탕한 거지를 처벌하는 법들 즉 하나님의 법들은 더 잘 시행되지 않았다. 백스터는 거지들은 역시 왕을 위해 싸웠다고

---

78) Charles H. and Katherine George, *The Protestant Mind of the English Reformation* (Princeton, 1961), pp. 156ff.
79) J. E. Neale, *Elizabeth I and Her Parliaments, 1587-1601* (London, 1957), pp. 58-60, 99, 396-397; E. S. Morgan, *The Puritan Dilemma: The Story of John Winthrop* (Boston, 1958), p. 26.
80) 1 James I.c.9; 4 James I.c.5; 21 James I.c.7.
81) Baxter, *Reliquiae Baxterianae*, p. 42.

확신했다. 진실로 억압의 전체 체계의 최고 자리에서 통치해야 했던 왕은 그와 같은 잠재적인 희생자들을 거의 후원하는 것처럼 보였다. 목회자들의 경건한 경악을 겨냥해서 제임스 왕은 전통적인 일요일 축제를 장려하기까지 했다.

법의 통과로는 충분하지 않았다. 법을 집행하려는 의지가 또한 있어야 한다. 세속적 규제는 세속적 규제자를 필요로 했고 규제의 목적이 궁극적으로 기독교 적이었다면 이를 평성도보다도 더 성공적으로 완수할 수 있을 것 같은 자가 누구이겠는가? 국가 권력의 확장을 위한 윌리엄 스토턴의 프로그램은 그가 알고 있었든 몰랐든지 간에 사실상 경건한 평신도의 출현과 활동에 달려 있었다. 바로 이러한 이유에서 청교도의 개혁은 튜더와 스튜어트의 절대주의와 양립할 수 없었다. 엘리자베스와 그 후계자들은 규율을 단독으로 현실로 만들 수 있었던 독립적이고 경건한 치안판사에게 권한을 부여하는 것을 아주 꺼려했다. 그들이 스스로 목표를 설정하는 한, 그들은 가부장적이고 위계적인 체제를 덮고 있는 새로운 주권 군주제와 함께 오히려 전통적인 질서의 회복을 노렸다. 그들은 통치하는 과정에서 복원하기를 바라는 세계에 적합한 일련의 도구를 사용했다. 그들은 신민들로부터 청교도 행동주의자들이 너무나 격렬하게 고발했던 그 "쉽고 따분한 졸음 연기"만을 요구했다.[82] 이것은 존 윈쓰롭이 아무 대가도 받지 않고 보여준 열정에는 거의 쓸모가 없었다.

물론 제임스의 추밀원 위원들은 느슨한 관리에 대해 신속하게 대응해 유감스럽다는 불만을 제기했고 또 그들은 사계 법원에 "용감하게 들어와" "우상처럼 서서 쳐다보기만 하고 아무것도 하지 않는" "신참 청년 기사들"을 충분하게 조롱하는 것을 불사했다.[83] 그러나 그들은 새로운 치안판사를 모집할 수 있는 권한을 그들의 주인 즉 왕으로부터 결코 부여받지 못했다. 왕은 여전히 다음에 의존하고 있었다.

---

82) Sibbes, *Works*, VI, 309.
83) 다음에서 인용된다. Sidney and Beatrice Webb, *Old Poor Law*, p. 94.

맏이로 태어나 마땅히 주어진 것,

연령, 왕관, 왕위, 월계관에 따르는 특권.

다른 한 편, 청교도의 개혁은 다른 종류의 세속 권력을 필요로 했다. 그것은 출생, 연령, 명예를 이데올로기적 헌신과 행정 관리의 근면으로 대체하는 것을 필요로 했다. 바로 이것이 성도들이 점차 이해하게 된 것이었다. 지속적이고 체계적인 노력에 대한 청교도의 강조는 경제에서 교회로, 특수한 소명에서 일반적 소명으로 넘어가며 이어졌듯이 마찬가지로 역시 정치세계로 전가되었다. 억압과 통제는 왕의 일시적 사법권이 두 돌판의 도덕법에까지 확장될 수 있기 전에 경건한 치안판사의 일이 되어야 했을 것이다. 그리고 경건하기를 내켜하지 않는 치안판사 즉 아무 일도 하지 않는 "우상"은 타도되어야 할 것이다. 이 일은 신에게 맡겨진 일이었지만 잠시 동안만 그랬을 뿐이었다. "이제 정화하는 것, 그대의 나라를 악행에서 구출하는 것은 당신 안에 있다." 토마스 리브는 청교도의 순회재판 설교의 전형적 사례로서 노퍽 주의 노리치 시의 판사에게 다음과 같이 말했다. "… 당신이 신실하다면 개혁할 수 있는 당신의 능력을, 당신이 믿음이 없다면 복수할 수 있는 하나님의 능력을 숙고하기 바란다. …"[84] 성도들은 오직 개혁을 위해서만 국가의 권력이 확장되는 것을 간절하게 바랐고 이것은 그들이 언젠가 그 힘을 스스로 행사하기를 희망했기 때문임을 말해준다. 그리고 이것이야말로 오래된 잉글랜드에 대한 하나님의 복수였다.

7. 청교도의 혁명적 활동에 대한 평가

그러나 청교도 하나님의 잘 알려진 의도와 신형 군대의 섭리적 승리에도 불구하고 잉글랜드에서 거룩한 연방을 건설하려는 혁명적 노력은 실패했다. 성도

---

84) Thomas Reeve, *Moses and Old Square for Judges* (London, 1632), pp. 98-99; cf. Baxter, *Holy Commonwealth*, pp. 274-278, 그리고 7장에서 인용된 의회 설교들.

들의 통치는 짧았다. 새로운 형태의 억압은 국가 경찰의 단호한 활동을 통해 결코 집행되지 않았다. 기독교의 규율과 노동의 세계로 들어간 잉글랜드 사람들은 자발적으로 그렇게 했지만 그 수는 상대적으로 적었다. 청교도적 억압의 특징을 일부 닮은 삶의 방식이 보다 널리 퍼졌지만 이를 지지하는 사람들이 성도들만큼이나 의도적으로 지닌 뜨거운 열정을 나타내는 것은 아니었다. 이들에게 규율은 지루하게 반복하는 일상이 되었다. 이러한 새로운 일상을 창조하는 일에서 청교도의 정확한 역할을 사회적 경제적 역사의 너무 많은 요인들과 함께 판단하는 것은 매우 어려운 작업이다. 지금으로서는 전통 사회에서 근대 사회로의 전환이 어떤 식으로든 청교도적 성도들의 자기 통치, 이들의 근면성과 "정착된 행로", 이들의 계약적 관계의 의존 가능성, 이들의 "상호 감시"의 효율성, 그리고 이들의 개혁 대의에의 지속적 헌신에 의해서 매개되었다고 말하는 것으로 충분하다. 그 대의는 결코 승리하지 못했지만 그 투쟁이 효과가 있었다는 것은 의심의 여지가 없다.

칼 마르크스는 이 새로운 규율적 일상의 다른 원인을 제시한 바 있다. 그는 거지들과 방랑자들이 16세기와 17세기에 그 땅에서 내쫓음을 당하고 괴물 같이 끔찍한 법에 의해 "채찍을 맞으며 낙인이 찍히고 시달림을 받아 임금 체계에 필요한 규율 속에"[85] 놓이게 되었다고 썼다. 그러나 이것은 설명으로는 충분하지 않다. 사실을 말하면 사람들이 그렇게 단순하게 규율적 활동의 대상으로 기술될 수 있는 사회적 변혁은 거의 없다. 그들은 역시 주체였다. 그리고 그들이 주체로서 성공할수록 통치력이 맡은 역할은 더욱 작아졌다. 대량의 농촌 노동자들과 수많은 방랑자와 거지들이 아직 체계적인 자기 통제의 주체가 될 준비가 되어 있지 않았다는 이유에서만 마르크스의 기술은 참이다. 그러나 바로 그 이유 때문에 그들은 "임금 체계에 필요한 규율"을 배우지 않았던 것이다. 그들은 난폭하게 억압되었지만 아직 도덕적으로나 정신적으로 변혁되지 않았다. 그들

---

85) Karl Marx, *Capital* (Chicago, Ill., 1932), I, p.809.

은 아직 근대 경제 체계에 통합되지 않았다. 영국 노동 계급의 형성은 훨씬 나중에 이루어졌고 이와 함께 성도의 이데올로기와 나란한 이데올로기들이 생겨났으며 이 이데올로기들은 성도의 이데올로기와 마찬가지로 자기 규율을 심어주고 종교적 또는 정치적 행동주의를 가르쳤다.

17세기에 규율화되고 있었고 스스로를 규율하고 있었던 자는 노동자가 아니었다. 그것은 일반적으로 경제적 체제에서 다른 지위를 점했던 성도들의 경건한 노동이었다. 성도들은 원래 사회 전반에 자신의 통제를 확장하는 계획을 세웠다. 그러나 아마도 그들은 내면적 싸움에서 승리하고 그 승리가 아무리 하찮은 것일지라도 그들의 새로운 일상을 확립했기 때문에 "꺾이지 않는 가난한 자"의 "가시적 무질서"가 개인에게 위협이 되는 일은 줄어들었다. 여하튼 왕정복고 후에 분리주의는 청교도들이 헌신적으로 수행한 교구 내부에서의 전쟁을 그만두었다. 성도들과 속인들 사이의 투쟁은 백스터에 따르면 "왕이나 의회가 군대를 가지기 전에 우리의 거리에서 시작되었고" 그 투쟁은 군대가 집에 돌아간 후에는 재개되지 않았다.[86] 사회적 전환에서 가장 어려운 단계가 이렇게 종결되었다. 적어도 그것은 인구에서 중요한 부문을 차지하는 성도들에 대해서는 종결되었다.[87] 두려움을 가졌던 청교도의 요구 즉 국가의 힘에 의한 전체적 억압에 대한 요구는 서서히 잊혀졌다. 그리고 여타의 사람들이 "떼를 지은 무리들"이라고 부르는 사람들 중에 가장 가난한 자들"은 일은 하지만 그 일을 비효율적으로 처리하는 채찍과 금속 낙인 도구가 지배하는 어둡고 추악한 지대로 밀려났다. 감리교와 공장노동자, 사회주의와 노동조합이 언젠가 그들을 성도와 시민의 세계로 다시 데려올 것이다.

---

86) Baxter, *Holy Commonwealth*, p. 457.
87) 이와 대략 비슷한 견해에 대해서는 다음을 참조. Christopher Hill, *Puritanism and Revolution*, p. 235.

7장 · 청교도주의와 젠트리: 소명으로서 정치

1. 사회적 규율을 위한 청교도 정치의 과제

1659년에 매사추세츠의 록스베리에서 존 엘리엇은 "인디언 선교사"로서 기독교 연방 제안서를 작성해서 영국에 있는 "적그리스도에 대한 주의 전쟁을 관리하는 선택받은 거룩하고 충실한 사람들에게" 보냈다. 이 미국의 사도는 그의 식민지 개척자 동료의 정치적 경험이나 인디언 부족의 조직을 기술하는 노력은 전혀 기울이지 않았다. 그 대신에 출애굽기 18장에 함의된 것이라고 추정한 것을 완성해서 10명과 100명을 기반으로 한 새로운 헌정을 요구했다. "하나님은 그들 중에 10명을 통치자로 선발해야 한다고 명령했다." 엘리엇은 청교도적 가족 통치를 유지했을 것이다. 그가 말하는 10명 중에 여자, 종, 아이는 전혀 계산에 들어가지 않았고 다만 "일반 자유인"만 포함되었다. 그러나 그는 명백하게 이 10명은 가정보다도 더 중요한 정치적 단위라고 믿었다. 이 10명 단위는 규율 행정을 위한 올바른 "나침반"을 제공하고 청교도들이 도덕적 삶에 너무나 중요하다고 생각한 "선택"을 가능하게 하기 때문이다. 엘리엇은 아이들이 충분한 나이가 되면 아버지의 집을 떠난다고 썼다. 그러면 10명은 "그때서야 공적 통치자의 선택에 따라 개인적으로 행동할 수 있고 행동할 의무가 있다.…" 엘리엇은 이 체계는 이미 천사들 사이에서 사용되었다고 주장했다. 그것은 영국 사람과 같은 수많은 백성들 사이에서처럼 하늘에서도 그 수가 무수히 많은 백만 단위 순으로 상승하는 것을 필요로 했고 그 각각의 구성단위는 10명, 100명으로 수

십, 수백 개가 있고 그 각각의 단위에 따라 선출된 통치자들이 있다.[1]

사회적 규율이 엘리엇 체계의 목적이었고 이 체계에 따르면 그가 매우 좁게 정의한 듯한 범주인 종을 제외한 모든 성인 남자의 10분의 1이 치안판사가 될 것이다. 너무 많은 통치자가 필요한 이상한 유토피아이지 않은가! 그러나 이러한 통치자들이 있어야 하는 것은 경건한 정치의 세부적인 발전을 보장하고 "정치적 관찰에 책임지는 행동에서 하나님의 모든 계명을 질서 있고 시기적절하게 수행하는 실천"을 확실히 하는 것에 필수적이었다. "죄는 잡초처럼 항상 지켜보고 수시로 제거하지 않으면 빠르게 자랄 것이다"라고 엘리엇은 경고했다. 그렇다면 통치자의 활동은 항상적, 정기적, 체계적이어야 하고 "속도가 빨라야" 한다. 그리고 통치자들 자신은 청교도 교회의 장로들을 정말 너무 많이 닮았는데, 그들처럼 경건해야 하고 많이 알아야 하며 "성경에 숙달되어 있어야… 한다. 이렇게 해서 그들은 자신의 직위를 충실히 수행할 수 있을 것이다."[2] 경건한 활동과 성경 숙지는 청교도들이 보다 낡은 정치적 부권을 교체해 대신하고자 했던 양심적 치안판사들이 지녀야 할 핵심 요소였다.

엘리엇의 국내 동역자의 설교와 논고를 볼 때 목사도 영광스러운 직위였지만 그 영광마저도 새로운 공직자와 평성도의 영광 앞에서 사라졌다. 1640년대까지 목회자들은 공직에 있는 젠틀맨의 조언자이며 권고자였고 그에게 양심적 활동 방식과 방법을 가르치는 훈련자였다. 이 새로운 성직 기능은 장기의회에서 전한 부흥 운동의 설교에서 가장 잘 예시된다. 그보다 앞선 시기에도 청교도의 정치적 설교는 치안판사의 경건한 의미를 강조했다. 목회자들은 개정한 법정에서, 도시의 선거에서, 때로는 왕 앞에서 설교할 때에도 왕과 그의 특권을 거의 배제할 정도로 공직자와 그의 "책임"을 영화롭게 드높였다. 그런 식으로 그들은 자신들의 프로그램에 필요했던 부지런한 행동주의를 만들어내려고 했다.

---

1) John Eliot, *The Christian Commonwealth: or the Civil Policy of the Rising Kingdom of Jesus Christ* (London, 1659), sig. A$_3$, pp. 5-6, 8, 28ff.
2) Ibid., pp. 11-12, 21.

그들은 기독교의 양심은 하나님의 책임을 치안판사들에게 강제한다고 주장했다. 이에 대해서 윌리엄 펨버턴은 1619년 하트포드 순회재판에서 다음과 같이 묘사했다. "그대가 잘못하면 하나님의 대리인 곧 그대 양심의 작은 신이 그대를 비밀리에 처벌할 것이다."[3] 1628년 옥스퍼드 순회재판에서 로버트 해리스는 영혼을 하나의 법적 체계라고 묘사하면서, 다시 말하면 영혼을 양심이 대법관으로 앉아 있는 하나의 법적 체계라고 애써 묘사하면서 필요하다면 모든 인간적 유대감을 잊어버리고 하나님을 위해 자신의 정치적 의무를 수행하도록 하는 정교한 영혼상을 제시했다. 말하자면 그는 판사에게 어떠한 위반도 숨기지 말고 어떠한 인간도 편애하지 말라고 경고했던 것이다.

> 이제 말하십시오. 그렇게 시작하십시오. 아무것도 피하지 말고 임하기 바랍니다. 내가 나의 친구를 기소해야 하나? 양심이 당신을 구속하지 않는 한 아니라고 하십시오. 그런 한, 적에 대해서도 마찬가지입니다. 즉 아니라고 하십시오. 만일 그렇다면 그렇다고 그에게 제시하십시오. 그가 무엇이든지 간에 그렇게 하십시오. 이웃이라면 이웃이라 하고, 친족이라면 친족이라 하고, 정의라면 정의라고 하고, 나의 집주인이라면 나의 집주인이라 하십시오.[4]

그러므로 성도들의 정의는 비개인적이고 보편적이었을 것이고 아무런 편애나 정을 주지 않고 집행되었을 것이다. 펨버턴은 판사들에게 그들의 직위에 따른 의무를 수행할 때 일체의 "불온한 정념들"을 제쳐놓아야 한다고 말했다. 그는 "사랑, 우정 … 성급한 애착"을 반대하라고 설교했다.[5] 스티븐 마샬은 1641년 장기의회 의원들에게 다음과 같이 말했다. "그들은 경건해야 하는 것과 마찬

---

3) William Pemberton, *The Charge of God and the King, to Judges and Magistrates for Execution of Justice* ⋯ (London, 1619), p. 70.
4) Robert Harris, *St. Paul's Exercise*, in *Two Sermons* (London, 1628), pp. 5, 13.
5) William Pemberton, *The Charge of God*, pp. 46, 62.

가지로 … 자기를 부인해야 한다." "그들은 모든 사적 자아의 개입에서 들어내 어져야 한다. …"[6] 이러한 견지에서 생각한 사람들은 1630년대와 1640년대에 왕에 대한 강한 개인적 충성심과는 매우 다른 공공 봉사의 개념을 개발하기 시 작했다. 그러나 이 공공 봉사는 튜더와 스튜어트 절대주의 체계의 기초였던 충 성심이면서, 그와 동시에 그 체계의 본성상 친구와 친척들에 대한 여타의 충성 심과 양립 불가능하지 않은 충성심과는 매우 달랐다. 양심은 궁정의 음모나 가 족 세력의 확대와는 화해하기 어려운 전적으로 새로운 헌신을 필요로 했다. 그 것은 무엇보다도 공동선에 대한 보다 오래된 인도주의적 헌신을 틀림없이 강화 하고 뿐만 아니라 변혁시키기도 한 하나님의 목적에 헌신하는 것을 필요로 했 다. 여기서도 다른 영역과 마찬가지로 칼빈주의의 경건성은 "시민성"의 전통과 관련되어 있다. 그러나 아마도 경건성이 시민성보다 전통적 충성심을 약화시키 고 부식시키는 데 한층 더 중요했을 것이다. 공공 봉사는 모든 사적 연관성을 떨 쳐 없애야 한다는 근대적 개념이 성도와 치안판사의 청교도적 연합에 의해서 엄 청나게 강력해졌다. 그리고 사적 연관성의 박탈은 엄격하게 적용된다면 16세 기에 되잖게 보였을 것이고 20세기에도 결코 확립된 교리가 아니다. 어쨌든 그 결과는 1654년 세속적 작가의 경구에서 다음과 같이 제시되었다. "사적 목표를 품은 공인은 교회와 국가의 괴물이다. …"[7]

이러한 경건한 공직자들의 사회적 정체성은 청교도 정치의 커다란 딜레마 였다. 오래된 사회에서, 개인적 관계의 복합 체계에서 이러한 사람들을 발견할

---

6) Stephen Marshall, *Meroz Cursed* (London, 1641), pp. 33-34; Thomas Sutton, *England's First and Second Summons* (London, 1616); Stephen Denison, *The New Creature* (London, 1622); John Lawrence, *A Golden Trumpet to Rouse Up a Drowsy Magistrate* (London, 1624).

7) 다음에서 인용된 휏로크의 글이다. R. Whitlocke, in Sir George Clark, *Three Aspects of Stuart England* (London, 1960), pp. 49-50. 공적 봉사와 직위 유지에 대한 새로운 "정신적 태도"의 점 진적 발전에 대해서는 다음을 참조. G. E. Alymer, *The King's Servants: The Civil Service of Charles I, 1625-1642* (New York, 1961), pp. 464-465; 이 저자가 1642년 이후의 시기에 시도 된 개혁을 논의한 것에 대해서는 433쪽과 그 다음쪽 이하를 참조. 이 새로운 "정신적 태도"에 대 한 칼빈주의의 중요성에 대해서는 다음에서 논의된다. C. J. Friedrich, "Introduction" to Politica Methodice Digesta of Johannes Althusius (Cambridge, Mass. 1932), p. lxxix.

수 있는 곳은 어디인가? 설교자들은 양심적 치안판사를 요구했지만 선택의 역학은 거의 논의되지 않았다. 그러나 일부 설교자들은 직위는 세습될 수 없다고 주장했다. 왜냐하면 "인간을 참으로 고상하게 만드는 것은 출생이 아니라 새로운 탄생이기" 때문이다.[8] 청교도 지식인들 가운데 소수만이 치안판사를 여전히 "시민의 아버지"라고 불렀다면, 많은 수의 청교도 지식인들은 그들을 정치적 성도, 실로 선택된 그러나 하나님에 의해 선택된 성도라고 말했다. 리처드 바이필드는 1645년 하원에서 "하나님이 여러분을 같이 불렀고 합법적으로 그대들을 세웠으며 권위로 무장시켰고 … 수천의 마음속에 앉혔다"[9]고 설교했다. 그리고 하나님의 "부름을 받았다"고 하면 그대들은 그 부름에 의해 변혁되었다. 같은 해에 하원에서 존 워드는 "사적 인간은 흙덩어리처럼 자기중심적이다"고 말했다. 그러나 "공적 인간은 다른 사람으로 변하고 공적 정신을 갖는다.…"[10] 이것은 어떤 개인적 우월성을 함축하지 않았다. 이것은 성도가 될 수 있는 것으로 발견된 동일한 사람들에게 치안판사로의 길을 열어주는 것으로 보였다. 즉 그것은 사회적 지위에 관계없이 치안판사를 개방하는 것이다.

그러나 이것은 목회자들의 원래 의도는 아니었다. 대부분의 청교도들은 적어도 하나의 결정적 의미에서 사회적 보수주의자들이었다. 즉 그들은 엄격한 질서 있는 복종, 다시 말하면 신비가 없고 사랑이나 아버지의 관심 같은 것은 없으나 그럼에도 복종은 있는 그런 복종을 믿었다. 그리하여 그들은 경건한 치안판사를 추구하는 가운데 이미 존재하는 기성 귀족과 젠트리에 의지하는 방향으로 나아갔다. 위그노처럼 그들은 기존의 사회적 배치를 충분히 이용하려 했다. 그와 동시에 그들은 이러한 배치를 합리화하려고 했고 목적이 있는 것으로 만들었다. 그들은 일시적 군주들에게 그대들은 "친히 본인뿐만 아니라 그대와 그대의 집, 그대와 임차인, 그대와 그대에게 달려 있는 모든 사람에 관해" 하나님을

---

8) Thomas Adams, *The Holy Choice, in Three Sermons* (London, 1625), pp. 63-64.
9) Richard Byfield, *Zion's Answer to the Nation's Ambassadors* (London, 1645), p. 8.
10) John Ward, *God Judging Among the Gods* (London, 1645), p. 16.

위한 단호한 행동을 해야 한다고 말했다.[11] 그러나 이렇게 행동하기 위해 군주들은 먼저 자신의 가정을 작은 교회와 거룩한 연방으로 바꾸어야 할 것이다. 군주들은 엄밀한 양심 규율에 복종해야 할 것이다.

2. 귀족 사회의 변화

정치적 질서의 변화는 이와 나란히 오래된 귀족들의 성품의 변혁을 요구했을 것이다. 이 변혁은 봉건 질서의 붕괴와 젠트리의 발흥에 의해 가능했고 청교도의 이데올로기에 의해 중대하게 매개되었다. 이 신생 형태들은 매일의 활동에서 극적으로 나타나기 전에 그 시기의 문헌을 보면 추적할 수 있는 것들이다. 성품과 정치 면에서 보이는 변화들과 나란히 하는 것이 바로 새로운 이상적 형태, 새로운 모본이거니와 이것들은 적어도 사람들을 보다 공적 행동을 닮도록 훈련하기 위해 개발된 것들이다. 오래된 기사들과 르네상스 궁정관리들은 기독교의 젠틀맨과 경건한 치안판사에게 자리를 내주었다.[12] 그러나 이러한 전환은 잠시 불완전했고 젠트리 정치의 성격은 아직 결정되지 않았다. 그리고 나서야 이미 보았듯이 목회자들은 그들의 일시적 군주의 기능 일부를 찬탈하여 새로운 행동 양식을 예상했다. 이것은 근대 정치의 질서라고 할 어떤 것이 출현하는 긴 과정에서 짧지만 중차대한 순간이었다. 그러나 에너지가 넘치는 성

---

11) Edmund Calamy, *The Nobleman's Pattern of True and Real Thankfulness* (London, 1643), p. 51.

12) 젠트리에 관한 대논쟁은 토니의 뛰어난 논문에서 시작되었다. R. H. Tawney, "The Rise of the Gentry," *Economic History Review* 11:1-38 (1941). 이 논문에서 시작된 논쟁은 "발흥"이라는 용어가 실제로 새로운 사회계급의 출현이 아니라 오히려 오래된 계급의 변혁을 기술하거나 기술해야 한다는 논증에 의해 가장 잘 해결될 수 있을 것이다. 이 변혁은 예를 들어 프랑스에서 일어나지 않았고 근대 정치와 사회에 대한 적응으로서 가장 잘 규정된다는 변혁을 말한다. 토지 소유 계급들 內에서 일어난 개인적 양식, 교육, 종교, 그리고 경제적, 정치적 활동의 복잡한 변화들을 함께 고려하는 것이 의회 권력의 성장, 청교도의 파급, 17세기 혁명을 설명할 수 있는 가장 견고한 토대를 제공할 수 있을 것이다. 그리고 이것이 아마도 토니의 목적이었을 것이다. 이와 관련된 문헌의 요약을 위해서는 다음을 참조. G. R. Elton, *England under the Tudors* (London, 1956), pp. 255-259. 또한 다음을 참조. J. H. Hexter, *Reappraisals in History* (New York, 1963), chs. ii, iv, vi. 영국인의 성품의 주요 변화가 16세기와 17세기에 일어났다는 점은 최근에 다음 책에서 주장되었다. Zevedei Barbu, *Problems of Historical Psychology* (New York, 1960), chs. v, vi.

직자들은 귀족들과 젠틀맨들을 위한 영구적 대용물이 아니었다. 젠트리의 점증하는 정치권력과 고도의 지적 소양은 목회자들의 편협하고 배타적인 세계를 공개적으로 부수어버렸다. 새로운 질서는 평신도를 필요로 할 것이다. 아니, 오히려 평신도들은 자신의 세속적 영적 입장을 확립하는 과정에서 새로운 질서를 창조할 것이다.

16세기에 귀족됨의 본성과 의미는 큰 논란거리가 되었고 일반적으로 이 주제는 봉건적 전쟁의 시기가 끝나가고 봉건적 특권의 범위가 줄어들게 됨에 따라 귀족의 불확실한 위치를 반영했다. 왕권 절대주의 이론가들의 공격하에 귀족들은 모종의 상당한 자존감을 비롯한 어떤 실제적 독립성을 보유하려면 자신의 사회적 가치를 재확인할 필요가 있었다. 그러므로 그 논쟁은 귀족에 관한 "시민적" 관점으로 흘러가는 경향을 보였고 젠틀맨과 귀족의 공적 기능을 강조했으며 그들의 가부장적 책임 및 군사적 기량, 그리고 개인적 또는 가족적 충성을 강조하지 않게 되었다.[13] 예를 들어 귀족의 "명예"에 관한 초기 이탈리아의 논의에서 정치 공동체는 항상 가족보다, 군주는 항상 자기 아버지나 형제보다 우위를 차지하는 것이 필요했다.[14] 대륙과 잉글랜드의 인도주의 작가들은 비록 하층 계급의 야망을 부추기는 것을 의도한 것은 아니지만 출생보다는 교육이 참된 귀족성의 핵심이었다고 논변했다. 그들의 목적은 정확히 말해서 귀족의 야망을 고취하고 귀족적 가치 위계에서 학습과 "시민성"을 가계와 영웅성보다 위에 두는 것이었다. 변함없이 그 작가들은 조상보다는 업적을, 그리고 대체로 공공 영역에서 이룩한 업적을 찬양했다. 대학의 가치에 관한 오랜 토론, 귀족 자녀의 교육과 관련된 학교와 법학부는 이러한 새로운 관심을 반영했다. 이것은 훌륭한

---

13) 루쓰 켈소의 탁월한 전문 연구 단행본을 참조. Ruth Kelso, *The Doctrine of the English Gentleman in the Sixteenth Century*, in University of Illinois Studies in Language and Literature (Urbana, Ill., 1929), vol. XIV, no. 1-2, 특히 11쪽과 그 다음 이하 참조. 이 논점을 논의하는 다음 책을 참조. Mark Curtis, *Oxford and Cambridge in Transition, 1558-1642* (Oxford, 1959), p. 267.

14) F. R. Bryson, *The Point of Honor in Sixteenth Century Italy: An Aspect of the Life of the Gentleman* (Chicago, 1935), p. 108.

봉건적 가정에서 시동으로 양육된 젊은이들의 수가 영국에서 가파른 쇠퇴를 보인 데서도 동일했다.[15]

마키아벨리의 시민과 카스틸리오네의 궁정관리는 둘 다 이 새로운 "시민적" 귀족관의 사례들이다. 비록 카스틸리오네의 궁정관리는 정치 대중이 자유 도시에서 후기 르네상스를 표시한 왕궁으로 좁혀졌다는 사실을 말해준다고 할지라도 그러하다. 영국에서 토마스 엘리엇은 『통치자라는 이름의 책』*The Book Named the Governor*에서 귀족의 공적 역할을 강조했다. 그가 귀족 청년들을 위해 구상한 활동은 나중에 대사와 고문의 "성품"을 다루는 책을 쓴 저자들에 의해 보다 명시적으로 밝혀졌다.[16] 그러나 이 전문가들이 아직 청교도적 치안판사의 원형은 아니었다. 르네상스 작가들이 개인의 덕을 강조한 것은 귀족 정치에 비교적 분명한 한계를 두는 일이고 직위의 비개인성을 의문시하는 일이다. 정치적 직위와 권한은 재능과 과감성의 보상으로 여겨졌다. 정치적 직위와 권한이 추구된 것은 그 직위와 권한이 시인과 예술가 같은 이가 기록할 수 있는 행적과 같은 개인의 공적을 전시할 기회를 제공했기 때문이다. 르네상스는 규율적 공직자를 배출하지 않았다. 그 대신에, 르네상스는 국가가 실제로 예술 작품이지만 아직 의무의 영역은 아닌 정치적 거장을 배출했다.[17]

거장 투쟁은 다시금 새로운 종류의 정치적 지식, 즉 기회 포착과 상실의 기록들, 정치적 계산의 역사, 국가경영술의 발단을 산출했다. 바로 여기에 신봉자

---

15) J. H. Hexter, "The Education of the Aristocracy in the Renaissance," in *Reappraisals*, pp. 45-70; Curtis, *Oxford and Cambridge*, 특히 제3장과 4장 참조. "머슴 노릇을 하는 젠틀맨"의 감소에 대해서는 다음을 참조. J. E. Neale, *The Elizabethan House of Commons* (New Haven, 1950), p. 25.

16) 16세기와 17세기의 성품에 관한 최고의 연구로는 다음 참조. W. E. Houghton, Jr., *The Formation of Thomas Fuller's Holy and Profane States* (Cambridge, Mass., 1938), chs. iii-vii.

17) Jacob Burckhardt, *The Civilization of the Renaissance in Italy* (London, 1955), 특히 2부 참조. 또한 거대 폭군에 대한 저자의 기술이 나오는 23쪽과 그 다음 이하를 참조. 덕이 무엇을 의미했는지에 대한 그 의미의 일부는 토마스 엘리엇이 제공한다. 다음을 참조할 것. Thomas Elyot, *The Book Named the Governor*, Everyman edition (London, n.d.), p. 121. 그는 커다란 권위를 가진 통치자에 관해서 다음과 같이 썼다. "모든 탁월한 예법의 원천은 위엄이고 위엄은 고귀한 재산의 전체 비율과 모습이고 그의 존엄성에 적합하고 시간, 장소 및 회합에 맞는 그의 용모, 언어 및 몸짓상의 아름다움이자 어엿함이다.…"

를 신속하게 발견할 수 있는 거래와 신비가 있었다. 귀족의 명예와 존재 이유의 이데올로기가 서로 결합하는 것은 청교도의 경건성이 나아갔던 치안판사를 위한 세속적 기초를 제공했을 수도 있다. 사실을 말하면 이것은 다만 간헐적으로 일어난 경우였다. 헌신적이고 진지한 국가 운영 수행자들은 대개는, 훌륭하지만 종종 정치적으로 무능한 궁정 총신들과 끝없는 불화에 개입되어 있었다. 정치가의 세속적 이데올로기는 국가를 재형성하고 많은 추종자들의 열광을 조직화하는 데 충분한 힘을 제공하지 못했다. 대다수의 관리들은 계속해서 전통적 방식으로 일했다. 그들은 궁정의 음모에 최선을 다해 적응하고 공익에 대한 조직적이거나 체계적인 감각이 거의 없이 지정된 기능을 수행한다.

그 후에도 귀족들이든 궁정관리들이든 어느 누구도 도시 공화국과 왕정 관료제의 경험에도 불구하고 비개인적 행정이나 이데올로기적 갈등에 항상 전적으로 순응한 것은 아니었다. 이탈리아에서 암살은 확실히 가장 개인적 형태의 정치적 공격이었지만 대부분의 칼빈주의 저술가들에 의해 배제되었고 또 정부와 반대자에 의해 자유롭게 사용되었다. 암살자는 단순히 돈을 받고 고용된 살인자가 아니었다면 "단지 보편적 증오를 표출하거나 어떤 가족적 불행이나 개인적인 모욕에 대한 복수를 하려고 했을 뿐이었다."[18] 중요 인물이 아니었던 어떤 젠틀맨에 의해 1628년에 영국 왕궁의 총신이었던 버킹엄이 살해된 사건이 이와 비슷하게 기술될 수 있다. 그리고 어떤 의미에서 암살은 에섹스와 버킹엄 같은 인물이 추구한 자기 영광의 "환상적" 정치에 대한 적절한 반응이기도 했다. 이것은 정말로 국가경영술의 반립 그 자체였고 목적을 가진 규율에 따라 수행되는 정치적 활동의 반립이었다. 튜더 왕조의 잉글랜드에서 지속하는 정실주의와 개인적 측근주의, 그리고 왕정 관리들 사이에서 계속되는 공금횡령은 비록 이 모두가 현대 관료주의 구조의 견지에서 설명될 수 있지만 다시 한 번 공적 생활에서 양심적 자기 규율의 부재를 증시한다. 엘리자베스의 전쟁

---

18) Jacob Burckhardt, *The Civilization of the Renaissance*, p. 36.

과 크롬웰의 전쟁을 세부적으로 대조하게 되면 아마도 청교도주의가 영향을 미친 효율성, 시스템 및 일상적인 비인격성이 상당히 발전되었음을 제시해 줄 것이다.[19]

16세기 말에 궁정관리 형태가 적어도 일시적으로 지배적이었다는 사실, 그리고 정치가 왕실에 국한된 긴밀한 공간에서 거의 전적으로 파벌과 음모의 문제에 기울어져 있었다는 사실은 분명해 보였다. 엘리자베스는 위대한 르네상스 궁정을 런던으로 가져와서 레스터와 에섹스 같은 뛰어난 궁정관리가 새로운 국가경영술을 흡수한 버글리와 월싱엄 같은 부지런한 공복과 함께 부상할 수 있도록 했다. 제임스 왕이 총애하는 버킹엄은 17세기 초의 정치를 지배했다. 구질서가 쇠퇴하는 가운데 번성했던 모든 사치스러운 활력과 종종 기이한 이채로운 뛰어남이 궁정 사회에 집중되었다. 거기서는 개성이 승리했다. 개인의 교양 계발이 성공의 열쇠였다. 그러므로 중요한 것은 아름다움, 예절, 분장, 그리고 재기였다.[20] 그 결과는 궁정 내의 성공에 유관한 관념들과 비개인적 종교적 또는 정치적 목적 사이의 이반이 커지고 있다는 사실이었다. 예를 들어 대륙의 종교적 투쟁에서 보인 청교도 성직자와 평신도의 강렬한 개입은 결코 영국 궁정이 공유하지 못했다. 그 이유는 제임스 왕의 잘 알려진 평화 애호주의뿐만 아니라 어떤 이데올로기에도 투신하지 않는 그의 의식 부재 때문이었다. 그리하여 궁정 시인은 30년 동안 전쟁을 하는 데도 다음과 같이 썼다.

---

19) C. G. Cruickshank, *Elizabeth's Army* (Oxford, 1946), 132-133쪽 및 여러 곳; Cyril Falls, *Elizabeth's Irish Wars* (London, 1950), 특히 65쪽; 저자는 "체계를 관통하는 부정직"을 기술하지만 통치 동안 약간의 개선이 있었다고 주장한다. 크롬웰의 전쟁에 대해서는 다음을 참조. Denis Murph, S.J., *Cromwell in Ireland: A History of Cromwell's Irish Campaigns* (Dublin, 1883), 특히 전쟁 준비에 관한 제3장 참조.

20) Jacob Burckhardt, *The Civilization of the Renaissance*, 특히 223쪽. "개인의 품행과 보다 높은 수준의 온갖 형태의 사회적 교제가 의도적인 예술적 목적을 가진 채로 추구된 목적이 되었다." "바로크식" 성품에 관한 흥미로운 논의가 있는데 이는 다음을 참조. Zevedei Barbu, *Problems of Historical Psychology*, pp. 172ff. 제임스 1세의 궁정에 관한 현대판 청교도적 견해를 위해서는 다음을 참조. 아마도 그 견해는 동시대의 청교도의 견해와 그렇게 다르지 않을 것이다. Lucy Aikin, *Memoirs of the Court of King James I* (London, 1822).

독일인의 북은 울리도록 내버려 두십시오, 그 소음은

우리를 방해하거나 우리의 기쁨을 다른 곳으로 돌리지 않도록 해야 합니다.[21]

궁정 양식은 점점 세련되어 가고 기묘하게 우아스럽고 늘 섬세한 개인적 스타일을 만들어냈다. 엘리자베스의 옷 취향은 무의식적인 과시와 엄청난 비실용성 모두에서 유별나게 놀라웠다. 제임스는 이미 훨씬 더 고도로 세련되었다. 현대의 일기 작가는 왕에 대해 다음과 같이 썼다. "이 왕은 옷의 멋진 양식을 찬미한다.… [그는] 그러한 점에 정확하게 세심한 주의를 기울인다."[22] 최신 형태의 궁정 언어, 예법, 복장은 비록 가공 과정이 진행됨에 따라 불화감이 커졌지만 르네상스 도시인 런던에서 조금 떨어진 곳에서 모방되었다. 보다 단순한 시골에서 가공은 종종 악덕과 동일시되었고 궁정관리들의 여자 같은 행동은 도덕적 분노의 계기를 마련했다. 그럼에도 불구하고 제임스의 런던은 소비와 전시의 중심이 되었고 시골의 부는 궁정 양식의 세속적 모방이나 영향과 지위를 추구하는 과정에 낭비되었다.[23] 지방의 향사와 그 아들은 궁정에 이끌려서 런던에 오기는 했지만 스튜어트 왕조의 무대에서 끝없이 희화화되었다. 사치와 품위를 추구하고 결과적으로 시골의 집안살림과 치안판사가 쇠퇴하는 주제는 이미 본 대로 17세기 도덕주의자들의 끊임없는 화제였다. 지방 젠틀맨이자 미래의 국왕파인 헨리 슬링스비 경은 자신의 일기에서 다음과 같이 썼다. "그러므로 만일 이러한 것들에 명성을 걸지 않고 이것들을 실천함으로써 우리의 갈망을 키우지 않는다면 우리는 쉽게 개혁될 수 있을 것이고 우리의 사치품을 포기할 수 있게 될 것이다."[24] 궁정의 화려함이 만들어낸 "갈망"의 효과는 헨리 경이 사랑한 시골 삶의

---

21) 다음에서 인용된 것이다. Sir Charles Firth, *Oliver Cromwell and the Rise of the Puritans in England* (Oxford, 1953), p. 24.

22) Sir John Harrington, *Letters and Epigrams*, ed. N. E. McClure (Philadelphia, 1930), pp. 32-34.

23) F. J. Fisher, "The Development of London as a Centre of Conspicuous Consumption in the Sixteenth and Seventeenth Centuries," *Transactions*, Royal Historical Society, 4th series, xxx.

24) *The Diary of Sir Henry Slingsby*, ed. Rev. Daniel Parsons (London, 1836), pp. 25-26.

안정적 가치에 대한 명백한 도전이었다. 그러나 "개혁"은 그가 원했던 대로 위에서 내려오는 본보기로 오지 않았다. 오히려 그것은 궁정의 도전에 대한 아래로부터의 반응으로 왔고 이보다 더한 것은 궁정이 반영하고 효과를 도운 전통적 규범의 붕괴에 대한 반응으로 왔다는 점이다.

3. 지방정치의 변화와 성장

궁정정치는 도시적이고 세련되었지만 또한 원칙적이지 않았다. 프랑스의 드 모르네나 영국의 시드니와 같은 프로테스탄트들은 틀림없이 남부에서 그랬을 만큼 거대한 북부 궁정에서 좌절했고 불행했다. 이 두 사람은 궁정을 대신하는 르네상스의 이상적 대안을 제시했다. 즉 개인의 덕에 대한 뛰어난 감각에서 활력을 공급받는 동시에 그들은 새로운 칼빈주의적 열정에서 영향을 받는다. 궁정은 그들의 이상주의적 포부를 위한 아무런 무대도 제공하지 않았지만 그 둘은 정치적 삶의 유일한 중심으로서 궁정에 다가갔다. 그러나 50년 후에, 궁정사회에 접근한 젊은이들은 예컨대 미래의 리처드 백스터 목사와 미래의 허친슨 대령은 다른 곳으로 가서 경력을 추구했다.[25] 한 편으로는 청교도주의가, 다른 한 편으로는 젠트리 및 변호사와 관련된 새로운 형태의 도시 및 시골 생활이 궁정 양식의 세계에 대한 대안을 제공하게 되었다.

아마도 다양한 대안들이 기욤 뒤 바르타스, 조지 뷰캐넌, 존 밀턴 같은 칼빈주의 시인의 저서에 나타난 프로테스탄트의 낯선 목가적 작품에서 결합되었을 것이다.[26] 이 대안들은 당연히 새로운 목적을 가지고 있었을 것이므로 궁정을

---

25) F. J. Powicke, *A Life of the Reverend Richard Baxter, 1615-1691* (London, 1924), pp. 18-19. Lucy Hutchinson, *Memoirs of the Life of Colonel Hutchinson*, ed. by Julius Hutchinson, revised by C. H. Firth (London, 1906), p. 47.

26) 밀턴의 가면극 코무스(Comus)는 이러한 작품 중에 가장 멋진 예이다. 또한 다음 책들을 참조. George Buchanan, *Baptistes: A Sacred Dramatic Poem*, trans. by Milton (London, 1641). 이 책은 다음에 실려 있다. *Memoirs of the Life and Poetical Works of John Milton*, ed. Francis Peck (London, 1741). William du Bartas, *The Divine Weeks*, trans. Joshua Sylvester, ed. by T. W. Haight (Waukesha, Wisconsin, 1908), pp. 64-66. 이 책은 1590년대에 처음으로 분권 출판되었다.

버리고 떠난다는 것을 제안했었다. 비록 궁정을 떠나는 것이 르네상스 문학에서 관습적이었다고 할지라도 말이다. 칼빈의 제자 테오도르 베자는 자신의 극시『아브라함 희생의 비극』에서 목가적 요소를 엄밀하게 배제했다. 그는 단순하고 감각적인 시골 생활의 이미지, 다시 말해 왕당파 시인의 작품에서 나타나야 하는 이미지와 크게 다르지 않은 이미지에 대응하고 있었다.[27] 그러나 17세기 초까지 궁정과 지방의 대화, 중세와 르네상스 문학의 공통 장르는 기사당와 원두당의 미래 대립을 말해주고 있었다. 지방 사람은 이제 엄정성과 미덕을 대표했고 이탈리아식 궁정 문화에 강력히 반대했다.

> … 손가락을 핥는 것처럼 손에 입맞춤하는 것, 목이 부러진 것처럼 머리를 숙이는 것, …연인을 쫓는 계집처럼 옆으로 힐끔거리는 것, 얼간이에게 세금을 징수하는 것처럼 한쪽 눈으로 윙크하는 것, 원숭이와 비비가 고슴도치를 만드는 프티토의 땅에서 유래한 원숭이 속임수를 쓰는 것, 이러한 악마를 가르치는 계략으로 욕설하고 용감히 맞서고 비웃고 찌르는 …모험적인 기사와 이상한 여인의 이야기를 하는 것, 이 모든 것에 대해 우리는 그 어느 것도 허용하지 않는다.…[28]

니콜라스 브레톤의『궁정과 지방』은 1618년 출판되었는데 그 책의 표제화에 나오는 인물들은 나중에 혁명 팸플릿에 나타난 그림과 실제로 닮았다. 교양 있는 프로테스탄트 귀족의 좌절된 이상주의, 그리고 완강하고 상스러운 젠트리 농부의 분노는 말할 것도 없이 똑같이 기독교적 치안판사와 성도의 엄한 의무와 높은 마음가짐으로 바뀌었는데 이는 부분적으로 지방에서 일어났다. 진실을 말한다면, 부분적이지만 혁명은 궁정과 지방의 만남으로서 기술될 수 있다.[29]

---

27) Theodore Beza, *A Tragedy of Abraham's Sacrifice*, trans. by Arthur Golding, ed. with intro. by Malcolm W. Wallace (Toronto, 1906), p. xlii.
28) Nicholas Breton, *The Court and Country* (London, 1619), sig. B verso.
29) 이 주제의 발전에 대해서 다음을 참조. H. R. Trevor-Roper, "The General Crisis of the Seventeenth Century," *Past and Present*, no. 16 (November 1959), pp. 31-64.

『잉글랜드 궁정관리와 지방 젠틀맨』*The English Courtier and the Country Gentleman* 의 대화는 프란시스 월싱엄에게 바치는 헌사가 함께 실려 있으며 1586년에 나왔는데, 도래할 갈등의 초기 단계를 드러낸다. 궁정관리는 젠틀맨의 아들들이 도시에서 길러져야 하고 궁정에 자주 출입하여 왕을 섬겨야 한다고 주장한다. 그들은 "시민성"을 계발해야 한다. 이것은 "사람, … 세습 재산, … 부모보다도 더 중요하다." "농사, 경작, 방목, 판매, 매매 중 … 어느 것도 젠틀맨의 단련에 적합하지 않다." 지방 사람은 여러 가지 점에서 보다 전통적이고 어떤 점에서는 보다 근대적이다. 그는 자기 아들을 대학에 보낼 것이고 "대학에서 많은 사람들이 자신의 삶을 배움으로써 얻는 만큼 학식이 있게 된다." "또한 우리는 일부를 변호사 협회에서 키운다. 만일 그들이 이익을 얻는다면 우리는 계속하도록 할 것이다. 만일 그렇지 않다면 그곳에서 그들을 속히 해지하도록 할 것이다. 이는 그들이 그 도시의 음란한 관습에 너무 많이 익숙해지지 않도록 하기 위함이다.…" "우리는 이러한 삶이 궁정에서 봉사하거나 전쟁에 가담하기에는 칭찬할 만한 것이기보다는 오히려 외설적인 것이라고 생각한다."[30]

이러한 궁정과 도시에 대한 혐오는 미래의 청교도적 태도의 열쇠이다. 일부 젠틀맨이 궁정의 화려함을 열심히 좇아 런던에 왔다면 다른 젠틀맨은 "도시의 음란한 관습"에 엄격한 혐오로 반응했다. 청교도주의에는 항상 시골의 단순 솔직함과 같은 것이 있었고 잉글랜드의 바빌론이나 니느웨 같은 사악한 도시를 싫어하는 듯한 것이 있었다. 경건한 규율은 르네상스 런던의 중산계급의 종교를 기술하기에는 아주 정확한 것이라고 할 수 없었다. 그것은 그보다는 훨씬 더 도시에 새로이 유입한 사람들의 종교였으며 그 도시가 불편해 하는 것이었고 아직 도시적이 아니었으며 도시 거주자나 궁정관리의 세련미를 아직 공유하지 않는 것이었다. 이러한 사람들은 방향을 잃고 자기 자신에 대한 확신이 없는 채로 성

---

30) Anonymous, *The English Courtier and the Country Gentleman* (London, 1586), pp. 15, 16, 20, 68ff. 이 책은 다음 책에 재인쇄되었다. Roxburhge Library, *Inedited Tracts* (London, 1868).

직자적 성도들의 강렬한 도덕주의에 응했다. 그와 동시에 회중의 규율은 이들에게 도시의 양식을 가르쳤고 질서의 새로운 표준과 새로운 일상을 제공했으며 팽창하는 도시의 잡다한 인구와는 구별되게 만들었다. 사실, 청교도주의는 이들에게 도시 자체의 일상이라고 가정하기에는 종종 부정확한 일상을 가르쳤다.

1586년의 대화에서 지방 사람은 그 자신 스스로가 교양이 없었고 오래된 시골 소일거리와 환대의 전통을 변호했다. 그의 아들들은 대학과 변호사 협회에서 교육을 받았기에 다른 사람처럼 되어 있었다. 변호사 협회는 1520년 이후 나머지 16세기를 보내는 동안 엄청난 확장을 겪었다. 변호사 협회는 도시 생활의 중심지로 제공되었고 거기서 유행은 궁정의 그것과는 자주 달랐고 지방 사람은 런던의 "음란성"을 피해가는 도피처를 발견할 수 있는 곳이었다. 1620년까지 몇몇 향도적인 변호사 협회는 청교도가 지배했다. 거기서 변호사와 학생들은 십스, 프레스턴과 같은 목회자의 설교를 정기적으로 들었고 성도의 자기 규율과 자부심 같은 것을 흡수했다. 이러한 훈련의 결과는 수년 간 미들 템플 변호사 협회에 관련된 시몬드즈 드웨스의 일기에서 제시된다. 1630년대에 드웨스는 궁정에서 약간의 주목을 받았지만 그의 관심은 이미 다른 곳에 있었다. "나는 이 모든 궁정의 호의를 연구와 지식의 환희와 기쁨에 익숙해진 마음에 확고한 만족이나 충족감을 줄 수 없는 사상누각에 불과하다고 여겼다." 드웨스의 학술적 경향은 그의 청교도적인 도덕주의에 의해 강화되었다. 1632년 그가 왕과 왕비를 따라 케임브리지로 갔을 때 그 두 사람은 둘 다 증거가 되어 주었다. 즉 그는 그들의 오락을 공유하는 것을 거부했다. "그들은 그곳에서 심심풀이 놀이를 하고 있었는데 대부분의 청중들은 기분이 상했지만 나는 트리니티 칼리지 도서관에 가서 그곳에서 여러 가지 고대 문서를 보았다.…"[31]

---

31) 그레이 변호사 협회의 성장과 관련된 인물들이 이하에서 언급되겠지만 이들은 다음에서 인용된 것이다. Fisher, "Development of London," p. 41; 1521-1530년의 10년, 1591-1600년의 10년, 1611-1620년의 10년 동안 각각 200명, 799명, 1265명이 입학했다. *The Autobiography of Sir Simonds D'Ewes*, ed. J. C. Halliwell (London, 1845), II, pp. 67, 140.

드웨스의 취향을 공유한 젠틀맨들은 대개는 지방을 자신의 집으로 삼았다. 그러나 그들은 런던을 방문했고 도시 근방의 길을 알았고 주요한 상인 가족들과 아는 사이였다. 이미 엘리자베스 시대에 젠틀맨 무리들은 동일한 자치주에서 동일한 지방 단체들과 함께 시시때때로 런던 선술집에서 만났고 함께 이야기를 나누었으며 말할 것도 없이 정부를 비판했다.[32] 이러한 종류의 비공식적 모임에서 기원한 것이 바로 골동품 협회다. 우정을 나누는 학자와 변호사가 모인 이 협회는 그 회원들이 미래의 의원들이었고 귀족의 기원과 본성, 의회의 유래, 칭호의 위엄과 같은 주제들을 토론하기 위해 모였다. 1603년에 로버트 코튼은 "오래 동안 모여서 공부했고 스스로를 단련해서 얻은 … 이러한 지식에 정통한 다양한 젠틀맨들이 있었다"고 썼다. 제임스 1세는 그들이 어떤 공식적 방식으로 결사하는 것을 금지했지만 틀림없이 그들의 "연구"는 도시와 조용한 시골집에서 추구되었다.[33] 이러한 종류의 토론과 연구는 부지런한 치안판사, 다시 말해서 새로운 시민성을 위한 많은 준비였고 이는 젠틀맨과 성도를 위한 일종의 자기확인이지 않을 수 없었다.

대학과 런던에서 교육 받은 아들들은 법, 신학, 그리고 사업에 관한 새로운 관심을 가지고 지방으로 돌아갔다. 마찬가지로 그 지방 땅에서 자리를 잡은 변호사와 상인들의 자녀들은 오래된 시골 방식들을 내키지 않아 했다. 그들에게 땅은 이윤과 존경을 동시에 얻는 투자였다. 목가적 즐거움과 평화로운 모습은 부지런한 활동에 의해 침해되었다. 1600년에 토마스 윌슨은 "젠틀맨들은 … 이제 대부분이 좋은 남편으로 성장했고 자신의 땅으로부터 최대한의 결과를 낼 수

---

32) Fisher, "Development of London," p. 47. 분명히 청교도 성직자들이 "경건한 사업"으로 런던을 방문할 때 숙소로 삼았던 특별한 여관이 화이트프라이어스에 있었다. 다음을 참조. Valerie Pearl, *London and the Outbreak of the Puritan Revolution: City Government and National Politics* (Oxford, 1961), pp. 179, 233.

33) John Evans, *A History of the Society of Antiquaries* (Oxford, 1956), pp. 7-13; Vernon Snow, "Essex and the Aristocratic Opposition to the Early Stuarts," *Journal of Modern History* 32: 226-228 (1960)

있는 법을 잘 안다 …"고 썼다.[34] 새로운 관심은 슬링스비 일기의 기록 내용에서 드러난다. "나는 이제 새로운 농작, 새로운 방식의 재배에 관해 이야기하려고 한다. 나는 쟁기질하려는 건초를 태워서 그 재가 경험에 따르면 다른 어떤 거름보다 … 옥수수를 더 많이 생산한다는 것을 알게 되는 새로운 농법을 말하고 있다. 나는 이 농법을 … 한 번도 쟁기질한 적이 없는 땅에 … 시험해보려고 한다."[35] 여기에 보이는 실험에 대한 예리한 감각이 슬링스비의 보수주의적 정치에는 반영되어 있지 않다. 그럼에도 불구하고 이러한 지능적인 농법은 새로운 젠트리의 경제적 기초의 하나를 형성했고 젠트리 계급 전체에 대해서는 이러한 진지한 노력에 정치적으로 유사한 것이 있었다. 이 새로운 기술을 설명한 문헌은 꽤나 광범했다. 저베이스 마컴의 『부를 얻는 법』*A Way to Get Wealth*이 전형적 사례이다. 이 책은 1625년 출판되었고 1630년대에 여러 번 재출간되었다. 마컴은 제안을 고려하고 있었던 많은 실험을 해보았고 그의 책은 자신이 유사한 주제로 쓴 여러 책 중의 하나로서 분명히 교양 있는 남자들을 대상으로 했다.[36] 그러나 제임스가 즉위하기 몇 년 전만 해도 귀족에 관해 글을 쓰는 모든 작가들 중 한 사람만이 농업을 젠틀맨의 관심사로 인정했다. 이 사람이 바로 청교도 목회자 로렌스 험프리였다. 그는 시골의 게으름을 혐오한 사람이었다.[37]

새로운 지위와 사업적 노력의 동반자로서 진지함이 보급되어 지방으로 침투했다. 리틀 기딩에서 그것은 국교회 형태를 취했다. 아마도 일종의 청교도주의가 더 자주 진지함의 자양이 되어 주었을 것이다. 그것은 시골사회의 한 쪽에만 영향을 준 것이 다분하지만 이러한 진지성, 이러한 풍미 있는 담화와 진중한 태도는 도시와의 긴 세월 동안의 상호 작용과 궁정의 매력과 그에 대한 반발을 반

---

34) 다음에서 인용된 것이다. Maurice Ashley, *England in the Seventeenth Century* (London, 1952), pp. 18-19.

35) *Diary of Sir Henry Slingsby*, p. 27.

36) 문장 연구에 대한 새로운 관심을 논의하는 내용에 대해서는 다음 책의 11쪽을, 마컴의 저서 목록에 대해서는 72쪽과 그 다음 쪽을 참조. Gertrude Noyes, *Bibliography of Courtesy and Conduct Books in Seventeenth Century England* (New Haven, 1937).

37) 로렌스 험프리에 대해서는 다음을 참조. Kelso, *English Gentleman*, p. 58.

영하는 가운데 지방 젠트리의 점진적인 통합과 독특한 스타일의 발전에 적합한 도덕적 어조를 제공하는 데 도움을 주었다.[38] 런던 소식은 지방에 회자되었고 런던 정치는 아마도 처음으로 전국적 반응을 알게 되었다. 서포크 교구 목사이자 평화의 법관인 존 라우스는 그의 일기에 뉴스 팸플릿인 최신 "코란토스"가 들어온 것을 기록했다. 그는 1620년대의 리처드 몬태규 논쟁을 우려했고 1630년대에 귀가 잘린 알렉산더 레이톤을 애석하게 여겼다. 레이디 브릴리아나 할리는 자기 아들이 "국외의 사건들을 헤아리면서 항상 깨어있는 마음으로 지내기를 여전히 바라면서" 1639년에 최근의 "해외소식"을 옥스퍼드에 있는 아들에게 보냈다.[39] 이러한 사례들은 결코 전형에서 벗어난 것이 아니며 일기들은 가십과 궁정 스캔들로 넘치는 소식뿐만 아니라 설교 책들이 도착한 것도 기록한다. 비범한 지적 삶이 지방에서 성장하고 있었다. 때때로 그것은 궁정 문화와 새로운 르네상스 교육을 반영했고 켄트의 로버트 필머는 그 산물이었다. 골동품 수집가 드웨스나 열렬한 허친슨 대령은 의회의 발언들을 세세하게 읽었고 이들은 또 다른 산물이었다. 지적 관심을 공유한 다양한 집단들 사이에 새로운 형태의 친화성이 발전했다. 원고들을 돌려 보고 의견들을 검토했다. 어떤 현대의 역사가는 시골집을 방문하는 관행이 영국사회의 새로운 "수평적 운동"을 계시하고 이를 통해 나라의 다른 지역에 있는 가족들이 우정과 정치로 연결되었다고 말해주었다.[40]

지위와 진지함은 17세기 초에 엄청난 특권을 손에 넣은 평화위원회에 집약되었다. 바로 여기가 경건한 치안판사의 이념들이 처음으로 회집된 자리였다. 그들은 대학과 변호사 협회가 제공한 지식이나 박식, 전문적인 스타일, 그리고 존

---

38) 17세기 지방의 삶에 대한 탁월한 논의는 다음 책에서 발견될 수 있다. David Mathew, *The Age of Charles I* (London, 1951), chs. viii, x, xii, xix. 또한 다음을 참조. Robert Ramsey, *Henry Ireton, 1611-1651* (London, 1949), p. 203f.

39) *Diary of John Rous*, ed. M. A. E. Green (London, 1856), pp. 31, 45-47, 53, 67; *Letters of the Lady Brilliana Harley*, ed. T. T. Lewis (London, 1854), p. 51.

40) Mathew, *Charles I*, pp. xiii, xiv.

엄의식을 소유한 새로운 사람들의 야망을 반영했다. 이보다 더 오래된 르네상스 이상들, 말하자면 왕, 궁정관리, 대사, 고문은 지방 판사들에게 멀리 떨어져 있는 것처럼 보였음에 틀림없다. 이들은 궁정의 음모를 싫어하기 때문에 실제적 범위 내에 있지 않거나 탐탁지 않은 새 인물로 여겨졌다. 평화의 법관이 된다는 것은 시골 사회에 도착했다는 신호였다. 목회자들도 역시 야망을 가진 사람들에게 똑같이 중요한 인물이었는데 이러한 목회자들이 그 위원회를 경건함을 행사할 수 있는 극적인 기회로 보이게끔 만들어놓았다. 적어도 인쇄된 문헌을 보면, 장기의회의 의원들에 의해 매우 생생하게 실행된 "개혁"의 이념은 1640년 이전 수십 년 동안 지방의 평화의 법관들과 관련되어 있었다. 최근의 작가는 정치적 대립을 가능하게 한 기량과 자신감, 확고한 높은 마음가짐과 실제적인 견해가 평신도 사회에 처음 나타난 것이 바로 이들 지방 치안판사들 사이에서였다고 말해주었다.[41]

4. 청교도와 귀족의 병합

이와 같이 귀족의 본성에 대한 논의는 16세기의 사상을 특징짓는다. 그러나 일반적으로 귀족의 본성에는 불확실성이 있었다. 이러한 일반적 불확실성은 영국 젠트리의 실제적 회원 자격의 상당한 혼란과 밀접하게 관련되어 있었다. 수도원 몰수에 뒤따른 가격 혁명과 토지의 놀라운 적극적 거래의 결과로 수 세대에 걸친 경제적 불안정성은 의심을 사는 가솔들을 지방으로 이동시켰고 귀족 태생의 많은 자녀들을 도시의 "노예적" 거래에 빠뜨렸다. 이러한 종류의 지위 혼란의 가장 직접적 결과는 지위 불안이었다. 그리고 틀림없이 이 불안은 사람들이 청교도주의의 공이라고 믿은 성품 변혁에 마음을 열게 하는 중요한 역할을 맡았다. 16세기 말과 17세기 초의 문헌은 가끔씩 칼빈주의에 의해 유발된 구원 공황과 대충 유사한 일종의 지위 공황을 말해주는 것 같다. 분명히 이 두 가지 형

---

41) Peter Laslett, "The World We Have Lost," *The Listener*, April 21, 1960, pp. 700-701.

태의 불편함은 상관되어 있다. 그리고 이 두 가지가 때때로 과장된 것이 분명하다. 그들의 표현은 간혹 유사한 어조를 취했다. 이것은 잉글랜드의 소수 작가 에드먼드 볼턴의 1627년의 저서에 다시 인쇄된 "견습생이 아버지에게 보내는 편지"에서 표면적으로 나타난다. 이 편지는 동시대적 일기들에 대한 종교적 내성과 명백한 유사성을 가지고 있다는 점에서 제대로 인용할 가치가 있다.

> … 나의 마음과 정신이 … 매우 많이 괴롭다.… 여가 시간에 어떤 책을 읽고 문장연구heraldry에 아주 능통하다고 생각하는 사람들과 의논함으로써 나는 견습생이 되면 내가 젠틀맨이 될 타고난 권리를 잃게 된다고 믿기에 이르렀다. 이것은 견디느니 차라리 죽는 것이나 다름없는 일이었다.… 이것이 나의 슬픔이며 이것이 나의 마음이 너무 괴로워 먹지도 못하고 조용히 잠도 잘 수 없는 이유이다.…

볼턴은 상당히 열정적으로 견습 제도는 속박을 포함하지 않고 따라서 "젠트리 상실이라는 야만적 형벌"을 요구하지 않는다고 논변했다. 이러한 종류의 걱정이 심각한 것이고 그냥 하는 단순한 가장이 아니라면 여기에는 당연히 상당한 수의 사람들을 연루되어 있을 것이다. 1620년대의 런던에는 "수백 명의 젠틀맨의 자녀 견습생들이 있었다.…"[42]

비슷한 의심이 상인의 귀족성에 대해서 존재했다. 적어도 16세기에는 그것을 부인하는 것이 일반적이었다. 존 펀은 엘리자베스의 문장연구 최고 권위자로서 "그 [장사하는] 행위는 가장 젠틀맨이지 않은 부분들, 이를테면 혀의 이중성, 신앙의 위반으로 이루어진다.…"[43]고 논변했다. 물론 문장관들은 그러한 구별에 관해, 그리고 진정으로 불안 그 자체에 관해 기득권을 가지고 있었다. 상

---

42) Edmund Bolton, *The Cities' Advocate* (London, 1629), sig. B verso; 볼턴은 견습 제도는 일종의 노예였다는 엘리자베스의 작가 토마스 스미스 경의 주장에 이의를 제기했다. 8-15쪽 참조. 그 대신에 그는 그것이 "시민적 계약"이었다고 주장했다. 9쪽 참조.
43) John Ferne, *The Blazon of Gentry* (London, 1586), p. 7; 볼턴의 부동의에 대해서는 다음을 참조. Edmund Bolton, *The Cities' Advocate*, p. 54.

인들이 "젠틀맨들과의 상호 전환을 통해 자주 재산을 변경하는" 시대에는 특히 그랬다.[44] 이것은 젠틀맨들이 상인들과의 상호 전환을 통해 재산을 변경할 때도 마찬가지였다. 17세기 초 여러 해 동안 편의 입장은 몇 가지 의심이 여전히 남아 있음을 가리킬 만큼 격렬한 공격을 받았다. 1620년대와 1630년대까지 종종 스스로 지방 젠틀맨의 아들이라고 하는 런던 상인들은 자기 계발에 대해 불편은 주지만 무시 못할 문헌을 개발했다. 그리하여 루이스 로버츠는 상업에 대한 최초의 체계적 논고들 중 하나를 1638년에 출판했고 거기서 첫 논의를 자신의 비젠틀맨적인 스타일을 변증하는 것으로 시작했다. "나의 젊은 시절이 예술의 연구에서 매매 시장의 연구, 내 자신 … 등등에 이르기까지 … 역운에 이끌리지 않았다면"이라고 쓰면서 그는 상인이 정치가의 의무를 수행하기 위해 다른 어떤 사람보다 더 잘 준비되어 있다고 주장하기 시작했다.[45] 로버츠가 이것을 귀족을 검사하는 잣대로 삼았다는 것은 의미심장하다. 1622년 제라드 말린스는 방향을 다르게 잡으면서 "모든 불멸의 찬사들 중에 가장 가치 있는 것은 쉽고 정당한 정치적 수단으로 왕국과 연방을 부유하게 만들 수 있는, 또 만드는 이들[상인들]이다"라고 썼다.[46] 상인이 공공의 후원자이자 여행과 경험으로 공직에 준비된 사람이라는 생각은 혁명 이전 몇 년 동안 강력해졌다. 그러나 이 새로운 명성은 무역이 "충분하기 이를 데 없는 자유로운 모험"이었던 "왕실 상인"에게만 안전하게 주어졌고 아직 "이 상점 저 상점을 찾아 소구하러 다니는 방어적 덩굴치기" 상인에게는 붙지 않았다.[47] 토마스 월슨은 "모험 상인은 그의 왕실 및 귀족 도매상에 관련해서 그렇듯이 … 바다에서 … 그의 다난한 모험에 관련해서 위엄

---

44) William Harrison, *Harrison's Description of England in Shakespeare's Youth*, ed. F. J. Furnivall (London, 1877), I, p. 131.

45) Lewis Roberts, *The Merchant's Map of Commerce* (London, 1638), 서신과 2쪽. 로버츠의 사회적 배경에 대해서는 다음을 참조. *DNB*.

46) Gerard Malynes, *The Maintenance of Free Trade* (London, 1622), 서신.

47) Thomas Powell, *The Art of Thriving* (London, 1635), p. 84; Kelso, *English Gentleman*, pp. 60-61.

있는 군주의 동료로 간주되고 또 그렇게 간주될 수 있다"고 썼다.[48] 이것은 상인을 보다 오래된 귀족의 관념들에 동화하려는 시도였고 그러므로 그것은 "국내의 소매상"을 배제했다. 이러한 구분에는 중요한 타협이 포함되어 있었기 때문에 야망의 강화를 가져오지 않을 수 없었다.

16세기에 과거의 문장 대학을 부활시키려는 노력이 있었고 약간은 성공했다. 가계도, 기사, 향사가 수적으로 엄청나게 많아지는 일이 다음 75년 안에 일어났고 이는 지위에 대한 강력한 관심을 말해준다.[49] 문장에 대한 새로운 관심은 젠트리의 신진 회원들을 인식하고 또 동시에 그 계급의 오래된 배타적 존엄성을 유지하는 수단을 공급했다. 에드먼드 볼턴이 자신의 초기 저서인 『무기 입문』 *The Elements of Armory*, 1610에서 언급한 대로, 부여받은 무기와 업적을 새긴 문장은 "젠틀맨이 먼저는 천한 신분의 사람에게, 다음에는 젠틀맨 상호 간에 알려지게 되는 표시"였다.[50] 문장관들은 젠틀맨이 일상인들과는 별도의 종족으로 간주되게끔 이상한 신화를 개발했다. 즉 그들은 우월한 덕을 소유하고 이를테면 무기 법칙 아래 통합된 종족이고 이 무기 법칙은 "자연 법칙을 제외한 세상의 어떤 법보다 앞서, 그리고 하나님의 십계명보다 앞서 시작되었다"[51]는 것이다. 일군의 영국 작가들과 그 중에 편은 귀족과 천족, 젠틀맨과 막놈의 구별은 노아의 아들로까지 거슬러 올라가고 그 이래 줄곧 지속되었다는 중세의 주장을 부활시켰다. 이 주장은 17세기 문헌에는 나타나지 않았지만 문장에 관한 논란은 혁명 때까지 계속해서 인기가 있었다. 그러나 그 책들의 어조에는 변하는 청중들에 대한 저자와 출판사의 외현적인 현실주의적 반응에 기인하는 것으로 보이는 미묘한 변화가 있었다. 1586년에 출간된 편의 『젠트리의 문장 업적』은 용감

---

48) Thomas Wilson, *A Discourse upon Usury* (London, 1572), ed. R. H. Tawney (London, 1925), p. 203.
49) Kelso, *English Gentleman*, p. 26; Lawrence Stone, "The Inflation of Honors: 1558-1641," *Past and Present*, no. 14 (November, 1958), pp. 45-70.
50) Edmund Bolton, *Elements of Armories* (London, 1610), p. 5.
51) Anonymous, *The Gentleman's Academy* (London, 1595), pp. 43-44.

하게 "그 어떤 다른 사람도 아니고 오직 무기를 보유하는 모든 젠틀맨을 위한 지침"이라는 말로 그 특징을 드러내었다. 볼턴의 『무기 입문』은 다만 20년 뒤에 출판되었을 뿐인데 아무런 조건도 달지 않고 "초학자에게"라는 말이 붙어 있다. 이 책은 "간략한 어려운 용어표"와 함께 끝맺었다. 볼턴은 왜냐하면 그는 "통역자가 필요 없는 독자"를 바라기는 하지만 "나는 내가 가진 것과 같은 것을 무시해서는 안 되기" 때문이라고 썼다.[52] 추정하건대 그의 청중들은 그가 나중에 변호했던 상인들과 견습생들을 이미 포함하고 있었던 것이다.

귀족성에 관한 혼란과 불안에서 나온 결과들 중 하나는 젠틀맨이 되는 법에 관한 일련의 책들이었다. 이 책들은 삶을 최대한 세목별로 조직하는 욕망, 규칙의 복종에 의해 자기 확신을 성취하는 욕망을 반영했다. 리처드 브래쓰웨이트는 『영국 젠틀맨』*The English Gentleman*, 1630에서 "젠틀맨이 되는 참된 새로운 기술"을 제시하기 시작했다. 장별 제목이 그 책의 방법과 내용을 말해준다. "젠틀맨은 어떻게 국가 공무에서 자신을 낮추는가", "젠틀맨은 어떻게 여가 활동에 자신을 바치는가", "아내를 선택할 때 어떤 지침을 따라야 하는가", "어떤 사람이 같이 기도하고 어울리고 대화하거나 사귀기에 가장 좋은 친구인가." 이 책은 특별히 새로 온 회원들에게 소구했을 것이다. 왜냐하면 그 책은 줄곧 존재보다는 행동을 강조했기 때문이다.[53] 혁명이 일어나기 전 한 세기 동안 숱한 엇비슷한 연구들이 동일한 내용을 강조하면서 나타났고 갖가지 종류의 안내편람, 편

---

52) John Ferne, *The Blazon of Gentry*, 책제목이 표시된 쪽을 참조; Edmund Bolton, *Elements of Armories*, p. 202. 이와 유사한 비교가 다음의 두 책 사이에 가능할지도 모른다. 『젠틀맨 아카데미』(The Gentleman's Academy, London, 1595)는 "영국의 젠틀맨과 사냥꾼 및 사냥매를 부리는 사람의 모든 좋은 사귐을 위해서"라고 쓰여 있고 『젠트리를 위한 보석』(A Jewel for Gentry, London, 1614)은 나중에 재판으로 나온 동일한 책으로서 "누구든지 … 모든 기술을 이해하게 해 주는 참된 방법"이라고 기술되어 있다(강조는 첨가된 것이다). 이와 동일한 변화를 한때 "젠틀" 기술로 생각된 기마술과 군인에 관한 책에서도 찾아볼 수 있다. 예를 들어 다음을 참조. John Curso, *Military Instruction for the Cavalry* (Cambridge, 1632). 이 책은 서신 부분에서 "초보자와 정식 교육을 받지 않은 기수"를 위해 "가장 솔직하고 가장 평이하게" 써진 것이라고 말한다.

53) Richard Brathwait, *The English Gentleman* (London, 1630), 목차 참조; 브래쓰웨이트에 대해서는 다음을 참조. W. L. Ustick, "Changing Ideals of Aristocratic Character and Conduct in Seventeenth Century England," *Modern Philology* 30: 153-157 (1932).

집본, 연감이 "모든 초학자의 능력에 가장 적절하고 명료하고 쉬운 길을 제시한다"고 주장했다. 출판사들은 사회적 열등감이 드러나는 인간의 두려움을 등쳤다. 그들은 서간문집, 명언집, 갖가지 가능한 상황에서 행동하는 규칙, "찬사교육아카데미" 등등을 출판했다.[54] 청교도적 대중 문학처럼 이 모든 것은 통속화였지만 그래도 그것은 촌티를 피하려고 애를 쓰면서 많은 노력을 기울인 기회였음에 틀림없다. 그러나 그들로 하여금 행동과 예절 도서를 구입하게 한 것은 모양을 좋게 보이려는 문제만은 아니었다. 말하자면 그것은 자신의 사회적 공적을 확신하려는 욕망이기도 했다.

의미심장한 것은 이러한 책들이 경건함에 관한 청교도의 문서처럼 형식에서 또 간혹 내용에서 유사했다는 점이다. 사회적 처신 방법은 영적 방법에서 그와 유사한 것이 있음을 발견했다. 이 두 가지는 각각의 목적에서 상관되어 있었다. 이 둘은 모두 사람이 공적 의식을 세워가는 것을 도와주었다. 브래쓰웨이트의 책이 나온 같은 해에 청교도 목회자 토마스 테일러는 "충분한 정도의 거룩함에 도달하는 방법"을 제시하는 논고를 출판했다. 테일러는 "이것을 얻으려면 규칙들을 준행해야 한다"고 썼다. 설교자 폴 베인은 "회개를 일으키는 법"을 제시했고 일련의 실제적인 "연습"을 처방했다. 1623년 순회재판 설교에서 임마누엘 본은 아마도 가장 중요한 문제를 건드린 적이 있다. 즉 그는 "선한 양심을 얻고 지키는 규칙"[55]을 제공했다. 성도는 자신의 구원을 확신하지 못하면 체계적이고 규율화된 활동을 행하도록 자극을 받았다. 브래쓰웨이트의 젠틀맨처럼 "그는 게으름을 인간 시간의 좀나방으로 파악하고 날마다 일련의 임무를 부여받았다." 성도와 젠틀맨 모두에게 삶 자체는 일련의 임무가 되었고 명시적 목적을 위한 규칙에 따라 그 임무를 수행했다. 신입 젠틀맨은 쾌락과 "좋은 사귐"을 챙기

---

54) 이러한 문헌에 관한 기술을 보려면 다음을 참조. L. B. Wright, *Middle Class Culture in Elizabethan England* (Ithaca, New York, 1935), pp. 126ff., pp. 136-137을 특히 참조.

55) Thomas Taylor, *The Progress of Saints to Full Holiness* (London, 1630), p. 259; Paul Bayne, *A Caveat for Cold Christians* (London, 1618), pp. 11-13, 19ff; Immanuel Bourne, *The Anatomy of Conscience* (London, 1623), p. 32.

고 사냥하기보다는 연습하는 것은 물론 전시하는 요구까지 받았다. 이것은 성도에게도 마찬가지였다. 종교는 위안이기보다는 차라리 방법이었다.[56] 토마스 테일러는 "신체의 건강은 연습이 지켜주는 것처럼 영혼의 건강은 은혜의 연습이 지켜준다"고 썼다. 그는 계속해서 불굴의 자기성찰에 관한 기술을 전개한다. "성화는 지속적 행위이고 절차이다.…" 즉 지속적 노력이다. 이와 마찬가지로 은혜는 연습이었고 쾌락 즉 영혼을 충만케 하는 황홀경이 아니었다.[57] 역시 이와 마찬가지로 귀족은 더는 인계 받은 자랑스러운 지위가 아니었다. 거기에는 예의범절을 지키며 올바른 임무를 날마다 부지런히 수행하는 어려운 문제가 있었다. 젠틀맨의 활동은 젠틀맨이라고 규정하기가 더 어렵게 되어감에 따라 이와 동시에 새로운 정확성이 필요했다. 성도들에 대해서도 동일한 말을 할 수 있다. 우리는 성도다움과 귀족다움의 병합에서 경건한 치안판사의 부지런한 "개혁" 활동을 가능케 한, 또한 그러한 개혁 활동에서 표현된 자부심과 자신감의 강화를 볼 수 있다.

5. 청교도와 기사의 성품

물론 자신의 자연적 우월성을 전적으로 당연시하던 젠틀맨은 충분히 있었다. 그들은 아무런 불안도 없었고 자신의 활동에서 주목할 만한 근면성도 전혀 없었다. 많은 지방 향사들은 자신들의 특권에 대한 에드워드 콘웨이[1594-1655] 자작의 요약에 동의했을 것이다. 즉 "우리는 먹고 마시고 놀이하기 위해 일어난다. 이것이 젠틀맨처럼 사는 삶이다. 왜냐하면 젠틀맨은 그의 쾌락이 아니면 무엇이란 말인가?"[58] 사회적 처신은 청교도적 방법이 요구하는 것과 같은 힘든 자

---

56) Richard Brathwait, *English Gentleman*, sig. Nnn; 신체적 운동에 대한 새로운 공리주의적 견해에 대해서는 제임스 1세의 『왕의 선물』과 프란시스 베이컨이 제임스 1세의 충신 버킹엄 공작에게 보내는 서신을 논의하는 다음 글을 참조. W. L. Ustick, "Advice to a Son: A Type of Seventeenth Century Conduct Book," *Studies in Philology* 29:417-419 (1932).

57) Thomas Taylor, *Progress of Saints*, pp. 20-21, 202.

58) 다음에서 인용된 것이다. Maurice Ashley, *England in the Seventeenth Century* (1603-1714) (London, 1952), p. 18.

기 규율 근처에 갈 필요가 전혀 없었다. 브래쓰웨이트는 실로 지루한 이야기만 하는 은사를 가졌고 450쪽이나 되는 그의 책은 셰익스피어의 『햄릿』의 폴로니우스를 재기를 보여주는 본보기처럼 만들었다. 그는 보다 오래된 인도주의의 이상주의에 어떤 청교도적 경건과 아울러 장황한 수다만을 덤으로 얹어 놓았을 뿐이었다. 그의 진정한 중요성은 그의 책에서 존경 가능의 요소를 열심히 모으는 그의 청중에 있었다. 그러나 16세기의 인도주의에는 청교도 규율과 보다 덜 양립하는 것이었다고 해도 대안이라고 할 만한 결과가 있었다. 이것이 가장 잘 드러나는 것은 헨리 피첨의 『완전한 젠틀맨』이다. 이 책은 미래의 왕정 지지파 기사들의 성품으로 간주될 수 있는 것을 드러낸다. 피첨은 교육의 중요성을 강조했다. 하지만 그는 젠틀맨의 실제적 활동에 관해서는 거의 말한 것이 없다. 따라서 그에게 교육은 인도주의의 시민성이나 청교도 치안판사를 모방하는 면에서보다는 외적 공적이나 전시로 끝나고 만다. 학습의 목표는 개인의 발전에 아주 가까운 것이 되고 만다. 그것이 하나님에게 봉사하는 것이 아님은 아주 분명하다. 이보다 더한 것으로는, 그가 자신이 말하는 완전한 젠틀맨에게 요구한 것이 개인의 가치와 훈련된 모험 능력에 대한 훌륭한 감각이었다는 점이다. 이것은 청교도들 사이에서 개인의 무가치성을 확신하는 토대 위에 세워진 양심과 의무의 관심도 아니고 행여 적어도 사회적 및 영적 불충분성에 대한 모종의 보다 모호한 감각 위에 세워진 양심과 의무의 관심도 아니었다.[59]

　피첨의 책은 다만 젠틀맨의 공적 역할을 간략히 다루었을 뿐이다. 이러한 의미에서 기사들은 그 모든 문화와 공적에도 불구하고 자코바이트 운동과 로맨스가 쇠퇴하기 훨씬 이전에 있었던 무정부주의와 같은 것이었다. 왜냐하면 17세기의 귀족은 그 공적 활동에 의해 점차 정의되었기 때문이다. 이 시기는 대륙에서 왕정 절대주의의 지원하에 귀족의 군사적 행정적 계급 제도가 발흥하는 시기

---

59) Henry Peacham, *The Complete Gentleman* (London, 1622), passim. 또한 다음을 참조. Ustick, "Changing Ideals of Aristocratic Character and Conduct Seventeenth-Century England", *Modern Philology*, 20(2), 1932, p. 153.

였다. 그리고 영국에서 이 시기는 의회 젠틀맨과 평화의 법관의 중요성이 절정에 달한 때였다. 기사들은 소양을 너무 많이 계발했고 또 모험적인 개인들이었기에 따분하거나 경건한 공직 세계에서 마음이 편안할 수 없었다. 그러나 그들은 새로운 이상적 유형의 대륙 귀족들과 공유하는 것이 있었다. 즉 궁정과 군대 계급에서 단체적 자부심이 배양되었고 이는 실제로 보다 개인적으로 가지는 기사의 명예심과 가치의식과 거의 닮았다. 일반적으로 말해서 기사와 군 장교의 경우에는 다 같이 명예가 순결한 형태의 기독교 젠틀맨의 양심을 대신했다고 주장될 수 있다.[60] 다만 명예는 시민적 또는 종교적 의무와 간접적으로만 관계했다. 그 대신에 그것은 존엄과 용기에 대한 개인적, 가족적 및 단체적 의식을 포함했다. 그것은 귀족에게 속하는 것으로 가정된 관습적 속성을 은혜롭게 전시하는 것을 요구했다. 반면에, 양심은 내면의 선함에서 나오는 행동을 명령하고 지시했을 것이다. 물론 이 둘은 전적으로 다른 것은 아니었다. 어떤 의무 의식은 르네상스 궁정관리의 불안한 자기본위주의와 함께 발전되었고 개혁적 치안판사들은 그의 청명한 경건성에도 불구하고 어느 정도 지위에 대한 자부심과 자기극화에 대한 상당한 재능을 포기하지 않았다. 양심과 자기본위주의, 경건과 명예, 이 네 가지는 새로운 행정적 군사적 엘리트의 엄밀한 사회적 도덕적 규약 형성에서 제자리를 차지했다. 이것은 특히 17세기에 기원을 둔 대륙 장교단을 조사해 보면 분명한 것이다.[61] 그러나 궁정 파벌과 군사 계급의 고정관념적인 명예는 독립적인 정치 활동을 준비하지 못했다. 말하자면 훼손된 명예는 결투로 만족하고 끝났다. 그러나 상처 입은 양심은 정치적 반대를 일으켰다.

---

60) 켈소의 명예 도덕에 대한 논의를 참조. Kelso, *English Gentleman*, pp. 96ff. 부르크하르트는 명예를 "근대인이 믿음, 사랑, 소망을 … 잃은 후에 그에게 살아남아 있는 양심과 자기본위주의의 수수께끼 같은 혼합"이라고 말한다. Burckhardt, *The Civilization of the Renaissanc*, p. 263.

61) G. A. Craig, *The Politics of the Prussian Army, 1640-1945* (Oxford, 1955), pp. 11, 16. 크레이그는 16쪽의 각주에서 프레데릭 2세 치하의 장교단에 대한 다음과 같은 기술을 인용한다. 장교들이 항상 준비가 되어 있는 것은 이렇다. 즉 "모든 개인적 이점과 이익과 안락을 포기한다. 그렇다! 명예가 남기만 한다면 모든 욕망은 포기한다. 다른 한 편, 이것과 왕과 조국과 프로이센 무장을 위해서 무엇이든 희생한다. 이들의 마음속에는 의무와 충성만 있고 자신의 삶을 위해서는 아무 관심도 없다."

요약하면, 기사들은 하나님의 도구이기보다는 궁정의 장식이었다. 때로는 용기와 기량의 장식이 되기도 했다. 그러면 그때는 그것들은 대화의 장식, 개인적 아름다움의 장식, 성적 매력의 장식이었다. 이것들은 개성과 재기의 가치를 항상 폄하한 청교도적 문헌에서는 그저 무시될 수밖에 없었다. 보다 중요한 것으로는, 이것들이 기독교적 젠틀맨의 이상이 발전된 행실 문헌에서도 마찬가지로 존재하지 않았다는 점이다. 팸플릿과 논고들을 두루 살펴보면 진지함에 충격을 받은 것이 분명하다. 마침내 그것은 영국인의 성품의 특징이라고 생각되기에 이르렀다. 그리하여 진지함은 특정한 형태의 개인적 말소와 결합되었다. 즉 스티븐 마샬은 존 핌의 장례식 설교에서 장기의회 의원들에게 다음과 같이 말했다. "그러므로 사람을 하나님의 도구로서 **사용하고** 사람 위에다 아무것도 세우지 말자고 확신합시다.…"[62]

6. 청교도의 새로운 소명정치

1640년 이전의 100년은 젠틀맨 교육의 시대로서 간주될 수 있다. "도시의 기술", "새로운 귀족을 위한 기술", 경건한 방법, 그리고 끝으로 의회 기술에 관한 교육이 있었다. 존 핌, 존 햄프던, 올리버 크롬웰과 같은 사람들은 이러한 교육의 산물이었다. 처신을 가르치는 책들은 그들을 훈련하는 일부였다. 청교도의 설교들도 그랬다. 사실상 광범위하게 출판된 저서들이 전체적으로 그랬고 17세기 초까지 엄청나게 폭넓게 확대되었으며 여기에는 1620년까지 이르는 현대 신문의 전신이 포함되어 있었다. 의미심장한 것은 "뉴스"를 알고 싶어 한 것이 신진 회원들과 성도들이었다는 점이다. 1620년대 주간 팸플릿 독자들의 특징은 적의를 품은 궁정 시인이 흥미로운 사실을 알려주는 약간 서투른 잡시에서 드러난다. 예를 들면 그들은 "… 견습생들, 신출내기 하녀들, 부유하고 기

---

62) Stephen Marshall, *The Church's Lamentation for the Good Man's Loss* (London, 1644), pp. 9-10.

지 있는 모모 인사들 …"이라는 것이다.**63** 벤 존슨은 자신의 희극『뉴스 산실』*The Staple of News* 에서 정보와 가십거리를 찾는 젠틀맨을 풍자했고 풍자시 "새로운 외침"New Crie 에서 풋내기 청교도 정치가를 묘사했다.

> 체리가 익고 딸기가 떨어지기 전에
>
> 런던 업무를 향해 외치는 소리가 또 하나 추가된다.
>
> 익은 정치가라고, 익은. 그들은 모든 거리에서 자란다.
>
> 여섯 살에, 그리고 스무 살에 익는다. …
>
> 위원회, 프로젝트, 실무를 그들은 안다.
>
> 그리고 군주가 각자 정보를 위해 무엇을 하는지도 알고,
>
> 주머니에 넣고 다니는 타키투스를 누구에게 전하는지도 안다.
>
> 또 소식지 가제트Gazetti 나 정기 간행지 갈로-벨기쿠스Gallo-Belgicus 도 ….
>
> … 그리고 그들이 알고 있는 것이 또 있다.
>
> 국가가 평화를 이루면 어떻게 될 것인가.
>
> 잉글랜드 말이다. 그들은 금서라는 금서는 모두 입수한다.
>
> 그리고 그들은 흙탕물 음모에 대해 아직 이야기할 것이다.
>
> 그들은 프랑스 왕의 이름을 말할 때 고개를 젓는다.
>
> 그리고 교황과 스페인을 말할 때면 얼굴을 약간 찌푸리고,
>
> 아니면 주교에 반대하고 형제들을 위해서는 격분한다. …**64**

갈로-벨기쿠스는 대륙의 종교적 투쟁을 전하는 뉴스 보도 연감이었다. 이러

---

63) 에이브러햄 홀란드의 글로서 다음 책에서 인용된 것이다. Abraham Holland, in J. B. Williams, *A History of English Journalism* (London, 1908), p. 5. 그러나 뉴스레터는 사실상 로버츠 할리의 뉴스처럼 가족들에게 읽혔다. 다음을 참조할 것. Brilliana Harley, *Letters of Lady Harley*, p. 19. "… 그리고 이제부터 코란토스가 다시 허가되니 너는 매주 관련 사항들을 볼 수 있을 것이다."

64) Ben Jonson, *Poems*, ed. G. B. Johnston (Cambridge, Mass., 1955), pp. 43-44.

한 보도는 1630년대에 청교도 독자들의 보다 큰 관심 뉴스를 소매로 유통하는 『스웨덴 인텔리전서』*Swedish Intelligencer*에 의해 계속되었다. 크롬웰은 분명히, 구스타브 2세 아돌프의 독일 군사 작전에 대한 『스웨덴 인텔리전서』의 자세한 설명에서 전략에 대한 자신의 교훈을 믿게 만들었다. 이것 역시 일종의 교육이었다.[65]

존슨이 "새로운 정치가"를 청교도 "형제"와 연결하는 것은 틀림없이 옳았다. 이 두 신흥 인간은 새로움에 대해 상호 의식했고 그러면서 그 이상으로 함께 묶여 있었다. 청교도주의는 여론과 관련해 실제적 내용을 제공하지 못했을 때도 여론 정치와 기능적으로 관련되어 있었다. 안내편람과 편찬서가 그랬듯이 성직자 지식인의 문헌은 가르침을 제공했다. 하지만 그보다 훨씬 더 중요한 것은 "새로운 정치가"에게 어떤 스타일을 가르쳤다는 것이다. 진지한 노력과 자기 통제는 사회적 종교적 세계의 무질서에 대한 지식인의 반응으로서 이 스타일의 제일 요소였다. 자기 통제는 사태가 벌어지고 있는 세상에서 스스로 새로운 자리를 성취하는 도상에 있는 사람들에게 적절한 것이었다. 이들은 대학으로, 도시로, 의회로 들어가서 길을 찾아 나아갔다. 영국 하원의 정치적 발전과 청교도 경건성의 파급 사이에는 밀접한 역사적 상관성이 있다. 위원회 시스템을 묵인하고 외교 정책 발언권을 고수하며 국고를 움켜잡고 있는 사람들은 무엇보다도 진지한 사람들인데다가 청교도적 의미에서 **진지한** 사람들이었다. 그들의 자아와 양심은 분리가 불가능했다. 그들이나 그들의 친족 또는 친구나 지지자들은 아마도 설교를 온통 적었고 목회자들과 상의했으며 일상적 성취감과 실패감을 자신의 일기에 기록했다. 이 모든 것 역시 교육이었다. 칼빈이 믿는 하나님과의 접촉에서 마음을 단단히 먹고 스스로를 그분의 도구라고 상상하면서 지방 젠틀맨들과 도시 상인들과 변호사들은 의회 정치가가 되는 법을 배웠다.

---

65) 『스웨덴 인텔리전서』(London, 1632) 2부의 서문을 참조. 이 저자는 다음과 같이 쓴다. "하나님은 그의 백성에게 구원자를 보내기 시작했다." 그리고 "영향을 잘 받은 영국인에게" 이 소식을 전하는 것은 … "복음 전도에 버금가는 일이었다." 크롬웰에 대해서는 다음을 볼 것. Firth, *Oliver Cromwell*, pp. 29-30.

이 과정은 결정적으로 중요한 일이었고 가급적 더욱 자세하게 기술될 필요가 있다. 어떤 의미에서 의회 정치는 새로운 젠트리의 연대성과 진지함의 "반사 작용"이었을 뿐이다. 성직을 맡고 있는 성도들이 교회를 그들과 같은 사람들 즉 순수하게 말씀의 통치를 받고 관능적 옷이나 의식 절차 및 기술의 지원이 필요 없는 성실과 학식과 양심을 갖춘 지식인들에 의해 다스려진다고 상상한 것처럼, 기독교 젠틀맨은 자신의 성품과 관심을 기본 요소로 삼아 자신의 정치를 구축했다. 경건한 치안판사는 시골의 재판관 또는 의회 의원이었고 하나님과 공적 봉사의 이름으로 끝없이 전한 설교를 듣는 대학에서 양성되었다. 그는 곧바로 자신과 같은 사람들 즉 부지런한 의원, 변호사 및 판사들 그리고 경건한 군 소장들이 통치하는 연방을 창안했다. 이들에게는 권력을 상징하는 복장이 필요 없었고 오직 그 책, 그 검으로 충분한 사람들이었다. 밀턴이 "대가가 크고 많은 돈을 치른 추문, 이미지와 그림의 유혹, 부한 사제복, 화려한 제단포" 뿐만이 아니라 … "어마어마한 비용과 사치로 … 방종하고 오만한 궁정"까지 고발했을 때 그는 이 두 집단 즉 목회자와 젠트리를 대변했던 것이다.[66] 헌신과 재능을 가장 잘 상징적으로 나타내 주는 것은 평범한 검은 양복과 겸손한 태도였다. 따라서 보다 오래된 휴머니즘의 시민 전통은 살아남았고, 그리고 칼빈주의적 경건성과 규율의 충격으로 변형되었다. 밀턴은 어떤 면에서 그 두 가지의 체현이었다. 이렇듯 영국 젠틀맨의 성품에서 이루어진 그 두 가지의 융합이야말로 정치적 반대를 위한 지적, 영적 기초를 제공해 준 것이었다.

그러나 그 반대는 현실 세계에서 다른 어떤 것, 즉 보다 특별한 준비, 말하자면 구체적 확신, 의지적인 것, 거의 광신에 가까운 것을 필요로 했다. 이것은 청교도의 배타적인 산물이었고 마음속 깊은 곳에서 느낀 불안, 어떤 세속적 형태로 나타난 목회자들의 "정착되지 않음"에 대해 강렬하게 규율적으로 반응한 결과였다. 젠틀맨의 과민한 자부심은 자신을 하나님의 도구로 보고 성도다운 모

---

66) Milton, *Works*, ed. F. A. Patterson, et al. (New York, 1932), III, Part I, p. 5; VI, p. 120.

습으로 나타났으며 그럴 때면 그의 경건한 의지는 자신을 전통적 정치 통제로부터 자유롭게 해 주었다. 그런 방식으로 목회자들은 1580년대에 자유롭게 되었고 급진적 정치의 토대를 마련했다. 닐은 "그들의 목표의 추구"에서 "그들은 하원 의원에게 시위 행동과 선전 방법을 가르쳤고 실로 반대 기술은 … 그들에게서 또는 그들의 고취에 의해서 배운 것이 많았다."[67] 1640년대까지 이 기술은 평신도 사회를 통해 널리 퍼졌고 그 사용을 제한했을지도 모르는 철학적 및 신학적 원리는 닳아빠진 것이 되어 있었다. 이보다 더한 것으로는, 수많은 평신도들이 청교도 회중에서 훈련을 받았고 그들은 반대 기술을 피할 수 없는 의무로 보았다는 점이다.

에드워드 코벳은 1642년 하원에서 다음과 같이 말했다. "우리가 하나님의 도구일 수 있는 명예를 가진다면 우리는 도구 직위를 수행하고 행동해야 한다.… 우리는 섭리와 동행해야 한다."[68] 그러나 "도구 직위"는 전통적으로 의원 직위에 포함되지 않은 많은 의무를 포함했다. 왕의 특권에 대한 청교도 의원들의 집요한 공략은 아마도 의원 직위보다 더한 빈번한 도구 행위였을 것이다. 비록 많은 사람들에게 그 두 개의 정체성이 서로 섞여서 하나가 다른 하나를 강화했지만 말이다. 따라서 여왕의 특권에 대한 공격으로 1591년에 투옥된 노샘프턴셔주 지방 젠틀맨 피터 웬트워쓰는 자신이 달리 어떻게 행동할 수 있었겠는가라고 추밀원에 물었다. "주 하나님은 그에 관해 나의 눈을 분명한 관점으로 열어 주시고 나는 의회 의원이 아닌가?"[69] 그들은 달리 선택지가 없었다고 청교도 의원인 티모시 달톤은 생각했다. 그들은 "법을 제정함에 있어 자신의 양심을 질서 있게 이행하지" 않으면 안 된다. 그러면 **"그들로 하여금 그 일이 당연히 필요한 나머지 사람들을 돌보게 하십시오."**[70] 그와 같은 태도가 없었다면 아마도 급진적 정치

---

67) Neale, *Elizabeth I and Her Parliaments: 1584-1601* (London, 1957), p. 436.
68) Edward Corbett, *God's Providence* (London, 1642), p. 28.
69) 다음에서 인용된 것이다. Neale, *Elizabeth I and Her Parliaments: 1584-1601*, p. 261.
70) 다음에서 인용된 것이다. Neale, *Elizabeth I and Her Parliaments: 1559-1581* (New York, 1953), p. 213 (강조는 첨가됨)

는 생각할 수 없었을 것이다. 올리버 크롬웰은 하나님이 다시 한 번 "분명한 관점"을 열어 주시지 않았다면 적어도 자신이 한 것처럼 행동하지 않았을 것이라고 1654년 9월 잉글랜드 보호국 제1차 의회에서 말한 바 있다. 그는 케임브리지 셔 주 젠틀맨으로서가 아니라 다만 성도로서 잉글랜드를 통치할 수 있었다. "나는 이 자리를 자처하지 않았다." 그러나 주 하나님은 "그분의 섭리에 의해 가장 분명하게" 권력을 올리버의 손에 들어가게 했고 그 섭리가 다시 한 번 분명해질 때까지 그는 그것을 넘겨줄 수 없었다.71

종교적 소명에 대한 이 놀라운 의식은 왕권 반대의 세속적 이유를 강화시켰고 의회 생활에도 작용하고 있음을 볼 수 있다. 이 작용은 세 가지 국면에서 볼 수 있다. 이 세 가지는 1640년대의 혁명적 활동에 너무나도 결정적인 것으로서, 곧 선거, 정치적 조직, 그리고 종교적 "운동"이다. 이것들은 다만 여기서 개요만 그려질 것이다. 이것들은 정치적 성도들에 관한 수많은 전기 연구를 통해 한층 더 주의 깊게 검토되어야 마땅한 것들이다. 이러한 전기 연구는 종교적 열정의 충격을 따져볼 수 있을 정교한 과제에 착수하는 일이다. 잠시지만 그나마 말해둘 수 있는 것은 16세기와 17세기 정치의 급진적 혁신은 종교의 도덕적 지원 없이는 생각할 수 없는 것이었다는 점과 아마도 종교가 혁신을 위한 중대한 장려책을 제공했다는 점이다. 특히 종교의 도덕적 지원이 많은 사람들의 협력을 포함했을 때는 더욱 그렇다.

⊡ 선거. 하나님의 도구들은 사실상 사람들에 의해 선출되었기 때문에 청교도 설교자들은 선거 과정에 종교적 목적을 불어넣으려는 경향이 있었다. 사람들에 의해 선출된 하나님의 도구에서 올리버는 제외한다. 그들은 선거인들의 진지함에 소구했다. "거룩한 선택"은 "종교적 배려"와 함께 "공적 헌신"의 기간이 지난 후에 이루어져야 한다고 토마스 아담스는 설교했다. 아담스의 의도

---

71) Thomas Carlyle, ed., *Oliver Cromwell's Letters and Speeches*, III, pp. 41, 46. 크롬웰의 소명 의식은 다음 책에 잘 기술되어 있다. R. S. Paul, *The Lord Protector: Religion and Politics in the Life of Oliver Cromwell* (London, 1955), pp. 148, 271-272, 386-389.

는 가족과 후원이라는 오랜 유대를 극복하거나 적어도 의심에 붙이는 것에 있었다. 그는 1625년에는 거의 성공할 수 없었다. 중요한 것은 그 의도가 현재적이고 투표자의 의식을 향해 나아가는 것이었다는 점이다. 이 설교자는 이전 재임자의 아들이 되는대로 직위를 인수하는 것을 경고했다. "자연은 짐승 같은 피조물에서 규칙적이다. 독수리는 까마귀를 생산하지 않는다.… 그러나 인간에서 실패하는 것은 자연이다.… 자식들은 종종 부모의 얼굴과 외모를 닮는다. 그러나 마음과 자질은 아니다.…[72] 비슷하게 존 프레스턴은 "선거에서 … [대의원들이] 친구나 자신을 기쁘게 할지도 모른다고 생각하는 것은 사람들의 오류라고 …" 주장했다. 프레스턴은 하나님과 양심의 규율 하에 공공선을 위해 자유롭게 행동할 수 있는 도구가 뽑힐 수 있는 방법을 기술했다. 그는 선거인들은 "모든 면에서 마음을 한결같이 자유롭게 유지해야 하고 그렇게 해서 선출하게 될 때 자신의 양심과 하나님이 보기에 그 자리에 가장 적합하다고 생각하는 인물을 뽑아야 할 것이다 …"라고 썼다. 이 청교도 지도자가 그 당시에 더 살아 있어서 1640년에 아이삭 페닝턴이 런던 시 선거 기관에 의해 "그의 알려져 있는 열정, 그의 안식일 금식 …" 때문에 의회 의원으로 선출되었다는 소식을 들었다면 틀림없이 기뻐했을 것이다. 이것은 아마도 경건한 방식으로 뽑은 선거였을 것이고 또한 청교도 선거 운동의 본성을 말해준다.[73]

프레스턴이 기술한 것과 같은 선택을 보장하려면 선거를 공적 절차로, 경건성을 정치적 문제로 만드는 것이 필수적이었다. 엘리자베스 치하의 청교도인 잡 쓰록모턴은 유권자들에게 "당신들의 문제가 대부분 그러하듯이 이 문제[의회 선거]를 구석진 곳에서 모여서 아무렇게나 해치우도록 하지 않을 것"이라고 말했다.[74] 바꾸어 말하면 그는 선거를 옛날식으로 가족적 협의를 통해 처리하

---

72) Adams, *Holy Choice*, pp. 56-57, 63.
73) John Preston, *Life Eternal or, A Treatise of the Knowledge of the Divine Essence and Attri-butes* (London, 1634), Second sermon, p. 67. 페닝턴에 대해서는 다음을 볼 것. Pearl, *London*, p. 179.
74) J. E. Neale, *The Elizabethan House of Commons* (New Haven, 1950), pp. 252-254.

도록 하지 않을 것이다. 17세기 정치의식의 파급은 하원 의원을 선택할 때 "모여 협의하는" 방식으로 선택하는 것을 점차로 어렵게 했다. 그 대신에 선거는 젠트리가 자신의 새로운 공적 정신과 경건성을 주장하는 기회가 되었다. 존 핌이 1640년에 "청교도적 형제"의 선출을 옹호하고자 잉글랜드를 두루 다녔을 때 그는 오랫동안 발전해 온 어떤 정치적 활동 개념을 실행에 옮기고 있었다. 벤 존슨이 한때 풍자했던 "익은 정치가"는 바로 같은 그 해에 런던 선거에서 활발하게 그 존재감을 보여주었다. 어떤 청교도 설교자는 이 모든 활동의 결과는 장기의회 의원들이 "왕국의 … 경건성과 거룩함을 간결하게 요약하여" 대표했다는 것이었다고 말해주었다. 그것은 단순하게 주요한 의제나 지배적 관심사를 대표하는 것이 아니었다.[75]

②정치적 조직. 가족적, 개인적 충성심이 선거에 영향을 미칠 수 없었던 것처럼 위계는 선출된 대표의 열정을 제한할 수 없었다. 목회자들은 오직 행동만이 "우리를 하나님의 영광의 도구로 만든다"고 가르쳤다. 행동을 자유로워지도록 하기 위해서 목회자들은 자신들이 동등하다는 사상과 유사한 것이 치안판사들이 평등하다는 사상에도 있다는 것을 발견해냈다. 사무엘 러더포드는 다음과 같이 썼다. "군주의 양심과 열등한 재판관의 양심은 평등하게 만왕의 왕에게 복종한다. … 왜냐하면 여기에는 양심의 일치는 있으되 종속은 없기 때문이다 … 왕이 명령하는 대로 … 재판하는 것은 열등한 재판관의 권한에 속하지 않는다. …"[76] 이것은 칼빈주의의 하나님을 수평화하는 또 하나의 사례이다. 이와 동시에 그것은 시골 구역 평화의 법관, 시 의원, 의회 의원을 격상시키는 예찬이었고 그들 사이에 새로운 종류의 조직을 가능하게 한 것이었다. 목회자 회의와 청교도 회중처럼 이러한 새로운 조직은 평등과 존엄을 상호 인정하는 토대 위에 세워졌다. 그들은 사람들에게 일치된 행동을 마음에 새기도록 했고 평성도의

---

75) Henry Wilkinson, *Babylon's Ruin, Jerusalem's Rising* (London, 1643), p. 30.
76) Samuel Rutherford, *Lex, Rex, or The Law and the Prince* (1644 초판, 1843 재판, 에든버러), 5쪽.

어렵고 위험한 노고에 적합한 새로운 양식의 신뢰와 충성을 만들어냈다.

17세기의 의회 청교도들 사이에는 이미 결혼 동맹이라는 복합 체계가 존재했다. 이 체계는 부분적으로 청교도 분리주의의 결과였다. 성도들은 경건하지 않은 사람들과 아무 관계도 맺지 않고자 했고 그 자녀들이 그러한 사람들과 할 수 있는 한 거의 아무 관계도 맺지 않도록 했다. 그러나 물론 청교도 "당"은 아주 단순하게 말해서 역시 친척들의 결사체였고 틀림없이 가족적 충성심에 의해 강화되었다. 그러나 청교도 의원들에 관해 새로운 것은 그들이 매우 다른 방식으로 강화되었다는 점이다. 구식 결혼 동맹과 함께 그들은 1580년대에 목회자들이 실험했던 것과 같은 결사체를 발전시켰다. 이것은 전통적인 의회 의식과 함께 그들이 청교도 회중의 종교적 운동과 유사한 새로운 헌신 "운동"을 만든 것과 같다. 엄숙한 동맹과 언약은 새로운 결사체의 전형이었고 그것은 청교도 저술가와 설교자들에 의해 매우 상세히 해설된 구약의 언약과 유사한 것으로 생각되었다. 존 핌은 실제로 일찍이 1621년에 일종의 결사체와 같은 것을 제안했다.[77] 1628년에 목회자 알렉산더 레이톤은 "바벨의 붕괴"를 위한 의회 언약을 제안함으로써 "하나님이 승리를 줄 때까지" 끝까지 견뎌서 혁명이 도래할 것을 예기한 『의회를 향한 호소』를 출판했다. 레이톤은 왕의 명령에도 의회를 해산하지 않는 헌신, 곧 영국판 테니스 코트 선서를 요구했을 것이다. "여러분이 배를 지키는 것 외에는 … 아무것도 확실하지 않다. … 왕도 여러분도 우리도 구원받을 수 없다."[78] 핌과 레이톤에 의해 촉구된 언약은 몰수 수탁 기관처럼 의회 외부에서 연합한 결사체와 유사한 것이었고 틀림없이 종교적 열정에 뿌리를 두되 보다 덜 공식적으로 동맹한 많은 결사체와 비슷한 것이었다.

③ "운동". 공개 금식은 청교도들이 일종의 정치적 선전으로 바꾸어놓은 종교적 "운동" 중 가장 중요한 것이었다. 핌은 1626년에 의회 개원일을 국가 금식

---

77) S. Reed Brett, *John Pym, 1583-1643: The Statesman of the Puritan Revolution* (London, 1940), p. 42.
78) Alexander Leigton, *An Appeal to Parliament* (n.p., 1628), pp. 330ff.

의 날로 제안하는 행동을 취했다. 그러나 의원들은 다만 자축 투표만 했을 뿐이다. 그것뿐이었지만 그래도 그것은 의미심장한 행동이었고 감정을 북돋우는 숙의된 노력이었으며 이미 반대 정치의 특성을 보여주었다. 1648년에 스티븐 마샬은 혁명에 앞서 "이 땅과 왕국에서 때로는 십여 년, 때로는 더 많은 세월이 아무런 공개 금식도 없이 … 흘러갔다"고 불만을 제기했다.[79] 혁명 기간 내내 금식은 달마다 지속되었고 설교와 기도 집회가 동반되었다.

"엄숙한 기도"의 날들은 마찬가지로 종교적 열정과 정치적 활동을 자극하기 위한 공적 운동, 사적 운동의 기회였다. 1640년의 단기의회 소집으로 런던에 가기 전에 로버트 할리 경은 가족들과 함께 보호를 간구하면서 기도의 "하루를 지켰다." 잠시 후에 그의 아내는 다시 한 번 다음과 같이 전했다. "브롬톤에 있는 우리는 의회를 인도해 주실 하나님 앞에서 … 이 날을 지켰다. 나는 위계질서가 무너져야 한다고 믿고 지금 그렇게 소망하고 있다."[80] 세월이 흘러 1649년에 군주제 역시 무너졌을 때, 남아 있는 의원들, 군 장교들, 그리고 왕을 재판하는 판사들은 "공개적인 치욕"과 금식과 빈번한 기도 모임의 날들에 자극과 지지를 받았다. 다만 이 당시 할리는 남아 있는 의원에 포함되지 않았다. 이 모든 사건들은 명백히 대의에 대한 헌신을 강화하고 끔찍하고 위험한 행위를 하는 사람들의 양심을 진정시키는 경향이 있었다. 장기의회는 자주 종교적 흥분을 나타내는 분위기 속에서 자신의 과업을 계속했고 그 업적은 그 흥분을 설명하지 않고는 거의 설명될 수 없다.

청교도의 선거공학, 치안판사들의 평등성, 의회 결사체, 그리고 종교적 "운동", 이 모든 것은 공직자를 하나님의 도구로 보는 개념에서 도출되었다. 이것들은 의회 젠틀맨의 교육에서 청교도의 경건성의 역할을 예시한다. 그러나 이 모두를 고려해 그 충격을 최대화한다면 이것들은 모두 분명하게 젠틀맨의 진지

---

79) Marshall, *The Right Way: or A Direction for Obtaining Good Success in a Weighty Enterprise* (London, 1648), pp. 30-31.
80) Brilliana Harlley, *Letters of Lady Harley*, pp. 87, 111.

한 포부와 양심적 자부심에도 불구하고 그 너머에 도달한다. 즉 그것들은 급진적 정치의 가장 근본적인 교리 중의 하나를 말해준다. 이는 도구이기를 내켜하지 않는 자는 사회적 지위가 어떠하든 간에 치안판사일 수 있는 아무런 권리도 없다는 것을 말해준다. 핌의 1621년의 결사체는 규정된 맹세를 거부한 누구라도 직위에서 배제했을 것이다. 1640년대의 의회 숙청은 이와 동일한 정신에서 감행되었다. 1647년에 조지 휴즈는 하원에서 "중대한 죄로 여러분이 성원 자격을 유지할 수 없게 된 만큼 하나님의 왕국을 공경하게 하는 일"은 필수적이었다고 설교했다.[81] 엘리자베스 치하의 잉글랜드이지만 대담한 청교도 설교자이자 웨일스 복음전도자 존 펜리는 이와 유사한 교리를 주장했다. 존 펜리는 여왕 폐하의 웨일스 상원 의장에게 청원하면서 "웨일스를 하나님의 지식 앞으로 데려오는 것이 당신 안에 없거나 당신의 여가가 그 일에 도움이 되지 않을 것 같다면, 그때는 당신은 상원 의장이 아니게 될 것이다"라고 썼다. 펜리는 나아가서 참된 종교가 전파되는 것을 보는 것이 의장의 소명의 "본질"에 속하는 것이라고 썼다. 사람은 "주 하나님에게 도움이 되지 않는다면 … 통치자가 되도록 허락되지 않는다."[82] 이것은 확실히 청교도의 소명 교리가 논리적으로 발전한 것에 지나지 않는다. 그러나 분명히 이는 그것이 젠틀맨과 성도의 정체성에 의문의 꼬리표를 다는 방식으로 이루어진다는 것이다.

하원은 필경에는 계급 조직이었다. 기독교 젠틀맨이 의원의 일원이었을 때 그 모든 응분의 경건성과 함께 행동하며 그리해서 자신의 품위를 옹호하도록 기대하는 것은 좋은 일이었다. 그러나 그는 행동이 어떠하든 간에 구성원의 자격에서 제외되는 일은 기대하지 않았다. 따라서 장기의회의 숙청과 잔부의회 의원들의 해산은 혁명적 행위였다. 그러나 그것들은 또한 경건한 젠틀맨들의 행

---

81) George Hugh, *Vae-Euge-Tuba: or, The Woe-Joy-Trumpet, Sounding the Third and Greatest Woe to the Anti-Christian World* (London, 1647), pp. 29-30.
82) John Penry, *An Exhortation unto the Governors and People of Her Majesty's County of Wales* (n.p., 1588), pp. 26-28.

위였다. 바꾸어 말하면 이들은 구성원으로서보다는 오히려 도구로서 기능했다. 그러나 바로 여기서 그 둘의 정체성은 더 이상 결합될 수 없었고 사람들은 선택해야 했다. 크롬웰의 말로는 "젠틀맨이고 더 이상 아무것도 아닌" 자들은 집으로 돌아갔다.[83] 그러고는 공석이 된 자리는 딴 사람들, 훈련되어 있지 않은 성도들로 채워져야 했다. 라자러스 시맨이 1644년 하원에서 "우리 왕의 실패가 여러분의 손에서 공급될 것으로 예상된다"고 말했을 때 그는 명백히 확장 가능성의 원리를 개진하고 있었다.[84] 그러므로 귀족의 실패의 공급은 다른 사회 집단들 중에서 채워지게 될 것이다.

7. 정치적 젠트리로 변혁된 청교도

초기 청교도의 노력은 "중요한 사람들을 개종시키기" 위해 젠틀맨과 치안판사를 성도로 바꾸는 것이었다. "만일 이들이 개종만 한다면 수백 명이 그 사례를 본보기로 따를 것이다." 그러나 혁명 과정에서 이 노력은 적어도 부분적으로 거꾸로 진행되었다. 실제로는 목회자들은 성도들이 젠틀이든 비젠틀이든 치안판사가 되는 것, 청교도 천사들처럼 "하나님을 위해 봉사할 수 있는" 존재로 되는 것을 요청했던 것이다. 성도다움이 공적 인간과 사적 인간의 구별을 모호하게 만들었다. 왜냐하면 성도의 양심은 하나님의 영장이었고 공적 의무를 부과했기 때문이다. 윌리엄 브리지는 1641년에 "그대가 사적 지위에 속한다면 그래도 공적 정신에 머물러야 한다"고 설교했다. 수행해야 할 많은 "고달픈 임무들"이 있었다. 군대의 병사들과 런던의 상인들한테는 하나님을 섬겨야 할 일이 있으면 채우지 않으면 안 되는 공적 역할들이 있었다.[85] 그러므로 성도들은 준비가 되어 있어야 했다. 미래의 크롬웰 군대의 존 허친슨 대령은 왕과 의회가 싸우게 될

---

83) Thomas Carlyle, ed., *Oliver Cromwell's Letters and Speeches*, I. p. 135.
84) Lazarus Seaman, *Solomon's Choice: or, A Precedent for Kings and Princes and All that are in Authority* (London, 1644), p. 40.
85) William Bridge, *Babylon's Downfall* (London, 1641), p. 10ff.

것이라는 말을 들었을 때 그의 아내도 관련되어 있지만 서재로 물러나 연구했고 "논쟁거리들을 이해하는 데 몰두했으며 … 수많은 여타의 사적 논의 외에 … 공시된 모든 문서들을 읽었고 이렇게 해서 의회가 표방한 대의가 … 정의롭다는 것을 양심적으로 확신하게 … 되었다." 허친슨이 그의 시골집에서 읽었던 동일한 문서와 논의들은 마찬가지로 미래의 토마스 해리슨 대령의 런던 방에서도 읽혔다. 해리슨은 양심에 확신이 있었고 또 그만큼 행동할 준비가 되어 있었다. 그러나 해리슨은 젠틀맨이 아니었다.[86]

성도들의 양심은 경건한 치안판사들의 양심이 그렇듯이 평등했고 서로 "조화했다." 1601년에 어느 "종교적 젠틀맨"이 다음과 같이 썼다. "이렇듯 명령하는 자의 양심이 더는 복종하는 자를 다스리는 재판장이 아닐 것 같으면 그때는 복종하는 자의 양심이 명령하는 자를 다스리는 재판장이 될 것이다."[87] 이것은 의사결정에의 실제적 참여를 포함하는 것임을 말해주는 것이 아니겠는가. 그렇다면 그것은 분명히 결정에 대한 근거를 알고 확신할 수 있는 성도의 권리를 말해준 것이나 다름없을 것이다. 벤 존슨이 말한 정치가들처럼 성도들은 지식을 추구했다. 꼼꼼한 양심은 정보, 토론, 논쟁이 필요했다. 실로 위그노들처럼 청교도들은 공개적 토론이 오랫동안 양심의 포럼이었던 고해성사를 대신하도록 했다. 어느 익명의 젠틀맨이 1601년에 만들었다는 팸플릿은 그 표제가 『그들의 근거에 관해 … 양심의 법에서 제기된 몇 가지 요구』*Certain Demands with their Grounds … Propounded in Foro Conscientiae*였다. 불법 인쇄물이었지만 그 팸플릿은 의견에 호소했다. 그리고 그것은 행동에 대한 호소를 암시하는 말이었다. 윌리엄 퍼킨스는 양심은 "이론적 이해"에 관심하는 것이 아니라고 썼다. 허친슨과 해리슨은 다같이 읽지만 행동하기 위해 읽는다. "양심이 결정하는 것은 사람이 스스로 내리

---

86) Lucy Hutchinson, *Memoirs of the Life of Colonel Hutchinson*, p. 78; C. H. Simpkinson, *Thomas Harrison: Regicide and Major-General* (London, 1905), pp. 2-6. 해리슨은 자신이 "도구"라고 믿었다. 33쪽

87) Anonymous, *Certain Demands with Their Grounds … Propounded in Foro Conscientiae by some Religious Gentlemen* (n.p., 1605), p. 41.

는 행동이다.… 양심은 일반적 보편에 관여하지 않는다. 그것은 다만 특수한 행동을 취급한다."[88] 그렇다면 청교도주의는 부득이하게 모든 양심적 인간은 경건한 도구이고 적어도 잠재적으로 치안판사이며 "공직을 맡은 인간"이라는 사상을 조장하는 셈이다. 토마스 템플은 장기의회에서 다음과 같이 설교했다. 인간이 "자기 마음 안에 그리스도를 왕으로 모시는 것"처럼 그는 "그분의 왕권이 온 세상을 다스리도록 … 도와야" 한다. 이런 것이 일반적으로 사적인 종교 경험으로부터 공적 의무로 이행해 가는 청교도의 논증 방식이었다. 그러나 템플은 계속해서 다음과 같이 설교했다. "모든 사람이 이 수고의 부름을 받는다. 백성, 목회자, 치안판사, 왕 자신이 그렇다. …"[89] 존 굿윈은 다음과 같이 썼다. "우리 중 남자도 여자도 없고, 젊은이도 늙은이도 없으며, 다만 적어도 다소이든 약간이든 한 푼이든 두 푼이든 공공 안전금고에 던질 것만을 가지고 있을 뿐이다." 행동에 대한 청교도의 강조는 너무 커서 성직자 지식인들이 자기 정당화의 필요성을 느끼도록 했다. "머리 쓰는 일은 손 쓰는 일에 필요한 시간만큼이나 … 오롯이 필요하다."[90] 중요한 것은 모든 종류의 일을 모든 종류의 사람들이 할 수 있다는 것이었고 오로지 그들만이 가진 자격증인 경건성과 더불어서 말이다.

그러나 크롬웰의 마음에는 그 경건성이 최소한 귀족의 시작이었다. 그의 연설에서 그 호국경은 여전히 수시로 명예와 양심을 연결했다. 이것들은 동일한 종류의 인간에 속해 있는 것이었다. 그러나 만일 명예가 현장에 없었다고 해도 그때는 양심이 영장이 되기에는 충분했다. 그는 의회군에 관해 "명예로운 귀족 가문의 사람들이 그와 같은 직업군에 들어간 것은 잘한 일이었다"고 썼다. 사실상 신형군의 장교단은 젠트리에서 높은 비율로 선발되었다. "그러나 그렇게 하는 것이 필요했다는 것을 알기에 이 일은 계속되어야 한다. 아무도 없기보다는

---

88) William Perkins, *Works* (London, 1616), I, p. 517.
89) Thomas Temple, *Christ's Government in and over His People* (London, 1642), p. 30.
90) John Goodwin, *Anti-Cavalierism: or Truth Pleaded as well as Necessity* … *for the Suppressing of that Butcherly Brood of Cavaliering Incendiaries* (London, 1642), pp. 3-4.

평범한 사람이라도 있는 것이 더 낫다. 하지만 이러한 직업에서 가장 좋은 일은 궁핍함을 인내하고 충실하며 양심적인 사람을 가지는 것이다."[91] 그는 여기서 경건한 치안판사와 같은 인물, 다시 말하면 청교도 설교에서 너무 자주 나타난 이상적 인간을 기술하고 있다. 즉 용감한 사람, 포용력 있는 사람이나 개인적 소양을 계발한 사람이 아니라 "직업에서 양심적인" 사람을 말하고 있다. 어떤 의미에서 혁명 그 자체는 이러한 인간들의 창조를 향해 오랫동안 나아가고 이들을 궁정관리와 낡은 귀족에 대립하는 인간으로 세우는 역사적 과정의 절정이었다. 마침내 이 대립하는 인간 집단 간에 투쟁이 터졌을 때 크롬웰과 같은 지도자들은 연방의 개혁과 정화를 위해 새로운 치안판사와 군대를 모집할 필요성에 직면했다. 크롬웰은 무작위로 모집할 수 없었다. 왜냐하면 그는 "진지한 사업"을 경건한 자의 표시라고 생각했고 또 이 모집 사업은 지속적인 지적 숙고가 필요하고 정의까지도 규정할 가치가 있다고 생각했기 때문이다. 그는 성도의 문장을 제안하는 단계까지 왔다. "이 성품, 즉 하나님의 도장은 관습법이나 다른 곳에서 논쟁 문제와 학문 재판의 문제를 제공할 수 있거나 제공한 모든 유전적 이해관계와 동등한 평형을 이루어야 하지 않는가?"[92]

그렇다면 어느 청교도 설교자가 말한 대로 장기의회의 소명은 "많은 입을 여는 것"이었다는 사실은 참된 것이다.[93] 그것은 새로운 공적 인간들을 창조했다. 비록 이 인간들이 항상 청교도의 틀에서 형성되었던 사람들의 계층에서 나왔긴 했지만 말이다. 왜냐하면 이 새로운 인간들은 잉글랜드 정치에서 행동으로 보여준 한에 있어서 경건한 치안판사의 유형에 적응한 것이나 마찬가지였기 때문이다. 전형적인 혁명적 인간은 여전히 치안판사였고 아직 시민은 아니었다. 젠틀맨은 여전히 그랬지만 상퀼로트 즉 민중은 아직 아니었다. 증거가 필요했을 때면 성공한 성도라면 서둘러 땅을 사는 것으로 충분했을 것이다. 이는 투기를

91) Thomas Carlyle, ed., *Oliver Cromwell's Letters and Speeches*, I, p. 140.
92) Ibid., III, p. 52.
93) Henry Burton, *England's Bondage and Hope of Deliverance* (London, 1641), p. 14.

위해서뿐만 아니라 지방에 정착하고 지방 젠트리 사회에 진입하기 위한 것이었을 것이다. 그들은 지방에 안착하게 되자 의심의 여지없이 그들의 승리에 하나님에게 감사를 표했고 그들의 가치를 걱정하는 마음을 경건한 일기장에 기록했으며 경건한 목회자에게 상담을 했고 공직에 출마하러 나섰다. 그들은 정당화를 위해 성경을 속여 사용했고 순회재판에 참석했으며 체계적 철저성으로 그들의 의무를 이행했다.[94] 그들은 야망을 가지고 줄을 길게 선 사람들 중에 유일하게 맨 끝에 줄을 선 사람들이었고 진지했으며 자신에게 몰두한 사람들이었다. 그들은 법정을 등 뒤에 두었고 그러기에 얼굴은 전능자를 향했다고 생각했다. 이들 계층으로부터 의회를 정화하고 왕을 처형할 수 있는 "정치가들"이 나왔다. 그러나 이 모든 것 가운데서 그들의 모본은 경건한 젠틀맨이었고 이들 젠틀맨은 태생이 젠틀맨인 휴 피터와 같은 경건한 성직자에 의해 영감을 받고 고취되었으며 앞으로 진군했다. 1570년대와 1580년대에 성직자들이 봉기한 이후에 수평파와 보다 극단적인 종파를 제외한다면 비젠틀맨이 주도권을 잡았거나 새로운 정치 형태를 발전시켰다는 것은 어디에서도 사실이 아니다. 오히려 청교도사상의 영향을 가장 깊숙이 느낀 사람은 크롬웰과 같은 사람들이었다. 이러한 사람들은 양심과 직위를 결합하여 평신도 목회자에 매우 가까운 중요한 인물이 되었다. 성도는 젠틀맨의 타아였고 실제로 그와 달랐을 때도 그 연관은 항상 긴밀했다. 좋은 비교지만 크롬웰은 청교도 성도들의 "정신"을 기사 젠트리의 "용기와 결의"와 맞씌어 보았다. 전투에서, 확실히 정치 투쟁에서 그는 "정신의 사람은 "젠틀맨이 멀리 가는 만큼 갈 것 같다"[95]고 생각했다. 실로 바로 이런 이유로 영국혁명은 또한 골육상잔의 내전도 되었던 것이다.

---

94) 제라드 윈스탠리는 다음과 같이 썼다. "그리고 한때 지주였던 자라면 이제는 경험이 보여주는 것처럼 일어나서 법관이고 통치자이고 주지사가 된다." 다음에서 인용된 것이다. Christopher Hill, *Puritanism and Revolution* (London, 1958), p. 156. 혁명 당시의 토지 매입에 대한 논의를 위해서는 다음을 참조. pp. 156ff., 181ff.

95) Thomas Carlyle, ed., *Oliver Cromwell's Letters and Speeches*, III, pp. 249-250.

8장 · 정치와 전쟁

1. 정당한 전쟁의 전통적 개념과 청교도의 적용

경건한 치안판사의 양심적인 활동은 종종 불경한 신민, 이단 국왕, 또는 합스부르크 가문의 "가톨릭 권력"과 스페인 왕에 반대하는 폭력이 되기도 했다. 각종 형태의 전쟁은 16세기와 17세기의 흔한 특성으로 수용되었다. 치안판사와 재판관 또는 고문자와 교수형 집행인의 물리력 사용은 똑같이 수용되었고 전통적 타락 신학에 의해 비슷하게 설명되었다. 그러나 기독교도들에게 전쟁과 시민적 강제의 정당성이 오랫동안 인정되었다면, 그 범위를 통제하고 그 폭력을 제한하려는 시도도 역시 이루어졌다. 중세의 결의론자들은 전쟁을 정당하게 벌일 수 있는 조건을 정확하고 상세하게 개발하여 정했다. 이러한 "정당한 전쟁" 이론가들은 정의의 편에 선 군대라고 할지라도 이들에게 "애도하는" 전투를 강제하고, 싸운다고 하더라도 열광이나 증오를 보여주지 않는 전쟁을 하려고 애썼다. 정복과 무분별한 살해는 절대적으로 금지되었다.[1]

전쟁은 다만 타락한 인간의 정치적 행동의 일면이었기에 정당한 전쟁 이론은 국내 정치에 분명한 함의를 가지고 있었다. 내전의 필수조건을 기술할 때 그 이론은 왕의 명령에 대한 정당한 저항이 일어나도 좋은 사정을 말해주었다. 이러한 견지에서 폭정은 기존의 법적 또는 도덕적 질서에 반하는 일종의 공격, 즉 부당한 공격 전쟁 행위로 간주할 수 있게 되었다. 다른 한 편, 저항은 방어의 견지에서

---

1) 다음을 볼 것. Alfred Vanderpol, *La doctrine scholastique du droit de guerre* (Paris, 1919).

기술되었다. 이미 제시된 위그노의 사례가 그러하다. 따라서 그들은 폭군에 대한 반란은 정당한 전쟁의 세 가지 전통적 필요조건을 충족하는 한은 **정당하다**는 말을 들었다. 그 세 가지는 첫째, 참으로 방어적이어야 한다는 것, 둘째, 정당한 권위의 명령을 받아 싸워야 한다는 것, 셋째, 통제되고 어느 정도는 질서 있는 방식으로 약탈, 강간 또는 불필요한 살인 없이 수행되어야 한다는 것이다.[2]

칼빈주의 치안판사와 귀족들은 프랑스처럼 저항이나 반란 행위의 추진을 주도하여 정당한 전쟁 이론의 적용을 부활시켰고 정교하게 다듬었다. 그들은 자신의 행위의 합법성을 증명하고 종교적 봉기보다 우위에 있는 자신의 권위를 지키려고 애를 썼다. 그들의 그러한 행위와 권위는 전쟁을 정당하게 만든 헌정 권력이었다. 그러나 이것은 전쟁이 실제로 방어적이고 생명과 재산과 법적 질서를 유지하기 위한 싸움인 한에서만 참된 것이었다. 중세 작가들은 종교적 목적을 위한 어떠한 전쟁도 정당한 전쟁으로 인정하지 않았다. 그들이 보기에 전쟁은 다만 타락한 본성의 영역에만 관련된 것이었다. 전쟁은 그 나름의 이유가 있을지도 모르고 필요하고 불가피한 것일지도 모르지만 고양될 수 있는 대상은 거의 아니었다. 어떠한 궁극적 의미에서도 전쟁은 **목적**을 가진 것이라고 말할 수 없었다. 여하튼 거기에 평화의 일시적 복원이나 전쟁 이전 상태라는 것을 넘어서는 목적은 없었다. 인간은 하나님을 위해 싸울 수 없다고 수아레즈는 17세기에 반복적으로 말했다. "전쟁은 국가가 폭행으로부터 자기를 보호할 때만 허용된다."[3] 그러나 개혁자들에게 전쟁은 정치처럼 목적을 가지고 있었다. 즉 하나님의 이름으로 전쟁을 벌이고 정치를 한다. 투쟁의 목표로 설정되어 있는 것은 개혁교회였고 나중에는 거룩한 연방이었고 새 예루살렘이었다. 이러한 목표를 추구하는 가운데 칼빈주의 저술가들은 드디어 거룩한 전쟁이나 십자군 전쟁의

---

2) 정당한 전쟁과 저항의 관계는 프란시스코 수아레즈의 저서에서 명시적으로 논의된다. Francisco Suarez, *Selections from Three Works* (Oxford, 1944), vol. II: *An English Version of the Texts*, trans, G. L. Williams, A. Brown and J. Waldron, pp. 854-855 (Disputation XIII, in *A Work on the Three Theological Virtues*).
3) Ibid., p. 815.

중세 전통을 대체하는 대안을 위한 길을 스스로 발견했다.[4]

아퀴나스가 기독교의 전쟁관을 성문화할 때쯤 서구의 십자군 전쟁 열정은 거의 죽은 상태였다. 그 열정이 보다 최근에 이르러서야 되살아난 것은 명백하리만큼 충분했다. 이 부흥은 먼저 16세기와 17세기를 경과하는 도중에 일어났다. 중세에 십자군 전쟁은 하나님의 목적을 위해 싸운 전쟁이었다. 십자군 전쟁은 세속 이성을 필요로 하지 않았던 것처럼 마찬가지로 세속 권위도 필요 없었다. 거룩한 전쟁은 하나님이나 그분의 교회의 명령을 받아 싸운 전쟁이었다. 교황 우르바노가 클레르몽 공의회에서 모인 무리들에게 말한 것처럼 십자군 전쟁은 주 하나님이 그 자신 스스로 전쟁을 이끄는 인간으로서 선두에서 지휘한 전쟁이었다. 십자군은 적어도 이론적으로는 봉신들과 전사들에 의해서 "십자가를 지고자" 앞으로 나선 자원자들로 구성되었다. 이러한 사람들은 자신의 열광에 의해 빚어지고 지배를 받으면서 중세의 유대감이 잡다하게 섞인 질서를 뒤로 한 채 새로운 규율 즉 종교적 열성의 억압과 자기 통제를 실험했을 것이다. 이러한 규율은 중세 시대에는 드물었다. 약탈과 도륙은 거룩하다고 한 전쟁에서조차도 흔한 특성이었다. 그러나 새로운 정신의 일부가 십자군 기사의 수도원식 질서에서 드러났다. 약탈과 노략은 금지되었고 그와 동시에 기사들은 경건한 우울을 버렸다. 십자군의 전투 방식을 성 베르나르는 템플 기사단을 찬미하는 설교에서 다음과 같이 기술했다.[5]

새로운 종류의 군대가 나타났다 … 세상이 결코 본 적이 없는 군대였다. 이 군대는 이중 전쟁을 벌인다. 첫째는 적에 대한 육과 혈의 싸움이다. 둘째는 사탄과 악에 대

---

4) 이 장에서 제시되는 논증의 관점은 롤란드 베인톤에 의해 처음으로 제시된 바가 있다. Roland Bainton, "Congregationalism: From the Just War to the Crusade in the Puritan Revolution," *Andover Newton Theological Bulletin* 35:1-3 (1943).

5) 다음에서 인용된다. Alfred Vanderpol, *La doctrine scholastique du droit de guerre* (Paris, 1919). pp. 204-206. 또한 다음을 참조. Steven Runciman, *A History of the Crusade*: *The First Crusade* (Cambridge, Eng., 1957), pp. 109-115.

한 영의 싸움이다. 육체적 전쟁은 드문 것이 아니고 놀라운 것도 아니다. 영적 전쟁은 많은 수도승들에게 일반적인 일이다.… 그러나 사람들이 이 두 가지 방식으로 동시에 싸우는 일을 보는 것은 통상적인 것이 아니다. 자신의 삶을 그리스도에 봉헌하는 병사들이 무엇을 두려워하겠는가? … 그리스도의 병사는 안전하게 죽는다. 더욱이 그는 더 안전하게 죽는다. 그의 죽음은 그리스도를 섬기는 것이다. 그의 죽임은 자기 자신을 섬기는 것이다.…

이 모든 것은 이러한 이중 전쟁을 포함하여 대략 1550년대에서 1650년대까지 펼쳐져 있는 프로테스탄트 전투성에서 일백 년 동안 다시 한 번 재현되었을 것이다. 그 절정은 크롬웰의 잉글랜드에 이르렀을 때였다. 왜냐하면 정당한 전쟁을 정치적으로 합법적 저항이라는 제한된 행위에 유비할 수 있다면 그때는 일단 국가가 기독교 세계 왕국을 대체했다고 하면 십자군 전쟁은 곧바로 혁명에 유비되기 때문이다. 이 십자군 전쟁과 혁명의 배후에 놓여 있었던 것이 다름 아닌 대의를 내세운 이념이었다. 마침내 중세의 전쟁 개념에 자신들의 양심적인 목적을 강제함으로써 칼빈주의 사상가들이 도달하게 된 곳은 혁명이었다.

2. 당대의 군사 변화와 종교 군인으로서 청교도

이 동일한 기간에 프로테스탄트의 전투성이 반복되었고 그러는 동안 전쟁 기술에 주요한 변화가 일어났다. 이 변화는 어느 작가가 "군사혁명"이라고 불렀던 것을 구성할 만큼 의미심장했다.[6] 그 근본 원인은 크게 볼 때 종교와는 무관했지만 어쨌든 그것은 혁명이었고 이 혁명에 종종 기회와 이니셔티브를 제공한 것은 프로테스탄트 급진주의였다. 여기서도 역시 전쟁과 정치는 동일한 사태의 국면들로서 간주되어야 한다. 그 사태가 타락한 인간의 끝없는 분쟁이든 권력과 경건성의 목적적 추구이든 관계없다. 전쟁의 관념에 일어난 변화는 정치

6) Michael Roberts, *The Military Revolution, 1560-1660* (Belfast, 1956).

적 갈등의 관념에 일어난 변화와 나란히 같이 갔고 또 그 변화를 강화시켰다. 이어서 곧바로 정당한 전쟁과 십자군 전쟁에 대한 청교도의 개념을 검토하기 전에 군사의 역사에 대한 몇 가지 측면을 언급해 두는 것이 필요하다.

봉건 세계에서 전쟁에 대한 기독교의 제한은 불안정하게 세워진 체계였고 그 이상을 넘어서 본 적이 없다. 왕도 주교도 치안판사와 종교가 필요로 했던 규율을 저 중세의 혼전에 강제하는 일에 늘 성공하지 못했다. "개놈 봉건주의"의 발흥과 돈을 목적으로 용병부대를 이끄는 용병대장의 출현은 그들이 강제한 시도의 실질적 붕괴를 가리키는 신호였다. 그 시도는 주요한 제도적 형태를 아무것도 이루지 못했지만 주로 기사도의 이상이 개개의 기사들에게 미치는 영향과 고해성사의 힘에 의존하고 있었다. 군사 질서의 문제는 사실상 교회가 결코 해결해 줄 수 없는 문제였고 결국 어느 정도까지는 국가가 해결해 주어야 했다. 그러나 하나님의 휴전의 실패와 왕의 평화의 최종 확정 사이에는 전쟁의 관념에 관한 지적이고 정치적 혼란의 기간이 있었다. 전쟁의 조건, 전쟁의 목적, 그리고 그 목적이 수행되는 방법, 정전과 평화의 형태 등, 이 모든 것들이 의심의 대상이 되었다. 때로는 중세 후기의 내란처럼 혼전 상태는 영구적인 것 같았고 때로는 스위스 용병대의 창병이 벌이는 피비린내 나는 전투에서처럼 모든 인간 행위의 관습은 망각된 것 같았다.[7]

그러나 정치적 조직의 해체와 종교적 규율의 붕괴는 다른 결과를 가져왔을 것이다. 르네상스 전쟁은 너무 자주 그 목적이 하잘것 없었어도 일종의 낭만적 정교화에 기여를 했고 그와 동시에 사업가의 조작을 가져왔다. 네프가 제안한 대로 용병대장에게 전쟁은 게임과 사업의 결합이었고 실제로는 종종 교회가 요구한 것보다 덜 잔인했다.[8] 이탈리아에서 직업 군인들은 실제로 피를 흘리지 않

---

7) Sir Charles Oman, *The Art of War in the Middle Ages* (Oxford, 1885), pp. 49-61, 73-87; Michael Roberts, *Military Revolution*, pp. 9-11.
8) J. U. Nef. *War and Human Progress: An Essay on the Rise of Industrial Civilization* (Cambridge, Mass., 1950), pp. 136-137.

는 전투를 벌이는 것으로 묘사되었다. 그들은 살해되지 않는 것만큼이나 살해하는 것을 내켜하지 않았고 아마도 개개인이 대표한 상당한 자본 투자를 인정했을 것이다. 살해와 옛날식의 난전은 기사도 정신이 이탈리아와 프랑스 궁정에서 취한 새로운 형태들과는 양립할 수 없었고 또 르네상스의 야외행사, 로맨스, 모험의식과도 양립할 수 없었다. 위그노 전사인 프랑수아 누에는 16세기 후반에 "젊은이들이 너무 많은 무모한 모험 로맨스, 추잡한 연애로 가득한 로맨스, 아무런 목적도 없는 난투극을 읽고 있었다. …"고 썼다.[9] 그에게 전쟁은 심각한 문제였다. 그러나 종교적 전쟁이 일어나기 수년 전에 프랑스와 이탈리아 사람들은 전투에서 "기쁨"을 찾고 알게 되었다. 아마도 실제적 전투에서보다는 군사 대회 행사와 풍부한 무기 장식에서였을 것이다. 그리고 전투 그 자체는 점차로 제한되었다. 왜냐하면 대회 행사나 장식은 무자비한 효율성으로 준비해 만든 것이 아니기 때문이다. 귀족청년과 용병대장들은 함께 일종의 군사적 교착 상태, 상당한 전투 속도의 이완을 창안했고 이는 그들이 생각한 목적에 도움이 되었고 그들 대신에 정치적 또는 종교적 군인들이 나타나서 대체할 때까지 지속되었다. 군사적 교착상태의 고전적 상징은 카라콜 즉 반회전 기동이라는 우아한 기병 동작인데, 이는 모든 육탄 돌격을 피하는 기동이다. 마이클 로버츠는 다음과 같이 적고 있다. "사람과 말이 대량으로 직접 충격을 주는 것에 의존하는 대신에 서유럽의 기병들은 전투에서 권총 소리가 내는 기함 전술로 축소되었다."[10]

카스틸리오네와 같은 작가는 전쟁의 의미를 귀족의 스포츠로 보는 제안을 내놓았다. 그것은 예를 들면 테니스보다 더 중요한 스포츠였다. 그것은 명예로운 자기 표출의 일층 의미심장한 기회였고 "훌륭한 행위"의 공개적인 수행의 기회

---

9) 다음에서 인용된다. Sir Charles Oman, *A History of the Art of War in the Sixteenth Century* (London, 1937), p. 396.
10) Michael Roberts, *Gustavus Adolphus: A History of Sweden, 1611-1632* (London, 1958), II, p. 180. 또한 카라콜을 기술하는 것에 대해서는 다음을 참조. J. R. Hale, "Amies, Navies and the Art of War," in *The New Cambridge Modern History*, vol. II: *The Reformation 1520-1559*, ed. G. R. Elton (Cambridge, 1958), pp. 483, 498.

였다.[11] 그러나 그것은 궁정 행위와 그 종차 즉 진지함의 면에서 볼 때 전혀 차이가 없는 행위였다. 이탈리아 르네상스 귀족 여성인 엘리자베타 곤자가가 주재한 토론에서 일부 참석자들은 무기를 들고 있는 것이 다른 보다 더 평화로운 추구보다 더 중요한 것이 아니라고 제안할 정도였다. 그들의 목표는 발랄한 젊은 이들을 도륙자가 아니라 궁정 생활의 완전한 장식품으로 바꾸어 놓는 것이었다. 원한 것은 명성, 탁월성, 미였지 단순한 군사적 효율성이 아니었다. 싸움이 여전히 대부분의 작가들에 의해서 궁정관리의 본질적 업적의 하나로 간주된다면 그때는 그 폭력은 그의 문화에 의해서 제한될 것이고 그 열정은 그의 "태연함"에 의해서 통제될 것이다.

물론 문화적 소양도 태연함도 의지할 수 있는 한계들이 아니었다. 마키아벨리는 그것들을 쉽게 제쳐놓았다. 그는 궁정 군인이나 직업 군인에 관심을 두지 않았다. 똑같이 중요한 점으로는 그가 종교와 법이라는 보다 오래된 한계들도 제쳐놓았다는 사실이다. 그의 책의 출판과 더불어 전쟁에 대한 새로운 관점이 시작된 일자를 정할 수 있었다. 그에게 갈등과 전투는 더 이상 모든 죄처럼 통제되고 억압되어야 하는 인간 죄의 단순한 결과는 아니었다. 그것들은 또한 영웅단련의 기회도 아니었다. 그 대신에 그것들은 권력 추구의 일면으로서 연구되었다. 그리고 이 추구 자체는 더 이상 공격적 중세 영주나 팽창주의적 중세 도시에 대한 간헐적 약탈이나 사소한 정복의 견지에서 사유되지 않았다. 그 대신에 권력 추구는 영구적이고 체계적인 투쟁과 축적의 문제가 되었다. 이 전망은 새로운 왕조 국가의 이론가들에 의해 정교화되었고 마키아벨리 자신의 피렌체 사람들에게보다는 이들 이론가들에게 명백히 훨씬 더 적합한 것이었다. 이들은 이제 전쟁이 영구적으로 관계해야 할 일련의 목적들을 훨씬 더 명확하게 규정했다. 17세기 말이 되기 전에 최초로 상비군이 이러한 목적을 위해 창설되었다.[12]

---

11) Baldesar Castiglione, *The Book of the Courtier*, trans. C. S. Singleton (New York, 1959), pp. 73-99.
12) Niccolo Machiavelli, *The Art of War* (Albany, New York, 1815); Michael Roberts, *Military*

권력 추구는 "국가 이성" 이론에 의해 정당화되었다. 이로 말미암아 정책과 전쟁은 봉건 영주의 유산을 계승하여 새로운 계급이 된 통치자와 치안판사들이 효과적으로 이용할 수 있는 위치에 놓이게 되었다. 국가 이성은 오랫동안 지배적이었던 기독교적 제한을 무효화했고 그와 동시에 새로운 통치자들은 르네상스의 "기쁨"을 버렸다. 팽창과 확장이 목적과 체제가 되었고 이는 국가를 통제한 동일 인물에 의해서 전체적으로 통제되었다. **"칼을 가질 권리는 왕밖에 없다."** 정책에는 규율이 필요했다. 더는 독립 기사, 봉건 측근을 데리고 다니는 비적 남작, 지방 전쟁을 위한 여지는 없었다. 국가는 성소조차도 제압하려고 했다. 마침내 돈을 추구하는 용병대장의 복무는 명예와 공적 의무라는 새로운 귀족 윤리에 의해서 어느 정도 도덕적 변형을 거치게 되었다. 그러나 그렇게 해서 왕의 평화가 확립되자 왕이 가져온 평화의 필연적 귀결은 왕이 가져온 전쟁이 되었다.

　　16세기와 17세기에 일어난 거대한 종교적 교감 덕분에 사람들은 새로운 교리의 정치체적 합리성 또한 매력적이고 유용하다는 사실을 발견했다. 그리고 국가 이성이 왕의 전쟁을 정당화하는 것처럼 종교 이성 역시 하나님의 전쟁을 정당화했을 것이다. 교회의 보존이라든지 하나님의 지상왕국 체제라든지 이런 것들은 왕조 국가의 안전을 늘 위협하는 요인에 필적하는 것인즉 전쟁을 제공하는 기회였다. 왕조 국가의 안전이 위협 받을 때처럼 교회와 하나님의 왕국 역시 뱀의 지혜를 자아낼 수 있다.[13] 보다 중요한 점을 말해본다면 이런 것들이 새로운 왕의 조직과 현저하게 유사한 권력 조직을 필요로 했고 만들어냈다는 점이다. 바로 이 점이 16-17세기 역사의 가장 독특한 특성들 중 하나에 속해 배후에

　　Revolution, p. 19; Sir George Clark, *War and Society in the Seventeenth Century* (Cambridge, 1958), p. 71. 로버츠와 클라크는 "전쟁의 국가 관리 체제"를 기술한다.

13) G. L. Mosse, *The Holy Pretense* (Oxford, 1957), p. 62 and passim. 다음 책에 나오는 칼빈주의 저술가 알투시우스 및 국가이성에 관한 논의를 참조. C. J. Friedrich, *Constitutional Reason of State: The Survival of Constitutional Order* (Providence, R.I., 1957), pp. 66ff. 또한 프리드리히가 정교하게 다루는 "교회이성"의 관념을 볼 것. 61쪽 참조.

숨어 있었던 것이다. 여기서 그 하나는 종교적 성격을 가진 자발적 결사체의 출현을 말한다. 다시 말해서 이것은 정치 조직을 결사하는 권리, 전쟁을 벌이는 권리를 주장했다. 위그노 교회, 가톨릭 동맹, 스코틀랜드의 언약과 같은 것들은 모두 그 초기의 사례들이다.[14] 이 모든 사례들의 출현은 왕조 국가의 출현과 같이 간다. 물론 이 모든 독립적 정치 조직은 나중에 어떤 형태를 취하게 되는데 즉 종종 국가가 요구한 것보다 더 광범하고 완전한 충성심을 요구했고 실천적 행동가들에게 결의론적 제약들을 벗어나는 더 커다란 자유를 허용했다. 이러한 발전의 효과는 금세 분명해졌다. 말하자면 정확히 정의되고 한정된 저항 개념은 혁명 개념에 자리를 내주었고 전술적 교착상태는 극복되었으며 봉건적 혼전은 군사 규율과 국제전에 의해 계속 이어지게 되었다.

여전히 다른 의미에서 마키아벨리는 방금 서술한 세 가지 변화 모두의 갈 길을 제시했는데 그 방식은 전쟁은 시민군이 싸우는 전쟁이어야 한다고 제안하는 것이었다.[15] 그의 추론 방식은 단순히 공리주의적인 것이 아니었다. 그것은 르네상스 시대에 부활한 고전적 **시민정신**이라고 부르는 것이 가장 좋을 이름에 그 뿌리를 두고 있다. 이 이름은 애국심과 역량의 공화주의적 의미를 갖고 있다. 도시가 그 시민의 무기에 의해서 보호되어야 한다는 것은 오래된 시민적 개념이었다. 그러나 시민의 무기가 고대 로마 군단처럼 공격력의 기초라는 개념은 30년 전쟁의 스웨덴 국가 징집 군대와 영국 내전의 신형 군대의 놀라운 성공이 나타나기 전까지는 상상될 수 없었다. 규율과 사기에 일어난 주요 변화들이 이러한 성공의 초석이었다. 이 변화들은 다 함께 근대 전쟁과 아주 닮은 어떤 것을 최초로 산출한 전술적 혁명을 가능하게 했다.[16] 새로운 전술은 위그노와 네덜란드

---

14) Sir George Clark, *War and Society in the Seventeenth Century*, p. 25; H. G. Koenigsberger, "The Organization of Revolutionary Parties in France and the Netherlands during the Sixteenth Century," *The Journal of Modern History* 27:335-351 (1955).
15) Machiavelli, *The Prince*, chs. xii and xiii; *The Discourses*, book III, ch. xx; *The Art of War*, part I.
16) 여기서의 논증과 다음 몇몇의 단락은 로버츠를 따른다. Michael Roberts, *Military Revolution*. 또한 다음을 참조. Lynn Montross, *War through the Ages* (New York, 1944), pp. 235ff.

군대에서 시험적으로 시행되었고 구스타브 아돌프와 올리버 크롬웰에 의해 보다 충분하게 발전되었다. 마키아벨리의 저술은 나중에 북부 지역에 도입된 전쟁 형태를 멀리서나마 예상하는 것이었을 뿐이다. 왜냐하면 막상 알고 보니 그 저술이 의존한 감정들은 고전적도 아니었고 시민적도 아니었기 때문이다. 대체로 그 감정들은 프로테스탄트적이고 민족적이었다. 그리고 이 결합은 중요한 것이었다. 아마도 전술적 교착상태와 고도의 문명화된 끝없는 기동 방식을 종식시키고 직접 맞붙는 접촉을 유행시킨 것은 어떤 다른 요인보다도 바로 이 새로운 고백적이고 애국적인 열정이었다. 기병이 보여주는 맹공이 위그노들에 의해 처음으로 부활되었고 사람과 말이 가하는 충격에 의지하는 일이 스웨덴 전술의 특성이었다.[17]

실험적 시도가 대체로 프로테스탄트 군대에서 일어났다. 전적이라고는 말할 수 없다. 반란자들과 프로테스탄트 지휘관들은 전통 질서에 도전하는 가운데 그들의 맞수인 가톨릭교도들보다는 혁신에 개방적이었다는 것을 스스로 입증했다. 그러나 이는 그들의 반항성 때문만은 아니었고 역시 보다 선명한 목적의식과 명확한 목표의 무자비한 추구 때문이었다. 중세의 선례를 깨뜨리고 처음으로 겨울 전투를 줄곧 시도한 자는 스웨덴 사람들이었다. 그리고 장식이 풍부한 무기들을 제거하는 선봉에 선 자는 잉글랜드인과 네덜란드인이었다. 이렇게 해서 르네상스의 "기쁨"은 진지한 전쟁 사업으로부터 분명하게 떨어져 나가게 되었다.[18] 가장 중요한 혁신들은 이러한 군사적 종류의 것만이 아니라 그 정도에 상응하는 사회적 정치적 종류의 것도 있었다. 군대 내부를 두고 보면 그러한 혁신들은 주로 질서와 복종의 본성 및 병사 훈련과 규율에 일어난 변화들로 구성되어 있다. 아마도 "군사혁명"은 17세기 초의 제복 통일과 도보 행진의 도입에 의해 가장 잘 요약된다고 할 수 있을 것이다.[19] 여기서 그 모형은 로마를 따랐

---

17) Michael Roberts, *Gustavus Adolphus: A History of Sweden, 1611-1632*, II, p. 245ff.
18) Nef, *War and Human Progress*, pp. 95, 129.
19) Michael Roberts, *Military Revolution*, p. 11; 도보 행진에 대해서는 다음을 참조. Edward

고 프로테스탄트 군대가 가장 많이 따랐다. 대륙 장교들의 이데올로기가 일종의 금욕주의적이었던 것은 자주 있었던 일이고 이는 특히 네덜란드의 군주인 모리스 주위에 있는 사람들에게 사실이었다. 그러나 칼빈주의 저술가들은 신속하게 새로운 군대 조직과 훈련에 긴밀하게 연결된 규율과 단련의 관념들을 발전시켰다. 잉글랜드에서 이 관념들은 크롬웰의 기병대의 주목할 만한 전력에 기여하는 데 특별히 중요했다. 전술과 규율 변혁의 직접적 결과는 중앙집권화된 군대였고 고도의 이동능력을 갖춘 소수 단위로 구성된 군대였으며 신속한 기동전과 공격 및 질서 있는 대형 변형전을 수행할 수 있는 군대였다. 이 기간 동안 소총의 기술 발전에 주요 변화는 없었지만 새로운 훈련은 화력 증강의 중대한 발전을 가져왔다.

구스타브 아돌프와 올리버 크롬웰과 같은 장교들은 조직적 전쟁에 참가하는 사람들의 수를 늘리고 병사 개개인의 참여와 활동을 강화시키는 행동을 취했다. 이러한 변화들은 군의 사기를 이전의 그 어느 때보다도 더욱 결정적인 요인으로 만들어놓았다. 봉건적 충성도, 용병의 돈계산도 새로운 전쟁을 지속하는 데 충분하지 않았다. 종교적 목적들이 너무 자주 전술적 혁신의 초석이 되어 주었고 이러한 종교적 목적들은 명시적으로 제시될 필요가 있었다. 병사들의 열의는 평범한 병사의 것이라고 할지라도 고취되어야 했고 전쟁 자체는 마치 십자군 운동처럼 묘사되어야 했다.[20] 성도와 시민들이 봉신, 용병, 또는 납치된 방랑자보다 하나님을 대신하여 길고 어려운 투쟁에 헌신할 가능성이 더 컸다. 구스타브 아돌프는 "여기에 하나님과 악마가 분투하노니" "하나님과 함께 한다면 나에게로 오라. 악마를 취한다면 먼저 나부터 쓰러뜨려야 할 것이다"라고 썼

Davies, *The Art of War and England's Trainings* (London, 1619). 네프는 일반병사의 제복은 크롬웰의 신형군에서 처음으로 도입되었다고 주장한다. Nef, *War and Human Progress*, p. 95. 그러나 그보다 앞선 제복의 사례를 위해서 다음을 참조. Michael Roberts, *Gustavus Adolphus: A History of Sweden, 1611-1632*, II, p. 236.

20) 예를 들면 다음을 참조. *The Swedish Discipline, Religious, Civil and Military* (London, 1632), pp. 2, 3, 22. 구스타브는 하나님의 전투를 위해 군대를 조직한 모세에 비교된다.

다. 이것은 어느 정도 프로테스탄트의 객기로서 사실이 아니었다. 왜냐하면 구스타브의 전쟁은 리슐리외 추기경이 자금을 제공한지라 거의 십자군 전쟁이 아니었기 때문이다. 그러나 그것은 일이 어떻게 돌아가는지를 가리켜 주었다. 사탄에 대적하는 전쟁은 여타의 모든 투쟁을 흡수해버릴 것이다. "유럽의 모든 전쟁은 이제 하나로 어우러졌다"라고 스웨덴 왕은 자랑스럽게 말했다.[21] 그리고 그것은 모든 경건한 사람들을 싸움에 말려들게 할 것이다. 머지않아 영국혁명의 설교자들은 중립파는 한 명도 없을 것이라고 선언할 것이다. 그러나 하나님 편에서 싸우는 자들이 "이유를 아는 것"은 필수적인 일이다. 그때서야 군령과 종교적 열정은 새로운 규율 안에서 하나로 합쳐질 수 있을 것이다.

전쟁에 대한 새로운 관념들이 정치로 전이되는 일이 쉬이 일어났다. 종교적 군인들은 즉각 경건한 치안판사들과 나란히 가게 되었다. 정치에서도 마찬가지이다. 사회적 변화나 종교적 개혁에 의해서 유발된 갈등은 영구적인 적대 세력 간의 지속적 투쟁으로 보이게 될 것이다. 사람들은 적어도 합리적 사고로 보건대 개인의 야망과 가족의 이익에서 등을 돌릴 것이고 정치 영역에서 보다 고차적인 목표를 추구하고 국가 영역에서 초월적인 목적을 추구할 것이다. 그리고 정치가 진지한 장기 투쟁이 됨에 따라 "평범한 병사들", 당선자들, 의원들, 낮은 직급의 치안판사들은 투쟁의 목표에 헌신할 것이고 새로운 중요성을 보유할 것이다. 이들 가운데 보다 예민하고 지적인 인물들은 자신들의 목표가 규율이 잡힌 국내 군대에 의하지 않고서는 달성될 수 없다는 것을 이해할 것이다. 전쟁정치는 겨울 내내 계속되어야 할 것이고 성도의 사기는 지속되어야 할 것이다. 정치 세계를 군사적 관점에서 보는 이러한 경향은 청교도 저술가들 사이에 가장 뚜렷하다. 전쟁을 기독교의 삶의 이미지로 사용하는 이러한 정교화 작업은 군사적 전망이 전적으로 칼빈주의 신학과 양립할 수 있다는 것을 말해준다.

---

21) 다음에서 인용된다. Lynn Montross, *War through the Ages*, p. 262. Michael Roberts, *Military Revolution*, p. 13.

3. 청교도의 전쟁 개념

전쟁에 대한 청교도의 저술은 정교한 자만심의 성격을 띠고 있으며 매우 상세하게 고안되어 구성되고 그 진지함은 가지각색이지만 지속적으로 활용된다. 30년 전쟁 소식이 잉글랜드에서 회자되고 잉글랜드의 내전이 시간적으로 임박함에 따라 저 이미지 비유는 점점 의도적으로 많이 사용되었고 그 표면적 의미는 점차로 중대해졌다. 교회의 "전투성"과 경건한 이들의 영적 전쟁은 오랜 기독교적 주제였다. 그러나 이 주제는 칼빈의 저서에서, 메리 여왕 추방자들의 전투 이데올로기에서, 그리고 청교도의 방대한 대중 작품에서 새로운 힘을 얻었다. 일부 작가에게 이 주제는 문학적 주제로 남았다면, 다시 말해서 암시적이고 시사적이어서 프로그램 제공과는 전혀 동떨어진 것이었다면, 다른 일부 작가에게 그것은 자주 지적 세계를 물질화하고 사회화하는 칼빈주의적 충동이 나타난 것이었다. 그러므로 기독교 순례자의 우의적 인물은 번연의 피카레스크 소설에 나오는 참으로 진정한 삶을 닮은 영웅이 되었다. 그리하여 마침내 영적 군인이 실제 현실의 전쟁터에 나타나기에 이르렀다.

전쟁을 비유로 사용하는 청교도의 용법에는 두 가지 요소가 있다. 첫째 요소는 우주론적 언급이고 둘째 요소는 세상적이며 인간적인 것이다. 첫째 용법에 나오는 형상은 하나님 자신 및 그의 우주에 적용된다. "주 하나님은 전쟁 인간이다." 청교도 저술가에게는 구약의 여호와만이 아니라 자비의 그리스도조차도 "대장"으로 간주되었다.[22] 기독교 문헌에서 자주 그랬듯이 천사들은 군대, 다시 말하면 "무수한 천국 병사들"이었다. 그들은 사탄에 대적하여 싸웠고 그들의 전쟁은 결코 밀턴이 나중에 묘사해야 했던 그 놀라운 전투로 끝나지 않았다. 바꾸어 말하면 "사탄은 결코 기독교도가 되지 않는다."[23] 긴장과 투쟁은 우주 도

---

22) 다음을 참조. Thomas Adams, *The Soldier's Honor* (London, 1617), sig. A₃ verso; J. Leech, *The Train Soldier* (London, 1619), pp. 25-26. 또한 다음을 참조. *The Swedish Discipline*, p. 22.

23) Stephen Marshall, *A Peace-Offering to God* (London, 1641), p. 7.

식의 영구적 요소였다. 존재 사슬의 오래된 조화는 "반대와 모순"의 우주로 대체되었고 이것은 군사적 명령 연쇄를 필연적이게 만들었다. "세상은 미카엘과 그 천사들이 용과 그 천사들에 대적하여 싸우는 하나님의 거대 영역이다."[24]

그 비유 용법의 둘째 요소는 똑같이 중요하다. 전쟁의 하나님은 전쟁 인간을 만들었고 땅 또한 하나님이 못 본 체하지만 인정한 전장이었다. 청교도 설교자는 다음과 같이 선언했다. "[하나님은] 모든 피조물보다 군인을 사랑한다." "… 모든 행동보다 전투적이고 호전적인 설계를 존중한다." 다른 설교자는 다음과 같이 선포했다. "그리스도를 고백하는 누구라도 병사임을 고백하는 것이다. 바꾸어 말하면 병사가 아니라면 그리스도를 믿는 자가 아니다.…"[25] 경건한 이들은 사탄과 그 동맹들의 지속적 맹습에 맞서고자 스스로를 굳건히 해야 한다. 우주에 영원한 반대와 갈등이 있듯이 땅에 영원한 전쟁이 있다. 토마스 테일러는 "하나님의 자녀 조건은 이 땅에서 군사적 삶을 사는 것이다"라고 썼다. 성도는 군인이었다. 다른 모든 사람들도 그러했다. 청교도들은 비전투원을 인정하지 않았다. "인간은 등급이야 어떻든 간에 모두 전사이고 어떤 이는 종교 확산을 위해 싸우고 어떤 이는 그에 대적해 싸운다."[26]

청교도의 전쟁은 무엇보다도 유혹 투쟁에서, 악의 친구를 피하는 경계심에서, 개혁 종교의 규율과 단련에 대한 죄인의 복종에서 성립했다. 전쟁은 정신 상태와 긴장과 불안의 정도를 묘사해 주었다. 이 긴장은 그 자체가 구원의 일면이었다. 쉬운 인간은 잃은 인간이었다. 토마스 테일러는 "세계의 평화는 하나님을 대적하는 가장 치열한 전쟁이다"라고 썼다.[27] 성도들은 싸움을 시작할 전투

---

24) Thomas Taylor, *Christ's Combat and Conquest* (London, 1618), p. 8.
25) Thomas Sutton, *The Good Fight of Faith* (London, 1623), p. 7; J. Leech, *The Train Soldier*, pp. 25-26. Cf. John Everard, *The Arriereban* (London, 1618), pp. 17-18.
26) Thomas Taylor, *Christ's Combat and Conquest*, p. 4; Thomas Sutton, *The Good Fight of Faith*, p. 8. 또한 9쪽을 볼 것; "모든 기독교적 인간의 삶은 악마에 대항하는 … 끊임없는 대대 병력이자 피비린내 나는 전투다.…"
27) Thomas Taylor, *The Progress of Saints to Full Holiness* (London, 1630), p. 180. 다른 한 편, 하나님의 평화는 "죄와의 전쟁"이다. 동일한 정서가 에버러드에 의해 표출된다. John Everard, *The Arriereban*, p. 13; "아말렉과의 전쟁은 이스라엘 평화의 조건이다."

준비가 되어 있어야 한다는 권고를 계속 받았다. 사탄은 능동적으로 움직이고 전투를 수행하며 부지런하고 교활하다. 하나님은 자신의 전사들을 그와 동일하게 만들고자 한다. "우리의 적과 그로 인한 우리의 위험을 고려하기 바란다. 너무 은밀하게 감춘 장소도 되지 말고 너무 안전한 장소도 되지 말기 바란다.…"[28] 위험을 의식하는 일, 자신을 경계하는 일, 전쟁을 벌이는 일과 같은 이 모든 것은 은혜의 신호였다. 성도들에게 악마의 공격은 결코 놀라운 것일 수 없었다. 그리고 그들은 악마의 공격을 자신의 개인적 삶에서 경험한 것과 마찬가지로 또한 전 세계적으로 그것에 대해 준비가 되어 있을 것이다. 성 베르나르의 말로 표현하면 "사탄과 악에 대적하는 영의 싸움"을 싸우는 인간들은 그것을 알고 했든지 모르고 했든지 간에 "적에 대적하는 육과 혈의 싸움"에 대비하고 있었다.

전쟁을 이미지로 사용하는 청교도의 용법은 과한 낭비벽에 가까운 것처럼 보여서 일종의 농담처럼 되었다. 그러나 그 이미지는 여전히 사용되었고 낭비벽이 있는 것이 아니었다. "성례는 군인의 맹세와 같다"라고 시므온 애쉬는 선언했다. 즉 "우리는 세례를 받았을 때 선불금을 받은 것이며 그리스도의 색으로 섬기겠다고 맹세했다.…" 그리고 그 이미지는 가장 부조리하게 보였을 때 가장 진지한 것이 되었다. 애쉬는 1642년 유명한 런던 도시 군대의 지휘관들에게 설교하고 있었고 지휘관들은 곧장 왕과 교전할 터였다. 애쉬는 기독교도들은 먼저 악마와 정욕의 "군대들"과 싸우고 또한 "모든 기독교도와 전쟁을 벌이는 세상의 남자와 여자 군대"와도 싸워야 한다고 말했다.[29] 1620년대 이후의 청교도 설교의 경향은 기독교 투쟁의 현실을 제시하고 그 현실에 대한 정치적 차원을 부여하는 것이었다. 성도 개개인이 "천국으로 가는 도상에서 원수의 한복판에 살고 있다는 것을 보고 있었기에" 결코 편히 있어서는 안 되는 것과 마찬가지로 기

---

28) Thomas Taylor, *Christ's Combat and Conquest*, p. 20.
29) Simeon Ashe, *Good Courage Discovered and Encouraged* (London, 1642), p. 8. 군사적 비유가 때로는 조롱거리가 되었다는 사실을 미첼은 말해준다. W. Fraser Mitchell, *English Pulpit Oratory from Andrews to Tillotson* (London, 1932), p. 372n.

독교 연방도 그랬다. 설교자 리처드 십스는 전쟁에 준비가 되어 있지 않으면 하나님을 시험하는 것과 같다고 썼다.[30] 그것은 안전하다고 느끼는 영혼만큼 국가에 위험한 것이었다. 토마스 아담스에게 그 두 가지 위험은 실제로 동일한 것이었다. 그는 1617년의 글에서 전투적 준비 태세를 촉구했다. "이 평화의 시기에 우리 영혼에서 자라 뒤덮은 녹, 즉 악인에게 안전 의식을 도발하고 그를 쫓아내도록 하십시오."[31] 윌리엄 가우지는 기독교도의 갑옷은 영적이지만 그리스도의 원수들은 육과 혈이라고 썼다. "영들만 우리의 원수이겠는가? … 다른 사람들 역시 우리의 원수이다. 즉 많은 적수들이 있다. 불신앙자들, 우상숭배자들, 이단자들, 속물 인간들, 온갖 종류의 박해자들이 그런 존재들이다. 그렇다. 그리고 거짓 형제들이 있다."[32] 가우지의 책 『기독교 군인의 무장』*Of Arming a Christian Soldier*은 애쉬가 지휘관에게 설교를 전하고 내전이 시작하기 15년 전에 출간되었다.

4. 정당한 전쟁의 청교도적 재구성

전쟁이 전적으로 비유만도 아니고 또 잉글랜드 군인들이 이미 독일 전투에 개입되어 있었기 때문에 청교도 저술가들은 정당한 전쟁의 관념을 재검토하지 않을 수 없었다. 전통적 기독교의 입장에 대해서는 프란시스코 수아레즈가 17세기 초에 다시 한 번 중요한 진술을 해 주었다. 비록 그가 스페인 사람이고 예수회 회원이었을지라도 수아레즈는 청교도의 주요 원천이었다. 그러나 청교도 저술가들의 손을 거쳐, 전통적 이론의 세 가지 요소 즉 정당한 권위, 정당한 이유, 정당한 수단은 전부 변모하게 되었다. 이 작업은 어느 한 작가에 의해 완성되지 않았다. 그렇지만 수아레즈에 비교될 수 있는 청교도 이론가는 없다. 청교도사

---

30) Richard Sibbes, *Complete Works*, ed. A. B. Grosart (Edinburgh, 1893), II, p. 282.
31) Thomas Adams, *Soldier's Honor*, p. 14; 또한 다음을 참조. William Gouge, *The Dignity of Chivalry* (London, 1626), pp. 32ff.
32) William Gouge, *Of Arming a Christian Soldier*, in vol. II of *The Works*, pp. 27-28. 2권 제목은 다음과 같다. *The Whole Armor of God* (London, 1627).

상의 많은 다른 것들의 경우도 그렇지만 그 결과는 오로지 실제적 행위에서만 드러났다. 1640년대까지 정당한 전쟁 이론상의 변화는 정통과 회피에 덮여서 그 배후에 은폐되어 있었다. 달리 말하자면 그 결과는 종종 진정한 보수주의의 현실 배후에 은폐되어 있었다고 해야 할 것이다.

가톨릭 저술가들은 항상 정당한 전쟁은 왕의 명령에 따라서만 일어날 수 있다고 주장했다. "세속사에서 자기보다 높은 사람이 없는 최고 주권을 가진 왕만이 자연법상 전쟁을 선포할 수 있는 합법적 권력을 가지고 있다."[33] 이와 비슷하게 청교도 리처드 버나드는 전쟁의 제일동자는 "국가의 최고 권위"라야 한다고 주장했다. 버나드는 계속해서 신민의 의무에 대한 수아레즈의 견해를 받아들였다. "사적 개인들은 왕의 행동에 대해 앉아서 판단하지 않는 것이 좋을 것이다.…좋은 사람은 … 신성모독적인 왕의 치하에서 섬길 수 있을지도 모른다. 왜냐하면 복종의 의무는 군인에게 자유를 가져다줄 때라도 부당한 명령은 왕을 결박해 구속 상태에 있게 할 것이기 때문이다."[34] 왕만이 전쟁의 정당성을 판단할 수 있다. 1640년 이전에는 어떤 청교도 저술가도 감히 이것을 부인하지 못했다. 물론 대부분의 저술가들이 이것을 대놓고 명시적으로 주장하는 것을 기피하기는 했다. 엄격한 장로교도 알렉산더 레이톤은 사람을 전쟁에 내보낸 권위는 합법적이고 "경건"해야 한다고 주장했다. 그리고 런던, 브리스톨, 코벤트리의 "포병 중대" 앞에서 설교를 한 청교도 목회자들은 왕의 명령보다는 오히려 "하나님의 부름"을 더 강조했다.[35] 그러나 왕의 특권에 주어진 이러한 특성은 간접적으로만 도전을 받았다.

1620년대 내내 청교도 목회자들은 적극적으로 잉글랜드를 유럽 전쟁으로 이

---

33) Suarez, *Selections*, p. 805.
34) Richard Bernard, *The Bible-Battles, or The Sacred Art Military for the Rightly Waging of War according to the Holy Writ* (London, 1629), pp. 57, 66-67.
35) Alexander Leighton, *Looking-Glass of the Holy War* (n.p., 1624), pp. 9-20; Samuel Buggs, *Miles Mediterraneus, The Midland Soldier* (London, 1622), p. 33; "하나님이 그대를 부르고, 왕이 그대를 허락하고, 대의가 그대를 격려하니 … 그런즉 준비하라."

동시키는 데 관심을 두었다.[36] 그래서 그들은 신민들에게 전쟁을 요구할 수 있는 왕의 권리에 대해 논쟁하지 않았고 그보다는 왕에게 전쟁을 요구할 수 있는 신민들의 권리를 촉구했다. 이것도 역시 최소한 왕의 특권에 위험이 되는 것이라는 점에서는 똑같았다. 주목할 만한 팸플릿 작가 토마스 스코트는 위기의 해였던 1624년에 9개의 팸플릿이 18쇄를 돌파했는데 그 모든 팸플릿이 스페인과의 전쟁을 촉구하는 것이었다. 그는 자신의 불법적 노력에 대한 합법적 소명을 가지고 있다고 주장했다. 그는 "신민과 기독교도의 일반적 소명이 내가 국가와 교회를 위하여 수행하는 특별한 행동을 보증한다 …"[37]고 썼다. 다른 설교자와 홍보 대사들은 전쟁을 요구하는 주장에 가담했다. 논고와 설교에의 헌신은 제임스 왕에게 무력을 행사하라고 촉구하기 위함이었다. 청교도의 스페인 반대 운동과 함께 이와 같은 1610년대 후반과 1620년대 초반의 경건한 전쟁 도발은 "잉글랜드에서 정부의 외교정책에 반대하는 여론을 펼치는 시도를 처음으로 명확하게 보여준 사례"라고 고드프리 데이비스는 말해주었다.[38] 사탄에 대적하는 전쟁은 너무나 중요한 것이어서 왕에게 남겨둘 수 없었다. 그리고 신민들이 "국가와 교회를 위하여" 싸움이 언제 필요한지를 결정할 수 있다면 역시 싸움이 언제 필요하지 않는지 또는 불법적인지도 결정할 수 있다. 성도들에게 이 모든 것은 오로지 하나님에게 달려 있을 뿐이었다. 바로 이것이 그들의 논증의 논리

---

36) 특별히 존 프레스턴의 극적 설교들을 참조; *The New Life* (1626), *A Sensible Demonstration of the Deity* (1627). 이 설교들은 출판된 다음 책에 실려 있다. John Preston, *Sermons Preached before His Majesty* (London, 1630). 또한 다음 책도 참조. John Preston, *The Breastplate of Faith and Love* (London, 1634). 이 설교집은 1625년 링컨 변호사 협회에서 전한 설교들을 모은 것이다. 특별히 마지막 설교의 211쪽의 3절을 참조. 이상의 설교들에 대한 크리스토퍼 힐의 논의를 참조할 것. Christopher Hill, *Puritanism and Revolution*, pp. 249ff.

37) Thomas Scott, *Vox Regis* (n.p. 1623), p. 14. 또한 다음을 참조. Thomas Scott, *Votivae Angliae: or, the Desires and Wishes of England to Persuade His Majesty to Draw His Sword* (Utrecht, 1624); *The Belgick Soldier … or, War Was a Blessing* (n.p., 1624). 시몬즈 드웨스 경은 이보다 앞선 스코트의 반스페인 논고 『국민의 소리』(Vox Populi)는 "복음의 진리에 충실한 영향을 받은 모든 판단력 있는 사람들"이 동조했다고 썼다. Simonds D'Ewes, *Autobiography*, ed. J. O. Halliwell (London, 1845), I, pp. 158-159.

38) Godfrey Davies, "English Political Sermons," *Huntington Library Quarterly* 3:1-22 (1939). 청교도 운동에 주도적인 역할을 수행한 에버라드는 여전히 그의 설교에서 왕의 특권에 대해 입에 발린 말을 한다. John Everard, *The Arriereban*, pp. 30-32.

적 결론이었다. 바로 이것이 1640년 때까지 어디에서도 명시적으로 밝혀지지 않았던 것이었다. 그들에게 왕은 필요 없었다. 그리하여 애쉬는 런던의 지휘관들에게 다음과 같이 말했다. "주 하나님이 북을 치는 것을 기뻐한다면, 주 하나님이 무력을 고하고 해외로 가기를 기뻐한다면, 그분의 부름으로 충분하다."[39]

청교도들은 전쟁에 대한 가톨릭의 주장을 채택하지 않았다. 전쟁에 대한 가톨릭의 주장은 전쟁이 본질적으로 세속의 일이요 타락한 본성의 문제이고 평화와 질서의 구체적 위반에 대한 제한된 단기적 반응이라는 것이었다. 조심스러운 리처드 버나드는 "합법적 이유"를 길게 적은 목록을 제공했고 그 대부분은 세속적이었다. 그러나 책에 대한 그의 헌신은 대륙에 대한 군사 개입을 위한 청교도 운동의 일부였다. "고통받는 가난한 교회들이 도움을 청하고자 큰 소리로 외치고 있습니다.… 그러니 오, 왕이시여! 주 하나님의 전투에 앞장서기를 바랍니다.…"[40] 이 땅에서 하나님의 영광을 위해 싸우는 것, 복음의 발전을 위해서 싸우는 것, 우상숭배자들에게 복수를 하는 것과 같은 이 모든 것들은 청교도 설교에서 촉구된 전쟁의 정당한 이유들이었다.[41] 그들은 수아레즈와 정당한 전쟁 이론가들이 생각한 것과는 다른 종류의 전쟁으로 가는 길을 가리켰다. 그들은 성도들이 죄와의 전쟁에서 한 것처럼 십자군 전쟁, 외부의 적에 대한 투쟁을 향해 계속적으로 가차 없이 앞으로 나아가라고 지시했다. 수아레즈는 다만 목적이 제한된 전쟁, 그런즉 기간에 한계가 있는 전쟁만을 허용했을 것이다. 바꾸어 말하면, 정당한 전쟁은 공격이 격퇴되고 전쟁 이전 상태가 회복되자마자 끝나는 명확한 종착점을 가지고 있었다. 그러나 "주 하나님의 전투"는 사탄이 살아남아 인간들과의 동맹을 발견하고 있는 한은 끝없이 계속되었다.

일단 이러한 종류의 전쟁이 벌어져 싸움이 지속되면 수단에 대한 결의론적

---

39) Simeon Ashe, *Good Courage Discovered and Encouraged*, pp.6-7.
40) Richard Bernard, *The Bible-Battles*, 찰스 1세 왕에 대한 헌사 참조.
41) Ibid., pp. 38ff; Thomas Sutton, *The Good Fight of Faith*, p. 19; Thomas Adams, *Soldier's Honor*, p. 20.

구별은 밀려날 가능성이 컸을 것이다. 수아레즈는 자신의 논리적 지성을 수단과 목적의 문제에 적용하고 나니 할 수 있는 구별이 별로 많지 않게 되었다. 다시 말해서 그는 "목적이 허용되면 그 목적에 필요한 수단도 허용된다"고 썼다. "따라서 전쟁의 전체 과정에서 적과의 싸움에 무슨 짓을 할지라도 무고한 사람을 죽이는 것 이외에 부정의는 거의 포함되지 않는다는 결론이 나온다."[42] 그러나 청교도인 리처드 버나드는 이보다 더 멀리 나갔고 용케 전면전의 악몽을 제안하게 되었다. "정당하고 필요한 전쟁의 경우 정복된 자는 정복한 자의 손안에 있다. … 그 국가는 신민들의 손안에 들어가는 것 이외의 다른 방법으로는 약화될 수 없다. 오직 [그 국가의] 신민들의 손 즉 전장에 나가서 싸우고 있지는 않지만 전쟁에 진심을 담아 바라지하는 그 모든 손안에 들어가야 한다. …"[43] 확실히 버나드의 견해는 근대 국가와 개혁 교회의 발흥과 함께 발생한 "군사혁명"을 반영한 것이다.

청교도 결의론자들은 수단과 목적의 문제를 검토했고 국가 이성 교리의 종교적 설명을 채택한 것처럼 보인다. 여기서 그들은 가톨릭 권위들 중에서 골라 잡아 선택하려면 선택할 수도 있었다. 왜냐하면 그렇게 선택된 입장은 마키아벨리와 동일시된다고 해도 동일시가 말해주는 것처럼 그다지 근대적이지는 않기 때문이다.[44] 그렇지만 청교도 저술가들은 성도들의 초법적 특권을 강조하기 위해 일반적인 가톨릭 견해를 넘어섰다. 칼빈주의적 주의주의는 그들의 입장에 신학적 토대를 제공했다. 따라서 윌리엄 퍼킨스는 메리 여왕이 추방해 제네바에 있게 된 망명자들이 지도한 기질적 급진주의는 거의 공유하지 않았지만 존 녹스의 급진적 논증을 반복했다. 그는 "하나님은 절대적 하나님이다"라고 썼다. "따라서 하나님은 법 위에 있고 그런즉 법이 금지하는 것을 명령할 수 있

---

42) Suarez, *Selections*, p. 840; 또한 845쪽의 자격조건도 참조.
43) Richard Bernard, *The Bible-Battles*, p. 71.
44) B. H. Bainton, "The Immoralities of the Reformation," *Harvard Theological Review* 23:39-49 (1930).

다." 아이성 전투에서 보인 여호수아의 책략, 파라오 앞에서 자기 아내를 자인하지 못한 아브라함의 실패, 여리고 왕의 전령에게 대답한 라합의 거짓말, 이 모든 것은 하나님의 명령에 의해서 정당화될 수 있다. 퍼킨스는 라합이 "배반이 아니라 신앙에서" 정탐꾼을 숨겼다고 논변한다.[45] 인간은 때때로 하나님의 도구로서 겉으로 보기에 부당한 방식으로 행동하기도 한다. 그러나 청교도의 입장에서 가장 중요한 것은 이러한 구체적 특권의 범위가 아니었다. 이 점에서 알렉산더 레이톤조차도, 비록 성도 같은 스파이에게 상당한 자유를 허용은 했지만, 조심스러워하는 경향을 보였다. "그 스파이는 진리나 진리의 일부를 은폐할 수도 있다. 그는 자신의 습성을 바꿀 수도 있다. 그는 해서는 안 되는 일이 무엇인지를 보여줄 수도 있다. 이 모두를 합쳐서 볼 때, 그[가 한] 거짓말이 종교에 관한 문제이지 않도록 그는 주의해야 한다.…"[46] 이 청교도 논증의 중대 논지는 책략과 회피가 모든 인간에게 똑같이 이용될 수 있는 것으로 주어졌다는 점이다. 반면에 국가 이성은 항상 "통치자 도덕"을 함의했다. 바꾸어 말하면 그것은 다만 정치가의 범죄에 정당성을 부여하는 것뿐이었다. 그리고 교회 이성도 이와 유사하게 제한적이었다. 그 두 가지 이성은 모두 실제에서 이중 잣대 즉 통치자들에게는 정책과 도덕적 자유를, 신민들에게는 복종과 관습적 도덕을 장려했다. 그러나 주요한 청교도 결의론자들은 이렇게 구별하지 않았다.[47] 정치적 사탄에 대해 분별하는 단련을 하고 그를 반대하는 정책을 추구하는 일은 사회적 정치적 지위에 무관하게 하나님의 도구에게는 개방되어 있는 문제였다. 요컨대 왕은 전쟁을 선포하거나 지휘하는 문제에서 혼자일 수가 없었다. 그가 자유 독립 기사를 극복하는 데 성공했다면 이제는 영구전쟁을 수행하는 양심적인 성도를 직면해야 했다.

---

45) William Perkins, *Works* (London, 1616), III, pp. 165, 171; 다음의 논의도 참조. Mosse, *Holy Pretense*, pp. 49ff.
46) Alexander Leighton, *Looking-Glass*, pp. 133ff. 버나드의 논의와 비교해 볼 것. Richard Bernard, *Bible-Battles*, pp. 197-198.
47) Mosse, *Holy Pretense*, pp. 64-65, 87, 123.

5. 청교도 군대

정당한 전쟁 이론의 청교도적 발전이 말해주는 것은 경건한 사람들이 점차로 전쟁정치에 상당히 많이 참여했다는 사실이다. 목회자들 또한 불가피하게 현실 싸움에 참여하는 것을 촉구해야 했다. 알렉산더 레이톤은 인간은 실제로 평화를 위해 수고해야 한다고 썼다. "그러나 우리는 이 세상에서 누구와 함께 살고 있는 지와 아울러, 용의 심장과 뱀의 머리를 가지고서 투쟁을 마다하지 않는 냉혹한 사람들을 이해해야 한다." 성도들이 "한 손으로는 일하고 다른 한 손으로는 검을 쥐는 것"은 당연한 일이다.[48] 청교도 설교자들은 현실의 싸움이 오직 불쾌한 것 밖에 없었다면 훈련은 경건한 규율이었고 새로운 군대는 매우 가상한 질서였다고 주장했다. 그들은 오래된 봉건적 전투욕을 되살리는 일 없이 "군인의 명예"를 개선하고 새로운 프로테스탄트형 "기병의 존엄성"을 창안하려고 노력했다.

새로운 군대 조직은 개인 전투원의 봉건적 집합과는 구별되게 특별히 청교도 정신에 호소했다. 그것은 명령에 기초하면서도 엄격한 규율을 요구하는 질서였다. 그것은 최고 주권자인 하나님이 교회에서 세운 질서를 닮았다. 리처드 십 스는 "하나님의 사람은 … 아름답다"고 썼다. "왜냐하면 질서는 아름답기 때문이다. 그래서 많은 사람들이 하나님의 명에 다 같이 복종하는 것을 보는 것은 질서 있는 것이다. … 군대는 아름다운 것이다. 왜냐하면 그 내부에 있는 질서와 잘 배치되어 정렬된 지위 때문이다. 그런 점에서 교회는 아름답다."[49] 프로테스 탄트들은 개혁교회의 규율을 곧바로 군대에 도입하려고 노력했다. 이것은 이미 목적 및 발생의 면에서 나란히 같이 가는 체계를 강화하는 데 도움을 줄 것이다. 왜냐하면 칼빈주의적 규율과 새로운 군대 규정은 각각 무질서와 혼전에 대한 반 응이었기 때문이다. 크롬웰이 리처드 백스터에게 요청한 것으로 널리 알려져 있는 것이 있는데, 그것은 동앵글리아 기병을 교회와 같은 조직으로 만들라고

---

48) Alexander Leighton, *Looking-Glass*, pp. 7-9.
49) Sibbes, *Works*, II, p. 232.

하는 것이었다. 스코틀랜드의 언약 군대는 그러한 조직을 적어도 문서상으로는 이룩했다. 스코틀랜드 『군사 규약』*Articles of Military Discipline* 의 제일조항은 다음과 같이 선언했다. "모든 연대는 … 교회 장로회 또는 고등 회의가 있고 이들은 연대 … 목사와 선출직 장로들로 구성된다.…" 스웨덴 군대의 『군사 규약』은 1630년대에 잉글랜드에서 널리 유포되었는데 그 형식은 비슷했다.**50**

"경건한 규율"에 대한 그들의 관심 때문에 청교도 목회자들은 감화된 병사들보다는 자원자를 선호했다. 그들은 군대의 규율이 그 구성원들의 경건의 증거였다고 생각했다. 역으로 말하면, 경건한 군대는 결코 "쓰레기[로부터] 주워 모은 것 즉 백성의 쓰레기와 찌꺼기"일 수 없었다.… 그와 같이 찌든 영원한 희생양들은 마찬가지로 청교도의 공격 대상이었다. 그들은 부랑자, 유랑자, 실업자, 게으른 빈자들이었다. 말하자면 그들은 시민 생활에서 규율에 복종하지 않는 사람들이었다. 전쟁은 "진지한" 행동이었기에 그러한 "죄 있는 도구들"이 그 목적들을 깨닫지 못하는 것은 불가피할 것이다. 그들은 좋은 병사이지도 않을 것이고 꺼려하는 것이 최선이었을 것이며 운도 없었을 것이고 아무런 훈련이나 종교적 준비도 하지 않은 채 그저 전투에 끌려 나갔을 것이다. 이러한 사람들에 대한 대안으로서 청교도 목회자들은 유복하고 경건한 시민들에게 잉글랜드의 많은 도시에서 무기를 가지고 연습하고 실제로 훈련하는 자원 단체에 참가하기를 촉구했다. 존 대번포트는 런던 포병 중대원들에게 "해외 형제의 고통으로 인해 우리는 모든 수단을 사용해 그들에게 도움을 줄 수 있도록 서두르지 않으면 안 된다"고 말했다.**51** 군인 되기는 다시 한 번 젠틀맨을 위한 사업이자 또한 성도를 위한 소명이 되어야 할 것이었다. 크롬웰이 "영적 인간들"로부터 동행

---

50) *Articles of Military Discipline* (Edinburgh, 1636), p. 3 and *The Swedish Discipline* (second part).

51) John Davenport, *A Royal Edict for Military Exercises* (London, 1629), pp. 14, 16; Thomas Palmer, *Bristol's Military Garden* (London, 1635), pp. 20-21. 대번포트, 아담, 리치, 가우지, 서튼, 애쉬의 저서는 모두 런던 명예 포병 중대 앞에서 전한 것이다. Davenport, *Royal Edict*; Adams, *Soldier's Honor*; Leech, *Train Soldier*; Gouge, *Dignity of Chivalry*; Sutton, *Good Fight*; Ashe, *Good Courage*.

글리아 연대를 모집하기 몇 년 전에 봉건적 유대감과 감화된 무리들과는 종류가 다른 군대가 있어야 한다는 생각이 널리 퍼지고 있었다. 다시 한 번 목회자들은 전통적 형식의 충성심과 조직을 공격하고 있었고 그 대신에 이데올로기적 헌신에 토대를 둔 근대적 규율을 추천하고 있었다.

군사 훈련은 성도 군인의 연습이었다. 어떤 실용적인 목회자는 이것이 세속적으로 중요하다고 말해주었다. 즉 그는 전투에서 이기는 것은 더는 수나 힘이 아니라 "실험적 질서"였다고 말했다.[52] 이것은 전쟁의 변화된 특징에 대한 날카로운 통찰이었다. 그러나 일반적으로 청교도 목회자들은 새로운 형식의 행진과 훈련에 대해 그 영적 가치를 말하는 만큼 그 군사적 유용성에 대해 말하지는 않았다. 네덜란드 군대 장교를 위해 저술한 신스토아 철학자 저스투스 립시우스는 훈련이 스토아적 덕성을 심어 주는 수단일 수 있다고 말해주었고[53] 이와 비슷하게 청교도들은 훈련이 경건에 도움이 되고 사탄에 대적하는 성도들의 내면적 전쟁에 유용한 연습이라는 것을 발견했다. 존 대번포트는 외부 전쟁의 위험은 전혀 없었지만 그래도 군사 훈련을 하면 이것이 다른 여가를 당연히 대체할 것이라고 썼다. "종교적 측면에서 볼 때 이러한 연습을 자주 하는 것은 모든 인간이 여가를 가지고자 할 것이기 때문에 죄로부터 가장 자유롭게 되는 최선이고, 인간에게 힘을 주는 최선이며, … 그리하여 카드놀이, 주사위놀이, 성놀이, 농탕질, 희롱질, 음담패설, 시간을 낭비하는 헛소리들을 포기하는 최선이 될 것이다. …"[54] 연습은 합리적 목적이 분명하지 않아도 또는 전쟁 도발이 더 이상 분명해 보이지 않았을 때도 계속되어야 했다. 전쟁은 르네상스 시대 이탈리아에서는 시합으로 상징화되는 귀족의 스포츠였지만 청교도의 영국에서는 연습으로 상징화되는 성도의 건강체조가 되었을 것이다. "사탄이 올 때 … 여러분이 정직하게 바빠진다는 것을 그가 알 수 있도록 … 어떤 일을 하는 것은 좋은 일이다.

---

52) Palmer, *Bristol's Military Garden*, pp. 26-27.
53) Roberts, *Military Revolution*, p. 7.
54) Davenport, *Royal Edict*, p. 18.

이 단계가 전쟁 연습이 시작되는 일보이고 그런즉 그들이 받을 합당한 칭찬에 도전하는 셈이다. …"[55]

새로운 훈련을 찬성하는 립시우스의 논증은 신스토아 사상의 보다 일반적인 경향의 일부였고 이러한 경향은 최종적으로 오래된 기병 규약 요소와 결합됨으로써 유럽의 새로운 장교단을 위한 일종의 이데올로기를 산출했다. 여기서 다시 한 번 스토아학파는 봉건 영주와 르네상스 젠틀맨으로부터 왕실 신료를 만드는 데 한몫했다. 이 한몫은 칼빈주의가 맡은 역할에 비교될 수 있을 것이다. 특별히 이 경우에 그것은 "죽어가는 기사도"를 공식적인 "군사 계급"으로 바꾸는 역할이었다.[56] 잉글랜드에서는 이와 유사한 어떠한 변형도 일어나지 않았다. 이와는 달리 잉글랜드에서는 앞서 말한 바와 같이 청교도주의가 젠트리 정신에 여러 다른 효과를 미쳤다. 군인들에 대한 존경심은 잉글랜드가 여성에 의해 통치되던 16세기 후반에 극히 저하되었는데, 이 낮은 존경심은 17세기 초에 이르러서도 크게 높아지지 않았다. 그럼에도 불구하고 30년 전쟁에 의해 초래된 자극 덕분으로 1630년대에 군을 직업으로 택하는 사람들의 수가 눈에 띄게 증가하였다.[57] 혁명 직전 시기에 청교도 설교자 집단은 자원 포병 중대 앞에서 설교를 전할 때 젊은 젠틀맨과 상인의 아들들에게 "전쟁 인간"이 되라고 촉구했다. 군인들의 "명예"는 상당히 걱정이 되는 문제였음이 분명했지만 목회자들은 이 문제를 정교하게 다듬어서 이 직업의 합법성 및 단련의 남자다움과 미덕만이 아니라 전쟁 자체의 종교적 필요성까지도 논변했다. 대담하게도 그들은 춤을 추고 구애를 하는 궁정관리들의 "나약함"과 훈련을 하고 단련을 하는 군인의 "고귀함"을 대조시켰다.[58] 청교도의 순회재판 설교처럼 이것 역시 젠트리와 그 도

---

55) Adams, *Soldier's Honor*, p. 18.
56) Roberts, *Military Revolution*, p. 26.
57) 이러한 증가가 일어났다는 사실은 로버트 머톤의 통계학적 연구에서 제시된다. Robert Merton, *Science, Technology and Society in Seventeenth Century England*, in *Osiris*, IV, part 2 (Bruges, 1938), pp. 372-373, 393, 395. 쇠퇴하는 군인의 명예에 대해서는 다음을 참조. John Everard, *The Arriereban*, pp. 25ff.
58) Adams, *Soldier's Honor*, sig. B₂. 설교자들은 포병장에서 "억지로가 아니라 준비된 마음으로"

시 동역자에 대한 교육의 한 측면이었고, 의무 훈련 및 일종의 프로테스탄트 **시민정신** 훈련이었다. 치안판사들이 늘 죄를 경계해야 한다는 말을 들은 것처럼 미래의 군인들은 거듭 되풀이해서 잉글랜드는 사탄처럼 "매일 음모와 계략을 꾸미는" 원수를 가지고 있다는 경고를 받았다. 군인의 명예는 종교처럼 "모든 사람이 준비할 것을 요구한다."

이 사람들은 정치와 전쟁에 대비한 훈련에 강렬한 진지함을 가지고 임했기 때문에 스스로를 오래된 잉글랜드로부터 따로 떼어 놓았다. 그 진지함 때문에 그들은 궁정의 후원을 받은 귀족 동료, 작가, 성직자들로부터 고립되었다. 여기서는 전쟁은 다만 귀족의 스포츠나 국가 정책의 문제로만 간주되었다. 그리고 왕은 아직 청교도들이 효과적으로 조직화하지는 못했지만 만들어 낼 수 있었던 대중적 압력에도 불구하고 평화의 왕이었다. 1622년에 독일 전쟁에 관한 저술에서 국교회 목회자 로버트 윌란은 이편과 저편을 구별하는 노력을 전혀 하지 않았다. 그는 자신에게 프로테스탄트와 같은 전투 의식이 거의 없다는 것을 보여주었다. "그들은 한 여름에 … 서로를 발견했다. 서로에 대한 분노와 격분은 그 노기와 화기가 모두를 태울 … 준비가 되어 있어서 대화재를 예고하는 정도이다." "오, 기독교여 … 공경하는 그대의 이름이 전쟁의 가면[이 되었도다] …"[59] 1625년 윌리엄 베델 주교는 파올로 사르피의 저술을 번역한 『무료 전쟁

(Davenport, *Royal Edict*, p. 15) 훈련을 받은 젊은이들에게 군인이 그들에게 영예로운 직업이 될 것이라고 말하기 위해 차례대로 앞으로 나왔다. 젊은이들이 젠틀맨임을 증명하기 위해 행진했다고 말하는 것은 결코 터무니없는 일이 아니다. 사무엘 벅스는 "청중의 대부분이 상인"이었는데, 이들에게 그는 "이제 여러분은 진정한 젠트리의 유일한 삶이자 영광인 두 가지 직업 중 하나에 입문했다"(Samuel Buggs, *Miles Mediterraneus, The Midland Soldier*, sig. A₃ and p. 35)고 말했다. 아담스는 그의 청중이 진정으로 관대한 젠틀맨, 런던 시민, 군인 사회로 구성되어 있다고 언급한다(Adams, *Soldier's Honor*, 헌사). 의미심장하게도, 포병 중대는 청교도 활동의 중심지였다. 그리고 명예 런던 포병 중대에 대해서는 다음을 참조. Valerie Pearl, *London and the Outbreak of the Puritan Revolutioin* (Oxford, 1961), pp. 170-173.

59) Robert Willan, *Conspiracy against Kings, Heaven's Scorn* (London, 1622), pp. 2, 11-12. 윌란은 세상에 왜 그렇게 많은 분쟁이 있는지 하고 그 이유를 묻지만 급진적으로 대응하는 일은 피한다. "질문이 어렵고 너무 과도하게 눌려 애를 먹으면 이상한 호기심이 생길 수 있다." 이렇게 되면 사람들은 마니교도가 될 것이다. 즉 많은 청교도들이 그런 것처럼 사탄의 힘을 강조하게 된다. p. 14.

학교』*The Free School of War*를 왕의 인장을 찍은 채 출판했는데 이 책은 똑같이 고립적이긴 했어도 훨씬 더 유희적인 전쟁관을 잉글랜드 사람들에게 제공했다. 사르피는 네덜란드에서 스페인 군대와 싸운 이탈리아 귀족 집단을 변호했고, 결과적으로 그는 가톨릭 사제에 의해서 성례에 참석하지 못하도록 거부되었다. 이 거부는 명백히 전쟁이 어떤 종교적 의미를 가지고 있다는 것을 함축했다. 사르피는 사제에 동의하지 않았지만 소위 개신교적 입장도 거의 받아들이지 않았다. 그는 "네덜란드 국가 치하에서 이 젠틀맨들이 복무한 유일한 참된 이유는 … 이와 같은 나라들에서 고백된 교리나 종교를 … 고려하지 않고 … 다만 전쟁 기술을 배우고자 하는 단순한 의도에서였기 때문이다"라고 주장했다.[60] 귀족적 특권에 대한 이러한 관점 즉 유럽의 종교적 격변을 "무료 전쟁 학교"로 바꾸어놓는 이러한 견해는 아마도 왕이 찬동했을 것이다. 그러나 그것은 청교도들의 경건한 진지함에는 완전히 낯선 것이었다. "무료 학교"에 대한 사르피의 변호는 일 년 전에 출판된 알렉산더 레이톤의 기도와 날카로운 대조를 이룬다. 즉 "우리 군영이 거룩한 군영이 되게 하소서. 우리 전쟁이 주 하나님이 보시기에 성별되게 하소서."[61]

새로운 전쟁은 고대 로마의 지원 하에서 시작되었다. 바꾸어 말하면 로마의 훈련, 로마의 규율, 로마의 전술은 르네상스 작가들이 열광적으로 칭송하던 것이었다. 그리고 기독교도들의 군사적 용맹은 폄하되었다. 터키인들마저도 자신들의 진영이 결코 거룩하지도 않고 자신들의 전쟁이 성별된 것도 아니지만 더 나은 군인이 되었다고 말했는데도 말이다. 마키아벨리에게 기독교는 사람들에게 평화주의적 덕을 가르친 종교로서, 이러한 종교는 그 자체로 잘못된 것이었다.[62] 청교도 저술가들은 이것을 강하게 부인했다. 그들은 그러한 덕에 대해 거의 알지 못했을지라도 부인했다. 아마 그 점에서 그들은 옳았을 것이다. 목회자

---

60) Paoli Sarpi, *The Free School of War*, trans. William Bedell (London, 1625), sig. F₃ verso.
61) Alexander Leighton, *Looking-Glass*, p. 31.
62) Machiavelli, *The Discourses*, book II, ch. ii.

들 중의 한 명은 다음과 같이 물었다. "이들이 종교와 정당한 대의를 위해 현장에서 삶을 모험할 것이라는 것을 누가 의심할 수 있는가?" "이들이 신앙과 고백을 위해 감히 자신들의 몸을 자진해서 내어주고 불사르게끔 한다는 것을 누가 의심할 수 있는가?"[63] 기독교는 자체적으로 제 나름의 규율과 용기를 만들어냈다고 하겠다. 경건한 개신교도 전사는 목사의 설교에서 힘을 얻고 대형 기도집회에서 자극을 받으며 말을 타고 전투하러 갈 때 찬송가를 불렀는데, 이러한 전사는 십자군에 참가하는 광신도와 그렇게 멀리 떨어져 있는 것이 아니었다. 그러한 기독교 영웅을 마키아벨리는 전혀 상상하지 못했다.

6. 혁명 속에서 전쟁하는 청교도

이상에서 본 바와 같이 청교도들은 실제로 그랬던 것보다 훨씬 더 호전적이고 더한층 전투적이었던 것이 틀림없다. 일단 갈등이 현실화되자 이러한 요소들이 역사적 배경 속에서 표면화되어 강조되는 것 말고는 혁명을 달리 설명할 길이 없다. 갈등이 터지지 않았다면 성도들은 자신의 영적 전쟁을 추구하는 일을 계속했을 것이고 이것은 역사가들에게 옛 아담에 대한 기독교도의 오래된 투쟁을 특별히 강렬하게 수행한 것에 불과했다고 설명되었을 것이다. 그러나 군사 수사학적 표현을 사용해 성도들이 세상 속인들과 대립각을 세웠고 설교자들이 군대 질서와 훈련에 관심을 가졌으며 정당한 제한 전쟁에 관한 전통적 개념이 쇠퇴했다. 이 모든 것들 때문에 실제 전쟁은 그 반대의 경우에 예상된 것보다 한층 더 그럴 법한 일이 되었다. 그리고 이 모든 것들이 전쟁이 왔을 때 더욱 밀어붙여서 저항을 넘어 혁명이 되는 일에 도움을 주었다.

이것이 청교도주의의 영향이었다. 달리 말하면 그것은 17세기의 영국인들의 마음에 이전에는 결코 있어 본 적이 없었던 것처럼 혁명을 가능하게 해주었

---

63) Richard Bernard, *Bible-Battles*, pp. 79-80. 레이톤은 비슷한 방식으로 마키아벨리에게 답한다. Leighton, *Looking-Glass*, pp. 25-28.

다. 그것은 사탄 및 사탄 동맹들과의 투쟁을 그들의 내적 영적 갈등의 확장이요 복제라고 생각하도록, 게다가 그러한 투쟁을 체계적인 조직 활동과 군사 훈련 및 규율을 요구하는 힘들게 계속되는 전쟁이라고 생각하도록 훈련시켜 주었다. 이러한 생각들이 새로운 정치의 초석을 놓아주는 주제였고 영구전쟁은 청교도 급진주의의 핵심 신화였다. 설교자들은 전쟁을 그 시대의 무질서가 구체적으로 생생하고 유의미하게 드러나는 표현으로 보이게끔 만들었다. 여기에서 도덕적 혼란과 사회적 긴장이 조직적인 적대감으로 바뀌었고 바로 이것이 어떤 의미에서는 영국혁명의 "비밀 역사"였다. 왕이 처형된 후 어느 청교도 목회자는 그 사건의 예기치 못함을 경외심 속에서 다음과 같이 묘사했다. "오늘날과 같은 하나님의 행동은 … 인간의 기대에 맞지 않는다."[64] 그는 옳았고 그의 요점은 과장된 것이라고 하기가 무척 어렵다. 런던 포병장의 아마추어 포병들에게 그리스도의 영광을 위하여 사탄과 싸우라고 촉구한 혁명 이전의 목회자들은 크롬웰의 군대를 내다볼 수 있는 선견지명이 없었다. 그럼에도 불구하고 잉글랜드는 신형군에 준비가 안 된 것은 아니었다. 아마도 모호하게나마 사람들이 기다리고 있었던 것이 있었을 것이다. 목회자들은 아주 오랜 시간 동안 자신들의 장막으로 찾아오라고 그들에게 소리쳐 부르고 있었다. 이러한 목회자들 중 한 명은 이렇게 오랫동안 부른 준비가 하나님의 신묘막측의 사례였다고 말해주었다. "하나님은 사람들의 마음에 작용하고 … 이 작용은 그들이 생각은 못해도 이루어질 것이다."[65]

그러나 궁극적으로 인간을 혁명가로 만든 것은 이 비밀 준비뿐만 아니라 성도들이 하나님의 목적을 알고 있다는 점점 더 확고한 느낌, 다시 말해 그들의 자부심과 호전성을 더욱 개방적이고 직접적으로 강화해 주는 안전감이었다. 이러한 새롭고 공격적인 자신감은 전쟁의 개념이 역사적 연관과 예언의 상당히 구체

64) John Owen, *The Advantage of the Kingdom of Christ in the Sinking of the Kingdoms of the World* (London, 1651), p. 22.
65) William Hussey, *The Magistrate's Charge for the People's Safety* (London, 1647), p. 23.

적인 체계 속으로 도입되기에 이르렀을 때 청교도 목회자들과 젠틀맨들을 사로 잡게 되었다. 그 시작은 1640년 이전의 어느 시점이었지만 설교자들의 영적 전쟁을 다니엘과 요한계시록의 묵시론적 역사와 통합하는 연구는 케임브리지 대학교의 조셉 미드를 포함한 일단의 저술가들에게서 시작되었다.[66] 이들에 의해서 대륙의 종교 전쟁들과 영국 왕에 대항하는 투쟁이 유대인과 팔레스타인인에서 시작해서 아마겟돈까지 계속하는 오래된 사탄과의 전쟁의 일부로서 간주되었다. 혁명이 일어나기 전에 존재한 이러한 견해는 칼빈과 메리 여왕 추방자들의 군사 수사학적 표현과의 중대한 단절을 표시했다. 이들은 모두 갈등을 초역사적 견지에서 기독교적 삶의 필연적 특성으로 기술했고 이들에게 기독교적 삶은 개혁의 시기에는 보다 폭력적이었을 것이고 갈등은 본질적으로 끊임없이 계속되는 가차 없는 것이었다. 승리를 얻을 수 있다고 해봤자 가장 치열한 의지를 움켜쥐고 가장 가혹한 규율을 유지하면서도 일시적으로 얻는 최소한의 승리였을 뿐이다. 기독교 전쟁에 대한 보다 낙관적이고 역사적인 이론으로 전환하게 된 것은 아마도 조셉 미드의『요한계시록의 열쇠』*Clavis Apocalyptica*가 나온 1627년으로 거슬러 올라갈 수 있다.

이 긴 학술 도서는 1643년에 의회의 명으로 라틴어에서 영어로 번역되었고 교육 수준이 낮은 열광자들이 사용할 수 있도록 책 끝에 세계사 "개론"을 추가했다. 그리하여 미드는 혁명의 흥분에 휩싸인 일부가 그의 연구에서 끌어낸 과장된 결론을 거의 승인하지 않았을지라도, 혁명 시대의 묵시론적 작가들에게 주요 권위자가 되었다. 대체로 그들은 천년왕국을 마지막 대접을 붓고 짐승을 마지막으로 멸망시킨 후에 도래하는 실제적 지상왕국으로 보는 해석을 받아들였다. 그러나 미드는 그리스도가 개인적으로 이 왕국을 통치할 것이라고 말하지 않았다. 과거의 프로테스탄트 저술가들은 통상 이 왕국을 교회의 첫 천년과

---

66) 기독교의 천년왕국 사상에 대한 탁월한 논의를 위해서는 다음을 참조. E. L. Tuveson, *Millenium and Utopia: A Study in the Background of the Idea of Progress* (Berkeley, 1949). 조셉 미드에 대해서는 다음을 참조. pp. 76ff.

동일시했고 따라서 아주 먼 옛날로 보았다. 미드가 이러한 입장에 반전을 가져온 것은 혁명의 지적 전제조건 중 하나를 충족시키는 것으로 생각될 수 있다. 바꾸어 말하면 그것은 청교도의 활동을 세계 역사적 맥락 안에 가져다놓은 것이다.[67] 이렇게 됨으로써 애국심과 종교적 감정의 표현에 미친 영향이 이어지는 아래의 인용문과 같이 제시될 수 있을 것이다. 미드는 요한계시록의 16장의 모호한 구절 즉 "짐승 세계의 강과 샘물에 쏟은 셋째 대접"을 해석하고 있다.[68]

> 강과 샘물은 … 적그리스도 관할권의 목회자들과 옹호자들이다. 이들이 예수회와 여타의 다른 사절단 사제들처럼 교회적이든 심지어 스페인 투사들처럼 세속적이고 평신도적이든 상관없다.… 교회의 사절들에 대해 … 내가 생각하는 바는 유명하게 기억된 엘리자베스가 통치하던 영국에서 … 짐승의 권위를 지키는 그 피비린내 나는 감독관들이 … 사형 선고를 … 받았을 때 성취되었다는 것이다. 그리고 그들만은 아니었다. 피에 목마른 … 그들보다 훨씬 더 무서운, 짐승의 대의를 위한 스페인의 투사들도 특히 1588년의 그 기억에 남는 무적함대 격파 해상 전투에서 피를 통째로 들이마셨다.

토마스 트위스는 성직자 총회 의장으로서 미드의 책에 서문을 쓴 바 있거니와 그는 미드가 "처음에는 저지대 국가에서, 그 다음에는 프랑스에서, 그 다음에는 보헤미아에서, 이어서 독일에서 전쟁의 칼을 통해 … 그리고 지금은 우리 사이에서 … 적그리스도 세대를 통해 하나님의 성도의 순교"에 대한 완전한 역

---

67) 그러나 미드보다 앞선 토마스 브라이트만의 논의와 비교해 볼 것. Thomas Brightman, *A Revelation of the Apocalypse* (Amsterdam, 1611). 이 책에는 더 오래된 비관주의적 견해를 뒤로 한 채 미드가 충분히 발전시킨 역사적 입장이 예기되어 있었다. 브라이트만의 요한계시록의 비전은 일종의 프로테스탄트 제국주의를 말해주었다. "[교황에 대한] 승리를 얻게 되면 영혼들은 먹이를 찾으러 모여들고 전리품으로 자신을 채운다.… 그 후기 교황 국가 전체는 나중에 개혁 교회에 복종하게 될 것이다. 모든 나라는 더 순수한 진리의 아기이기에 미신에 굴복하기에 앞서 그 지역의 일부가 그 영혼들에게 복종하게 될 것이다." p. 643.
68) Joseph Mead, *The Key of the Revelation*, trans. by Richard More (London, 1643), p. 115 (2절 부분)

사적 기술을 가능하게 했다고 믿었다.

　이러한 종류의 관념들이 혁명 발발 직전 여러 해 동안 청교도들 사이에 분명히 유포되고 있었다. 그러나 그 싸움이 실제로 터졌을 때 의회 입장의 최초의 공개적 변호는 정당한 전쟁 이론의 견지에서 쓰여졌다. 허버트 팔머 같은 목회자들은 나중에 묵시론적 역사를 거론했지만 에섹스의 군인들이 왕의 주위에 있는 "악성 인간"들에게 대항해 싸운 것이지 왕에 대한 것은 아니라고 주장했다. 그들은 "왕국의 보호를 위해 무기를 든 것"이지 "왕이라는 사람에 대한 것"은 아니었다.[69] 그들은 찰스 왕 자신에 대해서는 말할 것도 없고 왕당파를 적그리스도 및 짐승과 동일시하는 것을 거부했다. 그들은 위그노의 오랜 치안판사론을 새로이 발전시켰고 잠시지만 위그노처럼 그 관념의 사용을 신중하게 제한했다. 사무엘 러더포드는 "칼의 힘은 하나님의 법칙에 의해 특정하게 왕에게만 고유하게 있는 것이 아니라" "하나님에 의해 하급 판사에게도 주어진다"고 썼다. 그는 더 나아갔고 리처드 버나드가 1629년에 여전히 옹호한 바 있는 왕에 대한 복종에 의심을 제기했다. 즉 백성들은 "왕의 권위"에 주의를 덜 기울이고 오히려 "전쟁의 대의"를 자주적으로 탐구해야 한다. 왜냐하면 하나님을 거역하는 복종은 우상숭배일 것이기 때문이다.[70] 여전히 투쟁은 방어적이었다. 허버트 팔머는 투쟁이 "정부를 반드시 변화시켜야 하는 방향으로 끌려갈 수 없다"고 주장했다.[71] 이러한 것이 의회 입법자들의 고리타분한 개념들이었다. 그러나 이것들은 내전 첫해에 열광적 성직자의 보다 대담한 사변에 의해 바로 보완되고 변형되었다. 그리하여 장로교 목회자 프란시스 체이널은 1643년 하원에서 이렇게 연설했다. "… 지상의 왕들이 짐승에게 권세를 주었을 때, 이 선택병들[하나님

---

69) [Herbert Palmer], *Scripture and Reason Pleaded for Defensive Arms* (London, 1643), pp. 25ff. 또한 다음을 참조. Samuel Rutherford, *Lex, Rex, or the Law and the Prince* (London, 1644; repr. Edinburgh, 1843), p. 139. 베인톤의 논의도 참조. Roland Bainton, "Congregationalism: From the Just War to the Crusade in the Puritan Revolution," pp. 5-8.

70) Rutherford, *Lex, Rex*, pp. 184, 187.

71) [Palmer], *Scripture and Reason*, p. 58. (쪽 번호가 다르게 매겨질 수 있음)

의 선택을 받은 자들]은 왕과 같은 능력으로 무장했지만 짐승을 대적할 만큼 왕 중의 왕에게 충실할 것이다." 체이넬은 계속해서 왕을 짐승으로부터 구조하고 그의 "전하"에 다시 한 번 권력을 안정화하는 중요성을 역설했다. 그러나 그의 웅변의 강조점은 분명히 구조보다는 차라리 전쟁에 있었다.[72]

방어 전쟁론에 기초해서 조급하게 제시된 논증은 왕과의 투쟁을 보다 더 급진적인 청교도들에게 나타나 보인 대로 묘사하지 않았다. 그렇기 때문에 성도들이 속류 인간들과 벌이는 전쟁, 경건한 대대원이 사탄의 공격에 대응하는 체계적인 활동을 기술하는 오래된 방식이 곧바로 다시 나타났다. 이 방식은 틀림없이 부분적으로는 전쟁을 선전하는 것이었고 부분적으로는 투쟁 그 자체의 순전한 동력과 흥분이 만들어낸 것이었다. 그러나 전쟁은 엇비슷한 수사적 표현의 도움과 지지가 없어도 수 세기 동안 기독교도들끼리 벌이는 싸움이었다고 말해두지 않으면 안 된다. 어느 역사가는 중세 시대는 "그 기간 내내 정치적 열정과 열기 속에서 강평했지만 그렇다고 해서 이들이 자신들의 적을 적그리스도와 동일시한 적은 없었다"고 쓴다.[73] 이러한 동일시는 내전에는 필요 없지만 혁명에는 필요하지 않을 수 없다. 성도들은 이 점에 준비가 되어 있었다. 그들은 1640년대 초 일단 최초의 전투에서 충격을 받고 그 충격에서 극복되자 그때부터 혁명을 일으켰다. 반전이 갑작스럽게 일어나자 이는 하나님이 주신 기회라는 암시를 주었다. 그리고 청교도 정신은 긴장 속에서 그러한 기회에 선뜻 맞게끔 준비되어 있었다. "그분이 우리에게 기회를 줄 때 바로 그때가 그 시간이다. 철이 달아오를 때 바로 그때가 타격 시점이다."[74] 그러한 순간에 모든 인간들이 행동의 부름을 받았다. 이루어야 할 대업이 있었고 넘어서야 할 원수가 있었다. 세상은 급하게 나뉘고 전진한 사람들과 그렇지 않은 사람들로 구분되었다.

---

72) Francis Cheynell, *Sion's Momento and God's Alarum* (London, 1643), p. 10.
73) Beryl Smalley, *The Study of the Bible in the Middle Ages* (Oxford, 1941), p. 225; 다음에서 인용된다. Tuveson, *Millenium and Utopia*, p. 18. 이 일반적 규칙에서 피오레의 요아킴과 사보나롤라는 예외이다.
74) John Cotton. 다음에 인용되어 있다. Mosse, *Holy Pretense*, p. 125.

"모든 백성들은 합쳐서 힘을 모을 것인지 말 것인지, 원수를 거역하는 주 하나님의 백성을 최대한 도울 것인지에 따라 저주나 축복을 받는다."[75] 토마스 굿윈은 1642년 하원에서 지금이야말로 "지난 100년 동안 … 이와 비슷한 기회라고는 전혀 없었던 … 기회"였다고 말했다. 이것이야말로 성전을 다시 짓게끔 하나님이 준 기회였다. "여러분이 하지 않는다면 여러분 없이 하나님이 할 것이다"라고 이 설교자는 의원들을 불온시하듯 말했다. 굿윈의 설교에서 폭력과 투쟁의 이미지가 다시 되풀이되었다. 이들 이미지는 개혁의 불가피한 동반물이다. 그는 "죽는 한이 있더라도 성전을 정화하고 개혁하라"라고 고집했다. 존 애로우스미스는 "나는 여러분이 교회와 국가를 쉽게 개혁하는 꿈을 꾸지 않았다고 확신한다"고 되풀이해서 말했다.[76]

스티븐 마샬은 의회 설교자의 거장으로서 1644년 양원에서 전한 설교에서 정당한 전쟁에서 혁명으로의 전환을 말했다. 그는 갑자기 그 자리에 있는 병사들에게로 돌아서서 다음과 같이 말했다. "지금 가서 주 하나님의 전쟁에서 싸우기 바랍니다.… 왜냐하면 처음에는 여러분이 자유를 보호하기 위해 무기를 들 수밖에 없었다는 사실 외에는 아무것도 분명히 나타나지 않았지만 이제 나는 그들을 … 부르는 것을 두려워하지 않을 것이기 때문입니다. … 모든 기독교 왕국은 … 이제 영국의 문제가 그리스도 또는 적그리스도가 주 하나님일지 왕일지라는 것을 알고 있습니다.[77] 일 년 후에 토마스 코울만은 훨씬 더 단도직입적이었다. 즉 그는 하원에서 "성도들의 전쟁 무기는 방어적인 것만은 아니고 공격적인 것이다 …"라고 선언했다. 의원들은 "지옥의 민병대와 사탄의 훈련받은 무리들"이 자기들에게 대적하기 위해 무장하는 것을 예상해야 한다.[78] 그래서 방어

75) Stephen Marshall, *Meroz Cursed* (London, 1641), p. 9.
76) Thomas Goodwin, *Zerubbabel's Encouragement to Finish the Temple* (London, 1642), pp. 51, 58; John Arrowsmith, *The Covenant-Avenging Sword Brandished* (London, 1643), p. 14.
77) Marshall, *A Sacred Panegyric* (London, 1644), p. 21.
78) Thomas Coleman, *Hopes Deferred and Dashed* (London, 1645), p. 12; 이 설교는 의회에서 상당한 출렁임을 일으켰다. "그것은 그 안에 많은 참신성이 있었고 … 그래서 많은 사람들의 마음을 완전히 사로잡았다." 다음을 참조. Francis Woodcock, *Lex Talionis: or, God Paying Every*

전 편에 섰던 자는 사탄이지 성도들이 아니었다고 설교자 헨리 윌킨슨[1610-1675] 이 말해주었다. 그리하여 그는 "[의회의] 과업이 요한계시록의 짐승과 그 모든 공범자들에 … 공개적으로 반하는 것이기 때문에" 악마의 무리들은 "전쟁의 자세를 취하지" 않으면 안 된다고 썼다.[79]

이러한 견해로 인해서 왕에 대한 투쟁은 목적적인 것, 전면전인 것이 되기에 이르렀다. 그것은 내전이라는 용어가 일반적으로 포함하지 않은 일련의 의미들 전체까지 전부 함축했다. 그것은 요한계시록의 짐승과의 전투를 치른 병사들이 스스로 성도라는 것을 요구했다. 최소한으로 줄여서 말하더라도 그것은 그들이 성도인 척하는 것을 허용했다. 전쟁과 개혁은 함께 묶였고 그 범위는 짐승이 도사릴 수 있는 교회와 국가의 모든 지역으로 확장되었다. 때때로 청교도 투쟁은 일반 전쟁처럼 현장에서 수행되었다. 그러나 때때로 그것은 정치적으로 수행되고 적들은 집에서 색출되었다. "색출하라. 잔존할 수 있는 그것[악]을 면밀히 수색하라. 법을 샅샅이 뒤져라 …. 촛불을 켜고 수색하라. 궁금하면 검문하라 …."[80] 악법처럼 악인은 철저하게 수색되어야 할 것이다. 바로 여기서 사탄과의 전쟁은 정화의 형식을 취했다. 이에 대한 정당화는 모세가 황금 송아지 예배자들을 살해한 경건한 성구 즉 출애굽기 32:27을 참조하면 되었다. 이것은 사무엘 페어클로쓰가 1641년에 전한 중요한 설교에서도 마찬가지였다. 페어클로쓰는 "위험에 빠진 … 연방과 교회를 회복하기 위한 하나님의 정책과 천상의 치유는 하나님 아래에서 권위를 가진 자들이 그것을 방해하는 … 모든 저주스러운 것들을 완전히 폐지하고 근절한다는 것이다." 모세마저도 "냉혈 인간"이었다고 윌리엄 브리지는 선언했다. 그의 사례는 따라야 할 본이었다.[81] 연방과 교회의 "방해자"는 누구였던가? 1627년에 가우지가 제시한 명단이 소환될 수 있다.

Man in his Coin (London, 1646), sig. A$_4$ (서문).
79) Wilkinson, *Babylon's Ruin, Jerusalem's Rising* (London, 1643), sig. A$_3$ (서신).
80) Thomas Case, *Two Sermons Lately Preached* (London, 1642), I, p. 16.
81) Faircloth, *The Troublers Troubled* (London, 1641), p. 24; Bridge, *A Sermon Preached Before the House of Commons* (London, 1643), p. 18.

즉 불신앙자들, 우상숭배자들, 이단자들, 속물 인간들, 온갖 종류의 박해자들이 그런 존재들이다. "그렇다. 그리고 거짓 형제들이 있다." 전투 현장의 긴장이 국내 정치로 유입되자 "거짓 형제들"의 수가 증가하는 일은 거의 자동적으로 일어났다. 인간이 중립적이거나 그저 공감하는 일, 아니면 평화를 흥정하거나 이루는 일은 더는 가능하지 않았다. 군사적 세계관은 계속해서 지위를 평가해서 재편성하도록 강요했고 불충실하거나 불경건하거나 또는 완전히 헌신하지 않은 것으로 여겨지는 병사들을 배제하도록 강요했다. 이것은 성도들이 영원토록 "경성"하게 되는 연장선에 불과했지만 그것은 정치를 치명적인 사업으로 바꾸어 놓았다. 그 이하의 것이라면 성도들은 그것에 대해 진지한 것이 아니었다고 주장했을 것이다. 그 이하의 것이라면 그것은 그들의 고귀한 목적의식과 묵시론적 가능성의식에 어울리지 않았을 것이다. 사탄이 주는 정욕이 내면적 전쟁에서 극복된 것처럼 그들 중의 하나가 말했듯이 혁명에서 "바빌론의 창녀는 불과 칼로 파괴될 것이다."[82]

7. 새 예루살렘을 위한 청교도의 삶의 형식

그러나 청교도의 묵시록의 개념은 사뭇 묵시록적이지 않았다. 미드의 저서는 성도들이 자신의 거룩한 연방을 약속된 천년왕국과 연결시키는 것을 가능하게 했지만 그들 대부분은 여전히 그 천년왕국의 성취를 고통스럽고 피할 수 없는 힘든 과제로 보았다. 천년왕국의 예언자들은 임박한 영광을 선포하고 하나님의 왕국을 예고해 줄 본질적인 거대한 변화를 열광적으로 기다렸을지도 모른다. 그러나 스티븐 마샬 같은 사람은 그와 같은 열광을 공유하고 미드의 체계를 단단히 고수했지만 그럼에도 불구하고 성도들에게는 그리스도의 사역을 그들 자신의 사역으로 생각하기를 권고했다. "여러분은 모든 구원에서 일정한 몫

---

82) 다음에서 인용된다. William Lamont, *Marginal Prynne: 1600-1669* (London, 1963), p. 61. 프린은 마음이 편협한 변호사였는데 그런 그마저도 1640년대 초의 천년왕국 열광에 휘말렸고 라몬트에 따르면 그 열광이 그를 잠깐 사이에 "급진론자"로 만들었다. 59-64쪽.

을 가지고 있다." 일부 천년왕국론자들이 촉구한 것처럼 모든 존재하는 정치적 종교적 제도를 단순히 정복하고 파괴하는 것은 청교도 성도들의 과제가 아니었다. 새 예루살렘은 건립되어야 했던 것이고 개혁과 재건의 결과물일 수 있을 뿐이었다. 그리고 새 예루살렘이라고 하더라도 규율은 필요할 것이고 경건한 치안판사들은 늘 그렇듯이 경계를 서야 할 것이다.[83]

혁명에 대한 이러한 시각은 독립파 성직자 존 오웬에 의해서 가장 분명하게 표현되었다. 오웬은 왕이 처형된 후 몇 년 동안 설교를 했는데 이러한 일련의 설교에서 그는 다니엘서와 요한계시록에 대한 해석을 발전시켰다. 이 해석은 신비한 묵시록을 실천적 정치적 용어로 옮기는 작업이었다. 이는 미드가 묵시록을 세속적 역사적 용어로 옮기는 것과 같았다. 오웬은 1652년에 "현재 상태와 정부에서 용에게 권세를 준 모든 나라는 … 흔들리고 붕괴되며 … 그 옛 토대가 꺼질 것이다. … 하나님의 성도들이 특별히 두드러지게 참여하게 될 … 그 모든 전쟁은 바로 이러한 근거에 기반한다"라고 썼다. 전쟁의 결과는 "세계의 시민적 권세가 무서운 동요와 황폐화를 거친 후에 예수 그리스도의 관심과 권세와 왕국에 유용한 종속으로 처분되어야 한다"는 것이 될 것이다. 오웬은 이러한 "종속"이 어떤 정부 형태를 취할 것인지에 대해서는 말하기를 꺼려했다. 그는 새 사회에 약속된 충만한 평화, 법의 순결과 아름다움, 많은 회심자들을 기술하는 데 자족했다. 그는 잔부의회 의원들에게 다음과 같이 말했다. "현재 이 나라에서 위대하고 굉장한 일들이 처리되고 있다. 폭군은 처벌을 받고 압제자의 턱은 부서지고 피의 복수심에 불타는 박해자들은 실망하고 있다. 우리는 통치자들이 주님을 두려워하는 가운데서 다스리고 정의를 세우기를 소망한다. …"[84]

청교도 저술가 오웬과 마샬이 **사탄은 결코 기독교도가 되지 않는다**는 신앙에

---

83) Marshall, *The Song of Moses … and the Song of the Lamb* (Lonodn, 1643), p. 21; 투베손의 논의를 참조할 것. Tuveson, *Millenium and Utopia*, pp. 87-90.

84) John Owen, *A Sermon … concerning the Kingdom of Christ and the Power of the Civil Magistrate* (Oxford, 1652), p. 15; *Advantage of the Kingdom of Christ*, pp. 5, 27ff.

서 보여준 것처럼 이러한 저술가들은 그토록 실제적이고 끝이 없는 세속적인 투쟁에 열렬한 관심을 가지고 있었던 것에 비해 묵시록의 보다 급진적이고 신비로운 비전에 대해서는 거부하는 경향이 있었다. 정치적 전쟁과 재건은 그리스도의 재림을 고대하는 신비주의파의 기다림과도 종류가 달랐고 광란의 파괴 속에서 그리스도의 귀환을 위한 길을 준비하는 제5왕국파의 노력과도 종류가 달랐다.[85] 새로운 열광을 가진 것은 동일했지만 그럼에도 불구하고 후기 칼빈주의파는 여전히 천년왕국론자의 꿈과는 대조를 이루는 최소 프로그램이라고 불릴 수 있는 것을 기술했다. 그들은 그들을 가르친 교사의 세상적인 비관주의에 영향을 받지 않았다. "그분이 독일이나 영국에서 … 통치할 수 있는 외적이고 영광스럽고 가시적인 그리스도의 왕국을 세우는 꿈을 꾸는 것은 근거 없는 추측에 불과하다."[86] 오웬은 영국 땅에 그리스도가 친히 도래한다는 관념을 거부했다. "이 흙덩어리의 땅에서" 무엇을 성취할 수 있든지 간에 성취할 수 있는 것을 성취하는 것은 노력이요 투쟁이며 성취해야 하는 자는 인간이다. 그리고 이것은 조직, 계산, 체계적 노력을 의미했다. 전쟁 규율이 사회의 재건 작업 속으로 들어왔다. 청교도 혁명가를 천년왕국론자와 구별되게 한 것은 무엇보다도 바로 이것이었다. 정치적 불복종의 초기 행동부터 거룩한 연방의 설립에 이르기까지 청교도들은 경계와 자기 통제를 강조했다. 성도들이 전쟁에 나가기 전에 목회자들 중의 한 명은 다음과 같은 것이 필수적이라고 썼다. "왕국의 힘을 … 저울질로 측정하라. 어느 쪽이 더 강하고 어느 쪽이 더 약한지를 … 결정할 만큼 정확하게 그 안에 있는 [일정한] 여러 부대나 인적 부서의 힘을 평가하고 함께 비교하라."[87] 그래서 성도는 군사 전략가였다. 즉 그의 병력을 단단히 통제하고 전투 준비가 되어 있고 훈련을 잘 받은 상태에서 적절한 때를 기다린다. "철이 달아오

---

85) 제5왕국파인 존 캔의 저서를 참조. John Canne, *The Time of the End* (London, 1657). 특히 경건한 이들의 파괴적 열정 사례에 대해서는 194-200쪽.

86) John Owen, *A Sermon … concerning the Kingdom of Christ*, p. 18.

87) John Goodwin, *Anti-Cavalierism or, Truth Pleading as well the Necessity as the Lawfulness of this Present War* (London, 1642), p. 23.

를 때 바로 그때가 타격 시점이다." 군의 장군처럼 성도는 자신의 기회를 재어보고 적을 알았으며 협상과 책략을 못 견디어 했고 승리 외에는 아무것도 추구하지 않았다. 이미 말했듯이 이 모든 것은 새로운 종류의 전쟁인 동시에 마음의 상태였다. 그리고 청교도주의가 만들어내고 정치 영역에 도입한 것은 바로 그러한 마음의 상태였다.

9장 · 결론

1. 청교도주의와 자유주의 및 자본주의의 관계

모든 근대 세계는 실제로 칼빈주의 속에서 독해되었다. 즉 자유주의적 정치와 자발적 결사, 자본주의와 그 사회적 규율에 대한 의존, 관료제도와 그 체계적절차 및 근면하고 헌신적이라고 추정된 공직자, 그리고 끝으로 모든 일상적 형태의 억압과 배제된 기쁨과 이완되지 않은 열망은 모두 칼빈주의적이다. 이런저런 작가들에 따르면 형제들의 신앙 특히 청교도 형제들의 신앙은 근대성의 가장 중요한 요소들의 원천이나 원인 또는 최초 구현이 되었다.[1] 이러한 모든 해석에 어떤 진리가 있음에 틀림없다. 앞서 전술한 바와 같이 칼빈주의의 이론과 실천이 갖고 있는 "근대적" 요소들, 더 정확히 말하면 나중에 근대 세계에 통합된 요소들에 관해 많은 사례들이 제시된 바 있다. 그러나 지금에 와서 반드시 추가하지 않으면 안 되는 사실이 있다. 즉 그것은 이 통합이 선택, 부패, 변형을 포함하는 길고도 복잡한 과정이었다는 사실이다. 그것은 칼빈주의적 유산에 **공들인**

---

1) 예를 들어 다음을 참조할 것. Charles Borgeaud, *The Rise of Modern Democracy in Old and New England*, trasn. B. Hill (London, 1894); G. P. Gooch, *English Democratic Ideas in the Seventeenth Century* (New York, 1959); A. D. Lindsay, *The Modern Democratic State* (Oxford, 1943); Max Weber, *The Protestant Ethic and the Spirit of Capitalism*, trans. Talcott Parsons (New York, 1958) 그리고 베버의 책에서 야기된 방대한 문헌들 참조. 이에 관한 부분적 목록과 비판적 논의는 다음 책에서 발견될 수 있다. Charles H. George and Katherine George, *The Protestant Mind of the English Reformation 1570-1640* (Princeton, 1961); C. J. Friedrich, "Introduction" to Althusius, *Politica Methodice Digesta* (Cambridge, Mass., 1932).

사람들의 결과였다. 16세기와 17세기 형태의 칼빈주의는 이런 또는 저런 근대 경제 · 정치 · 행정 체제의 원인이었다기보다는 근대화의 동인이자 전환기의 이데올로기였다. 그리고 칼빈주의가 인식되고 발전된 위기와 격변의 조건들이 계속되지 않았던 것처럼 통합된 창조적 힘으로서의 칼빈주의도 역시 오래가지 않았다. 칼빈주의는 그 성취 전부가 아니라 그 일부에 불과한 것을 지속한 다른 사회적 지적 힘에 자리를 내주고 말았다. 이 힘은 정말로 칼빈주의가 성취한 전부와는 거리가 매우 멀었다.

칼빈주의는 회중의 삶이 확실히 자치와 민주적 참여를 위한 훈련이었어도 자유주의 이데올로기가 아니었다. 예를 들어 급진적 민주 수평파는 아마 그 시작은 청교도 회중이었을 것이다. 이를테면 그들은 목회자를 선출하기에 앞서 논쟁을 했고 이어서 상호 맞대응하는 비난을 자주 했던 삶을 보여주었다.[2] 목회자를 선출하는 선거가 종종 그런 것처럼 교회 회원들에게 개방되어 있지 않았을 때도 회중 정치는 주교나 왕의 궁정에 만연한 영향력, 모의, 후원과는 매우 달랐다. 개인의 충성심과 경의는 궁정관리들 사이에는 아주 많이 발달되어 있었지만 형제들 사이에는 쇠락해 있었다. 그 대신에 칼빈주의적 주의주의는 자유로운 협상 계약을 최고도의 인간적 유대로 확립했다. 청교도 저술가들은 인간과 신, 성도와 그 동지, 목회자와 교회, 남편과 아내의 관계를 이러한 견지에서 기술했다. 이 모든 관계는 자진해서 다 아는 가운데 이루어졌다. 따라서 사람들이 계약을 협상한다면 명백히 계약의 내용과 목적에 대해 알아야 하는 것은 필수적이었다. 목회자의 설교와 글도 이러한 앎을 제공하게끔 되어 있어야 했다. 설교와 본문에 대해 평신도 청교도들끼리 토론을 해도 그것은 마찬가지였다. 회중들끼리의 논쟁도 마찬가지였다. 새로운 정치적 성도이든 새로운 교육을 받은 성도이든 이들이 읽고 필기하고 일기를 적는 것도 역시 마찬가지였다. 그리고 이 모든 것은 역시 논쟁과 선거, 자유 정치의 팸플릿과 단체를 위한 준비였다.

---

2) Christopher Hill, *Economic Problems of the Church* (Oxford, 1956), pp. 298ff.

그렇지만 청교도주의는 앞서 5장의 "전통적 정치세계에 대한 공격"과 6장 "규율과 노동의 새로운 세계"에서 분명하게 드러나야 했던 것처럼 이를 훨씬 넘어섰다. 형제들의 결사체는 정말로 자발적이었다. 하지만 그것은 무엇보다도 긴장된 상호 "경성"이라는 특징을 가진 집단주의적 규율을 낳았다. 청교도의 개인주의는 결코 사생활에 대한 존중으로 이어지지 않았다. 연약한 양심은 자기 권리를 가지기는 했지만 그 보호는 속류 인간의 간섭으로부터의 보호를 위한 것이었지 "형제들의 훈계"로부터의 보호를 위한 것은 아니었다. 그리고 형제들의 훈계는 불안했고 집요했고 지속적이었다. 그들은 자신들이 무질서와 범죄의 시대에 살고 있다고 느꼈으며 죄를 영원히 경계하고 죄와 영원히 싸우기 위해 양심을 훈련하려고 애썼다. 청교도 회중들끼리 하는 논쟁은 결코 자유로이 편히 주고받는 생각들이 아니었다. 경계의 필요성과 전쟁의 압력은 너무나 컸으므로 우호적인 불일치를 허용할 수 없었다. 성도들의 전쟁 배후에는 무엇이 있었는가? 무엇보다도 두 가지를 말할 수 있다. 전통세계와 인간관계의 지배적인 유형에 대한 강렬한 적대감, 그리고 인간의 사악함과 사회적 무질서의 위험에 대한 예리하면서 비현실적이 아닌 불안의식이다. 성도들은 모든 인간의 목에 새로운 정치적 규율의 멍에를 채우려고 했다. 이 규율은 비개인적이며 이데올로기적이었고 충성심이나 애정에 기초하지 않았고 혼돈과 범죄에 열려 있지 않는 것과 마찬가지로 우발성에도 열려 있지 않았다. 이 규율은 가부장적 왕과 군주의 권위나 어린아이 같이 신뢰하는 신민들의 복종에 의존하지 않았다. 청교도들은 규율을 계약 자체와 마찬가지로 자발적으로 개인 및 집단 의지의 대상으로 만들려고 했다. 그러나 자발적이든 아니든 그 기조는 억압이었다.

　　자유주의도 마찬가지로 그러한 자발적 복종과 자기 통제를 필요로 했다. 그러나 청교도주의와는 날카로운 대조 속에서 자유주의 정치는 인간의 합리성에 대한 확고한 신념, 그리고 질서를 비교적 쉽게 달성할 수 있다는 확고한 신념, 이 둘의 가능성에 대한 비범한 자신감에 의해 형성되었다. 자유주의적 자신감은 억압과 죄에 대한 끝없는 투쟁을 불필요한 것으로 만들었다. 그것은 또한 자기 통제를 안 보이는 것으로 만들려고 했고, 다시 말하면 자기 통제가 겪는 고통의 역사를 망각하고 자기 통제가 그저 존재하는 것처럼 소박하게 가정하는 경향을 가지고 있었다.[3] 그 결과는 자유주의가 스스로 필요로 했던 자기 통제를 창조하지 못했다는 것이었다. 로크의 국가는 칼빈주의의 거룩한 연방처럼 규율적 제도가 아니었다. 그것은 정확히 말하면 시민의 가정된 정치적 덕목에 의존했다.[4] 청교도적 억압이 이 이상한 가정의 실제적 역사에서 제자리를 차지하고 있다는 것이 본 결론의 핵심 주장 중의 하나이다.

이러한 억압의 효과나 그 사회적 필요성의 범위를 어떤 절대적 견지에서 판단하는 것은 가능하지 않다. 다만 말할 수 있는 것은 청교도들은 로크가 알 필요가 없었던 인간의 죄성에 **대해 알고 있었다**는 점이다. 이 점이 기질이 서로 다르고 경험이 서로 다르다는 것을 반영한다는 사실은 의심의 여지가 없다. 혁명 발발의 여러 해 전에 청교도주의의 존재 자체와 확산은 확실히 영국 사회에 무질서와 "사악함"에 대한 예민한 두려움이 현존한다는 사실을 말해준다. 이 두려움은 앞서 주장된 바와 같이 오래된 정치적 사회적 질서를 변혁하는 것에 따르는 두려움이었다. 반면에 로크 사상의 승리는 불안이 극복되고 죄가 더 이상 문제가 되지 않는 성도들과 시민들이 출현했다는 것을 말해준다. 옛 질서와의 투쟁은 로크 시대에 와서 승리를 거둔 것처럼 보였고 그러한 투쟁에 따르는 흥분과 혼란과 두려움은 거의 잊힌 것처럼 보였다. 로크적 자유주의자들은 인간 사회에 대한 종교적 통제, 심지어는 이데올로기적 통제가 없다손 치더라도 해나갈 수 있다는 것을 발견했고 열광과 전투 준비는 매력을 잃었다고 생각했다. 그러나 이렇게 된 이유는 다만 통제가 이미 **인간 안에** 심어졌기 때문이다. 그렇다

---

3) 그러한 고통의 역사에 대한 몇 가지 제안에 대해서는 다음을 참조. Friedrich Nietzsche, *The Genealogy of Morals*, trans. Francis Golffing (New York, 1956), 특히 양심의 발생에 대해서는 192쪽과 그 다음 쪽 참조.
4) 로크의 정치적 덕에 관한 이론을 위해서는 로크 저서의 피터 라슬렛 판본을 참조. Peter Laslett, *Locke's Two Treatises of Government* (Cambridge, 1960), 108ff.

면 어떤 의미에서 자유주의는 "성도들" 즉 좋은 행동을 따라 할 수 있는 사람들의 존재에 의존한 셈이다. 이와 동시에 자유주의가 가진 세속적이고 고상한 성품은 이와 같은 사람들이 "성도들"이기는 하지만 다른 류의 성도들이었다는 사실에 의해 결정되었다. 즉 이 성도들은 그들의 선함 즉 사귐성, 도덕적 품격, 존경 가능성에서 자신감이 넘치고 느긋했으며 칼빈주의적 경건의 과민성과 광신성으로부터 벗어난 성도들이었다.

그렇다면 이것을 청교도주의가 자유주의 세계와 맺는 관계라고 할 수 있을 것이다. 물론 이것은 역사를 준비하는 하나의 관계일 것이지만 이론적으로 기여한 것이 있는 관계는 결코 아니다. 실상을 말하면 성도는 자유주의적 부르주아가 되기 전에 잊어야 할 것도 많았고 버려할 것도 많았다. 영국 청교도주의의 위대한 창조적 기간에 성도의 신앙과 자유주의자의 관대한 합리성은 공통점이 거의 없었다.

대략적으로, 칼빈주의와 자본주의의 추정적 관계에 대해서도 동일하게 말할 수 있다. 성도의 도덕적 규율은 자본주의적 인간의 역사적 조건으로 해석될 수 있다. 그러나 그 규율 자체는 자본주의적이 아니었다. 형제들의 신앙은 체계적 노력과 자기 통제의 강조와 더불어 상점과 공직과 공장의 조직적 노동에 대비하는 존경할 만한 준비였다고 주장될 수 있다. 그것은 인간에게 근대 경제 체제에 필요한 정확한 주의력을 훈련시켜 주었다. 그것은 그들에게 그때 막 성인의 날 휴일을 피하는 때였으므로 오후에 낮잠을 피하고 부기 및 도덕적 성찰에 여가 시간을 할애하도록 가르쳤다. 그것은 어떻게 해서든 지속적인 노동에서 피할 수 없는 박탈과 억압을 성도들에게 견딜 수 있는 것, 심지어, 바람직한 것이 되도록 만들었다. 그리고 자기 통제를 가르침으로써 그것은 인간들 사이의 비개인적 계약적 관계의 기초를 제공했고 노동자와 같은 협력은 허용했지만 애정의 교환이나 친밀감의 위험은 수반하지 않았다. 이 모든 것을 칼빈주의가 했거나 도와주었다. 칼빈주의가 이를 창조적 방식으로 했건 새로운 경제 과정의 이데올로기적 반영으로서 했건 그런 것은 직접적 관련성이 없다. 막스 베버가 말해준 바와 같이 성도들은 일종의 합리적 세속적 금욕주의를 배웠다. 이것은 아마 경제적 일상이 요구한 그 이상의 것이었다. 그들은 노동 그 자체에서 단순한 노동이 줄 수 없는 것을 추구했던 것이다. 바로 이것이 소명의식, 규율의식이었고 이로부터 그들은 죄성과 무질서의 두려움을 벗어나게 되었을 것이다.[5]

그러나 베버는 이것을 넘어서 더 많이 말해버렸다. 즉 그는 금욕주의만이 아니라 체계적 취득이 칼빈주의적 기원을 갖고 있다고 주장했다.[6] 예정론에 의해 유발된 심리적 긴장은 세속적인 활동에서 작용하여 아마도 사람들로 하여금 구원의 표시로서 성공을 찾도록 구동했을 것이다. 이러다가 불가해한 하나님의 순전한 의지는, 만약 베버가 옳다면, 다시금 불안한 인간의 의지를 불러내고 더 나은 사업 기술과 더 많은 이윤의 기업가적 추구를 일으킨다. 바로 여기서 베버의 논증은 무너진다. 만일 실제로 자본가의 이익 욕망에 특별한 비합리적 특성이 있다고 하면 그 원천은 성도들 가운데서가 아닌 다른 곳에서 찾아야 한다. 왜냐하면 청교도주의는 지속적이거나 제한 없는 축적을 장려하는 이데올로기가 거의 아니었기 때문이다. 그 대신에 성도들은 그들의 경제적 견해에서 편협하고 보수적인 경향을 보여주었고 사람들에게 겸손한 삶에 필요한 것보다 더 많은 부를 구하지 않거나 또는 대안으로 잉여분을 자선 기부에 사용하도록 촉구했다. 청교도들의 불안은 베버가 기술한 바와 같은 기업가적 활동보다는 차라리 경제적 제한과 정치적 통제에 대한 두려운 요구로 이어졌다. 쉬지 않고 일하지만 상대적으로 보수가 없는 노동은 성도의 덕성과 미덕에 가장 큰 도움이 되었다.[7]

---

5) 베버의 이론이 이만큼만 말했다면 그의 이론에는 자본주의와의 필연적 관련성이 없었을 것이다. 바꾸어 말하면 그의 이론은 청교도주의는 합리주의적 "정신"을 키웠지만 취득 정신은 키우지 않았다고 말해준다. 이와 유사한 견해가 헤르베르트 마르쿠제가 "프로테스탄트 윤리"에서 발견한 것 속에 함축되어 있는 것 같다. Herbert Marcuse, *Soviet Marxism: A Critical Analysis* (New York, 1961), pp. 217, 222-223.

6) Weber, *Protestant Ethic*, pp. 171ff.

7) 다음 논의를 참조. Charles H. George and Katherine George, *The Protestant Mind of the English*

여기서 청교도 저술가들의 사상은 18세기 프랑스의 가브리엘 마블리와 에티엔-가브리엘 모렐리 같은 원형 자코뱅의 사상과 아주 가깝다. 이들도 마찬가지로 비우호적 시각으로 자본가 기업의 발달을 지켜보았고 은행가와 거대 상인들을 환영하지 않을 검소한 스파르타식의 공화국을 꿈꾸었다.[8] 청교도들의 집단 규율, 달리 말하면 기독교도의 스파르타는 똑같이 순수한 취득 활동과 양립할 수 없었다. 미덕은 거의 확실하게 경제적 규제를 요구했다. 이것은 중세 법인주의의 규제와는 매우 달랐으며 아마도 그와 같은 차이의 첫 번째 의미는 **자유**라는 이름을 얻었다. 자유에는 예리한 경제적 현실주의가 동반되었고 따라서 고리대금업의 합법성에 대한 칼빈주의의 인정이 동반되었다. 그러나 칼빈주의적 현실주의는 자유로운 활동이나 자기표현이 아닌 효과적인 통제를 위한 것이었다. 거룩한 연방이 한 번이라도 확고히 세워졌더라면 경건한 자기 규율과 상호 감시가 법인적 체제보다 훨씬 더 억압적이라는 사실을 누가 의심할 수 있는가? 그 규율은 다시 한 번 청교도 국가가 부재한 가운데서 회중들에게 시행되었다. 17세기 교회회의의 의사록은 일상적 사례를 제공한다. 그 기록에는 다음과 같이 적혀 있다. "교회는 버터의 무게와 관련하여 칼톤 부인에게 만족했다."[9] 칼톤 부인은 그 판정을 기다리면서 떨었을까? 확실한 것은 이렇다. 즉 형제들이 지방의 버터 판매상에게 자유를 허락하는 것을 꺼렸다면 새로운 자본가에게 자유를 거의 허락하지 않았을 것이라는 점이다. 적어도 목회자의 문헌에는 인클로저, 고리대금업자, 독점가, 사기투자자에 대한 고발로 가득 차 있으며 때로는 교활한 상인에 대해서도 고발하고 있다.[10] 아마 청교도의 결의론은 그런 사람들에게 어

Reformation 1570-1640, 3장과 4장; Kurt Samuelsson, *Religion and Economic Action*, trans. E. G. French (Stockholm, 1961).

8) 예를 들면 다음을 참조. Gabriel de Mably, *Entretiens de Phocion* (Paris, 1804); 마블리와 모렐리의 제한주의적 태도에 관한 논의는 다음을 참조. J. L. Talmon, *The Origins of Totalitarian Democracy* (New York, 1960), pp. 58ff.

9) 다음에서 인용된다. Horton Davies, *The Worship of the English Puritans* (Westminster, 1948), p. 236.

10) 이 문헌은 다음에서 논의된다. Charles H. George and Katherine George, *The Protestant Mind*, pp. 149ff.

느 범위에 배속되는지에 관해 충분한 여지를 남겨 두었지만 베버가 그토록 본질적이라고 간주하는 것 즉 선한 양심을 그들에게 부여하는 일은 거의 없었다. 오로지 위선을 가장하는 지속적 노력으로만 그들은 그것을 얻을 수 있었다. 돈을 좇아가는 일에 대해 성도들이 내리는 최종 판단은 존 번연의 순례자의 그것이었다. 즉 허영의 도시에서 있으면 화가 나고 불편한 마음이었고 돈을 사랑하고 뭐든지 저축하는 사람들을 경멸하는 마음이었다.[11]

자유주의와 자본주의는 청교도주의가 창조적 힘으로서 소진되고 난 후에만 오로지 세속적 형태로 충분히 발전하는 것 같다. 종교적 통제와 가책으로부터 어느 정도 누리는 자유가 근대 서구 사회에서 자유주의와 자본주의가 이룩한 일반적 승리에 본질적인 것처럼 보인다. 이 자유는 그 기원이 당연히 종교개혁에, 기존 교회와 전통적 성직에 대한 공격에 있다. 그러나 그 자유는 개혁자들의 책임은 아니었다. 그 자유는 그들의 의도를 넘어선 것이다. 거룩한 연방은 자코뱅의 덕의 공화국과 마찬가지로 자유주의적이고자 하지도 않았고 자본주의적이고자 하지도 않았다. 자본가와 자유주의 정신의 확산은 급진적 열광주의의 쇠락과 나란히 진행되었다. 그러나 그와 동시에 급진적 열광주의는 쇠락하기 전 몇 년 동안 새로운 경제와 정치의 규율적 기초를 형성하는 데 도움을 주었다. 어떤 의미에서 세속적 금욕주의는 기업가적 자유에 선행했다. 이는 정치적 열망이 자유주의에 선행한 것과 같다. 저속한 도덕가들이 규율과 자유 사이의 역사적 상호의존성, 더 정확히 말하면 규율과 모종의 자유 사이의 역사적 상호의존성을 진부한 상투어로 만들었을지라도 그것들 사이에는 이해하기가 쉽지 않은 성질이 있다.

2. 사회 변화의 경험에 대한 대응으로서 청교도주의

막스 베버나 그 추종자 누구라도 영국인이 실제로 청교도가 되었거나 예정을

---

11) John Bunyan, *Pilgrim's Progress*, ed. J. B. Wharey (Oxford, 1928), pp. 95ff., 107ff.

진정으로 믿고 구원의 공황의 시간을 겪었다고 해서 계속해서 자본주의 사업가가 되었다는 것을 중시한 적은 없었다. 증명의 짐은 그러한 결론에 반하는 것처럼 보인다. 물론 이것은 확신할 수 있는 일은 아니다. 달리 말하면 사업가들은 경제적 문제보다 영적 투쟁에 대해 기록할 가능성이 적다는 것이다. 그렇지만 우리가 가지고 있는 일기, 편지, 회상록의 무게는 새로운 신앙의 가장 중요한 표현이 경제적이라기보다는 문화적이고 정치적이었다는 점을 말해준다. 성도들은 실로 행동주의자였고 행동주의자는 나중에 합류한 사람들보다 훨씬 더 강렬하게 "이끌려서" 행동했다. 달리 말하면 회심한 영국 젠틀맨들은 새로운 근면성으로 의회 문제에 참여했고, 경건한 어머니들은 자식들을 정치적 삶에 지속적 관심을 가지도록 훈련했으며, 열정적인 견습생들은 설교를 필기하고 최근의 종교적 정치적 팸플릿을 연구했다. 청교도 활동의 결과는 경건한 깨우침, 치안판사라는 지위, 혁명이었다.

혁명이 성공했다면 거룩한 연방의 규율은 자코뱅의 덕의 공화국의 규율처럼 제도화된 정치적 행동주의를 필요로 했을 것이다. 그 유토피아들은 각각 작은 공직 사회를 육성했을 것이고 많은 소소한 행정관들은 분주하게 새로운 규례와 규제들을 시행했을 것이다. 매사추세츠의 존 엘리엇의 사상은 거룩한 연방을 사람 10명당 공직자가 1명인 과도 통치 사회로 보는 이미지를 말해준다. 이러한 열정을 가진 양심적 치안판사들은 비록 그들의 종교적 양심이 다시 한 번 근대의 관료적 규율의 어려운 기원, 반쯤은 망각된 기원을 말해줄지는 몰라도 동료 인간의 죄성에 대해 현실적이고 관대하지 않은 감각을 갖추고 있었기에 근대 관료제를 구성하지 못했을 것이다. 성도들의 열정은 근대 공직자에게 요구된 세속적 유능함, 기능적 합리성, 그리고 중도적 헌신과는 공통점이 거의 없는 것처럼 보인다. 그러나 치안판사는 자본주의적 취득이나 부르주아 자유보다도 성도들의 참된 소명을 훨씬 더 잘 기술해 준다. 그것은 청교도주의가 성도들에게 새로운 도덕 질서의 창조와 유지에서 맡도록 요청하는 행동주의적 역할을 가장 분명하게 말해준다. 이 활동을 국가 차원에서만 한다든지 또는 가장 중요하게 보고 한다든지 하는 것은 아니었지만 그것은 항상 통치와 관련되어 있다는 점에서 정치적이었다. 왜냐하면 청교도들은 회중을 "소연방"으로 상상했고 연방 헌정을 걱정하는 마음으로 논쟁했으며 다루기 힘든 회원들에게 규율을 강제할 수단을 찾았기 때문이다. 그들은 가족을 자발적 공동체로 보았고 그들에게 이 공동체는 통치자라고 말하는 경건한 아버지의 지배를 받는 공동체였다. 그렇게 해서 최종적으로 그들은 자아를 하나의 분리된 존재 즉 육과 싸우는 정신으로 보았고 여기서 그들은 통제와 통치를 찾았다.

　　일단 칼빈주의와 청교도주의가 억압과 전쟁이라는 정치적 언어로 기술되면 이 책의 1장에서 제기된 물음은 보다 쉽게 답할 수 있는 물음이 된다. 즉 영국인, 프랑스인, 스코틀랜드인, 네덜란드인 가운데 특정 집단들은 어째서 칼빈주의자와 청교도가 되었는가? 그렇게 된 이유는 성도들이 제공한 자기 통제와 경건한 통치를 그들이 어느 정도 필요로 했기 때문이라고 말할 수 있다. 이것은 베버의 자본주의 설명을 한 단계 더 뒤로 밀어넣는 것이라고 할 수 있다. 베버는 칼빈주의가 그 지지자들에게 체계적 노동과 세속적 성공에서 통제감과 자신감을 찾는 것을 추동하는 불안 유발 이데올로기였다고 주장한 바 있다. 그렇지만 그는 먼저 물어야 할 문제 즉 사람들이 어째서 불안 유발 이데올로기를 채택해야 했는지에 대해서는 아무런 물음도 제기하지 않았다. 이 물음은 그가 "선택적 친화성"이라는 그 자신의 개념을 가능한 답으로 제시하는 물음이다.[12] 이쯤 되면 칼빈주의가 불안을 유발했다는 것은 아마 사실이 아닐 것이다. 칼빈주의의 효과는 사람들이 이미 세상과 자아의 위험에 대해 가지고 있던 지각을 신학적 용어로 확인하고 설명하는 것이었을 가능성이 더 큰 것으로 보인다. 칼빈주의가 불안에 시달리는 개인에게 "적절한" 선택지가 된 것은 이러한 확증 때문만은 아니고

---

12) *From Max Weber: Essays in Sociology*, trans. and ed. H. H. Gerth and C. Wright Mills (London, 1948), pp. 284-285.

성도가 불안으로부터 벗어나는 길을 제공했다는 사실 때문이기도 했다. 청교도의 "방법"은 자기 통제와 영적 전쟁의 "단련"을 통해서 평온과 확신으로 이어졌다. 그러고 나서 그것은 그에 상응하는 치안판사와 혁명의 "단련"을 통해서 거룩한 연방의 정치적 질서로 이어졌다.

사람들은 성도가 될 것 같았다. 아니 정확히 말하면 특정한 사람들의 사회적, 개인적 경험이 특정한 종류의 것에 속하는 것이었다고 한다면 그들이 성도가 되어야 했다는 점은 이해할 수 있는 일이다.[13] 우리는 앞서 세 가지 다른 집단적 경험을 논의했다. 프랑스 위그노와 같은 불만과 두려움을 가진 귀족들의 경험이 있다. 이들은 근대의 정치적 질서에 적응하는 길을 모색했다. 성직자 지식인들의 경험이 있다. 이들은 법인체적 유대 및 이 유대와 함께 하는 특권에서 벗어났고 자신들의 지위의 애매성과 사회의 무질서에 특별히 예민한 사람들이었다. 끝으로, 새롭게 진입한 아니면 새로운 교육을 받은 젠틀맨들, 변호사들, 상인들의 경험이다. 이들은 정치 및 사회 세계에 이해관계가 있다는 주장과 함께 대학, 의회, 도시로 초조롭게 나아가는 사람들이었다. 이들의 집단적 경험 중 어느 것도 개인의 회심을 예측 가능한 것으로 만들지 않는다. 이들의 집단적 경험이 저마다 그것을 이해할 수 있는 것으로 만들어준다. 따라서 필립 드 모르네와 같은 사람의 칼빈주의가 온건했다는 사실은 교육을 받고 야망을 가진 프랑스 젠틀맨이 정치적 지위에 대한 자신의 가치를 자신과 다른 사람들에게 입증하려는 의도적인 의지의 노력으로 여겨질 수 있다. 이를 입증하려면 르네상스 쾌락과 사치를 엄격히 거부해야 했다. 존 녹스는 전쟁과 혁명에 의해 유럽에서 해방된 스코틀랜드 농부의 아들이고 그가 최초의 청교도로서 광적으로 보여준 자기 의는 어떤 의미에서 대륙으로 추방된 경험의 기능으로 가장 잘 이해될 수 있다.

---

13) 앞서 말한 "적절한" 또는 여기서 말하는 이해할 수 있는 행동의 개념은 윌리엄 드레이가 제안한 의미에서 사용된다. William Dray, *Laws and Explanation in History* (Oxford, 1957), 특히 5부. 그러나 이러한 용어로 청교도주의를 전반적으로 설명하기 위해서는 "합리적 행동"에 대한 드레이의 개념을 상당히 확장하는 것이 필요할 것이다. 다음을 참조. Samuel H. Beer, "Causal Explanation and Imaginative Re-enactment," *History and Theory* 3:23-24 (1963).

의로움은 위안이었고 생존을 위해 자아를 조직화하는 방법이었다. 미래의 대주교였던 존 휘트기프트가 토마스 카트라이트를 잔인하게 "식사를 다른 사람들의 식탁에서" 한다고 조롱했을 때 아마 그는 회중의 통일성과 목회자의 지위에 대한 카트라이트의 사상의 중요한 원천을 말해주고 있었다. 그리고 다음과 같이 주장될 수 있을 것이다. 즉 존 윈쓰롭과 올리버 크롬웰 같은 지방 젠틀맨은 케임브리지에서 교육을 받고 아는 것이 많았지만, 런던이 불편했고 마침내 새롭고 막연한 열망으로 가득 찬 채 청교도주의에서 그들의 희망을 감당할 수 있는 자신감을 찾았고 말하자면 성도가 되었다. 그리고 이는 새로운 세계와 새로운 사회의 통치자가 되는 길을 걸어가는 도중에 일어났다.

주목해야 할 점은 또 있다. 즉 귀족들, 목회자들, 젠틀맨들, 상인들, 그리고 변호사들이 칼빈주의자, 청교도 이데올로기들에 대해 가지는 선택적 친화성은 그들 모두가 공유한 불안에만 있는 것이 아니라 성도다움에 요구된즉 그들 모두가 공유한 "단련" 참여 **능력**에도 있다는 점이다. 그들은 이미 주장된 바와 같이 "사회학적으로 유능"했고 치안판사와 전쟁에 준비가 되어 있었다. 칼빈주의적 신앙은 불안해했지만 그러한 유능한 수준에 미치지 못하는 사람들에게는 호소하지 않았다. 노동자와 농민이 전통적 방식에서 조금이라도 자유로웠다면 보다 평화적인 신앙이나 천년왕국적 신앙을 채택할 가능성이 더 높았다. 이 신앙의 약속은 그들이 해야 하는 고된 노력에 의존하지 않았다. 말하자면 그들 자신의 통제와 타인에 대한 가혹하고 끊임없는 억압에 의존하지 않았다.

이렇게 되면 청교도주의는 단순히 사회적 무질서와 개인적 불안의 이데올로기적 반사 작용으로 기술될 수 없다. 바꾸어 말하면 청교도주의는 무질서와 불안의 경험에 대한 하나의 가능한 대응이다. 더 정확히 말하면 그것은 성도들과는 다른 제삼자가 다른 견지에서 볼 수 있었을지도 모르는 일련의 경험들을 지각하고 대응하는 하나의 가능한 방식이다. 예를 들어, 성도를 그토록 두렵게 했던 바로 그 자유들 즉 이동, 사치, 개성, 재치를 분명히 누렸던 상인들도 있었고 젠틀맨들도 있었다. 그리고 그러한 자유들이 함양된 르네상스 도시들과 궁정들을 열심히 찾아 나선 상인들도 있었고 젠틀맨들도 있었다. 틀림없이 많은 자본가들과 자유주의자들은 바로 이러한 새로운 도시성으로부터 왔던 것이다. 제임스 1세의 궁정이 왜 다른 사람들의 눈에는 사악하고 부덕한 반면에 영국 젠트리의 일부 구성원들에 대해 그토록 매력을 가졌는지를 특정한 경우를 들어 설명하는 것은 쉽지 않을 것이다. 다른 사람들은 급성장하는 런던 도시의 "사악함"을 증오하고 청교도 회중에서 덕을 갖춘 형제들과 안정감 및 자신감을 찾아 나선 반면에 그 도시에 새로 온 사람들 중 일부는 군중에 섞여 함께하게 되거나 흥미로운 지하 세계를 탐험하는 이유는 더 이상 쉽게 이해할 수 있는 일이 아니다. 말할 수 있는 것은 이 사회 변혁의 시대에 살고 있는 사람들 중 일부가 칼빈주의 이데올로기에서 그들에게 적합한 대응을 찾았다는 것뿐이다. 잉글랜드에서 청교도주의는 변화하는 세계 및 그들 자신의 삶의 통제를 찾는 노력이었고 따라서 질서, 방법, 규율에 대해 성도들이 가지고 있는 끈질긴 관심이었다.

3. 정치적 급진주의로서 청교도주의

그러나 규율과 질서에 대한 청교도의 관심은 역사에서 유일한 것이 아니다. 성도의 시대부터 몇 번이고 되풀이해서 많은 무리의 정치적 급진파들이 자기 자신과 세계를 변혁하는 것을 초조하게 온힘을 다해서 체계적으로 추구해 왔다. 그렇다면 성도의 선택이 16세기와 17세기의 영국인들이 내놓은 합리적 선택이라고 단순하게만 기술될 필요는 없다. 그것은 유사한 역사적 환경에서 다른 사람들이 내놓은 다른 선택들과 체계적인 연관성을 가질 수 있다.

청교도 성도들은 영국의 역사에서 나타났고 그들은 옛날 질서의 붕괴를 말해준다. 이 붕괴는 독학하는 프로테스탄트들도 정치적 추방자들도 평신도 형제들의 자발적 결사체들도 생각할 수 없었다. 이와 동시에 그 붕괴는 성도의 선택이 어떤 개별적인 경우에도 예측 가능한 것은 아니지만 그래도 합리적이고 적절해 보이는 맥락을 가지고 있다는 점만은 제공한다. 그러나 이보다 더 나아가서 다음과 같이 주장하는 것이 가능하다. 즉 옛 질서가 붕괴된다고 고려해 볼 때 일부 영국인들이 그와 같은 합리적 선택을 하려 할 것이라는 점은 예측 가능한 일이다. 그리고 이보다 더 나아가서 다음과 같이 주장할 수 있다. 즉 유사한 역사적 환경이 가정된다면 프랑스인이든 러시아인이든 유사한 선택을 할 것이라는 점은 예측 가능한 일이다. 18세기의 프랑스인이 자코뱅파와 행동하는 시민이 되었고 20세기의 러시아인이 볼셰비키와 직업혁명가, 그 다음에 레닌의 말로 표현하면 "지도부", "관리부", "통제부"[14]가 된 것과 같은 방식으로 그리고 그와 같은 많은 이유로, 영국인은 청교도가 되었고 그 다음에 경건한 치안판사, 장로, 아버지가 되었던 것이다. 칼빈주의 성도들은 무엇보다도 통제와 자기 통제를 추구한 이러한 혁명적 치안판사들의 무리 중 첫 번째에 해당하는 사람들이었다. 성도는 다른 문화적 맥락에서 시간을 달리하는 순간에 다른 형태를 취할 것이고 다른 혁명을 행할 것이다. 그러나 세계를 바라보고 대응하는 급진파의 방식은 이 같은 지각과 대응을 처음 생성한 경험들이 널리 공유될 때마다, 여러 무리의 사람들이 갑자기 옛날의 확실성으로부터 해방될 때마다 언제나 거의 확실하게 널리 공유될 것이다.

옛날 질서에서는 청교도주의가 상상될 수 없었다. 이 옛날 질서는 앞서의 논의에서 전통 사회로, 즉 위계가 근본적 질서 원리인 사회로, 다시 말하면 가부장제, 개인의 충성, 후원과 법인주의로 기술되었다. 이것들이 인간관계의 핵심 형태였다. 수동성이 일반 사람들의 정상적 정치적 자세였다. 중세 후기의 어느 시점에서 유럽 전통주의의 복잡한 제도적 구조는 약화하고 무너지기 시작했다. 그러한 구조의 철학적 합리성이 전통의 통제로부터 어느 정도 자유로웠던 대담

---

14) Lenin, *The Immediate Tasks of the Soviet Government* (1918) in *Selected Works* (New York, 1935-37), VII, pp. 332-333. 레닌은 "진정한 조직가, 냉철한 정신과 현실적 전망을 가진 사람, 난리법석에도 설치지 않는 능력과 사회주의 충성을 겸비한 사람 … 발견하는 것"이 필요했다고 썼다. 이것을 "직업에서 양심적인" 사람을 찾는 크롬웰의 간구와 비교해 볼 것.

한 이론적 투기꾼에 의해 의문시되었던 것이다. 이는 그 뒤로 전환기가 시작되면서 장기적으로 계속되었고 전환기 동안 급격한 폭발적인 변화의 순간과 교착상태 및 좌절의 순간이 번갈아 오갔다. 개개인은 참신하고 짜릿한 자유의 느낌과 이동성을 극도의 불안, 두려움과 함께 동시에 경험했다. 이 두 가지 경험은 청교도의 "정착되지 않음"의 개념으로 요약될 수 있을 것이다. 새로운 사회가 오로지 서서히 여러 나라에서 각기 다른 시기에 나타났고 그 구성원들은 적어도 형식적으로 평등했고 그들의 정치적 관계들은 비개인적이었으며 협상과 계약, 아니면 균일한 강제에 기초했다. 이러한 사회에서 "사람들"이 조직화해서 하는 활동은 사회적 규율에 필수적이었다. 이는 전통적 세계에서 대중적 수동성이 사회적 규율에 필수적이었던 것과 같다.[15] 옛 질서는 자연적이고 영원한 것이라고 상상되었지만 그것이 갱신되어야 하는 것은 규칙이고 이는 새 질서의 본질에 따른 것이다. 이는 예술과 의지 또는 인간 행위의 산물이다. 전통주의가 고정된 안정성이었다면 근대성은 변화 위에 세워졌다. 그러나 그럴지라도 근대성은 전환기의 표징이 되는 광적인 이동성을 일상화하는 것, 또 흥분을 자아내면서도 고통을 주는 그 같은 시기에 사람들을 앞으로 나아가게 한 열정과 불안을 일상화하는 것을 나타낸다.

청교도주의의 중요성은 1530년과 1660년 사이에 담당한 역할에 놓여 있다. 그 기간은 잉글랜드에서 투쟁과 변화의 결정적 해였고 칼빈주의가 강력한 세력을 가진 역동적인 신앙의 해였다. 왕정복고 후에 그 에너지는 내부로 들어갔고 그 정치적 열망은 잊혔다. 성도는 비순응주의자에게 자리를 내주었다. 그게 아니라면 로크적 자유주의가 대안적 정치적 전망을 제공했다. 그러나 청교도주의는 그 잔존이나 그 변형을 언급함으로써 설명될 수 있는 것이 아니다. 청교도주의가 여전히 통합된 신조였던 그 기간에 보여준 역사적 실재와 대면하는 것이

---

15) 현대 정치에서 "참여"의 중요성은 다니엘 러너에 의해서 강력히 촉구된 바 있다. Daniel Lerner, *The Passing of Traditional Society* (Glencoe, Ill., 1958), 특히 pp. 57ff.

필수적인 작업이다. 그 기간에 청교도주의는 가장 잘 지어준 이름인 **전환의 이데올로기**라고 말할 수 있는 것을 제공했다. 그것은 근대화 과정에 기능적이었다. 이는 그것이 어떤 보편적 절차에 기여했기 때문이 아니라 전통적 통제가 내려앉고 위계적 지위와 법인적 특권이 의문시될 때면 언제나 발생하는 인간의 욕구들을 해결했기 때문이다.[16] 이러한 욕구들은 다른 방법들로 해결될 수 있다. 예를 들어 옛날의 안전과 속박을 영광스럽게 만드는 향수의 이데올로기가 그것이다. 그러나 욕구들은 가장 효과적으로 해결해 주는 것이 청교도주의와 같은 교리이다. 이 교리는 자기 통제를 활발하게 하는 것, 에너지를 좁혀 사용하는 것, 사회적으로 "정착되지 않음"을 배경으로 해서 새로운 인격을 형성하려는 대담한 노력을 하는 것을 장려해 주었던 것이다. 일단 그러한 인격에 도달하게 되면 성도들은 자기 자신의 구원의 형상에 따라 사회를 형성하려는 것으로 나아가게 된다. 즉 그들은 향수의 이데올로기 추종자가 결코 될 수 없는 사람이다. 단적으로 말해, 옛 질서의 적극적 원수가 된다. 따라서 지방 젠틀맨들이 크롬웰과 같이 회심을 겪었을 때 그들이 성도로 되는 것은 말할 것도 없고 의회에 대해 비협조자로 변혁된다. 이제 그들은 전통적 위계의 뿌리와 가지를 공격하고 새로운 형식의 정치적 연합을 실험한다.

그러나 그들이 역사에서 옛 질서를 파괴하고 왕을 처형하는 혁명가로 나타나지만 성도들의 급진적인 성격의 일차적 원천은 전환기의 질서 **없음**에 대한 그들의 반응에 있다. 옛 질서는 그들 경험의 일부에 불과하고 가장 중요한 부분이 아니다. 그들은 삶의 대부분을 그 질서의 붕괴 가운데서 살거나 성직자 지식인들처럼 그 질서 속에서 숨어서 또는 추방되어서 산다. 그들이 주교와 궁정관리를 미워한 만큼, 이어서 청교도 성도들은 방랑자를 더 미워하고 두려워했다. 그들은 방랑자 자신이 가져오는 결과, 말하자면 그들 스스로의 "정착되지 않음"을

---

16) 급진적 이데올로기를 이렇게 보는 시각은 마르크스주의적 사상에 대한 아담 울람의 연구에서 처음으로 제안되었다. Adam Ulam, *The Unfinished Revolution* (New York, 1960).

무서워했다. "주인 없는 인간들"은 늘 전통 붕괴의 최초 산물이고 성도들은 그들이 이전 주인의 위험보다 덜 위험하다고 거의 생각하지 않았다. 청교도들을 주인 없다는 경험 없이 상상하는 것은 불가능하다. 성도가 된다는 것은 그러한 경험의 유력한 결과 중의 하나이다. 더 정확히 말하면 성도가 된다는 것은 사람들이 그 같은 경험에 대처하는 방법들 중의 하나이다. 홉스주의적 권위주의는 또 다른 방법이다. 덧붙여, 홉스의 최고 주권에 대한 호소와 청교도의 자기 통제 투쟁을 대조해 보면 성도라는 것을 에리히 프롬의 용어로 "자유로부터의 도피"라고 말하기는 어렵다는 점이 암시된다.[17]

그러나 어쨌든 프롬이 성도를 "자유"의 맥락에서 보는 것은 확실히 옳다. 청교도들은 어떤 의미에서도 전통적 봉건 사회 내에서 서서히 자라나서 발전해 가는 새로운 질서의 산물은 아니었다. 마르크스주의 이론에서는 새로운 질서가 그렇게 성장해 갈 것이라고 말할 것이다. 그들은 무질서의 산물이었다. 비록 무질서라는 단어에는 그들의 비범한 행동주의에 대해 말해주는 것이 거의 없다고 할지라도 말이다. 그들은 마키아벨리와 루터 같은 저술가의 비판적 파괴적 작업을 물려받았고 비판과 파괴의 한복판에서 생존을 위해 스스로를 조직화한 후라도 그 작업을 계속했다. 그들은 2세대 사람들이었다. 다시 말하면 그들은 용감한 이단자와 철학자들이 이미 전통적 주인들에게 도전한 세계에 당도했다는 뜻이다. 그들은 거듭남으로써 이 세계가 당면한 어려움들과 만났다. 그들은 주인 없음을 거부하고 새로운 주인을 그들 자신 속에서 발견하고 새로운 통제 체계를 경건한 형제들 속에서 찾음으로써 그러한 어려움들과 직면했다.

무질서에 대처한다는 것은 새로운 인간 즉 자신감을 가지고 걱정에서 벗어나 정력적인 의지로 활동할 수 있는 사람으로 거듭난다는 것을 의미했다. 성도들은 이러한 거듭남에 의미를 부여하고자 때때로 새로운 이름을 가지거나 자식들에게 새로운 이름을 주었다. "정착되지 않음"의 경험이 그들에게 불안감과 우

---

17) Erich Fromm, *Escape from Freedom* (New York, 1941), pp. 84-98.

울증을 가져오게 하고 일을 할 수 없게 하며 악마에 대한 환상에 빠지게 하고 병적인 내성을 갖게 했거나 아니면 칼빈이 제안한 것과 같은 두려운 몽상이 타락한 사람들 사이에서 흔한 것이었다고 한다면, 성도가 된다는 것은 그야말로 성품 형성의 승리라고 말할 수 있는 것이었다. 바로 여기서 볼셰비키와의 유비가 추구할 가치가 있는 것이 된다. 레닌이 혹평한 것으로 다음과 같은 것들이 있다. "방정, … 부주의, 난잡, 시간 위반, 조급성, 행동하지 않고 토론하는 경향, 일을 말로 때우는 경향, 어느 것도 끝내지 않고 해 아래서 모든 것을 감행하는 경향." 레닌이 이것들을 혹평한 의도는 우선적으로 그의 동료였던 급진파와 망명자들에 대한 공격과 같은 것이었다. 이 혹평이 레닌이 극히 싫어한 "원시" 러시아에 대한 기술로서 가지는 가치가 무엇이었든지 간에 말이다.[18] 볼셰비즘의 첫 번째 승리는 청교도주의의 그것처럼 자신의 조직 한가운데서 조직을 "해체"하려는 충동에 대한 것이었다. 말하자면 레닌이 어느 때보다도 가장 활동적으로 움직이고 있는 곳에서 사탄이 일하고 있었다. 즉 사탄은 경건한 이들의 대열 속에서 일하고 있었다. 그러나 또한 잊어서는 안 되는 것이 있다. 즉 이러한 승리는 주인 없는 시대에 특별한 활력으로 나타나면서 근대성에 이르러 어느 정도 화해가 이루어져 안정을 취한 자유로운 사고와 자발적인 표현의 충동을 이긴 승리였다. 이러한 승리는 성도들이 자기 통제를 위한 끔찍한 투쟁에서 필요하다고 생각한 희생이었다. 청교도들은 르네상스의 의상 실험과 자기 장식의 모든 예술을 격렬하게 공격했고 지방을 배회하고 도시로 몰려드는 제멋대로인 방랑자들을 싫어했다. 방랑자들은 결코 가족과 회중들한테로 조직화되지 않았다. 청교도들은 춤과 연극을 두려워했고 5월제의 기둥을 부수었고 극장을 폐쇄했다. 그들은 음행에 맞서 길고 쓰라린 끝없는 전쟁을 벌였다. 유사한 방식으로 자코뱅파 지도자 로베스피에르는 쾌락주의를 공격했고 신흥 부르주아의 도덕을

---

18) *How to Organize Competition* (1917, repr. Moscow, 1951), p. 63; *Letters*, trans. and ed. Elizabeth Hill and Doris Mudie (New York, 1937), p. 113.

비난했으며 계몽주의의 급진적 자유사상을 반혁명적 음모와 악의적으로 연결했다. 그는 무신론이 귀족적이라고 선언했다.[19] 그리고 다시 한 번 레닌은 자유로운 사랑에 반대하는 세속적 칼빈주의자가 그런 것처럼 모든 힘을 다해 설교한다. 즉 "방탕한 성생활은 부르주아적이고 [그것은] 부패 현상이다. 프롤레타리아트는 떠오르는 계급이다.… 그것에 필요한 것은 명확성, 명확성, 또 다시 명확성뿐이다. 그래서 나는 반복해 말한다. 힘을 약화시키지 말라, 힘을 낭비하지 말라, 힘을 파괴하지 말라."[20]

사실상 레닌의 도덕성은 프롤레타리아트와 거의 관계가 없었고 그가 공격한 "방탕"은 부르주아와 거의 관계가 없었다. 그는 청교도들이 한 것처럼 성도와 속류 인간에 관해 말하는 편이 나았을 것이다. 그는 두 집단들 사이의 대조에 도달하고 있었다. 한 집단은 그들 시대의 무질서에 굴복하거나 이용한 사람들 즉 철학 분야의 이론적 투기꾼, 성생활의 방랑자들, 경제적 돈 후안들이다. 다른 집단은 어떻게든 "정착되지 않음"에서 빠져나와 자신들의 삶을 조직하고 통제를 재획득한 사람들이다. 첫째 집단은 저주받은 자들이고 둘째 집단은 구원받은 자들이다. 이들 사이의 주요 차이는 사회적이 아니라 이데올로기적이다.

급진적 정치의 모든 형태는 빠르게 일어나는 결정적인 변화의 순간에 관습적 지위가 의심되고 성격이나 "정체성" 자체가 문제가 되는 순간에 나타난다. 청교도들, 자코뱅들, 또는 볼셰비키들은 새로운 질서의 창조를 시도하기 전에 새로운 인간을 창조해야 한다. 억압과 집단 규율은 이러한 창조의 전형적 방법들이다. 질서가 없게 된 세계는 세계가 전쟁 중이라는 의미로 해석된다. 즉 적을 발견해야 하고 공격해야 한다. 성도는 사회에서 싸우기 전에 자기 내부에서 일어나고 있는 전투에서 싸워야 하는 군인이다. 청교도 성도가 성도다움을 획득하는 것으로부터 혁명이 뒤따른다. 즉 혁명은 사탄의 정욕을 이기는 승리로부

---

19) 다음에서 인용된다. A. Aulard, *Christianity and the French Revolution* (Boston, 1927), p. 113.
20) 다음에서 인용된다. Klara Zetkin, "*Reminiscences of Lenin*," in *The Family in the U.S.S.R.*, ed. Rudolf Schlesinger (London, 1949), p. 18.

터 뒤따른다. 마찬가지로 혁명은 자코뱅들의 미덕, 볼셰비키들의 "강철" 성품으로부터 뒤따른다. 이것은 고통스럽게 획득한 새로운 정체성의 실행이다. 성도다움과 혁명 사이의 이러한 관계는 존 밀턴이 크롬웰을 기리는 찬사에서 멋지게 예시된다. "먼저 자기 자신의 지휘관, 자기 자신의 정복자. 그는 자기 자신을 승리하는 법을 가장 많이 배웠다. 그래서 그는 모든 병역 의무를 완수한 참전용사처럼 외부의 적을 만나러 갔다…."[21] 전통 사회에서 이러한 자기 정복은 필요치 않다. 다만 개인적 이유에서 수도원 생활을 삶의 방식으로 선택하는 비교적 적은 수의 사람들은 예외이다. 그러나 근대화 과정에서 많은 수의 사람들이 갑자기 주인 없는 사람이 되어 엄격한 자기 통제를 찾는 시점이 있다. 말하자면 그들은 그 시점에서 새로운 목적을 발견한다. 그들은 그 시점에서 새로운 질서를 꿈꾼다. 그들은 그 시점에서 규율적이고 체계적인 활동을 위해 자기의 삶을 조직한다. 이 사람들은 미래의 예비 성도이고 시민들이다. 그들에게 청교도주의, 자코뱅주의, 볼셰비즘은 적절한 선택지이다. 시간적으로 바로 그 시점에 이 선택지들은 선택할 가능성이 높은 유력한 선택지이다.

　　이것은 정치적 급진주의를 "정착되지 않은" 사람들의 심리학적 치유로 환원하는 것이 아니다. 녹스, 카트라이트, 크롬웰이 경험한 이 "정착되지 않음"은 그에 수반되는 모든 두려움과 열정과 더불어 때로는 흉했고 때로는 고상했지만, 그들의 동료들이었던 많은 영국인들이 가졌던 다만 고조된 형태의 느낌이었다. 왜냐하면 궁극적으로 청교도 반응의 사회학적 범위는 매우 폭넓게 퍼져 있었기 때문이다. 물론 "정착되지 않음"은 영구적 조건이 아니었고 그래서 성도다움은 다만 일시적 역할을 맡았을 뿐이다. 청교도들은 잉글랜드를 거룩한 연방으로 변혁하려고 노력했지만 그들의 노력은 실패했다. 이들보다 더 최근에 노력한 동역자도 그 노력이야 어떻든 역시 실패했다. 성도다움은 한 사회적 일상에서 다른 사회적 일상으로 이행하는 위험한 과정을 매개했다. 그 뒤로

---

21) Milton, *Works*, ed. F. A. Patterson et al. (New York, 1932), VIII, p. 213.

그것은 베버의 자본주의가 그렇듯이 신학적 이유는 빠져 버린 채 기억된 열정과 습관적 자기 통제로만 살아남았다. 그러나 이것이 말해주는 것은 거룩함이 비실제적인 꿈이었고 신경증을 보이거나 혼란스러워 하는 또는 비현실적인 사람들의 프로그램이었다는 점이 아니다. 사실을 말하면 청교도 목회자들, 장로들, 아버지들은 상당한 정치적 경험을 가졌고 거룩한 연방은 거룩함을 가장 많이 필요로 했던 사람들 사이에서 부분적으로 성취되었다. 또한 성도들이 정치권력을 유지할 수 없었다는 점을 근거로 삼아, 청교도주의가 "이해관계"에 대해 "사상"이 다만 일시적으로 승리한 것을 대표한다고 주장하는 것도 옳지 않다. 또한 동일한 근거에서 다음과 같이 주장하는 것도 옳지 않다. 즉 젠틀맨들, 상인들, 변호사들에게 궁극적으로 더 중요한 것이었던 세속적 목적에 대해 성결 교리가 다만 일시적으로 승리한 것을 대표한다[22]고 주장하는 것도 옳지 않다. 왜냐하면 설명할 필요가 있는 것은 정확히 말해서 왜 성도들이 오랜 기간에 걸쳐 예정과 성결과 같은 사상에 그토록 강렬한 관심을 갖게 되었는가라는 문제이기 때문이다. 청교도 이데올로기는 현실 경험에 대한 대응이었고 그러므로 개인적, 사회적 문제들을 해결하기 위한 실천적 노력이었다. 왕정복고 후 수년 내에 영국 정치에서 전투적 성도들이 사라진 현상은 이러한 문제들이 시간적으로 붕괴 기간 및 정신적, 정치적 재건 기간에 국한되었다는 점을 말해준다. 사람들이 더 이상 두려워하지 않거나 덜 두려워하게 되자 청교도주의는 갑자기 적절하지 않게 되었다. 청교도 체계의 특정 요소들이 새로운 일상에 적합하게 변형되었고 다른 요소들은 잊혔다. 그리고 그때에야 비로소 성도는 "선행"을 하는 사람이 되었고 신중하고 존경받을 수 있는 사람이 되었으며 단지 일상적인 불안만으로 움직이게 되어 로크적 사회에 참여할 준비가 되었다.

---

22) 혁명적 열광에 대해 이렇게 생각하는 견해는 크레인 브린튼의 프랑스 혁명 저서에 의해 제시된다. Crane Brinton, *Decade of Revolution* (New York, 1934). 그리고 다시 한 번 그의 다른 저서에서 제시된다. *Anatomy of Revolution* (New York, 1938).

4. 청교도적 급진정치의 일반적 모형

이제 영국 청교도들의 역사에 기초를 두고 적어도 부분적으로 그들 자신만의 용어로 발전된 급진적 정치의 모형을 제안하는 것이 가능하다. 그러한 모형은 급진주의의 결정적 특징을 일반적 역사 현상으로 드러내고 청교도들, 자코뱅들, 볼셰비키들, 그리고 아마도 다른 집단들까지도 여기서 시도된 것보다도 더 체계적으로 비교하는 것을 가능하게 하는 데 도움이 될 것이다.

1 이런저런 형태의 봉건적, 위계적, 가부장적, 법인적 전통 사회로부터 이런저런 형태의 근대 사회로 전환하는 어떤 지점에 스스로를 선택된 인간, 성도로 보고 새로운 질서와 비개인적 이데올로기적 규율을 추구하는 "낯선 사람들"의 무리가 나타난다.

2 이 사람들은 비범한 자기 확신과 과감성에 의해 동료들과는 구분된다. 성도들은 옛 질서의 일상적 절차와 습관적 신념을 거부할 뿐만 아니라 전통의 쇠락 속에 경험된 다양한 종류의 "자유", 이를테면 개인적 이동성, 개인의 사치, 자기실현, 절망, 불안, 동요와도 단절한다. 선택받은 무리는 그 구성원들을 엄격하게 훈육하고 그들에게 스스로를 훈육하는 법을 가르침으로써 확실성과 자신감을 추구하고 획득한다. 성도들은 이 규율을 지속하는 자신의 능력을 미덕의 신호로, 이 미덕을 하나님의 은혜의 신호로 해석한다. 전환기의 혼란 속에서 그들은 그들 자신 속에서 예정, 흔들리지 않는 확고한 목적의식, 궁극적인 승리의 확신을 발견한다.

3 선택받은 무리는 현재 존재하는 세계를 전쟁 중인 세계인 것처럼 마주한다. 그 구성원들은 사회 변화의 압박과 긴장을 갈등과 논쟁의 견지에서 해석한다. 성도들은 그것들에 대해 적의를 느끼는 것밖에 없고 그에 따라 훈련하고 스스로 준비한다. 그들은 경계를 늦추지 않고 지속적으로 기회를 계산한다.

4 선택받은 무리의 조직은 그들이 추구하는 새로운 질서의 본성을 제시하고 또한 현재 투쟁의 필요성을 반영한다.

① 사람들은 그들의 신앙을 증거하는 언약에 서명함으로써 그 무리에 가입한다. 그들의 새로운 헌신은 공식적이고 비개인적이고 이데올로기적이다. 그것은 그들이 의견과 의지에 토대를 두지 않은 옛날의 충성, 즉 가족, 길드, 지역 그리고 영주와 왕에 대한 충성을 포기하는 것을 요구한다.

② 이 헌신은 자발적이고 사람들이 훈련을 받을 수 있는 의지 행위에 기초하는 것이지 태생적인 것이 아니다. 어떤 후원을 받아서 선택받은 무리의 지위를 차지하는 것은 가능하지 않다. 선택을 받으려면 사람들은 선택을 해야 한다.

③ 예비 성도의 헌신과 열정은 시험되고 입증되어야 한다. 따라서 성도다움을 선택하는 것은 쉬운 일이 아니고 선택받은 무리는 배타적이며 그 수가 적고 그 구성원들 각각은 미덕과 자기 규율에서 매우 "재능"이 있다. 사람들이 성도로서 받아들여진 후에도 여전히 그들은 가능한 모든 경우에 경건을 보여주어야 한다. 그들은 조사 대상이고 한 번 거부되었을 수 있으므로 언제든지 제거될 수 있다. 따라서 성도들이 유지하는 경건한 긴장은 관습과 전통과 함께할 때 안전하고 편안하다고 느끼는 속류 인간들의 무감각과는 생생한 대조를 이룬다.

④ 선택받은 무리 안에서는 모든 사람들이 평등하다. 지위는 거의 중요하지 않다. 회원들은 그들의 경건과 당면한 일에 대한 공헌으로 측정된다.

⑤ 성도다움을 실행하면 새로운 종류의 정치가 생겨난다.

① 선택받은 무리의 활동은 그 목표에 계속해서 접근하거나 다가가려고 애를 쓴다는 의미에서 목적적이고 프로그램적이며 진보적이다. 이 활동은 기성 형식을 고려하지 않고 객관적 기준 즉 계시되고 미리 결정된 서면 기준에 따라 정치 또는 종교 세계를 재건하거나 개혁하기 위해 성도다움을 보편화하려는 조직적 노력으로 정의될 수 있다.

② 성도들의 활동은 체계적이고 조직적이다. 정치는 일종의 일처럼 되고 이
   일은 선택받은 무리에게 장기간의 헌신을 요구한다. 일을 할 때 그들은
   모든 순수한 개인적 느낌을 억제해야 하고 규율적인 방식에 따라 행동해
   야 한다. 그들은 인내심을 갖고 세부 사항에 관심을 가지는 법을 배워야
   한다. 무엇보다도 그들은 규칙적으로 열심히 일해야 한다.

③ 관습적인 절차에 대한 폭력적인 공격은 성도들에게 정치적으로 실험할
   수 있는 자유를 준다. 그러한 실험은 실험의 우선적인 목적에 의해 통제
   되고 실험에 참여할 권리는 이전에 무리의 규율을 받아들인 소수의 선택
   된 사람으로 제한된다. 이것은 정치적 자유 놀이를 허락하는 것이 아니
   다. 이것은 새로운 종류의 활동, 즉 공개 활동과 비밀 활동의 길을 함께
   열어주는 것이다. 성도들은 정치를 기업가처럼 한다.

⑥ 선택받은 무리의 역사적 역할은 이중적이다. 외부적으로 말하면, 성도들
의 무리는 사회 재건을 겨냥하는 정치적 운동이다. 구질서에 대한 최후의 공격
을 주도하는 것은 성도들이고 이들의 파괴성은 이들이 신세계에 대한 총체적 견
해를 가지고 있기 때문에 더욱 총체적이다. 내부적으로 말하면, 경건과 예정은
사회 변화의 고통에 대한 창조적 대응이다. 규율은 자유와 "정착되지 않음"을
치유하는 약이다. 낭만적인 사랑이 부부 가족의 유대를 강화하는 것처럼 이데
올로기적 열정은 가족이 아닌 형제들의 통합을 확립하고 사람들이 전통적 관계
체제 밖에서 안정감을 느끼는 것을 가능하게 한다.

   그러나 언젠가 그 안정감은 습관이 되고 열정이 더 이상 세상에 필요치 않는
날이 온다. 그때가 되면 하나님의 사람들의 시간은 끝을 고한다. 이러한 세상이
라면 최후의 말은 언제나 속류 인간들의 손아귀에 있지 성도들에게 속하지 않는
다. 그들이 하는 최후의 말은 현실에 안주해서 하는 말이고 구원이 어떤 의미이
든지 간에 더 이상 문제이지 않을 때 하는 말이다. 그러나 성도들에게는 이보다

더 흥미로운 것 즉 최초의 말이 있다. 성도들이 새로운 질서를 위한 역사적 무대를 마련한다는 말이 그것이다.

일단 그러한 질서가 확립된 후에는 보통 사람들은 덕을 좀 더 온건하게 추구하는 일에 열심을 내고 이는 하나님의 전쟁을 포기하기에 충분할 정도이다. 일단 그들은 젠틀맨들과 상인들, 지방 판사들과 의회 의원들처럼 충분히 안전하다고 느끼게 되면 하나님의 "도구" 존재라는 더 큰 특권을 기꺼이 포기한다. 승리를 쟁취한 후 거의 한 순간도 지나지 않았는데도 성도들은 혼자라는 것을 알게 된다. 그들은 더 이상 공통적인 종류의 야망, 자기본위주의, 불안감을 이용할 수 없다. 그들은 더 이상 동료들에게 금욕적 노동과 강렬한 억압이 필요하다는 것을 납득시킬 수 없다. 다른 혁명가들의 경험도 이와 유사하다. 혁명가들이 성취한 성공의 역사는 짧다. 예를 들어 볼셰비키 혁명에 열광적인 어느 시인이 1924년 초에 다음과 같이 썼다.[23] 그 해는 그의 싯귀가 더는 필요 없었다. 그는 아주 정확한 것은 아니지만 전위대가 새로운 일상에 안착했다고 말해주었다.

내 앞에서 보고 있다
마을 사람들이 일요일에 가장 잘 하는 것을
마치 교회에 참석하는 것처럼 회의를 처리한다.

옛날의 좋은 대의는 순식간에 추억이 되고 말았다.

추억에 잠긴 그의 이마에는 주름이 져 있고
졸린 얼굴로 다리를 저는 적위군 남자는 부됸니와,
페레콥을 습격한 적위군을 크게 외친다.

---

23) Sergei Esenin, "Soviet Russia," trans. George Reavey, *Partisan Review* 28: 379-382 (1961).

그리고 "반군의 영혼"이 다시 한 번 외계인 같은 기분을 느낀다.

내가 얼마나 부적응자가 되었는지…
나는 내 땅에서 외국인처럼 느낀다.

마찬가지로 청교도 성도 역시 혁명 이전과 이후에 이방인이었다. 물론 그의 급진적 신앙의 많은 측면들을 구현한 새로운 일상에 다른 점이 있다는 사실은 말할 나위가 없다. 그러나 그 열광, 그 전투 준비, 그 자신만만한 적개심, 그 논쟁적 열정, 그 형제들끼리의 통합의식, 그 자기 통제를 최우선시하는 자부심, 이 모든 것은 사라졌다. 그들이 제안하는 긴장, 경계 및 흥분의 무언가가 거룩한 연방에서 유지되었을 수 있지만 왕정복고나 휘그당원의 세계에서는 아니다. 그들은 사람들이 변화의 시기를 통과하도록 도와주었다. 바꾸어 말하면, 그들은 안정된 시기에는 설 자리가 없었다. 그들은 도덕적 혼란의 시대에 힘의 요소였으며 동요의 시대에 잔인한 활력의 요소였다. 이제 성도의 활력에는 그 자신만의 병리학이 있고 관습주의에는 그 자신만의 건강이 있다고 말해 두어야 하겠다. 평화는 경건한 전쟁에만이 있었던 것은 아니었고 자신의 미덕에도 있었다고 말해야 할 것이다.

참고문헌 해설

이 해제의 목적은 일반 독자들이 관심을 가질 수 있는 도서 자료의 몇 가지 면모들을 간략하게 논의하고 내가 연구 과정에서 자료를 선택한 원칙을 기술하는 데 있다. 이와 동시에 나는 지적으로 일부 빚을 지고 있음을 인정하고 싶고 그러면서도 어떤 부분에서는 결정적으로 다르다는 점을 언급해 두고 싶다.

칼빈의 설교와 주석서에 대한 영역 시리즈는 두 종이 있다. 이 두 종은 모두 불완전하다. 어떤 언어로도 출판된 적이 없는 많은 설교가 있고 또 현재 편집 중에 있다. 또 다른 설교들은 망실되었다. 이에 대해서는 아래의 책을 참조하기 바란다.

> T. H. L. Parker, *The Oracles of God*: *An Introduction to the Preaching of John Calvin* (London, 1947); *Supplementa Calviniana* (London, 1962).

첫 번째 시리즈는 엘리자베스 시대에 재능을 갖춘 놀랍도록 부지런한 작가 집단이 번역한 판본이다. 여기에는 필립 시드니의 친구이기도 했고 로마 시인 오비디우스의 시를 번역한 것으로 유명한 아서 골딩이 포함된다. 이 집단의 작가들은 뛰어난 정확성과 언어적 역량을 가지고 때로는 라틴어를, 때로는 프랑스어를 번역했다. 칼빈은 기록 없이 프랑스어로 설교했다. 그의 설교는 비서들이 속기로 받아 적었고 그 중 일부는 프랑스어로 출판되었다. 주석서는 종종 강의 형식으로 아마 프랑스어로 전달되었지만 처음에는 라틴어로 출판되었다가 뒤에 가서는 프랑스어로 출판되었다. 칼빈의 연구는 방대한 규모였고 그 저술, 편집, 번역이 얼마만큼 칼빈 자신의 것이고 그의 비서들의 것인지는 완전히 명확한 것이 아니다. 그의 저작물의 완전한 목록은 『종교개혁 저작전집』*Corpus Reformatorum* 59권에서 찾을 수 있다. 1844년에 새로이 결성된 에딘버러 칼빈 번역 협회는 엘리자베스 시대의 번역물을 재출판할 것을 제안했으며 그 목록을 작성하고 변호하는 짧은 계획서를 내놓았다. 이 문서는 영국 박물관에서 이용할 수 있다. 이 계획서는 다음과 같이 표명했다. "그 시대의 영국 책에 익숙한 모든 이들은 오래된 번역의 존경할 만한 충실도를 충분히 알고 있다. 우리 언어의 옛 구조에 들어 있는 힘과 핵심이 … 오늘날의 번역자들이 써야 하는 관용 어법에서 크게 약화되거나 완전히 상실되어 있다." 이것은 아마도 사실일 것이다. 아무튼 청교도들이 읽은 것은 바로 이들 옛 번역들이었고 나는 가능한 경우에는 언제나 그것들로부터 인용했다. 불행하게도 그 뒤에 에딘버러 칼빈 번역 협회는 전체적으로 새로운 번역 시리즈를 출판하게 되었다. 그 이전 시리즈의 정확한 복사본을 내는 것은 아니었고 이전에 번역되지 않은 몇몇의 주석서들을 냈다. 그러나 설교들은 그 대부분이 무시되었다. 빅토리아 판본은 때로는 더 정확했고 때로는 덜 정확했지만 그 언어들은 힘과 흥미에 있어서 보다 못하다는 점에서 여일하고 엘리자베스 판본만큼 칼빈 자신에게 가까이 즉하지 못하고 있다. 주석서들의 새로운 번역은 아무런 명백한 이유 없이 1959년에 데이비드 토런스와 토마스 토런스의 편집 하에 시작되었다.

『기독교 강요』도 마찬가지로 엘리자베스 시대의 번역자를 갖고 있다. 번역자는 토마스 노톤이었고 노톤은 『고르보두크 왕의 비극』*The Tragedie of Gorboduc* 의 공저자였고 엘리자베스 시대의 의회 의원이었으며 가톨릭교도를 야만적으로 박해한 자였다. 그의 번역 역시 생생하고 정확하며 지능적이었다. 그러나 『기독교 강요』는 설교 및 주석서와는 달리 구두로 전달되거나 비서들이 필사한 것이 아니라 칼빈 자신이 엄청나게 주의를 기울여 완성했다. 그 책은 자주 번역을 다시 해야 하고 마땅히 그래야 한다. 단어 하나하나에 대한 정확한 번역이 필요하고 해가 거듭될수록 독자는 점점 정교한 중요 장치를 요구한다. 나는 19세기 초에 출판된 존 앨런의 번역본에서 인용했고 이 번역본은 오랫동안 미국 표준 판본이었다. 존 맥닐이 편집하고 포드 배틀즈가 번역한 새로운 번역본은 존 앨런 번역본을 교체할 수밖에 없었지만 새 역본은 나의 칼빈 연구가 대부분 완성된 후인 1961년에 나왔다.

안드레 비엘레의 최근 책은 칼빈주의 저작물에 대한 가장 유용한 해석을 제공한다. 비엘레는 주석서와 설교를 포괄적으로 인용하고 『기독교 강요』의 중요성을 과하게 강조하는 공통 오류를 피한다. 나는 그의 연구를 가끔 인용했는데, 그 이유는 내가 아마도 본 책에서 제공할 수 있는 것보다 더 많은 포괄적인 분석과 비평이 있지 않으면 안 되는 저서이기 때문이다. 내가 믿기로 비엘레는 칼빈 교리와 그의 제네바 연방의 억압적 특성을 심각하게 과소평가한다고 말하는 것으로 충분하다. 그러나 칼빈주의를 근대화 과정의 이데올로기, 사회적 재건의 이데올로기로 보는 그의 시각은 대체로 나 또한 채택한 관점이다.

André Biéler, *La Pensée économique et social de Calvin* (Geneva, 1959).

비엘레에 대한 유용한 교정책이 조르주 라가르드의 뛰어난 연구이다. 나는 이 책을 프로테스탄트 정치사상의 최고의 일반 입문서로 여긴다. 영어나 프랑스어로 된 위그노 이데올로기에 대해서는 충분한 연구가 없다는 것이 나의 의견이다. 라가르드의 책에 이어지는 다음의 두 저서가 유용한 입문을 제공한다.

George Lagarde, *Recherches sur l'esprit politique de la Réforme* (Paris, 1926).

J. W. Allen, *History of Political Thought in the Sixteenth Century* (London, 1951).

Pierre Mesnard, *L'Essor de la philosophie politique au XVIe siècle* (Paris,

1951).

영국 청교도들에 관한 문헌은 너무 방대하고 스타일과 장르에서 극히 다양하기 때문에 유일하게 유력한 안내자는 폴라드와 레드그레이브가 편집한 다음 책이다. 이 책은 모든 것을 포함한다는 장점을 가지고 있지만, 다른 모든 것을 포함한다는 단점이 있다.

A. Pollard and G. Redgrave, *A Short Title Catalogue of Books Printed in England, Scotland, and Ireland and of English Books Printed Abroad 1475–1640* (London, 1948).

청교도 정치 영역과 관련해서 그 범위 면에서 주목할 만하고 연구자에게 극히 유용한 참고문헌은 조단의 책에서 제공된다.

W. K. Jordan, *The Development of Religious Toleration in England* (Cambridge, Mass., 1932–1940), vol. IV.

튜더 왕조의 청교도 저술들을 선집한 크나펜의 참고문헌이 있다. 이 문헌에는 놀랍게도 일부가 누락되어 있다.

M. M. Knappen, *Tudor Puritanism: A Chapter in the History of Idealism* (New York, 1939).

그리고 제임스와 캐롤라인 시대의 유용한 저작 목록은 할러의 책에서 구할 수 있다. 이 책은 성인전과 같은 문헌을 강조한다. 조지의 책도 이용할 수 있다.

William Haller, *The Rise of Puritanism* (New York, 1939).

Charles George and Katherine George, *Protestant Mind of English Reformation, 1570–1640* (Princeton, 1961).

나의 책이 기초적으로 이용한 설교와 논고의 완전한 목록은 하버드대학교 서고에 보관된 나의 박사학위논문 제출본에서 찾을 수 있다.

1550년과 1660년 사이에 공개된 모든 청교도 설교를 읽는 것은 불가능하지는 않을 것이다. 고드프리 데이비스는 『헌팅톤 라이브러리 쿼털리』 *Huntington Library Quarterly* 3:1-2, 1939에 실린 자신의 논문 "영국의 정치 설교, 1603-1640" English Political Sermons, 1603-1640에서 적어도 340,000편의 설교가 혁명으로 바뀌는 세기의 전환기에 영국과 웨일스에서 전해졌다고 평가했다. 그러나 그는 이 중에서 연간 약 40편만 아니면 전체 기간 동안 1,600편이 인쇄되었다고 제안한다. 그러나 여기에는 설교집, 성서 주석, 그리고 신학적 논고는 제외되는 것으로 추정된다. 그리고 신학적 논고는 종종 출판용 원고가 완성되기 전이라도 강대상에서 전해졌다. 따라서 그 수치는 너무 낮을지도 모른다. 아마도 혁명기 동안 인쇄된 설교의 횟수는 매년 증가했을 것이다. 1640년대에만 해도 의회 앞에서 200회 이상의 설교가 전해졌고 이어서 출판되었다. 이 문헌 중에서 나는 사실 아주 소량 즉 수백 편의 설교만 읽었다. 그러나 나는 여섯 가지 유형의 출판된 설교들 가운데 정치 문제가 표면화된 모든 설교를 포괄적으로 읽으려고 노력했다.

① 궁정 설교. 궁정 내에 지속적으로 광범위한 의견이 나타났을 때 제임스 1세가 출석한 가운데 특별히 행해진 설교들을 말한다.

② 성 바울 십자가 강대상 설교. 이 설교는 일반적으로 정부 정책의 선포였지만 정부는 한 마음이 아니었고 또 강대상을 효과적으로 통제하는 힘을 항상 발휘한 것도 아니었다. 그래서 여러 중요한 목회자들이 1610년대와 20년대에 십자가 강대상에서 설교했다. 이 강대상에서 전한 모든 설교 명부는 출판되었든 아니든 맥클루어의 책에서 제공된다.

M. Maclure, *The Saint Paul's Cross Sermons, 1534-1642* (Toronto, 1958).

③ 도시 선거에서 전한 설교. 도시 선거 때에 전한 설교를 말한다.

④ 순회 재판에서 전한 설교. 사계 법원에서 전한 수많은 설교들이 있다. 인쇄된 설교 내용은 보통 청교도 목회자들의 것이므로 지방 판사의 종교적 편향에 관한 정보 출처로 조사할 가치가 있을 것이다. 즉 누가 설교자를 선정했는가? 어느 설교가 출판되어야 한다는 것이 어떻게 결정되었는가?

⑤ 도시 배치 부대와 특히 런던 명예 포병 중대에서 전한 설교. 런던 부대는 설교에 임하고자 일 년에 한 번 모였고 이 설교들은 때때로 출판되었다. 모든 출판된 설교는 유명한 청교도 목회자의 것이고 그 주제, 이미지, 교리는 놀라우리만치 비슷했다.

⑥ 의회 설교. 이 설교는 1640년 이전에는 상대적으로 드물다. 그 이후에는 한 달에 2편 이상의 비율로 출판된다. 잉글랜드 전역에서 가장 유창한 설교자들이 런던으로 초빙되었다. 그들의 작업은 혁명을 중계하는 연속적인 주석이다. 이 설교선집과 특히 현대 독자들을 위해 편집된 스티븐 마샬과 존 오웬의 설교선집은 청교도 혁명가의 정치와 종교를 소개하는 최고의 입문서 중의 하나일 수 있을 것이다. 존 오웬의 전집은 윌리엄 굴드가 편집해서 1862년에 출판되었다. 수많은 의회 설교들은 윌리엄 프레이저 미첼의 귀중한 책에서 제공된 포괄적 참고 문헌에 포함되어 있다.

William Fraser Mitchell, *English Pulpit Oratory from Andrewes to Tillotson* (London, 1932).

이러한 문헌들만이 아니라 청교도 목회자들의 책자와 논고들을 분석할 때 나는 대체로 정치사상의 관습적 주제들 즉 국가의 기원과 형태, 의무, 저항 등등의 주제들은 피했다. 이 주제들은 새로웠고 두드러지게 눈에 띄었으며 특별히 청교도들의 고유한 희망과 의도를 계시하는 것이었지만 이 주제들에 대해 그들은 거의 말하지 않았다. 그 대신에 나는 영국 성도들이 너무나 끈질기게 관심을

가진 다양한 형태의 "질서"를 기술하는 데 사용된 언어와 특히 이미지에 집중함
으로써 청교도의 정치적 사고 안으로 들어가려고 애썼다. 나는 그 점에 집중하
는 노력을 기울이는 과정에서 다른 학자들의 연구에서 많은 도움을 받았고 가장
자주 받은 도움은 문학사가와 비평가의 연구였다. 틸야드의 책은 비록 내가 하
려고 했던 것처럼 구분을 많이 하지 못하고 청교도들을 여타의 많은 전통적 엘
리자베스 시대 작가들과 구별하지 못한다고 할지라도 우주 질서의 이미지 연구
를 위한 최고의 출발점이다. 로버트 웨스트의 훌륭한 전문 주제 연구서는 천사
계급과 질서에 대한 청교도의 견해를 최고 수준에서 토론하고 있다. 허버트 그
리어슨 경의 책과 이안 와트의 책은 부부 사랑과 가족 질서에 대한 청교도의 개
념에 대해 매우 시사적이다. 언약 신학을 조사하는 페리 밀러의 책은 청교도사
상에서 인간과 신의 관계를 위시해 인간과 인간의 관계를 이해하는 데 결정적이
다. 밀러의 연구는 상당한 토론과 논쟁을 불러 일으켰지만 그 대부분은 협소한
신학적 문제에 관계된 것이다. 가장 중요한 책은 현대 학술 연구의 고전이 된 윌
리엄 할러의 책으로, 이 책은 내가 믿기로 청교도 정치의 열쇠 말인 "여정과 전
쟁", 순례와 투쟁의 새로운 이미지를 유려하고 완전한 설득력을 가지고 기술한
다.

Eustace M. W. Tillyard, *The Elizabethan World Picture* (London, 1943).

Robert West, *Milton and the Angels* (Athens, Ga., 1955).

Herbert Grierson, *Cross-Currents in Seventeenth Century English Literature*
(London, 1948).

Ian Watt, *The Rise of the Novel* (Berkeley, 1959).

Perry Miller, *The New England Mind*: *The Seventeenth Century* (Cam-
bridge,   Mass., 1952).

William Haller, *The Rise of Puritanism* (New York, 1939).

두 개의 다른 연구 역시 청교도사상의 특색을 드러내고 차별적 특성을 알아

내는 데 도움이 되었다. 그 연구는 정치적 행동의 결의론에 관한 조지 모세의 책과 목적과 가능성에 대한 종교적 개념과 정치적 개념 사이의 관계에 관한 어니스트 투베손의 책이다. 청교도 문헌에 대한 내 자신의 독서는 종종 이 책들과 위에 열거된 책들의 주와 참고문헌에 의해 안내받곤 했다.

George L. Mosse, *The Holy Pretense* (Oxford, 1957).

Ernest L. Tuveson, *Millennium and Utopia* (Berkeley, 1949).

청교도주의에 대한 학술 연구는 청교도 자신에 대한 연구만큼이나 광대하다. 프랑스혁명을 다루는 문헌처럼 청교도주의의 역사는 마찬가지로 유럽 문화의 역사이다. 청교도의 억압과 제임스의 공포는 작가들이 연이어 돌아오는 주제이고 돌아올 때마다 그 복귀는 역사적 분석의 모험일 뿐만 아니라 자기 발견의 모험이기도 하다. 내가 막스 베버의 『프로테스탄트 윤리와 자본주의 정신』에 빚지고 있는 것은 전체에 걸쳐 명백하다. 나의 이 빚은 청교도주의에 대한 모든 책 중에서 가장 모험적인 것이다. 나는 이 빚을 1장에서 명시화하려고 노력했다. 베버의 책은 마르크스의 초기 제자들의 연구와 함께 청교도의 역사들의 역사에서 가장 중요한 전환점을 표시한다. 청교도의 역사들은 교파적 전기와 계보학으로부터 사회학적 분석으로 이행해 갔다. 전문 학술 연구 저서와 논문에 관련된 엄청난 문헌이 『프로테스탄트 윤리와 자본주의 정신』으로부터 파생한다. 그러나 나는 그러한 문헌에 대한 어떠한 요약도 시도하지 않았다. 왜냐하면 나의 주된 의도는 유사하지만 동일하지 않은 사상을 추구하는 것이었고 그래서 청교도주의를 경제 활동과의 관계에서가 아니라 정치 활동과의 관계에서 연구하는 것이었기 때문이다.

리처드 토니의 『기독교와 자본주의의 발흥』이 출간된 후에 베버의 사상과 마르크스주의자의 사상을 결합하는 흥미롭지만 이론상으로는 부정확한 연구가 학계에 널리 퍼졌다. 호기심을 끄는 점은 마르크스주의자 자신들이 청교도들을 다루는 일에서 아주 최근에 다양한 종류의 수정주의가 승리하기 전까지 전혀 성공하지 못했다는 사실이다. 에두아르트 베른슈타인의 책은 전형적으로 종교 사상에 무감하고 관심이 전혀 없다. 그러나 크리스토퍼 힐은 많은 연구를 통해 드디어 청교도의 역사에 대한 마르크스주의적 접근의 가치를 뚜렷하게 확립했다. 힐의 많은 책 중에서 가장 최근에 쓰인 가장 중요한 책은 『혁명 이전 영국의 사회와 청교도주의』이다. 그러나 이 책은 나의 각주에 인용하기에는 너무 늦게 나왔다. 그의 초기 저서들은 자주 인용되고 정보의 출처로나 이론적 논의 및 논증의 기초로나 청교도주의를 연구하는 모든 이들에게 엄청난 중요성을 지닌다. 힐과의 논쟁에서 내가 주장하는 바는 아주 간단하다. 즉 힐은 청교도주의를 "근면한 종류" 즉 상인과 장인의 사회적 종교로 취급하는 반면, 나는 그것을 목회자 지식인과 젠틀맨의 정치적 종교로 취급하는 경향을 보인다.

Eduard Bernstein, *Cromwell and Communism: Socialism and Democracy in the Great English Revolution*, trans. H. J. Stenning (London, 1930).

Christopher Hill, *Economic Problems of the Church* (Oxford, 1956)

Christopher Hill, *Puritanism and Revolution* (Oxford, 1959)

Christopher Hill, *A Century of Revolution* (Oxford, 1961)

Christopher Hill, *Society and Puritanism in Pre-Revolutionary England* (Oxford, 1964)

마지막으로 한 가지를 부기한다. 청교도의 정치 활동을 연구할 때 올리버 크롬웰의 경력은 결정적이다. 에머슨의 말에 따르면 그는 영국 성도들의 "대표 인간"이다. 나는 항상 토마스 칼라일이 크롬웰을 혁명 영웅, 반휘그파로 보는 시각이 매력적이며 어느 정도 설득력이 있다는 것을 알았다. 그래서 나는 올리버를 인용할 때 보다 학문적 설명의 윌버 애벗의 판본보다는 칼라일의 판본에서 인용하기로 했다. 찰스 퍼쓰의 책은 아마도 가장 관습적인 전기일 것이다. 로버트 폴의 책은 청교도 신앙과 정치적 급진주의의 관계를 규명하는 민감하고 소중한 시도이다. 나는 내가 이 시도에 진척을 가져왔기를 바란다.

Thomas Carlyle, *Oliver Cromwell's Letters and Speeches* (London, 1893; 초판 1845).

Wilbur C. Abbott, *The Writings And Speeches of Oliver Cromwell* (Cambridge, Mass., 1937–1947).

Charles H. Firth, *Oliver Cromwell and the Rule of the Puritians in England* (London, 1929).

Robert Paul, *The Lord Protector*: *Religion and Politics in the Life of Oliver Cromwell* (London, 1955).

역자후기

1. 책의 프로필

이 책은 원제목을 직역하면 『성도들의 혁명−급진적 정치의 기원에 관한 연구』 *The Revolution of the Saints−A Study in the Origins of Radical Politics*, Harvard University Press, 1965이다. 프랑스어판은 『성도들의 혁명−프로테스탄트 윤리와 정치적 급진주의』1988, 이탈리아어판오디오 시디판은 『성도들의 혁명−정치적 급진주의의 기원에 있는 청교도주의』2000, 스페인어판은 『성도들의 혁명−급진적 정치의 기원에 관한 연구』2008로 되어 있다. 가장 최근에 나온 중국어판은 『청교도 혁명−급진정치의 기원에 관한 연구』2016로 되어 있다. 이렇게 다른 나라의 번역본에서 알 수 있듯이 책의 제목은 뉘앙스와 방점을 어디에 두느냐에 따라 조금씩은 달라질 수 있다. 참고로, 왈저가 지은 다수의 책이 여러 나라의 언어로 출판되었다.

이 책의 목차에 대해서도 일러두어야 할 것이 있다. 원목차에는 장과 절의 제목만 있는 곳도 있고 장 제목만 있고 절의 제목이 없는 곳도 있다. 하지만 책의 전체적 전개를 일별할 수 있도록 절의 제목을 만들었고 절속에 들어 있는 소절의 제목을 일일이 붙였다. 절 또는 소절의 제목에 대한 책임은 역자의 몫이다. 독자의 이해를 위한 것이지만, 혹시 절 또는 소절의 제목이 적확하지 않을 수도 있고 원목차의 장과 절을 구분하는 숫자 표기에서 몇 곳은 차이가 있으니 참고

하기 바란다.

나는 이 책의 이름을 작명할 때, 첫째로 원서의 제목이 말하는 성도가 목적격
이 아니라 주격이기에 그 주격을 강조하고 싶었고 둘째로 원서는 막스 베버의
자본주의 설명에 비견될 수 있는, 급진주의 정치를 설명하는 책이라는 점을 드
러내고 싶었다. 그래서 나는 책명을 『성도들이 일으킨 혁명–프로테스탄트 윤
리와 급진주의 정치』로 제명했다. 아주 단순화해서 말하면 왈저의 이 책은 베
버의 『프로테스탄트 윤리와 자본주의 정신』에 버금가는 『프로테스탄트 윤리와
급진주의 정치』라고 풀이할 수 있다. 이 점을 감안하면 이 책은 출간된 지 오래
되었다 해도, 번역할 만한 가치가 있다. 1905년에 발표된 베버의 『프로테스탄
트 윤리와 자본주의 정신』은 지금도 국내에서 번역되어 여러 종이 나오고 있으
니까 말이다. 또한 프랑스, 이탈리아, 스페인, 중국 번역의 출판연도를 고려할
때 우리나라에서도 결코 철 지난 번역물이라고 생각해서는 안 될 것 같다. 그렇
게 볼 것이 아니라 역사학계, 사회학계, 철학계, 기독교신학계, 한국교계에 도
전과 통찰을 많이 던져 주는 책이다. 베버의 『프로테스탄트 윤리와 자본주의 정
신』과 마찬가지로 왈저의 『프로테스탄트 윤리와 급진주의 정치』는 최근에도 역
사학자, 신학자, 철학자에게 논쟁되고 비판적으로 검토된다.

방금 나는 왈저의 이 책은 『프로테스탄트 윤리와 자본주의 정신』에 버금간다
고 진술했다. 하지만, 솔직히 말하면 이 책은 베버의 책에 필적하거나 능가한다
고 평가하고 싶다. 내가 이러한 평가를 할 수 있는 전문가적 식견을 충분히 가지
고 있지 않지만, 역자로서, 독자로서 이 책을 읽으면서 나도 모르는 사이에 그렇
게 판단해도 좋겠다고 생각하게 되었다.

왈저 스스로도 자신의 책 전편을 통해서 베버의 『프로테스탄트 윤리와 자본

주의 정신』에 크게 깊이 영향을 받았다는 것을 고백하고 있고, 자신의 책을 베버의 자본주의 설명을 급진주의 정치에 적용하는 시도라고 규정하고 있다. 즉 그는 베버가 시도한 종교와 경제의 연결을 정치 영역으로 확장하고 있다. 베버가 『프로테스탄트 윤리와 자본주의 정신』에서 프로테스탄트 윤리를 근대의 경제 활동의 인과적 분석이나 기술로 규명하고 있다면, 왈저는『프로테스탄트 윤리와 급진주의 정치』에서 프로테스탄티즘 또는 청교도 신앙을 정치적 급진주의와 연결해서 창의적으로 설명하고 있다. 한마디로 말하면, 왈저는 어떻게 급진주의 정치가 청교도의 양심과 내적 경험에서 발생하는지를 논증한다.

바로 이점이 이 책의 가장 뛰어난 강점이자 탁월성이다. 베버가 정치 영역에서 하지 못한 청교도주의와 정치의 연결 관계에 대한 역사적 · 사회학적 분석이 베버의『프로테스탄트 윤리와 자본주의 정신』이 출간된 지 100년이 지난 뒤에 이루어진 것이다. 이 성취를 받아들일 수 있다면 왈저의『프로테스탄트 윤리와 급진주의 정치』는 베버의『프로테스탄트 윤리와 자본주의 정신』처럼 강도 높은 논쟁을 촉발할 수도 있을 것이다. 아마도 역사학과 신학 측에서 제기되어야 할 것이다.

또한 왈저의『프로테스탄트 윤리와 급진주의 정치』는 양적으로나 질적으로 베버의『프로테스탄트 윤리와 자본주의 정신』보다 우수하다. 양적으로 베버의 책은 두 편의 장편 논문일 뿐이지만, 왈저의 책은 그 두 배에 이르고 청교도에 관한 문헌조사와 인용문헌의 폭이 대단하다. 사유의 질을 보면 베버가 종교와 자본주의의 관계를 규명할 때 다루는 주제들보다, 왈저가 종교와 급진정치를 연결해서 논의할 때 다루는 주제들이 훨씬 풍부하고 자세하다. 일례로 베버는 자신의 책 1부 3장에서 루터의 직업 개념을 탐구과제로 제시하고 이를 줄거리만 잡아 대강 설명하지만, 왈저는 청교도의 직업 사상을 훨씬 상세하게 논술하고 베버의 탐구과제를 이어받아 완수하고 있다고 여겨진다.

그뿐만 아니다. 왈저는 칼빈주의나 프로테스탄트 윤리와 자본주의 경제 활동의 상호 연결을 설명하는 베버의 분석에 미흡한 점이 있음을 군데군데 비판적으로 지적하고 있다. 베버의 자본주의 설명과 분석에 대한 비판은 당대부터 지금에 이르기까지 논의되고 있고 논란을 불러일으키고 있다는 점에서 왈저의 비판은 하등 이상할 것이 없다. 그는 베버의 자본주의 설명의 한계를 더 근본적으로 고찰한다. 베버에 따르면 칼빈주의는 청교도들에게 노동을 조직적이고 체계적으로 수행할 수 있는 금욕적 윤리를 제공했고, 이는 세속적 성공을 가져다주었다. 그러나 왈저가 생각하기에, 베버는 그러한 칼빈주의를 청교도들이 택한 이유를 설명하는 문제에 관해서는 근본적으로 묻지 못했다고 생각했다. 이것은 베버가 말하는 프로테스탄트 윤리와 자본주의 정신의 친화성에 관한 비판적 물음이기도 하다. 왈저는 그 둘이 친화성을 형성하게 된 연유가 어디에 있는지를 묻고 보다 근원적인 답을 제시한다. 그는 청교도들이 칼빈주의에서 사회의 무질서에서 오는 불안에서 벗어나는 길을 찾음으로써 마음의 안정과 확신을 구축했다는 사실을 제시한다. 이 안정된 확신은 흔들림 없는 자기 통제의식으로서, 청교도들은 이를 기반으로 금욕주의적 덕성과 부지런한 노동을 추구했다.

왈저에 의하면, 기본적으로 청교도들은 영국의 전통사회가 무너지는 가운데서 세상의 위험과 불안에 시달리는 시대적 상황에서 그로부터 벗어날 수 있는 길을 찾아야 했고, 이와 관련해서 칼빈주의는 성도에게 자기 통제와 경건한 영적 훈련을 제공함으로써 평온과 확신을 가져다주는 이데올로기적 효과를 발휘했다고 본다. 청교도들이 칼빈주의를 선택하고 받아들인 것은 그것이 세상의 타락과 그로 인한 폭력과 무질서, 지배자 없음, 단적으로 말해 세상의 불안을 신학적으로 설명하고 평안을 제공하며 세계 변화를 가져올 수 있는 이데올로기적 기능을 잘 수행했기 때문이다. 왈저는 칼빈주의가 16, 17세기의 많은 영국인들에게 세상의 불안과 개인의 위험에 대해 가졌던 지각을 신학적 용어로 잘 설명했기 때문에 그 중 일부는 그것을 세상의 무질서와 사회의 재건을 위한 합리적 선택지로 택할 수 있었다고 설명한다. 간단히 말하면 영국의 칼빈주의와 청교도주의는 당대 영국 사회의 무질서에 대한 질서 회복과 기독교 연방을 건설하기 위한 대응 이데올로기였다.

그러나 청교도혁명에 대한 왈저의 서술과 해석에서 비판적으로 검토해야 할 사항도 적지 않다. 청교도혁명이 칼빈주의를 이데올로기적으로 보는 관점으로 충분히 이해되거나 설명되는가 하는 문제를 위시해서, 칼빈의 타락론에 대한 정확성과 부정확성을 가려내는 문제, 칼빈의 정치관과 국가론의 타당성과 부당성의 문제, 칼빈의 정치를 억압 정치로 규정하는 타당성과 그 한계 문제, 청교도주의에서 전쟁과 평화의 문제 등은 왈저의 청교도주의 이해와 설명의 설득력과 타당성을 세밀하게 평가하는 문제와 연동되어 있다. 이러한 문제들은 왈저가 제시한 청교도주의에 대한 역사적 사건의 기술과 해석의 정당성과 연계되어 그의 해명에 관한 논란을 불러일으킬 수 있는 중요 사안들이다. 또한 청교도혁명에 대해 그가 제시한 역사적 사실과 그 기술이 얼마나 정확한지에 의문을 제기할 수도 있다. 이러한 비판적 의문들을 품고 왈저의 주장과 확신에 대해 비판적 평가를 하는 일은 전문가의 몫이라고 생각한다. 다만 확실한 것은 행여 비판적 검토를 통해 그의 주장의 취약점이 드러난다고 해도 청교도혁명에서 청교도들이 보여준 말과 글이 서구의 정치적 급진주의의 원천이 되었다는 점은 변함없을 것이다.

아무튼, 청교도의 내적 양심과 경건한 규율로부터 앙시앵 레짐에 저항하고 전쟁하며 혁명하는 의식으로 발전하는 변혁 과정을 칼빈주의가 시대전환의 종교적 이데올로기로 작용하는 효과요 영향이라고 규명하는 저자의 창조적 논리를 직접 체감할 수 있기를 기대한다.

2. 저자 소개

이 책은 전문적으로 씌어졌기 때문에 영국 청교도혁명에 대한 역사를 배경지식으로 알아 두는 것이 좋다. 필요한 대목마다 인터넷에서 검색하는 손품을 마다하지 않는 성의가 필요하다. 적지 않은 토막지식을 얻게 될 것이다. 사전에 요구되는 배경적 지식과 사건 그리고 숱하게 등장하는 인명에 대해 역자로서 자세하게 제공하면 좋겠지만, 역자의 능력 부족으로 그렇게 하지 못한 점에 양해를 구한다. 그렇기는 하지만 정독하면 저자의 논지는 파악 가능하다. 다만 이 책의 이해를 제고하기 위해 저자의 성경 또는 신학에 대한 입장을 간단히 소개하고, 이어서 청교도혁명에 대해 간략한 연대기적 서술을 제공한다. 끝으로 이 책의 내용을 역자의 9가지 인터뷰 형식으로 선보임으로써 독자의 편의를 위한 역자 후기를 제공하고자 한다.

마이클 왈저Michael Walzer, 1935- 는 자유주의자로서 다원적 평등을 추구하며 정당한 전쟁 이론의 대가로서 인정받는 미국의 정치 · 사회철학자이다. 그는 존 롤스의 보편적 자유주의나 로버트 노직의 경제적 자유주의를 반대하고 다원적 평등을 추구하는 자유주의를 제창한다. 그는 자유주의적 공동체주의자, 사회민주주의자로 알려져 있다. 그는 또한 공공선에 참여하는 사회비평가이자 사회실천가로서 미국의 비판적 지식인이자 대중적 지식인으로 유명하다. 일찍이 학부 재학 중에 미국의 좌파 사회주의 지식인이자 문학, 문화비평가였던 어빙 하우Irving Howe와 유명한 갈등 사회학자 루이스 코저Lewis Coser로부터 영향을 많이 받았다. 학부에서 역사학을 전공했고 지성사에 관심이 많았다. 영국 케임브리지대학교 석사 과정은 역사학 전공이었고, 하버드대학교 박사과정 전공은 정치학과 정치사상·정치이론이었다. 이렇게 철학이 부전공에 가깝고 역사학과 정치학이 주전공인 왈저의 교육 경력을 고려할 때 그의 사회, 정치, 도덕철학 분야에서 이룩한 명망은 너무 특이하고 이채롭고 예외적이고 독보적이다. 이 점이 시사하는 바가 있다면 철학적 문제에 경제학이 답할 수 있는 것처럼 역사학과 철학이 정치 사회철학의 문제에 해답을 줄 수 있다는 것이다.

그는 대학원 시절에 존 롤스, 로버트 노직, 토마스 네이글 등과 함께 토론 모임에 참석하여 서로 간에 논쟁을 많이 벌였고 플라톤의 동굴의 비유를 좋아하지 않았다. 그는 보편적 이상보다는 구체적 현실을 더 중요시하는 방법론적 원칙에 입각하여 정치적 현실의 문제에 대한 해법을 찾는다. 그래서 그는 플라톤이 말하는 이데아계를 추구하고 지향하기보다는 지상의 동굴 안을 샅샅이 조사하는 것을 최우선으로 여긴다. 이 방면에서 그는 탁월한 재능을 소유하고 있다. 그가 잘하는 것은 동굴 안에 뭐가 있고 무슨 일이 일어나고 있으며 뭐가 어떻게 연결되어 있는지를 톺아보는 것이다. 그는 동굴 안에서 동굴을 연구해서 동굴에서 발생하는 문제를 해결하고자 한다. 그는 자신을 사회비평가라고 말하면서 비평가는 동굴 안에 있고 그 안에 함께 있는 타인들의 복지를 위해 헌신한다고 스스로를 규정했다.

그는 30여 권의 저서를 냈는데 국내에 10권 정도가 번역되었다. 불행하게도 그 중 기독교와 성경에 관한 책은 1권 밖에 번역되지 않았다. 그는 유대인 가정 출신의 미국인이고 회당에 정기적으로 출석하고 예배하는 유대교 신자이다. 그는 자신의 연구를 위해 유대인의 지혜에서 영감을 얻는 것 같다. 그는 이스라엘 독립과 건국을 지지하고 동시에 팔레스타인도 독립하여 국가를 세워야 한다는 입장을 견지한다. 그는 시오니즘의 편에 서지만, 우파 시온니스트는 아니다. 그는 시오니즘을 비판적으로 지지하는 글들을 썼다. 그렇지만 그는 이스라엘 국가에 관해, 국가와 유대교 회당은 분리되어야 한다는 신념을 가지고 있다.

기독교와 성경에 관한 책으로는 본 역서를 필두로 해서『출애굽과 혁명』 *Exodus and Revolution*, 1985, 대장간 역간,『신의 그림자 속에서: 히브리 성경의 정치사상』*In God's Shadow: Politics in the Hebrew Bible*, 2012이 있고『유대인의 정치적 전통』*The Jewish Political Tradition* 시리즈 총 4권의 편집자로서 현재까지 세 권을 펴냈다.『유대인의 정치적 전통 I: 권위』[2000],『유대인의 정치적 전통 II: 성원권』[2003],『유대인의 정치적 전통 III: 공동체』[2018]. 마이클 왈저의 정치이론과 사상에서 종교와 정치의 상호 연결, 종교사상, 종교윤리는 핵심을 차지하는 요소이기 때문에 이에 대한 연구가 정치철학, 정치신학, 정치윤리 분야에서 이루어져야 한다.

왈저가 성경에 접근하는 방식은 자신의 말로는 특수주의라고 한다. 즉 자신의 연구는 자신만의 특수주의적 접근 방식을 방법론적 원리로 삼는다는 것이다. 그의 특수주의는 성경 연구를 위한 특수한 초점을 항상 견지한다. 그 초점은 사실 현대적 의미의 자유주의적 정치 이성, 다시 말하면 세속화된 합리적이고 근대적인 이성의 사고 태도를 기반으로 한다. 그의 특수주의는 초자연이나 계시에 대해 무관점주의적이며 중립적이고 초연한 입장을 취한다고 볼 수 있다. 그는 신앙이나 신학에 대해 아무런 입장을 취하지 않고 성경에 접근한다. 그는 결코 신학적 이해를 도모하지 않는다. 굳이 이해한다면 세속적 삶 속에서 철학적으로나 이성을 가진 존재로서 이해하려고 한다. 그는 자신의 특수주의적 방법론을 "신학적 백지 상태"라고 특징지어 표현한 바 있다.

성경을 지지하는 많은 사람들이 거기에는 하나님의 계시와 말씀이 기록되어 있다고 하지만, 왈저는 그들 사이에 많은 차이가 있다는 것을 인식하고 바로 그 점에 주목한다. 많은 사람들이 성경은 주 하나님이 우리를 위하여 행한 것과 말한 것이라고 믿지만, 왈저는 바로 그것들이 이 세상을 사는 구체적 현실 속에서 모순과 반대와 충돌과 갈등을 일으킬 때, 우리는 어떻게 해야 하는가를 묻고 따진다. 하나님의 계시를 알거나 하나님의 음성을 들었다는 사람이나 집단을 어떻게 이해할 것이며, 그들이 행한 바를 도덕적으로 또는 정치적으로 어떻게 분석하고 이해할 것인지를 묻고 연구한다. 그러나 그는 예언자들이 들었다거나 내면에서 듣는 소리 없는 신의 음성에 대해서는 잘 말하지 않는다. 또는 그것을 신학적으로 탐구하는 것을 스스로에게 허락하지 않는다. 그것은 신학적인 것이다. 그는 그것을 괄호 안에 넣고 즉 소위 판단 중지 상태에 두고 인식의 대상으로 삼지 않는다. 그에게 내밀한 영적 공간에 대한 인식은 금지되어 있다. 왈저는 예언자가 마음속에 무엇을 가지고 있는지나 무엇을 들었는지에 대해 말하기보다는 말하지 않는 쪽을 택한다. 오히려 하나님의 계시나 음성 또는 말씀을 진리로 여기고 해방과 구원을 추구하는 이들이 서로 충돌할 때 무슨 일이 일어나는지를 과녁으로 삼고 연구한다.

왈저는 예언자들의 전도 행위, 해방 사역, 구원 사역이 서로 다른 결과를 가져올 때 예컨대, 숱한 종교 규약들, 종교 법령들, 사회적 실천과 그 전략들, 정치 체제, 전쟁 이론, 국가 이론 등등이 생겨날 때 우리는 어떻게 판단해야 하는가라는 문제를 제기한다. 메시아가 이 땅에 와서 이러한 복잡한 문제들에 해답을 주면 좋겠지만, 이 땅에는 그러한 메시아도 없거니와 저마다 메시아편에 서 있기 때문에 답들이 다 다르다. 이것은 계시종교로서 기독교의 해묵은 문제이고 답은 없고 답은 추구될 뿐이고 메시아가 와야 해결될 문제이다. 어쩌면 영원히 해결이 불가능한 문제일 것이다. 나는 메시아가 와도 이 문제가 해결될 수 있을지 의심하고 있다. 나는 메시아가 인간이 겪는, 겪고 있는, 겪고 있을 이 얽히고 설킨 문제를 겪어 본 적이 있는지조차 의심하고 있다.

어쨌든 지상에서 항존하는 이러한 문제들은 인간의 노력과 힘으로는 해결되지 않겠지만, 해결하려고 노력하는 한복판에서 살아갈 수밖에 없고 따라서 억압과 추방, 소외와 연대, 배제와 포용은 인간의 불가피한 현실로 남을 것이다. 그러므로 해방도 불가피하게 반복되며 사회개혁도 마찬가지이고 사회정의 구현을 위한 다양한 입법 활동도 여전할 것이다. 다른 한 편, 바로 그 때문에 메시아가 오면 모든 것을 해결해 줄 것이라는 믿음에서 주의 전쟁도 불사하고 분노의 대접과 파괴의 나팔을 분다. 서구 기독교 문명의 역사가 1000년 동안 십자군 전쟁을 비롯해 혁명과 전쟁의 역사로 점철된 것도 아마 여기에서 연원할 것이다. 어쩌면 기독교 신앙인들이 초자연적 하나님의 계시를 체험하는 것도 중요하지만, 그 계시가 현실 사회에 가져오는 서로 다른 결과들을 주목하고 평가하는 학습을 더 많이 하는 것이 세속적으로 더 중요할지 모른다. 이러한 성경 접근 방법을 왈저는 이 책『성도들이 일으킨 혁명-프로테스탄트 윤리와 급진주의 정치』곳곳에서 수행하고 있는 듯하다.

3. 청교도혁명 연대기

청교도혁명은 영국혁명, 영국시민혁명, 영국내전, 잉글랜드내전, 영국종교전쟁, 영국남북전쟁 등으로 불리어지고 있다. 역사학자들의 입장에 따라 그 사건을 표기하는 명칭이 약간씩 다르다. 일련의 역사적 사건이 학자의 입장에 따라 혁명으로 아니면 내전으로 규정되는 것은 그 사건에 대한 이해가 그만큼 다르기 때문일 것이다.

일반적으로, 청교도혁명[1642-1660]은 1642-1651년에 의회파와 왕당파의 대립으로 인해 3차례 벌어진 영국내전을 거쳐 그 내전에서 청교도가 주축이 되어 구체제인 왕정을 무너뜨리고 신체제인 잉글랜드 연방Commonwealth of England 또는 잉글랜드 공화정을 수립한 사건을 일컫는다.

1차 내전은 1642-1647년, 2차 내전은 1648-1649년, 3차 내전은 1650-1651년이다. 군주정이 폐지된 이후에는 혁명 정부가 실질적으로 지배했고 1653년에 의회는 해산되고 올리버 크롬웰의 호국경 통치 체제가 수립된다. 호국경 체제는 크롬웰의 사망과 더불어 약화되고 1660년에는 왕정복고가 시작되었고 이로써 청교도혁명은 막을 내린다.

청교도혁명의 시작 연도인 1642년의 1차 내전을 말하기 전에 청교도혁명의 역사적 종교적 배경으로 주교전쟁을 알아두는 것이 필요하다. 주교전쟁을 알려면 헨리 8세의 수장령을 이해하는 것이 필요하다. 주교전쟁은 1639년에 스코틀랜드 의회와 찰스 1세 왕 사이에 벌어진 싸움이다.

헨리 8세는 1534년 수장령을 공포했는데 그 골자는 국왕이 영국 교회의 최고 수장이라는 것이다. 이 수장령으로 영국교회는 로마가톨릭교회의 교황권에서 벗어났고 이 법으로 영국 국교회 즉 오늘날의 성공회의 토대를 마련했다. 이 법의 공포는 영국 종교개혁의 발단으로 간주된다. 이 법의 공포와 더불어 교회개혁이 촉발되었고, 엘리자베스 1세 시대에 청교도운동이 시작되고, 찰스 1세 시대에 청교도혁명이 일어났지만, 초기에는 일종의 교회개혁 실천운동이었다. 청교도운동은 100여 년간 지속되었다.

주교전쟁은 1534년의 헨리 8세의 수장령에서 시작하여 그 아들 에드워드 6세의 1549년 통일령과 그 뒤의 엘리자베스 1세 여왕의 1559년 통일령을 거쳐서 확고해진 국교회 의식과 제도를 찰스 1세가 스코틀랜드 의회에 강요하면서 발생했다. 스코틀랜드는 장로교가 강력한 세력을 형성하고 있었는데, 스코틀랜드 교회 총회는 주교제도를 원치 않았기 때문에 주교들을 교회에서 퇴출했고 찰스 1세는 일시적으로 패배했다. 이것이 1차 주교전쟁이고, 찰스 1세는 1640년에 다시 스코틀랜드 언약파 중심의 군대와 싸움을 벌였다. 이것이 2차 주교전쟁이다. 여기서 국왕의 잉글랜드군은 스코틀랜드군에게 패했다.

잉글랜드 국왕은 2차 주교전쟁 시작 전에 1차 주교전쟁을 위한 재정을 지원 받고자 1640년 4월에 의회를 소집했으나, 의회는 지원하기는커녕 국왕의 자의 적인 통치를 고발함으로써 국왕으로 하여금 소집된 의회를 해산하게 만들었다. 이 의회는 짧은 회기 때문에 "단기의회"라고 불리게 되었다. 이 단기의회를 청 교도혁명의 시작 연도로 보는 학자도 있다.

이어서 국왕은 2차 주교전쟁 패배 후에 스코틀랜드에 배상금을 지불해야 했 는데 이를 위해 국왕은 다시 1640년 11월에 의회를 소집했다. 이 의회는 1653년 에 올리버 크롬웰에 의해서 해산되었으나, 1660년에 재소집되어 의회 숙청으 로 추방된 장로파 의원이 등원해 복원되었지만, 얼마 되지 않아 찰스 2세의 왕 정복고로 다시 해산된 의회로서, 그 기간이 20년 동안이라고 해서 "장기의회" 라고 불린다.

그리고 왕정 폐지의 해인 1649년에서 1653년까지의 의회는 "잔부회의殘部議會"라고 일컬어진다. 잔부의회는 1648년 1월부터 12월까지 왕을 처분하는 문 제에 단호한 입장을 취하지 못하고 왕과 협상을 추구한 것이 그 발단이었다. 이 는 의회가 군에 지배될 것을 두려워한 것이 그 중요한 이유이다. 또한 아직까지 신하가 국왕을 처형하는 것은 대놓고 할 수 있는 일은 아니었다. 크롬웰은 왕을 처형하는 문제에 대해 의회 의원들이 보이는 타협적 자세에 참다못해 1648년 12월 토마스 프라이드 대령에게 의회를 숙청하는 것을 승인했고 이 숙청 후 남 은 의원만으로 구성된 의회를 말한다. 대략 500명의 의원 중 약 100명은 군인의 의회 난입에 항의했고 국왕 처형에 반대할 듯한 약 300명은 등원하지 못했으며 100명 미만의 독립파 의원만 참석할 수 있었다. 잔부의회는 찰스 1세 왕을 심리하기 위한 국왕재판법을 제정하고 특별법정을 설치했다.

그러나 잔부의회 의원들이 시간이 갈수록 종교 개혁과 정치 개혁을 기피하고 기득권 유지에만 급급해하자, 크롬웰은 토머스 해리슨 소장에게 지시해 새로운 의회를 구성하도록 한다. 크롬웰은 1653년에 해산한 잔부의회 대신 새로운 의회를 구성했는데 이를 "지명의회"라고 한다. 지명의회는 크롬웰이 청교도 성도들 가운데 견실하고 경건한 성도, 성인 같은 성도들을 교회로부터 추천받아 구성한 의회를 말한다. 그러나 이러한 의회개혁은 급진적 개혁을 추구했지만, 의원들의 전문성 부족과 무능력에 기인하는 의회 기능의 혼란과 무질서를 초래하여 5개월 만에 해산되었다. 이어서 모든 권력이 올리버 크롬웰에게 집중되는 호국경 정치가 시작된다.

다시 내전에 관한 논의로 돌아가자. 장기의회에서 의회는 1641년 11월 국왕의 실정과 폭정을 공격한 대간의서를 결의함으로써 국왕은 의회의 요구를 일부 들어줄 수밖에 없었고 특히 의회파와 왕당파의 대립이 격화되었다. 의회파의 우세 속에서 청교도 의원 존 핌이 국왕을 계속 공격하고 1641년 10월에 발생한 아일랜드의 카톨릭교도 반란 즉 아일랜드반군을 진압하기 위한 군의 통솔권 논쟁이 발생함으로써 의회파와 왕당파의 대립은 더욱 격화되었다. 존 핌이 군 통솔권을 왕이 아닌 의회가 가져야 한다고 주장하게 되자, 갑론을박이 벌어져서 의회를 지지하는 세력과 왕을 지지하는 세력으로 선명하게 갈리게 되었다. 급기야 의회파는 군을 통치할 수 있는 권한이 의회에 있다는 법안 즉 이른바 민병대 법안을 통과시킴으로써 한 나라에 두 개의 군대가 존재할 수 있음을 선포했다. 따라서 의회파 군대와 왕당파 군대는 전쟁이 불가피했다. 게다가 1642년 1월, 국왕은 왕의 특권을 무력화하는 혁명적인 입법을 계속하는 존 핌, 존 햄프던을 비롯한 반대파 의회 지도자들을 반역죄로 체포하기 위해 자기 군대를 이끌고 의회에 침입했지만, 이 계획이 사전에 누설되어 실패로 돌아갔다. 이로써 의회파와 왕당파의 무력 충돌 즉 내전이 점화되었다. 이것이 청교도혁명의 시작이었다.

이때까지만 해도 여름까지 양진영에서는 눈치만 보고 교전을 적극적으로 벌이지 않았고, 소규모의 전투만 있었지만 1642년 8월에 찰스 1세는 의회파에 대한 공식적인 전쟁을 선포한다. 드디어 1642년 10월에 옥스퍼드셔 주의 엣지힐에서 대규모 전투를 벌인다. 여기서 국왕군이 승리하는 것처럼 보였지만, 그 뒤 민병대가 런던에서 의회군에 합류하게 되어 국왕군은 강화된 의회군과 대결하게 됨으로써 전쟁은 쉽게 끝날 수 없었다. 청교도 의원 올리버 크롬웰1599~1658이 혜성처럼 나타나서 철기군을 조직하고 군을 개혁한 신형 군대를 편성하여 1644년 마스턴 무어 전투와 1645년 6월 네이즈비 전투에서 승리함으로써 전세를 역전한다. 이후 전투는 1646년 여름까지 계속되지만 국왕군은 연속적으로 패한다. 1646년 5월 찰스 1세는 스코틀랜드로 도망쳤지만, 최종적으로 1647년 1월에 영국으로 추방된다. 마침내 내란의 마지막 1년 동안 국왕과 왕당파 세력이 진압됨으로써 1차 내전은 의회파의 승리로 일단락된다.

추방된 찰스 1세는 포로 상태로 감금되었다. 그는 의회의 수중에 있었지만 여전히 왕이었다. 그는 잔존하는 왕당파들과 함께 왕권을 회복할 기회를 엿본다. 그 기회는 잉글랜드 의회의 주도권 다툼에서 주어졌다. 의회파는 승리한 후 어떤 정부 체제와 개혁 교회를 세울 것인가 하는 문제를 둘러싸고 급진파였던 올리버 크롬웰 중심의 독립파와 의회 중심의 장로파로 분열되었다. 독립파는 군대를 기반으로 전쟁에 공격적이었고 신앙의 자유와 독립에 관용적이었다. 반면 장로파는 의회를 세력 기반으로 하지만 아직 왕을 존중하고 전쟁에 소극적 · 방어적이고 장로제의 전국적 실시를 노렸고 다른 독립적 종파에 대해서는 비관용적이었다. 이 양파 사이의 갈등에서 찰스 1세가 왕권을 회복하려고 하는 틈새를 발견한다. 그는 의회와 군대의 분열에 힘을 쏟는다. 독립파는 독립파대로 분열되었다. 독립파 내부는 고급 장교와 사병 사이에 대립이 발생해서 사병 중심의 수평파와의 대립이 첨예화된 상태이다. 이를 해소하기 위해 1647년 10월에 퍼트니 토론회를 개최했으나 실패했다. 그러는 사이에 찰스 1세는 1647년 11월에 감금된 궁에서 와이트 섬으로 도망치지만 거기서도 잡혀서 다시 감금된다. 국왕은 다시 감시를 받게 되었지만 그 와중에도 스코틀랜드인과 비밀협정을 맺어 자신을 복위시키기 위해 군대를 지원하면 장로교를 인정할 것이라고 약속한다. 1648년 2월에 일부 왕당파가 산발적으로 반란을 일으켰고 이에 잔존해 있던 왕당파들이 합류했다. 이러한 상황에서 반란을 진압하고자 올리버 크롬웰은 1648년 5월부터 8월까지 여러 지역 전투에서 왕당파 군대를 격파한다. 여기에는 국왕군을 돕고자 잉글랜드 북부 경계선을 넘어 침입해 들어온 스코틀랜드군도 포함되어 있다. 최종적으로 8월 중순에 양 진영의 군대는 랭커셔 주 프레스턴에서 마주친다. 국왕군은 프레스턴 전투에서 완전히 와해되었고 왕당파 세력들도 모두 항복했다. 마침내 찰스 1세는 1949년 1월 30일에 재판을 받고 참수된다. 이것이 2차 내전의 결말이다.

크롬웰은 2차 내전을 평정한 후 더 이상 국왕을 살려 둘 수 없다고 판단했다. 그러나 재판을 거쳐 국왕 처형의 유죄 판결대로 집행했으나 후폭풍은 굉장했다. 아일랜드에서는 찰스 1세 왕을 지지하는 왕당파와 가톨릭교도들이 단결하여 잉글랜드에 저항했다. 이들의 저항을 방치할 경우 아일랜드의 독립뿐만 아니라 잉글랜드의 침공도 가능했다. 찰스 1세의 장남은 법적으로 당연히 차기 국왕이었다. 그러나 군주정이 폐지된 상황에서 그것은 불가능했다. 찰스 2세가 아일랜드의 국왕이 되는 것은 더더욱 허용될 수 없었다. 찰스 2세는 아버지 찰스 1세 왕이 처형되자 그 이전부터 수년간 체류해 있었던 네덜란드에서 프랑스로 피신했다. 크롬웰은 군대를 이끌고 아일랜드를 침공하여 드로이다 및 웨스퍼드 요새를 함락하고 사람들을 무자비하게 살해했다. 크롬웰은 다음해인 1650년까지 대부분의 항구와 도시를 점령했고 아일랜드 정복은 1652년에 완료되었다.

스코틀랜드는 스코틀랜드 혈통의 국왕 처형에 격렬하게 반발했다. 찰스 1세 왕에 반대했던 스코틀랜드 장로회조차도 국왕 처형을 증오했다. 장로파 세력이 지배한 스코틀랜드 의회는 잉글랜드 의회에서 종교에 관용적인 독립파의 세력이 커지는 것을 싫어했다. 1649년 2월에 스코틀랜드 의회는 처형된 국왕의 장남 찰스 2세를 그들의 새로운 왕으로 추대했다. 추대는 되었지만 실제로는 1651년 1월에 왕위에 올랐다. 크롬웰은 찰스 2세가 국왕으로 추대되자 1650년 7월에 스코틀랜드를 침공했고 9월에 던바 전투에서 승리한다. 크롬웰이 던바 전투에서 승리는 했지만 전력 손실이 커서 본국으로 귀환하고 전력을 재정비한다.

이후 찰스 2세는 1651년 8월에 군대를 이끌고 자신을 지지하는 봉기를 기대하면서 잉글랜드로 쳐들어간다. 마침내 9월 찰스 2세 군대와 크롬웰의 군대가 우스터에서 격돌한다. 크롬웰은 우스터 전투에서 스코틀랜드군을 격파하는 결정적 승리를 거둔다. 찰스 2세는 또 다시 프랑스로 피신했다. 나중에야 그는 올리버 크롬웰이 1658년 사망하고 아들 리처드 크롬웰이 호국경을 계승한 후 곧바로 1660년에 축출되자 의회의 왕당파와 왕정지지 장로파 의원들에 의해 부름을 받고 귀국하여 왕정복고와 함께 왕위에 올랐다. 3차 내전의 결과 아일랜드와 스코틀랜드가 크롬웰의 지배 아래 들어왔다.

1차 내전은 찰스 1세와 왕당파에 반대하여 의회파가 단합했고, 2차 내전은 의회파가 분열했지만 찰스 1세 왕과 왕당파의 위협 앞에서 그 분열을 봉합했으며, 3차 내전은 찰스 1세의 후임 찰스 2세의 왕당파와 의회파 사이에 발생했다. 1, 2, 3차 내전에 공통적인 점은 군 세력이 주도권을 쥐었다는 점이다. 이리하여 최종적으로 아일랜드와 스코틀랜드는 올리버 크롬웰의 잉글랜드 정부 아래 병합되고 잉글랜드 연방 혹은 잉글랜드 공화국으로 통일되었다. 물론 왕정복고와 더불어 잉글랜드 공화정은 사라진다.

공화정 초기인 1649년부터 1653년까지는 실질적인 군사 지배 체제였고 그 수장격인 올리버 크롬웰은 의회가 자신의 청교도 개혁 정치의 기대에 부응하지 못하자 1653년에 의회를 해산시키고 호국경 정부를 수립하여 죽을 때까지 모든 권력을 행사하는 군사 독재 정치를 단행한다. 비록 성문헌법인 통치헌장에 따라 정부를 운영한다고는 하나 청교도 혁명의 희생을 배반하는 군주정으로 돌려놓았고 의회의 지지를 받지도 못했으며 군대의 힘에만 의존했다. 결국 호국경 통치는 군사 독재 통치로 퇴행했다. 그럼에도 크롬웰은 자신의 통치를 하나님의 뜻을 실행하는 것이라는 믿음으로 정당화했다. 결국 크롬웰의 호국경 정치는 하나님의 약속과 비전을 이루어가는 것이라고 자처했으나 왕정 복원으로 끝났다.

당연하게도 그는 공화정파 의원들의 반대와 저항에 부딪쳤다. 그는 이러한 반대파의 목소리가 높아지는 가운데 1658년 9월에 죽음을 맞이했다. 이것은 청교도혁명의 최후였고 찰스 2세의 1660년 왕정복고와 더불어 청교도들은 또 다시 박해를 받게 되고 이번에는 소멸을 피할 수 없었다. 잉글랜드는 찰스 1세가 처형된 1649년부터 1660년까지 11년간은 왕이 없는 무정부 상태의 공위시대였고 청교도공화정은 10년을 가지 못했다. 청교도혁명 스스로가 실낙원과 복낙원을 오가는 여정이요 순례일 뿐이었다. 물론 그 유산은 인류에게 근대의 세속 세계의 문을 활짝 열어주는 것이었지만 말이다.

4. 가상 인터뷰

이제 마지막으로 책의 내용을 9가지 질문과 답변 형식으로 간단히 소개하고 성찰해 보고자 한다.

1. 이 책이 알려주거나 밝혀주는 것은 무엇인가?

A. 이 책의 1장에서는 중세 사회에는 정치가 없었고 청교도와 칼빈주의는 정치적이었음을 해설한다. 2장에서는 칼빈주의의 이데올로기적 성격, 국가론, 정부론 등을 해명하고 시민의 저항과 개혁과 전쟁의 종교적 토대를 밝힌다. 3장에서는 칼빈주의 정치의 대표적인 사례로 프랑스 개신교도인 위그노와 영국 개신교도인 청교도를 들고 이들의 정치사상과 혁명적 주체성을 규명한다. 4장은 청교도 목회자들을 당시의 영국 사회에서 새롭게 출현한 지식인 집단으로 보고 이들이 지닌 여러 특징과 면모들을 다양하게 살핀다. 5장은 청교도 목회자 지식인들이 전통적 사회존재론, 정치이론, 가족이론 등을 어떻게 비판하는지를 구체적으로 논구한다. 6장은 청교도들이 변화하는 사회적 경제적 현실 속에서 어떻게 대응했는지를 일 즉 직업을 소명으로 규정하면서 청교도 신앙이 노동의 규율로 작용하는 양상을 규명한다. 7장에서는 청교도의 정치적 변화 과정을 다층적으로 조사한다. 8장은 청교도의 전쟁 개념과 전쟁론의 발전 과정을 설명함으로써 청교도의 정당한 전쟁이론과 청교도가 전쟁하는 종교군인으로 되어가는 과정을 기술한다. 9장은 결론으로서 청교도주의를 자유주의, 자본주의, 급진정치와의 연관 속에서 최종적으로 규정한다.

이 책은 청교도운동이 칼빈주의에 토대를 두고 칼빈주의가 영국의 전통 사회가 무너지는 전환기에 종교적 이데올로기로 기능함과 동시에 청교도 목회자 집단이 선진적인 비판적 지식인의 역할을 수행함으로써 혁명으로 발전했고 정치적 급진주의로 진화했음을 규명한다. 청교도사상과 행동에 대한 저자의 해석은 자유주의적 세속적 입장에서 전개된다. 저자는 이러한 입장에서 청교도 신앙이 근대 서구의 정치적 급진주의를 낳았음을 입증하고자 한다.

　이 책은 16세기와 17세기 영국 사회의 무질서와 혼돈의 시대에 칼빈주의 정치신학이 어떻게 정치적 도덕적 질서를 새롭게 수립하기 위해 작용했는지, 어떻게 새로운 정부와 사회를 형성하기 위해 경건한 신앙의 규율과 부지런한 노동의 규율을 내면화한 새로운 인간을 창조했는지, 어떻게 혁명을 일으킬 수 있는 근대적 정치적 주체를 길러냈는지를 역사적으로 사회학적으로 심리학적으로 기술하고 설명하고 논증한다. 새로운 질서에는 새로운 인간이 필요할 것이고 청교도운동에서 이러한 인간은 혁명적 성도로 특징지을 수 있다. 청교도 목사들은 시대를 앞선 인텔리겐치아로서 당대의 현실의 필요와 요구에 대응해서 청교도들의 인성을 함양하고 저항과 개혁과 혁명과 전쟁을 수행하는 정치적 인간을 양성했다. 칼빈주의는 이러한 청교도혁명 인간을 키우는 데 결정적 역할을 했고 혁명적 성도를 대표하는 최고 영웅, 올리버 크롬웰을 낳았다. 심지어는 군대 혁명과 전술의 변혁에도 영향을 미쳤다.

　이 책은 청교도주의를 목사들과 젠틀맨과 지식인들의 정치적 선택이요 이데올로기적 선택으로 본다. 청교도주의는 이들의 사회적 정치적·종교적·문화적 환경과 연결되어 상호작용하는 가운데 급진적 관념과 정치 형태를 창안한다. 청교도혁명은 3차례의 내전을 겪으면서 혁명이라는 것을 역사적 실천이자 실재로서 보여주고 급진주의 정치를 구현한다. 이 책은 현대를 사는 기독교도들에게 우리 시대에도 이러한 혁명이 일어날 수 있는가 하는 의아심과 궁금증과 혁명 충동을 한꺼번에 자아낸다. 청교도들이 군주정을 무너뜨릴 수 있었다면 현대의 프로테스탄트들도 혁명적 성도로 거듭날 수 있다면 현재의 존재 사슬인 자본주의 질서와는 다른 질서와 사회를 창조할 수 있지 않을까. 그럴 수 있을지도 모른다.

　아마도 이 책은 근대적 혁명적 주체성을 논구한다는 점에서 현대의 새로운 정치적 주체성의 생성과 창발이 논제와 관련해서 류의근 『현대사회와 기독교의 대응』 참조을 저마다 나름대로 오매불망하는 바디우, 지젝, 발리바르, 네그리, 아감벤, 로지치너Leon Rozitchner, 1924-2011 같은 이들에게 시사하는 바가 없지 않을 것 같다. 현대중국철학의 신좌파 왕후이도 여기에 포함시킬 수 있다. 현대의 혁명적 주체성의 형성은 전국제적 철학의 화두이다. 만일 바디우가 현대의 혁명적 인간 모형을 바울에게서 구하지 않고 영국 청교도주의의 혁명적 주체성에서 발견했으면 어땠을까 하는 상념도 든다. 예를 들면 전투성과 군사력과 정치력을 겸비한 올리버 크롬웰 같은 영웅적 성도나 혁명 전위대였던 청교도 목사들 말이다.

그러나 청교도혁명의 정당성 문제를 고려할 때 올리버 크롬웰의 마지막 정치적 행위에 관해서는 그렇게 보아 줄 수가 없을 것 같다. 물론 청교도들에게는 청교도혁명의 정당성이 신에게 있었고, 크롬웰 같은 이가 하나님이 보낸 사사기의 판관 같은 존재라고 믿었을 것이다. 하지만 신을 믿지 않는 유물론자에게는 그렇게 이해되지 않을 것이다. 그는 일인 독재자로 보였을 것이다. 이 점에서 청교도혁명은 그 시작과 도정은 유물론자에게든 기독신자에게든 정당한 것으로 여겨졌을지 모르지만, 혁명의 마지막을 장식한 크롬웰의 정치적 행위에 대해서까지도 그러기는 어려웠을 것이다.

이 책은 청교도주의의 혁명적 성도들은 왕정복고 이후에 안정과 평안을 바라는 평성도의 부르주아화와 세속적 자유주의의 물결에 굴복했다고 말한다. 따라서 이 책은 독자에게 청교도주의의 급진주의 정치 활동과 참여의 영속화 과제를 암시한다. 즉 현대의 프로테스탄트들은 정치적 급진주의의 삶을 영구적으로 살 수 있는가 하는 문제이다. 주관적인 소견이지만 아마도 그것은 자신이 프로테스탄트로서 급진적 정치가 필요한 사회 경험이나 정치적 급진주의가 발원하거나 창발하지 않으면 안 되는 어떤 경험에서 시작될지 모른다. 이것을 일종의 정치적 은혜라고 부를 수 있을지도 모르겠다. 왈저가 권유하는 대로 자신이 속해 있는 사회적 현실과 상황과 전통에 대해 이해와 해석, 비판과 반성을 꾸준히 하고 갱신을 거듭함으로써 그러한 은혜가 주어질지도 모른다. 혹은 은혜가 아니더라도 최소한의 것으로, 청교도들처럼 사회에 대한 관심을 가지고 정치의식을 제고해 가는 것에서 시작해야 한다. 따라서 독자들이 운동에서 혁명으로 발전한 청교도주의에서 곱씹고 되새겨야 할 것은 영국혁명을 낳은 칼빈 신학과 정치의 급진적 성격이다. 영국혁명은 잉글랜드의 종교적 사회적 체제의 노예로부터 벗어나는 영국판 출애굽으로 볼 수 있다.

2. 이 책에는 우리를 해방시키거나 자유롭게 해 주는 것이 있는가?

A. 나는 이 책을 읽으면서 기독교의 신앙을 전제하지 않거나 또는 그 신앙에 대한 무관점 또는 관점을 취하지 않는 위치에서 청교도 신앙의 정치적 활동과 희생을 설명할 수 있다는 것을 보았다. 저자의 입장에 입각해서 특정한 역사적 운동과 사건을 합리적으로 설명할 수 있다고 하더라도 과연 그것이 전적으로 종교적 신앙에서 중립할 수 있는 것이었는지는 의문스럽다. 그러나 그러한 입장에서 구축되는 설명 체계가 자신이 몰입되어 있는 신앙체계를 제3자의 입장에서 객관화해서 비판할 수 있는 중대 계기를 제공하는 효과는 있다고 생각된다. 하지만 예컨대 칼빈주의 신학을 내재적으로, 우호적으로 이해하는 입장에 서 있는 사람이 보는 것과는 다르게 봄으로써 오해하거나 오도하는 부분도 있는 것으로 보인다. 그러나 저자의 분석과 설명은 대체적으로 공감이 가는 바이다. 자신의 신학적 입장과 신앙적 체험을 절대화하는 성향은 정말로 조심해야 한다. 그것은 해 아래의 상대적 절대성일 뿐이다. 특히 유일신을 편협하게 이해하는 기독교 신앙관은 이런 문제에 더욱 주의를 기울여야 한다. 주의를 기울임에도 그러한 거북스러운 반응이 자연스럽게 나오는 것이 기독교도의 무의식적 구조이기 때문에 이런 책은 더욱 필요하다고 생각한다.

3장에서 제시되는 위그노의 신학적 입장과 그 지역적 한계와 정치적 참여의 한계, 청교도의 정치 신학의 발전에 대한 저자의 분석은 다분히 복합적이고 중층적이라서 따라잡기가 수월하지는 않지만 충분히 납득이 간다. 특히 저자가 청교도 목회자를 지식인으로 규정하고 이들을 선진적 내지 고급적 지식인으로 보는 착상은 매우 비범한 탁견이라고 하지 않을 수 없다. 이러한 통찰은 알고 싶어 하는 우리의 지식 욕구 탓에 우리에게 시원한 카타르시스를 느끼게 해준다.

이외에, 나는 칼빈의 제네바 통치의 억압적 모습이나 크롬웰의 군사 통치의 독단적 결정이 하나님의 정치의 자의적 전제적 성격을 반영하는 사례로 볼 수 있다는 점에서 배우는 바가 적지 않다. 우리는 하나님의 신앙을 빙자하여 목회자들의 정치적 결정이 독선적으로 내려지는 것을 흔하게 본다. 설령 칼빈이나 크롬웰의 정치적 결정이 억압적으로 기능한데도 하나님의 도구로서 실행되어야 한다고 강변한다면, 그때나 지금이나 이를 순순히 받아들일 비신자나 성도는 더는 없을 것이다. 아니 없어야 할 것이다. 그런 경우라면 칼빈 정치나 칼빈주의 정치를 수용하든 않든 간에 하나님에게 저항하고 개혁을 요청하고 급기야 전쟁을 일으키는 청교도 군인처럼 되는 것이 차라리 더 나은 일일 것이다.

3. 이 책을 읽고 각성된 것이 있거나 새로운 자기인식이 생긴 것이 있는가?

A. 칼빈은 국가를 하나님이 인류에게 선물한 제도라고 본다. 또한 가족 제도 역시 마찬가지이다. 국가는 인간의 타락한 본성으로 인한 폭력과 죄악들을 제어할 수 있는 기관으로 주어졌다는 의미에서 이 역시 하나님의 도구이다. 많은 기독교도들이 이를 믿고 있다. 그러나 정말로 당신은 그것을 믿는가? 그렇다고 말만 하는 것은 아닌가. 그것은 구두선이 아닐까? 홉스가 국가를 리바이어던이라고 표현한 것은 세상의 무질서와 무정부 상태를 두려워했기 때문이었다. 청교도혁명 시절은 정말로 홉스의 표현대로 만인 대 만인의 투쟁이었을 것이다. 따라서 이를 통제할 수 있는 기구가 있어야 한다. 그것이 최고 주권을 가진 국가이다. 이런 면에서 국가는 당연히 억압 기구일 수밖에 없다.

그런데 500년 전의 이 국가관을 나는 믿는가? 나는 회의적이다. 칼빈 또는 영국 청교도 목회자들의 칼빈주의가 영국의 전통 사회의 존재 대사슬이 붕괴되는 사회적 무질서에 대한 대처로서 국가의 통제적 억압적 폭력적 기능을 용인했다고 하더라도 칼빈주의적 시각으로 국가를 그렇게 보는 것은 지금으로부터 500년 전의 시대적 상황에 대한 신학적 설명이나 이해일 뿐 지금은 이미 역사적으로 시대적으로 낙후된 고색창연한 관념이다. 21세기 대명천지 하에서 누가 누구더러 이를 하나님의 통치 질서로 믿으라고 주장할 수 있는가? 그러한 신학적 규정은 더는 설득력이 없다. 청교도 목회자들이 고등 지식과 의식으로써 당시 교계의 의식제도와 주교제도와 종교적 위계질서를 공격했듯이, 또 천사론을 거부했듯이 그러한 국가 해석은 더는 이 시대의 사람들에게 소구될 수 없다. 현재 천사론이 역사의 뒷전으로 밀려나 신학적 사고의 유물로 잔존하듯이 그러한 국가관도 끝내는 현대인들에게 사라지게 될 것이다. 특히 칼빈주의의 국가를 다루는 2장과 섭리를 언급하는 3장의 논의는 매우 예리하고 충분한 설득력이 있으며 이로써 칼빈주의 정치신학의 허약성을 논리적으로 명쾌하게 들추어낸다는 점은 뼈아프게 새겨들어야 할 부분이다. 이 성과는 또한 왈저의 성경 연구방법론의 결과들 가운데 일부이다.

또 다른 주목할 만한 일부는 귀족 위그노, 성직자 지식인, 젠틀맨들 중에 일어난 개인의 회심 사건을 그들이 처한 환경에서 개인적으로 사회적으로 역사적으로 겪은 경험에서 설명한다는 점이다. 왈저는 그들의 개인적 회심은 그들이 역사적 상황에서 집단적으로 겪은 경험을 제외하면 이해될 수 없다고 말한다. 예를 들어 존 녹스의 영웅적인 자기의는 그가 추방을 겪은 경험의 기능으로 가장 잘 이해될 수 있다고 평가한다.

4. 이 책에서 당신이 타인에게 전달해 주고 싶은 것은 무엇인가?

A. 나는 이 책을 다른 누구보다도 목회자들이나 예비 목사들, 신학도들이나 교회사역자들이 많이 읽어주었으면 한다. 목회자 집단은 이제 사양길에 접어들기 시작한 직업이지만 점점 가팔라질 것이다. 영국이 16세기, 17세기에 귀족

들이 몰락해 감에 따라 변신을 꾀해야 했듯이 목회자들 역시 어떤 방식으로든지 간에 사회 신분 이동성이 심해질 것이다. 그 동안 우파 기독교인들의 득세로 목회자 수요가 많았지만 현재는 수요보다 공급이 훨씬 많다. 이러한 어려운 상황에 안정된 직위를 보장하는 곳을 구하러 다닐 것이 아니라 차제에 완전한 변신을 시도해 보는 것은 어떤가? 어떤 변신인가?

세계의 부를 부자가 99%를, 빈자가 1%를 소유한다고들 한다. 한국의 기독교인을 우파가 99%를 차지하고 좌파가 1%를 차지한다고들 한다. 목회자들의 분포비율도 비슷할 것이다. 그런데 목회자들이나 우파 기독교인들은 청교도의 경건성과 견고한 믿음과 신학적 덕목을 좋아한다. 이것은 청교도신앙의 보수적 측면이다. 그러나 그들이 사회의 불안과 무질서에 대응하고 그 해법으로 전쟁과 혁명을 택했다는 것은 전하지 않는다. 이것은 청교도신앙의 진보적 측면이다. 저자에 따르면 그것은 그들에게 합리적 선택이었고 그 과정에서 그들은 정치적 급진주의, 급진정치를 창안했고 그것을 따랐고 실천했다. 그들은 국교회, 가톨릭교회의 종교 권력과 세속 왕권과의 전쟁을 마다하지 않았다. 비록 짧은 기간이었지만 새로운 정치체를 창조했고 지상에 세웠으며 새 예루살렘을 건설하기 위해 청교도적 덕목을 계속 추구했고 열정적으로 힘닿는 데까지 천년왕국을 구현하고자 했다.

청교도운동과 혁명은 현시점에서 재연될 수 없기 때문에 청교도정신을 배워야 한다고 말하면서 청교도의 교회개혁, 혁명정치, 급진정치를 말하지 않는 것은 어찌된 연유인가? 청교도 목회자들을 현대의 시민사회운동가에 빗대어 평가한다면 사회운동실천가라고 볼 수 있다. 그들은 사회 정세와 국회의원의 세력 균형과 분포를 분석하고 지식인으로 평성도를 지도하고 지휘했으며 인민과 국민의 사회 변화 참여를 촉발했다. 그리고 그것을 정치운동으로 전화했으며 정치적 급진주의로 키워냈다. 이러한 목회자들은 생활고에 시달린 적이 있었고 봉급이 적어 좌절했고 불만을 표출했다. 그들은 소수였지만 거대한 국교회와 가톨릭교회와 싸웠고 군주왕정국가와 전쟁을 벌였다. 그들은 혁명의 전위대였다.

현대는 자본주의적 질서가 세계의 구조이자 존재 사슬이다. 청교도혁명이 자본주의를 막지 못하고 칼빈주의가 청부를 허락하고 이윤을 위한 부를 제어하지 못하고 프로테스탄티즘이 자본주의의 기원이 되어버렸다. 그 자본주의를 막아서는 싸움을, 자본주의에 대해 기독교가 저지른 대죄를 속죄하는 마음을 가지는 고등 · 선진 목사 지식인은 왜 없는가? 나는 이것이 청교도운동과 혁명 사상이 현대 목사들에게 주는 전달delivery 즉 구조rescue요 구원salvation이라고 본다. 청교도정신은 자본주의 경제의 기원으로만 그치지 않는다. 그것은 그보다 더 큰 즉 급진주의 정치의 기원이다. 한국 교회의 목사들이 이를 계승하는 청교도 신앙의 후예가 되기를 바란다.

5. 이 책에서 더 탐구하고 싶은 것이 있는가?

A. 기독교인이자 경제사학자로서 그리고 사회 민주주의자로서 리처드 토니 1880-1962는 『기독교와 자본주의의 발흥』1926에서 베버의 자본주의 설명은 우선 자본주의나 그 정신이 칼빈의 신학 사상의 금욕적 프로테스탄티즘에서 기원하는 것과는 달리 역사적으로 그 이전에 배태되고 자양되었으며 프로테스탄티즘은 자본주의의 현실의 발전 과정에 적절하게 대처하지 못했다고 매우 안타까운 마음을 표출한다. 베버의 『프로테스탄트 윤리와 자본주의 정신』 영역본에 실린 앤서니 기든스의 해설을 보면, 토니의 비판은 1920년대와 1930년대의 베버 글을 고려하면 정당화되기 힘들다고 논평하고 있다.

하지만 문외한으로서 본다고 해도, 칼빈의 신학 사상이나 프로테스탄티즘이 자본주의의 기원이었던 한 편, 자본주의에 대한 비판적 이데올로기로서 적극적 기능을 수행하지 못했다는 것은 역사적으로 맞는 말인 것 같다. 상업 화폐 경제가 출현할 때부터 근대의 자본주의가 성장할 때까지 프로테스탄티즘은 자본주의를 능동적으로 제어하지 못했다. 이는 애덤 스미스의 경제학을 보아도 사실이고 가난의 성자였던 프란시스코를 비롯한 중세 수도원의 대응에서도 확인되는 사실이다. 이윤을 위한 부보다는 사람을 위한 부를 자본주의 경제 체제 내에 최우선적으로 착근시킬 수 있었더라면 현대의 서구 사회와 국제 사회는 다른 역사적 경로를 거쳤을지도 모른다.

칼빈의 신학 사상이나 청교도사상은 정치와 경제보다 종교를 우선했기 때문에 경제적 현실에 대한 정세 분석과 변화를 추구하기에는 부적절했는지도 모른다. 그들은 모두 종교적 토대 위에서 세속의 정치와 경제와 문화를 바라보았다. 그들에게는 종교가 정치나 경제보다 강했다. 마침내 기독교는 자본주의에 밀렸고 자본주의 경제 체제의 발전 과정에서 큰 적수가 못 되었다. 더 정확하게 말하면 자본주의의 발전사는 그 역사적 과정에서 기독교를 밀어내거나 힘을 쓰지 못하게 만드는 역사였다. 요컨대 기독교는 자본주의에 패퇴했다.

6. 이 책에는 세상의 변화에 이바지하는 것이 있는가?

A. 그러면 기독교가 자본주의를 패퇴시킬 수 있는 반전의 역사가 가능한가 하는 문제가 제기된다. 이윤보다는 사람을 위한 부를 추구하는 자본주의를 만들 수 있는가? 자본주의는 통회하고 회개할 수 있는가?

예수는 십자가에서 죽음으로써 자신이 살았던 사회를 넘어서 현재와 미래의 모든 사회가 저지른 죄를 품에 안았고 모두 다 용서했다고 한다. 이 사실을 진리로 깨닫는 것은 초자연적 사건이요 우주적 사건이다. 이것은 십자가의 비밀이다. 이 비밀을 아주 조금은 이해할 것 같다. 이 비밀대로라면 우주에서 용서하지 않을, 용서하지 못한 어떤 것도 없을 같다. 천지가 개벽하는 깨침이 아닐까 싶다. 그래서 예수는 간음한 여인도 단죄하지 않고 가서 죄를 짓지 말라고 말할 수 있었던 것이 아닐까? 그는 정죄하지 않는다. 정죄하지 않았다. 그는 정죄하러 이 땅에 온 것이 아니라 세상과 사람을 사랑하러 이 땅에 왔다. 그래서 그는 모두를 용서했다. 그에게는 용서하지 못할 어떤 것도 없다. 나를, 너를 정죄하지 않는 자라면 그는 메시아가 아닌가? 바로 여기서 나는 묻고 싶다. 이런 메시아가 되면, 이런 메시아 정신을 내면화하면 자본주의는 극복될 수 있는가? 자본주의의 극복은 자본주의 정신을 메시아 정신, 용서하는 정신으로 바꾸는 것인가? 그렇게 바꾸면 자본주의는 극복되는가? 용서하는 정신의 내면화로써 자본주의는 극복되는가? 이것은 정신 승리가 아닌가?

반면 청교도정신은 세상의 죄에 대해서 물리적으로 군사적으로 싸웠다. 이를 십자가를 본받는 믿음의 제국화라고 부르면 비약적 논리일까? 바꾸어 말하면 십자가의 죽음의 본래적 의미를 제국적으로 바꾸어서 이를 세상에 가시화한다는 뜻이다. 그러면 십자가의 죽음은 폭력으로, 전쟁으로 나타날 수 있을 것이다. 십자가로 나타난 사랑이, 십자가를 본받는 사랑이, 그리스도 예수의 마음이빌립보서 2:5 제국적 폭력으로 나타날 수 있다. 우리가 인간 평등의 낙원을 추구할 때 십자가를 내세울 때 자칫하면 제국적 힘으로 전화하는 이유는 바로 그것 때문이다. 예수의 십자가를 위한다는 신앙고백이 폭력으로 전화할 수 있다는 사실은 역사적으로 입증되었고 서구의 기독교가 제국과 함께 손을 잡고 전도와 구원과 해방의 사역을 수행한 것은 익히 아는 사실이다.

그렇다면 우리는 폭력과 전쟁을 불사하는 청교도혁명과 십자가를 본받는 믿음과 사랑을 비폭력적으로 수행함으로써 사회를 변혁하는 예수 운동 사이에서 선택해야 한다. 이 사이 존재로서 기독교도는 자본주의 현실의 변혁이라는 시대적 묵시를 살아내는 과제에 직면하여 오늘날의 십자가를 어떻게 제국화하지 않고 연대와 사랑의 생활양식을 통해서 구현할 수 있을까? 예수의 십자가형의 근원적 진리를 제국화하는 위험에 빠뜨리지 않고 토라 공화국, 청교도 공화국, 예수의 낙원, 세속적으로 표현해서 자유와 평등의 이상사회를 건설할 수 있는가? 우리는 청교도혁명이 남긴 정치적 급진주의 유산을 방치하지 않고 보수화된 성도들을 혁명을 일으킬 수 있는 사랑의 전사로, 부르주아 기독교를 급진적 제자도의 전통을 회복하는 혁명적 기독교로 바꿀 수 있을까?

7. 이 책이 삶에 어떤 의미를 부여하는가?

A. 그러므로 이 책은 독자에게 또는 기독교를 생각하는 이들에게 이렇게 의미를 부여한다. 예수를 믿는 성도들은 근대사에서 그렇듯 현대사에서 사회적 정치적 재건을 위해 자기규율에 따라 행동하는 자들이고 이러한 정체성 전환을 통해 현대의 청교도들은 지금의 자본주의 세계와는 다른 세계, 다른 질서를 추구하는 자로 거듭난다.

8. 이 책으로부터 자신의 사유를 창조적으로 설계하거나 창안하고 싶은 것이 있는가?

A. 그러므로 예수를 믿는 성도들은 자신이 속한 자본주의 세계에 대한 지속적인 개혁에 책임의식을 가져야 한다. 근대의 청교도들이 자신이 살았던 세계에 대해 열정과 목적의식을 가지고 사회적 의제에 대해 토론하고 선거에 참여하고 행정을 개혁하고 정부를 비판하고 왕이나 대통령을 죽이고 국회의원을 숙청하고 전쟁에 참여한 것이 자신의 신앙생활의 본질적 일부였던 것처럼 현대의 청교도들도 마찬가지이고 더욱 그렇게 해야 한다. 이 일에 수고하는 것이 우리가 루틴하게 살아가는 일상이 되어야 한다.

9. 이 책을 통하여 어떤 기쁨을 줄 수 있는가?

A. 그러므로 예수를 믿는 성도들은 새로운 현실을 창조하고 세계 질서를 다르게 형성하는 정치적 참여활동에서 기쁨을 얻을 수 있다. 청교도들의 경건한 신앙생활의 목표는 자족이 아니며 그 궁극 목표는 정치였다. 청교도들은 평화 속에서도 전쟁이 함께 하는 현실을 고통스럽게 인식했고 역으로 전쟁 속에서 평화를 얻었다. 이러한 기쁨이야말로 영적 기쁨의 최종 완성이다.

* * *

이 책의 번역은 예기치 않게 이루어졌다. 원래의 계획은 예수와 정치, 예수와 경제를 주제로 다루는 책들을 고려하고 있었는데, 500주년기념 교회 대표로 있는 안현식 교수의 추천으로 재고하게 되었다. 안현식 교수는 공학 전문가이지만 사회학 석사학위를 취득한 인문학적 지성을 겸비한 귀한 프로테스탄트 사역자이다. 이 책이 역작인 줄도 모르는 나에게 추천해 준 것에 진심으로 감사하는 마음을 전하고 이와 아울러 어쭙잖은 일이 될지 모르지만, 이 책을 500주년기념 교회에 바친다. 이들은 현대의 정치적 청교도들이다.

그리고 퇴임 후에 아내에게 시간을 같이 보내기로 약속했지만 이런저런 핑계로 식언이 되어서 지면으로나마 감사와 미안한 마음을 동시에 표하지 않을 수 없다. 그녀의 사랑의 수고와 인내 없이는 지금의 내가 있기는 불가능했을 것이다.